ŒUVRES COMPLÈTES

DE

SHAKSPEARE

III

ŒUVRES COMPLÈTES
DE
SHAKSPEARE

TRADUCTION
DE
M. GUIZOT

NOUVELLE ÉDITION ENTIÈREMENT REVUE

AVEC UNE ÉTUDE SUR SHAKSPEARE
DES NOTICES SUR CHAQUE PIÈCE ET DES NOTES

III

Timon d'Athènes
Le Jour des Rois—Les deux gentilshommes de Vérone.
Roméo et Juliette.—Le Songe d'une nuit d'été.
Tout est bien qui finit bien.

PARIS

A LA LIBRAIRIE ACADÉMIQUE
DIDIER ET Cⁱᵉ, LIBRAIRES-ÉDITEURS
35, QUAI DES AUGUSTINS

1862
Tous droits réservés.

TIMON D'ATHÈNES

COMÉDIE

NOTICE SUR TIMON D'ATHENES

Le nom de Timon était devenu proverbial dans l'antiquité pour exprimer un misanthrope. L'histoire de sa misanthropie, et le bizarre caractère de ce personnage frappèrent sans doute Shakspeare pendant qu'il s'occupait d'*Antoine et Cléopâtre*, et voici le passage de Plutarque qui lui a probablement suggéré l'idée de sa pièce :

« Quant à Antonius, il laissa la ville et la conversation de ses amis, et feit bastir une maison dedans la mer, près de l'isle de Pharos, sur certaines chaussées et levces qu'il fit jeter à la mer, et se tenoit céans, comme se bannissant de la compagnie des hommes, et disoit qu'il vouloit mener une telle vie comme Timon, pour autant qu'on lui avoit fait le semblable qu'à luy, et pour l'ingratitude et le grand tort que luy tenoient ceulx à qui il avoit bien fait, et qu'il estimoit ses amis; il se deffioit et se mescontentoit de tous les autres.

« Ce Timon estoit un citoyen d'Athènes, lequel avoit vescu environ la guerre du Péloponèse; comme l'on peult juger par les comédies de Platon et d'Aristophanes, esquelles il est moqué et touché comme malveuillant et ennemy du genre humain, refusant et abhorrissant toute compagnie et communication des autres hommes, fors que d'Alcibiades, jeune, audacieux et insolent, auquel faisoit bonne chère, et l'embrassoit et baisoit volontiers, dequoy s'esbahissant Apémantus, et lui en demandant la cause pourquoy il chérissoit ainsi ce jeune homme là seul, et abominoit tous les autres : « Je l'aime, « répondit-il, pour autant que je sçay bien et suis seur qu'un jour « il sera cause de grands maulx aux Athéniens. » Ce Timon recevoit aussi quelque fois Apémantus en sa compagnie, pour autant qu'il étoit semblable de mœurs à luy, et qu'il imitoit fort sa manière de vivre. Un jour doncques que l'on célébroit à Athènes la solennité que l'on appelle Choès, c'est-à-dire la feste des morts, là où on fait des effusions et sacrifices pour les trespassez, ils se festoyoient eulx deux ensemble tout seuls, et se prit Apémantus à dire : « Que voici « un beau banquet, Timon; » et Timon lui respondit : « Oui bien, « si tu n'y estois point. »

« L'on dit qu'un jour, comme le peuple estoit assemblé sur la place pour ordonner de quelque affaire, il monta à la tribune aux harangues, comme faisoient ordinairement les orateurs quand ils vouloient haranguer et prescher le peuple; si y eut un grand silence et estoit chacun très-attentif à ouïr ce qu'il voudroit dire, à cause que c'étoit une chose bien nouvelle et bien estrange que de le veoir en chaire. A la fin, il commence à dire : « Seigneurs Athéniens, j'ai « en ma maison une petite place où il y a un figuier auquel plusieurs « se sont desjà penduz et étranglez, et pour autant que je veulx y « faire bastir, je vous ai bien voulu advertir devant que faire couper « le figuier, à cette fin que si quelques-uns d'entre vous se veulent « pendre, qu'ils se dépeschent. » Il mourut en la ville d'Hales, et fut inhumé sur le bord de la mer. Si advint que, tout alentour de sa sépulture, le village s'éboula, tellement que la mer qui alloit flottant à l'environ, gardoit qu'on n'eût sceu approcher du tombeau, sur lequel il y avoit des vers engravés de telle substance :

> Ayant fini ma vie malheureuse,
> En ce lieu-cy on m'y a inhumé;
> Mourez, méchants, de mort malencontreuse,
> Sans demander comment je fus nommé.

On dit que luy-mesme feit ce bel épitaphe; car celui que l'on allègue communément n'est pas de lui, ains est du poëte Callimachus :

> Ici je fais pour toujours ma demeure,
> Timon encor les humains haïssant.
> Passe, lecteur, en me donnant male heure,
> Seulement passe, et me va maudissant.

« Nous pourrions escrire beaucoup d'autres choses dudit Timon, mais ce peu que nous en avons dit est assez pour le présent. »

(*Vie d'Antoine*, par Plutarque, traduction d'Amyot.)

Malgré quelques rapprochements qu'on pourrait trouver, à la rigueur, entre le *Timon* de Shakspeare et un dialogue de Lucien qui porte le même titre, nous pensons que cet épisode de Plutarque lui a suffi pour composer sa pièce. C'est dans sa propre imagination qu'il a trouvé le développement du caractère de Timon, celui d'Apémantus, dont la misanthropie contraste si heureusement avec la sienne; la description du luxe et des prodigalités de Timon au milieu de ses flatteurs, et sa sombre rancune contre les hommes, au milieu de la solitude.

Cette pièce est une des plus simples de Shakspeare : contre son ordinaire, le poëte est sérieusement occupé de son sujet jusqu'au dernier acte; et, fidèle à l'unité de son plan, il ne se permet aucune excursion qui nous en éloigne. La fable consiste en un seul événement : l'histoire d'un grand seigneur que ses amis abandonnent en même temps que son opulence, et qui, du plus généreux des hommes, devient le plus sauvage et le plus atrabilaire. On a beaucoup discuté sur le caractère moral de Timon, pour savoir si on devait le plaindre dans son malheur, ou s'il fallait regarder la perte de sa fortune comme une mortification méritée. Il nous semble, en effet, que ses vertus ont été des vertus d'ostentation, et que sa misanthropie n'est encore qu'une suite de sa manie de se singulariser par tous les extrêmes ; dans sa générosité il n'est prodigue que pour des flatteurs; sa richesse nourrit le vice au lieu d'aller secourir l'indigent; une bienfaisance éclairée ne préside point à ses dons. Cependant sa confiance en ses amis indique une âme naturellement noble, et leur lâche désertion nous indigne surtout quand ce seigneur, dont ils trahissent l'infortune, a su trouver un serviteur comme Flavius. La transition subite de la magnificence à la vie sauvage est bien encore dans le caractère de Timon, et c'est un contraste admirable que sa misanthropie et celle d'Apémantus. Celui-ci a tout le cynisme de Diogène, et son égoïsme et son orgueil, qui percent à travers ses haillons, trahissent le secret de ses sarcasmes et de ses mépris pour les hommes. Une basse envie le dévore; l'indignation seule s'est emparée de l'âme de Timon; ses véhémentes invectives sont justifiées par le sentiment profond des outrages qu'il a reçus; c'est une sensibilité exagérée qui l'égare, et s'il hait les hommes, c'est qu'il croit de bonne foi les avoir aimés; peut-être même sa haine est-elle si passionnée, si idéale, qu'il s'abuse, lui-même en croyant les haïr plus qu'Apémantus dont l'âme est naturellement lâche et méchante.

Les sarcasmes du cynique et les éloquentes malédictions du misanthrope ont fait dire que cette pièce était autant une satire qu'un drame. Cette intention de satire se remarque surtout dans le choix des caractères, qu'on pourrait appeler une véritable critique du cœur de l'homme en général dans toutes les conditions de la vie.

Nous venons de citer Apémantus, égoïste cynique, et Timon, dont la vanité inspire la misanthropie comme elle inspira sa libéralité ; vient ensuite Alcibiade, jeune débauché, qui n'hésite pas à sacrifier sa patrie à ses vengeances particulières. Le peintre et le poëte prostituent les plus beaux des arts à une servile adulation et à l'avarice ; les nobles Athéniens sont tous des parasites ; mais il semble cependant que Shakspeare n'ait jamais voulu nous offrir un tableau complétement hideux d'hypocrisie. Flavius est bien capable de réconcilier avec les hommes ceux en qui la lecture de *Timon d'Athènes* pourrait produire la méfiance et la misanthropie. Que de dignité dans cet intendant probe et fidèle! Timon lui-même est forcé de rendre hommage à sa vertu. Ce caractère est vraiment une concession que le poëte a faite à son âme naturellement grande et tendre.

Hazzlitt, un des plus ingénieux commentateurs du caractère moral de Shakspeare, et qui, dans son admiration raisonnée, semble jaloux de celle de Schlegel, fait remarquer en terminant l'analyse de la pièce qui nous occupe que, dans son isolement, Timon, résolu à chercher le repos dans un monde meilleur, entoure son trépas des pompes de la nature. Il creuse sa tombe sur le rivage de l'Océan, appelle à ses funérailles toutes les grandes images du désert et fait servir les éléments à son mausolée.

« Ne revenez plus me voir ; mais dites à Athènes que Timon a
« bâti sa dernière demeure sur les grèves de l'onde amère qui, une
« fois par jour, viendra la couvrir de sa bouillante écume : venez
« dans ce lieu et que la pierre de mon tombeau soit votre oracle. »
Plus loin Alcibiade, après avoir lu son épitaphe, dit encore de Timon :

« Ces mots expriment bien tes derniers sentiments. Si tu avais en
« horreur les regrets de notre douleur, si tu méprisais ces gouttes d'eau
« que la nature avait laissé couler de nos yeux, une sublime idée t'ins-
« pira de faire pleurer à jamais le grand Neptune sur ta tombe. »

C'est ainsi que Timon fait des vents l'hymne de ses funérailles ; que le murmure de l'Océan est une voix de douleur sur ses dépouilles mortelles, et qu'il cherche enfin dans les éternelles solennités de la nature l'oubli de la splendeur passagère de la vie.

La vie de Timon d'Athènes parut d'abord dans l'édition in-folio de 1623. On ne sait avec certitude à quelle époque elle a été écrite, quoique Malone lui assigne pour date l'année 1610.

Thomas Shadwell, poëte lauréat sous le roi Guillaume III, et rival de Dryden, publia, en 1678, *Timon d'Athènes* avec des changements ; mais, dans l'épilogue, il appelle sa pièce une greffe entée sur le tronc de Shakspeare, et il se flatte qu'on lui pardonnera ses changements en faveur de la part que ce poëte y conserve.

La pièce de *Timon d'Athènes*, telle qu'on la joue encore aujourd'hui à Londres, a été arrangée par Cumberland, un des auteurs dramatiques les plus estimés de l'Angleterre. Il a conservé la majeure partie de l'original, et marqué spécialement ses additions et corrections pour que la part de chaque poëte fût aperçue au premier examen.

En 1723, Delisle traita le sujet de *Timon d'Athènes* pour le théâtre italien avec un prologue, des chants, des danses, des personnages allégoriques et un arlequin. On voit qu'elle porte un autre cachet que celle de Shakspeare. Elle ne manque pas d'une certaine originalité, et les Anglais l'ont traduite sous le titre de *Timon amoureux*.

TIMON D'ATHÈNES

COMÉDIE

PERSONNAGES

TIMON, noble Athénien.
LUCIUS,
LUCULLUS, } seigneurs; flatteurs
SEMPRONIUS, } de Timon.
VENTIDIUS, un des faux amis de Timon.
APEMANTUS, philosophe grossier.
ALCIBIADE, général athénien.
FLAVIUS, intendant de Timon.
FLAMINIUS,
LUCILIUS, } serviteurs de Timon.
SERVILIUS,
CAPHIS,
PHILOTUS,
TITUS, } serviteurs des créanciers de Timon.
LUCIUS,
HORTENSIUS,

DEUX SERVITEURS DE VARRON, ET LE SERVITEUR D'ISIDORE, CRÉANCIERS DE TIMON.
CUPIDON ET MASQUES.
TROIS ÉTRANGERS.
UN POÈTE, UN PEINTRE, UN JOAILLIER, UN MARCHAND, UN VIEILLARD ATHÉNIEN, UN PAGE, UN FOU.
PHRYNIA[1],
TIMANDRA, } maîtresses d'Alcibiade.
AUTRES SEIGNEURS, SÉNATEURS, OFFICIERS, SOLDATS, VOLEURS ET SERVITEURS.

La scène est à Athènes et dans les bois voisins.

ACTE PREMIER

SCÈNE I

Athènes. Salle dans la maison de Timon.

Entrent par différentes portes UN POÈTE, UN PEINTRE, *puis* UN JOAILLIER, UN MARCHAND *et autres.*

LE POÈTE. — Bonjour, monsieur.
LE PEINTRE. — Je suis bien aise de vous voir en bonne santé.

---

[1] Phrynia. Peut-être Shakspeare a-t-il voulu mettre en scène la fameuse Phryné, qui était si belle que, sur le point de se voir condamnée par ses juges, elle leur découvrit son sein, et fut renvoyée acquittée

LE POÈTE. — Je ne vous ai pas vu depuis longtemps : comment va le monde?

LE PEINTRE. — Il s'use, monsieur, en vieillissant.

LE POÈTE. — Oui, on sait cela : mais y a-t-il quelque rareté particulière? qu'y a-t-il d'étrange et dont l'histoire ne donne d'exemple? — Vois, ô magie de la générosité! c'est ton charme puissant qui évoque ici tous ces esprits! — Je connais ce marchand.

LE PEINTRE. — Et moi, je les connais tous deux : l'autre est un joaillier.

LE MARCHAND. — Oh! c'est un digne seigneur.

LE JOAILLIER. — Oui, cela est incontestable.

LE MARCHAND. — Un homme incomparable, animé, à ce qu'il semble, d'une bonté infatigable et soutenue. Il va au delà des bornes.

LE JOAILLIER. — J'ai ici un joyau.

LE MARCHAND. — Oh! je vous prie, voyons-le : pour le seigneur Timon, monsieur?

LE JOAILLIER. — S'il veut en donner le prix : mais, quant à cela....

LE POÈTE, *occupé à lire ses ouvrages*. — « Quand l'appât « d'un salaire nous a fait louer l'homme vil, c'est une « tache qui flétrit la gloire des beaux vers consacrés avec « justice à l'homme de bien. »

LE MARCHAND, *considérant le diamant*. — La forme est belle.

LE JOAILLIER. — Est-ce un riche bijou? voyez-vous la belle eau?

LE PEINTRE, *au poëte*. — Vous êtes plongé, monsieur, dans la composition de quelque ouvrage? Quelque dédicace au grand Timon?

LE POÈTE. — C'est une chose qui m'est échappée sans y penser : notre poésie est comme une gomme qui coule de l'arbre qui la nourrit. Le feu caché dans le caillou ne se montre que lorsqu'il est frappé; mais notre noble flamme s'allume elle-même, et, comme le torrent, franchit chaque digue dont la résistance l'irrite. Qu'avez-vous là?

LE PEINTRE. — Un tableau, monsieur. — Et quand votre livre paraît-il?

LE POETE.—Il suivra de près ma présentation.—Voyons votre tableau.

LE PEINTRE. — C'est un bel ouvrage!

LE POÈTE, *considérant le tableau*. — En effet, c'est bien, c'est parfait.

LE PEINTRE. — Passable.

LE POÈTE.— Admirable! Que de grâce dans l'attitude de cette figure! Quelle intelligence étincelle dans ces yeux! Quelle vive imagination anime ces lèvres! On pourrait interpréter ce geste muet.

LE PEINTRE.—C'est une imitation assez heureuse de la vie. Voyez ce trait; vous semble-t-il bien?

LE POÈTE.— Je dis que c'est une leçon pour la nature; la vie qui respire dans cette lutte de l'art est plus vivante que la nature.

(Entrent quelques sénateurs qui ne font que passer.)

LE PEINTRE.—Comme le seigneur Timon est recherché!

LE POÈTE.—Les sénateurs d'Athènes! L'heureux mortel!

LE PEINTRE. — Regardez, en voilà d'autres!

LE POÈTE. — Vous voyez ce concours, ces flots de visiteurs. Moi, j'ai, dans cette ébauche, esquissé un homme à qui ce monde d'ici-bas prodigue ses embrassements et ses caresses. Mon libre génie ne s'arrête pas à un caractère particulier, mais il se meut au large dans une mer de cire[1]. Aucune malice personnelle n'empoisonne une seule virgule de mes vers; je vole comme l'aigle; hardi dans mon essor, ne laissant point de trace derrière moi.

LE PEINTRE. — Comment pourrai-je vous comprendre?

LE POÈTE.—Je vais m'expliquer. — Vous voyez comme tous les états, tous les esprits (autant ceux qui sont liants et volages, que les gens graves et austères), viennent tous offrir leurs services au seigneur Timon. Son immense fortune, jointe à son caractère gracieux et bienfaisant, subjugue et conquiert toute sorte de cœurs pour l'aimer et le servir, depuis le souple flatteur, dont le visage est un miroir, jusqu'à cet Apémantus qui n'aime rien au-

---

[1] On sait que les anciens écrivaient sur des tablettes de cire avec un stylet de fer.

tant que se haïr lui-même; il plie aussi le genou devant lui, et retourne content et riche d'un coup d'œil de Timon.

LE PEINTRE. — Je les ai vus causer ensemble.

LE POÈTE. — Monsieur, j'ai feint que la Fortune était assise sur son trône, au sommet d'une haute et riante colline. La base du mont est couverte par étages de talents de tout genre, d'hommes de toute espèce, qui travaillent sur la surface de ce globe, pour améliorer leur condition. Au milieu de cette foule dont les yeux sont attachés sur la souveraine, je représente un personnage sous les traits de Timon, à qui la déesse, de sa main d'ivoire, fait signe d'avancer, et par sa faveur actuelle change actuellement tous ses rivaux en serviteurs et en esclaves.

LE PEINTRE. — C'est bien imaginé, ce trône, cette Fortune et cette colline, et au bas un homme appelé au milieu de la foule, et qui, la tête courbée en avant, sur le penchant du mont, gravit vers son bonheur; voilà, ce me semble, une scène que rendrait bien notre art.

LE POÈTE. — Soit, monsieur; mais laissez-moi poursuivre. Ces hommes, naguère encore ses égaux (et quelques-uns valaient mieux que lui), suivent tous maintenant ses pas, remplissent ses portiques d'une cour nombreuse, versent dans son oreille leurs murmures flatteurs, comme la prière d'un sacrifice, révèrent jusqu'à son étrier, et ne respirent que par lui l'air libre des cieux.

LE PEINTRE. — Oui, sans doute : et que deviennent-ils?

LE POÈTE. — Lorsque soudain la Fortune, dans un caprice et un changement d'humeur, précipite ce favori naguère si chéri d'elle, tous ses serviteurs qui, rampant sur les genoux et sur leurs mains, s'efforçaient après lui de gravir vers la cime du mont, le laissent glisser en bas; pas un ne l'accompagne dans sa chute.

LE PEINTRE. — C'est l'ordinaire; je puis vous montrer mille tableaux moraux qui peindraient ces coups soudains de la fortune, d'une manière plus frappante que les paroles. Cependant vous avez raison de faire sentir au seigneur Timon que les yeux des pauvres ont vu le puissant pieds en haut, tête en bas.

(Fanfares. Entre Timon avec sa suite : le serviteur de Ventidius cause avec Timon.)

TIMON. — Il est emprisonné, dites-vous ?

LE SERVITEUR DE VENTIDIUS. — Oui, mon bon seigneur. Cinq talents sont toute sa dette. Ses moyens sont restreints, ses créanciers inflexibles. Il implore une lettre de votre Grandeur à ceux qui l'ont fait enfermer ; si elle lui est refusée il n'a plus d'espoir.

TIMON. — Noble Ventidius ! Allons. — Il n'est pas dans mon caractère de me débarrasser d'un ami quand il a besoin de moi. Je le connais pour un homme d'honneur qui mérite qu'on lui donne du secours : il l'aura ; je veux payer sa dette et lui rendre la liberté.

LE SERVITEUR DE VENTIDIUS. — Votre Seigneurie se l'attache pour jamais.

TIMON. — Saluez-le de ma part : je vais lui envoyer sa rançon ; et lorsqu'il sera libre, dites-lui de me venir voir. Ce n'est pas assez de relever le faible, il faut le soutenir encore après. Adieu !

LE SERVITEUR DE VENTIDIUS. — Je souhaite toute prospérité à votre Honneur.

(Il sort.)

(Entre un vieillard athénien.)

LE VIEILLARD. — Seigneur Timon, daignez m'entendre.

TIMON. — Parlez, bon père.

LE VIEILLARD. — Vous avez un serviteur nommé Lucilius ?

TIMON. — Il est vrai ; qu'avez-vous à dire de lui ?

LE VIEILLARD. — Noble Timon, faites-le venir devant vous.

TIMON. — Est-il ici ou non ? Lucilius !

(Entre Lucilius.)

LUCILIUS. — Me voici, seigneur, à vos ordres.

LE VIEILLARD. — Cet homme, seigneur Timon, votre créature, hante de nuit ma maison. Je suis un homme qui, depuis ma jeunesse, me suis adonné au négoce ; et mon état mérite un plus riche héritier qu'un homme qui découpe à table.

TIMON. — Eh bien! qu'y a-t-il de plus?

LE VIEILLARD. — Je n'ai qu'une fille, une fille unique, a qui je puisse transmettre ce que j'ai. Elle est belle, et des plus jeunes qu'on puisse épouser. Je l'ai élevée avec de grandes dépenses pour lui faire acquérir tous les talents. Ce valet, qui vous appartient, ose rechercher son amour. Je vous conjure, noble seigneur, joignez-vous à moi pour lui défendre de la fréquenter ; pour moi, j'ai parlé en vain.

TIMON. — Le jeune homme est honnête.

LE VIEILLARD. — Il le sera donc envers moi, Timon.... Que son honnêteté lui serve de récompense sans m'enlever ma fille.

TIMON. — L'aime-t-elle?

LE VIEILLARD. — Elle est jeune et crédule. Nos passions passées nous apprennent combien la jeunesse est légère.

TIMON. — Aimes-tu cette jeune fille?

LUCILIUS. — Oui, mon bon seigneur, et elle agrée mon amour.

LE VIEILLARD. — Si mon consentement manque à son mariage, j'atteste ici les dieux que je choisirai mon héritier parmi les mendiants de ce monde, et que je la déshérite de tout mon bien.

TIMON. — Et quelle sera sa dot, si elle épouse un mari sortable?

LE VIEILLARD. — Trois talents pour le moment ; à l'avenir, tout.

TIMON. — Cet honnête homme me sert depuis longtemps : je veux faire un effort pour fonder sa fortune, car c'est un devoir pour moi. Donnez-lui votre fille ; ce que vous avancerez pour sa dot sera la mesure de mes dons, et je rendrai la balance égale entre elle et lui.

LE VIEILLARD. — Noble seigneur, donnez-m'en votre parole, et ma fille est à lui.

TIMON. — Voilà ma main, et mon honneur sur ma promesse.

LUCILIUS. — Je remercie humblement votre Seigneurie : tout ce qui pourra jamais m'arriver de fortune et de bonheur, je le regarderai toujours comme venant de vous.

(Lucilius et le vieillard sortent.)

ACTE I, SCÈNE I.

LE POÈTE. — Agréez mon travail, et que votre Seigneurie vive longtemps !

TIMON. — Je vous remercie ; vous aurez bientôt de mes nouvelles ; ne vous écartez point. (*Au peintre.*) Qu'avez-vous là, mon ami ?

LE PEINTRE. — Un morceau de peinture, que je conjure votre Seigneurie d'accepter.

TIMON. — La peinture me plaît : la peinture est presque l'homme au naturel ; car depuis que le déshonneur trafique des sentiments naturels, l'homme n'est qu'un visage, tandis que les figures que trace le pinceau sont du moins tout ce qu'elles paraissent.... J'aime votre ouvrage, et vous en aurez bientôt la preuve ; attendez ici jusqu'à ce que je vous fasse avertir.

LE PEINTRE. — Que les dieux vous conservent !

TIMON. — Portez-vous bien, messieurs ; donnez-moi la main : il faut absolument que nous dînions ensemble. — Monsieur, votre bijou a souffert d'être trop estimé. .

LE JOAILLIER. — Comment, seigneur, on l'a déprécié ?

TIMON. — On a seulement abusé des louanges. Si je vous le payais ce qu'on l'estime, je serais tout à fait ruiné.

LE JOAILLIER. — Seigneur, il est estimé le prix qu'en donneraient ceux mêmes qui le vendent. Mais vous savez que des choses de valeur égale changent de prix dans les mains du propriétaire, et sont estimées en raison de la valeur du maître. Croyez-moi, mon cher seigneur, vous embellissez le bijou en le portant.

TIMON. — Bonne plaisanterie !

LE MARCHAND. — Non, seigneur ; ce qu'il dit là, tout le monde le répète avec lui.

TIMON. — Voyez qui vient ici. Voulez-vous être grondés ?
(*Entre Apémantus.*)

LE JOAILLIER. — Nous le supporterons, avec votre Seigneurie.

LE MARCHAND. — Il n'épargnera personne.

TIMON. — Bonjour, gracieux Apémantus.

APEMANTUS. — Attends que je sois gracieux pour que je te rende le bonjour, quand tu seras devenu le chien de Timon, et ces fripons d'honnêtes gens.

TIMON. — Pourquoi les appelles-tu fripons ; tu ne les connais pas.

APÉMANTUS. — Ne sont-ils pas Athéniens?

TIMON. — Oui.

APÉMANTUS. — Alors, je ne me dédis pas.

LE JOAILLIER. — Tu me connais, Apémantus.

APÉMANTUS. — Tu sais bien que je te connais ; je viens de t'appeler par ton nom.

TIMON. — Tu es bien fier, Apémantus.

APÉMANTUS. — Fier surtout de ne pas ressembler à Timon.

TIMON. — Où vas-tu?

APÉMANTUS. — Casser la tête à un honnête Athénien.

TIMON. — C'est une action qui te mènera à la mort.

APÉMANTUS. — Oui, si ne rien faire est un crime digne de mort.

TIMON. — Comment trouves-tu ce portrait, Apémantus?

APÉMANTUS. — Très-bon ; car il est innocent.

TIMON. — Celui qui l'a fait n'a-t-il pas bien travaillé?

APÉMANTUS. — Celui qui a fait le peintre a mieux travaillé encore, et cependant il a fait un pitoyable ouvrage.

LE PEINTRE. — Tu es un chien.

APÉMANTUS. — Ta mère est de mon espèce ; qu'est-elle donc, si je suis un chien?

TIMON. — Apémantus, veux-tu dîner avec moi?

APÉMANTUS. — Non, je ne mange pas les grands seigneurs.

TIMON. — Si tu les mangeais, tu fâcherais les dames.

APÉMANTUS. — Oh! elles mangent les grands seigneurs, voilà ce qui leur donne de gros ventres.

TIMON. — C'est une explication bien libertine.

APÉMANTUS. — C'est ainsi que tu la prends ; garde-la pour ta peine.

TIMON. — Aimes-tu ce bijou, Apémantus?

APÉMANTUS. — Pas autant que la franchise, qui ne coûte pas une obole [1].

---

[1] Allusion au proverbe anglais, *plain dealing is a jewell but they that use it die beggars* : « la franchise est un joyau, mais ceux qui en usent meurent de faim. »

TIMON.—Combien penses-tu qu'il vaille?

APÉMANTUS.—Il ne vaut pas la peine que j'y pense.... Eh bien! poëte!

LE POËTE.—Eh bien! philosophe!

APÉMANTUS.—Tu mens.

LE POËTE.—N'es-tu pas un philosophe?

APÉMANTUS.—Oui.

LE POËTE.—Je ne mens donc pas?

APÉMANTUS.—Et toi, n'es-tu pas un poëte?

LE POËTE.—Oui.

APÉMANTUS.— En ce cas, tu mens. Regarde dans ton dernier ouvrage où tu as représenté Timon comme un digne personnage.

LE POËTE.—Ce n'est point une fiction, c'est la vérité.

APÉMANTUS.—Oui, il est digne de toi, et digne de payer ton travail. Qui aime la flatterie est digne du flatteur. Dieux, que ne suis-je un grand seigneur!

TIMON.—Que ferais-tu donc, Apémantus?

APÉMANTUS.— Ce que fait maintenant Apémantus, je haïrais un grand seigneur de tout mon cœur.

TIMON.—Quoi! tu te haïrais toi-même?

APÉMANTUS.—Oui.

TIMON.—Pourquoi?

APÉMANTUS.—Pour avoir eu si peu d'esprit que d'être un grand seigneur.—N'es-tu pas marchand?

LE MARCHAND.—Oui, Apémantus.

APÉMANTUS.— Que le commerce te confonde, si les dieux ne veulent pas le faire!

LE MARCHAND.—Si le commerce me confond, les dieux en seront la cause.

APÉMANTUS.—Ton dieu, c'est le commerce; que ton dieu te confonde!

(On entend des trompettes.)

(Entre un serviteur)

TIMON.—Quelle est cette trompette?

LE SERVITEUR. — C'est Alcibiade.... et vingt cavaliers environ de sa société.

TIMON.—Je vous prie, allez au-devant d'eux, qu'on les fasse entrer. — Il faut absolument dîner avec moi. — Ne vous en allez pas, que je ne vous aie fait mes remerciements. Et, après le dîner, montrez-moi ce tableau. — Je suis charmé de vous voir tous.

(Quelques serviteurs sortent.)
(Entrent Alcibiade et sa société.)

TIMON.—Vous êtes le bienvenu, seigneur.

(Ils s'embrassent.)

APÉMANTUS. — Allons, allons, c'est cela ! Que les maladies contractent et dessèchent vos souples articulations ! Se peut-il qu'il y ait si peu d'amitié au milieu de ces doucereux coquins et de toute cette politesse ! La race de l'homme a dégénéré en singes et en babouins.

ALCIBIADE.—Seigneur, vous contentez mon ardent désir, je satisfais la faim que j'avais de vous voir.

TIMON.—Vous êtes le bienvenu, seigneur ! Avant de nous séparer, nous passerons ensemble un heureux temps en différents plaisirs. — Je vous en prie, entrons.

(Ils sortent, excepté Apémantus.)
(Entrent deux seigneurs.)

PREMIER SEIGNEUR.—Quelle heure est-il, Apémantus?

APÉMANTUS.—L'heure d'être honnête.

PREMIER SEIGNEUR.—Il est toujours cette heure-là.

APÉMANTUS.—Tu n'en es que plus digne d'être maudit, toi qui la manques sans cesse.

SECOND SEIGNEUR.—Tu vas au festin de Timon?

APÉMANTUS. —Oui, pour voir les viandes gorger des fripons et le vin échauffer des fous.

SECOND SEIGNEUR.—Adieu ! adieu !

APÉMANTUS.—Tu es fou de me dire deux fois adieu.

SECOND SEIGNEUR.—Pourquoi donc, Apémantus?

APÉMANTUS. — Tu aurais dû garder un de ces adieux pour toi, car je n'entends pas t'en rendre.

PREMIER SEIGNEUR.—Va te faire pendre.

APÉMANTUS. —Non, je n'en ferai rien. Adresse tes invitations à ton ami.

SECOND SEIGNEUR.—Va-t'en, chien hargneux, ou je te chasserai d'ici.

APÉMANTUS. — En véritable chien, je fuirai les ruades de l'âne.

(Il sort.)

PREMIER SEIGNEUR.—Cet homme est en tout l'opposé de l'humanité. — Eh bien ! entrerons-nous, et prendrons-nous notre part des générosités de Timon ? Il est vraiment plus que la bonté même.

SECOND SEIGNEUR. — Il la répand sur tout ce qui l'environne. Plutus, le dieu de l'or, n'est que son intendant : pas le plus léger service qu'il ne paye sept fois plus qu'il ne vaut : pas le plus léger cadeau qui ne vaille à son auteur un présent qui excède toutes les mesures ordinaires de la reconnaissance.

PREMIER SEIGNEUR. — Il porte l'âme la plus noble qui ait jamais inspiré un mortel.

SECOND SEIGNEUR. — Puisse-t-il vivre longtemps dans la prospérité ! Entrons-nous ?

PREMIER SEIGNEUR.—Je vous suis.

(Ils sortent.)

SCÈNE II

Une salle d'apparat dans la maison de Timon.

Concert bruyant de hautbois. Flavius et d'autres domestiques servent un grand banquet.)

Entrent TIMON, ALCIBIADE, LUCIUS, LUCULLUS, SEMPRONIUS, *et autres sénateurs athéniens*, *avec* VENTIDIUS *et la suite. A quelque distance, et derrière tous les autres, suit* APÉMANTUS, *d'un air de mauvaise humeur.*

VENTIDIUS.—Très-honoré Timon, il a plu aux dieux de se souvenir de la vieillesse de mon père, et de l'appeler à son long repos. Il a quitté la vie sans regret, et il m'a laissé riche. Votre cœur généreux mérite toute ma reconnaissance, et je viens vous rendre ces talents auxquels j'ai dû la liberté, accompagnés de mes remerciements et de mon dévouement.

TIMON. — Oh ! point du tout, honnête Ventidius ; vous vous méprenez sur mon amitié : je vous ai fait ce don librement. On ne peut dire qu'on a donné, quand on souffre que le don soit rendu. Si nos supérieurs jouent à ce jeu, nous ne devons pas oser les imiter. Ce sont de belles fautes que celles qui enrichissent.

VENTIDIUS.—Les nobles sentiments !

(Ils sont tous debout regardant Timon d'un air de cérémonie.)

TIMON.—Seigneurs, la cérémonie n'a été inventée que pour voiler l'insuffisance des actions, les souhaits creux, la bienfaisance qui se repent avant d'avoir été exercée : mais où se trouve la véritable amitié, la cérémonie est inutile. Je vous prie, asseyez-vous. Vous êtes les bienvenus à ma fortune, plus qu'elle n'est la bienvenue pour moi.

(Ils s'asseyent.)

LUCIUS.—Nous l'avons toujours avoué, seigneur.

APÉMANTUS.—Oh! oui, avoué, et vous n'êtes pas encore pendus ?

TIMON.—Ah ! Apémantus, tu es le bienvenu.

APÉMANTUS.—Je ne veux pas être le bienvenu ; je viens pour que tu me chasses.

TIMON. — Fi donc! Tu es un rustre ; tu as pris là une humeur qui ne sied pas à l'homme : c'est un reproche à te faire.—On dit, mes amis, que *ira furor brevis est;* mais cet homme-là est toujours en colère.—Allons, qu'on lui dresse une table pour lui seul. Il n'aime point la compagnie, et il n'est vraiment pas fait pour elle.

APÉMANTUS. — Je resterai donc à tes risques et périls, Timon ; car je viens pour observer, je t'en avertis.

TIMON. — Je ne prends pas garde à toi.—Tu es Athénien, tu es donc le bienvenu. Je ne dois pas être aujourd'hui le maître chez moi ; mais je t'en prie, que mon dîner me vaille ton silence.

APÉMANTUS.—Je méprise ton dîner.... Il m'étoufferait, car je ne pourrais pas te flatter.—O dieux! que d'hommes dévorent Timon, et il ne le voit pas ! Je souffre de voir tant de gens tremper leur langue dans le sang d'un seul homme ; et le comble de la folie, c'est qu'il les excite lui-même. Je m'étonne que les hommes osent se confier aux hommes ! Je pense, moi, qu'ils devraient les inviter sans couteaux. Leurs tables y gagneraient, et leur vie serait plus en sûreté. On en a vu cent exemples : l'homme, qui en ce moment est assis près de son hôte, qui rompt avec lui son pain et boit à sa santé la coupe qu'ils ont partagée ensemble, sera le premier à l'assassiner. Cela est prouvé. Si j'étais un grand personnage, je craindrais de boire à mes repas, de peur que mes hôtes n'épiassent à quelle note ils pourraient me couper le sifflet. Les grands seigneurs ne devraient jamais boire sans avoir le gosier revêtu de fer.

TIMON, *à un des convives.*—Seigneur, de tout mon cœur, et que les santés fassent la ronde.

PREMIER SEIGNEUR. — Qu'on verse de ce côté, mon bon seigneur.

PÉMANTUS.—De son côté! Fort bien : voilà un brave. Il sait prendre à propos son moment.—Toutes ces santés, Timon, te rendront malade, toi et ta fortune. Voilà qui est trop faible pour être coupable, l'honnête eau qui n'a jamais jeté personne dans la boue; cette liqueur et mes aliments se ressemblent, et sont toujours d'accord; les festins sont trop orgueilleux pour rendre grâces aux dieux.

Actions de grâces d'Apémantus.

Dieux immortels, je ne vous demande point de richesses,
Je ne prie pour aucun homme que pour moi;
Accordez-moi de ne jamais devenir assez insensé
Pour me fier à un homme sur son serment ou sur son billet,
A une courtisane sur ses larmes,
A un chien qui paraît endormi,
A un geôlier pour ma liberté,
Ni à mes amis dans mon besoin :
Amen : allons, courage!
Le crime est pour le riche et je vis de racines.

Ton meilleur plat c'est ton bon cœur, Apémantus.

TIMON.—Général Alcibiade, votre cœur en ce moment est sur le champ de bataille.

ALCIBIADE. — Mon cœur, seigneur, est toujours prêt à vous servir.

TIMON.—Vous aimeriez mieux un déjeuner d'ennemis qu'un dîner d'amis.

ALCIBIADE. — Pourvu que leur sang vînt de couler, seigneur, il n'est point de mets plus délicieux pour moi ; je souhaiterais à mon meilleur ami de se trouver à pareille fête.

APÉMANTUS. — Je voudrais que tous ces flatteurs fussent tes ennemis, afin que tu pusses les égorger et m'inviter au festin.

PREMIER SEIGNEUR. — Si jamais, seigneur, nous avions le bonheur que vous missiez nos cœurs à l'épreuve ; si jamais vous nous fournissiez l'occasion de montrer une partie de notre zèle, nous serions au comble de nos vœux.

TIMON. — Oh! ne doutez pas, mes bons amis, que les dieux n'aient eux-mêmes réservé dans l'avenir un jour où j'aurai besoin de votre secours. Autrement, pourquoi seriez-vous devenus mes amis ? — Pourquoi seriez-vous choisis entre mille autres, pour porter ce titre de tendresse, si vous n'apparteniez pas de plus près à mon cœur ? Je me suis dit de vous à moi-même, plus que vous ne pouvez modestement en dire, et je tiens ceci pour acquis sur votre compte. O dieux, me disais-je, qu'aurions-nous besoin d'amis, si nous ne devions jamais avoir besoin d'eux ? Ce seraient les créatures du monde les plus inutiles si nous ne devions jamais user d'eux. Ils ressembleraient fort à des instruments mélodieux suspendus dans leurs étuis et qui gardent pour eux leurs accords. Oui, j'ai souhaité souvent d'être plus pauvre, afin de me rapprocher davantage de vous. Nous sommes nés pour faire du bien, et quel bien est plus à nous que les richesses de nos amis ? O quel précieux avantage d'avoir tant d'amis qui, comme des frères, disposent de la fortune l'un de l'autre ! O volupté qui n'est déjà plus avant même d'être née ! Il me semble que mes yeux ne peuvent retenir leurs larmes. — Allons, pour oublier leur faute, je bois à votre santé.

APÉMANTUS. — O Timon, plus tu pleures, plus ton vin se boit !

LUCULLUS. — La joie a eu la même conception dans nos yeux, et en sort comme un nouveau-né.

APEMANTUS. —Oh! oh! je ris en pensant que ce nouveau-né est un bâtard.

TROISIÈME SEIGNEUR. —Je vous proteste, seigneur, que vous m'avez beaucoup ému.

APÉMANTUS. —Beaucoup.

(Son de trompette.)

TIMON.—Qu'annonce cette trompette? qu'y a-t-il?

(Entre un serviteur.)

LE SERVITEUR.—Sauf votre bon plaisir, seigneur, il y a là des dames qui demandent à entrer.

TIMON.— Des dames? que désirent-elles?

LE SERVITEUR.—Elles ont avec elles un courrier qui est chargé d'annoncer leurs intentions.

TIMON.—Je vous en prie, faites-les entrer.

(Entre Cupidon.)

CUPIDON.—Salut à toi, généreux Timon, et à tous ceux qui jouissent ici de tes bienfaits. Les Cinq Sens te reconnaissent pour leur patron, et viennent librement te féliciter de ton généreux cœur. L'Ouïe, le Goût, le Toucher, l'Odorat, se lèvent tous satisfaits de ta table : ils ne viennent dans ce moment que pour réjouir tes yeux.

TIMON. —Ils sont tous les bienvenus. Qu'on leur fasse bon accueil. Allons, que la musique célèbre leur entrée.

(Cupidon sort.)

PREMIER SEIGNEUR. —Vous voyez, seigneur, à quel point vous êtes aimé.

(Musique. Rentre Cupidon avec une mascarade de dames en amazones, dansant et jouant du luth.

APÉMANTUS.—Holà! quel flot de vanité arrive ici! elles dansent;.... ce sont des femmes folles! La gloire de cette vie est une folie semblable, comme le prouve toute cette pompe comparée à ce peu d'huile et à ces racines. Nous nous faisons fous pour nous amuser, et prodigues de flatteries nous buvons à ces hommes, sur la vieillesse desquels nous verserons un jour le poison de l'envie et du mépris. Quel homme respire, qui ne corrompe ou ne soit corrompu? quel homme expire, qui n'emporte au tombeau quelque outrage, don de ses amis? Je craindrais bien que ceux qui dansent là devant moi ne fussent les premiers à me fouler un jour sous leurs pieds. C'est ce qu'on a vu souvent. Les hommes ferment leurs portes au soleil couchant.

> (Les convives se lèvent de table en montrant un grand respect pour Timon, et pour lui montrer leur affection, chacun d'eux prend une des amazones, et ils dansent couple par couple : on joue deux ou trois airs de hautbois, après quoi la danse et la musique cessent.)

TIMON.—Vous avez embelli nos plaisirs, belles dames, et donné un nouveau charme à notre fête, qui n'eût pas été à moitié si brillante ni si agréable sans vous ; elle vous doit tout son prix et son éclat, et vous m'avez rendu moi-même enchanté de ma propre invention. J'ai à vous en remercier.

PREMIÈRE DAME.—Seigneur, vous nous jugez au mieux.

APÉMANTUS.—Oui, ma foi ; car le pire est dégoûtant, et ne supporterait pas qu'on y touchât, je pense.

TIMON. — Mesdames, il y a un petit banquet qui vous attend ; veuillez bien aller vous asseoir.

TOUTES ENSEMBLE.—Mille remerciements, seigneur.

> (Elles sortent.)

TIMON.—Flavius !

FLAVIUS.—Seigneur !

TIMON. — Apportez-moi la petite cassette.

FLAVIUS. — Oui, monseigneur. — (*A part.*) Encore des bijoux ? On ne peut l'arrêter dans ses fantaisies ; autrement je lui dirais....—Allons.—En conscience, je devrais l'avertir. Quand tout sera dépensé, il voudrait bien alors qu'on l'eût arrêté. C'est grand dommage que la libéralité n'ait pas des yeux derrière : alors jamais un homme ne tomberait dans la misère, victime d'un trop bon cœur.

PREMIER SEIGNEUR.—Nos serviteurs, où sont-ils ?

UN SERVITEUR.—Les voici, seigneur, à vos ordres.

LUCIUS.—Nos chevaux.

TIMON.—Mes bons amis, j'ai encore un mot à vous dire. Seigneur, je vous en conjure, faites-moi l'honneur d'accepter ce bijou ; daignez le recevoir et le porter, mon cher ami !

LUCIUS.—Je suis déjà comblé de vos dons !

TOUS.—Nous le sommes tous !

> (Entre un serviteur.)

LE SERVITEUR.—Seigneur, plusieurs membres du sénat sont descendus à votre porte, et viennent vous visiter.

TIMON.—Ils sont les bienvenus.

FLAVIUS *rentre*.— J'en conjure votre Honneur, daignez écouter un mot, il vous touche de près.

TIMON. — De près! oh bien! alors, je t'écouterai une autre fois. Je te prie que tout soit préparé pour leur faire bon accueil.

FLAVIUS, *à part*.—Je ne sais trop comment.
(Entre un autre serviteur.)

LE SECOND SERVITEUR.— Seigneur, le noble Lucius, par un don de sa pure amitié, vous a fait présent de quatre chevaux blanc de lait, avec leurs harnais en argent.

TIMON.—Je les accepte bien volontiers; ayez soin que ce présent soit dignement reconnu. (*Entre un troisième serviteur.*) Eh bien! qu'y a-t-il de nouveau?

LE TROISIÈME SERVITEUR. — Sauf votre bon plaisir, mon seigneur; cet honorable seigneur, Lucullus, vous invite à chasser avec lui demain matin, et il vous envoie deux couples de lévriers.

TIMON.—Je chasserai avec lui : qu'on reçoive son présent, mais non sans un noble retour.

FLAVIUS, *à part*.—Quelle sera la fin de tout ceci? Il nous ordonne de pourvoir à tout, de rendre de riches présents, et tout cela avec un coffre vide : et il ne veut pas examiner sa bourse, ni m'accorder un moment pour lui démontrer à quelle indigence est réduit son cœur, qui n'a plus les moyens d'effectuer ses vœux. Ses promesses excèdent si prodigieusement sa fortune, que tout ce qu'il promet est une dette; il doit pour chaque parole : il est assez bon pour payer encore les intérêts. Ses terres sont toutes couchées sur leurs livres. Oh! que je voudrais être doucement congédié de mon office, avant d'être forcé de le quitter! Plus heureux l'homme qui n'a point d'amis à nourrir, que celui qui est entouré d'amis plus funestes que les ennemis mêmes! Le cœur me saigne de douleur pour mon maître.

(Il sort.)

TIMON.—Vous ne vous rendez pas justice; vous rabaissez trop votre mérite. Voici, seigneur, cette bagatelle, comme un gage de notre amitié.

SECOND SEIGNEUR.—Je la reçois avec une reconnaissance particulière.

TROISIÈME SEIGNEUR.—Oh! il est l'essence même de la bonté.

TIMON. — A propos, seigneur, je me rappelle que vous avez vanté l'autre jour un coursier bai que je montais. Il est à vous, puisqu'il vous a plu.

LE SECOND SEIGNEUR. — Oh! je vous prie, seigneur, excusez-moi; je ne puis....

TIMON.—Vous pouvez m'en croire, seigneur; je sais par expérience qu'on ne loue bien que ce qui vous plaît : je juge des sentiments de mon ami par les miens. Ce que je vous dis est la vérité. J'irai vous faire visite.

TOUS LES SEIGNEURS.—Nul ne sera aussi bien venu.

TIMON.—Je suis si reconnaissant de toutes vos visites que je ne puis assez donner. Je voudrais pouvoir distribuer des royaumes à mes amis, et je ne me lasserais jamais.... — Alcibiade, tu es un guerrier, et par conséquent rarement opulent : les bienfaits te sont dus, car tu vis sur les morts, et toutes les terres que tu possèdes sont sur le champ de bataille.

ALCIBIADE.—Oui, des terres souillées, seigneur.

PREMIER SEIGNEUR.—Nous vous sommes si redevables!

TIMON. — Et moi à vous.

SECOND SEIGNEUR.—Nous vous chérissons si infiniment!

TIMON.— Je suis tout à vous!— Des flambeaux. — Encore des flambeaux!

TROISIÈME SEIGNEUR. — Que la plus pure félicité, l'honneur et les richesses ne vous abandonnent jamais, noble Timon.

TIMON. — Au service de ses amis.

(Sortent Alcibiade, les seigneurs et autres.)

APÉMANTUS. — Quel tumulte ici! que d'inclinations de tête, que de courbettes[1]! Je doute que toutes ces jambes

---

[1] *Serving of becks, and jutting out of bums.* Beck veut dire un salut fait avec la tête; *to serve a beck*, c'est saluer de la tête. *Jutting*

vaillent les sommes dont on paye leurs génuflexions. Amitié pleine d'une lie impure! Il me semble que les hommes au cœur faux ne devraient pas avoir des jambes si lestes. — C'est ainsi que d'honnêtes dupes prodiguent leurs richesses pour des révérences.

TIMON. — Voyons, Apemantus, si tu n'étais pas si bourru, tu éprouverais mes bontés.

APÉMANTUS. — Non, je ne veux rien. Si tu allais me corrompre aussi, voyons, il ne resterait plus personne pour se moquer de ta folie, et tu ferais encore plus de sottises. Tu donnes tant, Timon, que je crains bien que tu ne finisses par te donner toi-même[1]. A quoi bon ces fêtes, ce luxe et ces vaines magnificences?

TIMON. — Ah! si tu commences à médire de la société, j'ai juré de ne pas t'écouter. Adieu, et reviens chanter sur un ton plus aimable.

(Il sort.)

APÉMANTUS. — Allons : tu ne veux donc pas m'entendre à présent : eh bien, tu ne m'entendras jamais; je te fermerai la porte du ciel[2]. Oh! est-il possible que l'oreille des hommes soit sourde aux bons conseils, et non à la flatterie!

(Il sort.)

out of bums, littéralement prolongement du derrière, signifie révérence, courbette.

[1] Il y a dans le texte : *thou wilt give thyself in paper*, tu te donneras en papier. Un commentateur prétend qu'Apemantus entend par-là que Timon se donnera en billets, en lettres de change.

[2] « La porte du ciel. » Apémantus veut parler ici des bons conseils qu'il refusera désormais à Timon.

FIN DU PREMIER ACTE.

ACTE DEUXIÈME

—

SCÈNE I

Athènes. — Appartement dans la maison d'un sénateur.

Entre un SÉNATEUR *avec des papiers à la main.*

LE SÉNATEUR. — Et dernièrement cinq mille à Varron ; il en doit neuf mille à Isidore ; ce qui, joint à ce qu'il me devait auparavant, fait vingt-cinq mille.—Quoi ! toujours cette rage de dépenser ? Cela ne peut pas durer ; cela ne durera pas.—Si j'ai besoin d'argent, je n'ai qu'à voler le chien d'un mendiant, et en faire présent à Timon : le chien me battra monnaie. — Si je veux vendre mon cheval, et du prix en acheter vingt autres meilleurs que lui, je n'ai qu'à donner à Timon, je ne lui demande rien. Je le lui donne ; aussitôt mon cheval me produit des chevaux superbes. — Point de portier chez lui ; mais un homme qui sourit à tout le monde, et invite tous ceux qui passent. Cela ne peut durer ; il n'y a pas de raison pour croire sa fortune solide. Caphis, holà ! Caphis.
  (Entre Caphis.)

CAPHIS.—Me voilà, seigneur ; que désirez-vous de moi ?

LE SÉNATEUR. — Mettez votre manteau, et courez chez le seigneur Timon : demandez lui avec importunité mon argent, qu'un léger refus ne vous arrête pas ; n'allez pas vous laisser fermer la bouche par un : « Faites mes compliments à votre maître, » le bonnet tournant ainsi dans la main droite. Dites-lui que mes besoins crient après moi, et que c'est à mon tour à me servir de ce qui m'appartient. Tous les jours de délais et de grâce sont passés ; et par trop de confiance à ses vaines promesses, j'ai altéré mon crédit. J'aime et j'honore Timon ; mais je ne dois pas me rompre les reins pour lui guérir le doigt ; mes besoins sont pressants ; il faut que je sois satisfait immédiatement sans être bercé par des paroles. Partez ; prenez un air des plus importuns, un visage de demandeur, car je crains bien que le seigneur Timon, qui maintenant brille comme un phénix, ne soit bientôt plus qu'une mouette plumée, quand chaque plume sera rendue à l'aile à laquelle elle appartient.

CAPHIS. — J'y vais, seigneur.

LE SÉNATEUR. — « J'y vais, seigneur ? » —Portez donc les billets, et prenez-en les dates en compte.

CAPHIS. — Oui, seigneur.

LE SÉNATEUR. — Allez.

SCÈNE II

Un appartement de la maison de Timon.

Entre FLAVIUS *tenant plusieurs billets à la main.*

FLAVIUS. — Point de soin, pas un temps d'arrêt ! Si insensé dans ses dépenses, qu'il ne veut pas savoir comment les continuer ni arrêter le torrent de ses extravagances ! Ne se demandant jamais comment l'argent sort de ses mains ; ne se préoccupant pas davantage du temps que cela durera. Jamais homme ne fut aussi fou et aussi bon ! Que faire ? — Il ne voudra rien écouter qu'il ne sente le mal. — Il faut que je sois franc avec lui à son retour de la chasse. Fi donc ! fi donc ! fi donc !

(Entrent Caphis et des serviteurs d'Isidore et de Varron [1].

CAPHIS. — Salut, Varron. Quoi, vous venez chercher de l'argent ?

LE SERVITEUR DE VARRON. — N'est-ce pas aussi ce qui vous amène ?

CAPHIS. — Oui ; et vous aussi, Isidore ?

LE SERVITEUR D'ISIDORE. — Justement.

---

[1] Les valets se donnent entre eux le nom de leurs maîtres.

CAPHIS. — Plaise au ciel que nous soyons tous payés!
LE SERVITEUR DE VARRON. — C'est de quoi je doute.
CAPHIS. — Voici le patron.
(Entrent Timon, Alcibiade, seigneurs, etc.)

TIMON. — Mon cher Alcibiade, aussitôt après le dîner nous nous remettrons en campagne. — Est-ce à moi que vous voulez parler? Eh bien! que voulez-vous?

CAPHIS. — Seigneur, c'est la note de certaines dettes...

TIMON. — Des dettes? D'où êtes-vous?

CAPHIS. — D'Athènes, seigneur.

TIMON. — Allez trouver mon intendant.

CAPHIS. — Ne vous déplaise, seigneur, il m'a remis tout le mois, de jour en jour, pour le payement. Un besoin pressant force mon maître à demander son argent; il vous supplie d'agir avec votre noblesse ordinaire et de faire justice à sa requête.

TIMON. — Mon bon ami, revenez demain matin, je vous en prie.

CAPHIS. — Mais, seigneur...

TIMON. — Allons cessez, mon ami.

LE SERVITEUR DE VARRON. — Un serviteur de Varron, seigneur.

LE SERVITEUR D'ISIDORE. — C'est de la part d'Isidore; il vous prie humblement de le rembourser promptement.

CAPHIS. — Seigneur, si vous connaissiez quel est le besoin de mon maître....

LE SERVITEUR DE VARRON. — Le terme est échu, seigneur, depuis plus de six semaines.

LE SERVITEUR D'ISIDORE. — Votre intendant me renvoie toujours, seigneur, et mes ordres sont de m'adresser directement à votre Seigneurie.

TIMON. — Eh! laissez-moi respirer. — Je vous en prie, allez toujours devant, mes bons seigneurs; je vous rejoins à l'instant. (*Alcibiade et les Seigneurs sortent.*) (*A Flavius.*) Venez ici, je vous prie, que se passe-t-il que je sois assailli par ces clameurs et ces demandes de billets différés, des dettes arriérées qui font tort à mon honneur?

FLAVIUS. — Messieurs, avec votre permission, le moment n'est pas convenable pour parler affaires; ne nous importunez plus, attendez après le dîner; donnez-moi le temps d'expliquer à sa Seigneurie pourquoi vous n'avez pas été payés.

TIMON. — Oui, mes amis, attendez. — Ayez soin de les bien traiter.
(Timon sort.)

FLAVIUS. — Écoutez-moi, je vous prie.
(Il sort.)

(Entrent Apémantus et un fou.)

CAPHIS. — Restez, restez, voici le fou qui vient avec Apémantus; amusons-nous un moment avec eux.

LE SERVITEUR DE VARRON. — Qu'il aille se faire pendre; il va nous injurier.

LE SERVITEUR D'ISIDORE.—Que la peste l'étouffe, le chien!

LE SERVITEUR DE VARRON.—Comment te portes-tu, fou?

APÉMANTUS. — Parles-tu à ton ombre?

LE SERVITEUR DE VARRON. — Ce n'est pas à toi que je parle.

APÉMANTUS. — Non, c'est à toi-même. (*Au fou.*) Allons-nous-en.

LE SERVITEUR D'ISIDORE, *à celui de Varron.* — Voilà le fou sur ton dos.

APÉMANTUS. — Non, tu es seul; tu n'es pas encore sur lui.

CAPHIS. — Où est le fou maintenant?

APÉMANTUS.— Il vient de le demander tout à l'heure. Pauvres misérables, valets d'usuriers, entremetteurs entre l'or et le besoin!

TOUS LES SERVITEURS.—Que sommes-nous, Apémantus?

APÉMANTUS.—Des ânes.

TOUS.—Pourquoi?

APÉMANTUS. — Parce que vous me demandez ce que vous êtes, et que vous ne vous connaissez pas vous-mêmes. Parle-leur, fou.

LE FOU.—Comment vous portez-vous, messieurs?

TOUS.—Grand merci, bon fou! Que fait ta maîtresse?

LE FOU.—Elle met chauffer de l'eau pour échauder des poulets comme vous. Que ne pouvons-nous vous voir à Corinthe!

APÉMANTUS.— Bon, grand merci !
(Entre un page.)

LE FOU.— Voyez, voici le page de ma maîtresse.

LE PAGE, *au fou.*— Eh bien! capitaine, que faites-vous avec cette sage compagnie? — Comment se porte Apémantus?

APÉMANTUS. — Je voudrais avoir une verge dans ma bouche, pour te répondre d'une manière utile.

LE PAGE. — Je te prie, Apémantus, lis-moi l'adresse de ces lettres ; je n'y connais rien.

APÉMANTUS.— Tu ne sais pas lire ?

LE PAGE.— Non.

APÉMANTUS. — Nous ne perdrons donc pas un savant quand tu seras pendu. — Celle-ci est pour le seigneur Timon, l'autre pour Alcibiade. Va, tu es né bâtard et tu mourras proxénète.

LE PAGE. — Ta mère, en te donnant le jour, a fait un chien, et tu mourras de faim comme un chien. Point de réplique. Je m'en vais.

(Il sort.)

APÉMANTUS. — C'est nous rendre le plus grand service. — Fou, j'irai avec toi chez le seigneur Timon.

LE FOU.— Me laisseras-tu là?

APÉMANTUS. — Si Timon est chez lui.— Vous êtes là trois qui servez trois usuriers ?

TOUS.— Oui ; plût aux dieux qu'ils nous servissent !

APÉMANTUS.— Je le voudrais.— Je vous servirais comme le bourreau sert le voleur.

LE FOU.— Êtes-vous tous trois valets d'usuriers ?

TOUS.— Oui, fou.

LE FOU. — Je pense qu'il n'y a point d'usuriers qui n'aient un fou pour serviteur. Ma maîtresse est une usurière, et moi je suis son fou. Quand quelqu'un emprunte de l'argent à vos maîtres, il arrive tristement et s'en retourne gai. Mais on entre gaiement chez ma maîtresse, et on en sort tout triste. Dites-moi la raison de cela?

LE SERVITEUR DE VARRON. — Je puis vous en donner une.

LE FOU.— Parle donc afin que nous puissions te regarder comme un agent d'infamie et un fripon. Va, tu n'en seras pas moins estimé.

LE SERVITEUR DE VARRON.—Qu'est-ce qu'un agent d'infamie, fou ?

LE FOU. — C'est un fou bien vêtu, qui te ressemble un peu ; c'est un esprit : quelquefois il paraît sous la figure d'un seigneur, quelquefois sous celle d'un légiste, quelquefois sous celle d'un philosophe qui porte deux pierres, outre la pierre philosophale. Souvent il ressemble à un chevalier : enfin cet esprit rôde sous toutes les formes que revêt l'homme, depuis quatre-vingts ans jusqu'à treize.

LE SERVITEUR DE VARRON.—Tu n'es pas tout à fait fou.

LE FOU.—Ni toi tout à fait sage : ce que j'ai de plus en folie, tu l'as de moins en esprit.

VARRON.—Cette réponse conviendrait à Apémantus.

TOUS.—Place, place : voici le seigneur Timon.

APÉMANTUS.—Fou, viens avec moi, viens.

LE FOU.—Je n'aime point à suivre toujours un amant, un frère aîné, ou une femme ; quelquefois je suis un philosophe.

(Sortent Apémantus et le fou.)

FLAVIUS, *aux serviteurs*.—Promenez-vous, je vous prie, près d'ici ; je vous parlerai dans un moment.

(Timon et Flavius restent seuls.)

TIMON.—Vous m'étonnez fort ! Pourquoi ne m'avez-vous pas exposé plus tôt l'état de mes affaires ? J'aurais pu proportionner mes dépenses à ce que j'avais de moyens.

FLAVIUS.—Vous n'avez jamais voulu m'entendre ; je vous l'ai proposé plusieurs fois.

TIMON. — Allons, vous aurez peut-être pris le moment où, étant mal disposé, je vous ai renvoyé ; et vous avez profité de ce prétexte pour vous excuser.

FLAVIUS.—O mon bon maître ! je vous ai présenté bien des fois mes comptes ; je les ai mis devant vos yeux ; vous les avez toujours rejetés, en disant que vous vous reposiez sur mon honnêteté. Quand, pour quelque léger cadeau, vous m'avez ordonné de rendre une certaine somme, j'ai secoué la tête et j'ai gémi : même, je suis sorti des bornes du respect, en vous exhortant à tenir votre main plus fermée. J'ai essuyé de votre part et bien souvent des réprimandes assez dures, quand j'ai voulu vous ouvrir les yeux sur la diminution de votre fortune et l'accroissement constant de vos dettes! O mon cher maître, quoique vous m'écoutiez aujourd'hui trop tard, cependant il est nécessaire que vous le sachiez : tous vos biens ne suffiraient pas pour payer la moitié de vos dettes.

TIMON.—Qu'on vende toutes mes terres.

FLAVIUS.—Toutes sont engagées; quelques-unes sont forfaites et perdues ; à peine nous reste-t-il de quoi fermer la bouche aux créances échues. D'autres échéances arrivent à grands pas. Qui nous soutiendra dans cet intervalle, et enfin comment se terminera notre dernier compte ?

TIMON.—Mes possessions s'étendaient jusqu'à Lacédémone.

FLAVIUS. — O mon bon maître! le monde n'est qu'un mot. Et quand vous le posséderiez tout entier, et que vous pourriez le donner d'une seule parole, combien de temps le garderiez-vous?

TIMON.—Tu me dis la vérité.

FLAVIUS. — Si vous avez le moindre soupçon sur mon administration, sur ma fidélité, citez-moi devant les juges les plus sévères, et faites-moi rendre un compte rigoureux. Que les dieux me soient propices : ils savent que, lorsque tous nos offices étaient encombrés d'avides parasites, lorsque nos caves pleuraient des flots de vin, quand chaque appartement brillait de mille flambeaux, et retentissait du bruit confus des concerts, moi, je me retirais près d'un conduit toujours ouvert [1], pour y verser des torrents de larmes.

TIMON.—Assez, je t'en prie.

[1] *Wasteful cock; robinet prodigue.* Les commentateurs se sont creusé la tête pour expliquer cette expression et l'intention de Flavius. On a prétendu que Flavius se retirait près d'un conduit, d'où l'eau sortait sans cesse, parce que cette circonstance servait à lui rappeler les prodigalités de Timon en même temps que ce lieu écarté était propice à sa rêverie.

FLAVIUS. — Dieux! disais-je, quelle bonté dans le seigneur Timon! Que de biens prodigués des esclaves et des rustres ont engloutis cette nuit! Qui n'appartient à Timon? Qui n'offre pas son cœur, sa vie, son épée, son courage, sa bourse à Timon, « au grand Timon, au no-« ble, au digne, au royal Timon? » Hélas! quand la fortune dont il achète ces louanges sera dissipée, le souffle qui les produit sera éteint; ce qu'on a gagné au festin on le perd dans le jeûne[1]. Un nuage d'hiver verse ses ondées, et tous les insectes ont disparu.

TIMON. — Allons, ne me sermonne plus. — Nul bienfait honteux n'a déshonoré mon cœur. J'ai donné imprudemment, mais sans ignominie. Pourquoi pleures-tu? Manques-tu de confiance au point de croire que je puisse manquer d'amis? Que ton cœur se rassure; va, si je voulais ouvrir les réservoirs de mon amitié, et éprouver les cœurs en empruntant, je pourrais user des hommes et de leurs fortunes aussi facilement que je puis t'ordonner de parler.

FLAVIUS. — Puisse l'événement ne pas tromper votre attente!

TIMON. — Et ce besoin où je me trouve aujourd'hui est en quelque sorte pour moi un bonheur qui couronne mes vœux. Je puis maintenant éprouver mes amis; tu connaîtras bientôt combien tu t'es mépris sur l'état de ma fortune; je suis riche en amis. Holà! quelqu'un! Flaminius! Servilius!

(Entrent Servilius, Flaminius et d'autres esclaves.)

UN ESCLAVE. — Seigneur? seigneur?

TIMON. — J'ai différents ordres à vous distribuer. Toi, va chez le seigneur Lucius, et toi, chez Lucullus. J'ai chassé aujourd'hui avec son Honneur. — Toi, va chez Sempronius. Recommandez-moi à leur amitié, et dites que je suis fier de trouver l'occasion d'employer leurs services pour me fournir de l'argent : demandez-leur cinquante talents.

---

[1] Proverbe anglais : *feast-won, fast-lost* : gagné au festin, perdu au jeûne.

FLAMINIUS.—Vos ordres seront remplis, seigneur.

FLAVIUS, *à part*. — Aux seigneurs Lucius et Lucullus ? —Hom !

TIMON.—Et vous (*à un autre serviteur*), allez trouver les sénateurs. J'avais droit à leur reconnaissance, même dans les jours de mon opulence. Dites-leur de m'envoyer tout à l'heure mille talents.

FLAVIUS. — J'ai pris la liberté de leur présenter votre seing et votre nom, dans l'opinion où j'étais que c'était la ressource la plus facile ; mais tous ont secoué la tête, et je ne suis pas revenu plus riche.

TIMON.—Est-il vrai ? Est-il possible ?

FLAVIUS.—Ils répondent tous, de concert et d'une voix unanime, qu'ils sont en baisse, qu'ils n'ont point de fonds, qu'ils ne peuvent faire ce qu'ils désireraient, qu'ils sont bien fâchés. — « Vous êtes un homme si respecta-
« ble !.... Cependant.... ils auraient bien souhaité....—
« Ils ne savent pas.... mais il faut qu'il y ait eu de sa
« faute. — L'homme le plus honnête peut faire un faux
« pas.—Plût aux dieux que tout allât bien.... c'est bien
« dommage ! » — Et ainsi occupés d'autres affaires sérieuses, ils me renvoient avec ces regards dédaigneux et ces phrases interrompues ; leurs demi-saluts et leurs signes de froideur me glacent et me réduisent au silence.

TIMON.—Grands dieux ! récompensez-les. Ami, je t'en prie, ne t'afflige pas. L'ingratitude est héréditaire dans les vieillards ; leur sang est figé, glacé, et coule à peine ; ils manquent de reconnaissance, parce que leur cœur manque de chaleur. A mesure que l'homme retourne vers la terre il est façonné pour le voyage, il devient lourd et engourdi.—(*A un serviteur.*) Va chez Ventidius.—(*A Flavius.*) Ah ! de grâce, ne sois pas triste ; tu es honnête et fidèle, je te le dis comme je le pense ; on n'a rien à te reprocher. —(*Au serviteur.*) Ventidius vient d'enterrer son père, et cette mort met en sa possession une fortune considérable. Quand il était pauvre, emprisonné et en disette d'amis, je le délivrai avec cinq talents. Va le saluer de ma part ; dis-lui que son ami est dans un pressant besoin ; qu'il le prie de se souvenir de ces cinq talents.—

ACTE II, SCÈNE II.

(*A Flavius.*) Dès que tu les auras touchés, donne-les à ces gens dont je suis le débiteur. Ne dis et ne pense jamais que la fortune de Timon puisse périr au milieu de ses amis.

FLAVIUS.—Je voudrais bien n'être jamais dans le cas de le penser. Cette confiance est l'ennemie de la bonté; étant généreuse, elle croit que les autres le sont comme elle.

(Ils sortent.)

FIN DU DEUXIÈME ACTE.

ACTE TROISIÈME

SCÈNE I

Appartement dans la maison de Lucullus, à Athènes.

FLAMINIUS *attend, entre* UN SERVITEUR *qui s'approch. de lui.*

LE SERVITEUR. — Je vous ai annoncé à mon maître ; il descend pour vous parler.

FLAMINIUS. — Je vous remercie.

LE SERVITEUR. — Voilà mon seigneur.
    (Lucullus entre.)

LUCULLUS, *à part.* — Un des serviteurs du seigneur Timon ! C'est quelque présent, je gage. — Oh, j'ai deviné juste ; j'ai rêvé cette nuit de bassin et d'aiguière d'argent. — Flaminius, honnête Flaminius, vous êtes mille fois le bienvenu. — Qu'on me verse une coupe de vin. (*Le serviteur sort.*) — Et comment se porte cet honorable, accompli, généreux seigneur d'Athènes, ton magnifique seigneur et maître ?

FLAMINIUS. — Seigneur, sa santé est fort bonne.

LUCULLUS. — Je suis ravi de le savoir en bonne santé. Et que portes-tu là sous ton manteau, mon ami Flaminius ?

FLAMINIUS. — Ma foi, rien autre chose qu'une cassette vide, seigneur, que je viens, au nom de mon maître, prier votre Grandeur de remplir. Il se trouve dans un besoin pressant de cinquante talents, et il m'envoie vous prier de les lui prêter ; il ne doute pas que vous ne veniez sur-le-champ à son secours.

LUCULLUS. — La ! la ! la ! la ! — Il ne doute pas, dit-il ;

ACTE III, SCÈNE I.

hélas, le brave seigneur! C'est un noble gentilhomme, s'il ne tenait pas un si grand état de maison. Cent fois j'ai dîné chez lui, et je lui en ai dit ma pensée. Je suis même retourné souper chez lui, exprès pour l'avertir de diminuer sa dépense; mais il n'a jamais voulu suivre mes conseils, et mes visites n'ont pu le corriger. Chaque homme a son défaut, et le sien est la libéralité; c'est ce que je lui ai répété souvent; mais je n'ai jamais pu le tirer de là.

(Entre un esclave qui apporte du vin.)

L'ESCLAVE.—Seigneur, voilà le vin.

LUCULLUS.—Flaminius, je t'ai toujours remarqué pour un homme sage; tiens, à ta santé.

FLAMINIUS.—Votre Grandeur veut plaisanter.

LUCULLUS.—Non, je te rends justice. J'ai toujours reconnu en toi un esprit souple et actif; tu sais juger ce qui est raisonnable; et quand il se présente une bonne occasion, tu sais la saisir et en tirer bon parti. Tu as d'excellentes qualités.—(*A l'esclave.*) Vas-t'en, maraud; approche, honnête Flaminius. Ton maître est un seigneur plein de bonté; mais tu as du jugement, et quoique tu sois venu me trouver, tu sais trop bien que ce n'est pas le moment de prêter de l'argent, surtout sur la simple parole de l'amitié, et sans aucune sûreté. Tiens, mon enfant, voilà trois solidaires[1] pour toi; mon garçon, ferme les yeux sur moi, et dis que tu ne m'as pas vu; porte-toi bien.

FLAMINIUS.—Est-il possible que les hommes soient si différents d'eux-mêmes, et que nous soyons maintenant *ce que nous étions tout à l'heure!* Loin de moi, maudite bassesse, retourne vers celui qui t'adore.

(Il jette l'argent qu'il a reçu.)

LUCULLUS.—Ah! je vois maintenant que tu es un sot, et bien digne de ton maître....

(Il sort.)

FLAMINIUS.—Puissent ces pièces d'argent être ajoutées

---

[1] « Je crois que cette monnaie est de l'invention du poëte. »
(STEEVENS.)

à celles qui te brûleront ! Que ton enfer soit du métal fondu : ô toi, peste d'un ami, et non un ami ! L'amitié a-t-elle un cœur[1] si faible et si facile à s'aigrir, qu'il tourne comme le lait en moins de deux nuits ? Dieux ! je ressens l'indignation de mon maître. Ce lâche ingrat porte encore dans son estomac les mets de mon seigneur ; pourquoi seraient-ils pour lui une nourriture salutaire, lorsque lui-même s'est changé en poison ? Puissent-ils ne produire en lui que des maladies, et quand il sera sur son lit de mort, que cette partie de son être, fournie par mon maître, serve, non pas à le guérir, mais à prolonger son agonie !

(Il sort.)

SCÈNE II

Place publique d'Athènes.

Entrent LUCIUS, TROIS ÉTRANGERS.

LUCIUS.—Qui ? le seigneur Timon ? C'est mon bon ami : et un homme honorable !

PREMIER ÉTRANGER.—Nous le savons, quoique nous lui soyons étrangers. Mais, je puis vous dire une chose, seigneur, que j'entends répéter couramment ; c'est que les heures fortunées de Timon sont passées ; sa richesse lui échappe.

LUCIUS. — Allons donc ! n'en croyez rien ; il ne peut manquer d'argent.

SECOND ÉTRANGER. — Mais croyez bien ceci, seigneur, c'est qu'il n'y a pas bien longtemps qu'un de ses gens est venu trouver le seigneur Lucullus pour lui emprunter un certain nombre de talents ; oui, il l'a pressé instamment, en faisant sentir la nécessité où son maître est réduit ; et il a essuyé un refus.

LUCIUS.—Comment ?

SECOND ÉTRANGER.—Un refus, vous dis-je, seigneur.

LUCIUS.—Quelle étrange chose ! Par tous les dieux, j'en suis honteux ! Refuser cet homme honorable, il faut avoir bien peu d'honneur. Quant à moi, je dois l'avouer,

---

[1] *Milky heart*, cœur de lait.

j'ai reçu de lui quelques petites marques de sa bonté, de l'argent, de la vaisselle, des bijoux et semblables bagatelles, rien auprès des présents qu'a reçus Lucullus; eh! bien, si, au lieu de s'adresser à lui, il avait envoyé chez moi, je ne lui aurais jamais refusé la somme dont il aurait eu besoin.

(Entre Servilius.)

SERVILIUS. — Voyez, par bonheur, voilà le seigneur Lucius; j'ai tant couru pour le trouver, que je suis tout en nage.—Très-honoré seigneur....

LUCIUS. — Ah! Servilius! je suis charmé de te voir, porte-toi bien, recommande-moi à l'amitié de ton honnête et estimable maître, le plus cher de mes amis.

SERVILIUS. — Seigneur, sous votre bon plaisir, mon maître vous envoie....

LUCIUS. — Oh! que m'a-t-il envoyé? Que d'obligations je lui ai! Sans cesse il envoie. Dis-moi, comment pourrai-je le remercier? Et que m'envoie-il?

SERVILIUS. — Il vous envoie seulement l'occasion de lui rendre un service, mon seigneur; il supplie votre Seigneurie de lui prêter, en ce moment, cinquante talents.

LUCIUS. — Je vois bien que Timon veut faire une plaisanterie; il n'est pas possible qu'il ait besoin de cinquante talents, ni même de cinq fois autant.

SERVILIUS. —Il a besoin pour le moment d'une somme plus petite. S'il n'en avait pas besoin pour un bon usage, je ne vous conjurerais pas avec tant d'instances.

LUCIUS. — Parles-tu sérieusement, Servilius?

SERVILIUS. —Sur mon âme, c'est vrai, seigneur.

LUCIUS.— Quel vilaine brute je suis, de m'être dégarni dans une si belle occasion de montrer mes bons sentiments! Je suis bien malheureux d'avoir été hier acquérir une petite terre, pour perdre aujourd'hui l'occasion de me faire grand honneur! Servilius, je te jure, à la face des dieux, qu'il m'est impossible de pouvoir le faire....— Je n'en suis que plus sot, dis-je, j'allais moi-même envoyer demander quelque argent à Timon : ces messieurs en sont témoins; mais, je ne voudrais pas à présent l'avoir fait pour toutes les richesses d'Athènes. Recommande-moi affectueusement à ton bon maître. Je me flatte que je ne perdrai rien de son estime, parce que je n'ai pas le pouvoir de l'obliger; dis-lui de ma part que je mets au nombre de mes plus grands malheurs de ne pouvoir faire ce plaisir à un si estimable seigneur. Bon Servilius, me promets-tu de me faire l'amitié de répéter à Timon mes propres paroles?

SERVILIUS. — Oui, seigneur, je le ferai.

LUCIUS. — Va, je saurai t'en récompenser, Servilius. (*Servilius sort.*) (*Aux étrangers.*) En effet, vous aviez raison, Timon est ruiné, et quand une fois on a éprouvé un refus, il est rare qu'on aille bien loin.

(Il sort.)

PREMIER ÉTRANGER. — Avez-vous remarqué ceci, Hostilius?

SECOND ÉTRANGER. — Oui, trop bien.

PREMIER ÉTRANGER. — Eh bien! voilà le cœur du monde: tous les flatteurs sont faits de la même étoffe. Qui peut après cela donner le nom d'ami à celui qui met la main dans le même plat? Il est à ma connaissance que Timon a servi de père à ce seigneur; qu'il lui a conservé son crédit de sa bourse, qu'il a soutenu sa fortune même; c'est de l'argent de Timon qu'il a payé les gages de ses domestiques; Lucius ne boit jamais que ses lèvres ne touchent l'argent de Timon, et cependant.... — Oh! vois quel monstre est l'homme, quand il se montre sous les traits d'un ingrat! Au prix de ce qu'il en a reçu, ce qu'il ose lui refuser, l'homme charitable le donnerait aux mendiants.

TROISIÈME ÉTRANGER. — La religion gémit.

PREMIER ÉTRANGER. — Pour moi, je n'ai jamais goûté des bienfaits de Timon; jamais ses dons, répandus sur moi, ne m'ont inscrit au nombre de ses amis; cependant, en considération de son âme noble, de son illustre vertu, et de sa conduite honorable, je proteste que si, dans son besoin, il s'était adressé à moi, j'aurais tenu mon bien pour venu de lui, et la meilleure part aurait été pour lui, tant j'aime son cœur; mais je m'aperçois que les

hommes apprennent à se dispenser d'être charitables: l'intérêt est au-dessus de la conscience.
(Ils sortent.)

SCÈNE III

Appartement de la maison de Sempronius.

Entrent SEMPRONIUS ET UN SERVITEUR *de Timon.*

SEMPRONIUS. — Et pourquoi m'importuner, moi, hom! par préférence à tous les autres? Ne pouvait-il pas s'adresser au seigneur Lucius, à Lucullus? Ce Ventidius, qu'il a racheté de la prison, est riche maintenant. Ces trois hommes lui sont redevables de tout ce qu'ils possèdent.

LE SERVITEUR. — Hélas! seigneur, tous trois ont été essayés à la pierre de touche, et nous n'avons trouvé en eux qu'un vil métal; car ils ont tous refusé.

SEMPRONIUS. — Comment, ils l'ont refusé! Lucullus, Ventidius l'ont refusé, et il vient s'adresser à moi?... Tous trois? Une pareille démarche annonce de sa part peu de jugement, ou peu d'amitié; dois-je être son dernier refuge? Ses amis, comme autant de médecins, l'ont tous trois condamné, et il faut que ce soit moi qu'on charge de cette cure? Je m'en trouve très-offensé, je suis en colère contre lui, il eût dû mieux connaitre mon rang. Je ne vois pas de raison pour que, dans son besoin, il ne m'ait pas imploré d'abord; car enfin je suis, je l'avoue, le premier homme qui ait reçu des présents de lui, et il me recule dans son souvenir au point de penser que je serais le dernier à lui marquer ma reconnaissance! Non. — Il n'en faut pas davantage pour me rendre un objet de risée aux yeux de toute la ville, et me faire passer pour un fou parmi les grands seigneurs. J'aimerais mieux, pour trois fois la somme qu'il demande, qu'il se fût adressé à moi le premier, ne fût-ce que pour l'honneur de mon cœur, j'avais si grand désir de rendre un service. Retourne, et à la froide réponse de ses amis ajoute celle-ci: « Celui qui blesse mon honneur ne verra « pas mon argent. »
(Il sort.)

LE SERVITEUR. — A merveille! Votre Seigneurie est un admirable coquin! Le diable n'a pas su ce qu'il faisait en rendant l'homme si astucieux : il s'est fait tort ; et je ne puis m'empêcher de penser qu'au bout du compte la scélératesse de l'homme le blanchira lui-même. Comme ce seigneur cherche à colorer sa bassesse, et copie de vertueux modèles pour justifier sa méchanceté! ainsi font ceux qui, sous le voile d'un patriotisme ardent, voudraient mettre des royaumes entiers en feu! Tel est le caractère de cet ami politique. Il était le plus solide espoir de mon maître. Tous ont déserté, les dieux seuls exceptés. Tous ses amis sont morts. Ces portes qui, dans des jours de prospérité, ne connurent jamais de verrous, vont être employées à protéger la liberté de leur maître. Voilà tout le fruit qu'il recueille de ses largesses. Celui qui ne peut garder son argent doit à la fin garder sa maison.

(Il sort.)

SCÈNE IV

Une salle dans la maison de Timon.

Entrent DEUX SERVITEURS DE VARRON et LE SERVITEUR DE LUCIUS, *qui rencontrent* TITUS, HORTENSIUS, *et d'autres* VALETS *des créanciers de Timon, qui attendent qu'il sorte.*

LE SERVITEUR DE VARRON. — Bonne rencontre! Bonjour, Titus et Hortensius!

TITUS. — Je vous rends la pareille, honnête Varron.

HORTENSIUS. — Lucius, par quel hasard nous trouvons-nous ensemble ici?

LE SERVITEUR DE LUCIUS. — Je pense que le même objet nous y amène tous ; le mien, c'est l'argent.

TITUS. — C'est le leur à tous, et le mien aussi.

(Entre Philotus.)

LE SERVITEUR DE LUCIUS. — Et le seigneur Philotus aussi, sans doute?

PHILOTUS. — Bonjour à tout le monde!

LE SERVITEUR DE LUCIUS. — Sois le bienvenu, camarade. Quelle heure croyez-vous qu'il soit?

PHILOTUS.—Il va sur neuf heures.
LE SERVITEUR DE LUCIUS.—Déjà?
PHILOTUS.—Et le seigneur de céans n'est pas encore visible?
LE SERVITEUR DE LUCIUS.—Pas encore.
PHILOTUS.—Cela m'étonne; il avait coutume de briller dès sept heures du matin.
LE SERVITEUR DE LUCIUS.— Oui; mais les jours sont devenus plus courts. Faites attention que la carrière de l'homme prodigue est radieuse comme celle du soleil; mais elle ne se renouvelle pas de même. Je crains bien que l'hiver ne soit dans le fond de la bourse de Timon; je veux dire qu'on peut y enfoncer la main bien avant, et n'y trouver que peu de chose.
PHILOTUS.—J'ai la même crainte que vous.
TITUS. — Je veux vous faire faire une remarque assez étrange; votre maître vous envoie chercher de l'argent?
HORTENSIUS.—Rien n'est plus vrai.
TITUS. — Et il porte maintenant des bijoux que lui a donnés Timon, et pour lesquels j'attends de l'argent.
HORTENSIUS.—C'est contre mon cœur.
TITUS. — Ne paraît-il pas étrange que Timon, en cela, paye plus qu'il ne doit? C'est comme si votre maître envoyait demander le prix des riches bijoux qu'il porte.
HORTENSIUS. — Les dieux me sont témoins combien ce message me pèse. Je sais que mon maître a eu sa part des richesses de Timon; cette ingratitude est plus criminelle que s'il les eût volés.
LE SERVITEUR DE VARRON. — Oui. — Mon billet à moi est de trois mille couronnes; et le vôtre?
LE SERVITEUR DE LUCIUS.—De cinq mille.
LE SERVITEUR DE VARRON. — C'est une grosse somme, et qui fait voir que la confiance de votre maître surpassait celle du mien, autrement sans doute que leurs créances seraient égales.

(Entre Flaminius.)

TITUS.—Voilà un des serviteurs du seigneur Timon.
LE SERVITEUR DE LUCIUS. — Flaminius! Holà, un mot! Le seigneur Timon est bientôt prêt à partir?

FLAMINIUS.—Non, vraiment, pas encore.

TITUS.—Nous attendons sa Seigneurie; je vous prie de l'en prévenir.

FLAMINIUS.— Je n'ai pas besoin de lui dire; il sait bien que vous n'êtes que trop ponctuels.

(Entre Flavius, le visage caché dans son manteau.)

LE SERVITEUR DE LUCIUS. — Ah! n'est-ce pas là son intendant qui est ainsi affublé? Il s'enfuit comme enveloppé d'un nuage; appelez-le, appelez-le.

TITUS.—Entendez-vous, seigneur?

LE SERVITEUR DE VARRON.—Avec votre permission....

FLAVIUS.—Mon ami, que voulez-vous de moi?

LE SERVITEUR DE VARRON. — Seigneur, j'attends ici le payement d'une certaine somme....

FLAVIUS.— Si le payement était aussi certain que l'on est sûr de vous voir l'attendre, on pourrait compter dessus. Que ne présentiez-vous vos comptes et vos billets, quand vos perfides maîtres mangeaient à la table de mon seigneur? Alors ses dettes les flattaient et les faisaient sourire; leurs lèvres affamées en dévoraient les intérêts. Vous ne vous faites que du tort en m'agitant ainsi; laissez-moi passer tranquillement.—Apprenez que mon maître et moi nous sommes au bout de notre carrière; je n'ai plus rien à compter, ni lui à dépenser.

LE SERVITEUR DE LUCIUS. — Oui, mais cette réponse ne servira pas.

FLAVIUS. — Si elle ne sert pas, elle ne sera pas aussi vile que vous, car vous servez des fripons.

LE SERVITEUR DE VARRON. —Que murmure donc là sa Seigneurie banqueroutière?

TITUS.—Peu importe! Le voilà pauvre, et nous sommes assez vengés. Qui a plus droit de parler librement, que celui qui n'a pas un toit où loger sa tête? Il peut se moquer des superbes édifices.

(Entre Servilius.)

TITUS.—Oh! oh! voici Servilius; nous allons avoir une réponse.

SERVILIUS.—Si j'osais vous conjurer, messieurs, de revenir dans quelque autre moment, vous m'obligeriez beaucoup ; car, sur mon âme, mon maître est dans un étrange abattement ; son humeur sereine l'a abandonné ; sa santé est très-dérangée, il est obligé de garder la chambre.

LE SERVITEUR DE LUCIUS. —Tous ceux qui gardent la chambre ne sont pas malades. D'ailleurs, si la santé de Timon est en si grand danger, c'est, ce me semble, une raison de plus pour payer promptement ses dettes, afin de s'aplanir la route vers les dieux.

SERVILIUS.—Dieux bienfaisants !

TITUS. — Nous ne pouvons pas nous contenter de cette réponse.

FLAMINIUS, *dans l'intérieur de la maison.*—Servilius ! Au secours ! Mon maître ! mon maître !
(Entre Timon en fureur ; Flaminius le suit.)

TIMON. — Quoi ! mes portes me ferment-elles le passage ? J'aurai toujours été libre, et ma maison sera devenue l'ennemie de ma liberté, ma prison ! — La salle où j'ai donné des festins me montre-t-elle maintenant, comme toute la race humaine, un cœur de fer ?

LE SERVITEUR DE LUCIUS.—Commence, Titus.

TITUS.—Seigneur, voilà mon billet.

LE SERVITEUR DE LUCIUS.—Voici le mien.

LE SERVITEUR D'HORTENSIUS.—Et le mien, seigneur.

LES DEUX SERVITEURS DE VARRON. — Et les nôtres, seigneur.

PHILOTUS.—Voilà tous nos billets.

TIMON. — Assommez-moi avec eux. — Fendez-moi jusqu'à la ceinture [1].

LE SERVITEUR DE LUCIUS. — Hélas ! seigneur.

TIMON.—Coupez mon cœur en pièces de monnaie.

TITUS.—Le mien est de cinquante talents.

TIMON.—Paye-toi de mon sang.

LE SERVITEUR DE LUCIUS.—Cinq mille écus, seigneur.

TIMON. — Cinq mille gouttes de mon sang pour les payer.—Et le vôtre ?—Et le vôtre ?

[1] Jeu de mots de Timon sur les billets (*bills*) et sur les haches d'armes (*bills*), que portaient encore les soldats du temps de Shakspeare.

LE SERVITEUR DE VARRON.—Seigneur!
LES DEUX SERVITEURS DE VARRON.—Seigneur!

TIMON. —Tenez, prenez-moi, déchirez-moi, et que les dieux vous confondent?

(Il sort.)

HORTENSIUS. —Ma foi, je vois bien que nos maîtres n'ont qu'à jeter leurs bonnets après leur argent : on peut bien regarder les dettes comme désespérées, puisque c'est un fou qui est le débiteur.

(Ils sortent.)

(Rentre Timon avec Flavius.)

TIMON. — Ils m'ont mis hors d'haleine, ces esclaves! Des créanciers! Des diables!

FLAVIUS. — Mon cher maître,...

TIMON. — Si je prenais ce parti....

FLAVIUS. — Mon seigneur....

TIMON. — Je veux qu'il en soit ainsi.—Mon intendant!

FLAVIUS.— Me voici, seigneur.

TIMON.—Fort à propos.—Allez, invitez tous mes amis; Lucius, Lucullus, Sempronius. — Tous; je veux encore donner une fête à ces coquins.

FLAVIUS. —Ah! seigneur, c'est l'égarement où votre raison est plongée qui vous fait parler ainsi; il ne vous reste pas même de quoi servir un modeste repas.

TIMON. — Ne t'en inquiète pas. Va, je te l'ordonne, invite-les tous, amène ici ces flots de coquins; mon cuisinier et moi nous saurons pourvoir à tout.

(Ils sortent.)

SCÈNE V

La salle du sénat d'Athènes.

Le sénat est assemblé; entre ALCIBIADE *avec sa suite.*

PREMIER SÉNATEUR. —Seigneur, comptez sur ma voix, sa faute est capitale; il faut qu'il meure; rien n'enhardit le crime comme la miséricorde.

SECOND SÉNATEUR. —Cela est vrai; la loi doit l'écraser de tout son poids.

ALCIBIADE. — Santé, honneur, clémence dans l'auguste sénat!

PREMIER SÉNATEUR. — Quel sujet, général...

ALCIBIADE. — Je viens supplier humblement vos vertus; car la pitié est la vertu des lois; il n'y a que les tyrans qui en usent avec cruauté. Il plaît aux circonstances et à la fortune de s'appesantir sur un de mes amis, qui, dans l'effervescence du sang, a enfreint la loi, abîme sans fond pour l'imprudent qui s'y plonge sans précaution. C'est un homme qui, à part cette fatalité, est plein des qualités les plus nobles, aucune lâcheté ne souille son action, et son honneur rachète sa faute. C'est avec une noble fureur et une fierté louable que, voyant sa réputation mortellement atteinte, il s'est armé contre son ennemi, il a gouverné son ressentiment dans son excès avec tant de sagesse et une modération si inouïe qu'il semblait seulement prouver son argument.

PREMIER SÉNATEUR. — Vous soutenez un paradoxe inadmissible en cherchant à faire passer pour bonne une mauvaise action. Aux efforts que vous faites, on dirait que votre discours tend à légitimer l'homicide, à classer l'esprit querelleur au même rang que la valeur, lorsque c'est, à vrai dire, une valeur bâtarde venue au monde à la suite des sectes et des factions. Le vrai brave est celui qui sait souffrir avec patience tout ce que l'homme le plus méchant fait répandre contre lui; qui regarde une injure comme une chose aussi étrangère à sa personne, que le vêtement qu'il porte avec indifférence; et qui ne préfère pas ses injures à sa vie, en l'exposant à cause d'elles. Si le tort qu'on nous fait est un mal qui peut nous conduire au meurtre, quelle folie n'est-ce pas de risquer ses jours pour un mal?

ALCIBIADE. — Seigneur....

PREMIER SÉNATEUR. — Vous ne pouvez justifier des fautes aussi énormes. Le courage ne consiste pas à se venger, mais à supporter.

ALCIBIADE. — Permettez-moi de parler; seigneurs, et pardonnez si je parle en guerrier. — Pourquoi les hommes s'exposent-ils follement dans les combats? Que n'endurent-ils toutes les menaces? que ne dorment-ils en paix sur l'affront? et que ne se laissent-ils égorger tranquillement et sans résistance par l'ennemi? S'il y a tant de courage à se résigner, qu'allons-nous faire dans les camps? Certes, les femmes qui restent à la maison seront plus braves que nous; si la résignation l'emporte, l'âne sera plus guerrier que le lion; et le coupable chargé de fers sera plus sage que son juge, si la sagesse est dans la patience. Seigneurs, ayez autant de clémence que vous avez de puissance. — Qui ne condamne pas la violence commise de sang-froid! Tuer, je l'avoue, est le dernier excès du crime; mais tuer pour se défendre, par pitié, c'est bien juste. S'abandonner à la colère est une impiété; mais quel est l'homme qui ne se mette en colère? Pesez le crime avec toutes ces considérations?

SECOND SÉNATEUR. — Vous plaidez en vain.

ALCIBIADE. — Quoi! en vain? Ses services à Lacédémone et à Byzance suffiraient pour racheter sa vie.

PREMIER SÉNATEUR. — Que voulez-vous dire?

ALCIBIADE. — Je dis qu'il a rendu des services signalés; qu'il a, dans les combats, tué un grand nombre de vos ennemis. Quelle valeur n'a-t-il pas montrée dans la dernière action? Que de blessures il a faites!

SECOND SÉNATEUR. — Il s'en est trop payé sur le butin. C'est un débauché déterminé; il est sujet à un vice qui noie sa raison et enchaîne sa valeur. S'il n'avait point d'ennemis, celui-là seul suffirait pour l'accabler. On l'a vu, dans cette fureur brutale, commettre mille outrages, et susciter les querelles : on nous a informés que ses jours sont souillés d'excès honteux, et que son ivresse est dangereuse.

PREMIER SÉNATEUR. — Il mourra.

ALCIBIADE. — Sort cruel! Il aurait pu mourir à la guerre! — Seigneur, si ce n'est à cause de ses qualités personnelles, quoi qu'il dût se racheter par son bras droit sans rien devoir à personne, prenez, pour vous fléchir, mes services et joignez-les aux siens. Comme je sais qu'il est de la prudence de votre âge de prendre des sûretés, je vous engage mes victoires et mes honneurs, pour répondre de sa reconnaissance. Si, pour son crime, il doit sa vie à la loi, qu'il la donne à la guerre dans un vaillant combat; car la loi est sévère, et la guerre ne l'est pas davantage.

PREMIER SÉNATEUR. — Nous tenons pour la loi; il mourra : n'insiste plus, sous peine de notre déplaisir; ami ou frère, qui répand le sang d'autrui doit le sien à la loi.

ALCIBIADE. — Qu'il en soit ainsi? Cela ne sera pas, seigneurs, je vous en conjure, connaissez-moi.

SECOND SÉNATEUR. — Comment?

ALCIBIADE. — Rappelez-vous qui je suis.

TROISIÈME SÉNATEUR. — Comment?

ALCIBIADE — Je dois croire que votre vieillesse m'a oublié : autrement on ne me verrait pas ainsi abaissé demandant une grâce aussi simple qu'on me refuse. Mes blessures se rouvrent d'indignation.

PREMIER SÉNATEUR. — Oses-tu provoquer notre colère? Ecoute, ce n'est qu'un mot, mais son effet est étendu : nous te bannissons pour jamais.

ALCIBIADE. — Me bannir? Moi!... Bannissez plutôt votre radotage, bannissez l'usure qui déshonore le sénat.

PREMIER SÉNATEUR. — Si, après deux soleils, Athènes te voit encore, attends de nous le jugement le plus rigoureux, et pour ne pas nous échauffer davantage, il sera exécuté sur l'heure.

(Ils sortent.)

ALCIBIADE. — Puissent les dieux vous faire vieillir assez pour que vous deveniez des squelettes dont tous les yeux se détournent! Ma rage est au comble. — Je faisais fuir leurs ennemis, tandis qu'ils comptaient leur argent et le prêtaient à gros intérêts. — Et moi, je ne suis riche qu'en larges blessures.—Tout cela pour en venir à ceci! Est-ce là le baume que ce sénat d'usuriers verse dans les plaies des guerriers? Ah! l'exil!—Je n'en suis pas fâché : je ne hais pas d'être exilé; c'est un affront fait pour allumer ma fureur et mon indignation, afin que je puisse frapper Athènes. Je vais ranimer le courage de mes troupes, mécontentes et gagner leurs cœurs. Il y a de la gloire à combattre de nombreux ennemis. Les guerriers ne doivent, pas plus que les dieux, souffrir qu'on les offense.

(Il sort.)

SCÈNE VI

*Appartement magnifique dans la maison de Timon.
Musique, tables préparées, serviteurs.*

PLUSIEURS SEIGNEURS *entrent par diverses portes.*

PREMIER SEIGNEUR.—Bonjour, seigneur.

SECOND SEIGNEUR. —Je vous le souhaite aussi. Je pense que l'honorable Timon n'a fait que nous éprouver l'autre jour.

PREMIER SEIGNEUR. — C'était la réflexion qui occupait mon oisiveté, lorsque nous nous sommes rencontrés. Je me flatte qu'il n'est pas si bas qu'il le semblait par l'épreuve qu'il a faite de ses divers amis.

SECOND SEIGNEUR.—Ce qui le prouve assez, c'est le nouveau festin qu'il donne encore.

PREMIER SEIGNEUR.—Je le croirais. Il m'a envoyé une invitation très-pressante; beaucoup d'affaires urgentes m'engageaient à refuser; mais il a tant prié, qu'il a fallu me rendre.

SECOND SEIGNEUR.—Je me devais aussi moi-même à des affaires indispensables, mais il n'a pas voulu recevoir mes excuses. Je suis fâché de m'être trouvé dénué de fonds lorsqu'il envoya m'emprunter de l'argent.

PREMIER SEIGNEUR. — Je suis atteint du même regret, maintenant que je vois le cours que prennent les choses.

SECOND SEIGNEUR.—Chacun ici en dit autant.—Combien voulait-il emprunter de vous?

PREMIER SEIGNEUR.—Mille pièces d'or.

SECOND SEIGNEUR.—Mille pièces!

PREMIER SEIGNEUR.—Et vous?

TROISIÈME SEIGNEUR.—Il m'avait envoyé demander...
—Le voilà qui vient.

(Entre Timon avec suite.)

TIMON. — Je suis à vous de tout mon cœur, dignes seigneurs. Comment vous portez-vous?

premier seigneur. — Le mieux du monde, puisque votre Seigneurie va bien.

second seigneur. — L'hirondelle ne suit pas l'été avec plus de plaisir, que nous votre Seigneurie.

timon, *à part*. — Et ne fuit pas plus promptement l'hiver ; les hommes ressemblent à ces oiseaux de passage. — Seigneurs, notre dîner ne vous dédommagera pas de cette longue attente. Égayez-vous un peu à entendre cette musique, si vous pouvez supporter une musique aussi peu harmonieuse que le son de la trompette ; nous allons nous mettre à table.

premier seigneur. — J'espère que votre Seigneurie ne conserve aucun ressentiment de ce que j'ai renvoyé votre messager les mains vides.

timon. — Ah ! seigneur, que cela ne vous inquiète pas.

second seigneur. — Noble seigneur....

timon. — Ah ! mon digne ami, comment vous va ?
(On apporte le banquet.)

second seigneur. — Honorable seigneur, je suis malade de honte de m'être malheureusement trouvé si pauvre, lorsque votre Seigneurie envoya l'autre jour chez moi.

timon. — N'y pensez plus, seigneur.

second seigneur. — Si vous eussiez envoyé seulement deux heures plus tôt....

timon. — Que ce souvenir n'éloigne pas de vous des idées plus agréables. — Allons, qu'on apporte tout à la fois.

second seigneur. — Tous les plats couverts !

premier seigneur. — Festin royal ! J'en réponds.

troisième seigneur. — N'en doutez pas ; si l'argent et la saison permettent de se le procurer.

premier seigneur. — Comment vous portez-vous ? Quelles nouvelles ?

troisième seigneur. — Alcibiade est exilé, le savez vous ?

premier et second seigneurs. — Alcibiade exilé !

troisième seigneur. — Oui, soyez-en sûrs.

premier seigneur. — Comment ? Comment ?

second seigneur. — Et pourquoi, je vous prie ?

TIMON.—Mes dignes amis, voulez-vous vous approcher?

TROISIÈME SEIGNEUR.— Je vous en dirai davantage tantôt : voilà un splendide repas préparé !

SECOND SEIGNEUR.—C'est toujours le même homme.

TROISIÈME SEIGNEUR.—Cela durera-t-il? Cela durera-t-il?

SECOND SEIGNEUR. — A présent, bon ; mais un temps viendra, où....

TROISIÈME SEIGNEUR.—Je vous entends.

TIMON. —Que chacun prenne sa place avec l'ardeur qu'il mettrait à s'approcher des lèvres de sa maîtresse : vous serez également bien servis en quelque lieu que vous vous placiez. Ne faites point de cérémonie et ne laissez point refroidir le dîner, pendant que nous décidons des premières places. Asseyez-vous, asseyez-vous. —Rendons d'abord grâces aux dieux.

« O vous, grands bienfaiteurs, inspirez à notre société
« la reconnaissance. Faites-vous rendre grâces de vos
« dons, mais réservez toujours quelques bienfaits, si
« vous ne voulez pas voir vos divinités méprisées. Prêtez
« à chaque homme assez pour qu'aucun n'ait besoin de
« prêter à un autre. Si vos divinités étaient réduites à
« emprunter des hommes, les hommes abandonneraient
« les dieux. Faites que le festin soit plus aimé que l'hôte
« qui le donne ; qu'il ne se forme jamais une assemblée
« de vingt convives, sans qu'il y ait une vingtaine de
« fripons. S'il se trouve douze femmes à table, qu'elles
« soient.... ce qu'elles sont déjà. Pour le reste de vos
« dons ! ô dieux !.... que les sénateurs d'Athènes, avec
« toute la lie du peuple athénien, que leurs vices, ô
« dieux, soient les instruments de leur destruction. —
« Quant à tous ces amis qui m'environnent, comme ils
« ne sont rien pour moi, ne les bénissez en rien, et qu'ils
« ne soient les bienvenus à rien. »

—Découvrez les plats, chiens, et lapez.

UN DES SEIGNEURS.—Que veut dire sa Seigneurie?

UN AUTRE.—Je n'en sais rien.

TIMON.— Puissiez-vous ne voir jamais un meilleur festin ! (*On découvre les plats qui sont pleins d'eau chaude.*) Réunion d'amis de bouche, la fumée et l'eau tiède sont votre parfaite image. Voilà le dernier don de Timon, qui, tout couvert de vos louanges et de vos flatteries dorées, s'en lave aujourd'hui, et vous jette au visage votre lâcheté encore fumante. (*Il leur jette l'eau à la figure.*) Vivez méprisés, vivez longtemps, souriants, doucereux, détestables parasites, ennemis polis, loups affables, ours caressants, bouffons de la fortune, amis du festin, mouches de la saison, esclaves des saluts et des courbettes, vapeurs, Jacques d'horloge[1], que les fléaux qui désolent l'homme et la brute, réunis sur vous, vous couvrent entièrement d'une croûte. — Eh bien! où allez-vous? Attendez.—Toi, prends d'abord ta médecine, — et toi aussi, — et toi en-core. — (*Il leur jette les plats à la tête et les chasse.*) Arrête! je veux te prêter de l'argent et non t'en emprunter. Quoi, tous en mouvement? — Qu'il ne se fasse plus désormais de fête où les fripons ne soient les bien reçus! maison, que le feu te consume! Péris, Athènes; et que désormais l'homme et l'humanité soient haïs de Timon!

(Il sort.)

(*Les seigneurs rentrent avec d'autres seigneurs et sénateurs.*)

PREMIER SEIGNEUR.—Eh bien! seigneur?

SECOND SEIGNEUR. — Pouvez-vous expliquer quelle est cette fureur du seigneur Timon?

TROISIÈME SEIGNEUR. — Bah! Avez-vous vu mon chapeau?

QUATRIÈME SEIGNEUR.—J'ai perdu ma robe.

TROISIÈME SEIGNEUR.—Ce n'est qu'un fou; il ne se laisse gouverner que par le caprice; l'autre jour il m'a donné un diamant, et aujourd'hui il me le fait sauter de mon chapeau... L'avez-vous vu, mon diamant?

QUATRIÈME SEIGNEUR.—Avez-vous vu mon chapeau?

SECOND SEIGNEUR.—Le voilà.

QUATRIÈME SEIGNEUR.—Voici ma robe.

---

[1] *Minute Jack*, c'est ce qu'on appelle ordinairement *a Jack of the clock house*, Jacques de l'horloge, figure de bois qui marque les heures. Dans certaines villes de France, on voit encore plusieurs de ces hommes de bois qu'on appelle *jacquemarts* et qui frappent les heures; au même instant une femme de bois se présente et fait la révérence.

premier seigneur.—Hâtons-nous de sortir d'ici.
second seigneur.—Le seigneur Timon est fou.
troisième seigneur. — Je le sens bien vraiment à mes épaules.
quatrième seigneur.—Il nous donne des diamants un jour, et le lendemain des pierres.

(Ils sortent.)

FIN DU TROISIÈME ACTE.

ACTE QUATRIÈME

SCÈNE I

L'extérieur des murs d'Athènes.

Entre TIMON.

Que je vous regarde encore, ô murs qui renfermez ces loups dévorants ; abîmez-vous sous la terre et ne défendez plus Athènes ! Matrones, livrez-vous à l'impudicité ; que l'obéissance manque aux enfants ! Esclaves et fous, arrachez de leurs siéges les graves sénateurs ridés, et jugez à leur place ! Jeunes vierges, soyez plongées dans la fange ! commettez le crime sous les yeux de vos parents. Banqueroutiers, tenez ferme, et plutôt que de rendre l'argent, tirez vos poignards, et coupez la gorge à ceux qui vous l'ont confié. Serviteurs, volez ; vos graves maîtres sont des brigands à la large main, qui pillent au nom des lois. Esclave, entre au lit de ton maître ; ta maîtresse est dans un lieu de débauche. Fils de seize ans, arrache des mains de ton vieux père chancelant sa béquille veloutée, et brise-lui la tête avec. Piété, crainte, amour des dieux, paix, justice, bonne foi, respect domestique, repos des nuits, bon voisinage, éducation, mœurs, religion, commerce, rangs, usages, coutumes et lois, soyez remplacés par tous les désordres contraires. Que la confusion règne seule ; et vous, pestes funestes aux hommes, accumulez vos fièvres contagieuses sur Athènes ; elle est mûre pour vos coups. Froide sciatique, estropie nos sénateurs, et que leurs membres boitent aussi bas que leurs mœurs ! Débauche effrénée[1], glisse-toi dans les cœurs et jusqu'à la moelle de la jeunesse, afin qu'ils luttent avec succès contre le courant de la vertu, et aillent se noyer dans la volupté. Gales, tumeurs, parsemez le sein de tous les Athéniens, et qu'ils en recueillent la moisson d'une lèpre universelle! que l'haleine infecte l'haleine, afin que leur société soit, comme leur amitié, un poison! Cité détestable, je n'emporte rien de toi, que ce corps nu : arrache-le-moi aussi, en multipliant les proscriptions. Timon fuit dans les forêts, où les bêtes les plus féroces seront pour lui plus humaines que les hommes. O vous tous, dieux bienfaisants, exaucez-moi : exterminez les Athéniens au dedans et au dehors de leurs murs. Accordez à Timon de voir croître, avec ses années, sa haine pour la race des hommes, grands ou petits! Ainsi soit-il!

(Il sort.)

SCÈNE II

Athènes. Appartement de la maison de Timon.

Entrent FLAVIUS ET DEUX OU TROIS SERVITEURS.

UN SERVITEUR.—Parlez, maître intendant; où est notre maître?—Sommes-nous perdus? renvoyés? Ne reste-t-il rien?

FLAVIUS.—Hélas! mes camarades, que voulez-vous que je vous dise.—Que les justes dieux daignent se souvenir de moi; je suis aussi pauvre que vous!

UN SERVITEUR. — Une pareille maison renversée! un si généreux maître ruiné; tout perdu, et pas un seul ami pour prendre sa fortune par le bras et pour l'accompagner!

UN SECOND SERVITEUR. — De même que nous tournons le dos à notre compagnon dès qu'il est jeté dans son tombeau, ainsi ses amis, en voyant sa fortune ensevelie, se dérobent au plus vite, ne lui laissant que leurs vœux trompeurs, comme des bourses vides : l'infortuné, voué à la mendicité, sans autre bien que l'air, avec sa pau-

---

[1] *Liberty* est pris ici dans le sens de licence.

vreté, maladie que tout le monde fuit, marche comme le mépris, tout seul. (*Entrent quelques autres serviteurs de Timon.*) Voici encore quelques-uns de nos camarades.

FLAVIUS. — Tous instruments brisés d'une maison ruinée.

UN TROISIÈME SERVITEUR. — Nos cœurs n'en portent pas moins la livrée de Timon ; je le lis sur nos visages. Nous sommes tous camarades encore, servant tous ensemble dans le malheur. Notre barque fait eau ; et nous, pauvres matelots, nous sommes sur le pont, écoutant les menaces des vagues, il faut que nous nous séparions tous, dispersés dans l'océan de l'air.

FLAVIUS. — Braves amis, je veux partager avec vous tout ce qui me reste de biens. En quelque lieu que nous puissions nous revoir, pour l'amour de Timon, restons toujours camarades ; secouons la tête, et disons, comme si c'était le glas de la fortune de notre maître : « Nous « avons vu des jours plus heureux ! » — Que chacun prenne sa part ; allons, tendez tous la main. — Pas un mot de plus : c'est ainsi que nous nous séparons, pauvres d'argent, mais riches en douleur. (*Il leur donne de l'argent, et tous se retirent de différents côtés.*) Oh ! dans quelle affreuse détresse la prospérité nous a précipités ! Qui ne désirera pas d'être préservé des richesses, puisque l'opulence aboutit à la misère et au mépris ? Quel homme voudrait se laisser tromper par l'éclat de la prospérité, ou ne jouir que d'un songe d'amitié ? Qui voudrait de la magnificence et de tous ces avantages du rang, qui ne sont que des peintures, comme ces amis couverts de vernis ? Mon pauvre brave maître ! voilà où son bon cœur l'a réduit ; c'est sa bonté qui l'a perdu ! Étrange, singulier caractère, que celui dont le plus grand crime est d'avoir fait trop de bien ! Qui osera désormais être la moitié aussi bon, puisque la bonté qui fait les dieux détruit l'homme ? Ô mon cher maître, adoré autrefois pour être maudit aujourd'hui, riche seulement pour être misérable, ta grande opulence est devenue ta grande calamité. Hélas ! le bon seigneur, dans sa rage il a fui cette ville ingrate, repaire de ses faux amis : il n'a rien avec lui pour soutenir sa vie ou de quoi se procurer le nécessaire. Je veux le suivre et le découvrir. Je servirai toujours son âme de tout mon cœur, et tant qu'il me restera de l'or je serai son intendant.

(Il sort.)

SCÈNE III

Les bois.

Entre TIMON *avec une bêche.*

O soleil, bienfaisant générateur, fais sortir de la terre une humidité empestée, infecte l'air sous l'orbe de ta sœur[1] ! Prends deux frères jumeaux nourris dans le même sein, dont la conception, la gestation et la naissance furent presque simultanées; fais-leur éprouver des destinées diverses : le plus grand méprisera le plus petit. La nature qu'assiègent tous les maux ne peut supporter une grande fortune qu'en méprisant la nature. Élève ce mendiant, dépouille ce seigneur; le seigneur va essuyer un mépris héréditaire, et le mendiant jouira des honneurs de la naissance. C'est la bonne chère qui engraisse les flancs d'un frère; c'est le besoin qui le maigrit[2]. Qui osera, qui osera lever le front avec une pureté mâle, et dire : cet homme est un flatteur? S'il en est un seul, ils le sont tous; chaque degré de la fortune est aplani par celui qui est au-dessous. La tête savante fait plongeon devant l'imbécile vêtu d'or : tout est oblique, rien n'est uni dans notre nature maudite, que

[1] Dans ce monde sublunaire.
[2] Ce passage est encore un de ceux qui ont le plus embarrassé les commentateurs ; il nous semble que c'est en supposant que *brother* devait être remplacé par *weather*, saison, selon les uns, et *wether*, bélier, selon les autres, qu'on a oublié ce que Shakspeare voulait dire. Le sens le plus simple est presque toujours le meilleur.
It is the pasture lards the brother's side.
C'est la bonne chère qui engraisse les flancs du frère, et non du *bélier*, ni de *la saison;* mais du frère de qui? Shakspeare ne dit-il pas, huit vers plus haut : *Twinn'd brothers of one womb,* etc.

le sentier direct de la perversité. Haine donc aux fêtes, aux sociétés et aux assemblées des hommes! Timon méprise son semblable et lui-même. Que la destruction dévore le genre humain! — O terre, cède-moi quelques racines. (*Il creuse la terre.*) Celui qui te demande quelque chose de plus, flatte son palais de tes poisons les plus actifs! Que vois-je! de l'or? cet or jaune, ce brillant et précieux inconstant. Non, dieux[1], je ne suis point un suppliant inconstant. Des racines, cieux purs! Ce peu d'or suffirait pour rendre le noir blanc, la laideur beauté, le mal bien, la bassesse noblesse, la vieillesse jeunesse, la lâcheté bravoure. — Oh! pourquoi cela, grands dieux? Qu'est-ce donc, ô dieux! pourquoi cet or peut-il faire déserter de vos autels, vos prêtres et vos serviteurs? il arrache l'oreiller placé sous la tête du malade encore plein de vie[2]. Ce jaune esclave forme ou rompt les nœuds des pactes les plus sacrés, bénit ce qui fut maudit, fait adorer la lèpre blanche; il place un fripon auprès du sénateur, sur le siége de justice, lui assure les titres, les génuflexions et l'approbation publique. C'est lui qui fait remarier la veuve flétrie. Celle dont ses ulcères dégoûteraient l'hôpital, l'or la parfume et l'embaume, et la ramène au mois d'avril. Viens, poussière maudite, prostituée commune à tout le genre humain, qui sèmes le trouble parmi la foule des nations, je veux te faire reprendre la place que t'assigne la nature! — (*Une marche militaire.*) Un tambour! Tu es bien vif, mais je veux t'ensevelir : va, robuste brigand, rentre aux lieux où ne peuvent rester tes gardiens goutteux; mais gardons-en un peu pour échantillon.

(Il prend un peu d'or et enfouit le reste.)
(Entrent Alcibiade, avec des fifres et des tambours comme dans une marche militaire; Phrynia, Timandra.)

ALCIBIADE. — Qui es-tu? parle.

[1] *Sub rastro erepit argenti mihi seria dextro, Hercule!*
(PERSE.)

[2] Allusion à une ancienne coutume d'ôter l'oreiller de dessous la tête des mourants, dans leur agonie, pour rendre leur mort plus douce.

TIMON. — Un animal comme toi. Qu'un cancer te ronge le cœur, pour venir me montrer encore les yeux d'un homme!

ALCIBIADE. — Quel est ton nom? As-tu donc l'homme tellement en horreur, toi qui es, toi-même, un homme?

TIMON. — Je suis misanthrope [1], et je hais le genre humain. — Pour toi, je voudrais que tu fusses chien ; je pourrais t'aimer un peu.

ALCIBIADE. — Je te connais bien, mais j'ignore complétement tes aventures.

TIMON. — Je te connais, et cela me suffit; je ne désire point en savoir davantage; suis tes tambours : peins la terre du sang des hommes, couleur de gueules. Les lois religieuses, les lois civiles, toutes sont cruelles! Que doit donc être la guerre? — Cette fatale courtisane, que tu mènes avec toi, porte en elle une destruction plus sûre que ton épée, malgré ses yeux de chérubin.

PHRYNIA. — Que tes lèvres pourrissent!

TIMON. — Va, je ne t'embrasserai pas; que la pourriture retourne sur tes lèvres.

ALCIBIADE. — Comment le noble Timon est-il venu à ce changement?

TIMON. — Comme la lune change, faute de lumière à répandre; mais je n'ai pu, comme elle, renouveler ma clarté; il n'y avait point de soleils, pour en emprunter d'eux.

ALCIBIADE. — Noble Timon, quel service mon amitié peut-elle te rendre?

TIMON. — Aucun, sinon de justifier mes sentiments.

ALCIBIADE. — Quels sont-ils?

TIMON. — Promets-moi tes services, et ne m'en rends aucun. Si tu ne veux pas promettre, que les dieux te punissent, car tu es un homme ; si tu tiens ta promesse, le ciel te confonde, car tu es un homme!

ALCIBIADE. — J'ai bien ouï dire quelque chose de tes malheurs.

---

[1] Le mot grec a plus d'énergie que celle que nous attachons à cette expression devenue française.

TIMON.—Tu les as vus dans le temps de ma prospérité.

ALCIBIADE. — Je les vois maintenant; alors c'était un heureux temps.

TIMON.—Comme le tien maintenant, passé avec cette paire de prostituées.

TIMANDRA.—Est-ce donc là ce mignon d'Athènes, dont le monde parlait avec tant d'admiration?

TIMON.—Es-tu Timandra?

TIMANDRA.—Oui.

TIMON. — Sois toujours prostituée. Ceux qui jouissent de toi ne t'aiment point. Donne-leur des maladies pour prix de leur incontinence. Emploie bien tes heures de lubricité, prépare ces esclaves pour les baquets et les bains, et réduis à la diète et aux remèdes la jeunesse aux joues de rose.

TIMANDRA.—Va te faire pendre, monstre!

ALCIBIADE.—Pardonne-lui, chère Timandra; son esprit s'est perdu et noyé dans ses calamités. — Brave Timon, il ne me reste qu'un peu d'or, dont la disette excite tous les jours quelque révolte parmi mes soldats indigents. J'ai appris avec douleur comment la maudite Athènes, sans faire cas de ton mérite, oubliant tes grandes actions, qui la sauvèrent lorsque les États voisins allaient l'écraser, sans ton épée et ta fortune....

TIMON.—Je te prie, fais battre tes tambours, et va-t'en.

ALCIBIADE. — Mon cher Timon, je suis ton ami et je te plains.

TIMON. — Comment peux-tu plaindre celui que tu importunes? J'aimerais mieux être seul.

ALCIBIADE.—Eh bien! porte-toi bien; voilà un peu d'or pour toi.

TIMON.—Garde-le, je ne peux pas le manger.

ALCIBIADE. — Quand j'aurai fait de la superbe Athènes un monceau de....

TIMON.—Fais-tu la guerre à Athènes?

ALCIBIADE.—Oui, Timon, et j'en ai sujet.

TIMON. — Que les dieux les confondent tous par ton triomphe, et toi après quand tu auras triomphé!

ALCIBIADE.—Moi, Timon, et pourquoi?

TIMON. — Parce qu'en égorgeant ces misérables, tu seras né pour conquérir ma patrie. — Reprends ton or : pars, voilà de l'or, pars : sois comme un astre malfaisant, lorsque Jupiter suspend le poison au-dessus d'une ville criminelle dans l'air empesté. Que ton glaive n'en épargne pas un seul ; n'aie aucune pitié de la respectable vieillesse en dépit de sa barbe blanche ; c'est un usurier : frappe-moi l'épouse hypocrite ; rien n'est honnête en elle que son vêtement : c'est une prostituée. Que les joues de la jeune vierge n'adoucissent pas le tranchant de ton épée : ces mamelles qui, au travers de la gaze transparente, enchantent les yeux de l'homme, ne sont point inscrites dans le livre de la pitié ; traite-les comme des traîtres odieux : n'épargne pas même l'enfant dont le gracieux sourire émeut la compassion des sots ; ne vois en lui qu'un bâtard qu'un oracle équivoque a désigné comme devant t'égorger ; mets-le en pièces sans remords. Jure de les exterminer tous ; arme tes oreilles et tes yeux d'une cuirasse impénétrable aux cris des mères, des filles, des enfants, à la vue des prêtres souillant de leur sang leurs vêtements sacrés. Tiens, voilà de l'or pour payer tes soldats ; fais un grand carnage ; et quand ta fureur sera assouvie, sois exterminé toi-même ! Ne parle pas : va-t'en.

ALCIBIADE. — As-tu encore de l'or? Je prendrai l'or ; mais non tous tes avis.

TIMON. — Suis-les, ou ne les suis pas ; que la malédiction du ciel plane sur toi !

TIMANDRA ET PHRYNIA. — Donne-nous de l'or, bon Timon : en as-tu encore ?

TIMON. — Assez pour faire abjurer à une prostituée son métier, et renoncer une entremetteuse à faire des prostituées. Viles créatures, tendez et emplissez vos tabliers. Ce n'est pas à vous qu'il faut demander des serments qui vous enchaînent, non que vous ne soyez prêtes à jurer, à prononcer des jurements exécrables qui feraient trembler d'horreur, et frissonner les dieux immortels qui vous entendraient. Épargnez les serments ; je me fie à votre penchant ; restez des prostituées. Que celui dont la voix pieuse tentera de vous convertir soit lui-même entraîné par vous dans le crime ; attirez-le et embrasez-le de vos feux profanes, plus puissants que la fumée de ses discours. Ne désertez jamais votre profession ; seulement éprouvez six mois de l'année les peines méritées, et couvrez vos pauvres têtes chauves de la dépouille des morts ; quelques-uns ont été pendus, n'importe, servez-vous-en pour trahir, continuez vos prostitutions, fardez les rides et les pustules de votre visage, jusqu'à ce qu'il devienne un bourbier.

TIMANDRA ET PHRYNIA. — Fort bien : encore de l'or. — Eh bien ! sois persuadé que nous ferons tout pour de l'or.

TIMON.—Semez la consomption jusque dans la moelle des os des hommes ; frappez leurs jambes décharnées, détruisez la rapidité de leur marche ; étouffez la voix de l'avocat, qu'il ne puisse plus plaider pour de faux titres, et ne fasse plus entendre son aigre fausset pour soutenir des subtilités. Couvrez de lèpre le flamine qui déclame contre la chair, et qui ne se croit pas lui-même. Faites tomber le nez par terre pour qu'il se le casse l'homme qui ne cherche qu'à éventer son avantage particulier au milieu de l'intérêt général. Rendez chauves les débauchés à la tête frisée ; et que les fanfarons sans cicatrices de la guerre puisent dans votre sein quelque souffrance ! Frappez tous les hommes du même fléau. Que votre activité corrompe et dessèche les sources de toute vigueur. Voilà encore de l'or ; allez, damnez les autres, et que cet or vous damne à votre tour, et que les fossés vous servent à tous de tombeau !

TIMANDRA ET PHRYNIA. — Encore des avis et encore de l'argent, généreux Timon.

TIMON. — Encore plus de prostituées et plus de maux d'abord. Commencez votre tâche ; je vous ai donné des arrhes.

ALCIBIADE.—Tambours ! battez. Marchons vers Athènes. —Adieu, Timon ; si je prospère, je reviendrai te revoir.

TIMON. — Et moi, si mon espoir est accompli, je ne te reverrai jamais.

ALCIBIADE.—Je ne t'ai jamais fait de mal.

TIMON.—Tu as dit du bien de moi.

ALCIBIADE.—Appelles-tu cela du mal?

TIMON. — Oui, les hommes l'éprouvent tous les jours. —Sors d'ici, pars, et emmène tes chiennes avec toi.

ALCIBIADE. — Nous ne faisons ici que l'offenser. — Partons.

(Le tambour bat; sortent Alcibiade, Phrynia, et Timandra.)

TIMON. — Se peut-il que la nature, blessée de l'ingratitude de l'homme, puisse encore avoir faim! — O mère commune, toi dont le sein immense et fécond enfante et nourrit tout (*il creuse la terre*); toi, qui de la même substance dont ton orgueilleux enfant, l'homme superbe est gonflé, engendre le noir crapaud, la vipère azurée, le lézard doré, le serpent aveugle¹, et mille autres créatures abhorrées sous la voûte du ciel, où brillent les feux vivifiants d'Hypérion², donne à celui qui hait tous tes enfants de l'humanité une pauvre racine! — Détruis la fécondité de tes entrailles, qu'elles ne produisent plus l'homme ingrat; ne sois plus enceinte que de tigres, de loups, de dragons et d'ours, produis d'autres monstres nouveaux que ta face extérieure n'ait point encore montrés à la voûte bigarrée qui te couvre. — Oh! une racine! — Je te remercie. — Dessèche tes veines, tes vignobles, et tes guérets déchirés par la charrue, dont l'homme ingrat tire ces liqueurs et ces mets onctueux qui souillent la pureté de l'âme, et la privent de sa raison. (*Entre Apémantus.*) Encore un homme! malédiction! malédiction!

APÉMANTUS.—On m'a montré ce chemin. On dit que tu affectes mes mœurs, que tu les copies.

TIMON. — C'est parce que tu n'as point de chien que je puisse imiter. Que la peste te consume!

APÉMANTUS. — Tout cela n'est en toi qu'affectation; ce n'est qu'une mélancolie indigne de l'homme, et qui est née du changement de ta fortune. Que signifient cette

---

¹ L'aveugle, espèce de serpent ainsi nommé à cause de la petitesse de ses yeux : c'est le *cœcilia* des Latins.

² Hypérion, le soleil.

bêche, cet endroit, ce vêtement d'esclave, et ces regards inquiets? Et cependant tes flatteurs portent la soie, boivent le vin et dorment sur le duvet, serrent contre eux leurs parfums pernicieux, et ils ont oublié qu'il exista jamais un Timon. Ne déshonore point ces bois en adoptant la malice d'un censeur. Fais-toi flatteur à ton tour; cherche à relever ta fortune par ce qui t'a ruiné; apprends à courber les genoux; qu'il suffise du souffle du riche qui recevra ton hommage, pour faire voler ton bonnet; loue ses plus grands vices et érige-les en vertus. C'est ainsi qu'on te traitait; ton oreille était toujours ouverte comme celle d'un cabaretier qui fait un accueil gracieux aux fripons et à tous ceux qui l'approchent; il est juste que tu deviennes un fripon toi-même. Si tu avais encore des richesses, elles appartiendraient aux fripons. Ne cherche point à me ressembler.

TIMON.—Si je te ressemblais, je renoncerais à moi-même.

APÉMANTUS.—Tu as renoncé à toi-même en restant tel que tu étais, jadis extravagant, sot aujourd'hui.— Quoi! attends-tu que cet air froid, brusque chambellan, te vienne revêtir d'une chemise chaude? Ces arbres moussus, et plus vieux que l'aigle, suivront-ils tes pas, et bondiront-ils sur ton signe? L'onde du froid ruisseau recouvert de glace préparera-t-elle ton repas du matin pour réparer tes excès de la nuit? Appelle toutes les créatures qui vivent exposées à l'inclémence de l'air : ces arbres dont les troncs nus et sans abri, en butte au choc des éléments, ne répondent qu'à la nature; dis-leur de te flatter.—Oh! tu trouveras....

TIMON.—Un fou en toi: va-t'en.

APÉMANTUS. — Je t'aime plus maintenant que je n'ai jamais fait.

TIMON.—Et moi, je te hais davantage.

APÉMANTUS.—Pourquoi?

TIMON.—Tu flattes la misère.

APÉMANTUS. — Je ne flatte pas; je te dis seulement que tu es un pendard.

TIMON.—Pourquoi m'es-tu venu chercher?

APÉMANTUS.—Pour te vexer.

TIMON.—C'est toujours le rôle d'un lâche ou d'un fou : te plais-tu dans ce rôle ?

APÉMANTUS.—Oui.

TIMON.—Quoi, tu es aussi un coquin ?

APÉMANTUS. — Si tu avais adopté ce genre de vie sauvage pour châtier ton orgueil, à la bonne heure; mais tu ne l'as fait que par force. Tu serais un courtisan, si tu n'étais pas un gueux. — L'indigence volontaire survit à une opulence inquiète et arrive plus tôt au comble de ses désirs. L'une les remplit sans cesse et ne les complète jamais, l'autre est toujours satisfaite. La fortune la plus brillante, sans contentement, est un état de peine et de misère, pire que ce qu'il y a de pis avec le contentement. Tu devrais désirer de mourir, puisque tu es misérable.

TIMON.—Non par la sentence de celui qui est plus misérable que moi. Tu es un esclave que jamais la fortune ne pressa avec faveur dans ses bras caressants; tu es né comme un chien. Si tu avais, comme moi, dès ton berceau, passé successivement par toutes les douceurs que ce monde de passage prodigue à ceux qui peuvent librement jouir de toutes ses drogues assoupissantes, tu te serais plongé tout entier dans la débauche; ta jeunesse se serait usée dans tous les rendez-vous de la volupté, tu n'aurais jamais appris les froids préceptes de l'obéissance aux lois, tu aurais suivi le jeu sucré qui t'était offert.—Mais moi, qui avais le monde entier pour confiseur, je régnais sur la bouche, la langue, le cœur et les yeux de plus de serviteurs que je n'en pouvais employer; ils étaient attachés à moi comme les feuilles innombrables le sont au chêne : mais le souffle d'un seul hiver les a fait tomber des rameaux, et m'a exposé nu à toutes les fureurs de la tempête. Ce n'est pas sans quelque peine que je supporte ceci, moi, qui n'ai connu jamais que le bonheur; mais toi, ton existence a commencé dans la souffrance, et le temps t'a endurci. Pourquoi haïrais-tu les hommes? Ils ne t'ont pas flatté. Quels dons leur as-tu faits? Va, si tu veux maudire, maudis ton père; ce pauvre misérable qui, dans son dépit, s'unit à quelque malheureuse errante, et forma en toi un pauvre misérable héréditaire. — Hors d'ici, va-t'en ; si tu n'étais pas né le pire des hommes, tu aurais été un fripon et un flatteur.

APÉMANTUS.—As-tu encore de l'orgueil?

TIMON.—Oui, j'en ai de ne pas être toi.

APÉMANTUS.—Et moi de n'avoir pas été un prodigue!

TIMON.—Et moi d'en être encore un à présent. Si tout ce que je possède était renfermé en toi, je te permettrais d'aller te pendre ; va-t'en.—Que la vie d'Athènes entière n'est-elle dans cette racine! je la dévorerais ainsi!
(Il mange une racine.)

APÉMANTUS, *lui offrant quelque chose.* — Tiens, je veux améliorer ton repas.

TIMON.—Commence par améliorer ma société ; va-t'en.

APÉMANTUS. — Je vais améliorer la mienne en m'éloignant de toi.

TIMON.—Elle ne sera pas améliorée[1], elle ne sera que rapiécée ; du moins je le souhaite.

APÉMANTUS.—Que voudrais-tu envoyer à Athènes?

TIMON. — Toi, dans un ouragan. Si tu veux, dis-leur que j'ai de l'or ici : vois, j'en ai.

APÉMANTUS.—L'or n'est ici d'aucun usage.

TIMON.—Le meilleur et l'innocent ; car ici il dort et ne paye pas le mal.

APÉMANTUS.—Timon, où couches-tu la nuit?

TIMON.—Sous ce qui est au-dessus de moi. Apémantus, où manges-tu le jour?

APÉMANTUS.—Où mon estomac trouve de la nourriture, ou plutôt là où je la mange.

TIMON. — Oh! si le poison connaissait ma volonté, et voulait m'obéir!

APÉMANTUS.—Où l'enverrais-tu?

TIMON.—Assaisonner tes aliments.

---

[1] Shakspeare ne laisse jamais échapper l'occasion d'employer à double sens le verbe *to mend* : *raccommoder, rapiécer, corriger, améliorer.*

Le dialogue commence ici à devenir plus grossier que spirituel.

APÉMANTUS. — Va, tu n'as jamais connu le juste milieu de l'humanité ; mais seulement l'un ou l'autre extrême. Au milieu de ton or et de tes parfums, on se moquait de toi pour ton excès de délicatesse. Maintenant, sous tes haillons, tu n'en connais plus aucune et on te méprise pour l'excès contraire. Voici une nèfle, mange-la.

TIMON. — Je ne mange point ce que je hais.

APÉMANTUS. — Et tu hais une nèfle[1] ?

TIMON. — Oui, parce que tu lui ressembles.

APÉMANTUS. — Si tu avais haï plus tôt les flatteurs, tu t'aimerais toi-même davantage aujourd'hui. Quel prodigue as-tu jamais connu qui ait été jamais aimé après la perte de ses moyens ?

TIMON. — As-tu jamais connu un homme qui fût aimé sans les moyens dont tu parles ?

APÉMANTUS. — Moi.

TIMON. — Je te comprends ; tu as quelques moyens pour avoir un chien.

APÉMANTUS. — Quelles choses au monde peux-tu comparer le mieux à tes flatteurs ?

TIMON. — Les femmes en approchent le plus ; mais les hommes, les hommes sont la flatterie elle-même. — Apémantus, que ferais-tu de l'univers si tu le tenais sous ta puissance ?

APÉMANTUS. — Je l'abandonnerais aux bêtes féroces pour me délivrer des hommes.

TIMON. — Voudrais-tu tomber toi-même dans la destruction générale des hommes et rester brute avec les brutes ?

APÉMANTUS. — Oui, Timon.

TIMON. — Ambition de brute ! que les dieux t'accordent ton désir ! Si tu étais lion, le renard te duperait ; si tu étais agneau, le renard te dévorerait ; si tu étais le renard, le lion te suspecterait, si par hasard l'âne venait à t'accuser ; si tu étais l'âne, ta stupidité ferait ton tourment,

---

[1] Jeu de mots : *meddlar*, nèfle, et *meddler*, un homme qui se mêle de tout, un flatteur, un intrigant.

et tu ne vivrais que pour servir de déjeûner au loup; si tu étais le loup, ta voracité serait ton supplice, et tu exposerais ta vie pour ton dîner; si tu étais la licorne [1], ta fureur et ton orgueil seraient un piége pour toi, tu périrais victime de ta colère; si tu étais un ours, tu serais tué par le cheval; si tu étais cheval, tu serais la proie du léopard; si tu étais un léopard, tu serais cousin germain du lion, et ta peau mouchetée serait fatale à ta vie; tu n'aurais de sûreté que dans ta fuite, et ton absence serait ton unique défense. Quel animal pourrais-tu être, qui ne fût soumis à quelque autre animal? Et quel animal tu es déjà, de ne pas voir comment tu perdrais à la métamorphose!

APÉMANTUS. — Si ta conversation avait pu me plaire, ce serait surtout en ce moment. La république d'Athènes est devenue un repaire de bêtes.

TIMON. — L'âne a-t-il donc sauté par-dessus les murailles, que te voilà hors de la ville?

APÉMANTUS. — Voilà un poëte et un peintre. Que la peste de la société te poursuive; de peur d'en être atteint je décampe : quand je ne saurai que faire je reviendrai te voir.

TIMON. — Quand tu seras le seul homme vivant, tu seras le bienvenu : j'aimerais mieux être le chien d'un mendiant qu'Apemantus.

APÉMANTUS. — Tu es le premier de tous les fous vivants!

TIMON. — Je voudrais que tu fusses assez propre pour te cracher au visage.

APÉMANTUS. — Que la peste t'étouffe! Tu es trop méchant pour que je te maudisse.

TIMON. — Tous les coquins, près de toi, sont purs.

APÉMANTUS. — Il n'est point de lèpre pareille à **ton** langage....

---

[1] Voici ce qu'on racontait de la licorne : « quand le lion, qui est son ennemi, l'aperçoit, il se tient appuyé sur le tronc d'un arbre; la licorne, furieuse, vole vers lui pour le percer. Le lion se retire; la licorne enfonce sa corne dans l'arbre et devient ainsi la proie du lion. »

TIMON. — Oui, si je te nommais. — Je te battrais, mais ce serait souiller mes mains.

APÉMANTUS. — Je voudrais que ma langue pût les faire tomber en pourriture.

TIMON. — Hors d'ici, progéniture d'un chien galeux, la colère me transporte de te voir vivant; je me trouve mal en te voyant.

APÉMANTUS. — Je voudrais te voir crever.

TIMON. — Va-t'en, coquin importun; j'en suis fâché, mais je vais perdre une pierre après toi[1]! (*Il lui jette une pierre.*)

APÉMANTUS. — Bête sauvage!

TIMON. — Esclave!

APÉMANTUS. — Crapaud!

TIMON. — Coquin, coquin, coquin! (*Apémantus s'éloigne comme pour s'en aller.*) Je suis malade de dégoût de ce monde pervers; je n'en veux rien aimer, que les aliments nécessaires qui croissent sur sa surface. — Allons, Timon, prépare maintenant ta tombe; repose dans un lieu où l'écume légère de la mer puisse chaque jour en baigner la pierre : compose ton épitaphe, et que la mort rie en moi de la vie des autres. (*Il regarde son or.*) O toi, doux régicide; cher métal de discorde entre le père et le fils; toi, brillant corrupteur de la pureté du lit nuptial, vaillant Mars, amant toujours jeune, toujours frais et séduisant, toujours aimé, dont l'éclat fond la neige consacrée qui protége le sein de Diane! ô toi, dieu visible, qui réunis les contraires dans une alliance étroite et les amène à s'embrasser; toi, qui parles et assortis tous les langages à tous les desseins! ô toi, pierre de touche des cœurs, pense que l'homme, ton esclave, se révolte, et, par ta puissance, allume entre eux des discordes mortelles! Puisse l'empire du monde rester à la brute!

APÉMANTUS. — Que ton vœu s'exauce; mais quand je serai mort. — Je vais dire que tu as de l'or; tu seras bientôt entouré d'une foule.

TIMON. — D'une foule?

[1] « Tout homme a une pierre pour jeter à un chien. » (Proverbe.) On connaît l'étymologie du mot *cynique*.

APÉMANTUS. — Oui.

TIMON. — Tourne-moi le dos, je t'en conjure.

APÉMANTUS. — Vis et chéris ta misère.

(Apémantus sort.)

TIMON. — Vis longtemps ainsi, et meurs ainsi, nous sommes quittes.—Encore des visages humains! Mange, Timon, et déteste-les.

(Des voleurs entrent.)

PREMIER VOLEUR. — Où peut-il avoir trouvé cet or; sans doute ce sont quelques pauvres restes, quelques misérables débris de sa fortune? La disette d'argent, l'abandon de ses amis l'ont jeté dans cette mélancolie.

SECOND VOLEUR. — Le bruit court qu'il possède un trésor immense.

TROISIÈME VOLEUR. — Faisons une tentative sur lui; s'il ne se soucie plus de l'or, il nous l'abandonnera facilement; mais s'il est jaloux de le conserver, comment l'aurons-nous?

SECOND VOLEUR. — Tu as raison; car il ne le porte pas sur lui : il est caché.

PREMIER VOLEUR. — N'est-ce pas lui?

LES AUTRES. — Où?

SECOND VOLEUR. — Le voilà tel qu'on nous l'a peint.

TROISIÈME VOLEUR. — Lui-même; je le reconnais.

LES VOLEURS. — Dieu te garde, Timon!

TIMON. — Quoi, des voleurs!

LES VOLEURS. — Des soldats, non des voleurs.

TIMON. — Tous les deux à la fois, et des fils d'une femme.

LES VOLEURS. — Nous ne sommes point des voleurs, mais des hommes dans un grand besoin.

TIMON. — Votre plus grand besoin, c'est le besoin de nourriture. Pourquoi en manqueriez-vous? Voyez, la terre a des racines; à un mille à la ronde jaillissent cent sources; ces chênes produisent du gland; ces ronces sont couvertes de graines vermeilles; la nature, ménagère bienfaisante, vous sert sur chaque buisson des mets en abondance. Vous êtes dans le besoin, et pourquoi?

PREMIER VOLEUR.—Nous ne pouvons vivre d'herbes, de

fruits sauvages et d'eau comme les poissons, les oiseaux et les bêtes de ces forêts.

TIMON. — Ni des bêtes elles-mêmes, des oiseaux et des poissons : il faut que vous dévoriez les hommes. Je dois vous rendre grâces de ce que vous êtes des voleurs avoués ; de ce que pour faire votre métier, vous ne prenez point un masque respectable, car dans les professions légitimes de la société, la rapacité n'a point de bornes. Brigands, tenez, voici de l'or. Allez, buvez le sang subtil de la grappe, jusqu'à ce qu'il allume dans vos veines une fièvre brûlante qui fasse bouillir le vôtre et vous sauve du gibet ! Ne vous fiez pas au médecin : ses antidotes sont du poison ; il commet plus d'assassinats que vous de vols; il vole la bourse et la vie à la fois. Commettez des crimes, commettez-en puisque c'est votre profession, comme des ouvriers. Je veux vous citer partout l'exemple du brigandage. Le soleil est un voleur qui, par sa puissante attraction, vole le vaste océan ; la lune, voleur effronté, vole au soleil la pâle lumière dont elle brille. L'Océan est un autre voleur qui fond la lune en larmes salées et les mêle à ses flots. La terre est un voleur qui ne produit et ne nourrit que par un mélange soustrait au résidu de toutes les substances. Toute chose est un voleur ; les lois, votre frein et votre verge, sont elles-mêmes, par leur pouvoir tyrannique, les plus effrénés des brigands. Point d'amitié entre vous ; allez, volez-vous l'un l'autre ; voilà encore de l'or. Coupez les gorges ; tous ceux que vous rencontrerez sont des voleurs. Allez à Athènes, brisez les portes des boutiques ; vous ne pouvez rien voler qu'à des voleurs. Que cet or que je vous donne ne vous empêche pas de voler encore : qu'il vous perde vous-mêmes et vous confonde : ainsi soit-il !

(Il se retire vers sa caverne.)

TROISIÈME VOLEUR. — Il m'a presque dégoûté de mon métier, en me le vantant.

PREMIER VOLEUR. — Ce n'est pas le désir que nous prospérions dans notre profession mystérieuse, c'est la haine pour les hommes qui lui a dicté ces conseils.

SECOND VOLEUR.—Je veux le croire comme un ennemi, et je dis adieu à mon état.

PREMIER VOLEUR. — Attendons que nous revoyions la paix dans Athènes.

SECOND VOLEUR.—Il n'est point de temps si misérable où l'homme ne puisse être honnête.

(Ils sortent.)

(Entre Flavius.)

FLAVIUS. — O dieux ! cet homme dans l'opprobre et la ruine est-il mon seigneur? Quel état de dépérissement et de dégradation? O monument étonnant de bienfaits mal placés ! Quel changement dans sa situation ont produit l'indigence et le désespoir ! — Quoi de plus vil sur la terre que ces amis qui conduisent ainsi les âmes les plus nobles à la plus honteuse fin? Comme l'ordre donné à l'homme d'aimer ses ennemis s'accorde bien avec ce temps-ci ! Puis-je n'accorder ma tendresse qu'à celui qui me veut du mal, plutôt qu'à celui qui m'en fait ! — Son œil m'a aperçu ; je vais lui présenter ma douleur sincère, et je veux le servir, comme mon seigneur, aux dépens de ma vie.—Mon cher maître.

(Timon sort de sa caverne.)

TIMON.—Va-t'en ; qui es-tu?

FLAVIUS.—M'avez-vous oublié, seigneur?

TIMON. — Pourquoi fais-tu cette question ? J'ai oublié tous les hommes : donc, si tu avoues être un homme, je t'ai oublié aussi.

FLAVIUS.—Votre pauvre et honnête serviteur....

TIMON. — Je ne te connais donc point. Je n'eus jamais un honnête homme auprès de moi ; je n'avais que des fripons qui servaient à manger à des coquins.

FLAVIUS. — Les dieux me sont témoins que jamais pauvre intendant ne versa sur l'infortune de son maître de larmes plus sincères, que n'en ont versé mes yeux sur la vôtre.

TIMON. — Quoi ! tu pleures ! Approche ; maintenant je t'aime, parce que tu es une femme, et que tu désavoues le cœur de pierre des hommes, qui ne pleurent jamais que de débauche ou de folle joie !—La pitié dort : étrange siècle que celui où on pleure de rire, non en pleurant!

FLAVIUS. — Reconnaissez-moi, mon cher maître, je vous en conjure ; agréez ma sincère douleur, et tant que ce faible trésor durera (*il lui présente tout ce qu'il a d'or*), souffrez que je sois votre intendant[1].

TIMON. — Quoi, j'avais un intendant si fidèle, si juste, et aujourd'hui si compatissant! Ceci adoucit presque mon caractère sauvage. — Voyons ton visage. — Cet homme pourtant naquit sûrement d'une femme.—Dieux éternellement sages! pardonnez-moi mon anathème téméraire et sans exception ; je proclame qu'il est un homme honnête : mais ne vous y trompez pas ; un seul, pas davantage, et c'est un intendant! Oh! que j'aurais voulu détester tout le genre humain ; mais tu te rachètes toi-même : toi seul excepté, je maudis tous les hommes. —Il me semble que tu es plus honnête que sage. Car en me trahissant, en m'opprimant tu aurais retrouvé plus facilement un autre emploi ; tant de gens arrivent au service d'un second maître, en marchant sur le corps du premier. Mais dis-moi la vérité ; car je douterai toujours, malgré ma certitude ; cette tendresse n'est-elle point feinte, intéressée, usuraire comme celle du riche qui fait des présents dans l'espérance de recevoir vingt pour un!

FLAVIUS. — Non, mon digne maître ; la défiance et le soupçon sont entrés, hélas! trop tard dans votre cœur. C'était au milieu de vos festins que vous auriez dû craindre la perfidie ; mais le soupçon ne vient que quand les biens sont dissipés. Ma démarche, le ciel m'en est témoin, est pur amour, devoir et zèle pour votre âme incomparable ; je veux prendre soin de votre nourriture et de votre subsistance, et, soyez-en persuadé, mon noble seigneur, tout ce que je possède, et tout ce que je puis espérer dans l'avenir, je le donnerais pour remplir l'unique vœu de mon cœur : que vous redevinssiez riche et puissant pour me récompenser en m'enrichissant vous-même.

---

[1] Destouches a su profiter de cette scène dans le cinquième acte de son *Dissipateur*.

TIMON. — Vois, ton vœu est accompli, seul honnête homme qui existe. Tiens, prends; les dieux, du fond de ma misère, t'envoient un trésor. Va, vis riche et heureux; mais à condition que tu iras bâtir loin des hommes; hais-les tous, maudis-les tous; ne montre de pitié pour aucun; plutôt que de secourir le mendiant, laisse sa chair exténuée par la faim se détacher de ses os; donne aux chiens ce que tu refuseras aux hommes; que les cachots les engloutissent, que les dettes les dessèchent, que les hommes soient comme des arbres flétris, et que toutes les maladies dévorent leur sang perfide! — Adieu, sois heureux.

FLAVIUS. — O mon maître, souffrez que je reste avec vous et que je vous console.

TIMON. — Si tu crains les malédictions, ne t'arrête pas, fuis, tandis que tu es libre et heureux. Ne vois jamais les hommes, et que je ne te voie jamais!

(Timon rentre dans sa caverne. Flavius s'éloigne.)

FIN DU QUATRIÈME ACTE.

ACTE CINQUIÈME

SCÈNE I

Devant la caverne de Timon.

Entrent UN POÈTE ET UN PEINTRE, TIMON *est derrière eux sans en être vu.*

LE PEINTRE.—Si je connais bien le lieu, sa demeure ne doit pas être éloignée.

LE POÈTE. — Que doit-on penser de lui ? En croirons-nous la rumeur, qu'il regorge d'or ?

LE PEINTRE.—Cela est certain, Alcibiade le dit ; Phrynia et Timandra ont reçu de l'or de lui ; il a aussi enrichi libéralement quelques soldats maraudeurs. On dit qu'il a donné une somme considérable à son intendant.

LE POÈTE.—Ainsi, sa banqueroute n'était destinée qu'à éprouver ses amis.

LE PEINTRE. — Rien de plus : vous le verrez encore comme un palmier dans Athènes, fleurir parmi les plus grands, ainsi, il ne sera pas mal à propos d'aller lui offrir nos hommages dans son infortune apparente. Ce sera de notre part un procédé honnête, et qui a bien des chances d'amener nos desseins à ce qu'ils souhaitent, s'il est vrai qu'il soit aussi riche qu'on le dit.

LE POÈTE. — Qu'avez-vous à lui présenter maintenant ?

LE PEINTRE. — Rien, quant à présent, que ma visite ; mais je lui promettrai un chef-d'œuvre.

LE POÈTE. — Il faut que j'en use de même envers lui ; je lui dirai que je prépare certain ouvrage pour lui.

LE PEINTRE. — C'est tout ce qu'il y a de mieux : promettre est le ton du siècle. La promesse ouvre les yeux de l'attente, qu'engourdit et tue l'accomplissement d'une parole. Excepté pour les gens simples et vulgaires, tenir ce qu'on a promis n'est plus en usage. Promettre est plus poli, plus à la mode; tenir sa promesse, c'est faire son testament, ce qui annonce toujours une grande maladie dans le jugement de celui qui le fait.

TIMON, *à part*. — Excellent artiste ! tu ne pourrais pas peindre un homme aussi méchant que toi.

LE POÈTE. — Je rêve à l'ouvrage que je lui dirai avoir préparé pour lui. Il faut qu'il en soit lui-même le sujet. Ce sera une satire contre la mollesse de la prospérité, et un détail des flatteries qui obsèdent la jeunesse et l'opulence.

TIMON, *à part*. — Faut-il aussi que tu fasses le rôle de fripon dans ta propre pièce? Châtieras-tu tes propres fautes sur le dos des autres? Va, écris, j'ai de l'or pour toi.

LE PEINTRE. — Mais cherchons-le : nous péchons contre notre fortune, quand nous pouvons faire quelque profit et que nous arrivons trop tard.

LE POÈTE. — Vous avez raison ; quand le jour nous sert, et avant le retour de la nuit aux coins obscurs, trouvez ce dont vous avez besoin à la libre lumière qui vous est offerte; allons.

TIMON, *à part*. — Je vais vous joindre au tournant. — Quel dieu est donc cet or, pour être adoré dans des temples plus vils et plus abjects que les lieux où l'on nourrit les porcs? C'est toi qui équipes les flottes et qui sillonnes l'onde écumante; toi qui attaches l'hommage et le respect à l'esclave. Sois donc adoré, et que tes saints soient récompensés par tous les fléaux de n'obéir qu'à toi ! — Il est temps que je les aborde.

(Il s'avance vers eux.)

LE POÈTE. — Salut, noble Timon.

LE PEINTRE. — Notre ancien et digne maître.

TIMON. — Aurais-je assez vécu pour voir enfin deux honnêtes gens?

LE POÈTE. — Seigneur, ayant souvent éprouvé vos libéralités, ayant appris votre retraite et la désertion de vos amis dont les natures ingrates.... Oh ! les âmes détestables! le ciel n'a pas assez de fouets...: Quoi! envers vous! dont la générosité, comme l'astre du ciel, donnait la vie et le mouvement à tout leur être ; je me sens hors de moi ; je ne connais point d'expressions assez énergiques, pour revêtir de ses vraies couleurs, leur énorme ingratitude.

TIMON.—Laisse-la toute nue; les hommes l'en verront mieux.—Vous, qui êtes honnêtes, en étant ce que vous êtes, faites à merveille voir et connaître leur caractère.

LE PEINTRE. —Lui et moi, nous avons voyagé sous la céleste rosée de vos bienfaits, et nous l'avons doucement sentie.

TIMON.—Oh! vous êtes d'honnêtes gens.

LE PEINTRE. — Nous sommes venus ici vous offrir nos services.

TIMON. — Ames honnêtes! comment vous récompenserai-je? — Pouvez-vous manger des racines et boire de l'eau? Non.

LE POÈTE.—Tout ce que nous pourrons faire, nous le ferons pour vous.

TIMON. — Vous êtes d'honnêtes gens ; vous avez appris que j'avais de l'or, je le sais : dites la vérité, vous êtes d'honnêtes gens.

LE PEINTRE. — On le dit, noble seigneur ; mais ce n'est pas là ce qui amène mon ami, ni moi.

TIMON. — Braves, honnêtes gens! — Il n'est personne dans Athènes qui soit capable de faire un portrait comme toi. De tous les artistes, tu es celui qui contrefais le mieux la vérité.

LE PEINTRE. — Là! là! seigneur.

TIMON. —C'est comme je le dis. (*Au poëte.*) Et toi, dans tes fictions, ton vers coule avec tant de grâce et de douceur, que l'art y ressemble à la nature. Cependant, mes dignes amis, il faut que je vous le dise, vous avez un défaut, à vrai dire, il n'est pas monstrueux, et je ne veux pas que vous preniez beaucoup de peine pour vous en corriger.

LE POÈTE ET LE PEINTRE. — Nous prions votre Honneur de nous le faire connaître.

TIMON. — Vous le prendrez mal.

LE POÈTE ET LE PEINTRE. — Avec la plus vive reconnaissance, seigneur.

TIMON. — En vérité, croyez-vous?

LE POÈTE ET LE PEINTRE. — N'en doutez pas, seigneur.

TIMON. — C'est qu'il n'y en a pas un de vous qui ne se fie à un coquin qui le trompe.

LE POÈTE ET LE PEINTRE. — Nous, seigneur?

TIMON. — Oui; vous entendez l'imposteur vous flatter, vous le voyez dissimuler, vous connaissez son artifice grossier, et cependant vous l'aimez, vous le nourrissez, vous le réchauffez dans votre sein. Soyez pourtant bien sûrs que c'est un parfait scélérat.

LE PEINTRE. — Je ne connais personne de ce caractère, seigneur.

LE POÈTE. — Ni moi non plus.

TIMON. — Écoutez, je vous aime tendrement, je vous donnerai de l'or, mais chassez-moi de votre compagnie ces coquins, pendez-les, poignardez-les, noyez-les dans les latrines, exterminez-les enfin par quelque moyen, et venez ensuite me trouver, et je vous donnerai de l'or libéralement.

LE POÈTE ET LE PEINTRE. — Nommez-les, seigneur, que nous les connaissions.

TIMON. — Placez-vous ici, vous; et vous là; chacun de vous séparément, tout seul, sans compagnon; eh bien! un maître fripon vous tient encore compagnie.—(*Au peintre.*) Si là où tu es tu ne veux pas qu'il se trouve deux coquins, ne te laisse pas approcher de lui.—(*Au poëte.*) Et toi, si tu ne veux pas habiter auprès d'un coquin, fuis loin de cet homme. Hors d'ici, couple de fripons, voilà de l'or. Vous êtes venus chercher de l'or, esclaves!—Vous avez travaillé pour moi, vous voilà payés.—Hors d'ici : tu es alchimiste, toi; convertis cela en or. Loin d'ici, vils chiens!

(Il sort en les battant et en les chassant devant lui.)

SCÈNE II

Entrent FLAVIUS, DEUX SÉNATEURS.

FLAVIUS. — C'est en vain que vous cherchez à parler à Timon. Il s'est tellement concentré en lui-même, que de tous ceux qui ont la figure humaine il est le seul qui soit en bon rapport avec lui-même.

PREMIER SÉNATEUR. — Conduis-nous à sa caverne; c'est notre devoir; nous avons promis aux Athéniens de lui parler.

SECOND SÉNATEUR. — Dans des circonstances toutes semblables, les hommes ne sont pas toujours les mêmes. C'est le temps et le chagrin qui ont produit en lui ce changement; le temps, en lui offrant d'une main plus propice le bonheur de ses premiers jours, peut ressusciter en lui l'homme d'autrefois. Conduis-nous vers lui, et qu'il arrive ce qui pourra.

FLAVIUS. — Voilà sa caverne. — Que la paix et le contentement règnent ici! Seigneur Timon! seigneur Timon! reparaissez, parlez à vos amis : les Athéniens, représentés par ces deux membres de leur respectable sénat, viennent vous saluer; parlez-leur, noble Timon.

(Timon sortant de sa caverne.)

TIMON. — Soleil, qui réchauffes, brûle ! (*Aux sénateurs.*) Parlez, et soyez pendus; que chaque parole vraie engendre une pustule, et que chaque mensonge cautérise votre langue et la consume jusqu'à la racine!

PREMIER SÉNATEUR. — Digne Timon!

TIMON. — Pas plus digne des hommes qui te ressemblent que toi de Timon.

SECOND SÉNATEUR. — Les sénateurs d'Athènes vous saluent, Timon.

TIMON. — Je les remercie; et je voudrais, en retour, leur envoyer la peste, si je pouvais la prendre pour la leur donner.

PREMIER SÉNATEUR. — Oubliez une injure dont nous-mêmes nous sommes affligés pour vous. Le sénat, d'un consentement et d'un cœur unanimes, vous rappelle à Athènes, et a pensé à des dignités spéciales qui, devenues vacantes, vous sont destinées.

SECOND SÉNATEUR.—Ils confessent que leur ingratitude envers vous fut trop grande et grossière. Le peuple même, qui se rétracte rarement, sent le besoin qu'il a du secours de Timon, et reconnaît le danger de sa chute s'il refuse d'avoir recours à Timon. Il nous envoie pour vous porter l'aveu de ses regrets, et vous offrir une récompense qui dépassera le poids de l'offense qu'il vous a faite. Oui, il vous promet tant d'amas et de trésors d'amour et de richesses, que ses torts seront effacés, et que l'empreinte de son amour sera gravée en vous pour attester à jamais son dévouement à votre personne.

TIMON. — Vos offres m'enchantent, me surprennent jusqu'à m'arracher presque des larmes : donnez-moi le cœur d'un fou et les yeux d'une femme, et ces consolations, dignes sénateurs, vont faire couler mes pleurs.

PREMIER SÉNATEUR.—Daignez donc revenir parmi nous. Reprenez l'autorité dans notre Athènes (la vôtre et la nôtre) ; vous y serez reçu avec transport, et revêtu du pouvoir absolu ; votre nom révéré y règnera en souverain, et nous aurons bientôt repoussé les féroces attaques d'Alcibiade, qui, comme un sanglier sauvage, cherche à déraciner la paix de sa patrie.

SECOND SÉNATEUR. — Et brandit son épée menaçante sous les murs d'Athènes.

PREMIER SÉNATEUR.—Ainsi, Timon....

TIMON.—Oui, sénateurs, je le veux bien ; oui, je le veux bien. — Si Alcibiade tue mes concitoyens, dites à Alcibiade, de la part de Timon, que Timon ne s'en embarrasse guère ; mais s'il livre la belle Athènes au pillage, s'il prend nos respectables vieillards par la barbe, s'il abandonne les vierges sacrées aux outrages de la guerre insolente, brutale, furieuse, alors qu'il sache, et dites-lui ce que dit Timon : Par pitié pour notre jeunesse et pour nos vieillards, je ne puis m'empêcher de lui dire que je ne m'en inquiète point.... Qu'il fasse tout au pire.
— Moquez-vous de leurs glaives tant que vous aurez des

gorges à couper. Quant à moi, il n'est point de poignard dans le camp le plus désordonné que je ne préfère à la gorge la plus respectable d'Athènes. Je vous abandonne donc à la garde des dieux justes, comme des voleurs à leurs geôliers.

FLAVIUS. — Ne vous arrêtez pas plus longtemps; tout est inutile.

TIMON. — Tenez, j'étais occupé à écrire mon épitaphe : on la verra demain. Je commence à me rétablir de cette longue maladie de la vie et de la santé; je retrouve tout dans le néant. Allez, vivez; qu'Alcibiade soit votre fléau et vous le sien, et vivez ainsi longtemps!

PREMIER SÉNATEUR. — Nous parlons en vain.

TIMON. — Cependant j'aime ma patrie, et je ne suis point homme à me réjouir du malheur public, comme on en fait courir le bruit.

PREMIER SÉNATEUR. — C'est bien parlé.

TIMON. — Recommandez-moi à mes chers compatriotes.

PREMIER SÉNATEUR. — Voilà des paroles dignes de passer par vos lèvres.

SECOND SÉNATEUR. — Elles entrent dans nos oreilles comme des grands triomphateurs sous les portes où retentissent les applaudissements.

TIMON. — Recommandez-moi à eux; dites-leur que, pour les consoler de leurs peines, de la crainte de leurs ennemis, de leurs maux, de leurs pertes, de leurs chagrins d'amour, et de toutes les autres souffrances qui peuvent assaillir le frêle vaisseau de la nature dans le voyage incertain de la vie, je veux leur montrer quelque amitié, je veux leur apprendre à prévenir la fureur du sauvage Alcibiade.

SECOND SÉNATEUR. — Ceci me plaît assez, il reviendra.

TIMON. — J'ai ici, dans mon enclos, un arbre que je veux abattre pour mon usage, et je ne tarderai pas à le couper. Dites à mes amis, à tous les habitants d'Athènes, d'après l'ordre des rangs, aux grands et aux petits, que si quelqu'un veut terminer son affliction, il se hâte de venir ici avant que mon arbre ait senti la coignée, et qu'il se pende; je vous prie, faites ma commission.

FLAVIUS. — Ne l'importunez pas davantage, vous le verrez toujours le même.

TIMON.—Ne revenez plus me voir; dites seulement aux Athéniens que Timon a bâti sa demeure éternelle sur les grèves de l'onde amère, et qu'une fois le jour la vague turbulente viendra la couvrir de sa bouillante écume. Venez ici, et que la pierre de mon tombeau soit votre oracle. Lèvres, prononcez des paroles amères, et que ma voix cesse; que la peste contagieuse réforme ce qui va mal; que les hommes ne travaillent qu'à creuser leurs tombeaux, et que la mort soit leur gain!—Soleil, cache tes rayons, le règne de Timon est passé!
(Il se retire.)

PREMIER SÉNATEUR.—Sa haine est devenue inséparable de sa nature.

SECOND SÉNATEUR. — Toute notre espérance en lui est morte; retournons, et tentons les moyens qui nous restent dans notre grand péril.

PREMIER SÉNATEUR.—Il demande des pieds agiles.
(Ils sortent.)

SCÈNE III.

Le théâtre représente les murs d'Athènes.

Entrent DEUX SÉNATEURS ET UN MESSAGER.

PREMIER SÉNATEUR, *au messager.*—Tu as bien pris de la peine pour le savoir; son armée est-elle aussi nombreuse que tu le disais?

LE MESSAGER.—Ce que je vous ai dit n'est rien encore; la rapidité de ses mouvements promet qu'il va bientôt être ici.

SECOND SÉNATEUR.—Nous courons un grand péril si on n'amène pas Timon.

LE MESSAGER.—J'ai trouvé en chemin un courrier, un de mes anciens amis, quoique servant un parti différent; cependant nous avons cédé au penchant de notre vieille liaison, et nous avons causé comme des amis. Il allait de la part d'Alcibiade à la caverne de Timon, chargé de lettres pour le prier de prêter main-forte à la guerre contre notre ville entreprise en partie à cause de lui.

(Arrivent les sénateurs qui avaient été députés à Timon.)

SECOND SÉNATEUR.—Voici nos frères.

TROISIÈME SÉNATEUR. — Ne parlez plus de Timon, n'attendez rien de lui. — Déjà les tambours des ennemis se font entendre, et leur marche redoutable obscurcit les airs de poussière. Rentrons et préparons-nous : je crains bien que nous ne tombions dans le piége de nos ennemis.

(Ils sortent.)

SCÈNE IV

Les bois; on voit la caverne de Timon et un tombeau grossier.

UN SOLDAT *cherchant Timon.*

D'après toutes les descriptions, ce doit être ici l'endroit.—Y a-t-il quelqu'un ici? Holà! Parlez.—Personne ne répond.—Que veut dire ceci?—Ah! Timon est mort. Il a terminé sa carrière; quelque bête sauvage a élevé ce tertre. Point d'homme vivant ici. — Sûrement il est mort, et voilà son tombeau. Je ne puis pas lire ce qu'il y a sur la pierre.—Je vais enlever cette inscription sur la cire; notre général connaît tous les caractères. C'est un vieil interprète, quoique jeune d'années. Il a mis à l'heure qu'il est le siége devant l'orgueilleuse Athènes, dont la ruine est son ambition.

(Il sort.)

SCÈNE V

Les remparts d'Athènes.

ALCIBIADE *paraît à la tête de ses troupes; on entend les instruments de guerre.*

ALCIBIADE.—Que la trompette annonce à cette ville efféminée et lâche notre terrible approche. (*Un pourparler; les sénateurs paraissent sur les murs, Alcibiade leur adresse la parole.*) Jusqu'à présent vous avez toujours continué ; vous avez rempli vos jours d'abus d'autorité, prenant votre volonté pour mesure des lois. Jusqu'à présent, moi et ceux qui dormaient à l'ombre de votre pouvoir, nous avons erré les bras croisés, et nous avons exhalé en vain nos souffrances. Enfin le moment est venu où nos genoux[1] craquent sous le poids et crient d'eux-mêmes : *C'est assez.* La vengeance, hors d'haleine, ira s'asseoir et respirer sur vos grands siéges de repos, et l'insolence poussive perdra la parole de crainte et d'horreur.

PREMIER SÉNATEUR. — Jeune et noble guerrier, quand tes premiers griefs n'étaient qu'imaginaires, avant que tu eusses la force en main et que tu pusses nous inspirer de la crainte, nous avons envoyé vers toi pour calmer ta fureur, et réparer notre ingratitude par des marques d'amour qui devaient en effacer le souvenir.

SECOND SÉNATEUR. — Nous avons tenté aussi de réveiller, dans le cœur transformé de Timon, l'amour de notre ville, par un humble message et des promesses. Nous n'avons pas tous été cruels, nous ne méritons pas tous d'être frappés par le glaive de la guerre.

PREMIER SÉNATEUR. — Nos murs n'ont point été élevés par les mains de ceux qui t'ont offensé ; et ton injure n'est pas si grave qu'il faille détruire ces tours superbes, ces trophées et ces académies, pour venger des torts particuliers.

SECOND SÉNATEUR. — Les auteurs de ton exil ne vivent plus ; la honte d'avoir si fort manqué de prudence a brisé leurs cœurs. Noble Alcibiade, entre dans notre cité tes enseignes déployées ; et si la soif de la vengeance t'acharne sur une pâture que la nature abhorre, prends sur les habitants la dîme de la mort, et que les malheureux marqués par le sort des dés périssent.

PREMIER SÉNATEUR. — Tous ne t'ont pas offensé ; il n'est pas juste de tirer vengeance sur ceux qui restent à la

---

[1] Image empruntée aux habitudes du chameau, qui se relève dès qu'il sent que le fardeau dont on le charge est trop lourd.

place de ceux qui ne sont plus : le crime n'est pas héréditaire comme un champ. Ainsi, cher concitoyen, fais entrer tes troupes, mais laisse ta colère hors des remparts ; épargne Athènes, ton berceau ; épargne tes parents qui, dans l'emportement de ta colère, périraient avec ceux qui t'ont offensé. Entre comme le berger dans le parc, et choisis les brebis infectées ; mais n'égorge pas tout le troupeau.

SECOND SÉNATEUR.—Quel que soit ton but, tu le gagneras plutôt par ton sourire que tu n'y arriveras à coups d'épée.

PREMIER SÉNATEUR. — Frappe seulement du pied nos portes fortifiées ; elles vont s'ouvrir. Envoie ton noble cœur devant tes pas pour dire que tu entres au nom de l'amitié.

SECOND SÉNATEUR. — Jette ton gant ou quelque autre gage de ta foi, qui nous assure que tu n'as pris les armes que pour te faire rendre justice, et non pour nous renverser ; ton armée entière établira ses quartiers dans la ville, jusqu'au moment où nous aurons rempli tes désirs.

ALCIBIADE.—Tenez, voilà mon gant, descendez ; ouvrez vos portes sans être attaqués ; vous me livrerez les ennemis de Timon et les miens. Ceux que vous me désignerez pour le châtiment périront seuls, et, pour dissiper vos frayeurs, en vous déclarant mes nobles sentiments, pas un de mes soldats ne quittera son poste et n'outragera le cours régulier de la justice dans l'enceinte de la ville, sous peine d'en répondre à toute la sévérité de vos lois publiques.

LES DEUX SÉNATEURS.—Voilà de nobles paroles.

ALCIBIADE.—Descendez, et tenez votre promesse.

(Les sénateurs descendent et ouvrent les portes.)
(Entre un soldat.)

LE SOLDAT.—Mon noble général, Timon est mort ; il est enterré sur le bord même de la mer. J'ai trouvé sur son tombeau cette inscription que je vous apporte moulée sur la cire, qui sert d'interprète à ma pauvre ignorance.

ALCIBIADE *lisant l'épitaphe :*

« Ci-gît un corps malheureux, séparé d'une âme malheu-

« reuse. Ne cherche pas à savoir mon nom. Que la peste
« vous dévore tous, misérables humains qui restez après
« moi! Ci-gît Timon, qui de son vivant détesta tous les
« hommes vivants. Passe et maudis à ton gré, mais passe et
« n'arrête point ici tes pas. »

Ces mots, Timon, expriment bien tes derniers sentiments. Si tu avais en horreur les regrets des humains, le flux qui coule de notre cerveau, et ces gouttes d'eau que la nature avare laisse tomber de nos yeux, une sublime idée t'inspira de faire pleurer à jamais le grand Neptune sur ton humble tombe, pour des fautes pardonnées : le noble Timon est mort; nous nous occuperons plus tard de sa mémoire. — Conduisez-moi dans votre ville, j'y vais porter l'olive avec l'épée. La guerre enfantera la paix : la paix contiendra la guerre; l'une et l'autre se soigneront réciproquement comme deux médecins. Que les tambours battent.

(Ils sortent.)

FIN DU CINQUIÈME ET DERNIER ACTE.

LE JOUR DES ROIS

ou

CE QUE VOUS VOUDREZ

COMÉDIE

NOTICE SUR LE JOUR DES ROIS

Quoique la partie comique de cette pièce appartienne tout entière à Shakspeare, il est encore redevable de son sujet à Bandello. Nous y retrouvons cette ressemblance extraordinaire de deux personnes dont Plaute s'est plus d'une fois servie pour le nœud de ses comédies, et que Shakspeare lui a déjà empruntée dans ses *Méprises*.

Lorsque Rome fut conquise, en 1527, par les Espagnols et les Allemands; il se trouva parmi les prisonniers un riche marchand nommé Ambrogio, qui avait un fils et une fille, tous les deux d'une beauté et d'une ressemblance si parfaites que, s'ils changeaient d'habillements, le père lui-même avait peine à les distinguer [1]. Paolo, c'est le nom du garçon, fut le partage d'un Allemand, et sa sœur jumelle, Nicuola, tomba entre les mains de deux soldats qui la traitèrent avec beaucoup de douceur, dans l'espérance qu'ils en tireraient une rançon considérable. Ambrogio parvint à se sauver de la captivité, et ayant soustrait, en les cachant dans la terre, une grande partie de ses richesses à la cupidité des ennemis, il se mit à la recherche de ses enfants, racheta sa fille, mais ne put retrouver son fils, et le crut mort.

Cette pensée le tourmentant de plus en plus, il quitta Rome et se retira à Erte, lieu de sa naissance. Ce fut là qu'un autre marchand, veuf depuis plusieurs années, devint amoureux de Nicuola et la demanda en mariage; mais Ambrogio, craignant que cette union peu

[1] .... *Simillima proles,*
Indiscreta suis, gratusque parentibus error.
(VIRGILE.)

assortie du côté de l'âge, ne fût pas heureuse pour Nicuola, et ne voulant pas refuser trop brusquement ce vieux soupirant, lui dit qu'il ne se séparerait pas de sa fille qu'il n'eût retrouvé son fils, espoir qu'il conservait toujours.

Cependant Nicuola avait aussi fait impression sur le cœur d'un jeune gentilhomme nommé Lattanzio Puccini, et n'était pas indifférente à son amour. Dans ce temps-là, des affaires appelèrent Ambrogio à Rome, et il conduisit sa fille à Fabriano, chez un de ses parents, pour ne pas la laisser seule. Cette absence arrêta la passion de Lattanzio, qui changea bientôt d'objet et se porta vers la fille de Lanzetti, la belle Catella. Au contraire, Nicuola revint à Erte toujours plus éprise, et apprit avec la plus vive douleur la nouvelle inclination de son amant. Ambrogio fut obligé de faire un second voyage, et cette fois-ci il laissa sa fille dans un couvent où était Camilla, nièce de Lattanzio. Celui-ci y venait souvent commander toutes sortes d'ouvrages à l'aiguille que faisaient les religieuses. Nicuola écoutait quelquefois les conversations qu'il avait avec sa nièce Camilla. Un jour, il lui racontait avec tristesse qu'il avait perdu un jeune page qu'il aimait, et qui lui était très-nécessaire. Ce récit fit naître à Nicuola l'idée de s'habiller en homme, et d'entrer chez Lattanzio en qualité de page. Sa gouvernante l'aida dans ce projet. Elle fut admise, en effet, sous le nom de Romulo, dans la maison de son infidèle amant; et comme Julia, dans les *Deux Gentilshommes de Vérone*, elle fut bientôt chargée d'aller parler à sa rivale de l'amour de son maître. Catella était peu sensible aux sollicitations de Lattanzio; mais le faux page fit une telle impression sur son cœur qu'elle n'éprouva plus que de la répugnance pour celui qui l'envoyait.

Pendant ces intrigues, le maître de Paolo l'avait pris en affection, au point que, venant à mourir, il l'avait fait son héritier. Paolo s'empressa de retourner à Rome, et de là à Erte pour y chercher son père. Il passe sous la fenêtre de Catella, qui le prend pour le prétendu page. Ambrogio arrive : Nicuola l'aperçoit dans la rue, et, dans sa frayeur, elle se sauve chez sa gouvernante. Celle-ci lui conseille de reprendre les habits de son sexe, et court annoncer au père qu'elle lui conduira sa fille le lendemain.

Cependant Lattanzio attend Romulo avec inquiétude et impatience; il le cherche partout, et on lui montre la maison de la gouvernante, où l'on avait vu entrer Nicuola sous son déguisement. Il lie conversation avec la duègne, qui lui découvre tout, lui vante la constance de son ancienne maîtresse, et prépare la réconciliation qu'achève la vue de Nicuola elle-même.

Catella prend toujours Paolo pour Romulo. Paolo, qui l'aime, s'aperçoit de sa méprise et la détrompe.

Bientôt tout s'éclaircit. Ambrogio se réjouit du retour de son fils et consent au mariage de sa fille. Lanzetti, qui a cru que Paolo n'était autre que Nicuola déguisée, revient de son erreur et accorde aussi Catella au fils d'Ambrogio.

Shakspeare a mis cette nouvelle sur la scène avec sa négligence ordinaire, car le déguisement de Viola, amoureuse du duc qu'elle ne connaît point, n'est pas aussi bien motivé que celui de la Nicuola de Bandello. En général, les événements de la nouvelle sont conduits avec beaucoup plus d'art que ceux de la comédie ; mais c'est dans les caractères, le comique des situations et la poésie des détails, que Shakspeare retrouve sa supériorité et fait oublier tous les reproches d'invraisemblance que la critique pourrait lui adresser. L'originalité de sir André, de sir Tobie et du bouffon, les espiègleries de la friponne Marie, la gravité comique et les prétentions de Malvolio, la scène délicieuse du jardin et de la lettre, le duel de sir André et du faux page, le charme que répand sur toute la pièce l'amour de Viola, un heureux mélange de sentiment et de cette gaieté que les Anglais appellent *humour*, tout contribue à rendre cette pièce une des plus agréables de Shakspeare.

Selon le docteur Malone, elle aurait été écrite dans l'année 1614 ; mais dans une comédie de Ben Jonson, antérieure à cette date, on trouve un passage qui semblerait applicable au *Jour des rois*. Ben Jonson saisissait toutes les occasions de tourner en ridicule les défauts de Shakspeare. Un de ses personnages dit, à la fin de l'acte III de sa pièce intitulée : *Every man out of his humour:*

« ..... Il eût fallu que sa comédie fût fondée sur une autre in-
« trigue que celle d'un duc amoureux d'une comtesse, tandis que
« cette comtesse serait amoureuse du fils du duc, et ce fils du duc
« amoureux de la suivante de la dame. Vivent ces amours embrouil-
« lés, avec un paysan bouffon pour valet, plutôt que des événements
« trop rapprochés de notre temps ! »

Un autre témoignage tout à fait décisif est la découverte faite par M. Collier d'un petit journal manuscrit du temps, dans lequel une représentation du *Jour des Rois*, ou *Ce que vous voudrez*, est indiquée à la date du 2 février 1601.

LE JOUR DES ROIS

OU

CE QUE VOUS VOUDREZ

COMÉDIE

PERSONNAGES

ORSINO, duc d'Illyrie.
SEBASTIEN, jeune gentilhomme, frère de Viola.
ANTONIO, capitaine de vaisseau, ami de Sébastien.
VALENTIN,) gentilshommes de la
CURIO,   ) suite du duc.
SIR TOBIE BELCH, oncle d'Olivia.
UN CAPITAINE DE VAISSEAU, ami de Viola.
SIR ANDRÉ AGUE-CHEEK [1].
MALVOLIO, intendant d'Olivia.
FABIEN,   ) au service d'O-
PAYSAN BOUFFON,) livia.
OLIVIA, riche comtesse.
VIOLA, amoureuse du duc.
MARIE, suivante d'Olivia.
UN PRÊTRE.
SEIGNEURS, MATELOTS, OFFICIERS, MUSICIENS, SERVITEURS, ETC.

La scène est dans une ville d'Illyrie et sur la côte voisine.

ACTE PREMIER

SCÈNE I

Appartement dans le palais du duc.

LE DUC, CURIO, *seigneurs.*

(Des musiciens jouent.)

LE DUC.—Si la musique est l'aliment de l'amour, jouez donc; donnez-m'en jusqu'à ce que ma passion surchargée en soit malade et expire. — Répétez cet air; il avait une chute mourante : oh! il a fait sur mon oreille l'impression du doux vent du midi dont le souffle, en passant sur un champ de violettes, leur dérobe et leur rend à la fois des parfums. — C'est assez, pas davantage : ces sons

---

[1] *Ague cheek,* mal de joue.

ne sont plus aussi doux qu'ils l'étaient tout à l'heure. O esprit de l'amour, que tu es avide de fraîcheur et de nouveauté! Aussi vaste que la mer, et, comme elle, recevant tout dans ton sein, rien n'y entre, quelle que soit sa valeur et son mérite, sans dégénérer et perdre tout son prix au bout d'une minute. L'imagination est si féconde en formes changeantes, que rien n'égale ses bizarres fantaisies.

CURIO. — Voulez-vous venir chasser, seigneur?

LE DUC. — Quoi donc, Curio?

CURIO. — La biche.

LE DUC. — C'est ce que je fais : je poursuis la plus noble biche que j'aie vue. Ah! la première fois que mes yeux ont contemplé Olivia, il me sembla que sa présence purifiait l'air : de cet instant je fus changé en cerf[1], et mes désirs, comme une meute féroce et cruelle, n'ont cessé depuis de me poursuivre. — (*Valentin entre.*) Eh bien! quelles nouvelles d'Olivia?

VALENTIN. — Sous votre bon plaisir, seigneur, je n'ai pu être admis devant elle, et je ne vous rapporte que cette réponse de la part de sa suivante. Le ciel même, avant qu'il ait été réchauffé pendant sept années, ne jouira point librement de sa vue; mais, comme une religieuse cloîtrée, elle ne marchera que sous le voile; elle arrosera une fois chaque jour le pavé de sa chambre de ses larmes amères, et le tout pour pleurer un frère qui n'est plus, et dont elle veut entretenir la tendre et vive image dans son triste souvenir.

LE DUC. — Oh! celle qui a un cœur assez sensible pour payer ce tribut de tendresse à un frère, combien elle aimera quand le trait doré de l'amour aura donné la mort à la foule de toutes les autres affections qui vivent en elle, quand ses nobles perfections, son foie, son cerveau, son cœur[2], ces trônes souverains, seront une fois occupés et remplis tout entiers par un seul roi suprême! — Allons

---

[1] Allusion à l'histoire d'Actéon.

[2] Le foie, le cerveau et le cœur étaient regardés comme le siége des passions, des jugements, des sentiments.

nous coucher sur ces doux lits de fleurs : les pensers de l'amour reposent mollement sous le dais d'une voûte de feuillage.

(Ils sortent.)

SCÈNE II

La côte de la mer.

VIOLA, UN CAPITAINE, *suivi de matelots.*

VIOLA. — Amis, quel est ce pays?

LE CAPITAINE. — C'est l'Illyrie, madame.

VIOLA. — Et que ferai-je en Illyrie? mon frère est dans l'Élysée. Peut-être n'est-il pas noyé. Qu'en pensez-vous, matelots?

LE CAPITAINE. — C'est par un hasard que vous avez été sauvée vous-même.

VIOLA. — O mon pauvre frère! — Et peut-être pourra-t-il l'être aussi par hasard.

LE CAPITAINE. — Cela est vrai, madame; et pour augmenter votre confiance dans le hasard, soyez assurée que lorsque notre vaisseau s'est ouvert, au moment où vous, et ces tristes restes échappés avec vous, vous êtes attachés au bord de notre chaloupe, j'ai vu votre frère, plein de prévoyance dans le péril, se lier avec une adresse que lui suggéraient le courage et l'espoir à un gros mât qui surnageait sur les flots : je l'y ai vu assis comme Arion sur le dos d'un dauphin, en allant de front avec les vagues, tant que j'ai pu le voir.

VIOLA. — Tenez, voilà de l'or, pour ce que vous venez de me dire. Mon propre salut me fait naître l'espérance (et votre récit l'encourage) qu'il pourra lui en arriver autant. Connaissez-vous ce pays?

LE CAPITAINE. — Oui, madame, très-bien; car je suis né et j'ai été élevé à moins de trois lieues de cet endroit même.

VIOLA. — Qui gouverne ici?

LE CAPITAINE. — Un duc aussi illustre par son caractère que par son nom.

VIOLA. — Quel est son nom?

LE CAPITAINE. — Orsino.

VIOLA. — Orsino! J'ai entendu mon père le nommer; il était garçon alors.

LE CAPITAINE. — Il l'est encore, ou du moins il l'était tout dernièrement; car il n'y a pas un mois que je suis parti d'ici, et alors il courait un bruit tout récent (vous savez que les petits causent toujours sur ce que font les grands) qu'il sollicitait l'amour de la belle Olivia.

VIOLA. — Qui est-elle?

LE CAPITAINE. — Une vertueuse jeune personne, la fille d'un comte qui est mort il y a environ un an ; il la laissa en mourant à la protection de son fils, son frère, qui est mort aussi peu de temps après, et c'est pour l'amour de ce frère qu'elle a, dit-on, renoncé à la vue et à la société des hommes.

VIOLA. — Oh! que je voudrais être au service de cette dame et y rester inconnue au monde jusqu'à ce que j'aie eu le temps de mûrir mes desseins!

LE CAPITAINE. — Cela serait difficile à obtenir. Elle ne veut écouter aucune proposition, non pas même celle du duc.

VIOLA. — Capitaine, tu as une heureuse physionomie; et quoique la nature renferme souvent la corruption sous une belle enveloppe, cependant je suis portée à croire de toi que tu as une âme qui convient à ces beaux dehors. Je te prie, et je t'en récompenserai généreusement, cache ce que je suis, et aide-moi à me procurer le déguisement dont j'aurai peut-être besoin pour exécuter mes projets. Je veux m'attacher au service de ce duc. Tu me présenteras à lui en qualité d'eunuque : cela peut en valoir la peine, car je sais chanter; je saurai lui parler sur divers tons de musique variée, qui lui rendront mon service agréable. Ce qui peut advenir plus tard, je l'abandonne au temps : conforme seulement ton silence à mes désirs.

LE CAPITAINE. — Soyez son eunuque, moi je serai votre muet. Quand ma langue sera indiscrète, que mes yeux cessent de voir!

VIOLA. — Je te remercie, conduis-moi.

(Ils sortent.)

SCÈNE III

Appartement de la maison d'Olivia.

SIR TOBIE et MARIE.

SIR TOBIE. — Que diable prétend ma nièce en prenant si fort à cœur la mort de son frère? Je suis sûr, moi, que le chagrin est ennemi de la vie.

MARIE. — Sur ma parole, sir Tobie, il faut que vous veniez de meilleure heure le soir. Madame votre nièce a de grandes objections[1] à vos heures indues.

SIR TOBIE. — Eh bien! qu'elle excipe avant d'être excipée[2].

MARIE. — Fort bien; mais il faut vous confiner dans les modestes limites de l'ordre.

SIR TOBIE. — *Confiner*[3]! je ne me tiendrai pas plus finement que je ne fais; ces habits sont assez bons pour boire et ces bottes aussi, ou sinon qu'elles se pendent à leurs propres tirants.

MARIE. — Ces grandes rasades vous tueront : j'entendais madame en parler encore hier, ainsi que de cet imbécile chevalier que vous avez amené un soir ici pour lui faire la cour.

SIR TOBIE. — Quoi? sir André Ague-cheek?

MARIE. — Oui, lui-même.

SIR TOBIE. — C'est un homme des plus braves qu'il y ait en Illyrie.

MARIE. — Et qu'importe à la chose?

SIR TOBIE. — Comment! il a trois mille ducats de rente.

MARIE. — Oui! mais il ne fera qu'une année de tous ses ducats : c'est un vrai fou, un prodigue.

SIR TOBIE. — Fi! n'avez-vous pas honte de dire cela? Il

---

[1] En anglais *exceptions*, d'où la réponse de sir Tobie.
[2] *Let her except before excepted.*
[3] *To confine*, jeu de mots sur *confine* et *fine*.

joue de la viole de Gambo [1], il parle trois ou quatre langues, mot à mot, sans livre, et il possède les meilleurs dons de nature.

MARIE. — Oh! oui, certes, il les possède au naturel; car, outre que c'est un sot, c'est un grand querelleur; et si ce n'est qu'il a le don d'un lâche pour apaiser la fougue qui l'emporte dans une querelle, c'est l'opinion des gens sensés qu'on lui ferait bientôt le don d'un tombeau.

SIR TOBIE. — Par cette main, ce sont des bélîtres, des détracteurs, que ceux qui tiennent de lui ces propos. — Qui sont-ils?

MARIE. — Ce sont des gens qui ajoutent encore qu'il est ivre toutes les nuits en votre compagnie.

SIR TOBIE. — A force de porter des santés à ma nièce : je boirai à sa santé aussi longtemps qu'il y aura un passage dans mon gosier, et du vin en Illyrie. C'est un lâche et un poltron [2] que celui qui ne veut pas boire à ma nièce, jusqu'à ce que la cervelle lui tourne comme un sabot de village. Allons, fille, *castiliano vulgo* [3] : voici sir André Ague-face.

(Entre sir André Ague-cheek.)

SIR ANDRÉ. — Ah! sir Tobie Belch! Comment vous va, sir Tobie Belch?

SIR TOBIE. — Ah! mon cher sir André!

SIR ANDRÉ, *à Marie*. — Salut, jolie grondeuse.

MARIE. — Salut, monsieur.

SIR TOBIE. — Accoste, sir André, accoste.

SIR ANDRÉ. — Qu'est-ce que c'est?

SIR TOBIE. — La femme de chambre de ma nièce.

SIR ANDRÉ. — Belle madame *Accoste*, je désire faire connaissance avec vous.

MARIE. — Mon nom est Marie, monsieur.

SIR ANDRÉ. — Belle madame Marie *Accoste*...,

SIR TOBIE. — Vous vous méprenez, chevalier. Quand je

---

[1] Instrument qu'on tenait entre les jambes.
[2] *Coystril*, un coq peureux.
[3] *Castiliano vulgo*, à l'espagnole.

dis *accoste,* je veux dire envisagez-la, abordez-la, faites-lui votre cour, attaquez-la.

SIR ANDRÉ. — Sur ma foi, je ne voudrais pas l'attaquer ainsi en compagnie. Est-ce là le sens du mot *accoste?*

MARIE.—Portez-vous bien, messieurs.

SIR TOBIE. — Si tu la laisses partir ainsi, sir André, puisses-tu ne jamais tirer l'épée !

SIR ANDRÉ. — Si vous partez ainsi, mademoiselle, je ne veux jamais tirer l'épée. Belle dame, croyez-vous avoir des sots sous la main ?

MARIE.—Monsieur, je ne vous ai pas sous la main.

SIR ANDRÉ. — Par ma foi, vous allez l'avoir tout à l'heure, car voici ma main.

MARIE.—Maintenant, monsieur, la pensée est libre. Je vous prie de porter votre main à la baratte au beurre, et laissez-la boire.

SIR ANDRÉ. — Pourquoi, mon cher cœur? quelle est votre métaphore ?

MARIE.—Elle est sèche, monsieur[1].

SIR ANDRÉ.—Comment donc ! je le crois bien ; je ne suis pas assez âne pour ne pas tenir ma main sèche. Mais que signifie votre plaisanterie ?

MARIE.—C'est une plaisanterie toute sèche, monsieur.

SIR ANDRÉ.—En avez-vous beaucoup de semblables ?

MARIE.—Oui, monsieur, je les ai au bout de mes doigts : allons, je laisse aller votre main, je suis desséchée[2].

(Marie sort.)

SIR TOBIE.—Chevalier, tu as besoin d'une coupe de vin des Canaries ; je ne t'ai jamais vu si bien terrassé.

SIR ANDRÉ. — Jamais de votre vie, je pense, à moins que vous ne me voyez terrassé par le canarie. Il me semble qu'il y a des jours où je n'ai pas plus d'esprit qu'un chrétien ou qu'un homme ordinaire. Mais je suis un grand mangeur de bœuf, et je crois que cela fait tort à mon esprit.

SIR TOBIE.—Il n'y a pas de doute.

---

[1] Peut-être pour dire : elle est vide ; ou bien, d'après la chiromancie, une main sèche signifie ici une constitution froide.

[2] *I am barren.*

sir andré.—Si je le croyais, je m'en abstiendrais.—Je retourne chez moi à cheval demain, sir Tobie.

sir tobie.—Pourquoi, mon cher chevalier?

sir andré. — Que signifie pourquoi¹ ? Le faire ou ne le pas faire? Je voudrais avoir employé à apprendre les langues le temps que j'ai mis à l'escrime, à la danse, à la chasse à l'ours.—Oh! si j'avais suivi les beaux-arts!

sir tobie.—Oh! vous auriez eu une superbe chevelure.

sir andré.—Quoi, cela aurait-il amendé mes cheveux?

sir tobie. — Sans contredit, car vous voyez qu'ils ne frisent pas naturellement.

sir andré. — Mais cela me sied assez bien, n'est-il pas vrai?

sir tobie. — A merveille. Ils pendent droit comme le lin sur une quenouille, et j'espère un jour voir une ménagère vous prendre entre ses jambes et vous filer.

sir andré. — Ma foi, je retourne chez moi demain, sir Tobie. Votre nièce ne veut pas se laisser voir, ou, si elle voit quelqu'un, il y a quatre à parier contre un qu'elle ne voudra pas de moi. Le comte lui-même, qui est ici tout près, lui fait la cour.

sir tobie. — Elle ne veut point du comte. Elle ne veut point de mari au-dessus d'elle, ni en fortune, ni en âge, ni en esprit. Je lui en ai entendu faire le serment. Hem! il y a de la résolution là-dedans, ami!

sir andré. — Je veux rester un mois de plus. Je suis l'homme du monde qui a les idées les plus drôles : j'aime extrêmement les mascarades et les bals tout à la fois.

sir tobie.—Êtes-vous bon pour ces balivernes, chevalier?

sir andré. — Autant qu'homme en Illyrie, quel qu'il soit, au-dessous du rang de mes supérieurs....; et cependant je ne veux pas me comparer à un vieillard.

sir tobie. — Quel est votre talent pour une *gaillarde*², chevalier?

---

¹ *Pourquoi*, en français dans le texte.
² Espèce de danse.

SIR ANDRÉ.—Hé! je suis en état de faire une cabriole[1].

SIR TOBIE.—Et moi je sais découper le mouton.

SIR ANDRÉ. — Et je me flatte d'avoir le saut en arrière aussi vigoureux qu'aucun homme de l'Illyrie.

SIR TOBIE. — Pourquoi donc cacher ces talents? Pourquoi tenir ces dons derrière le rideau? Craignez-vous qu'ils prennent la poussière comme le portrait de madame Mall[2]? Que n'allez-vous à l'église en dansant une *gaillarde*, pour revenir chez vous en dansant une *courante*? Je ne marcherais plus qu'au pas d'une *gigue*; je ne voudrais même uriner que sur un pas de cinq[3]. Que prétendez-vous? Le monde est-il fait pour qu'on enfouisse ses talents? Je croyais bien, à voir la merveilleuse constitution de votre jambe, que vous aviez été formé sous l'étoile d'une gaillarde.

SIR ANDRÉ.—Oui, elle est fortement constituée, et elle a assez bonne grâce avec un bas de couleur de flamme. Irons-nous à quelques divertissements?

SIR TOBIE.—Que ferons-nous de mieux? Ne sommes-nous pas nés sous le Taureau?

SIR ANDRÉ. — Le taureau? c'est-à-dire, les flancs et le cœur[4].

SIR TOBIE. — Non, monsieur, ce sont les jambes et les cuisses. Que je vous voie faire la cabriole. Ah! plus haut: ah! ah! à merveille.

(Ils sortent.)

SCÈNE IV

Appartement du palais du duc.

VALENTIN ET VIOLA *en habit de page*

VALENTIN. — Si le duc vous continue ses faveurs, vrai-

---

[1] *Caper,* cabriole, capre.

[2] *Mall,* surnommée Coupe-Bourse, femme fameuse dans les annales des lieux de prostitution.

[3] *A cinque-pace.*

[4] Allusion à l'astrologie médicale, qui rapporte les différentes affections des parties du corps à l'influence dominante de certaines constellations.

ment, Césario, vous avez bien l'air de faire une grande fortune : il n'y a encore que trois jours qu'il vous connaît, et vous n'êtes déjà plus un étranger.

viola. —Vous craignez donc ou l'inconstance de son humeur, ou ma négligence, pour mettre ainsi en doute la durée de son affection? Est-il inconstant, monsieur, dans ses goûts?

valentin.—Non, croyez-moi.

(Entrent le duc et Curio; suite.)

viola, *à Valentin.*—Je vous remercie.—Voici le comte qui vient.

le duc.—Qui de vous a vu Césario?

viola.—Il est à votre suite, seigneur : me voici.

le duc, *aux autres.*—Retirez-vous un moment à l'écart. —Césario, tu es instruit de tout; je t'ai ouvert le livre secret de mon cœur. Ainsi, bon jeune homme, dirige tes pas vers elle. Ne te laisse pas interdire l'entrée : poste-toi à ses portes, et dis-leur que ton pied y prendra racine jusqu'à ce que tu obtiennes une audience.

viola. — Sûrement, mon noble duc, si elle est aussi abandonnée à son chagrin qu'on le dit, jamais elle ne voudra me recevoir.

le duc. — Fais du bruit, brave toutes les bienséances, plutôt que de revenir sans succès.

viola. — Admettez que je puisse lui parler, seigneur; que lui dirai-je alors?

le duc. — Ah! dévoile-lui toute la violence de mon amour; étonne-la du récit de ma tendresse. Il te siéra bien de lui représenter mes souffrances; elle l'écoutera avec plus d'intérêt dans la bouche de ta jeunesse, qu'elle ne ferait dans celle d'un député plus grave.

viola. — Je ne le pense pas, seigneur.

le duc. — Crois-le, cher enfant, car c'est mentir à tes belles années, que de dire que tu es un homme. Les lèvres de Diane ne sont pas plus fraîches, ni plus vermeilles. Ton filet de voix ressemble à l'organe d'une jeune vierge : elle est perçante et sonore ; et tout en toi te rend propre à jouer le rôle d'une femme. Je sais que ton étoile te destine à cette négociation. —(*Aux autres.*)

Accompagnez-le, au nombre de quatre ou cinq, tous même si vous voulez ; car pour moi, je ne me trouve jamais mieux que quand je suis seul.—(*A Viola.*) Réussis dans ce message, et tu vivras aussi indépendant que ton maître ; sa fortune sera la tienne.

VIOLA.—Je ferai donc de mon mieux ma cour à votre maîtresse. — (*Le duc sort.*) Lutte remplie d'obstacles ! Quel que soit mon rôle en lui faisant ma cour, je voudrais, moi, devenir la femme du duc.

(Tous sortent.)

SCÈNE V

Appartement de la maison d'Olivia.

MARIE et LE BOUFFON.

MARIE. — Allons, dis-moi où tu as été, ou je n'ouvrirai pas assez mes lèvres pour qu'un crin puisse y entrer, dans le but de t'excuser ; ma maîtresse te fera pendre pour t'être absenté.

LE BOUFFON. — Eh bien ! qu'elle me pende ; quiconque est bien pendu dans ce monde n'a plus rien à redouter.

MARIE.—Compte là-dessus.

LE BOUFFON.—Il ne voit plus personne à craindre.

MARIE.—Bonne réponse de carême[1] ! Je puis t'apprendre l'origine de ces mots.

LE BOUFFON.—D'où vient-il, bonne dame Marie ?

MARIE. — De la guerre ; et tu peux le dire hardiment dans tes folies.

LE BOUFFON. — Eh bien ! que Dieu donne la sagesse à ceux qui l'ont, et que ceux qui sont fous fassent usage de leurs talents.

MARIE. — Mais tu seras pendu pour être resté si longtemps absent, ou tout au moins renvoyé ; n'est-ce pas la même chose pour toi que d'être pendu ?

LE BOUFFON. — Vraiment, une bonne pendaison pré-

---

[1] *A lenten answer*, réponse brève et misérable.

vient un mauvais mariage¹. Et quant au malheur d'être renvoyé, l'été y pourvoira².

MARIE. —Tu es donc bien résolu?

LE BOUFFON. — Non pas; mais je suis résolu sur deux points.

MARIE.—En sorte que si l'un manque, l'autre tiendra; ou si tous les deux viennent à manquer, ton haut-de-chausses tombe par terre.

LE BOUFFON. — Juste; en bonne foi, tout juste! Allons, va ton chemin. Si sir Tobie voulait quitter la boisson, tu serais une aussi spirituelle pièce de la chair d'Ève qu'aucune en Illyrie.

MARIE.—Tais-toi, faquin; plus de cela : voici ma maîtresse; fais tes excuses sagement, cela vaudra mieux.

(Marie sort.)
(Entrent Olivia, Malvolio et suite.)

LE BOUFFON.—Esprit, si c'est ton bon plaisir, mets-moi en bonne veine de folies. Les gens d'esprit qui s'imaginent te posséder ne sont souvent que des fous; et moi, qui suis bien sûr de ne pas t'avoir, je pourrais passer pour un homme sensé; car que dit Quinapalus? Un fou spirituel vaut mieux qu'un esprit fou. — Dieu vous bénisse, maîtresse!

OLIVIA.—Faites sortir cet imbécile.

LE BOUFFON. — Est-ce que vous n'entendez pas, camarades? Emmenez madame.

OLIVIA. — Va-t'en; tu es un fou à sec : je ne veux plus de toi; d'ailleurs tu deviens malhonnête.

LE BOUFFON. — Deux défauts, madonna, que la boisson et les bons conseils corrigeront; car donnez à boire à un fou à sec, et le fou cessera d'être à sec; recommandez à

---

¹ Gray dit qu'une coutume espagnole autorisait toute femme veuve à sauver, en l'épousant, un malfaiteur condamné à être pendu. Un voleur, qui marchait au supplice, plut à une femme, qui s'écria qu'elle demandait sa grâce avec la condition d'usage. Le condamné se retourne, et à peine l'a-t-il aperçue du haut de la charrette, qu'il dit : Allons, fouette, cocher!

² Les fainéants le deviennent encore davantage vers la saison de l'été, plus sûrs de trouver leur subsistance et de pouvoir coucher à la belle étoile.

un homme malhonnête de se corriger, s'il se corrige, il ne sera plus malhonnête, et s'il ne peut se corriger, que le ravaudeur le corrige ; tout ce qui dans le monde est corrigé n'est que rapetassé : la vertu qui s'égare n'est que rapetassée de vice, et le vice qui s'amende n'est que rapetassé de vertu. Si ce syllogisme tout simple peut me servir, à la bonne heure ; sinon, quel remède ? Comme il n'y a point d'homme vraiment déshonoré autre que le misérable, de même la beauté n'est qu'une fleur. — La dame a commandé de faire sortir l'imbécile ; en conséquence, je le répète, faites-la sortir.

OLIVIA.—Monsieur, je leur ai commandé de vous faire sortir.

LE BOUFFON. — Une méprise du plus haut degré ! Madame, *cuclus non facit monachum*[1] ; c'est comme qui dirait, je ne porte pas d'habit de fou dans le cerveau. Bonne madonna, donnez-moi la permission de prouver que vous êtes une folle.

OLIVIA.—Peux-tu le prouver ?

LE BOUFFON.—Très-adroitement, bonne madonna.

OLIVIA.—Voyons ta preuve.

LE BOUFFON. — Il faut que je vous catéchise pour cela, madame. — Ma bonne petite souris de vertu, répondez-moi.

OLIVIA. — Allons, monsieur, à défaut d'autre passe-temps, je vous demanderai votre preuve.

LE BOUFFON. — Bonne madame, pourquoi êtes-vous en deuil ?

OLIVIA. — Mon cher fou, pour la mort de mon frère.

LE BOUFFON. — Je crois, madame, que son âme est en enfer.

OLIVIA.—Moi, je sais, fou, que son âme est dans le ciel.

LE BOUFFON. —Vous n'en êtes que d'autant plus folle, madame, d'être en deuil, de ce que l'âme de votre frère est dans le ciel. — Emmenez la folle, messieurs.

OLIVIA. — Que pensez-vous de ce fou, Malvolio ? Ne s'amende-t-il pas ?

---

[1] Le capuchon ne fait pas le moine.

MALVOLIO. — Oui, et il continuera ainsi jusqu'à ce que les angoisses de la mort l'ébranlent. L'infirmité qui fait déchoir le sage amende toujours le fou.

LE BOUFFON. — Dieu veuille vous envoyer, monsieur, une prompte infirmité, afin d'augmenter votre folie! Sir Tobie jurera que je ne suis pas un renard; mais il ne risquerait pas sa parole sur deux sous, pour gager que vous n'êtes pas fou.

OLIVIA. — Que répondez-vous à cela, Malvolio?

MALVOLIO. — Je m'étonne que vous, madame, vous puissiez vous amuser des stériles propos d'un pareil coquin; je l'ai vu terrassé l'autre jour par un fou ordinaire qui n'a pas plus de cervelle qu'une pierre. Voyez, il est déjà hors de parade; si vous ne riez pas, et que vous ne lui fournissiez pas matière, le voilà bâillonné. Je proteste que je tiens tous ces hommes sensés, qui rient ainsi de ces sortes de fous, pour n'être eux-mêmes rien de mieux que les bouffons de fous.

OLIVIA. — Oh! vous êtes malade à force d'amour-propre, Malvolio, et votre goût en est dépravé. Quiconque est généreux, sans reproche, et d'une humeur franche, gaie, prend pour des flèches d'oiseau ces traits que vous croyez des boulets de canon; il n'y a aucune médisance dans un fou de profession, quoiqu'il ne fasse que railler, et il n'y a point d'amertume dans les railleries d'un homme connu pour sage, quoiqu'il ne fasse que censurer.

LE BOUFFON. — Que Mercure te donne le don de mentir, en récompense de ce que tu parles si bien des fous!

(Entre Marie.)

MARIE. — Madame, il y a à votre porte un jeune gentilhomme qui désire beaucoup vous parler.

OLIVIA. — De la part du comte Orsino, n'est-ce pas?

MARIE. — Je l'ignore, madame; c'est un beau jeune homme, et bien accompagné.

OLIVIA. — Qui de mes gens l'arrête à ma porte?

MARIE. — Sir Tobie, madame, votre parent.

OLIVIA. — Écartez-le, je vous prie: il ne dit pas un mot qui ne soit d'un insensé. (*Marie sort.*) — Allez, Malvolio;

si c'est un message de la part du comte, je suis malade, ou je ne suis pas chez moi; tout ce que vous voudrez pour m'en débarrasser. (*Malvolio sort.*) (*Au bouffon.*) Tu vois, l'ami, que ta folie devient surannée et qu'elle déplaît aux gens.

LE BOUFFON. — Vous avez parlé pour nous, madame, comme si votre fils aîné était un fou. Que Jupiter veuille remplir son crâne de cervelle; car voici un de vos parents qui a une *pie-mère*[1] des plus faibles.

(Entre sir Tobie Belch.)

OLIVIA. — Sur mon honneur, il est à demi-ivre. — Qui est-ce qui est à la porte, cousin?

SIR TOBIE. — Un gentilhomme.

OLIVIA. — Un gentilhomme! quel gentilhomme?

SIR TOBIE. — C'est un gentilhomme.... La peste soit des harengs saurs! Eh bien! sot?

LE BOUFFON. — Bon! Sir Tobie....

OLIVIA. — Mon oncle, mon oncle, comment se fait-il que vous ayez gagné de si bonne heure cette léthargie?

SIR TOBIE. — La luxure[2]; je défie la luxure. — Il y a quelqu'un à la porte.

OLIVIA. — Oui, certes : qui est-ce?

SIR TOBIE. — Qu'il soit le diable, s'il veut, je ne m'en embarrasse guère. Oh! vous pouvez m'en croire, comme je vous le dis : oui, cela m'est égal.   (Il sort.)

OLIVIA. — A quoi ressemble un homme ivre, fou?

LE BOUFFON. — A un homme noyé, à un fou, et à un frénétique; un verre de plus après qu'il est en chaleur en fait un fou : le second le jette dans la frénésie, et un troisième le noie.

OLIVIA. — Va chercher l'officier de paix, et qu'il veille sur mon cousin; car il en est au troisième degré de la boisson, il est noyé; va, veille sur lui.

LE BOUFFON. — Il n'est encore que fou, madame; et le fou aura soin du fou.   (Le bouffon sort.)

(Malvolio rentre.)

---

[1] La pie-mère, membrane du cerveau, prise ici pour le cerveau lui-même.

[2] Equivoque entre *lechery* et *lethargy*.

MALVOLIO. — Madame, il jure qu'il vous parlera. Je lui ai dit que vous étiez malade : il répond qu'il s'attendait à cela, et que c'est pour cela qu'il vient vous parler : je lui ai dit que vous étiez endormie; il semble qu'il en avait aussi un pressentiment, et il dit que c'est pour cela qu'il vient vous parler; que lui dira-t-on, madame? Il est cuirassé contre toute espèce de refus.

OLIVIA. — Dites-lui qu'il ne me parlera pas.

MALVOLIO. — On le lui a déjà dit; et il déclare qu'il va s'établir à votre porte, comme le poteau d'un shériff[1], et se faire pied de banc; mais qu'il vous parlera.

OLIVIA. — Quelle espèce d'homme est-ce?

MALVOLIO. — Mais de l'espèce des hommes.

OLIVIA. — Et quelles sont ses manières?

MALVOLIO. — De fort mauvaises manières. Il veut vous parler, que vous vouliez ou non.

OLIVIA. — Et sa personne, son âge?

MALVOLIO. — Il n'est pas encore assez âgé pour un homme, ni assez jeune pour un enfant; il est ce qu'est une cosse avant qu'elle devienne pois; ou un fruit vert, quand il est sur le point d'être une pomme; au point de séparation entre l'enfant et l'homme; il a un fort beau visage, et il parle d'un ton mutin; on croirait que le lait de sa mère n'est pas encore tout à fait sorti de ses veines.

OLIVIA. — Qu'il vienne ; appelez ma demoiselle.

MALVOLIO. — Mademoiselle, madame vous appelle.

(Il sort.)

(Marie rentre.)

OLIVIA.—Donnez-moi mon voile; jetez-le-moi sur mon visage : nous consentons à écouter encore une fois l'ambassade d'Orsino.

(Entre Viola.)

VIOLA.—Laquelle est ici l'honorable maîtresse du logis?

OLIVIA. — Adressez-moi la parole, je répondrai pour elle; que voulez-vous?

VIOLA. — Très-radieuse, parfaite et incomparable

---

[1] Les poteaux placés à la porte du shériff, pour afficher les actes publics, les ordonnances, etc.

beauté.... — Je vous prie, dites-moi si c'est là la maîtresse de la maison, car je ne l'ai jamais vue. Je serais bien fâché de perdre mal à propos ma harangue ; car outre qu'elle est admirablement bien écrite, je me suis donné beaucoup de peine, pour l'apprendre par cœur. Généreuses beautés, ne me faites essuyer aucun dédain ; je suis extrêmement susceptible à la plus légère marque de mépris.

OLIVIA. — De quelle part venez-vous, monsieur ?

VIOLA. — Je ne suis pas en état d'en dire beaucoup plus que je n'ai étudié ; et cette question s'écarte de mon rôle. Aimable dame, donnez-moi l'assurance positive que vous êtes la maîtresse du logis, afin que je puisse procéder à ma harangue.

OLIVIA. — Êtes-vous comédien ?

VIOLA. — Non, à vous parler du fond du cœur ; et cependant je jure par les griffes de la méchanceté que je ne suis pas ce que je représente. Êtes-vous la dame du logis ?

OLIVIA. — Si je ne me vole pas moi-même, je la suis.

VIOLA. — Très-certainement si vous l'êtes, vous vous volez vous-même. Car ce qui est à vous, pour en faire don, n'est pas à vous pour le tenir en réserve. Mais cela sort de ma commission. Je veux d'abord débiter mon discours à votre louange, et en venir ensuite au fait de mon message.

OLIVIA. — Venez tout de suite à ce qu'il y a d'important, je vous dispense de l'éloge.

VIOLA. — Hélas ! j'ai pris tant de peine à l'étudier ; et il est poétique.

OLIVIA. — Il n'en ressemble que mieux à une fiction ; je vous en prie, gardez-le pour vous. On m'a dit que vous étiez impertinent à ma porte, et j'ai permis votre entrée, plus pour vous contempler avec étonnement, que pour vous écouter. Si vous n'êtes pas insensé, retirez-vous ; si vous jouissez de votre raison, soyez court : je ne suis pas dans une lune à soutenir un dialogue aussi extravagant.

MARIE. — Voulez-vous déployer les voiles, **monsieur ?** Voici votre chemin.

VIOLA. — Non, joli mousse, je dois rester à flot ici un peu plus longtemps. — (*A Olivia.*) Pacifiez un peu votre géant, ma chère dame [1].

OLIVIA. — Déclarez-moi vos intentions.

VIOLA. — Je suis un messager.

OLIVIA. — Sûrement, vous avez quelque chose de bien affreux à m'apprendre, puisque le début de votre politesse est si craintif ; expliquez l'objet de votre message.

VIOLA. — Il n'est destiné qu'à votre oreille ; je ne vous apporte ni déclaration de guerre, ni imposition d'hommage ; je porte la branche d'olivier dans ma main : mes paroles sont, comme le sujet, des paroles de paix.

OLIVIA. — Et cependant vous avez commencé bien brusquement. Qu'êtes-vous ? Que voulez-vous ?

VIOLA. — Si j'ai montré quelque grossièreté, c'est de mon rôle que je l'ai empruntée. Ce que je suis et ce que je veux sont des choses aussi secrètes que la virginité, sacrées pour vos oreilles, profanation pour toute autre.

OLIVIA, *à Marie.* — Laissez-nous seuls. Nous désirons connaître ces choses sacrées. (*Marie sort.*) Maintenant, monsieur, votre texte ?

VIOLA. — Très-chère dame....

OLIVIA. — Une doctrine vraiment consolante, et sur laquelle on peut dire beaucoup de choses ! — Où est votre texte ?

VIOLA. — Dans le sein d'Orsino.

OLIVIA. — Dans son sein ? Dans quel chapitre de son sein ?

VIOLA. — Pour vous répondre avec méthode, dans le premier chapitre de son cœur.

OLIVIA. — Oh ! je l'ai lu ; c'est de l'hérésie toute pure. N'avez-vous rien de plus à dire ?

VIOLA. — Chère madame, laissez-moi voir votre visage.

OLIVIA. — Avez-vous quelque commission de votre maître à négocier avec mon visage ? Vous voilà maintenant hors de votre texte ; mais nous allons tirer le rideau

---

[1] Allusion aux géants préposés à la garde des demoiselles dans les romans, et à la petite taille de Marie.

et vous montrer le portrait. Regardez, monsieur : voilà comme je suis pour le moment ; n'est-ce pas bien fait ?
(Elle ôte son voile.)

VIOLA.—Admirablement bien fait, si Dieu a tout fait.

OLIVIA.—C'est dans le grain, monsieur ; cela résistera à la pluie et au vent.

VIOLA. — C'est la beauté même, mélange heureux des roses et des lis, et la main délicate et savante de la nature en a pétri elle-même les couleurs. Madame, vous êtes la plus cruelle des femmes qui respirent, si vous conduisez toutes ces grâces au tombeau sans en laisser de copie au monde.

OLIVIA.— Oh! monsieur, je n'aurai pas le cœur si dur : je donnerai plusieurs cédules de ma beauté. Elle sera inventoriée, et chaque parcelle, chaque article sera coté dans mon testament ; par exemple, *item,* deux lèvres passablement vermeilles : *item,* deux yeux gris avec des paupières dessus : *item,* un cou, un menton, et ainsi de suite. Avez-vous été envoyé ici pour faire mon estimation ?

VIOLA.—Je vois ce que vous êtes : vous êtes trop fière ; mais fussiez-vous le diable, vous êtes belle : mon seigneur et maître vous aime. Oh! un pareil amour mérite d'être récompensé, fussiez-vous couronnée comme la beauté incomparable.

OLIVIA.—Comment m'aime-t-il ?

VIOLA.—Avec des adorations, des larmes fécondes, des gémissements qui tonnent l'amour, et des soupirs de feu[1].

OLIVIA.—Votre maître connait mes dispositions : je ne puis l'aimer. Cependant je le crois vertueux, je sais qu'il est noble, d'un rang illustre, d'une jeunesse sans tache et dans toute sa fraîcheur. Il a les suffrages de tout le monde ; il est libéral, savant et vaillant ; et plein de grâce dans sa taille et sa tournure ; mais malgré toutes ces qualités, je ne puis l'aimer : il y a longtemps qu'il aurait dû se le tenir pour dit.

---

[1] Ridicule jeté sur les hyperboles amoureuses.

VIOLA. — Si je vous aimais de toute la passion de mon maître, si je souffrais comme il souffre, si ma vie était une mort, je ne trouverais aucun sens dans votre refus, et je ne le comprendrais pas.

OLIVIA. — Eh! que feriez-vous?

VIOLA. — Je me bâtirais une cabane de saule¹ à votre porte, et j'irais voir mon âme dans sa demeure; je composerais des chants loyaux sur l'amour méprisé, et je les chanterais de toute ma voix même au milieu de la nuit; je crierais votre nom aux collines qui le répercuteraient, et je forcerais la babillarde commère de l'air à répéter *Olivia!* Oh! vous ne pourriez trouver de repos entre les éléments de l'air et de la terre, que vous n'eussiez eu pitié de moi.

OLIVIA. — Vous pourriez faire beaucoup de choses! Quelle est votre parenté?

VIOLA. — Au-dessus de ma fortune; et cependant ma fortune est suffisante : je suis gentilhomme.

OLIVIA. — Retournez vers votre maître : je ne puis l'aimer; qu'il n'envoie plus chez moi; à moins que, par hasard, vous ne reveniez encore, pour me dire comment il prend la chose. Adieu! je vous remercie de vos peines; dépensez ceci pour l'amour de moi.

VIOLA. — Je ne suis point un messager à gages, madame : gardez votre bourse; c'est mon maître, et non pas moi, qui a besoin de récompense. Puisse l'amour changer en pierre le cœur de celui que vous aimerez; et que votre ardeur, comme celle de mon maître, ne rencontre que le mépris! Adieu, beauté cruelle.

(Elle sort.)

OLIVIA. — *Quelle est votre parenté?—Au-dessus de ma fortune,* répond-il, *et pourtant ma fortune est suffisante. — Je suis gentilhomme.* Oui, je le jurerais, que tu l'es en effet. Ton langage, ta physionomie, ta tournure, tes actions et tes sentiments te donnent dix fois des armoiries. — —N'allons pas trop vite.—Doucement, doucement! Si le maître était le serviteur! Allons donc!—Comment peut-

---

¹ Arbre de la mélancolie et des amants.

on prendre si promptement la contagion? Il me semble que je sens toutes les perfections de ce jeune homme se glisser furtivement et subtilement dans mes yeux. Allons, soit.—Holà, Malvolio!

(Rentre Malvolio.)

MALVOLIO.—Me voici, madame, à vos ordres.

OLIVIA.—Cours après ce messager impertinent, l'homme du comte : il a laissé cette bague ici malgré moi ; dis-lui que je n'en veux point. Recommande-lui bien de ne pas flatter son maître, et de ne pas nourrir ses espérances : je ne suis point pour lui. Si le jeune homme veut revenir ici demain, je lui expliquerai les raisons de mon refus. Cours vite, Malvolio.

MALVOLIO.—Madame, j'y cours.

(Il sort.)

OLIVIA.—Je ne sais trop ce que je fais ; et je crains de trouver que mes yeux sont des flatteurs qui en imposent à mon jugement[1]. Destin, montre ta puissance : nous ne disposons pas de nous-mêmes. Ce qui est décrété doit arriver; qu'il en soit fait ainsi!

(Elle sort.)

[1] *Mine eye too great a flatterer for my mind.*

FIN DU PREMIER ACTE.

ACTE DEUXIÈME

SCÈNE I

Le bord de la mer.

ANTONIO, SÉBASTIEN.

ANTONIO.—Vous ne voulez pas rester plus longtemps ? Et vous ne voulez pas que je vous accompagne ?

SÉBASTIEN.—Non, je vous en prie ; mon étoile jette sur moi une clarté sinistre : la malignité de ma destinée pourrait peut-être empoisonner la vôtre. Je vous demanderai donc la permission de porter mes maux tout seul : ce serait bien mal reconnaître votre amitié pour moi, que d'en faire retomber une partie sur vous.

ANTONIO.—Faites-moi connaître au moins en quel lieu vous vous proposez d'aller.

SÉBASTIEN. — Non, non, monsieur ; le voyage que j'ai résolu est une véritable extravagance. — Cependant je remarque en vous une discrétion si délicate que vous ne chercherez pas à m'extorquer le secret que je veux garder... Et la politesse me fait un devoir de vous le révéler moi-même. Il faut donc que vous sachiez de moi, Antonio, que mon nom est Sébastien, que j'ai changé en celui de Rodrigo ; mon père était ce Sébastien de Messaline, dont je sais que vous avez ouï parler. Il a laissé après lui deux enfants, moi, et une sœur, tous deux nés à la même heure : s'il eût plu au ciel, nous aurions de même fini notre vie ensemble ; mais, vous, monsieur, vous avez changé mes destins ; car quelques heures avant que vous m'ayez retiré des abîmes de la mer, ma sœur était noyée.

ANTONIO.—Hélas ! funeste jour !

SÉBASTIEN. — Une jeune personne, monsieur, qui, quoiqu'on dit qu'elle me ressemblait beaucoup, passait pour belle aux yeux de beaucoup de gens. Il ne me convient pas à moi d'oser avoir d'elle une aussi haute idée que les autres ; mais du moins puis-je assurer hardiment qu'elle portait une âme que l'envie même était forcée de dire belle. Elle est noyée, monsieur, dans l'eau salée, et il me semble que je vais encore y noyer son souvenir.

ANTONIO. — Excusez-moi, monsieur, de la mauvaise chère que je vous ai fait faire.

SÉBASTIEN. — Cher Antonio, c'est moi qui vous prie de me pardonner l'embarras que je vous ai causé.

ANTONIO.—Si, pour prix de mon amitié, vous ne voulez pas me tuer, permettez-moi d'être votre serviteur.

SÉBASTIEN. — Si vous ne voulez pas détruire votre ouvrage, je veux dire, tuer celui que vous avez sauvé, n'exigez pas cela de moi. Adieu, en un mot : mon cœur est plein de reconnaissance ; et je suis encore si près d'avoir les manières de ma mère, qu'un peu plus et mes yeux vont me trahir. Je vais à la cour du comte Orsino : adieu.

(Il sort.)

ANTONIO. — Que la bonté de tous les dieux ensemble accompagne tes pas ! J'ai beaucoup d'ennemis à la cour d'Orsino ; sans cela, je ne tarderais pas à t'y revoir. — Mais, advienne que pourra, je t'adore tant, que pour toi tous les dangers me sembleront un jeu, et je veux y aller.

(Il sort.)

SCÈNE II

Une rue.

VIOLA *entre,* **MALVOLIO** *la suit.*

MALVOLIO. — N'étiez-vous pas, il y a un moment, avec la comtesse Olivia ?

VIOLA. — A l'instant même, monsieur ; en marchant d'un pas ordinaire je ne suis encore arrivé qu'ici.

malvolio. — Elle vous renvoie cette bague, monsieur; vous auriez pu m'épargner cette peine, et la reprendre vous-même. Elle ajoute, en outre, que vous ayez à bien assurer votre maître qu'il peut désespérer, et qu'elle ne veut point de lui; et ceci encore, que vous n'ayez jamais la hardiesse de revenir négocier pour lui, à moins que ce ne soit pour rapporter la manière dont votre seigneur, entendez-le bien, aura pris son refus.

viola. — Elle a reçu cette bague de moi : je n'en veux point.

malvolio. — Allons, monsieur, vous la lui avez méchamment jetée : et son intention est qu'elle vous soit rendue. (*Il la jette à ses pieds.*) Si elle vaut la peine que vous vous baissiez, la voilà sous vos yeux; sinon, qu'elle soit à celui qui la trouvera.

(Il sort.)

viola. — Je n'ai point laissé de bague chez elle; que veut dire cette dame? Que ma fortune ne permette pas que ma figure l'ait charmée! — Elle m'a bien regardée, et si attentivement qu'il me semblait que ses yeux égaraient sa langue; car elle ne me parlait que par mots interrompus et d'un air distrait. Elle m'aime sûrement. C'est une ruse de sa passion qui m'invite à la revoir par ce grossier messager. Ce n'est point du tout une bague de mon maître! D'abord, il ne lui en a point envoyé; c'est pour moi-même. — Si cela est (comme cela est en effet), pauvre femme, il vaudrait mieux pour elle être amoureuse d'un songe! Déguisement, tu es, je le vois, une méchanceté, dont l'adroit ennemi du genre humain sait tirer grand parti. Combien il est aisé à ceux qui ont quelques appas pour tromper de faire impression sur la molle cire du cœur des femmes! Hélas! c'est la faute de notre fragilité, et non pas la nôtre; car nous sommes ce que nous avons été faites. Comment ceci s'arrangera-t-il? Mon maître l'aime passionnément; et moi, pauvre fille métamorphosée, je suis aussi éprise de lui. Et elle, dans sa méprise, paraît raffoler de moi. Qu'est-ce que tout ceci deviendra? Mon état me fait désespérer de l'amour de mon maître; et étant une femme, hélas! que d'inutiles soupirs poussera l'infortunée Olivia ! O temps ! c'est à toi de débrouiller ceci et non à moi : le nœud est trop compliqué pour que je le puisse dénouer.

(Elle sort.)

SCÈNE III

Appartement de la maison d'Olivia.

SIR TOBIE BELCH, SIR ANDRÉ AGUE-CHEEK.

SIR TOBIE. — Approchez, sir André. N'être pas au lit après minuit, c'est être levé de bonne heure ; et *diluculo surgere*[1]....., vous savez....

SIR ANDRÉ. — Non, en bonne foi, je ne sais pas, moi ; mais je sais qu'être levé tard c'est être levé tard.

SIR TOBIE. — Fausse conclusion, que je hais autant qu'un flacon vide ! Être debout après minuit, et aller alors au lit, c'est se coucher matin ; en sorte qu'aller se coucher après minuit, c'est aller se coucher de bonne heure. Notre vie n'est-elle pas composée de quatre éléments ?

SIR ANDRÉ. — On le dit : mais je crois, moi, qu'elle est plutôt composée du boire et du manger.

SIR TOBIE. — Vous êtes un savant : allons donc manger et boire. — Holà ! Marianne, entendez-vous ? — Un flacon de vin.

(Entre le bouffon.)

SIR ANDRÉ. — Voici, ma foi, le fou qui vient.

LE BOUFFON. — Eh bien ! mes cœurs ? N'avez-vous jamais vu notre portrait à nous trois ?

SIR TOBIE. — Sois le bienvenu, ânon ; allons, une chanson.

SIR ANDRÉ. — Sur ma foi, ce fou a une excellente voix ! Je voudrais pour quarante shillings avoir sa jambe, et une voix pour chanter aussi douce que celle du fou. En vérité, tu étais dans tes plus charmantes folies hier au soir, lorsque tu parlas de Pigrogromitus, des Vapians

---

[1] « Se lever au petit jour est utile à la santé, » *adage latin*.

passant l'équinoxiale de Queubus : cela était excellent, en vérité ; je t'ai envoyé douze sous pour ta bonne amie ; les as-tu reçus ?

LE BOUFFON. — Oui, j'ai remis ta gracieuseté à mon jupon court ; car le nez de Malvolio n'est pas un manche de fouet[1] ; madame a la main blanche, et le myrmidon n'est pas un bouchon.

SIR ANDRÉ. — Excellent ! c'est la plus jolie folie pour la fin. Allons, une chanson.

SIR TOBIE. — Avance ; voilà douze sous pour toi ; chante-nous une chanson.

SIR ANDRÉ. — Voilà encore un teston de moi ; si un chevalier donne....

LE BOUFFON. — Voudriez-vous une chanson d'amour, ou une chanson morale ?

SIR TOBIE. — Une chanson d'amour, une chanson d'amour !

SIR ANDRÉ. — Oui, oui ; je ne me soucie point de morale.

LE BOUFFON *chante*.

> O ma maîtresse ! où êtes-vous errante ?
> Arrêtez et m'écoutez : Votre sincère amant s'avance,
> Votre amant qui peut chanter haut ou bas.
> Ne trotte pas plus loin, mon cher cœur :
> Les voyages finissent par la rencontre des amants,
> C'est ce que sait le fils de tout homme sage.

SIR ANDRÉ. — Admirable, en vérité !
SIR TOBIE. — Bien, très-bien.
LE BOUFFON.

> Qu'est-ce que l'amour ? Il n'est pas fait pour l'avenir.
> La joie présente fait rire dans le présent ;
> Ce qui est à venir est encore incertain ;
> Il n'y a point de moisson à recueillir des délais.
> Viens donc, ma chérie, me donner vingt baisers,
> La jeunesse est une étoffe qui ne peut durer.

SIR ANDRÉ. — Une voix douce comme du miel, aussi vrai que je suis chevalier.

---

[1] *A whipstock*, il a l'odorat fin.

sir tobie.—Une voix contagieuse !

sir andré. —Des plus douces et des plus contagieuses, sur ma foi.

sir tobie.—A entendre par le nez, c'est une douce contagion ¹. Mais commencerons-nous une danse de tourne-ciel²? Éveillerons-nous la chouette par un canon, qui ravisse les trois âmes³ d'un tisserand? Ferons-nous cela?

sir andré. — Si vous m'aimez, faisons-le. Allons, commence. Je suis un chien pour les canons.

le bouffon. — Par Notre-Dame, monsieur, il y a des chiens qui vont bien au canon.

sir andré.—Certainement ; chantons : *Coquin, tais-toi*.

le bouffon.—*Tais-toi, coquin,* chevalier? Je serai donc forcé de vous appeler coquin, chevalier?

sir andré.—Ce n'est pas la première fois que j'ai forcé un homme à m'appeler coquin. Commence, fou ; la chanson commence par *Tais-toi*.

le bouffon.—Je ne commencerai jamais si je me tais.

sir andré.—Bon là, ma foi. Allons, commence.

(Ils chantent.)
(Entre Marie.)

marie.—Quels hurlements de chats faites-vous donc ici? Si ma maîtresse n'a pas appelé son intendant, Malvolio, et ne lui a pas ordonné de vous mettre à la porte, ne me croyez jamais.

sir tobie.—Madame est une Catayenne⁴ ; nous sommes des politiques : Malvolio est une canaille, et *nous sommes trois joyeux garçons*⁵. Ne suis-je pas son parent? Ne suis-je pas de son sang? Foin de madame!—(*Chantant.*) *Il était un homme à Babylone, madame, madame*.

¹ *A dulcet in contagion*, jeu de mots intraduisible.

² *A welkin-dance*, boire jusqu'à ce que le ciel tourne sur nos têtes.

Apparemment l'âme végétative, l'âme sensitive et l'âme raisonnable.

⁴ « Terme de mépris, dont l'origine est indifférente. » (Steevens.)

⁵ *Malvolio is a peg-a-ramsey, and three merry men be we.* Ces derniers mots sont le commencement d'une chanson ; *Peg-a-ramsey* est le titre d'une ballade ancienne.

LE BOUFFON. — Malepeste! le chevalier est dans une merveilleuse folie.

SIR ANDRÉ. — Oui, il s'en tire assez bien, quand il est bien disposé, et moi aussi : il fait le fou avec plus de grâce que moi; mais je le fais plus au naturel.

SIR TOBIE, *chantant.* — *Ah! le douzième jour de décembre.*

MARIE. — Au nom de Dieu, taisez-vous.

(Entre Malvolio.)

MALVOLIO. — Hé! mes maîtres, êtes-vous fous? ou qu'êtes-vous donc? N'avez-vous ni esprit, ni savoir-vivre, ni honnêteté, pour bavarder comme des chaudronniers à cette heure de la nuit? Faites-vous une taverne de la maison de madame, que vous vous égosillez ainsi à crier vos airs de tailleurs, sans adoucir ou baisser vos voix? N'avez-vous donc aucun respect pour le lieu, les personnes et les temps?

SIR TOBIE. — Nous avons gardé les temps, monsieur, dans nos canons. Allez au diable [1].

MALVOLIO. — Sir Tobie, il faut que je sois tout rond avec vous. Ma maîtresse m'a donné ordre de vous dire que, quoiqu'elle vous reçoive comme son parent, elle n'a point de parenté avec vos désordres. Si vous pouvez vous séparer de votre mauvaise conduite, vous serez toujours le bienvenu dans sa maison : sinon, s'il vous plaisait de prendre congé d'elle, elle est toute disposée à vous faire ses adieux.

SIR TOBIE, *chantant.* — *Adieu, cher cœur, puisqu'il faut que je parte* [2].

MALVOLIO. — Oui, bon sir Tobie.

SIR TOBIE, *chantant.* — *Ses yeux dénotent que ses jours sont bientôt à leur fin.*

MALVOLIO. — Les choses en sont-elles là?

SIR TOBIE, *chantant.* — *Mais moi, je ne mourrai jamais.*

LE BOUFFON. — En cela vous mentez, sir Tobie.

MALVOLIO. — Pour cela, je suis très-disposé à vous croire.

[1] C'est le sens qu'il faut donner, selon Malone, à ces mots : *Sneck up.*

[2] Chanson qu'on trouve dans le recueil de Percy.

SIR TOBIE, *en chantant.*— *Lui dirai-je de s'en aller?*
LE BOUFFON. — *Et quand vous le feriez?*
SIR TOBIE. — *Lui dirai-je de s'en aller, sans le ménager?*
LE BOUFFON. — *Oh! non, non, vous n'oseriez.*
SIR TOBIE. — Vous détonnez, l'ami; vous mentez. — Êtes-vous plus qu'un intendant? Croyez-vous que, parce que vous êtes vertueux ¹, il n'y aura plus ni gâteaux, ni bière?
LE BOUFFON. — Oui, par sainte Anne, et le gingembre aussi sera chaud dans la bouche.
SIR TOBIE. — Tu as raison. — Allez, monsieur, allez frotter votre chaîne avec de la mie de pain ². Un flacon de vin, Marie!
MALVOLIO. — Mademoiselle Marie, si vous faisiez quelque cas de la faveur de ma maîtresse, vous ne voudriez pas prêter les mains à cette conduite grossière; ma maîtresse en sera informée, je vous le jure.
(Il sort.)
MARIE. — Va secouer les oreilles.
SIR ANDRÉ. — Lui donner un rendez-vous en duel, et puis lui manquer de parole et se jouer de lui, ce serait une aussi bonne œuvre que de boire quand on a faim.
SIR TOBIE. — Faites cela, chevalier. Je vais vous écrire un cartel ou je lui ferai connaître de vive voix votre indignation contre lui.
MARIE. — Mon cher sir Tobie, soyez patient pour ce soir; depuis que le jeune page du comte a vu aujourd'hui ma maîtresse, elle est fort troublée. Quant à monsieur Malvolio, laissez-moi faire : si je ne le mystifie pas au point de le faire passer en proverbe, et de le rendre un objet de risée publique, croyez que je n'ai pas assez d'esprit pour me coucher tout à l'heure dans mon lit; je sais que je suis en état de le faire.

¹ C'était la coutume de faire des gâteaux en famille à la Toussaint. Les puritains traitaient cette coutume de superstition.

² « Les intendants ou maîtres d'hôtel portaient au cou une chaîne en signe de supériorité sur les autres domestiques; et le meilleur moyen d'éclaircir un métal, c'est de le frotter avec de la mie de pain. » (STEEVENS.)

SIR TOBIE. — Instruis, instruis-nous : conte-nous quelque chose de lui.

MARIE. — Ma foi, monsieur, il est quelquefois une espèce de puritain.

SIR ANDRÉ. —Oh! si je le croyais, je le battrais comme un chien.

SIR TOBIE. — Quoi, pour être puritain? Ta sublime raison, cher chevalier?

SIR ANDRÉ.—Je n'ai point de sublime raison pour cela, mais j'ai d'assez bonnes raisons.

MARIE. — Le diable, c'est qu'il n'est pas toujours un puritain, ni quoi que ce soit avec suite, si ce n'est un serviteur des circonstances ; un sot plein d'affectation qui sait par cœur les affaires d'État, sans livre et sans étude, et vous débite sa science par grands morceaux ; un homme qui a la meilleure opinion de lui-même, et si farci, à ce qu'il s'imagine, de perfections, que c'est un article de foi pour lui qu'on ne peut le voir sans l'aimer ; et c'est sur ce vice-là que ma vengeance trouvera matière à s'exercer.

SIR TOBIE. — Que feras-tu?

MARIE. — Je glisserai sur son chemin quelques épîtres d'amour en style obscur, dans lesquelles, à la couleur de sa barbe, à la forme de sa jambe, à sa tournure, à sa démarche, à l'expression de ses yeux, à son front, à son teint, il se reconnaîtra dépeint de la manière la plus palpable. Je peux écrire tout comme ferait madame votre nièce ; nous pouvons à peine distinguer nos deux écritures dans une lettre dont le sujet est oublié.

SIR TOBIE. — Excellent! Je flaire la ruse.

SIR ANDRÉ. — Elle me monte aussi au nez.

SIR TOBIE. — Il croira, par des lettres que vous laisserez tomber sur son passage, qu'elles viennent de ma nièce, et qu'elle est amoureuse de lui.

MARIE. — Oui, mon projet est un cheval de cette couleur-là.

SIR ANDRÉ [1]. — Et votre cheval fera de lui un âne.

---

[1] Tirwhylt pense qu'il faut donner cette réponse et celle d'après

MARIE. — Oui, un âne, je n'en doute pas
SIR ANDRÉ. — Oh! cela sera admirable.
MARIE. — Un plaisir de roi, je vous en assure. Je sais que ma médecine opérera sur lui. Je vous posterai tous deux en embuscade, et le fou fera le troisième dans un lieu où il trouvera la lettre : observez bien comme il l'interprétera. Pour ce soir, au lit; et rêvons à l'événement. Adieu!
(Elle sort.)
SIR TOBIE. — Bonne nuit, Penthésilée [1].
SIR ANDRÉ. — Par ma foi, c'est une brave fille.
SIR TOBIE. — C'est une excellente levrette, et de race pure, et une fille qui m'adore. Qu'en dites-vous?
SIR ANDRÉ. — J'ai été adoré aussi jadis, moi.
SIR TOBIE. — Allons-nous mettre au lit, chevalier. — Tu aurais besoin d'envoyer demander plus d'argent.
SIR ANDRÉ. — Si je ne peux regagner votre nièce, je suis dans un mauvais pas.
SIR TOBIE. — Envoie demander de l'argent, chevalier : si tu ne parviens pas à la fin à l'avoir, dis que je suis un chien à la queue coupée [2].
SIR ANDRÉ. — Si je ne le fais pas, ne faites jamais fond sur ma parole; prenez-le comme vous voudrez.
SIR TOBIE. — Allons, venez, je vais brûler un peu de rhum; il est trop tard pour aller se coucher maintenant; allons, chevalier, venez.
(Ils sortent.)

SCÈNE IV

Appartement dans le palais du duc.

LE DUC, VIOLA, CURIO et *autres*.

LE DUC. — Faites-nous un peu de musique. — Ah! bon-

à sir Tobie; il les trouve trop fines pour sir André, qui ne juge rien par lui-même, et ne fait que répéter l'avis des autres.

[1] Nom d'une amazone.
[2] « *Cut*. Par les lois forestières, on coupait la queue aux chiens des paysans et roturiers. » (STEEVENS.) Selon d'autres, il faut traduire *cut* par *cheval* : « Dis que je suis un cheval. »

jour, mes amis. — Allons, bon Césario, seulement ce morceau de chant, cette vieille chanson ancienne que nous entendîmes hier au soir. Il me semblait qu'elle soulageait beaucoup mon âme souffrante, plus que ces airs légers et ces refrains répétés dans ces mesures vives et brusques. — Allons, seulement un couplet.

CURIO. — Avec la permission de Votre Altesse, celui qui pourrait le chanter n'est pas ici.

LE DUC. — Qui était-ce donc !

CURIO. — Feste le bouffon, seigneur; un fou qui amusait beaucoup le père de madame Olivia : il est quelque part dans la maison.

LE DUC. — Cherchez-le, et qu'on joue l'air en l'attendant. (*Curio sort. Musique.*) Approche, jeune homme; si tu aimes jamais, dans les doux transports de ta passion souviens-toi de moi; car tous les vrais amants sont tels que je suis, changeants et volages dans tous les autres sentiments, excepté dans la constante pensée de l'objet aimé. — Comment trouves-tu cet air?

VIOLA. — Il retentit comme un écho dans le cœur qui sert de trône à l'amour.

LE DUC. — Tu en parles en maître; je gagerais ma vie que, tout jeune que tu es, ton œil s'est fixé sur quelque beauté qui le charme. N'est-il pas vrai, mon enfant?

VIOLA. — Un peu, avec votre permission.

LE DUC. — Quelle espèce de femme est-ce?

VIOLA. — De votre complexion.

LE DUC. — Elle n'est donc pas digne de toi. Quel âge, au vrai?

VIOLA. — Environ de votre âge, seigneur.

LE DUC. — Elle est trop âgée, par le ciel ! Qu'une femme choisisse toujours un époux plus âgé qu'elle, c'est le moyen qu'elle lui soit plus assortie, et plus sûre de régner dans son cœur; car, mon enfant, nous avons beau nous vanter, nous sommes plus étourdis, plus flottants dans nos caprices; nous sommes aisément emportés par le désir et par l'inconstance; notre amour s'use et se perd plus vite que celui des femmes.

VIOLA. — Je le crois, seigneur.

ACTE II, SCÈNE IV.

LE DUC.—Aie donc soin que ton amante soit plus jeune que toi, ou ton affection ne pourra durer. Les femmes sont comme les roses; leur belle fleur, une fois épanouie, tombe dans l'heure même.

VIOLA.—Et cela est vrai. Hélas! quel triste sort que de se flétrir au moment où elles atteignent la perfection!

(Rentrent Curio et le bouffon.)

LE DUC.—Allons, mon ami, la chanson que tu as chantée hier au soir. Remarque-la, Césario; elle est ancienne et simple. Les fileuses, et celles qui tricotent au soleil, et les jeunes filles dont le cœur est libre, tout en tissant leur fil avec des outils d'os, ont coutume de la chanter : c'est la naïve vérité, et elle peint bien l'innocence de l'amour comme le bon vieux temps.

LE BOUFFON.—Êtes-vous prêt, monsieur?

LE DUC.—Oui, je t'en prie, chante.

LE BOUFFON.

(Chant.)

Viens; ô mort! viens;
Qu'on me couche sous un triste cyprès:
Fuis, fuis, souffle de ma vie.
Une beauté cruelle m'a donné la mort.
Semez de branches d'if mon blanc linceul;
Préparez-le.
Jamais homme ne joua dans la mort un rôle aussi sincère
Que le mien.

Point de fleurs, pas une douce fleur
Sur mon noir cercueil.
Point d'ami, pas un seul ami pour saluer
Mon pauvre corps et l'endroit où mes os seront jetés;
Pour épargner mille et mille soupirs,
Ah! couchez-moi-là,
Où l'amant, triste et fidèle, ne trouve jamais mon tombeau
Pour y pleurer.

LE DUC, *lui donnant sa bourse.*—Voilà pour ta peine.

LE BOUFFON.—Il n'y a nulle peine; j'ai du plaisir à chanter, monsieur.

LE DUC.—Eh bien ! je veux te payer ton plaisir.

LE BOUFFON.—A vrai dire, monsieur, le plaisir se paye une fois ou l'autre.

LE DUC.—A présent, permets-moi de te quitter.

LE BOUFFON. — Allons, que le dieu de la mélancolie te protége, et que ton tailleur te fasse un habit de taffetas changeant; car ton âme est une véritable opale. Je voudrais embarquer des hommes aussi constants sur la mer, afin qu'ils eussent affaire partout, et que leur but ne fût nulle part; car c'est là ce qui fait toujours un bon voyage de rien. Adieu.

(Le bouffon sort.)

LE DUC. — Qu'on me laisse. (*Curio sort avec la suite du duc, excepté Viola.*) Encore une fois, Césario, va trouver cette souveraine cruelle; dis-lui que mon amour, plus noble que les trésors de l'univers, ne met aucun prix à une étendue de terres boueuses; dis-lui que je fais des dons que la Fortune lui a accordés le cas que je fais de cette volage déesse; mais que c'est cette merveille, cette reine des joyaux que la nature a enchâssée en elle, qui seule attire mon âme.

VIOLA.—Mais, seigneur, si elle ne peut vous aimer?

LE DUC.—Je ne puis recevoir une pareille réponse.

VIOLA. — Ma foi, il le faudra bien. Supposez que quelque dame, comme il en est peut-être, souffre pour l'amour de vous, dans son cœur, des tourments aussi violents que vous en souffrez pour Olivia; vous ne pouvez l'aimer et vous le lui déclarez, n'est-elle pas forcée de recevoir votre refus?

LE DUC. — Il n'est point de cœur de femme qui puisse contenir les battements d'une passion aussi forte que celle dont l'amour tourmente mon cœur; il n'est point de cœur de femme assez vaste pour contenir autant d'amour; elles ne savent pas garder. Hélas! on peut bien appeler leur amour un appétit des sens. Ce n'est qu'un goût qui irrite leur palais sans affecter leur cœur : il s'éteint dans la satiété, et finit par le dégoût et l'aversion. Mais le mien est aussi affamé que la mer, et peut digérer autant qu'elle. N'établis aucune comparaison entre l'amour qu'une femme peut concevoir pour moi, et celui que j'ai pour Olivia.

VIOLA.—Oui, mais je sais....

LE DUC.—Que sais-tu ?

VIOLA. — Je sais trop bien l'amour que les femmes ont pour les hommes. Je vous l'assure, elles ont le cœur aussi fidèle que nous. Mon père avait une fille qui aimait un homme, comme il se pourrait par aventure que moi, si j'étais femme, j'aimasse Votre Altesse.

LE DUC.—Et quelle est son histoire ?

VIOLA.—Une page blanche[1], seigneur. Jamais elle n'a déclaré son amour, mais elle a laissé sa passion, cachée comme le ver dans le bouton, dévorer les roses de ses joues : elle languissait dans ses pensées ; et, pâle et mélancolique, elle était tranquille comme la patience sur un monument, souriant à la douleur. N'était-ce pas là véritablement de l'amour ? Nous autres hommes, nous pouvons en dire davantage, en jurer davantage : mais, en vérité, nos démonstrations vont plus loin que notre volonté ; car toujours nous prouvons beaucoup par nos serments, et bien peu par notre amour.

LE DUC. — Mais ta sœur est-elle morte de son amour, mon enfant ?

VIOLA.—Je suis tout ce qui reste de filles dans la maison de mon père, et de frères aussi, et cependant je ne sais... —Seigneur, irai-je trouver cette dame ?

LE DUC. — Oui, voilà ce dont il s'agit. Vole vers elle ; donne-lui ce bijou : dis-lui que mon amour ne peut céder ni supporter aucun refus.

(Ils sortent.)

SCÈNE V

Le jardin d'Olivia.

SIR TOBIE, SIR ANDRÉ ET FABIAN.

SIR TOBIE.—Viens avec nous, seigneur Fabian.

FABIAN. — Oui, je viendrai ; si je perds un atome de ce

---

[1] *A blank.*

plaisir, que je sois rongé de mélancolie jusqu'à en mourir.

SIR TOBIE. — Ne serais-tu pas bien aise de voir ce gredin, cette canaille, ce galefretier, essuyer quelque notable avanie ?

FABIAN. — Oh ! j'en serais transporté. Vous savez qu'il m'a fait perdre les bonnes grâces de ma maîtresse, à l'occasion d'un combat d'ours.

SIR TOBIE. — Pour le mettre en fureur, nous ferons revenir l'ours, et nous le ferons écumer de colère jusqu'à ce qu'il en soit noir et bleu. N'est-ce pas, sir André ?

SIR ANDRÉ. — Si nous ne le faisons pas, c'est fait de notre vie.

(Entre Marie.)

SIR TOBIE. — Voici notre petite scélérate. — Eh bien ! comment vous va, mon ortie des Indes [1] ?

MARIE. — Cachez-vous tous trois dans le bosquet de buis : Malvolio descend le long de cette allée ; il était là-bas, au soleil, l'air occupé, faisant des politesses à son ombre depuis une demi-heure : observez-le, je vous en prie, si vous aimez à rire ; car je suis certaine que cette lettre va faire de lui un idiot en extase. Cachez-vous, au nom de la plaisanterie ! (*Ils se cachent.*) — Tenez-vous là (*Marie laisse tomber une lettre*) ; car voici la truite qu'il faut attraper en la chatouillant.

(Marie sort.)

(Entre Malvolio.)

MALVOLIO. — C'est la fortune : tout est une affaire de fortune. Marie m'a dit une fois que sa maîtresse avait du penchant pour moi, et je l'ai entendue elle-même aller jusqu'à dire que si jamais elle prenait une fantaisie, ce serait pour un homme de ma physionomie ; de plus, elle me traite avec des égards plus distingués qu'aucun de ceux qui sont attachés à son service. Que dois-je penser de tout cela ?

SIR TOBIE. — Ce coquin a bien de la présomption.

FABIAN. — Oh ! paix ! ses contemplations font de lui un

[1] « Apparemment l'ortie marine, qui abonde dans les mers de l'Inde. » (JOHNSON.)

fameux dindon ! Comme il se rengorge en étalant son plumage !

SIR ANDRÉ.—Morbleu ! je vous battrais ce maraud....

SIR TOBIE.—Paix ! vous dis-je.

MALVOLIO.—Devenir comte Malvolio....

SIR TOBIE.—Ah ! coquin....

SIR ANDRÉ. — Un coup de pistolet, un coup de pistolet sur lui.

SIR TOBIE.—Paix ! paix !

MALVOLIO. — Il y en a des exemples. La dame de Strachy[1] a épousé un valet de garde-robe.

SIR ANDRÉ.—Fi de lui, par Jézabel !

FABIAN.—Oh ! paix ! l'y voilà à fond : voyez comme son imagination le gonfle !

MALVOLIO.—Après avoir été marié trois mois avec elle, assis dans ma grandeur....

SIR TOBIE.—Oh ! si j'avais une arbalète pour lui lancer une pierre dans l'œil !

MALVOLIO.—Appelant mes officiers autour de moi, dans ma robe de velours à ramages, après avoir quitté mon lit de repos où j'aurai laissé Olivia endormie....

SIR TOBIE.—Feux et soufre !

FABIAN.—Oh ! paix donc, paix !

MALVOLIO. — Alors prendre l'humeur de la grandeur; et, après avoir promené sur eux un regard dédaigneux, leur dire que je connais ma place, et que je voudrais qu'ils connussent aussi la leur.... Mander mon cousin Tobie....

SIR TOBIE.—Chaînes et verrous !

FABIAN.—Oh ! paix, paix, paix : voyez, voyez.

MALVOLIO. — Sept de mes gens, obéissant au premier signal, sortent pour l'aller chercher ; je parais sombre en attendant, et peut-être je remonte ma montre, ou je joue avec quelque riche bijou. Tobie s'avance ; il me fait la révérence....

SIR TOBIE.—Laisserons-nous vivre ce faquin ?

---

[1] Ce mot est resté sans explication, en dépit de tous les commentaires.

FABIAN.—Paix! quand six chevaux attelés voudraient nous arracher notre silence.

MALVOLIO. — Je lui tends la main ainsi, mêlant à mon sourire familier un regard austère et impérieux.

SIR TOBIE. — Est-ce que sir Tobie ne vous applique pas alors un soufflet?

MALVOLIO. — En lui disant : « Cousin Tobie, puisque ma fortune a jeté votre nièce dans mes bras, accordez-moi le privilége de vous dire....

SIR TOBIE.—Quoi, quoi?

MALVOLIO.—« Il faut vous corriger de votre ivrognerie.

SIR TOBIE.—Veux-tu, canaille....

FABIAN. — Patience, ou nous rompons tous les fils de notre plan.

MALVOLIO.—« De plus, vous dépensez le trésor de votre temps avec un imbécile de chevalier.

SIR ANDRÉ.—C'est moi, je vous le garantis.

MALVOLIO.—« Un sir André! »

SIR ANDRÉ.—Je le savais bien que c'était moi; car bien des gens me traitent de sot.

MALVOLIO.—Qu'avons-nous ici?

(Ramassant la lettre.)

FABIAN.—Voilà ma bécasse tout près du piége.

SIR TOBIE.—Oh! paix! et que le génie de la gaieté lui inspire de lire tout haut.

MALVOLIO.—Sur ma vie, c'est la main de ma maîtresse : voilà ses *c*, ses *v*, ses *t*, et voilà comme elle fait ses grands **P**. Il n'y a pas de doute, c'est son écriture.

SIR ANDRÉ.—Ses *c*, ses *v*, ses *t*. Pourquoi cela?

MALVOLIO, *lisant*. — *A mon bien-aimé inconnu, cette lettre et mes tendres aveux!* Juste, voilà ses phrases. Permets, cire. Doucement.... et le cachet est une Lucrèce dont elle a coutume de sceller ses lettres. C'est ma maîtresse. —A qui cela s'adresserait-il?

FABIAN.—Ceci l'enivrera : cœur et tout.

MALVOLIO, *lisant*.

> Jupiter sait que j'aime.
> Mais qui?

Lèvres, ne remuez pas;
Nul mortel ne doit le savoir.

Nul mortel ne doit le savoir? Voyons la suite : la mesure est changée. *Nul mortel ne doit le savoir.* Si c'était toi, Malvolio !

SIR TOBIE. — Je te le conseille : va te pendre, blaireau.

MALVOLIO *continue de lire.*

Je pourrais commander où j'adore,
Mais le silence, comme le poignard de Lucrèce,
Déchire mon cœur sans l'ensanglanter.
M. O. A. I, règne sur ma vie.

FABIAN.—Une énigme dans le grand genre !

SIR TOBIE.—C'est une fille admirable, par ma foi !

MALVOLIO.—*M. O. A. I. règne sur ma vie.* Mais d'abord, voyons, voyons.

FABIAN.—Quel plat de poisson elle lui a servi là !

SIR TOBIE. — Et avec quelle avidité ce faucon sauvage vole à cet appât !

MALVOLIO. — *Je puis commander où j'adore.* En effet elle peut me commander. Je la sers : elle est ma maîtresse. Oh ! voilà qui est évident pour toute intelligence ordinaire ; il n'y a pas de difficulté là.... Et la fin ?... que signifie cet arrangement alphabétique ? Si je pouvais le faire un peu ressembler à mon nom..... doucement. *M. O. A. I.*

SIR TOBIE. — Oh ! oui, viens-en à bout : le voilà maintenant dérouté et en défaut.

FABIAN. — Sowter[1] va donner de la voix là-dessus, quoique cela sente aussi fort qu'un renard.

MALVOLIO.—*M*—Malvolio. *C*—Eh bien ! c'est la lettre initiale de mon nom.

FABIAN.—Ne vous ai-je pas bien dit qu'il ferait quelque chose de ces lettres ? Oh ! c'est un excellent chien quand on est en défaut !

MALVOLIO. — *M* — Oui.... mais nulle consonnance avec

Nom de chien de chasse.

la suite : cela demande preuve. Ce serait un *A* qui devrait suivre, et c'est un *O*.

FABIAN.—Et *O*[1] suivra, j'espère.

SIR TOBIE.—Ou je le bâtonnerai et lui ferai crier *O*.

MALVOLIO.—C'est l'*I* qui vient par derrière.

FABIAN.—Oui, si vous aviez un œil[2] par derrière, vous pourriez voir plus de châtiments à vos talons que de bonnes fortunes devant vous.

MALVOLIO. — *M. O. A. I*, cela ne s'ajuste pas si bien qu'auparavant ; et pourtant en forçant un peu, l'apparence pourrait pencher vers moi : car chacune de ces lettres se trouve dans mon nom. Doucement : voyons ; voici de la prose qui suit : « *Si cette lettre tombe dans tes mains, médite-la. Mon étoile m'a placée au-dessus de toi ; mais ne t'effraye point de la grandeur. Quelques-uns naissent grands ; d'autres parviennent à la grandeur, et il en est que la grandeur vient chercher elle-même. Ta destinée t'ouvre les bras, que ton audace et ton courage l'embrassent. Et pour t'accoutumer à ce que tu dois vraisemblablement devenir, sors de ton humble obscurité, et parais fier et brillant. Sois contredisant avec un parent, hautain avec les serviteurs : que ta bouche raisonne politique, prends les manières d'un homme original. Voilà les conseils que donne celle qui soupire pour toi. Souviens-toi de celle qui fit l'éloge de tes bas jaunes et qui souhaita de te voir toujours les jarretières croisées. Souviens-t'en, je te le répète. Va, poursuis : ta fortune est faite, si tu le veux ; si tu ne le veux pas, reste donc un simple intendant, le compagnon des valets, et un homme indigne de toucher la main de la fortune. Adieu : celle qui voudrait changer d'état avec toi.* — L'HEUREUSE INFORTUNÉE. » La lumière du jour et la plaine ouverte n'en montrent pas davantage : cela est évident. Je veux devenir fier ; lire les auteurs politiques ; je contrecarrerai sir Tobie ; je me décrasserai de mes grossières connaissances ; je serai tiré à quatre épingles ; je deviendrai l'homme

---

[1] Allusion à la forme d'un collier de chasse.
[2] Jeu de mots sur *I* et *eye*, œil, qui se prononcent de la même manière.

par excellence.—Je ne fais pas maintenant l'imbécile; je ne laisse pas mon imagination se jouer de moi : car toutes sortes de raisons concourent à me prouver que ma maîtresse est amoureuse de moi : elle louait dernièrement mes bas jaunes; elle a vanté ma jambe et sa jarretière; et dans cette lettre elle se découvre elle-même à mon amour; c'est avec une espèce d'injonction, qu'elle m'invite à porter les parures qu'elle préfère. Je rends grâces à mon étoile; je suis heureux Je me singulariserai, je me pavanerai, en bas jaunes, et en riches jarretières, et tout cela le temps de les mettre. Louange à Jupiter et à mon étoile!—Ah! voici encore un post-scriptum.—« *Il est impossible que tu ne devines pas qui je suis. Si tu agrées mon amour, fais-le voir dans ton sourire : ton sourire te sied à merveille : souris donc toujours en ma présence, mon doux ami, je t'en conjure.* » O Jupiter, je te remercie. —Je sourirai : je ferai tout ce que tu voudras que je fasse.

(Il sort.)

FABIAN. —Je ne donnerais pas ma part de cette scène divertissante pour une pension de mille roupies que me payerait le sophi[1].

SIR TOBIE.—J'épouserais cette fille pour cette seule invention.

SIR ANDRÉ.—Et moi aussi.

SIR TOBIE. — Et sans lui demander d'autre dot qu'une seconde plaisanterie pareille.

SIR ANDRÉ.—J'en dis autant.

(Entre Marie.)

FABIAN.—Voilà venir celle qui attrape si bien les dupes.

SIR TOBIE, *à Marie*. — Veux-tu mettre ton pied sur ma tête?

SIR ANDRÉ.—Ou sur la mienne?

SIR TOBIE.—Jouerai-je avec toi ma liberté, aux dames? Et deviendrai-je ton esclave?

SIR ANDRÉ.—Oui, d'honneur; ou veux-tu que ce soit moi?

SIR TOBIE.—Tu l'as plongé dans un tel rêve, que quand il en perdra l'image, il en deviendra fou.

---

[1] Allusion à sir Robert Shirley, ambassadeur près du sophi.

MARIE. — Allons, dites la vérité : cela fait-il effet sur lui ?

SIR TOBIE.—Comme l'eau-de-vie sur une sage-femme.

MARIE. — Alors, si vous voulez voir les fruits de cette farce, remarquez bien son premier abord devant ma maîtresse. Il va aller la trouver en bas jaunes, et c'est une couleur qu'elle abhorre ; les jarretières en croix, mode qu'elle déteste ; et il va lui faire des sourires qui cadreront si mal avec la tristesse et la mélancolie où elle est plongée, qu'il est impossible qu'il n'en résulte pas pour lui le plus insigne mépris ; si vous voulez le voir, suivez-moi.

SIR TOBIE. — Je te suivrais aux portes du Tartare merveilleux démon d'esprit.

SIR ANDRÉ.—Je veux en être aussi.

(Ils sortent.)

FIN DU DEUXIÈME ACTE.

ACTE TROISIÈME

SCÈNE I

Le jardin d'Olivia.

VIOLA, LE BOUFFON *avec un tambourin.*

VIOLA. — Avec ta permission, l'ami, et celle de ta musique, vis-tu avec ton tambourin [1].

LE BOUFFON. — Non, monsieur; je vis avec l'église.

VIOLA. — Es-tu un homme d'église?

LE BOUFFON. — Rien de pareil, monsieur; je vis à côté de l'église, car je vis dans ma maison, et ma maison est près de l'église.

VIOLA. — Tu pourrais donc dire de même que le roi vit près d'un mendiant, si un mendiant habite près de lui; ou que l'église est à côté de ton tambourin, si ton tambourin est *près* de l'église.

LE BOUFFON. — Vous l'avez dit, monsieur. — Ce que c'est que ce siècle! — une phrase n'est qu'un gant de peau de daim dans les mains d'un homme d'esprit : avec quelle rapidité il sait la retourner à l'envers!

VIOLA. — Oui, cela est certain : ceux qui savent jouer adroitement avec les mots peuvent aisément les rendre libertins.

LE BOUFFON. — En ce cas, je voudrais bien que ma sœur n'eût pas eu de nom, monsieur.

VIOLA. — Pourquoi, l'ami?

LE BOUFFON. — Pourquoi, monsieur? C'est que son nom est un mot; et en jouant sur ce mot, on pourrait rendre

---

[1] Équivoque sur le mot *by*, qui peut exprimer également *par* et *près de.*

ma sœur libertine; mais à vrai dire, les mots sont devenus de vrais coquins, depuis que les billets les ont déshonorés.

VIOLA. — La raison?

LE BOUFFON. — Vraiment, monsieur, je ne puis vous en donner aucune sans paroles, et les paroles sont devenues si fausses que je suis dégoûté de m'en servir pour prouver la raison.

VIOLA. — Je garantis que tu es un joyeux drôle, et qui n'as souci de rien.

LE BOUFFON. — Non pas, s'il vous plaît, monsieur, je me soucie de quelque chose; mais en conscience, monsieur, je ne me soucie pas de vous : si cela s'appelle n'avoir souci de rien, monsieur, je voudrais que cela pût vous rendre invisible.

VIOLA. — N'es-tu pas le fou de madame Olivia?

LE BOUFFON. — Non, en vérité, monsieur. Madame Olivia n'a point de folie, et elle n'entretiendra de fou, monsieur, jusqu'à ce qu'elle soit mariée; car les fous ressemblent aux maris, comme les harenguets aux harengs. Le mari est le plus gros. Je ne suis vraiment point son fou; je ne suis que son corrupteur de mots.

VIOLA. — Je t'ai vu dernièrement chez le comte Orsino.

LE BOUFFON. — La folie, monsieur, fait le tour du globe comme le soleil; elle brille partout. Je serais bien fâché, monsieur, que le fou fût aussi souvent avec votre maître qu'il l'est avec ma maîtresse. — Je crois avoir aperçu *votre sagesse* dans la même maison.

VIOLA. — Allons, si tu veux l'exercer sur moi, nous n'aurons pas un mot de plus ensemble. Tiens, voilà de quoi dépenser.

LE BOUFFON. — Ah! que Jupiter, à sa première occasion de cheveux, vous envoie une barbe!

VIOLA. — Ma foi, je te dirai..... que je suis presque malade d'amour pour une barbe : quoique je ne voulusse pas la voir croître sur mon menton. — Ta maîtresse est-elle chez elle?

LE BOUFFON, *regardant l'argent*. — Un couple de cette espèce ne pourrait-il pas multiplier, monsieur?

VIOLA. — Oui, si on les tenait ensemble et qu'on les mît en œuvre.

LE BOUFFON. — Je jouerais alors le rôle du seigneur Pandare de Phrygie, monsieur, en amenant une Cressida à ce Troïlus.

VIOLA. — Je te comprends, l'ami ; c'est mendier adroitement.

LE BOUFFON. — Ce n'est pas une grande affaire, monsieur ; j'espère, puisque je ne demande qu'une mendiante : Cressida était une mendiante. Ma maîtresse est chez elle, monsieur, je veux lui *déduire* d'où vous venez : quant à ce que vous désirez, cela est hors de mon *firmament* ; j'aurais pu dire *élément* ; mais ce mot est suranné.

(Il sort.)

VIOLA. — Cet original est assez sensé pour jouer le fou ; et pour bien faire le fou, cela demande une sorte d'esprit. Il faut qu'il observe l'humeur de ceux qu'il plaisante, la qualité des personnes et les circonstances ; et qu'il n'aille pas, comme le faucon non dressé, fondre sur toutes les plumes qui passent devant ses yeux. C'est là un travail, aussi difficile que l'art de l'homme sensé ; car la folie qu'on montre à propos est de saison : mais la folie des sages qui extravaguent ternit leur sagesse.

(Entrent sir Tobie et sir André.)

SIR ANDRÉ. — Salut à vous, mon gentilhomme.

VIOLA. — Et à vous, monsieur.

SIR TOBIE. — Dieu vous garde, monsieur [1].

VIOLA. — Et vous aussi ; votre serviteur.

SIR ANDRÉ. — J'espère, monsieur, que vous l'êtes comme je suis le vôtre.

SIR TOBIE. — Voulez-vous approcher de la maison ? Ma nièce est fort désireuse de vous y voir entrer, si c'est à elle que vous avez affaire.

VIOLA. — Je me rends chez votre nièce, monsieur ; je veux dire qu'elle est le but de mon voyage.

SIR TOBIE. — Tâtez vos jambes, monsieur ; mettez-les en mouvement.

---

[1] Les mots sont en français dans l'original.

viola. — Mes jambes m'entendent mieux, monsieur, que je n'entends ce que vous voulez dire en me disant de tâter mes jambes.

sir tobie. — Je veux dire que vous marchiez, monsieur, que vous entriez.

viola. — Je vous répondrai en marchant et en entrant; mais nous sommes prévenus. (*Entrent Olivia et Marie.*) Excellente et parfaite dame, que le ciel fasse pleuvoir ses parfums sur vous !

sir andré. — Ce jeune homme est un fameux courtisan. *Pleuvoir des parfums!* A merveille !

viola. — Mon message n'a de voix, belle dame, que pour votre oreille indulgente et libérale.

sir andré. — *Des parfums! libérale! indulgente!* Je veux avoir ces trois mots tout prêts.

olivia. — Qu'on ferme la porte du jardin, et qu'on me laisse l'entendre seule. (*Sir Tobie, sir André et Marie sortent.*) Donnez-moi votre main, monsieur.

viola. — Mon humble respect, madame, et mon dévouement à votre service.

olivia. — Quel est votre nom?

viola. — Césario est le nom de votre serviteur, belle princesse.

olivia. — Mon serviteur, monsieur ! Jamais il n'y a eu de joie dans le monde, depuis qu'on a appelé compliments d'humbles mensonges. Vous êtes le serviteur du comte Orsino, jeune homme.

viola. — Et lui est le vôtre, et les siens sont nécessairement les vôtres. Le serviteur de votre serviteur est votre serviteur, madame.

olivia. — Pour le comte, je ne songe pas à lui : quant à ses pensées, je voudrais qu'elles fussent vides plutôt que pleines de moi !

viola. — Madame, je viens pour éveiller vos bonnes pensées en sa faveur.

olivia. — Oh ! avec votre permission, je vous prie, je vous ai ordonné de ne me jamais reparler de lui; mais si vous vouliez entamer une autre négociation j'aurais plus de plaisir à vous l'entendre traiter, qu'à écouter l'harmonie des sphères.

VIOLA. — Chère dame.....

OLIVIA. — Permettez, je vous prie, j'ai envoyé après votre dernière apparition pleine de charme, une bague sur vos traces : c'est ainsi que je me suis trompée moi-même, et mon valet; et, j'en ai peur, vous aussi. Il faut que je me soumette à vos dures interprétations pour vous forcer, par une ruse honteuse, à prendre ce que vous saviez n'être pas à vous. Que pouvez-vous penser? N'avez-vous pas mis mon honneur au pilori pour l'exposer aux attaques de toutes les pensées déchaînées que peut concevoir un cœur tyrannique? Pour un homme de votre pénétration, c'est vous en montrer assez : au lieu du sein qui le cachait, ce n'est plus qu'une gaze qui voile mon pauvre cœur. A présent, que je vous entende me répondre.

VIOLA. — Je vous plains.

OLIVIA. — C'est déjà un pas vers l'amour.

VIOLA. — Non, ce n'est pas un pas; car il est d'expérience journalière que très-souvent nous plaignons nos ennemis.

OLIVIA. — Allons, il me semble qu'il est encore temps d'en rire. O monde! que le pauvre est prompt à s'enorgueillir! S'il faut être la proie de quelqu'un, combien il vaut mieux succomber devant le lion que devant le loup! (*L'heure sonne.*) Cette horloge me reproche la perte que je fais du temps. Rassurez-vous, bon jeune homme, je ne veux pas de vous; et pourtant quand une fois la raison et la jeunesse seront mûries chez vous, votre femme recueillera probablement un beau mari. — Voilà votre chemin à l'occident.

VIOLA. — Eh bien! en route pour l'occident[1]. Que la grâce et la belle humeur vous accompagnent! Vous ne voulez donc, madame, me charger de rien pour mon maître?

---

[1] « *Westward ho!* » c'était le cri des mariniers de la Tamise à cette époque, où elle servait de grande voie de communication pour les habitants de Londres.

olivia.—Arrêtez, je vous prie ; dites-moi, que pensez-vous de moi ?

viola.—Que vous pensez ne pâ être ce que vous êtes.

olivia.—Si je pense cela, je le pense aussi de vous.

viola. — Eh bien ! vous pensez juste : je ne suis pas ce que je suis.

olivia. — Je voudrais que vous fussiez ce que je vous souhaiterais être.

viola. — Si c'était pour être mieux que je ne suis, madame, je souhaiterais que votre vœu s'accomplît ; car maintenant je suis votre jouet.

olivia. — Oh ! comme le dédain semble beau dans le mépris et le courroux qui se peignent sur ses lèvres ! Un meurtrier criminel ne se trahit pas plus vite que l'amour qui voudrait se cacher. La nuit de l'amour est aussi claire que le plein midi. Césario, par les roses du printemps, par la virginité, par l'honneur, par la foi, par tout ce qu'il y a de plus sacré, je le jure, je t'aime tant que, malgré tes dédains, ni l'esprit, ni la raison ne peuvent cacher ma passion. Ne va pas puiser dans cet aveu des raisons ; car, quoique je te recherche, ce n'est pas pour toi un motif. Impose plutôt silence à tes raisonnements par cette réflexion : l'amour qu'on a cherché est bon, mais l'amour qui se donne sans qu'on le cherche vaut mieux.

viola. — Je jure, par mon innocence et par ma jeunesse, que j'ai aussi un cœur, une âme, une foi, mais qu'aucune femme ne les possède, et que jamais femme n'en sera la maîtresse que moi seule. Et adieu, chère dame ; je ne viendrai plus déplorer devant vous les larmes de mon maître.

olivia.—Revenez encore, peut-être pourrez-vous émouvoir et porter à goûter son amour ce cœur qui le hait maintenant.

(Elles sortent.)

SCÈNE II

Un appartement dans la maison d'Olivia.

SIR TOBIE, SIR ANDRÉ et FABIAN.

SIR ANDRÉ. —Non, par ma foi ; je ne resterai pas une minute de plus.

SIR TOBIE. —Ta raison, mon cher furieux ; donne-moi ta raison.

FABIAN. — Il faut absolument que vous donniez votre raison, sir André.

SIR ANDRÉ. — Comment ? J'ai vu votre nièce prodiguer plus de faveurs au serviteur du comte qu'elle ne m'en a jamais accordé ; j'ai vu tout ce qui s'est passé dans le verger.

SIR TOBIE. — T'a-t-elle vu pendant ce temps-là, mon vieux garçon, dis-moi cela ?

SIR ANDRÉ. —Aussi clairement que je vous vois à présent.

FABIAN.—C'est là une grande preuve de l'amour qu'elle a pour vous.

SIR ANDRÉ.—Morbleu ! voulez-vous faire de moi un âne ?

FABIAN.—Je vous prouverai la légitimité de ma conséquence, sir André, sur les témoignages du jugement et de la raison.

SIR TOBIE.—Et tous les deux ont été de grands juristes, bien avant que Noé fût devenu marin.

FABIAN. —Elle n'a fait un favorable accueil à ce page, en votre présence, que pour vous exaspérer, pour réveiller votre valeur endormie ; que pour vous mettre du feu dans le cœur, et du soufre dans le foie. Vous auriez dû l'aborder alors ; et par quelques fines railleries, tout fraîchement frappées à la monnaie, vous auriez pétrifié et rendu muet le jeune page : voilà ce qu'on attendait de vous, et cela a été manqué ; vous avez laissé le temps effacer la double dorure de cette occasion ; et vous voilà voguant au pôle nord de la bonne opinion de ma maîtresse. Vous y resterez suspendu comme un glaçon à la barbe d'un Hollandais, à moins que vous ne rachetiez cette faute par quelque louable tentative de valeur ou de politique.

SIR ANDRÉ. — S'il faut tenter quelque chose, il faut que ce soit par la valeur, car je déteste la politique ; j'aimerais autant être un Browniste [1] qu'un politique.

SIR TOBIE. — Eh bien ! en ce cas, bâtis-moi donc ta fortune sur la base de la valeur. Envoie-moi un cartel au page du comte : bats-toi avec lui : blesse-le en onze endroits : ma nièce en tiendra note, et sois bien sûr qu'il n'y a point dans le monde d'entremetteur d'amour qui puisse rendre un homme recommandable aux yeux d'une femme comme la réputation de valeur.

FABIAN. — Il n'y a pas d'autre parti que celui-là, sir André.

SIR ANDRÉ. — Voulez-vous, l'un de vous deux, lui porter mon défi ?

SIR TOBIE. — Allons, écris-le d'une écriture martiale : sois tranchant et court. Peu importe qu'il soit spirituel, pourvu qu'il soit éloquent, et plein d'invention. Insulte-le avec toute la licence de l'encre. Si tu le tutoies deux ou trois fois, cela ne fera pas mal ; et accumule autant de démentis qu'il en pourra tenir dans ta feuille de papier, fût-elle assez grande pour servir de lit à la Ware, en Angleterre. Allons, à l'ouvrage ! qu'il y ait assez de fiel dans ton encre; peu importe que tu écrives avec une plume d'oie : allons, à l'œuvre.

SIR ANDRÉ. — Où vous retrouverai-je ?

SIR TOBIE. — Nous irons te demander au *cubiculo* [2] : va.

(Sir André sort.)

FABIAN. — Voilà un bout d'homme qui vous est bien cher, sir Tobie.

SIR TOBIE. — Je lui ai été très-cher, mon garçon, jusqu'à concurrence de deux mille écus ou quelque chose comme cela.

---

[1] Secte dissidente dont le chef, nommé Robert Browne, était l'objet des quolibets du temps.

[2] *Cubiculo*, dans la chambre à coucher.

FABIAN. — Nous aurons une bonne lettre de lui : mais vous ne la remettrez pas à son adresse?

SIR TOBIE.—Si fait, ou ne te fie jamais à ma parole ; je veux user de tous les moyens pour exciter le jeune homme à y répondre. Je crois que ni bœufs, ni câbles ne pourront jamais venir à bout de les joindre ; car, pour sir André, si on l'ouvrait et qu'on trouvât seulement autant de sang dans son foie qu'il en faut pour embarrasser le pied d'une mouche, je consens à manger le reste de la dissection.

FABIAN. — Et son adversaire, le jeune page, ne porte pas sur sa figure de grands symptômes de férocité.

(Entre Marie.)

SIR TOBIE. — Vois, voici le plus jeune roitelet de la couvée qui vient à nous.

MARIE. — Si vous voulez vous dilater la rate, et que vous soyez curieux de rire à vous tenir les côtés, suivez-moi. Ce stupide Malvolio est changé en païen, en vrai renégat : car il n'est point de chrétien, pour peu qu'il veuille être sauvé en croyant la vérité, qui puisse jamais croire à des extravagances pareilles et aussi grossières : il est en bas jaunes.

SIR TOBIE.—Et les jarretières en croix ?

MARIE. — De la plus ridicule manière ; comme un pédant qui tient école dans l'église. — Je l'ai suivi pas à pas, comme si j'eusse été son assassin ; il obéit de point en point à la lettre que j'ai laissé tomber pour lui faire niche. Pour sourire, il contourne son visage en plus de lignes qu'il n'y en a dans la nouvelle carte, augmentée encore des Indes : vous n'avez jamais rien vu de semblable. J'ai bien de la peine à m'empêcher de lui lancer quelque chose à la tête. Je sais que ma maîtresse lui donnera quelque soufflet ; si elle le fait, il sourira encore, et le prendra pour une faveur signalée.

SIR TOBIE.—Allons, mène-nous, mène-nous où il est.

(Ils sortent.)

SCÈNE III

Une rue.

ANTONIO, SÉBASTIEN.

SÉBASTIEN. — Je ne voulais pas volontairement vous déranger : mais puisque vous faites votre plaisir de vos peines, je ne gronde plus.

ANTONIO. — Je n'ai pu rester derrière vous : un désir, plus pénétrant que l'acier affilé, m'a aiguillonné et forcé à marcher en avant. Et ce n'est pas purement par besoin de vous voir, ce n'est pas seulement par amitié, quoiqu'elle soit assez forte pour m'avoir fait entreprendre une plus longue route ; mais c'est aussi par inquiétude de ce qui pourrait vous arriver dans votre voyage, à vous qui n'avez aucune connaissance de ce pays, qui souvent se montre sauvage, inhospitalier pour un étranger sans guide et sans ami. Mon affection, poussée par ces motifs de crainte, m'a engagé à vous suivre.

SÉBASTIEN. — Mon cher Antonio, je ne peux vous répondre que par des remerciements, et des remerciements, et toujours des remerciements. Souvent les services de l'amitié se payent avec cette monnaie qui n'a pas cours. Mais si ma puissance égalait mon désir, vous seriez mieux récompensé. — Que ferons-nous ? Irons-nous voir ensemble les ruines de cette ville ?

ANTONIO. — Demain, seigneur. Il vaut mieux d'abord aller voir votre logement.

SÉBASTIEN. — Je ne suis point fatigué, et il y a loin encore d'ici à la nuit : je vous en prie, allons récréer nos yeux par la vue des monuments, des choses célèbres, qui donnent du renom à cette ville.

ANTONIO. — Je vous demanderai de m'excuser. Je ne me promène point sans danger dans ces rues. Une fois, dans un combat de mer, j'ai rendu quelque service contre les galères du comte ; et un service vraiment si important, que si j'étais pris ici, j'aurais peine à me tirer d'affaire.

SÉBASTIEN.—Probablement vous avez tué beaucoup de ses sujets.

ANTONIO. — Mon offense n'est pas d'une nature si sanguinaire ; quoique les circonstances et la querelle nous missent bien en droit d'en venir à cet argument sanglant: On aurait pu l'apaiser depuis en restituant ce que nous avions pris : et c'est ce que firent la plupart des citoyens de notre ville, pour l'intérêt du commerce : il n'y a eu que moi seul qui ai refusé ; et à cause de cela, si j'étais surpris ici, je le payerais cher.

SÉBASTIEN. — Ne vous montrez donc pas trop ouvertement.

ANTONIO. — Cela ne serait pas prudent à moi. Tenez, monsieur, voilà ma bourse : la meilleure auberge où vous puissiez loger, c'est à *l'Éléphant,* dans les faubourgs du midi. Je vais y commander notre repas, tandis que vous passerez le temps et que vous satisferez votre curiosité en voyant la ville, vous me retrouverez là.

SÉBASTIEN.—Pourquoi aurais-je votre bourse ?

ANTONIO. — Peut-être vos yeux tomberont-ils sur quelque bagatelle qu'il vous prendra envie d'acheter ; et vos fonds, à ce que j'imagine, ne sont pas destinés à de frivoles emplettes.

SÉBASTIEN. — Je serai votre porte-bourse, et je vous quitte pour une heure.

ANTONIO.—A *l'Éléphant*....

SÉBASTIEN.—Je m'en souviens bien.

SCÈNE IV.

Le jardin d'Olivia.

OLIVIA, MARIE.

OLIVIA, *à part.*—J'ai envoyé après lui. Je suppose qu'il dise qu'il viendra..., comment le fêterai-je ? Quel don lui ferai-je ? car la jeunesse aime plus souvent à se faire acheter qu'elle ne se donne ou ne se prête... Je parle trop haut.—Où est Malvolio ?—Il est grave et civil ; et c'est un serviteur qui cadre bien avec ma position.—Où est Malvolio ?

MARIE. — Il vient, madame : mais dans un étrange accoutrement : il est sûrement possédé, madame.

OLIVIA. — Quoi, que veux-tu dire? Est-ce qu'il extravague?

MARIE. — Non, madame; il ne fait que sourire continuellement. — Il serait bon, madame, que vous fussiez entourée, s'il vient : car il est certain que cet homme a la tête timbrée.

OLIVIA.—Va le chercher. *(Marie sort.)* — Je suis aussi insensée qu'il peut l'être, si la folie gaie et la folie triste sont égales. *(Rentrent Marie et Malvolio.)* Eh bien ! Malvolio ?

MALVOLIO.—Belle dame.... ho! ho! ho!

OLIVIA. — Tu ris? Je t'ai envoyé chercher pour une triste circonstance.

MALVOLIO. — Triste, madame? Je pourrais être triste ; ces jarretières croisées causent toujours quelque obstruction dans le sang : mais qu'est-ce que cela fait? Si elles plaisent à l'œil d'une seule personne, je suis dans le cas du sonnet qui dit bien vrai : *Plaire à une seule, c'est plaire à tout le monde.*

OLIVIA.—Qu'est-ce que tu as donc? Que t'arrive-t-il?

MALVOLIO.—Il n'y a point de noir dans mon âme, quoiqu'il y ait du jaune à mes jambes. — Elle est tombée dans ses mains, et les ordres seront exécutés. Je m'imagine que nous savons reconnaître sa belle main romaine.

OLIVIA.—Veux-tu aller te mettre au lit, Malvolio?

MALVOLIO. — Au lit? Oui, ma chère âme, et je viendrai te trouver !

OLIVIA. — Dieu te bénisse ! Pourquoi ris-tu ainsi et baises-tu ta main si souvent?

MARIE.—Que faites-vous, Malvolio?

MALVOLIO.—Répondre à vos questions? Oui, comme les rossignols répondent aux corneilles.

MARIE. — Pourquoi paraissez-vous avec cette ridicule hardiesse devant madame?

MALVOLIO. — *Ne t'effraye point de la grandeur?* — Cela est bien écrit.

OLIVIA.—Que veux-tu dire par là, Malvolio?
MALVOLIO.—*Quelques-uns naissent grands.*
OLIVIA.—Quoi?
MALVOLIO.—*D'autres parviennent à la grandeur.*
OLIVIA.—Que dis-tu?
MALVOLIO. — *Et il en est que la grandeur vient chercher d'elle-même.*
OLIVIA.—Que le ciel te rétablisse!
MALVOLIO.—*Rappelle-toi qui t'a fait l'éloge de tes bas jaunes.*
OLIVIA.—Tes bas jaunes?
MALVOLIO.—*Et qui a souhaité te voir en jarretières croisées.*
OLIVIA.—En jarretières croisées?
MALVOLIO. — *Poursuis, ta fortune est faite, pour peu que tu le veuilles.*
OLIVIA.—Ma fortune est faite?
MALVOLIO.—*Si tu ne le veux pas, je ne verrai donc en toi qu'un serviteur.*
OLIVIA.—Mais c'est une vraie folie de canicule.
(Entre un domestique.)
LE DOMESTIQUE. — Madame, le jeune gentilhomme du comte Orsino est revenu : il me serait bien difficile de le prier de se retirer, il attend le bon plaisir de Votre Seigneurie.
OLIVIA.—Je vais aller le trouver. (*Le domestique sort.*)— Bonne Marie, aie soin qu'on veille sur ce garçon. Où est mon oncle Tobie? Que quelques-uns de mes gens le gardent à vue : je ne voudrais pas pour la moitié de ma fortune qu'il lui arrivât quelque malheur.
(Olivia sort avec Marie.

MALVOLIO *seul.* —Oh! oh! qu'on m'approche maintenant? Pas moins que sir Tobie, pour m'accompagner! Cela s'accorde parfaitement avec la lettre; elle me l'envoie exprès pour que je le traite cavalièrement : car dans la lettre elle m'excite à cela. *Secoue ton humble poussière,* dit-elle : *tiens tête au parent, sois hautain avec les serviteurs, que ta langue raisonne sur les affaires d'État, prends les airs d'un homme original;* et ensuite elle me dicte la manière dont je dois m'y prendre : un visage sérieux, un maintien digne, une prononciation lente, à la ma-

nière de quelqu'un de grande considération, et le reste à l'avenant. Je l'ai prise dans mes filets : mais c'est l'œuvre de Jupiter : et que Jupiter me rende reconnaissant!
— Oui, et quand elle m'a quitté : *Qu'on veille sur ce garçon! garçon*, non pas Malvolio, ni suivant mon rang : mais *garçon*. Allons, tout se tient, en sorte que pas une drachme de scrupule, pas un scrupule de scrupule, pas le moindre obstacle, pas la moindre circonstance qui offre le moindre doute, la moindre incertitude.... Que peut-on dire à cela? Rien qui soit possible ne peut s'interposer entre moi et la perspective de mes espérances. Allons, c'est Jupiter, et non pas moi, qui est l'auteur de tout ceci, et je dois lui en rendre grâces.

(Marie revient avec sir Tobie et Fabian.)

SIR TOBIE. — Au nom du ciel, quel chemin a-t-il pris? Quand tous les diables de l'enfer seraient entrés dans ce petit corps, et que Légion même le posséderait, je lui parlerai.

FABIAN. — Le voici, le voici. — (*A Malvolio.*) Comment vous va, monsieur? Comment vous trouvez-vous, ami?

MALVOLIO. — Éloignez-vous, je vous congédie. — Laissez-moi jouir de mon particulier, retirez-vous.

MARIE. — Voyez, comme l'esprit malin parle dans ses entrailles d'une voix sépulcrale! Ne vous l'avais-je pas dit? Sir Tobie, ma maîtresse vous prie de bien veiller sur lui.

MALVOLIO. — Ha! ha! l'a-t-elle recommandé?

SIR TOBIE. — Allez, allez; paix, paix! il faut que nous nous y prenions doucement avec lui. Laissez-moi faire. — Comment vous va, Malvolio? Comment vous trouvez-vous? Allons, du courage, mon garçon; défie le diable, souviens-toi qu'il est l'ennemi du genre humain.

MALVOLIO. — Savez-vous bien ce que vous dites?

MARIE. — Eh bien! voyez-vous, lorsque vous parlez mal du diable, comme il le prend à cœur? Prions Dieu qu'il ne soit pas ensorcelé.

FABIAN. — Il faut porter de son urine à la sage-femme.

MARIE. — Vraiment, c'est ce que je ne manquerai pas de faire dès demain matin, si je vis. Ma maîtresse ne voudrait pas le perdre pour plus de choses que je ne puis dire.

MALVOLIO, *à Marie.*—Comment donc, mademoiselle ?

MARIE. — O mon Dieu !

SIR TOBIE.—Je t'en prie, tais-toi ; ce n'est pas là le moyen. Ne vois-tu pas que tu l'émeus ? Laisse-moi seul avec lui.

FABIAN. — Il n'y a pas d'autre voie que la douceur : doucement, doucement ; l'esprit est brutal, et il ne veut pas être traité brutalement.

SIR TOBIE.— Eh bien ! mon dindonneau, comment cela va-t-il ? Comment es-tu, mon poulet ?

MALVOLIO. — Monsieur ?

SIR TOBIE. — Oui ! je t'en prie ; viens avec moi. Allons, mon garçon, il ne sied pas à un homme sage comme toi, de jouer ainsi avec Satan ; aux enfers, l'infâme charbonnier [1] !

MARIE. — Tâchez de lui faire dire ses prières ; mon bon sir Tobie, engagez-le à prier.

MALVOLIO. — Mes prières, effrontée !

MARIE. — Non, je vous proteste qu'il ne voudra pas entendre parler de rien de sacré.

MALVOLIO. — Allez tous vous faire pendre ! Vous êtes des têtes vides et légères ; je ne suis pas formé des mêmes éléments que vous : vous en saurez davantage par la suite.

(Il sort.)

SIR TOBIE. — Est-il possible ?

FABIAN. — Si on jouait ceci sur un théâtre, je pourrais bien le condamner comme une fiction invraisemblable.

SIR TOBIE. — Oh ! son esprit tout entier s'est laissé prendre au piège.

MARIE.— Allons, suivez-le à présent, de peur que notre projet ne s'évente et ne se gâte.

FABIAN. — En vérité, vous le rendrez fou.

MARIE. — La maison n'en sera que plus tranquille.

SIR TOBIE. — Allons, nous l'enfermerons dans une chambre obscure, enchaîné. Ma nièce est déjà dans la persuasion qu'il est fou ! Nous pouvons continuer cette

---

[1] Le mot de charbonnier était, dans ce temps-là, une insulte grave.

farce, pour notre amusement et sa pénitence, jusqu'à ce que, las de nous amuser, nous nous sentions disposés à avoir pitié de lui. Alors, nous porterons ton plan au tribunal, et nous te couronnerons en qualité de femme habile à trouver des fous. Mais voyez, voyez.

(Entre sir André Ague-cheek.)

FABIAN. — Nouvelle matière à divertissement pour le matin du premier mai [1].

SIR ANDRÉ. — Voici le cartel. Lisez-le. Je garantis, qu'il y a du poivre et du vinaigre.

FABIAN. — Est-il bien insultant?

SIR ANDRÉ. — S'il l'est? Oh! je vous en réponds; lisez-le seulement.

SIR TOBIE. — Donnez-moi. (*Sir Tobie lit.*) « *Jeune homme, qui que tu sois, tu n'es qu'un vil drôle.*

FABIAN. — Bien, courageux!

SIR TOBIE, *lisant*. — « *Ne t'étonne pas, et ne te demande pas dans tes pensées pourquoi je te traite ainsi; car je ne t'en donnerai aucune raison.*

FABIAN. — Bonne note! qui vous met hors de la prise de la loi.

SIR TOBIE, *lisant*. — « *Tu viens chez la dame Olivia, et sous mes yeux elle te traite avec bonté! Mais tu mens par la gorge: ce n'est pas là la raison pourquoi je te provoque en duel.*

FABIAN. — Fort laconique, et d'une bêtise exquise.

SIR TOBIE, *lisant*. — « *Je te surprendrai en chemin, retournant chez toi, et là, s'il t'arrive de me tuer....*

FABIAN. — Fort bien!

SIR TOBIE, *lisant*. — « *Tu me tueras comme un lâche et un vaurien.*

FABIAN. — Bon! Vous vous mettez toujours au-dessus du vent de la loi.

SIR TOBIE, *lisant*. — « *Porte-toi bien; et que Dieu fasse merci à l'une de nos deux âmes; il pourrait faire merci à la mienne : mais j'espère mieux que cela, et ainsi songe à toi. Ton ami, selon que tu le traiteras, et ton ennemi juré.*

« ANDRÉ AGUE-CHEEK. »

---

[1] Jour consacré aux fêtes.

— Si cette lettre n'est pas capable de le mouvoir, ses jambes ne le pourront pas davantage. Je veux la lui remettre.

MARIE. — Vous avez une belle occasion pour cela : il a maintenant un entretien avec madame, et il va partir prochainement.

SIR TOBIE. — Allons, sir André ; attends-le au coin du verger, en vrai prévôt : du plus loin que tu l'aperceveras, dégaîne ; et en tirant ton épée, jure à faire peur, car il arrive souvent qu'un effroyable serment, prononcé d'un accent insultant et d'une voix foudroyante, vaut plus d'applaudissements au courage que ne lui en auraient gagné les preuves mêmes. Allons, pars.

SIR ANDRÉ. — Oh ! laissez-moi le soin de jurer comme il faut.

(Il sort.)

SIR TOBIE. — Maintenant.... je ne lui donnerai pas la lettre ; car les manières du jeune gentilhomme me prouvent qu'il est intelligent et bien élevé : la négociation où il est employé entre son maître et ma nièce le confirme ; en conséquence cette lettre, chef-d'œuvre d'ignorance, n'inspirerait aucune terreur au jeune homme, et il s'apercevrait aisément qu'elle vient d'un butor. Mais, voyez-vous, je lui rendrai le défi de bouche ; je vanterai sir André pour avoir la réputation d'un brave ; et j'inspirerai au jeune homme (que son âge rendra crédule, je le sais) la plus formidable idée de sa fureur, de sa science, de sa rage, et de son impétuosité. Et cela les épouvantera si fort tous deux, qu'ils se tueront mutuellement de leur regard, comme des basilics.

FABIAN. — Le voici qui vient avec votre nièce ; laissez-les ensemble, jusqu'à ce qu'il prenne congé d'elle, et alors suivez-le.

SIR TOBIE. — Je vais en attendant méditer quelque terrible message pour rendre un défi.

(Ils sortent.)

(Entrent Olivia et Viola.)

OLIVIA. — J'en ai trop dit à un cœur de pierre, et j'ai

exposé mon honneur à trop bon marché. Il y a quelque chose en moi qui me reproche ma faute ; mais ma faute est si entêtée et si opiniâtre qu'elle se rit des reproches.

VIOLA. — Les chagrins de mon maître tiennent la même conduite que votre passion.

OLIVIA. — Tenez, portez ce bijou pour l'amour de moi ; c'est mon portrait : ne refusez pas ; il n'a point de langue qui puisse vous être importune, et je vous en conjure, revenez demain. Que pourrez-vous me demander que je vous refuse, de ce que l'honneur peut, sans se compromettre, accorder à une demande ?

VIOLA. — Rien autre chose que cette grâce : votre amour sincère pour mon maître.

OLIVIA. — Comment puis-je, avec honneur, lui donner ce que je vous ai donné ?

VIOLA. — Je vous tiendrai quitte.

OLIVIA. — Allons, revenez demain ; adieu : un démon qui te ressemblerait pourrait conduire mon âme en enfer !

(Elle sort.)

(Rentrent Sir Tobie Belch et Fabian.)

SIR TOBIE. — Mon gentilhomme, Dieu te garde !

VIOLA. — Et vous aussi, monsieur !

SIR TOBIE. — Recours à tous les moyens que tu as de te défendre. De quelle nature sont les insultes que tu lui as faites, c'est ce que j'ignore : mais ton ennemi en embuscade, plein de courroux, avide de sang comme un chasseur, t'attend au bout du verger. Dégaine ta courte épée, sois leste à te mettre en garde ; car ton assaillant est vif, habile, et poussé par une haine mortelle.

VIOLA. — Vous vous méprenez, monsieur. Je suis certain que nul homme au monde n'est en querelle avec moi : ma mémoire est bien nette et ne me retrace pas la moindre idée d'une offense quelconque faite à qui que ce soit.

SIR TOBIE. — Vous verrez le contraire, je vous assure : ainsi, si vous attachez quelque prix à votre vie, songez à vous bien mettre en garde ; car votre adversaire a pour lui tous les avantages que peuvent donner la jeunesse, la vigueur, l'art et la fureur.

VIOLA. — Je vous prie, monsieur, qui est-ce ?

SIR TOBIE. — Il est chevalier; il a reçu l'accolade avec une rapière sans brèche et sur un tapis [1] : mais c'est un démon dans une querelle privée : il a déjà fait divorcer trois âmes et trois corps ; et sa furie est dans ce moment si implacable, qu'il n'y a point d'autre satisfaction qu'il accepte que l'agonie de la mort et le tombeau : *à toute outrance* [2] est son mot; il faut la donner ou la recevoir.

VIOLA. — Je vais rentrer dans la maison, et demander à madame Olivia quelques avis sur la conduite que je dois tenir. Je ne suis point un duelliste. J'ai ouï parler de certaines gens qui suscitent exprès des querelles aux autres, pour éprouver leur valeur : probablement que c'est un homme de cette espèce.

SIR TOBIE. — Non ; son indignation vient d'une injure très-positive : ainsi avancez, et donnez-lui satisfaction. Vous ne retournerez point à la maison, à moins que vous ne veuilliez tenter avec moi ce que vous pouvez avec autant de sûreté vider avec lui. Ainsi, en avant ou tirez votre épée de son fourreau : car il faut vous battre, cela est certain ; ou bien renoncer à porter cette arme à votre côté.

VIOLA. — Mais cela est aussi incivil qu'étrange. Je vous en conjure, rendez-moi le bon service de savoir du chevalier en quoi je l'ai offensé, cela vient peut-être d'une négligence de ma part, mais non certainement de mes intentions.

SIR TOBIE. — Je le veux bien ; seigneur Fabian, restez auprès de ce gentilhomme jusqu'à mon retour.

(Sir Tobie sort.)

VIOLA. — De grâce, monsieur : êtes-vous instruit de cette affaire ?

FABIAN. — Ce que je sais, c'est que le chevalier est irrité contre vous, au point de vouloir un duel à mort ; mais je ne sais rien des circonstances.

---

[1] C'est un chevalier de salon : *Carpet-knight.*
[2] « *Hob nob*, corruption de ces mots : *let it happen or not.* » (STEEVENS.)

viola. — Dites-moi, je vous prie, quelle espèce d'homme est-ce?

fabian. — Son air ne promet rien d'extraordinaire, et l'on ne lit point sur sa figure ce que vous le trouverez être en éprouvant sa valeur. C'est l'adversaire le plus habile, le plus sanguinaire, et le plus dangereux, que vous puissiez trouver dans toute l'Illyrie. Voulez-vous que nous marchions à sa rencontre? Je ferai votre paix avec lui, si je puis.

viola.—Je vous en aurai grande obligation. Je suis un de ces hommes qui aimeraient beaucoup mieux faire société avec messire le curé qu'avec messire le chevalier; peu m'importe qu'on sache jusqu'où va mon courage.

(Ils sortent, et sir Tobie revient avec sir André.)

sir tobie. — Oh! ma foi, c'est un vrai démon; je n'ai jamais vu un tel champion. J'ai fait un assaut avec lui, lame, fourreau, tout; il m'a porté la botte, et d'une rapidité de mouvement si dangereuse qu'il est impossible de l'éviter; et à la riposte, il vous répond aussi sûrement que votre pied frappe la terre sur laquelle il marche. On dit qu'il a été le maître d'armes du sophi.

sir andré. — La peste l'étouffe; je ne veux point avoir affaire à lui.

sir tobie.—Oui, mais maintenant il ne se laissera pas apaiser. Fabian a bien de la peine à le retenir là-bas.

sir andré. —Malepeste! Si j'avais pu croire qu'il fût si vaillant, et si consommé dans l'escrime, je l'aurais vu damné avant de le défier. S'il veut laisser passer l'affaire, je lui donnerai mon cheval gris, Capilet.

sir tobie. — Je veux bien lui en faire la proposition; restez ici, faites bonne contenance; cela finira, j'espère, sans perte d'âmes. (A part.) Mordienne, je ferai aller votre cheval tout aussi bien que vous. (Rentrent Fabian et Viola.) — (A Fabian.) J'ai son cheval pour apaiser la querelle. Je lui ai persuadé que le jeune homme était un diable.

fabian, à sir Tobie.—Il a de lui une idée tout aussi formidable, et il est haletant et pâle, comme s'il avait un ours sur les talons.

sir TOBIE, *à Viola.* — Il n'y a point de remède. Il faut qu'il se batte avec vous, à cause de son serment. Il a réfléchi depuis sur sa querelle, et il trouve à présent qu'à peine vaut-elle la peine d'en parler : ainsi, dégaînez seulement pour l'honneur de sa parole : il proteste qu'il ne vous blessera pas.

VIOLA. — Dieu me protége ; il ne s'en faut guère que je ne leur dise tout ce qu'il me manque pour être un homme.

FABIAN. — Cédez le terrain, si vous le voyez trop furieux.

sir TOBIE, *à sir André.* — Allons, sir André, il n'y a pas de remède, il n'y a pas moyen de l'éviter, le gentilhomme ne poussera qu'une botte contre vous, pour sauver son honneur : il ne peut, par les lois du duel, s'en dispenser : mais il m'a promis, foi de gentilhomme et de soldat, qu'il ne vous blessera pas. Allons, en garde.

sir ANDRÉ. — Dieu veuille qu'il tienne sa parole !

(Il tire l'épée.)

VIOLA. — Je vous assure que c'est contre ma volonté.

(Elle tire l'épée.)

(Entre Antonio.)

ANTONIO, *à sir André.* — Remettez votre épée : si ce jeune gentilhomme vous a fait quelque insulte, j'en prends la faute sur moi. Si vous l'offensez, je vous défie en son nom, j'embrasse sa défense et vous attaque.

(Dégaînant.)

sir TOBIE, *à Antonio.* — Vous, monsieur ? Quoi ! qui êtes-vous ?

ANTONIO. — Un homme, monsieur, qui, pour l'amour de ce jeune cavalier, fera plus encore que vous ne l'avez entendu se vanter à vous de faire.

sir TOBIE. — Si vous êtes un *entrepreneur*[1], je suis à vous.

(Il tire l'épée.)

(Entrent les officiers de justice.)

---

[1] *Undertaker* devint un terme satirique à l'occasion que voici A la session du parlement, en 1614, ce fut l'opinion générale que le roi avait été engagé à convoquer le parlement par certaines personnes qui avaient entrepris (*undertaken*) de favoriser les vues du roi par leur influence dans la Chambre des communes. On les appela *undertakers;* la chose devint si sérieuse

FABIAN.—Ah! bon sir Tobie, arrêtez; voici les officiers de justice.

SIR TOBIE, à Antonio.—Je serai à vous tout à l'heure.

VIOLA, à sir André. — Je vous prie, monsieur, remettez votre épée, si c'est votre bon plaisir.

SIR ANDRÉ.—Oh! bien volontiers, monsieur; et quant à ce que je vous ai promis, je vous réponds de tenir ma parole. Il vous portera bien doucement, et il a la bouche fine.

PREMIER OFFICIER.—Voilà l'homme; faites votre devoir.

SECOND OFFICIER.—Antonio, je vous arrête à la requête du comte Orsino.

ANTONIO.—Vous vous méprenez, monsieur.

PREMIER OFFICIER. — Non, monsieur, pas du tout. — Je connais bien vos traits, quoique vous n'ayez pas maintenant le bonnet de marin sur la tête. — Emmenez-le: il sait que je le connais bien.

ANTONIO, à Viola.—Je suis forcé d'obéir.—Voilà ce qui m'arrive en vous cherchant, mais il n'y a pas de remède. Je saurai me tirer d'affaire : vous, que ferez-vous? Maintenant la nécessité me force de vous demander ma bourse; je ressens bien plus de peine de ne pouvoir rien faire pour vous, que du malheur qui m'arrive. Vous restez confondu; allons, consolez-vous.

SECOND OFFICIER.—Allons, monsieur, partons

ANTONIO. — Il faut que je vous demande une partie de cet argent.

VIOLA.—Quel argent, monsieur? Je veux bien, en considération de l'intérêt généreux que vous venez de montrer ici pour moi, et touché aussi de l'accident qui vous arrive, vous prêter quelque chose de mes minces et modiques ressources : ce que je possède n'est pas grand' chose; je le partagerai volontiers avec vous : tenez, voilà la moitié de ma bourse.

ANTONIO. —Voulez-vous me refuser à présent? Est-il

que le roi jugea nécessaire de dissuader le peuple par deux discours. Bacon fit aussi une harangue à cette occasion. Peut-être aussi *undertaker* n'est-il ici que pour désigner ces bretteurs de profession qui se chargent des affaires des autres.

possible que mes services envers vous ne soient pas capables de vous persuader? N'insultez pas à mon infortune, de crainte que le ressentiment ne me pousse à l'inconséquence de vous reprocher les services que je vous ai rendus.

VIOLA.—Je n'en connais aucun; et je ne vous reconnais ni au son de voix, ni à vos traits; je hais plus dans un homme l'ingratitude que le mensonge, la vanité, le bavardage, l'ivrognerie, ou tout autre trace de vice, dont le germe impur corrompt notre sang.

ANTONIO.—O ciel!

SECOND OFFICIER. — Allons, monsieur, je vous prie, suivez-nous.

ANTONIO. — Laissez-moi dire encore un mot. Ce jeune homme, que vous voyez là, je l'ai arraché à la mort qui l'avait déjà à moitié englouti; je l'ai secouru avec l'affection la plus sainte,.... et je m'étais dévoué à lui, séduit par son visage, qui promettait, à ce que je m'imaginais, le plus respectable mérite.

SECOND OFFICIER. — Qu'est-ce que cela nous fait? Le temps se passe.—Allons.

ANTONIO.—Mais quelle vile idole se trouve être ce dieu! — Sébastien, tu fais tort à ton beau visage. — Il n'est dans la nature de véritables difformités que celles de l'âme; nul ne peut être taxé de laideur que l'ingrat. La vraie beauté, c'est la vertu; mais le mal caché dans une belle apparence n'est qu'un coffre vide que le démon a décoré à l'extérieur.

PREMIER OFFICIER. — Cet homme devient fou; emmenez-le sans délai.—Allons, allons, monsieur.

ANTONIO.—Conduisez-moi.

(Les officiers emmènent Antonio.)

VIOLA. — Il me semble que ses paroles partent d'une passion si vive qu'il croit ce qu'il dit, je n'en fais pas autant. Oh! réalise-toi, illusion; réalise-toi! que je sois en effet prise ici pour mon cher frère!

SIR TOBIE. — Approche, chevalier; approche, Fabian; nous nous dirons tout bas un ou deux couplets de sages sentences.

VIOLA. — Il a nommé Sébastien ! Je sais que mon frère vit encore dans mon image. Oui, c'étaient bien là les traits de mon frère ; et il était toujours vêtu de cette façon : même couleur, mêmes ornements ; car je l'imite en tout. Oh ! si cela est vrai, la tempête est donc compatissante, et les flots savent s'attendrir !

(Elle sort.)

SIR TOBIE. — Voilà un jeune homme sans honneur et bien méprisable : il est plus poltron qu'un lièvre ; sa malhonnêteté se manifeste en laissant ici son ami dans le besoin, et il pousse la lâcheté jusqu'à le renier ; quant à sa poltronnerie, interrogez Fabian.

FABIAN. — Un poltron, un poltron des plus parfaits, poltron jusqu'au scrupule.

SIR ANDRÉ. — Ma foi, je veux courir après lui et le battre.

SIR TOBIE. — C'est cela, étrillez-le d'importance ; mais ne tirez pas l'épée.

SIR ANDRÉ. — Et je ne la tire pas non plus.

(Sir André sort.)

FABIAN. — Allons, voyons le dénoûment.

SIR TOBIE. — Je gagerais bien tout l'argent qu'on voudrait qu'il n'arrivera rien encore.

(Ils sortent.)

FIN DU TROISIÈME ACTE.

ACTE QUATRIÈME

SCÈNE I

La rue, devant la maison d'Olivia.

Entrent SÉBASTIEN ET LE BOUFFON.

LE BOUFFON. — Voudriez-vous me faire croire que ce n'est pas vous qu'on m'a envoyé chercher ?

SÉBASTIEN. — Va-t'en, va-t'en ; tu n'es qu'un fou. Débarrasse-moi de ta personne.

LE BOUFFON. — Fort bien soutenu, ma foi ! Non, sans doute, je ne vous connais pas ; et je ne vous suis pas envoyé par ma maîtresse pour vous dire de venir lui parler, et votre nom n'est pas monsieur Césario, et ce nez n'est pas à moi non plus ? — Non, tout ce qui est n'est pas.

SÉBASTIEN. — Je t'en prie, va exhaler ta folie ailleurs. Tu ne me connais point.

LE BOUFFON. — *Exhaler ma folie !* Il a entendu dire ce mot par quelque grand homme, et maintenant il l'applique à un fou. *Exhaler ma folie !* J'ai bien peur que ce grand lourdaud, qu'on appelle le monde, ne devienne tout à fait badaud. Je vous en prie instamment, débarrassez-vous de cet air de surprise, et dites-moi ce que je dois exhaler à ma maîtresse ; irai-je lui exhaler que vous allez venir ?

SÉBASTIEN. — Je t'en conjure, Grec sans cervelle [1], laisse-moi ; voilà de l'argent pour toi : si tu restes plus longtemps, je te payerai d'une plus mauvaise monnaie.

---

[1] Grec est ici pour entremetteur, comme Corinthe se disait pour un lieu de débauche.

LE BOUFFON.—Sur ma foi, tu as la main ouverte.—Les hommes sages qui donnent de l'argent aux fous savent se procurer des décisions favorables après un marché de quatorze ans.

(Entrent sir André, sir Tobie et Fabian.)

SIR ANDRÉ, *prenant Sébastien pour Viola.*—Quoi! je vous rencontre encore ici, monsieur? Voilà pour vous!
(Il frappe Sébastien.)

SÉBASTIEN.—Et voilà pour toi (*il le lui rend*), et encore, et encore! Tout le monde est-il fou ici?

SIR TOBIE.—Arrêtez, monsieur, ou je jetterai votre épée par-dessus la maison.

LE BOUFFON.—Je veux aller annoncer cela tout de suite à ma maîtresse. Je ne voudrais pas être dans l'un de vos habits pour deux sous.
(Il sort.)

SIR TOBIE, *contenant Sébastien.* — Allons, monsieur, arrêtez.

SIR ANDRÉ. — Oh! laissez-le faire; je vais m'y prendre d'une autre façon pour l'arranger; j'aurai contre lui une action en batterie pour peu qu'il y ait des lois en Illyrie; quoique je l'aie frappé le premier, cela ne fait rien à la chose.

SÉBASTIEN.—Otez votre main.

SIR TOBIE. — Allons, monsieur, je ne vous lâcherai point. Allons, mon jeune soldat, rengaînez votre fer. Vous êtes bien échauffé. Allons.

SÉBASTIEN. — Je veux me débarrasser de toi. (*Il se dégage.*) Que veux-tu à présent? Si tu oses me provoquer encore, tire ton épée.

SIR TOBIE.—Quoi donc? quoi donc? Allons, il faut que je te tire une ou deux onces de ce sang insolent.
(Ils tirent l'épée et se battent.)

(Entre Olivia.)

OLIVIA. —Arrêtez, Tobie. Sur votre vie, je vous l'ordonne, arrêtez.

SIR TOBIE.—Madame?

OLIVIA. — Sera-ce toujours la même chose? Homme grossier, fait pour habiter les montagnes et les cavernes sauvages, où jamais l'on n'enseigna la politesse, sortez de ma vue.—Ne vous fâchez pas, cher Césario.—Brutal, sortez. (*Sir Tobie et sir André sortent.*)—(*A Césario.*) Je vous prie, mon cher ami, que votre sage prudence, et non la passion, vous gouverne dans cette incivile et injuste attaque contre votre tranquillité. Venez avec moi dans ma maison, et après que je vous aurai conté combien de folies extravagantes ce rustre a faites, vous ne ferez que rire de celle-ci; vous ne pouvez vous dispenser de venir. Ne me refusez pas; maudite soit son âme! il a effrayé mon pauvre cœur en votre personne.

SÉBASTIEN. — A quoi ceci ressemble-t-il? De quel côté s'en va l'eau? Ou je suis fou, ou tout ceci est un songe! — Que mon imagination plonge ainsi mes sens dans le Léthé! et si c'est un songe, que je dorme toujours!

OLIVIA. — Allons, venez, je vous en prie; je voudrais que vous vous laissassiez conduire par mes conseils.

SÉBASTIEN.—Madame, je le veux bien.

OLIVIA.—O redites-le, et faites-le!

SCÈNE II

Appartement dans la maison d'Olivia.

MARIE et LE BOUFFON.

MARIE. — Voyons, je t'en prie, mets cette robe, et cette barbe; fais-lui croire que tu es messire Topas, le curé : fais-le croire promptement; je vais pendant ce temps-là chercher sir Tobie.

(Marie sort.)

LE BOUFFON.—Eh bien! je vais la mettre, et me déguiser; et je voudrais être le premier qui se fût jamais travesti sous une pareille robe. Je ne suis pas assez grand pour bien remplir cet office, ni assez maigre pour être réputé bon étudiant; mais si l'on dit d'un homme qu'il est honnête homme, et qu'il sait bien tenir une maison, cela vaut bien autant que si l'on disait qu'il est un homme sage et un grand savant. Voici les confédérés qui viennent.

(Entrent sir Tobie Belch et Marie.)

SIR TOBIE. — Que Jupiter vous bénisse, monsieur le curé.

LE BOUFFON. — *Bonos dies*[1], sir Tobie ; car de même que le vieil ermite de Prague, qui de sa vie n'avait vu plume ni encre, dit fort ingénieusement à la nièce du roi Gorboduc[2] *ce qui est, est*[3] ; de même, moi, étant monsieur le curé, je suis monsieur le curé : qu'est-ce cela, si ce n'est cela ? et qu'est-ce qui est, que ce qui est ?

SIR TOBIE, *indiquant Malvolio*. — A lui, messire Topas.

LE BOUFFON. — Holà, dis-je ! La paix soit dans cette prison !

SIR TOBIE. — Le coquin contrefait à merveille ; c'est un adroit coquin.

MALVOLIO, *dans une chambre*. — Qui appelle là ?

LE BOUFFON. — Messire Topas le curé, qui vient visiter Malvolio le lunatique.

MALVOLIO. — Messire Topas, messire Topas, bon messire Topas, allez trouver madame.

LE BOUFFON. — Hors d'ici, démon hyperbolique ! comme tu tourmentes ce malheureux ! Ne parles-tu donc jamais que de dames ?

SIR TOBIE. — Bien dit, monsieur le curé.

MALVOLIO. — Messire Topas, jamais on n'a fait tant de tort à un homme : bon messire Topas, ne croyez point que je sois fou ; ils m'ont mis ici dans une horrible obscurité.

LE BOUFFON. — Fi donc, malhonnête Satan ! Je t'appelle des noms les plus modérés, car je suis un de ces hommes doux qui savent traiter poliment le diable lui-même : tu dis que la maison est ténébreuse ?

MALVOLIO. — Comme l'enfer, messire Topas.

LE BOUFFON. — Elle a des fenêtres cintrées qui sont

---

[1] D'heureux jours.
[2] Tragédie de *Gorboduc*, par le comte Dorset.
[3] Argument de l'école, tourné en ridicule.

transparentes comme des treillages, et les pierres qui sont vers le sud-nord sont reluisantes comme l'ébène; et tu te plains que le passage de la lumière soit obstrué?

MALVOLIO. — Je ne suis pas fou, messire Topas; je vous dis qu'il fait noir dans cette maison.

LE BOUFFON. — Insensé, tu te trompes. Je te dis, moi, qu'il n'y a point d'autres ténèbres que l'ignorance; et tu y es enfoncé plus avant que les Égyptiens dans leur brouillard.

MALVOLIO. — Je vous dis que cette maison est sombre comme l'ignorance, l'ignorance fût-elle noire comme l'enfer; et je dis que jamais homme ne fut aussi indignement traité. Je ne suis pas plus fou que vous; mettez-moi à l'épreuve par quelque question régulière.

LE BOUFFON. — Quelle est l'opinion de Pythagore sur les oiseaux sauvages?

MALVOLIO. — Que l'âme de notre grand'mère pourrait bien loger dans le corps d'un oiseau.

LE BOUFFON. — Et que penses-tu de son opinion?

MALVOLIO. — J'ai de l'âme une idée noble, et je n'approuve nullement son opinion.

BOUFFON. — Adieu, reste dans les ténèbres; tu soutiendras l'opinion de Pythagore avant que je te croie dans ton bon sens; et tu craindras de tuer une bécasse, de peur de déposséder l'âme de ta grand'mère : allons, porte-toi bien.

MALVOLIO. — Messire Topas! messire Topas!

SIR TOBIE. — Mon cher et coquin messire Topas!

LE BOUFFON. — Je suis bon pour toutes les eaux [1].

MARIE. — Tu pouvais jouer ce rôle sans robe ni barbe il ne te voit pas.

SIR TOBIE. — Va le trouver et parle-lui de ta voix naturelle, et tu viendras me rendre compte de l'état où tu l'auras trouvé. Je voudrais que nous fussions tous heureusement quittes de ce méchant tour. Si on peut lui

---

[1] Bon pour toutes les friponneries. « *Tu hai mantillo da ogni acqua.* » Et aussi le mot *water*, eau, peut être pris dans le sens qu'y attachent les joailliers, ce qui fait une équivoque.

rendre sa liberté sans inconvénient, je voudrais que cela fût déjà fait, car me voilà si mal avec ma nièce que je ne peux conduire cette farce jusqu'au bout. Viens me trouver ensuite dans ma chambre.

(Il sort avec Marie.)

LE BOUFFON, *chantant*.

Allons, Robin, joyeux Robin,
Dis-moi comment va ta maîtresse.

MALVOLIO. — Fou !

LE BOUFFON, *chantant*.

Ma maîtresse est par ma foi une cruelle.

MALVOLIO. — Fou !

LE BOUFFON.

Hélas ! pourquoi l'est-elle ?

MALVOLIO. — Fou, réponds-moi donc.

LE BOUFFON. —

C'est qu'elle en aime un autre.

Qui m'appelle ici ?

MALVOLIO. — Bon fou, si jamais tu veux bien mériter de moi, procure-moi de la lumière, une plume, de l'encre et du papier : comme je suis gentilhomme, je t'en serai reconnaissant toute ma vie.

LE BOUFFON. — Quoi, monsieur Malvolio ?

MALVOLIO. — Oui, mon bon fou.

LE BOUFFON. — Hélas ! monsieur, comment avez-vous perdu l'usage de vos cinq sens ?

MALVOLIO. — Fou, il n'y eut jamais d'homme insulté d'une manière aussi indigne : je jouis de tout mon bon sens aussi bien que toi, fou.

LE BOUFFON. — Aussi bien que moi ? En ce cas vous êtes donc fou, si vous n'êtes pas plus dans votre bon sens qu'un fou.

MALVOLIO. — Ils ont pris possession de moi ici ; ils me tiennent dans l'obscurité, ils m'envoient des ministres, des ânes, et font tout ce qu'ils peuvent pour me faire perdre la raison.

LE BOUFFON. — Faites bien attention à ce que vous dites :

ACTE IV, SCÈNE II.

le ministre est ici présent. (*Le Bouffon aussitôt varie sa voix et contrefait dans l'obscurité celle du ministre.*) — Malvolio, Malvolio, que le ciel veuille te rendre la raison ! Tâche de dormir, et laissé là ton vain babil.

MALVOLIO. — Messire Topas !

LE BOUFFON, *même jeu.* — Ne perdez point de paroles avec lui, mon garçon. — Qui, moi, monsieur? Non pas moi, monsieur. Dieu soit avec vous, bon messire Topas ! — Ainsi soit-il ! Ainsi soit-il ! — Je le ferai, monsieur, je le ferai.

MALVOLIO. — Fou! fou! fou! réponds-moi donc.

LE BOUFFON, *reprenant son ton naturel.* — Hélas, monsieur, un peu de patience. Que dites-vous, monsieur ? On me gronde, parce que je vous parle.

MALVOLIO. — Mon bon fou, oblige-moi de m'apporter de la lumière et un peu de papier. Je te dis que je suis dans mon sens, autant qu'homme qui soit dans toute l'Illyrie.

LE BOUFFON. — Plût au ciel qu'il en fût ainsi, monsieur !

MALVOLIO. — Par cette main, cela est. Cher fou, un peu d'encre, de papier et de lumière, et ensuite porte à madame ce que j'aurai écrit. Ce message te sera plus avantageux qu'aucune lettre que tu aies jamais portée.

LE BOUFFON. — Je veux bien vous obliger en cela. Mais dites-moi la vérité : n'êtes-vous pas fou réellement, ou si vous ne faites que le contrefaire?

MALVOLIO. — Crois-moi, je ne suis point fou : je te dis la vérité.

LE BOUFFON. — Allons, je ne croirai plus jamais qu'un homme soit fou que je n'aie vu sa cervelle. Je vais vous chercher de la lumière, du papier et de l'encre.

MALVOLIO. — Fou, je ne mettrai point de bornes à ta récompense. Je t'en prie, va.

LE BOUFFON *sort en chantant.*

> Je suis parti, monsieur ;
> Et dans un moment, monsieur,
> Je vous rejoins
> Dans un clin d'œil,
> Pour pourvoir à vos besoins ;

Comme l'antique fou,
Qui, avec une dague de bois,
Dans sa colère et sa rage,
Crie : *Ah! ah!* au diable,
Comme un enfant insensé :
Rogne tes ongles, papa!
Adieu, écume d'un honnête homme.

SCÈNE III

Le jardin d'Olivia.

Entre SÉBASTIEN.

SÉBASTIEN.—C'est bien l'air : c'est bien le glorieux soleil. Voilà bien la perle qu'elle m'a donnée ; je le sens, je la vois ; et quoique je sois plongé dans l'étonnement, je ne suis pas dans le délire. Où est donc Antonio ? Je n'ai pu le découvrir à *l'Éléphant :* et cependant il y avait été et on y croyait qu'il parcourait la ville pour me chercher. Ses conseils pourraient maintenant me rendre des services d'or ; car quoique ma raison remontre bien à mes sens que tout ceci peut bien être une méprise, et non pas de la folie, cependant les hasards singuliers de cette aventure surpassent si fort tout exemple, tout raisonnement ordinaire, que je suis prêt à me défier de mes yeux, et à chercher querelle à ma raison, qui me persuade que tout est possible, sauf que je sois fou ou que la dame soit folle. Cependant si elle l'était, elle serait incapable de gouverner sa maison, de commander à ses gens, de prendre en mains les affaires, et de les expédier avec cette suite, cette prudence, ce calme que je remarque dans toute sa conduite : il y a là-dessous quelque illusion. — Mais voici venir la dame.

(Entre Olivia avec un prêtre.)

OLIVIA. — Ne blâmez point cette précipitation de ma part. Si vos intentions sont bonnes, venez avec moi et ce saint homme dans la chapelle voisine : là, devant lui et sous ces lambris sacrés, engagez-moi la pleine assurance de votre foi, afin que mon âme jalouse et trop défiante puisse vivre en paix. Ce prêtre cachera notre union jusqu'au moment où vous trouverez bon de la rendre publique; et alors nous célébrerons nos noces comme il convient à ma naissance. — Que dites-vous?

SÉBASTIEN. — Je suis prêt à suivre ce saint homme, et à vous accompagner; et quand une fois je vous aurai juré fidélité, je vous serai toujours fidèle.

OLIVIA. — En ce cas, montrez-nous le chemin, mon bon père. Et que le ciel éclaire d'une lumière propice l'acte que je veux accomplir!

(Ils sortent tous trois.)

FIN DU QUATRIÈME ACTE.

ACTE CINQUIÈME

SCÈNE I

La rue devant la maison d'Olivia.

LE BOUFFON et FABIAN.

FABIAN. — Maintenant, si tu m'aimes, laisse-moi voir sa lettre.

LE BOUFFON. — Et vous, mon cher monsieur Fabian, accordez-moi une autre requête.

FABIAN. — Tout ce que tu voudras.

LE BOUFFON. — Ne demandez pas à voir cette lettre.

FABIAN. — Eh! mais, c'est me donner un chien, et puis, pour récompense, me redemander mon chien.

(Entrent le duc, Viola, et suite.)

LE DUC. — Mes amis, appartenez-vous à madame Olivia?

LE BOUFFON. — Oui, monsieur, nous faisons partie des meubles de sa maison.

LE DUC. — Je te connais bien : eh bien! comment t'en va, mon garçon?

LE BOUFFON. — Vraiment, monsieur, bien pour mes ennemis, et mal pour mes amis.

LE DUC. — C'est précisément le contraire ; bien pour tes amis.

LE BOUFFON. — Non, monsieur, mal.

LE DUC. — Comment l'entends-tu?

LE BOUFFON. — Eh! monsieur, mes amis me flattent et font de moi un âne; au lieu que mes ennemis me disent tout uniment que je suis un âne : en sorte que, grâce à mes ennemis, je profite dans la connaissance de moi-même, tandis que mes amis me trompent : bref, si les conséquences sont comme les baisers, quatre négations équivalent à deux affirmations[1]. Voilà pourquoi je suis mal pour mes amis et bien pour mes ennemis.

LE DUC.—Ton explication est excellente.

LE BOUFFON. — Par ma foi! non, monsieur, quoiqu'il vous plaise d'être un de mes amis.

LE DUC.—Tu ne diras pas que tu sois mal par ma faute : voilà de l'or.

LE BOUFFON. —Si ce n'est que cela aurait l'air de *duplicité*, monsieur, je voudrais que vous pussiez redoubler.

LE DUC.—Ah! tu me donnes là un mauvais conseil.

LE BOUFFON. —Mettez votre grandeur dans votre poche, seigneur, pour cette seule fois, et laissez obéir la chair et le sang.

LE DUC.—Allons, je veux bien être assez grand pécheur pour me rendre coupable de *duplicité* : voilà une seconde pièce.

LE BOUFFON. —*Primo, secundo, tertio*, c'est un beau jeu, et le vieux proverbe dit que la troisième fois paye pour toutes les autres : les *triples,* monsieur, sont une vive et joyeuse mesure; et les cloches de Saint-Bennet, monsieur, peuvent vous rappeler, *une, deux, trois*.

LE DUC. —Tu ne m'attraperas plus d'argent ce coup-ci. Si tu veux faire savoir à ta maîtresse que je suis ici pour lui parler, et l'amener avec toi, cela pourrait encore réveiller ma générosité.

LE BOUFFON. — Ah! monsieur, bercez-la, votre générosité, jusqu'à ce que je revienne ; j'y vais, monsieur. Mais je ne voudrais pas que vous crussiez que mon désir d'avoir est le péché de convoitise. Mais comme vous le dites, monsieur, je vous en prie, que votre générosité fasse un somme, et je viendrai la réveiller tout à l'heure.

(Le bouffon sort.)

(Entrent Antonio et officiers de justice.)

VIOLA.—Seigneur, voici l'homme qui m'a sauvé.

LE DUC.—Je me rappelle bien son visage, et cependant

---

[1] Apparemment allusion aux *non* d'une jeune fille, qui veulent souvent dire oui.

la dernière fois que je l'ai vu, il était noirci comme celui de Vulcain par la fumée du combat. Il était le capitaine d'un malheureux vaisseau qu'on méprisait pour sa petitesse et le peu d'eau qu'il tirait; et pourtant il aborda avec tant de fureur le plus noble navire de notre flotte, que l'envie même, et le parti vaincu, poussèrent des cris d'admiration à sa gloire.—De quoi s'agit-il?

PREMIER OFFICIER. — Orsino, voici cet Antonio qui prit *le Phénix* et sa cargaison, à son retour de Candie; et c'est encore lui qui monta à l'abordage du *Tigre*, dans le combat où votre jeune neveu Titus perdit une jambe : nous l'avons arrêté au milieu d'une querelle particulière, dans les rues de cette ville, où il méprisait la honte et la convenance comme un désespéré.

VIOLA.—Il m'a rendu service, seigneur : il a tiré l'épée pour ma défense; mais il a fini par m'adresser un discours si étrange que je ne puis y comprendre autre chose, sinon que ce doit être du délire.

LE DUC, *à Antonio*.—Insigne pirate, voleur d'eau salée, quelle audace insensée t'a conduit ici à la merci de ceux que tu as rendus tes ennemis à des conditions si sanglantes et si cruelles?

ANTONIO. — Orsino, noble seigneur, souffrez que je repousse les noms que vous me donnez. Jamais Antonio ne fut un pirate ni un brigand, quoiqu'il soit, je l'avoue, et cela par des motifs bien fondés, l'ennemi d'Orsino. C'est un véritable enchantement qui m'a attiré ici : ce jeune homme, qui est à côté de vous, le plus grand des ingrats, c'est moi qui l'ai arraché aux gouffres écumants d'une mer furieuse : il avait fait naufrage, et n'avait plus d'espoir; je lui ai donné la vie, et j'ai encore ajouté à ce don celui de mon amitié, sans restriction ni réserve, en me dévouant entièrement à lui. C'est pour ses intérêts, par pur amour pour lui, que je me suis exposé au danger d'entrer dans cette ville ennemie. J'ai tiré l'épée pour le défendre quand il était attaqué; et c'est là que j'ai été arrêté; et qu'inspiré par une perfide dissimulation, il a refusé de prendre aucune part à mon danger, et m'a renié pour être de sa connaissance; il est devenu en un clin d'œil comme un étranger qui ne m'aurait pas vu depuis vingt ans; il a refusé de me rendre ma propre bourse, dont je lui avais recommandé de se servir il n'y avait pas une demi-heure.

VIOLA.—Comment cela peut-il être?

LE DUC. — Depuis quand ce jeune homme est-il venu dans cette ville?

ANTONIO. — D'aujourd'hui, seigneur. Et nous étions ensemble depuis trois mois, sans nous être quittés d'un instant, d'une seule minute, ni le jour ni la nuit.

(Entre Olivia avec sa suite.)

LE DUC. — Voici la comtesse qui s'avance : voilà le ciel qui se promène sur la terre. (*A Antonio.*) Quant à toi, mon ami, ce que tu dis est de la démence. Il y a trois mois que ce jeune homme est attaché à mon service. — Mais nous reparlerons tout à l'heure.—Qu'on l'emmène à l'écart.

OLIVIA.—Que désire mon seigneur, excepté ce qu'Olivia ne peut lui accorder, en quoi puis-je lui rendre service? —Césario, vous ne me tenez pas votre parole.

VIOLA.—Madame?

LE DUC.—Aimable Olivia.

OLIVIA. — Que dites-vous, Césario? — Mon cher seigneur....

VIOLA.—Son Altesse veut parler; et mon respect m'impose silence.

OLIVIA.—Si c'est toujours sur l'ancien air, seigneur, il est aussi dissonant, aussi fâcheux à mon oreille, que des hurlements après la musique.

LE DUC.—Toujours aussi cruelle?

OLIVIA.—Toujours aussi constante, seigneur.

LE DUC. — Quoi! jusqu'à l'entêtement? Vous, cruelle dame, qui avez vu mon cœur offrir à vos autels ingrats et défavorables les vœux les plus fidèles que la dévotion ait jamais offerts! Que dois-je faire?

OLIVIA.—Tout ce qui plaira à Votre Seigneurie qui puisse lui convenir.

LE DUC. — Pourquoi ne ferais-je pas, si j'avais le cœur

de le faire, comme le ravisseur égyptien[1] sur le point de mourir, et ne tuerais-je pas ce que j'aime? C'est une jalousie sauvage, mais qui parfois annonce de la noblesse.

—Écoutez ce que je vais vous dire : puisque vous rebutez ma foi avec dédain, et que je connais en partie l'instrument qui me chasse de ma véritable place dans votre faveur, vivez tranquille, tyran au cœur de marbre : mais celui-ci, votre favori, que je sais que vous aimez, et que, j'en jure par le ciel, je chéris moi-même tendrement, je l'arracherai de ces yeux cruels, où il est assis couronné du dédain qu'on montre à son maître.—Venez, jeune homme, suivez-moi : mon cœur est mûr pour la vengeance, je vais immoler l'agneau que j'aime, et déchirer un cœur de corbeau dans le sein d'une colombe.

(Il fait quelques pas pour s'en aller.)

VIOLA. — Et moi, je subirais volontiers mille morts joyeusement et avec plaisir pour vous rendre le repos.

(Elle va pour suivre le duc.)

OLIVIA.—Où va Césario?

VIOLA. — Sur les pas de celui que j'aime plus que mes yeux, plus que ma vie, et mille fois plus que je n'aimerai jamais ma femme. Si je mens, ô vous, témoins célestes, punissez sur ma vie mes fautes contre l'amour.

OLIVIA. — Hélas! malheureuse que je suis, comme je suis trompée!

VIOLA.—Qui vous trompe? qui vous outrage?

OLIVIA. — T'es-tu donc oublié toi-même? Y a-t-il si longtemps que...? Allez chercher le saint père.

(Un domestique sort.)

---

[1] Théagène et Chariclée tombèrent entre les mains de Thyamis de Memphis, chef d'une bande de voleurs, qui devint amoureux de Chariclée. Peu après, une autre troupe fondit sur celle de Thyamis, qui, craignant pour sa maîtresse, l'enferma dans une caverne, avec son trésor. La coutume de ces barbares était de tuer en même temps qu'eux tous ceux qui leur étaient chers, afin de les avoir avec eux dans l'autre monde. Thyamis se trouvant entouré d'ennemis, court à sa caverne et appelle à haute voix, en langue égyptienne ; il entend répondre en grec, et, suivant la direction de la voix, il saisit par les cheveux la première personne qu'il rencontre dans les ténèbres, et, supposant qu'elle est Chariclée, il lui plonge son épée dans le sein. (HÉRODOTE.

LE DUC, *à Viola.*—Allons, viens.

OLIVIA.—Où voulez-vous qu'il aille, seigneur? Césario, mon époux, arrête.

LE DUC.—Votre époux?

OLIVIA.—Oui, mon époux : peut-il le nier?

LE DUC, *à Viola.*—Tu serais son époux, misérable.

VIOLA.—Non, seigneur; non pas moi.

OLIVIA.—Hélas! c'est la lâcheté de ta crainte qui te fait désavouer ta propriété. Ne crains point, Césario : prends possession de ta fortune. Sois ce que tu sais être, et tu seras aussi grand que celui que tu redoutes. — (*Entre le prêtre.*) Ah! soyez le bienvenu, mon père! Mon père, je vous somme, au nom de votre saint état, de déclarer ici ouvertement ce que nous avions résolu de tenir dans l'obscurité, et que les circonstances forcent maintenant de révéler avant la maturité.—Oui, dites ce que vous savez qui s'est récemment passé entre ce jeune homme et moi.

LE PRÊTRE. — Un contrat d'union éternelle, confirmé par vos mains jointes, attesté par la sainte promesse de vos lèvres, fortifié par l'échange de vos anneaux : toutes les cérémonies de cet engagement ont été scellées par mon ministère, et appuyées de mon témoignage; et depuis lors, ma montre me dit que je n'ai avancé vers mon tombeau que de l'espace de deux heures.

LE DUC, *à Viola.* — O toi, perfide renard, que seras-tu donc quand le temps aura semé les cheveux blancs sur ta tête? ou ta perfidie grandira-t-elle si rapidement que tes efforts pour en supplanter un autre te feront tomber toi-même? Adieu, prends-la; mais songe à conduire tes pas en des lieux où toi et moi ne nous rencontrions jamais.

VIOLA.—Seigneur, je vous proteste....

OLIVIA. — Ah! ne fais point de serments : conserve un peu de foi au milieu de tes craintes exagérées.

(*Entre sir André la tête fendue.*)

SIR ANDRÉ. — Pour l'amour de Dieu, un chirurgien; et envoyez quelqu'un à l'instant à sir Tobie.

OLIVIA.—Qu'y a-t-il donc?

SIR ANDRÉ. — Il m'a fendu la tête, et a aussi ensanglanté le visage de sir Tobie. — Au nom de Dieu, du secours : je donnerais quarante livres pour être chez moi.

OLIVIA. — Quel est le coupable, sir André ?

SIR ANDRÉ. — Le gentilhomme du comte, un nommé Césario. Nous l'avions pris pour un poltron, mais c'est un vrai diable incarné.

LE DUC. — Mon gentilhomme, Césario ?

SIR ANDRÉ. — Mort de ma vie ! le voilà ici. — Oui, vous m'avez fendu la tête pour rien ; et ce que j'ai fait, je ne l'ai fait que par l'instigation de sir Tobie.

VIOLA. — Pourquoi vous adressez-vous à moi ? Jamais je ne vous ai fait aucun mal. Vous avez tiré votre épée contre moi sans aucun sujet : mais je vous ai parlé avec douceur, et je ne vous ai fait aucune blessure.

SIR ANDRÉ. — Si une tête ensanglantée est une blessure, vous m'avez blessé ; je crois que vous ne faites pas cas d'une tête ensanglantée. (*Entre sir Tobie ivre et soutenu par le bouffon.*) Voici sir Tobie qui vient tout chancelant : vous allez en entendre davantage. Mais, s'il n'avait pas été pris de vin, il vous aurait chatouillé d'une autre manière qu'il n'a fait.

LE DUC. — Eh bien ! chevalier, en quel état êtes-vous donc ?

SIR TOBIE. — Cela est égal : il m'a blessé, et voilà tout. — (*Au fou.*) Sot, as-tu vu Dick le chirurgien ? réponds, sot ?

LE BOUFFON. — Oh ! il est ivre, sir Tobie, depuis plus d'une heure. Ses yeux étaient fermés à huit heures du matin.

SIR TOBIE. — Eh bien ! c'est un drôle ; et après un *passamezze* et une pavane [1], ce que je hais le plus, c'est un drôle qui s'enivre.

OLIVIA. — Qu'on l'emmène. Qui a fait ce dégât sur leurs personnes ?

SIR ANDRÉ. — Je vais vous aider, sir Tobie ; nous nous ferons panser ensemble.

---

[1] Danses d'un caractère sérieux.

SIR TOBIE. — Voulez-vous m'aider? Tête d'âne, fat, drôle!... drôle à la face effilée, buse!
(Le bouffon, Fabian, sir André et sir Tobie sortent.)
(Sébastien entre.)

OLIVIA.—Qu'on le mette au lit et qu'on soigne sa blessure.

SÉBASTIEN.—Je suis fâché, madame, d'avoir blessé votre parent; mais eût-il été mon propre frère, je n'aurais pu en faire moins, avec prudence et sûreté. Vous jetez sur moi un regard étrange, qui me fait sentir que je vous ai offensée. Pardonnez-moi, ma bien-aimée, au nom des serments que nous nous sommes mutuellement faits il y a si peu de temps.

LE DUC.—Une même figure, une même voix, un même habillement, et deux personnes! C'est une perspective naturelle qui existe et n'existe pas[1].

SÉBASTIEN.—Antonio! ô mon cher Antonio! dans quelles tortures, dans quels cruels tourments j'ai passé les heures qui se sont écoulées depuis que je t'ai perdu!

ANTONIO.—Êtes-vous Sébastien?

SÉBASTIEN.—Crains-tu le contraire, Antonio?

ANTONIO. — Comment t'es-tu partagé? Une pomme, coupée en deux, ne donne pas deux moitiés plus semblables que ces deux créatures. Lequel est Sébastien?

OLIVIA.—Cela tient du prodige!

SÉBASTIEN.—Suis-je présent ici, ou non? Jamais je n'ai eu de frère, et je ne possède pas dans mon essence le privilége de la Divinité, d'être à la fois ici et partout. J'avais une sœur, que l'aveugle fureur des flots a engloutie. (A *Viola*.) Par charité, quelle parenté avez-vous avec moi? Êtes-vous mon compatriote? Quel est votre nom, votre famille?

VIOLA.—Je suis de Messaline : mon père s'appelait Sébastien : j'avais aussi pour frère un Sébastien : telle était sa physionomie, tels étaient ses habits, lorsqu'il est des-

---

[1] « Perspective naturelle. » On appelle perspective naturelle les jeux d'optique où plusieurs traits et objets forment, dans leur ensemble et à un certain point de vue, une figure régulière avec laquelle ils n'ont rien de semblable dans le détail, par exemple le kaléidoscope.

cendu dans sa tombe humide. Si les esprits peuvent revêtir la forme et les vêtements des vivants, vous venez pour nous effrayer.

SÉBASTIEN. — Je suis un esprit en effet, mais revêtu de ces dimensions matérielles que j'ai puisées dans le sein de ma mère. S'il était vrai que vous fussiez aussi une femme, je laisserais couler mes larmes sur vos joues, et je dirais : Sois trois fois la bienvenue, Viola, la noyée.

VIOLA.—Mon père avait un signe sur le front.

SÉBASTIEN.—Et le mien aussi.

VIOLA. — Et il est mort le jour même que Viola comptait treize années depuis sa naissance.

SÉBASTIEN.—Oh ! ce souvenir est vivant dans mon âme ! Il finit en effet le cours de sa vie mortelle le jour qui compléta les treize années de ma sœur.

VIOLA. — Si nul autre obstacle ne s'oppose à notre bonheur mutuel que cet habillement d'homme et ce costume usurpé, ne m'embrasse qu'après t'être convaincu que chaque circonstance des lieux, des temps et de la fortune s'accorde et concourt à prouver que je suis Viola : et pour te le confirmer, je vais te conduire au capitaine qui est dans cette ville, et chez qui sont déposés mes vêtements de fille. C'est par son généreux secours que j'ai été sauvée pour servir cet illustre comte ; et depuis ce moment, tous les événements de mon histoire se sont passés entre cette dame et ce seigneur.

SÉBASTIEN, *à Olivia*. — Il résulte de là, madame, que vous vous êtes méprise ; mais la nature a suivi en cela son instinct. Vous vouliez vous unir à une fille ; sur ma vie, vous ne vous êtes pas trompée, et vous êtes fiancée à la fois avec une fille et avec un homme.

LE DUC, *à Olivia*.—Ne restez point confondue : son sang est noble. Si tout cela est vérité, comme le montrent jusqu'ici les apparences, j'aurai ma part dans cet heureux naufrage.—(*A Viola.*) Jeune homme, tu m'as dit mille fois que tu n'aimerais jamais une femme autant que tu m'aimes.

VIOLA.—Je confirmerai par mes serments ce que je vous ai dit ; et je garderai aussi fidèlement dans mon cœur tous ces serments, que ce globe garde le feu qui sépare le jour de la nuit.

LE DUC. — Donne-moi ta main ; et que je te voie avec tes habits de femme.

VIOLA. — Le capitaine qui m'a amenée sur le rivage a mes vêtements de fille ; il est maintenant en prison pour quelque affaire à la requête de Malvolio, gentilhomme attaché au service de madame.

OLIVIA. — Il le fera élargir : qu'on fasse venir ici Malvolio. Et pourtant, hélas ! je me souviens qu'on dit que ce pauvre gentilhomme est en démence. (*Entrent Fabian et le bouffon avec une lettre.*) Un accès de folie des plus violents, que j'ai éprouvé, a banni tout à fait de ma mémoire l'idée de la sienne. — Comment est-il, drôle ?

LE BOUFFON. — En vérité, madame, il tient Belzébuth à bout de bras, autant qu'un homme dans son état puisse le faire : il vous a écrit ici une lettre que je devais vous rendre ce matin ; mais comme les épîtres d'un fou ne sont pas paroles d'Évangile, il importe peu en quel temps elles sont remises à leur adresse.

OLIVIA. — Ouvre-la, et lis-la.

LE BOUFFON. — Attendez-vous donc à être édifiée, quand le fou remet la lettre d'un insensé. — (*Lisant.*) « *Par le Seigneur, madame.....* »

OLIVIA. — Comment, es-tu fou ?

LE BOUFFON. — Non, madame : je ne fais que lire de la folie. Si vous voulez qu'elle soit lue comme il faut, vous pouvez lui prêter vous-même une voix.

OLIVIA. — Je t'en prie, lis-la en homme qui jouit de sa raison.

LE BOUFFON. — C'est ce que je fais, madame. Pour représenter en lisant l'état de son esprit, il faut le lire comme je fais : ainsi attention, ma princesse, et prêtez l'oreille.

OLIVIA, *à Fabian.* — Lis-la, toi, maraud.

FABIAN *prend la lettre et lit.* — « Par le Seigneur, madame, vous me faites injure, et le monde en sera instruit ; quoique vous m'ayez fait mettre dans les ténèbres, et que vous ayez donné à votre ivrogne d'oncle l'empire sur moi, cependant je jouis de mes facultés aussi bien que vous, madame. Je possède votre propre lettre qui m'a excité à prendre le maintien que j'ai emprunté, et cette lettre me servira, j'en suis certain, ou à me faire rendre justice, ou à vous couvrir de honte. Pensez de moi ce qu'il vous plaira. J'oublie un peu le respect que je vous dois, pour ne songer qu'à l'affront que j'ai reçu.

« MALVOLIO, *qu'on a traité en insensé.* »

OLIVIA. — Est-ce bien lui qui a écrit cette lettre?

LE BOUFFON. — Oui, madame.

LE DUC. — Cela ne sent pas trop la folie.

OLIVIA. — Fabian, voyez à ce qu'on le mette en liberté : amenez-le ici. Seigneur, laissons ces soins à d'autres temps, et daignez me vouloir autant de bien comme sœur que comme épouse; qu'un seul et même jour couronne cette double alliance, ici dans mon palais, et à mes frais.

LE DUC. — Madame, je suis très-disposé à accepter votre offre. (*A Viola.*) Votre maître vous tient quitte; et pour les services que vous lui avez rendus, si opposés au caractère de votre sexe, si au-dessous de votre éducation et de votre naissance, et, en récompense de ce que vous m'avez appelé si longtemps votre maître, voilà ma main : vous serez désormais la maîtresse de votre maître.

OLIVIA. — Ma sœur? Oui, vous l'êtes.

(Fabian amène Malvolio.)

LE DUC. — Est-ce là le fou?

OLIVIA. — Oui, seigneur, c'est lui-même. — Eh bien! Malvolio?

MALVOLIO. — Madame, vous m'avez fait un outrage, un insigne outrage.

OLIVIA. — Moi, Malvolio? Non.

MALVOLIO. — Vous, madame, vous-même, je vous en prie, lisez cette lettre. Vous ne pouvez pas nier que ce ne soit là votre écriture. Écrivez autrement, si vous le pouvez, soit pour le caractère, soit pour le style; ou dites que ce n'est pas là votre cachet, ni votre ouvrage; vous ne pouvez rien dire de tout cela. Allons, convenez-en donc, et dites-moi, sans blesser votre honneur, pourquoi vous m'avez donné tant de marques irrécusables de faveur, pourquoi vous m'avez recommandé de vous aborder en souriant, et en jarretières croisées, de mettre des bas jaunes, de montrer un front grondeur à sir Tobie et aux gens de bas étage ; pourquoi, lorsque l'espoir de vous plaire m'a fait remplir ce rôle par obéissance, vous avez souffert qu'on m'emprisonnât dans une maison ténébreuse, où j'ai reçu la visite du prêtre, et suis devenu la dupe et le jouet le plus ridicule dont la malice se soit jamais amusée ? Dites-moi pourquoi ?

OLIVIA.—Hélas ! Malvolio, cette lettre n'est pas de moi, quoique, je l'avoue, cette écriture ressemble beaucoup à la mienne : mais, sans aucun doute, c'est la main de Marie ; et, en ce moment je me le rappelle, c'est elle qui m'a dit la première que vous étiez devenu fou : et aussitôt après je vous ai vu venir le sourire sur les lèvres, et mis de la manière qu'on vous indiquait ici dans cette lettre. Je vous en prie, apaisez-vous ; c'est un bien méchant tour qu'on s'est permis de vous jouer là : mais quand nous en connaîtrons les motifs et les auteurs, vous serez, je vous le promets, juge et partie dans votre propre cause.

FABIAN. — Daignez, madame, m'écouter un moment, et ne permettez-pas qu'aucune querelle, aucune discorde vienne troubler la joie de cette heure fortunée, dont les aventures m'ont rempli d'admiration. C'est dans l'espérance que vous ne le permettrez pas, que je vous avoue franchement que c'est moi-même et sir Tobie, qui avons comploté cette farce contre Malvolio que voilà, pour nous venger de certains procédés incivils et brutaux que nous avions endurés de lui : c'est Marie qui a écrit la lettre, pressée par les importunités de sir Tobie ; et en récompense, il l'a épousée. Toutes les malignes plaisanteries qui en ont été la suite méritent plutôt d'exciter le rire que la vengeance, si l'on veut bien peser avec justice les torts réciproques dont les deux parties ont à se plaindre.

OLIVIA. — Hélas ! pauvre homme, comme ils se sont moqués de toi !

LE BOUFFON. — Quoi ! *il est des hommes qui naissent dans*

la grandeur, d'autres qui parviennent à la grandeur, et d'autres que la grandeur vient chercher d'elle-même (A Malvolio.) J'ai fait un rôle, monsieur, dans cet intermède ; oui, j'ai fait un certain messire Topas, monsieur : mais qu'est-ce que cela fait ? — *Par le Seigneur, fou, je ne suis pas insensé.* Mais vous rappelez-vous ce que vous disiez : « *Madame, pourquoi riez-vous des platitudes de ce fou? Si* « *vous ne riiez pas, il aurait un bâillon dans la bouche.* » C'est ainsi que les pirouettes du temps amènent les vengeances.

MALVOLIO. — Je me vengerai de toute votre meute.
(Il sort.)

OLIVIA. — Il a été cruellement joué !

LE DUC. — Courez après lui, et engagez-le à faire la paix. Il ne nous a encore rien dit du capitaine ; quand ceci sera connu et que l'heure dorée nous rassemblera, nos tendres cœurs s'uniront par un nœud solennel. — En attendant, chère sœur, nous ne sortirons pas d'ici. — Césario, venez, car vous serez toujours Césario, tant que vous serez un homme ; mais dès que vous apparaîtrez sous d'autres habits, vous serez la maîtresse d'Orsino, et la reine de ses volontés.
(Ils sortent.)

LE BOUFFON. —

Quand j'étais un petit garçon
Et hi, et ho, au vent et à la pluie,
Toutes nos folies
Passaient pour enfantillage,
Car la pluie tombe tous les jours.

Mais lorsque je devins grand,
Et hi, et ho, le vent et la pluie ;
Les gens ferment leurs portes contre les filous et les voleurs,
Car la pluie tombe tous les jours.

Mais quand je vins à prendre femme,
Et hi, et ho, le vent et la pluie,
Je ne pus faire fortune en faisant le brave,
Car la pluie tombe tous les jours.

Mais quand j'allais au lit,
Et hi, et ho, le vent et la pluie,

Je me grisais avec des ivrognes,
Car la pluie tombe tous les jours.

Il y a longtemps que le monde a commencé,
Et hi, et ho, le vent et la pluie,
Mais, n'importe, la pièce est finie,
Et nous tâcherons de vous plaire tous les jours.
(Il sort.)

FIN DU CINQUIÈME ET DERNIER ACTE.

LES
DEUX GENTILSHOMMES
DE VÉRONE
COMÉDIE

NOTICE SUR LES DEUX GENTILSHOMMES

DE VÉRONE

Cette pièce, une des moins remarquables de Shakspeare, ressemble à beaucoup d'égards à un roman dialogué : cette idée se fortifie quand on lit, dans la *Diane* de Montemayor, la nouvelle où le poëte a sans doute puisé sa comédie : soit que la *Diane* lui eût été connue dans une traduction, soit qu'un romancier anglais l'eût imitée ou refondue dans un autre ouvrage.

Dans l'épisode de la *Diane*, nous voyons une bergère-amazone sauver trois nymphes de la violence de trois hommes sauvages, et leur raconter ensuite, sur la rive d'*une onde au doux murmure*, comment elle a été la victime des persécutions de Vénus, à qui sa mère, dans une discussion mythologique, avait eu l'indiscrétion de préférer Pallas.

La belle Félismena reçoit un billet de don Félix, qu'elle lit après avoir bien grondé sa suivante, qui a eu l'audace de le lui remettre. Elle aime don Félix et se hâte de lui en faire l'aveu ; mais le père du jeune homme s'oppose à leur mariage et envoie son fils dans une cour étrangère, pour lui faire oublier l'engagement qu'il n'approuve pas. Félismena ne peut vivre en son absence ; elle se procure des habits de page et va retrouver son amant ; mais déjà don Félix en aime une autre, et Félismena, qui passe à son service à la faveur de son déguisement, devient le porteur de ses billets doux. Célie, sa rivale, se prend tout à coup d'une tendre passion pour le page prétendu, et don Félix ne reçoit plus de réponses favorables de sa belle que quand Félismena est son messager. Cependant ce cavalier se désole des rigueurs de Célie ; son désespoir devient si grand que Félismena, craignant pour la vie de celui qu'elle aime, se jette aux genoux de sa rivale, qui croit que le page va l'implorer pour lui-même. Furieuse de l'entendre solliciter pour son maître, elle ne peut supporter la vie et meurt de douleur.

Don Félix, à cette nouvelle, part sans dire à personne où il va, et la fidèle Félismena court le monde à sa recherche.

Voilà une partie des circonstances que Shakspeare a évidemment empruntées pour les deux Véronais, mais il a su en ajouter d'autres ; et le personnage comique de Launce est une idée originale qui n'appartient qu'à lui. Chaque fois que Launce paraît avec son chien, on est d'abord forcé de rire, quitte à blâmer ensuite la trivialité de quelques plaisanteries. Ces scènes sentent un peu la farce, mais elles sont marquées au coin de l'originalité.

Speed, l'autre valet, est totalement éclipsé par Launce ; cependant il prouve à son maître, d'une manière piquante, qu'il est amoureux.

La coquetterie de Julie, quand elle reçoit la lettre de Protéo, est aussi une idée des plus gracieuses ; mais, en général, comme Jonson le fait observer, on trouve dans cette pièce un singulier mélange d'art et de négligence qui a fait douter qu'elle fût réellement de Shakspeare. On doit peu s'arrêter à la critique de l'unité de lieu, qui n'a jamais été aussi ouvertement violée par le poëte ; mais l'inconséquence du caractère de Protéo est bien plus impardonnable que toutes les fautes contre la géographie et les lois d'Aristote.

La versification des *Deux Gentilshommes de Vérone* est presque toujours excellente, et on y trouve une foule de détails qu'embellit la poésie la plus riche.

Malone place la composition de cette pièce dans l'année 1596. Elle appartient visiblement à la jeunesse de l'auteur.

LES DEUX GENTILSHOMMES DE VÉRONE

COMÉDIE

PERSONNAGES

LE DUC DE MILAN, père de Silvie.
VALENTIN,) deux gentilshommes de
PROTÉO,   ) Vérone.
ANTONIO, père de Protéo.
THURIO, espèce de fou, ridicule rival de Valentin.
ÉGLAMOUR, confident de Silvie, qui favorise son évasion.
L'HOTE chez lequel loge Julie à Milan.
SPEED, valet bouffon de Valentin.
LAUNCE, valet de Protéo.
PANTHINO, valet d'Antonio.
JULIE, dame de Vérone aimée de Protéo
SILVIE, fille du duc de Milan, aimée de Valentin.
LUCETTE, suivante de Julie.
PROSCRITS.
DOMESTIQUES, MUSICIENS.

La scène est tantôt à Vérone, tantôt à Milan, et sur les frontières de Mantoue.

ACTE PREMIER

SCÈNE I

VALENTIN, PROTÉO.

VALENTIN.—Cesse de vouloir me persuader, mon cher Protéo ; le jeune homme qui demeure toujours dans sa patrie n'a jamais qu'un esprit borné. Si l'amour n'enchaînait pas tes jeunes années aux doux regards d'une amante digne de tes hommages, je t'engagerais à m'accompagner pour voir les merveilles du monde, plutôt que de t'engourdir ici dans une stupide indolence, et d'user ta jeunesse dans une inertie incapable de donner des formes ; mais puisque tu aimes, aime toujours, et tâche d'être aussi heureux dans tes amours, que je voudrais l'être moi-même lorsque je commencerai d'aimer.

PROTÉO. — Veux-tu donc me quitter ? Adieu, mon cher Valentin ! Pense à ton Protéo, si par hasard tu vois dans tes voyages quelque objet remarquable et rare, désire de m'avoir avec toi pour partager ton bonheur, lorsqu'il t'arrivera quelque bonne fortune ; et dans tes dangers, si jamais le danger t'environne, recommande tes malheurs à mes saintes prières, car je veux être ton intercesseur, Valentin.

VALENTIN. — Oui, et prier pour moi dans un livre d'amour.

PROTÉO. — Je prierai pour toi dans certain livre que j'aime.

VALENTIN. — C'est-à-dire dans quelque sot livre de profond amour comme l'histoire du jeune Léandre qui traversa l'Hellespont [1].

PROTÉO. — C'est une histoire profonde d'un plus profond amour ; car Léandre avait de l'amour par-dessus les souliers.

VALENTIN. — Tu dis vrai, car tu as de l'amour pardessus les bottes et tu n'as pas encore traversé l'Hellespont à la nage.

PROTÉO. — Par-dessus les bottes ? Ne me porte pas de bottes [2].

VALENTIN. — Je m'en garderai bien, car ce serait à propos de bottes [3].

PROTÉO — Comment ?

VALENTIN. — Aimer, pour ne recueillir d'autre fruit de ses gémissements que le mépris, et un timide regard pour les soupirs d'un cœur blessé ! Acheter un moment de joie passagère par les ennuis et les fatigues de vingt nuits d'insomnie ! Si vous réussissez, le succès n'en vaut peut-être pas la peine ; si vous échouez, vous n'avez

---

[1] La traduction de Musée, par Marlowe, était populaire et le méritait ; son *Héro et Léandre* serait digne de Dryden.

[2] *Give me not the boots*, expression proverbiale qui signifie : « Ne te joue pas de moi, » et qui revient à l'ancienne phrase française : « Bailler foin en cornes. »

[3] Nous avons employé un équivalent à ces mots : *it boots thee not*, « cela t'est inutile. »

donc gagné que des peines cruelles. Quoi qu'il en soit, l'amour n'est qu'une folie qu'obtient votre esprit, ou votre esprit est vaincu par une folie.

PROTÉO.—Ainsi, à t'entendre, je ne suis qu'un fou?

VALENTIN. — Ainsi, à t'entendre, je crains bien que tu ne le deviennes.

PROTÉO.—C'est de l'amour que tu médis; je ne suis pas l'amour.

VALENTIN.—L'amour est ton maître, car il te maîtrise; et celui qui se laisse ainsi subjuguer par un fou, ne devrait pas, ce me semble, être rangé parmi les sages.

PROTÉO. — Les auteurs disent cependant que l'amour habite dans les esprits les plus élevés, comme le ver dévorant s'attache au bouton de la plus belle rose.

VALENTIN. — Et les auteurs disent aussi que, comme le bouton le plus précoce est rongé intérieurement par un ver avant qu'il s'épanouisse, de même l'amour porte à la folie les esprits jeunes et tendres; qu'ils se fanent dans la fleur, perdent la fraîcheur de leur printemps, et tout le fruit des plus douces espérances. Mais pourquoi consumer ici le temps à te donner des conseils, puisque tu es tout dévoué à de tendres désirs? Encore une fois, adieu! Mon père est sur le port à m'attendre pour me voir monter sur le vaisseau.

PROTÉO.—Et je veux t'y conduire, Valentin.

VALENTIN.—Non, cher Protéo, il vaut mieux nous dire adieu ici. Quand je serai à Milan, que tes lettres m'informent de tes succès en amour, et de tout ce qui pourra arriver ici pendant l'absence de ton ami; je te visiterai aussi par mes lettres.

PROTÉO.—Puisses-tu ne trouver à Milan que le bonheur!

VALENTIN.—Je t'en souhaite autant à Vérone. Adieu!
(Il sort.)

PROTÉO. — Il poursuit l'honneur et moi l'amour; il abandonne ses amis pour les honorer davantage; et moi j'abandonne tout, mes amis et moi-même pour l'amour. C'est toi, Julie, c'est toi qui m'as métamorphosé! Tu me fais négliger mes études, perdre mon temps, combattre les plus sages conseils et compter pour rien tout l'univers; mon esprit s'affaiblit dans les rêveries, et mon cœur est malade d'inquiétude.

(Entre Speed.)

SPEED.—Seigneur Protéo, Dieu vous garde! avez-vous vu mon maître?

PROTÉO.—Il vient de partir d'ici et va s'embarquer pour Milan.

SPEED.—Vingt contre un alors qu'il est embarqué déjà, et j'ai fait le mouton [1] en le perdant.

PROTÉO. — En effet, le mouton s'égare souvent, si le berger est absent quelque temps.

SPEED. — Vous concluez donc que mon maître est un berger et moi un mouton?

PROTÉO.—Oui.

SPEED. — Eh bien! alors mes cornes sont ses cornes, que je dorme ou que je veille.

PROTÉO.—Sotte réponse et digne d'un mouton.

SPEED.—Nouvelle preuve que je suis un mouton.

PROTÉO.—Oui, et ton maître un berger.

SPEED. — Et pourtant je pourrais le nier pour une certaine raison.

PROTÉO. — Cela ira bien mal, si je ne le prouve point par une autre.

SPEED. — Le berger cherche le mouton, et le mouton ne cherche pas le berger; mais moi je cherche mon maître et mon maître ne me cherche pas; je ne suis donc pas un mouton.

PROTÉO. — Le mouton suit le berger pour obtenir du fourrage, et le berger ne suit point le mouton pour un peu de nourriture; tu suis ton maître pour des gages, et ton maître ne te suit pas pour des gages. Donc tu es un mouton.

SPEED. — Encore une preuve semblable, et vous me ferez crier *beh!*

[1] J'ai fait la bête. Mouton se dit *sheep* en anglais et se prononce comme *ship*, qui veut dire vaisseau. Voilà la clef des équivoques qui suivent.

PROTÉO. — Mais, écoute-moi, as-tu remis ma lettre à Julie?

SPEED. — Oui, monsieur. Moi mouton perdu, j'ai remis votre lettre à Julie, mouton en corset[1], et Julie, mouton en corset, ne m'a rien donné pour ma peine à moi mouton perdu.

PROTÉO. — Voilà un bien petit pâturage pour tant de moutons.

SPEED. — Si la terre en est trop chargée, vous feriez mieux de l'attacher.

PROTÉO. — Non, tu t'égares, il vaudrait mieux te parquer[2].

SPEED. — Oh! monsieur, je me contenterai de moins d'une livre pour avoir porté votre lettre.

PROTÉO. — Tu te méprends; je veux parler d'un parc[3].

SPEED. — D'une livre à une épingle[4]? Tournez-la de tous les côtés, c'est trois fois trop peu pour porter une lettre à votre belle.

PROTÉO. — Mais qu'a-t-elle dit? a-t-elle fait un signe de tête?

SPEED *fait un signe de tête.* — Bête!

PROTÉO. — Qui appelles-tu bête[5]?

SPEED. — Vous vous trompez, monsieur, c'est vous qui avez dit bête, puisque vous avez pris la peine de le dire, gardez-le pour votre peine[6].

PROTÉO. — Non, non, tu le prendras pour avoir porté la lettre.

---

[1] *Mutton laced* était un terme tellement commun, pour désigner une courtisane, que la rue la plus fréquentée par ces femmes, à Clerkenwell, était appelée *Mutton-lane*.

[2] Équivoque intraduisible. *Pound*, livre sterling, et *to pound*, parquer.

[3] Speed feint toujours de prendre un mot pour l'autre.

[4] *Pin-fold*, bergerie; *pin*, épingle.

[5-6] PROTÉO. *Did she nod?* — SPEED. *I.* — PROTÉO. *Nod I why! that is noddy.* — SPEED. *You mistook, sir.*

Nod, signe de tête; *to nod,* faire un signe de tête; *noddy,* nigaud; *I,* je; pauvres équivoques. Le lecteur perd peu de chose si la traduction est impossible.

Selon Pope, cette scène aurait été interpolée par les comédiens.

SPEED.—Fort bien ! je m'aperçois qu'il faut que je supporte avec vous.

PROTÉO. — Comment! monsieur, que supportez-vous avec moi?

SPEED. — Pardieu, monsieur, la lettre sans doute, n'ayant que le mot de bête pour ma peine.

PROTEO. — Malepeste, tu as l'esprit vif!

SPEED. —Et pourtant il ne peut attraper votre bourse paresseuse.

PROTÉO. — Allons, allons, qu'a-t-elle dit? acquitte-toi promptement de ton message.

SPEED. — Acquittez-vous avec votre bourse, afin que nous soyons quittes tous deux.

PROTÉO.—Eh bien! voilà pour ta peine; qu'a-t-elle dit?

SPEED. — Sur ma foi, monsieur, je crois que vous ne la gagnerez pas aisément.

PROTÉO. — Quoi donc? t'en a-t-elle laissé tant voir?

SPEED. — Vraiment, monsieur, je n'ai rien vu d'elle; non, non, pas même un ducat pour lui avoir remis votre lettre; et puisqu'elle a été si dure envers moi, qui lui ai porté votre cœur, je crains qu'elle ne soit aussi dure à vous ouvrir le sien; ne lui donnez pas d'autres gages d'amour que des pierres, car elle est aussi dure que l'acier.

PROTÉO.— Comment! elle ne t'a rien dit?

SPEED. — Non pas seulement : *Tenez, mon ami, prenez cela pour votre peine.* Pour me prouver votre générosité vous m'avez donné un teston ! Aussi en récompense vous pourrez à l'avenir porter vos lettres vous-même ; et ainsi, monsieur, je vous recommanderai à mon maître.

PROTÉO.— Va, pars pour sauver du naufrage ton vaisseau, qui ne peut périr en t'ayant sur son bord ; car tu es destiné à périr à terre d'une mort moins humide. Il me faut envoyer quelque autre messager, je craindrais que ma Julie ne dédaignât mes lettres, si elle les recevait d'un aussi indigne facteur.

(Ils sortent.)

SCÈNE II

Vérone. Jardin de la maison de Julie.

JULIE et LUCETTE.

JULIE. — Mais dis-moi donc, Lucette, à présent que nous sommes seules, est-ce que tu voudrais me conseiller de tomber amoureuse[1] ?

LUCETTE. — Oui, madame, afin de ne pas trébucher sans vous y attendre.

JULIE. — Et de toute la belle troupe de gentilshommes que tu vois tous les jours me faire la cour, lequel est à ton avis le plus digne d'amour ?

LUCETTE. — S'il vous plaît, répétez-moi leurs noms, je vous dirai ce que je pense suivant mes faibles lumières.

JULIE. — Que penses-tu du beau chevalier Églamour[2] ?

LUCETTE. — Que c'est un chevalier au doux langage, élégant et bien tourné. Mais si j'étais vous, il ne serait jamais à moi.

JULIE. — Que penses-tu du riche Mercatio ?

LUCETTE. — Très-bien de sa richesse; mais de sa personne, comme ça.

JULIE. — Et que penses-tu de l'aimable Protéo ?

LUCETTE. — Dieu ! Dieu ! comme la folie s'empare quelquefois de nous !

JULIE. — Comment donc ? Et pourquoi cette exclamation à propos de son nom ?

LUCETTE. — Je vous demande pardon, madame, il est honteux à moi, petite créature que je suis, de juger ainsi d'aimables cavaliers.

JULIE. — Et pourquoi ne pas traiter Protéo comme les autres ?

---

[1] Devenir amoureux se dit en anglais : *to fall in love,* tomber en amour ; voilà pourquoi Lucette répond en isolant le verbe *to fall,* tomber.

[2] Il ne faut pas confondre cet *innamorato* insignifiant avec le chevalier Églamour, personnage que nous trouvons à Milan, et qui a juré fidélité et chasteté sur le tombeau de son épouse.

LUCETTE. — Eh bien! alors, ils sont tous bien; mais je le trouve le plus aimable.

JULIE. — Et ta raison?

LUCETTE. — Je n'en ai pas d'autre qu'une raison de femme. Je le trouve le plus aimable, parce que je le trouve le plus aimable.

JULIE. — Et tu voudrais donc que mon amour se fixât sur lui?

LUCETTE. — Oui, si vous pensiez que c'est ne pas le mal placer.

JULIE. — Eh bien! c'est celui de tous qui a fait le moins d'impression sur moi.

LUCETTE. — Je crois cependant qu'il est celui de tous qui vous aime le plus.

JULIE. — Si peu de paroles indiquent un amour bien faible.

LUCETTE. — Le feu le mieux renfermé est celui qui brûle le plus.

JULIE. — Ils n'aiment pas, ceux qui ne montrent point leur amour.

LUCETTE. — Oh! ils aiment bien moins encore, ceux qui font connaître leur amour à *tout le monde*.

JULIE. — Je voudrais savoir ce qu'il pense.

LUCETTE. — Lisez cette lettre, madame.

JULIE, *à Lucette.* — Dis-moi de quelle part?

LUCETTE. — Vous le verrez en la lisant.

JULIE. — Dis-moi, dis qui te l'a donnée.

LUCETTE.—Le page du seigneur Valentin, qui, à ce que je pense, était envoyé par Protéo. Il voulait vous la remettre à vous-même; mais, comme il m'a trouvée par les chemins, je l'ai reçue en votre nom : pardonnez-moi ma faute, madame.

JULIE. —Vraiment, sur mon honneur, vous êtes une excellente négociatrice! Comment osez-vous vous prêter à recevoir des lettres amoureuses et à conspirer contre ma jeunesse? Croyez-moi, vous choisissez là un bel emploi, et qui vous convient à merveille! Tenez, reprenez ce papier; songez à le rendre, ou ne reparaissez jamais devant moi.

ACTE I, SCÈNE II.

LUCETTE.—Quand on plaide pour l'amour, on mérite une autre récompense que la haine.

JULIE.—Voulez-vous sortir?

LUCETTE.—Afin de vous donner le loisir de réfléchir.

(Elle sort.)

JULIE, *seule*.—Et cependant je voudrais bien avoir parcouru cette lettre. Il serait honteux maintenant de la rappeler et d'aller la prier de faire une faute pour laquelle je viens de la gronder. Qu'elle est insensée! comment? Elle sait que je suis fille, et elle ne me force pas de lire cette lettre! car les filles, par pudeur[1], disent *non*, et voudraient que le questionneur interprétât ce *non* par *oui*. Fi donc! fi donc! que l'amour est fantasque et bizarre! il ressemble à un enfant capricieux qui égratigne sa nourrice, et qui l'instant d'après, tout humilié, baise la verge. Avec quelle brutalité j'ai chassé Lucette, lorsque j'aurais désiré qu'elle restât ici! avec quelle dureté je me suis étudiée à lui montrer un front irrité, lorsqu'une joie intérieure forçait mon cœur à sourire! allons, ma pénitence sera de rappeler Lucette et de lui demander pardon de ma folie.—Lucette! Lucette!

(Lucette rentre.)

LUCETTE.—Que désirez-vous, madame?

JULIE.—Est-il bientôt l'heure de dîner?

LUCETTE.—Je le voudrais, afin que vous pussiez passer votre mauvaise humeur[2] sur le dîner et non sur votre suivante.

JULIE.— Qu'est-ce donc que vous relevez là si doucement?

LUCETTE.—Rien.

JULIE.—Pourquoi donc vous êtes-vous baissée?

LUCETTE.—Pour ramasser un papier que j'avais laissé tomber.

JULIE.—Et n'est-ce donc rien que ce papier?

LUCETTE.—Non, rien qui me regarde.

JULIE.—Alors, laissez-le à terre pour ceux qu'il regarde.

---

[1] *Les filles disent non et le prennent*. Vieux proverbe.

[2] *Stomach*, estomac. Appétit et dépit, mauvaise humeur. *Meat* et *maid* sont aussi des mots de son presque analogue.

LUCETTE.—Madame, il ne peut leur en imposer, si on l'interprète bien.

JULIE.—C'est quelque amant sans doute qui vous a écrit une lettre en vers.

LUCETTE.—Pour que je puisse chanter ces vers, madame, donnez-moi un air; je vous prie; vous en savez plusieurs.

JULIE.—J'en ai le moins possible pour de telles bagatelles ; il vaudrait mieux les chanter sur l'air : *Lumière d'amour*[1].

LUCETTE.— Ils sont trop lourds pour un air si léger.

JUCIE.—Lourds! sans doute qu'ils sont chargés d'un refrain[2] ?

LUCETTE.—Oui, et qui serait mélodieux si vous le chantiez.

JULIE. — Pourquoi ne le chanteriez-vous pas vous-même?

LUCETTE.—Je ne puis monter si haut.

JULIE.—Voyons votre chanson.—Eh bien! mignonne?

LUCETTE.—Continuez sur ce ton et vous la chanterez, et pourtant je n'aime pas ce ton-là.

JULIE.—Vous ne l'aimez pas?

LUCETTE.—Non madame, il est trop aigu[3].

JULIE.—Et vous, mignonne, trop impertinente.

LUCETTE.—Ah! maintenant vous êtes trop dans le mineur[4], et vous détruisez l'harmonie par une dissonance trop dure ; il ne manque qu'un ténor pour accompagner votre chanson.

JULIE.—Le ténor est étouffé par votre basse continue.

LUCETTE.—A vrai dire, je fais la basse pour Protéo.

JULIE. —Ce bavardage ne m'importunera plus ; voici le billet avec la protestation (*Elle déchire la lettre.*) Allez, allez-vous-en, et laissez là ce papier, vous voudriez le toucher pour me mettre en colère.

---

[1] *Light of lore*, lumière d'amour ou légère d'amour.
[2] *Burden*, refrain ou fardeau.
[3] *You are too sharp*, vous êtes trop dans le *dièze*, équivoque sur le mot *sharp*.
[4] *You are too flat*, vous êtes trop dans le *bémol*.

LUCETTE.—Elle s'y prend d'une manière étrange, mais elle serait charmée d'avoir à se fâcher pour une seconde lettre.

(Elle sort.)

JULIE, *seule*.—Ah ! plût... que je ressentisse ce courroux contre cette lettre ! ...ains haïssables, d'avoir déchiré des paroles si tendr... ! Ingrats frelons, qui vous nourrissez du miel le plus doux et qui percez de vos dards l'abeille qui vous le donne ! Pour expier ma faute, je baiserai chaque fragment de cette lettre. Ici est écrit : *tendre Julie;* ah ! plutôt *cruelle Julie !* Pour te punir de ton ingratitude, je jette ton nom sur ces pierres et je foule à mes pieds ton dédain. Voyez. Ici est écrit : *Protéo blessé d'amour* Pauvre nom blessé, je veux te recueillir dans mon sein comme dans un lit, jusqu'à ce que ta blessure soit bien guérie, et voilà comme je la soude avec un baiser souverain. Mais le nom de *Protéo* était écrit plusieurs fois.....—Retiens ton haleine, bon zéphyr, n'emporte pas un seul mot, et que je retrouve chaque syllabe de la lettre..... excepté mon nom ; pour lui, qu'un tourbillon l'enlève sur la cime affreuse d'un rocher désert suspendu sur les eaux, et que de là il l'entraîne dans les flots de la mer irritée ! Vois, dans une seule ligne son nom est écrit deux fois : *Le pauvre malheureux Protéo, le passionné Protéo..... à la douce Julie;* oui, je veux mettre ces derniers mots en pièces.—Et cependant, non. Il a si bien su les réunir à son nom infortuné, que je veux les plier ensemble. Allons, baisez-vous, embrassez-vous, disputez-vous, faites ce que vous voudrez.

(Lucette revient.)

LUCETTE.—Madame, le dîner est prêt, et votre père vous attend.....

JULIE.—Eh bien ! allons.

LUCETTE.—Comment? Est-ce que ces papiers vont raconter des histoires?

JULIE.—Si vous en faites cas, il vaut mieux les relever.

LUCETTE.—Moi, l'on m'a *relevée* pour les avoir posés à terre; cependant il ne faut pas qu'il y restent, de peur qu'ils n'y prennent froid.

JULIE.—Je vois que vous vous souvenez de loin.

LUCETTE.—Vraiment, madame, vous pouvez dire ce que vous voyez. Je vois aussi les choses, bien que vous vous imaginiez que je ferme les yeux.

JULIE.—Allons, allons, vous plaît-il de me suivre?

(Elles sortent.)

SCÈNE III

Appartement de la maison d'Antonio.

ANTONIO et PANTHINO.

ANTONIO.—Dites-moi, Panthino, quel est le grave discours que mon frère vous tenait dans le cloître?

PANTHINO.—Il parlait de son neveu Protéo, de votre fils.

ANTONIO.—Et qu'en a-t-il dit?

PANTHINO. — Il s'étonne que Votre Seigneurie souffre qu'il passe ici sa jeunesse, tandis que tant d'autres pères, de moindre distinction, envoient voyager leurs fils pour chercher de l'avancement, les uns à la guerre pour y tenter fortune, les autres à la découverte des îles lointaines[1], d'autres pour s'instruire dans les universités savantes. Il dit que votre fils Protéo était propre à réussir dans la plupart de ces exercices, et même dans tous; et il me conjurait de vous importuner de ne plus lui laisser perdre son temps au logis, car ce serait un grand inconvénient pour lui, dans un âge avancé, de ne pas avoir voyagé dans sa jeunesse.

ANTONIO.—Tu n'as pas grand besoin de m'importuner pour cela; il y a plus d'un mois que j'y rêve. J'ai bien remarqué la perte de son temps, et comment, sans l'étude et la connaissance du monde, il ne peut jamais devenir un homme parfait. L'expérience s'acquiert par l'application et se perfectionne par le cours rapide du temps.

[1] Les fils de bonne maison voyageaient fréquemment du temps de Shakspeare, qui regardait les voyages comme propres à former le caractère et les idées.

ACTE I, SCÈNE III.

Dis-moi donc où il serait le plus à propos de l'envoyer.

PANTHINO.—Je pense que Votre Seigneurie n'ignore pas que son ami, le jeune Valentin, est attaché à la cour royale de l'empereur[1].

ANTONIO.—Je le sais.

PANTHINO.—Il serait bon, ce me semble, d'y envoyer aussi votre fils; là il pourra s'exercer dans les joutes et les tournois, entendre un beau langage, converser avec des hommes d'un sang illustre, et se former à tous les exercices dignes de sa jeunesse et de la noblesse de sa naissance.

ANTONIO.—J'aime tes avis, tu m'as très-bien conseillé; et, pour montrer combien j'approuve ton projet, je veux que sur-le-champ il soit exécuté, et que mon fils parte le plus tôt possible pour la cour de l'empereur.

PANTHINO.—Demain, si cela vous convient, il peut accompagner Alphonse et quelques autres gentilshommes de bonne réputation, qui vont saluer l'empereur et lui offrir leurs services.

ANTONIO.—Bonne compagnie; demain Protéo partira avec eux; et, puisque le voici fort à propos, je vais lui déclarer net ma résolution.

(Entre Protéo.)

PROTÉO, *à l'écart.* — O douce amie! douces lignes! douce existence! Voilà sa main! l'interprète de son cœur! Voici ses serments d'amour, et le gage de son honneur. Ah! si nos pères pouvaient approuver nos amours, et sceller par leur consentement notre bonheur. O céleste Julie!

ANTONIO.—Comment! Quelle est donc cette lettre que vous lisez là?

PROTÉO.—Sous le bon plaisir de Votre Seigneurie, ce sont deux mots d'amitié que m'envoie Valentin, et qui m'ont été remis par un ami qui arrive de Milan.

ANTONIO.—Prêtez-moi cette lettre, que je voie les nouvelles.

---

[1] Les empereurs tenaient quelquefois leur cour à Milan; mais, à peine le poëte nous y aura-t-il conduits qu'il nous introduira, on ne sait par quel caprice, à la cour du duc.

PROTÉO.—Il n'y a aucune nouvelle, seigneur; il m'écrit seulement combien la vie qu'il mène est heureuse, combien il est aimé par l'empereur; il me souhaite avec lui pour partager son bonheur.

ANTONIO.—Et que pensez-vous de son désir?

PROTÉO.—Je pense, seigneur, comme un fils obéissant qui dépend de son père, et non des vœux de l'amitié.

ANTONIO.—Ma volonté s'accorde parfaitement avec son désir; n'allez pas hésiter sur un parti que je vous propose si brusquement; car ce que je veux, je le veux, et tout finit là. Je suis décidé à vous envoyer passer quelque temps, avec Valentin, à la cour de l'empereur. Vous recevrez de moi une pension semblable à celle que sa famille lui donne pour sa subsistance. Soyez prêt à partir dès demain : point de prétextes. Je le veux absolument.

PROTÉO.—Mais, seigneur, je ne puis pas sitôt être pourvu de tout; je vous conjure de m'accorder un jour ou deux.

ANTONIO.—Vois-tu, tout ce dont tu auras besoin, on te l'enverra quand tu seras parti; plus de retard; il faut partir demain. Suis-moi, Panthino; tu vas t'occuper de hâter ses préparatifs.

(Antonio et Panthino sortent.)

PROTÉO, *seul*.—Ainsi j'ai évité le feu dans la crainte de me brûler, et je me suis jeté dans la mer où je me suis noyé. Je craignais de montrer à mon père la lettre de Julie, de peur qu'il n'eût des objections à mon amour; et c'est de mon excuse même qu'il se prévaut contre mon amour. Oh! que le printemps de l'amour ressemble bien à l'éclat incertain d'un jour d'avril, qui tantôt montre toute la beauté du soleil, et qu'à chaque instant un nuage vient obscurcir!

(Panthino revient.)

PANTHINO.—Seigneur Protéo, votre père vous demande. Il est très-pressé : ainsi, je vous prie, allez vite.

PROTÉO.—Quoi, j'en suis là! Mon cœur y consent, et mille fois cependant il me dit *non*.

(Ils sortent.)

FIN DU PREMIER ACTE.

ACTE DEUXIÈME

SCÈNE I

Milan. Appartement dans le palais du duc.

VALENTIN et SPEED.

SPEED.—Votre gant, monsieur.

VALENTIN.—Ce n'est pas le mien ; j'ai mes gants.

SPEED.—Celui-ci, cependant, pourrait bien être aussi le vôtre, quoiqu'il n'y en ait qu'un[1].

VALENTIN.—Laisse-moi le voir; ah! oui, donne, il est à moi! doux ornement qui pare une main divine!—Ah! Silvie, Silvie!

SPEED.—Madame Silvie! madame Silvie!

VALENTIN.—Eh bien! faquin.

SPEED.—Oh! monsieur, elle n'est pas là pour nous entendre.

VALENTIN.—Qui t'a commandé de l'appeler?

SPEED.—Vous-même, monsieur, ou je ne vous ai pas bien compris.

VALENTIN.—Je vous dis que vous êtes trop empressé.

SPEED.—Et j'ai été grondé hier d'être trop lent.

VALENTIN.—Allons, c'est bien; dis-moi si tu connais madame Silvie!

SPEED.—Celle qu'aime Votre Honneur?

VALENTIN.—Comment sais-tu que je l'aime?

SPEED.—Ma foi! par tous ces signes particuliers: d'abord, vous avez appris, à l'exemple du seigneur Protéo, à croiser vos bras comme un homme mécontent, à goû-

---

[1] Il paraît que *on* et *one* se prononçaient jadis de même. Speed joue ici sur ces deux mots.

ter une chanson d'amour comme un rouge-gorge, à vous promener seul comme un pestiféré, à soupirer comme un écolier qui a perdu son *A b c*, à pleurer comme une jeune fille qui vient d'enterrer sa grand'mère, à jeûner comme un malade qui est à la diète, à veiller les nuits comme un homme qui craint les voleurs, à parler d'un ton plaintif comme un mendiant à la Toussaint[1]. Vous aviez coutume, quand vous vous mettiez à rire, de chanter comme un coq; quand vous vous promeniez, vous aviez la démarche assurée du lion; quand vous jeûniez, ce n'était jamais qu'immédiatement après le dîner; quand vous étiez triste, c'était parce que vous manquiez d'argent; et à présent votre maîtresse a opéré en vous une si grande métamorphose que, lorsque je vous regarde, je puis à peine croire que vous soyez mon maître.

VALENTIN.—Est-ce qu'on remarque en moi tous ces signes-là?

SPEED.—Hors de vous.

VALENTIN.—Hors de moi? ce n'est pas possible!

SPEED.—Oui, hors de vous. Et rien n'est plus vrai, car *hors vous* personne ne serait aussi simple. Mais vous êtes si certainement *hors de vous*[2], grâce à ces folies, que ces folies sont en vous et brillent au travers de vous-même, comme l'urine dans un vase, de sorte qu'aucun œil ne vous peut voir sans faire comme un médecin et deviner votre maladie.

VALENTIN.—Mais réponds-moi donc : connais-tu madame Silvie?

SPEED.—Celle sur qui vous fixez toujours les yeux au souper?

VALENTIN.—L'as-tu remarqué?—Eh bien! c'est elle-même.

SPEED.—Non, monsieur, je ne la connais pas.

VALENTIN.—Tu as remarqué que j'attachais mes yeux sur elle, et cependant tu ne la connais pas?

SPEED.—Elle n'est pas disgraciée, seigneur[3]?

---

[1] C'est aux approches de l'hiver que les mendiants abondent.
[2] *Without* signifie *dehors* et *sans*, *hors*, *hormis*.
[3] *Hard favoured*; le mot *favour* veut dire *grâce du visage*.

VALENTIN.—Non, mon garçon ! elle a plus de grâce que de beauté.

SPEED.—Monsieur, je sais bien cela.

VALENTIN.—Que sais-tu ?

SPEED.—Qu'elle n'est pas aussi bien dans sa personne que dans vos bonnes grâces.

VALENTIN.—Je veux dire que sa beauté est exquise, mais que ses grâces sont infinies.

SPEED.—C'est parce que l'une est peinte et que les autres sont sans mesure.

VALENTIN.—Que veux-tu dire par *peinte* et sans mesure[1] ?

SPEED. — Vraiment, monsieur, elle s'est tellement peinte pour se rendre belle, que personne ne se donne la peine de mesurer sa beauté.

VALENTIN.—Et pour qui me prends-tu, moi qui fais grand cas de sa beauté ?

SPEED.—Vous ne l'avez jamais vue depuis qu'elle est enlaidie.

VALENTIN.—Y a-t-il longtemps qu'elle est enlaidie ?

SPEED.—Depuis que vous l'aimez.

VALENTIN.—Je l'ai toujours aimée depuis que je l'ai vue, et je la trouve toujours belle.

SPEED.—Si vous l'aimez, vous ne pouvez pas la voir.

VALENTIN.—Pourquoi ?

SPEED.—Parce que l'amour est aveugle. Oh ! si vous aviez mes yeux, ou si les vôtres étaient encore aussi clairvoyants qu'ils l'étaient lorsque vous reprochiez à Protéo d'aller sans jarretières !

VALENTIN. Que verrais-je donc ?

SPEED.—Votre folie actuelle et son extrême laideur ; car Protéo, étant amoureux, n'y voyait plus pour attacher ses bas ; et vous, amoureux à votre tour, vous n'y voyez pas pour mettre les vôtres.

VALENTIN.—Alors, mon garçon, tu es amoureux aussi, à ce qu'il me paraît ? car hier au matin tu n'as pas pu voir à nettoyer mes souliers.

SPEED.—Cela est vrai, monsieur ; j'étais amoureux de

---

[1] *Out of count*, hors de compte.

mon lit : je vous remercie de m'avoir secoué pour mon amour ; j'en suis devenu plus hardi à vous tancer sur le vôtre.

VALENTIN.—Enfin je demeure [1] amoureux d'elle.

SPEED.—Je voudrais que vous *partissiez*, votre amour aurait bientôt cessé.

VALENTIN.—Hier au soir, elle m'a ordonné d'écrire des vers à quelqu'un qu'elle aime.

SPEED.—Et vous avez écrit?

VALENTIN.—Oui.

SPEED.—N'avez-vous point écrit un peu de travers?

VALENTIN.—Je m'en suis acquitté de mon mieux. Mais silence, la voici elle-même.

(Entre Silvie.)

SPEED, *à part*.—O la bonne pièce! ô l'excellente marionnette! Il va maintenant lui servir d'interprète.

VALENTIN.—Madame et souveraine maîtresse, mille bonjours.

SPEED, *à part*.—Oh! donnez-nous un *bonsoir*, cela vaut un million de compliments.

SILVIE.—Monsieur Valentin, mon serviteur [2], je vous en souhaite deux mille.

SPEED.—Ce serait à mon maître à lui payer l'intérêt, et c'est elle qui le lui paye.

VALENTIN.—Comme vous me l'avez ordonné, j'ai écrit votre lettre à cet heureux ami que vous ne nommez pas; j'aurais eu beaucoup de répugnance à la continuer, sans mon obéissance envers votre Seigneurie.

SILVIE.—Je vous remercie, mon aimable serviteur; c'est fait très-habilement.

VALENTIN.—Croyez-moi, madame, cela a été rude, car ne sachant à qui elle est adressée, j'écrivais à l'aventure, avec beaucoup d'incertitude.

---

[1] Opposition entre les verbes *to stand*, rester debout, et *set*, partir, ou *sit*, s'asseoir.

[2] Au temps de Shakspeare les dames appelaient leurs amants leurs serviteurs. Nous voyons encore dans *le Devin du village*:
J'ai perdu mon serviteur...

SILVIE.—Peut-être trouvez-vous que cela vous a donné trop d'embarras?

VALENTIN.—Non, madame; si cela vous est utile, commandez-moi d'en écrire mille fois davantage; et cependant.....

SILVIE.—Une très-jolie phrase! Bien, je devine le reste; et cependant je ne le dirai pas..... cependant je ne m'en embarrasse guère... et cependant reprenez cette lettre... Cependant je vous remercie, ne voulant plus, monsieur, vous importuner à l'avenir.

SPEED, *à part.*—Oh! cependant vous y reviendrez; et nous entendrons cependant encore un autre *cependant*.

VALENTIN.—Que veut dire Votre Seigneurie? Cette lettre ne vous plaît pas?

SILVIE.—Oui, oui, les vers sont très-bien écrits; mais puisque vous l'avez fait avec répugnance, reprenez-les. —Reprenez-les donc.

VALENTIN.—Madame, ils sont pour vous.

SILVIE.—Oui, oui, vous les avez écrits, monsieur, à ma prière; mais je n'en veux pas, ils sont pour vous; j'aurais désiré qu'ils fussent inspirés par un sentiment plus tendre.

VALENTIN.—Si vous le désirez, madame, je vais en recommencer une autre.

SILVIE.—Et quand elle sera écrite, lisez-la pour l'amour de moi. Si elle vous plaît, c'est bien; sinon, alors, c'est bien encore.

VALENTIN.—Si elle me plaît, madame! Quoi donc?

SILVIE.—Oui, si elle vous plaît, gardez-la pour votre peine, et bonjour, mon serviteur.

(Elle sort.)

SPEED. — O finesse inaperçue, inexplicable, invisible comme le nez au milieu du visage ou une girouette sur la pointe d'un clocher! Mon maître lui fait la cour, et elle a enseigné à son amant, qui était son écolier, le moyen de devenir son professeur. O l'excellente ruse! en imagina-t-on jamais une plus adroite? Comment! choisir mon maître pour secrétaire, pour s'écrire la lettre à lui-même!

VALENTIN.—Eh bien ! faquin, sur quoi raisonnes-tu là tout seul?

SPEED.—Moi, monsieur, je faisais des rimes. C'est vous qui avez la raison.

VALENTIN.—De faire quoi?

SPEED.—De servir d'interprète à madame Silvie.

VALENTIN.—Pour qui?

SPEED.—Pour vous-même. Comment! elle vous fait la cour par figure?

VALENTIN.—Quelle figure?

SPEED.—Par une lettre, veux-je dire.

VALENTIN.—Mais elle ne m'a point écrit.

SPEED.—A quoi bon vous écrire, puisqu'elle vous a fait écrire à vous-même? Comment! vous ne vous apercevez pas de l'artifice?

VALENTIN.—Non, crois-moi.

SPEED.—Non certainement, en vous croyant, monsieur; mais vous n'avez donc pas remarqué ses instances[1]?

VALENTIN.—Elle ne m'a rien donné qu'un reproche.

SPEED.—Mais elle vous a donné une lettre?

VALENTIN.—C'est la lettre que j'ai écrite à son ami.

SPEED.—Cette lettre, elle l'a remise; et voilà qui explique tout.

VALENTIN.—Je voudrais bien qu'il n'y eût rien de pire.

SPEED.—Je vous garantis que c'est comme je vous le dis : *car vous lui avez souvent écrit, et elle, par modestie ou faute d'un moment de loisir, elle n'a pu vous répondre, peut-être aussi elle a craint qu'un messager ne trahît le secret de son cœur, et voilà pourquoi elle a voulu que son amant lui-même écrivît à son amant.* Tout ce que je vous dis est vrai à la lettre. — Mais à quoi rêvez-vous là, monsieur? voici l'heure de dîner.

VALENTIN.—J'ai dîné.

SPEED.—Fort bien; mais écoutez-moi, monsieur : quoique l'Amour, ce caméléon[2], puisse vivre d'air, je suis un

---

[1] *Her earnest*, son air sérieux, ses instances, et aussi *ses arrhes*. Speed ne laisse pas échapper une seule occasion de faire un jeu de mots.

[2] On a cru longtemps que le caméléon se nourrissait d'air.

de ceux qui se nourrissent de mets solides, et je voudrais bien avoir à manger. Ah! ne soyez pas comme votre maîtresse; laissez-vous émouvoir, laissez-vous émouvoir.
(Ils sortent.)

SCÈNE II

Vérone. — Appartement dans la maison de Julie.

Entrent PROTÉO, JULIE.

PROTÉO.—Prenez patience, ma chère Julie.

JULIE.—Il le faut bien, puisqu'il n'y a plus de remède.

PROTÉO.—Aussitôt qu'il me sera possible, je reviendrai.

JULIE.—Si vous ne changez pas, votre retour sera bien plus prompt. Gardez ce souvenir pour l'amour de Julie.
(Elle lui donne son anneau.)

PROTÉO.—Alors, nous ferons donc un échange ; tenez, prenez ceci.

JULIE.—Scellons cet accord d'un tendre et saint baiser.

PROTÉO.—Voici ma main pour gage d'une éternelle constance; et si jamais il se passe une heure dans le jour où je ne soupire pas pour ma Julie, que l'heure suivante m'amène quelque grand malheur qui me punisse d'avoir oublié mon amante! Mon père m'attend ; ne me répondez plus rien. C'est l'heure de la marée, non pas celle de tes larmes. Ces flots-là m'arrêteraient plus longtemps que je ne dois. (*Julie sort.*)—Adieu, ma Julie.— Quoi! elle me quitte sans dire une parole.—Ah! c'est là le véritable amour ; il ne peut parler ; et la sincérité se prouve mieux par les actions que par les paroles.

(Arrive Panthino.)

PANTHINO.—Seigneur Protéo, on vous attend.

PROTÉO.—Allons, je viens, je viens. Hélas ! cette séparation rend les pauvres amants muets.
(Ils sortent.)

SCÈNE III

Milan.—Une rue.

LAUNCE *entre en conduisant un chien.*

LAUNCE.—Non, cette heure se passera encore avant que j'aie fini de pleurer ; toute la race des Launce a ce défaut. J'ai reçu ma part comme l'enfant prodigue, et je vais accompagner le seigneur Protéo à la cour de l'empereur. Je crois que mon chien *Crab* est le plus insensible des chiens ; ma mère pleurait, mon père gémissait, ma sœur criait, notre servante hurlait, notre chat se tordait les *mains*, et toute la maison était dans la plus profonde douleur ; et cependant ce roquet au cœur dur n'a pas versé une larme.—C'est une pierre, un véritable caillou, et il n'y a pas plus de pitié en lui que dans un chien. Un *juif* aurait pleuré en voyant nos adieux ; au point que ma grand'mère, qui n'a point d'yeux, s'est rendue aveugle à force de pleurer à notre séparation.—Voyons, je vais vous montrer comme tout cela est arrivé.—Ce soulier est mon père ; non, ce soulier gauche, c'est mon père ; non, non, ce soulier gauche est ma mère ; non, cela ne peut pas être non plus.—Oui, c'est cela, c'est cela.—Il a la plus mauvaise semelle.—Ce soulier qui est percé, c'est ma mère ; et celui-ci, c'est mon père.—Je veux être pendu si cela n'est pas vrai.—A présent, monsieur, ce bâton est ma sœur ; car, vous le voyez, elle est blanche comme un lis, et elle est aussi mince qu'une baguette. Ce chapeau, c'est Annette, notre servante ; je suis le chien ; non, le chien est lui-même, et je suis le chien.—Ha ! ha ! le chien est moi, et je suis moi !—Oui, oui, c'est cela. —Maintenant, je m'en vais à mon père : *Mon père, votre bénédiction.*—Maintenant, le soulier devrait tant pleurer, qu'il ne peut dire un mot.—Maintenant j'embrasse mon père ; eh bien ! il pleure encore davantage.—Maintenant je vais à ma mère. Oh ! si à présent elle pouvait parler ! mais elle est comme une femme de bois. Allons, que je l'embrasse.—Oui, et voilà que ma mère a perdu la respiration. Maintenant je m'en vais à ma sœur.—Entendez-vous ses gémissements?—Et le chien pendant tout ce temps-là ne répand pas une larme, ne dit pas un mot. Mais voyez comme j'abats ici la poussière avec mes larmes !

(Entre Panthino.)

PANTHINO.—Launce, allons, allons, à bord. Ton maître est déjà sur le vaisseau, et il te faut courir après lui à force de rames. Qu'y a-t-il donc? pourquoi pleures-tu? Allons, baudet, tu perdras la marée si tu restes ici plus longtemps.

LAUNCE.—Qu'importe que la marée soit perdue ! c'est le plus cruel amarré que jamais homme ait *amarré*[1].

PANTHINO.—Que veux-tu dire par marée cruelle?

LAUNCE. — Eh ! celui qui est *amarré* ici. *Crab,* mon chien.....

PANTHINO.—Bah ! imbécile; je veux dire que tu perdras *le flux;* et en perdant *le flux,* tu perdras ton voyage; et perdant ton voyage, tu perdras ton maître, et perdant ton maître, tu perdras ton service; perdant ton service... Pourquoi veux-tu me fermer la bouche ?

LAUNCE.—De peur que tu ne perdes ta langue.

PANTHINO.—Comment pourrais-je perdre ma langue?

LAUNCE.—Dans ton conte.

PANTHINO.—Dans ta queue[2].

LAUNCE.—Moi, perdre la marée, le voyage, le maître et le service?—La marée ! tu ne sais donc pas que si la mer était tarie, je la remplirais de mes larmes ; et que si les vents étaient tombés, je pousserais le bateau avec mes soupirs ?

PANTHINO.—Allons, partons, Launce ; on m'a envoyé t'appeler.

LAUNCE.—Appelle-moi[3] comme tu voudras.

PANTHINO.—Veux-tu t'en aller?

LAUNCE.—Oui, je m'en vais.

(Ils sortent.)

[1] Amarré, attaché.
[2] *Tail,* queue, et *tale* conte, se prononcent de même.
[3] *To call,* appeler, chercher.

SCÈNE IV

Milan.—Appartement dans le palais du duc.

VALENTIN, SILVIE, THURIO et SPEED.

SILVIE.—Mon serviteur !
VALENTIN.—Ma maîtresse !
SPEED.—Monsieur, le seigneur Thurio ne vous voit pas d'un bon œil.
VALENTIN.—Oui, mon garçon, c'est l'amour qui en est cause.
SPEED.—Pas l'amour qu'il a pour vous.
VALENTIN.—Alors celui qu'il a pour ma maîtresse?
SPEED.—Il serait bon que vous le corrigeassiez.
SILVIE, *à Valentin.*—Mon serviteur, vous êtes triste.
VALENTIN.—Il est vrai que je le parais.
THURIO.—Paraissez-vous ce que vous n'êtes pas ?
VALENTIN.—Cela est possible.
THURIO.—Vous vous contrefaites donc?
VALENTIN.—Comme vous.
THURIO.—En quoi parais-je ce que je ne suis pas?
VALENTIN.—Sage.
THURIO.—Quelle preuve avez-vous du contraire?
VALENTIN.—Votre folie.
THURIO.—Et où trouvez-vous ma folie?
VALENTIN.—Je la trouve dans votre pourpoint[1].
THURIO.—Mon pourpoint est un doublé.
VALENTIN.—Eh bien! je doublerai votre folie.
THURIO.—Comment ?
SILVIE.—Quoi, vous êtes fâché, seigneur Thurio? Vous changez de couleur.
VALENTIN.—Laissez-le faire, madame, c'est une espèce de *caméléon.*
THURIO.—Qui a beaucoup plus d'envie de vivre de votre sang que de *votre air.*
VALENTIN.—Vous avez dit, monsieur?

---

[1] *To quote,* citer, et *coat,* habit, se prononcent de même.

THURIO.—Oui, monsieur, et fini aussi pour cette fois.

VALENTIN.—Je le sais, monsieur; vous avez toujours fini avant de commencer.

SILVIE.—Une jolie volée de paroles, messieurs, et vivement tuées.

VALENTIN.—Cela est vrai, madame, et nous en remercions la *donneuse*.

SILVIE.—Et qui est-ce, mon serviteur?

VALENTIN.—Vous-même, madame, car vous nous avez donné le feu. M. Thurio emprunte son esprit aux regards de Votre Seigneurie, et il dépense gracieusement ce qu'il emprunte en votre compagnie.

THURIO.—Monsieur, si vous dépensiez avec moi parole pour parole, j'aurais bientôt fait faire banqueroute à votre esprit.

VALENTIN.—Je le sais bien, monsieur; vous tenez une banque de paroles, et c'est, je pense, la seule monnaie dont vous payez vos gens; car il paraît, à leur livrée râpée, qu'ils ne vivent que de paroles toutes sèches.

SILVIE.—C'en est assez, messieurs, c'en est assez; voici mon père.

(Le duc entre.)

LE DUC.—Eh bien! Silvia, ma fille, te voilà serrée de bien près, te voilà fortement assiégée.—Seigneur Valentin, votre père est en bonne santé. Que diriez-vous à la lettre d'un de vos amis qui vous annonce de très-bonnes nouvelles?

VALENTIN.—Monseigneur, je serai reconnaissant envers tout messager venu de là qui m'apportera de bonnes nouvelles.

LE DUC.—Connaissez-vous don Antonio, votre compatriote?

VALENTIN.—Oui, mon bon seigneur; je le connais pour un gentilhomme de considération et d'une grande réputation, et son mérite n'est point au-dessous de sa grande réputation.

LE DUC.—N'a-t-il pas un fils?

VALENTIN.—Oui, monseigneur, et un fils qui mérite bien l'estime et l'honneur d'un tel père.

LE DUC.—Vous le connaissez bien.

VALENTIN.—Je le connais comme moi-même, car dès la plus tendre enfance nous avons été liés et nous avons passé nos jours ensemble. Pour moi, je n'ai jamais été qu'un paresseux qui perdais le précieux bienfait du temps, au lieu de revêtir ma jeunesse de célestes perfections. Mais pour Protéo (car c'est ainsi qu'on le nomme), il fait le plus digne usage de ses journées. Il est très-jeune d'années, mais il est vieux d'expérience. Sa tête n'est point encore mûrie par le temps, mais son jugement est mûr; en un mot (car son mérite est au-dessus de tous mes éloges), il est accompli de personne et d'esprit, avec toute la bonne grâce qui peut orner un gentilhomme.

LE DUC.—Vraiment, seigneur Valentin, s'il tient ce que vous promettez, il est aussi digne d'être l'amant d'une impératrice que propre à être le conseiller d'un empereur. Eh bien! monsieur, ce gentilhomme vient d'arriver à ma cour, recommandé par de grands seigneurs, et il se propose de passer ici quelque temps. Je pense que ce n'est pas là pour vous une nouvelle désagréable.

VALENTIN.—Si j'avais souhaité quelque chose, c'eût été lui.

LE DUC.—Recevez-le donc comme il le mérite, Silvie, et vous, seigneur Thurio, c'est à vous que je parle; car pour Valentin je n'ai pas besoin de l'y exhorter. Je vais vous l'envoyer tout à l'heure.

VALENTIN. —C'est ce gentilhomme dont je vous ai dit, mademoiselle, qu'il serait venu avec moi, si les beaux yeux de sa maîtresse n'avaient enchaîné les siens.

SILVIE.—Apparemment qu'elle leur a rendu la liberté, sur quelque autre gage de sa foi.

VALENTIN.—Non certainement, je crois qu'elle les retient encore prisonniers.

SILVIE.—Il serait donc aveugle, et s'il l'était, comment pourrait-il trouver son chemin pour vous chercher?

VALENTIN. — Oh! madame, l'Amour a vingt paires d'yeux.

THURIO.—On dit que l'Amour n'en a pas même un.

VALENTIN.—Pour voir des amants comme vous, Thurio. L'Amour ferme les yeux sur les objets désagréables.
(Arrive Protéo.)

SILVIE. — Finissons, finissons donc, voici le gentilhomme.

VALENTIN.—Sois le bienvenu, cher Protéo. Maîtresse, je vous en conjure, témoignez-lui qu'il est le bienvenu, par quelque faveur particulière.

SILVIE.—Son mérite est garant qu'il sera bien accueilli, si c'est celui dont vous avez tant de fois désiré des nouvelles.

VALENTIN. — Maîtresse, c'est lui-même. Noble dame, permettez-lui de servir avec moi Votre Seigneurie.

SILVIE.—Je suis une trop petite dame pour un si illustre serviteur.

PROTÉO.—Non, aimable dame; c'est moi qui suis un serviteur indigne du regard d'une aussi belle maîtresse.

VALENTIN. — Laissez vos excuses sur votre peu de mérite; dame aimable, daignez le prendre pour votre serviteur.

PROTÉO.—Je puis me vanter de mon zèle, rien de plus.

SILVIE. — Et jamais le zèle n'a manqué de trouver sa récompense. Serviteur, vous êtes le bienvenu auprès d'une maîtresse indigne de vous.

PROTÉO.—Je tuerais tout autre que vous qui oserait dire cela.

SILVIE.—Que vous êtes le bienvenu?

PROTÉO.—Non, que vous n'êtes pas digne de moi.
(Entre un domestique.)

LE DOMESTIQUE. — Madame, le duc votre père demande à vous parler.

SILVIE.—Je me rends à ses ordres.—(*Le domestique sort.*) Venez, seigneur Thurio, suivez-moi; encore une fois, mon nouveau serviteur, soyez le bienvenu. Je vous laisse ici vous entretenir de vos affaires domestiques; aussitôt que vous aurez fini, je m'attends à entendre parler de vous.

PROTÉO.—Nous irons tous les deux recevoir les ordres de Votre Seigneurie.
(Silvie, Thurio, Speed **sortent.**)

VALENTIN.—Dis-moi à présent comment se porte tout le monde, là d'où tu viens.

PROTÉO.—Ta famille est en bonne santé et m'a chargé de mille compliments pour toi.

VALENTIN.—Et la tienne?

PROTÉO.—J'ai aussi laissé tous mes parents en bonne santé.

VALENTIN.—Comment va ta maîtresse? Tes amours prospèrent-ils?

PROTÉO.—Mes récits d'amour avaient coutume de t'ennuyer; je sais que tu n'aimes pas à parler d'amour.

VALENTIN.—Ah! Protéo! ma vie est bien changée aujourd'hui : j'ai fait pénitence d'avoir méprisé l'amour. Il s'est bien vengé de ces dédains par les jeûnes cruels, les soupirs de contrition, les larmes des nuits et les angoisses du jour. En punition de mes mépris, l'amour a banni le sommeil de mes yeux asservis et les a forcés de veiller sans cesse les chagrins de mon cœur. O mon cher Protéo! l'amour est un maître puissant, et il m'a tant humilié, que je confesse qu'il n'est point de maux comparables à ses châtiments, comme il n'est point de bonheur sur la terre comparable à son service. Ne me parle plus maintenant que d'amour. Maintenant je déjeune, je dîne, je soupe et je dors rien qu'avec le nom de l'amour.

PROTÉO.—C'en est assez; je lis ton sort dans tes yeux. Est-ce là l'idole que tu adores?

VALENTIN.—Elle-même.—Dis-moi, n'est-ce pas un ange céleste?

PROTÉO.—Non, mais c'est une perfection terrestre.

VALENTIN.—Dis qu'elle est divine.

PROTÉO.—Je ne veux pas flatter.

VALENTIN.—Oh! flatte-moi, l'amour se complaît dans les louanges.

PROTÉO.—Quand j'étais malade, tu me donnais d'amères pilules, et je dois t'en faire avaler de semblables à mon tour.

VALENTIN.—Dis au moins la vérité sur Silvie; si tu ne veux pas qu'elle soit une divinité, avoue du moins

ACTE II, SCÈNE IV.

qu'elle est la première souveraine de toutes les créatures de la terre.

PROTÉO.—Si tu en exceptes ma maîtresse.

VALENTIN.—Non, mon cher ami, n'en excepte aucune, à moins que tu ne veuilles faire injure à ma bien-aimée.

PROTÉO.—N'ai-je pas raison de préférer la mienne?

VALENTIN.—Et je veux même t'aider aussi à la préférer ; elle méritera l'honneur suprême de porter la queue trainante de ma maîtresse, de peur que la terre ignoble ne puisse par hasard voler un baiser à ses vêtements, et que fière d'une si grande faveur, elle ne dédaigne de nourrir les fleurs[1] de l'été et ne rende éternelles les rigueurs de l'hiver.

PROTÉO. — Quoi donc, Valentin! qu'est-ce donc que toute cette forfanterie?

VALENTIN.—Pardonne-moi, Protéo, je n'en puis jamais dire assez pour louer celle dont le mérite efface tout autre mérite. Elle est seule de son espèce.

PROTÉO.—Eh bien, laisse-la seule.

VALENTIN.—Non! pour l'univers entier. Sais-tu, Protéo, qu'elle est à moi, et que je suis aussi riche de posséder un pareil joyau, que le seraient vingt mers dont tous les grains de sable seraient autant de perles, les flots un délicieux nectar, et les rochers de l'or pur. Pardonne, si le délire de mon amour ne me permet pas de penser à toi. Mon imbécile rival, que le père aime, uniquement à cause de ses immenses richesses, vient de partir avec elle, et il faut que je les suive, car l'amour, tu le sais, est plein de jalousie.

PROTÉO.—Mais elle t'aime?

VALENTIN.—Oui, et nous sommes fiancés. Il y a plus, l'heure de notre mariage et le plan adroit de notre évasion sont décidés, je dois monter à sa fenêtre par une échelle de cordes, nous avons combiné tous nos projets, et nous sommes convenus de tout pour assurer mon bonheur. Mon cher Protéo, viens avec moi dans ma

[1] *Estate tumentes.*

chambre, et dans cette importante conjoncture, aide-moi de tes conseils.

PROTÉO. — Va devant, je te rejoindrai bientôt ; il faut que j'aille au port faire débarquer plusieurs effets dont j'ai un pressant besoin, et aussitôt après je me rendrai chez toi.

VALENTIN. — Tu vas faire diligence ?

PROTÉO. — Sans doute. (*Valentin sort.*) Comme une chaleur dissipe une autre chaleur, ou comme un clou en chasse un autre, le souvenir de mon ancien amour est entièrement effacé par un nouvel objet : est-ce l'impression qu'ont reçue mes yeux, ou les éloges de Valentin ? Est-ce le vrai mérite de Silvie, ou le jugement faux de ma mauvaise foi, qui me fait raisonner ainsi contre toute raison ? — Elle est belle, mais elle est belle aussi, la Julie que j'aime... que j'ai aimée, car mon amour s'est évaporé. Semblable à une image de cire[1] devant le feu, il n'a conservé aucune trace de ce qu'il était. Je sens que mon amitié pour Valentin est refroidie, et que je ne l'aime plus comme je l'aimais. — Oh ! c'est que j'aime trop sa maîtresse, et voilà pourquoi je l'aime si peu. Que deviendra donc ma passion quand je la connaîtrai mieux, puisque je commence à l'aimer ainsi sans la connaître ? Ce que j'ai vu d'elle n'est encore que son portrait[2], et il a ébloui les yeux de ma raison ; mais quand je considérerai l'éclat de ses perfections, il n'y a pas de raison pour que je n'en perde pas la vue. Si je puis surmonter mon coupable amour, je le ferai, sinon je mettrai tout en œuvre pour obtenir Silvie.

(Il sort.)

[1] Allusion aux figures de cire que faisaient les sorcières pour représenter les personnes qu'elles vouaient à la mort.

[2] Il n'a vu que le portrait de Silvie, parce qu'il n'a pas encore eu le temps de se convaincre que les qualités de son cœur égalent les charmes de son visage. Il n'y a point ici d'oubli ni d'inconséquence comme le veut Johnson.

SCÈNE V
Rue de Milan.

SPEED ET LAUNCE.

SPEED.—Launce, sur mon honneur, sois le bienvenu à Milan.

LAUNCE.—Ne te parjure pas, mon garçon, car je ne suis pas bienvenu ici ; j'en reviens toujours à dire qu'un homme n'est jamais perdu sans ressource tant qu'il n'est pas pendu, et que jamais il n'est bienvenu dans un endroit, jusqu'à ce qu'on ait payé certain écot, et que l'hôtesse lui ait dit : Soyez le bienvenu.

SPEED.—Viens avec moi, écervelé, je vais te mener tout à l'heure dans une taverne où, pour une pièce de dix sous, on te dira dix mille fois : Soyez le bienvenu. Mais dis-moi comment ton maître a quitté madame Julie.

LAUNCE.—Ma foi, après s'être embrassés fort sérieusement, ils se sont séparés en riant.

SPEED.—Mais l'épousera-t-elle?

LAUNCE.—Non.

SPEED.—Comment donc? l'épousera-t-il, lui?

LAUNCE.—Non ; ils ne s'épouseront ni l'un ni l'autre.

SPEED.—Ils sont donc désunis?

LAUNCE.—Ils sont unis comme les deux moitiés d'un poisson.

SPEED.—Où en sont donc les choses avec eux?

LAUNCE.—Quand l'un est bien, l'autre l'est aussi.

SPEED.—Quel âne tu fais ! je ne te comprends pas.

LAUNCE.—Et toi, quel butor tu es, de ne pas me comprendre ! mon bâton me comprend.

SPEED.—Que dis-tu?

LAUNCE.—Eh ! je dis ce que je fais. Regarde : je ne fais que m'appuyer, et mon bâton me comprend.

SPEED.—Oui, il est sous toi, en effet.

LAUNCE.—Eh bien ! être dessous et comprendre, c'est tout un[1].

---

[1] *Stand under* et *under stand*, c'est la même chose selon Launce.

SPEED. — Mais dis-moi la vérité ; ce mariage se fera-t-il?

LAUNCE. — Demande-le à mon chien ; s'il te dit oui, il se fera ; s'il te dit non, il se fera ; s'il remue la queue et qu'il ne dise rien, il se fera.

SPEED. — La fin de tout cela est donc qu'il se fera.

LAUNCE. — Tu n'obtiendras jamais un pareil secret de moi que par des paraboles.

SPEED. — Pourvu que je l'obtienne par ce moyen ; mais, Launce, que dis-tu de mon maître qui est devenu un amant remarquable?

LAUNCE. — Je ne l'ai jamais connu autrement.

SPEED. — Que pour...

LAUNCE. — Pour un amant remarquable, comme tu le dis fort bien.

SPEED. — Comment, imbécile, tu ne m'entends pas?

LAUNCE. — Insensé, ce n'est pas toi que j'entends, c'est ton maître que j'entends.

SPEED. — Je te dis que mon maître est devenu un amant bien chaud.

LAUNCE. — Bon, je te dis, moi, que je ne m'embarrasse guère qu'il se *brûle* d'amour ; si tu veux venir avec moi au cabaret, à la bonne heure ; sinon tu es un Hébreu, un juif, et tu ne mérites pas le nom de chrétien.

SPEED. — Pourquoi?

LAUNCE. — Parce que tu n'as pas assez de charité pour accompagner un chrétien au cabaret[1]. Veux-tu venir?

SPEED. — Je suis à ton service.

(Ils sortent.)

SCÈNE VI[2]

Appartement du palais du duc de Milan.

PROTÉO *seul.*

PROTÉO. — Si j'abandonne ma Julie, je me parjure ; si j'aime la belle Silvie, je me parjure ; si je trahis mon ami,

---

[1] *Ale*, bière, cabaret, et *hell*, enfer, se prononcent de même ou à peu près.

[2] Johnson prétend que la division des actes et des scènes est ici arbitraire et que le second acte doit finir là.

je suis le plus odieux des parjures, et cependant c'est la même puissance qui m'a arraché mes premiers serments, qui me pousse à ce triple parjure. L'amour m'a ordonné de jurer, et maintenant l'amour m'ordonne de me parjurer.—O toi, ingénieux séducteur! Amour, si tu pèches, enseigne du moins à ton sujet tenté à t'excuser! D'abord j'adorais une étoile scintillante; aujourd'hui j'adore un soleil céleste. La réflexion peut rompre des vœux irréfléchis, et c'est manquer d'esprit que de n'avoir pas assez de résolution pour vouloir échanger le mauvais contre le bon; fi! fi! donc! langue insolente, d'appeler mauvaise celle que, par mille et mille serments, tu as juré sur ton âme de préférer toujours. Je ne puis cesser d'aimer, et cependant je le fais; mais je cesse d'aimer là où je devrais aimer; je perds Julie, je perds Valentin, mais si je les conserve, je me perds moi-même. Et si je les perds, au lieu de Valentin, je me trouve *moi*, et pour Julie je retrouve Silvie. Je me suis plus cher à moi-même qu'un ami ; car l'amour de soi est toujours le plus fort : et Silvie (j'en atteste les cieux qui l'ont faite si belle !) fait paraître Julie noire comme une Éthiopienne. Je veux oublier que Julie est vivante; en me rappelant que mon amour pour elle est mort, je regarderai Valentin comme un ennemi, cherchant à acquérir dans Silvie une amie plus tendre; je ne puis maintenant être fidèle à moi-même sans user de quelque trahison contre Valentin; il se propose cette nuit de monter avec une échelle de corde à la fenêtre de la chambre de la céleste Silvie, et il me met dans sa confidence, moi, son rival. Je vais sur-le-champ instruire le père de leur feinte et de leur projet de fuite; dans sa fureur, il exilera Valentin, car il entend que Thurio épouse sa fille; mais Valentin une fois parti, j'entraverai promptement, avec quelque ruse adroite, la marche pesante de l'imbécile Thurio. Amour, prête-moi des ailes pour hâter l'exécution de mon projet, comme tu m'as prêté de l'esprit pour tramer ce complot.

(Il sort.)

SCÈNE VII

Vérone. — Appartement de la maison de Julie.

Entrent JULIE et LUCETTE.

JULIE.—Conseille-moi, Lucette, ma chère Lucette, viens à mon secours, et par bonté, toi, dans le cœur de qui sont écrites et gravées toutes mes pensées, donne-moi tes avis, apprends-moi par quel moyen je puis, sans perdre mon honneur, aller retrouver mon cher Protéo.

LUCETTE.—Hélas! le chemin est long et fatigant.

JULIE.—Un véritable et fidèle pèlerin ne se lasse point de mesurer de ses faibles pas l'étendue des royaumes, et je me lasserai beaucoup moins encore, moi, à qui l'amour donnera des ailes, surtout quand je volerai vers un objet aussi cher, aussi parfait, aussi divin que l'est le chevalier Protéo.

LUCETTE.—Vous feriez beaucoup mieux d'attendre que Protéo revînt.

JULIE.—Oh! ne sais-tu pas que ses regards sont la nourriture de mon âme? Prends pitié de la disette où je languis, soupirant depuis si longtemps après cet aliment. Si tu connaissais l'impression intérieure de l'amour, tu essayerais plutôt d'allumer du feu avec la neige, que d'éteindre la flamme de l'amour avec des paroles.

LUCETTE.—Je ne cherche point à éteindre les feux brûlants de votre amour, mais seulement à en ralentir un peu l'ardeur, de peur qu'il ne brûle au delà des bornes de la raison.

JULIE.—Plus tu cherches à l'étouffer, plus il brûle. Qu'on arrête le fleuve qui coule avec un doux murmure, tu sais qu'il s'irrite et devient furieux. Mais quand rien ne s'oppose à son cours paisible, il coule avec un bruit harmonieux sur les cailloux émaillés et baise doucement toutes les plantes qu'il rencontre dans son pèlerinage, et c'est ainsi qu'après s'être égaré dans mille détours, il va se perdre en se jouant dans le vaste océan; laisse-moi donc aller et ne m'arrête pas dans ma course. Je serai aussi patiente qu'un paisible ruisseau, et je me ferai un passe-temps de la fatigue de chaque pas, jusqu'à ce que le dernier me conduise à mon bien-aimé, et là, auprès de lui, je me reposerai enfin, comme après les traverses de la vie une âme bienheureuse se repose dans l'Élysée.

LUCETTE.—Mais sous quel costume voyagerez-vous ?

JULIE.—Pas comme une femme, de peur de m'exposer aux insultes des hommes sans pudeur. Chère Lucette, procure-moi quelques habits qui me fassent passer pour un page de bonne maison.

LUCETTE.—Alors Votre Seigneurie sera obligée de couper ses cheveux.

JULIE.—Non, ma fille, je les attacherai avec des rubans de soie, dont je formerai mille et mille nœuds d'amour des plus singuliers. Quelque chose de bizarre ne sied pas mal à un jeune homme d'un âge plus mûr.

LUCETTE.—Comment ferai-je votre haut-de-chausse, madame?

JULIE.—Autant vaudrait me demander : « Seigneur, quelle ampleur voulez-vous donner à votre vertugadin ? » Fais-le comme il te plaira, Lucette.

LUCETTE. — Il faut que vous le portiez, madame, avec une pointe[1], suivant la mode.

JULIE.—Fi donc! Lucette, fi donc! cela serait indécent.

LUCETTE. — Mais, madame, un haut-de-chausse tout rond ne vaut maintenant pas une épingle, à moins que vous n'ayez la pointe à la mode pour y attacher vos épingles.

JULIE.—Lucette, si tu m'aimes, prépare ce que tu croiras me convenir davantage et ce qui sera le plus élégant; mais, dis-moi donc, ma fille, que dira le monde, en me voyant entreprendre un voyage aussi imprudent? Je crains d'être un sujet de scandale.

LUCETTE. — Si vous le croyez, restez ici et ne partez pas.

JULIE.—Mais je ne veux pas rester.

---

[1] Allusion à une mode indécente dont parle Montaigne.

LUCETTE.—Ne pensez alors pas au déshonneur et partez. Si Protéo approuve votre voyage quand vous arriverez, peu importe à qui il déplaira quand vous serez partie ! Je crains seulement qu'il n'en soit pas trop satisfait.

JULIE. — Va, Lucette, c'est la moindre de mes inquiétudes. Mille serments, un océan de larmes, et les preuves aussi infinies de son amour, m'assurent que je serai la bienvenue auprès de mon Protéo.

LUCETTE.—Tous ces moyens sont au service des séducteurs.

JULIE. — Ames viles qui s'en servent pour exécuter leurs vils projets ! Mais des astres plus généreux ont présidé à la naissance de Protéo ; ses paroles sont des liens, ses serments sont des oracles, son amour est sincère, ses pensées sont pures, ses larmes sont les interprètes de son cœur, et son cœur est aussi éloigné de la fraude que le ciel de la terre.

LUCETTE. — Priez le ciel que vous le trouviez encore ainsi lorsque vous le rejoindrez.

JULIE.—Voyons, si tu m'aimes, ne lui fais pas l'injure de mal penser de sa sincérité ; car tu ne peux mériter mon amour qu'en aimant mon cher Protéo ; et maintenant viens avec moi dans ma chambre pour prendre note de tout ce qu'il est nécessaire que tu me procures pour ce voyage que je désire si fort ; je laisse à ta disposition tout ce qui est à moi, mes richesses, mes terres, ma réputation ; je ne te demande d'autre retour que de m'aider à partir promptement. Viens, point de réplique, mettons-nous tout de suite à l'œuvre, tout délai m'impatiente.

(Elles sortent.)

FIN DU SECOND ACTE.

ACTE TROISIÈME

SCÈNE I

Milan.—Antichambre du palais ducal.

LE DUC, THURIO et PROTÉO.

LE DUC.—Seigneur Thurio, excusez-nous, je vous prie, un moment ; nous avons besoin de conférer ensemble sur quelques affaires secrètes. (*Thurio sort.*) Maintenant, dites-moi, Protéo, ce que vous me voulez.

PROTÉO.—Gracieux seigneur, ce que je voudrais vous découvrir, les lois de l'humanité m'ordonnent de le cacher ; mais lorsque je repasse dans ma mémoire toutes les faveurs dont vous m'avez comblé, sans que je les méritasse, mon devoir m'oblige à vous révéler ce que tous les trésors de l'univers ne m'arracheraient pas. Sachez, digne prince, que Valentin, mon ami, se propose d'enlever cette nuit votre fille ; c'est à moi qu'il a confié ses projets. Je sais que vous avez résolu de la donner à Thurio, que votre aimable fille déteste ; vous voir ravir votre Silvie serait un cruel tourment pour votre vieillesse ; aussi, pour remplir mon devoir, j'ai mieux aimé traverser mon ami dans ses projets, que d'accumuler sur votre tête, par mon silence, un fardeau de douleurs qui, si vous n'étiez pas prévenu, vous ferait descendre trop tôt au tombeau.

LE DUC. — Protéo, je vous remercie de votre généreuse affection ; en récompense, disposez de moi tant que je vivrai. Je me suis déjà souvent aperçu de leurs amours, peut-être lorsqu'ils me croyaient profondément endormi ; et plusieurs fois je me suis proposé d'exiler Valentin loin d'elle et de ma cour ; mais, craignant de m'être trompé dans mes soupçons jaloux et de déshonorer ainsi un homme à tort (précipitation de jugement que jusqu'ici j'ai toujours évitée), je n'ai pas cessé de lui faire bon visage, pour apprendre par là ce que vous venez de me découvrir ; pour vous prouver quelles étaient mes craintes, et sachant que la tendre jeunesse est facile à séduire, je l'enferme toutes les nuits dans une tour, à l'étage supérieur, dont j'ai toujours gardé moi-même la clef ; et on ne peut l'enlever de là.

PROTÉO. — Sachez, noble seigneur, qu'ils ont imaginé un moyen par lequel il pourra monter à la fenêtre de sa chambre, et la faire descendre avec une échelle de corde que le jeune amant est allé chercher ; il va passer tout à l'heure par ici, et, si vous le voulez, vous pouvez le surprendre. Mais, je vous en conjure, seigneur, faites-le si adroitement qu'il ne se doute pas que je vous ai tout découvert ; car c'est l'affection que je vous porte, et non point un sentiment de haine contre mon ami, qui m'a fait révéler ce projet.

LE DUC. — Sur mon honneur, il ne saura jamais que vous m'ayez le moins du monde éclairé là-dessus.

PROTÉO. — Adieu, mon seigneur, voilà Valentin qui vient.

(Protéo sort.)

(Entre Valentin.)

LE DUC. — Seigneur Valentin, où allez-vous si vite ?

VALENTIN. — Sous le bon plaisir de Votre Grâce, il y a un messager qui m'attend pour porter mes lettres à mes amis, et je vais les lui remettre.

LE DUC. — Sont-elles de grande conséquence ?

VALENTIN. — Je n'y parle que de ma santé et de mon bonheur à votre cour.

LE DUC. — Oh ! alors, peu importe ! restez un moment avec moi. J'ai à vous parler de quelques affaires qui me touchent de près, et pour lesquelles je vous demande le secret. Vous n'ignorez pas que j'ai désiré de marier ma fille au seigneur Thurio, mon ami.

VALENTIN. — Je le sais, mon prince, et sûrement cette alliance serait aussi riche qu'honorable ; d'ailleurs ce gentilhomme est plein de vertu, de générosité, de mérite et de qualités dignes d'une femme telle que votre charmante fille. Votre Altesse ne peut-elle lui persuader de l'aimer ?

LE DUC. — Non, croyez-moi, Silvie est capricieuse, dédaigneuse, mélancolique, fière, désobéissante, opiniâtre, sans respect pour moi, ne se souvenant jamais qu'elle est ma fille, et n'ayant pas la crainte qu'elle devrait avoir pour son père ; et je puis vous dire que son orgueil, en m'ouvrant les yeux, a éteint toute ma tendresse pour elle ; et lorsque j'aurais dû penser que le reste de mes vieux jours serait charmé par sa tendresse filiale, je suis résolu à me remarier et à l'abandonner à qui voudra s'en charger ; — que sa beauté lui serve de dot, puisqu'elle fait si peu de cas de son père et de ses biens.

VALENTIN. — Et dans tout cela, seigneur, que voudriez-vous que je fisse ?

LE DUC. — Il y a ici à Milan, monsieur, une femme que j'affectionne, mais elle est prude, réservée, et fait peu de cas de l'éloquence de ma vieillesse. Je voudrais donc être aidé de vos leçons (car il y a longtemps que j'ai oublié la manière de faire la cour, et d'ailleurs la mode est changée) ; dites-moi comment et de quelle manière je dois m'y prendre pour plaire à ses yeux brillants comme le soleil.

VALENTIN. — Si vos paroles ne peuvent rien sur elle, gagnez son cœur à force de présents. Les joyaux muets émeuvent souvent, dans leur silence, l'âme d'une femme bien plus que les plus beaux discours.

LE DUC. — Mais elle a dédaigné un présent que je lui ai envoyé.

VALENTIN. — Une femme affecte souvent de dédaigner ce qui lui ferait le plus de plaisir ; envoyez-lui-en un autre et ne perdez jamais l'espérance, car le dédain au commencement rend toujours plus fort l'amour qui le suit : si elle se montre courroucée, ce n'est pas qu'elle vous haïsse, c'est pour augmenter votre amour ; si elle vous gronde, ne croyez pas qu'elle veuille vous congédier, car soyez sûr que les folles perdent tout à fait la raison quand elles se voient seules. N'acceptez pas votre congé, quoi qu'elle puisse vous dire. En vous disant *retirez-vous*, elle ne veut pas dire *allez-vous-en*. Flattez, louez, vantez, exaltez leurs grâces; quelque noires qu'elles soient, dites-leur qu'elles ont le visage des anges. Oui, je dis que tout homme qui a une langue n'est pas homme, si avec sa langue il ne sait pas gagner une femme.

LE DUC.—Mais la main de celle dont je vous parle est promise par ses parents à un jeune homme de naissance et de mérite; et l'on veille si sévèrement pour écarter tous les hommes, que pendant le jour personne n'a accès auprès d'elle.

VALENTIN.—Eh bien ! j'essayerais alors de la voir pendant la nuit.

LE DUC.—Oui, mais toutes les portes sont fermées et les clefs mises en sûreté pour qu'aucun homme ne puisse approcher d'elle pendant la nuit.

VALENTIN. — Qui empêche qu'on ne monte dans sa chambre par sa fenêtre?

LE DUC.—Sa chambre est si élevée et les murs en sont si droits qu'on ne peut y gravir sans hasarder sa vie.

VALENTIN.—Eh bien! alors, une bonne échelle de corde, qu'on peut jeter avec deux crochets pour l'attacher en y montant, suffirait à escalader la tour d'une nouvelle Héro, pourvu qu'un hardi Léandre l'entreprenne.

LE DUC.—Maintenant, toi, Valentin, qui es un homme bien né, enseigne-moi où je pourrai me procurer une semblable échelle?

VALENTIN.—Et quand voudriez-vous vous en servir? dites-le moi, seigneur, je vous prie.

LE DUC. — Ce soir même; car l'amour est comme un enfant qui désire tout ce qu'il peut obtenir.

VALENTIN.—Vers les sept heures du soir, je vous procurerai une échelle.

LE DUC.—Mais écoutez : je veux y aller seul, comment y porter mon échelle?

VALENTIN.—Elle sera légère, seigneur, afin que vous puissiez la porter sous un manteau un peu long.

LE DUC.—Un manteau comme le tien le serait-il assez?

ACTE III, SCÈNE I.

VALENTIN.—Oui, certes, seigneur.

LE DUC.—Laisse-moi donc voir ton manteau ; je veux en prendre un de même longueur.

VALENTIN.—Eh ! seigneur, n'importe quel manteau fera l'affaire.

LE DUC.—Comment m'y prendrai-je pour porter un manteau ? Voyons, je te prie, que j'essaye ton manteau. Hé ! quelle est cette lettre ? Que vois-je : *à Silvie ?* Eh ! voici l'échelle même qui me servira pour mon dessein. J'aurai l'audace, pour cette fois, de rompre le cachet. (*Le duc lit*) : « Mes pensées restent toute la nuit auprès de « ma Silvie, et ce sont des esclaves rapides que je lui en- « voie. Oh ! si leur maître pouvait aller et venir d'un vol « aussi léger, comme il irait se placer lui-même aux « lieux où elles dorment ensemble. Les pensées que je « t'envoie reposent sur ton beau sein, tandis que moi, « qui suis leur roi et qui les dépêche vers toi, je maudis « l'autorité qui leur accorde une si douce faveur, puis- « que je suis privé moi-même du bonheur de mes es- « claves. Je me maudis de ce qu'ils sont envoyés par « moi aux lieux où leur maître devrait être. »—Que veut dire ceci ?—« Silvie, cette nuit même je te mets en liberté. » C'est cela, et voilà l'échelle qui doit servir à ce dessein ! Quoi ! Phaéton (car tu es le fils de Mérope), prétends-tu guider le char du Soleil, et par ton audace téméraire diriger le monde ? Prétends-tu atteindre les étoiles parce qu'elles brillent au-dessus de toi ? Vil séducteur, esclave présomptueux, va porter tes caresses et ton sourire à tes égales, et crois que tu dois à ma patience, bien plus qu'à ton mérite, la faveur de sortir de mes États. Remercie-moi de cette grâce bien plus que de tous les bienfaits que je t'ai accordés, toujours à tort. Mais si tu restes sur mon territoire plus de temps qu'il n'en faut pour le départ le plus précipité de notre cour, par le ciel, ma colère surpassera l'affection que j'aie jamais portée à ma fille ou à toi. Fuis, je ne veux pas écouter tes vaines excuses ; mais, si tu aimes la vie, hâte-toi de quitter ces lieux.

(*Le duc sort.*)

VALENTIN.—Et pourquoi ne pas mourir plutôt que de

vivre dans les tourments? Mourir, c'est être banni de moi-même; et Silvie est moi-même; m'exiler d'elle, c'est m'exiler de moi; exil qui vaut la mort! La lumière est-elle la lumière, si je ne vois pas Silvie? Quelle joie est la joie si Silvie n'est pas auprès de moi, à moins que je ne puisse penser qu'elle est auprès de moi, et jouir de l'ombre de ses perfections? Oh! si je ne suis pas pendant la nuit auprès de ma Silvie, il n'y a point de mélodie dans les chants du rossignol; et si le jour je ne vois pas Silvie, le jour ne luit pas pour moi; elle est mon essence, et je cesse d'être si sa douce influence ne me ranime, ne m'échauffe, ne m'éclaire et ne me conserve à la vie. Je ne fuirai pas la mort en fuyant l'arrêt de son père. En restant ici, je ne fais qu'attendre la mort; en fuyant de ces lieux, je cours moi-même à la mort.

(Entrent Protéo et Launce.)

PROTÉO.—Cours, Launce, cours vite, vite, cherche-le.

LAUNCE.—Holà! hé! holà! holà!

PROTÉO.—Que vois-tu?

LAUNCE.—Celui que nous cherchons; il n'y a pas un cheveu sur sa tête qui ne soit pas à un Valentin.

PROTÉO.—Valentin!

VALENTIN.—Non.

PROTÉO.—Que vois-je donc, son ombre?

VALENTIN.—Ni l'un ni l'autre.

PROTÉO.—Quoi donc?

VALENTIN.—Personne.

LAUNCE.—Est-ce que personne parle?—Monsieur, frapperai-je?

PROTÉO.—Qui veux-tu frapper?

LAUNCE.—Personne.

PROTÉO.—Je te le défends, coquin.

LAUNCE.—Mais, monsieur, je ne frapperai personne, je vous prie.

PROTÉO.—Je te le défends, drôle, te dis-je; ami Valentin, un mot.

VALENTIN.—Mes oreilles sont fermées; elles ne peuvent plus recevoir de bonnes nouvelles, tant elles sont remplies des mauvaises que je viens d'entendre.

PROTÉO.—J'ensevelirai donc les miennes dans un profond silence, car elles sont dures, fâcheuses, affligeantes.

VALENTIN.—Silvie est-elle morte?

PROTÉO.—Non, Valentin.

VALENTIN.—Il n'est plus de Valentin[1], en effet, pour l'adorable Silvie.—Est-elle parjure?

PROTÉO.—Non, Valentin.

VALENTIN.—Il n'est plus de Valentin, si Silvie est parjure. Quelles sont donc vos nouvelles?

LAUNCE.—Seigneur, on vient de proclamer que vous êtes *évanoui*[2].

PROTÉO.—Que vous êtes banni, voilà la nouvelle! Banni de cette cour, loin de Silvie et de ton ami.

VALENTIN.—Oh! je me suis déjà repu de cette infortune, et son excès va me rendre malade.—Silvie sait-elle que je suis banni?

PROTÉO.—Oui, et elle a offert, pour changer cet arrêt qui reste irrévocable, un océan de perles fondues, qu'on appelle des larmes; elle les a versées par flots aux pieds de son père inflexible, prosternée devant lui dans une humble posture, et se tordant les mains, dont la blancheur convenait si bien à sa douleur qu'elles semblaient en avoir pâli. Mais ni ses genoux fléchis, ni ses mains pures levées vers lui, ni ses tristes soupirs, ni ses longs gémissements, ni les flots argentés de ses larmes n'ont pu attendrir le cœur de son inexorable père. Ah! Valentin, si tu es pris il faut que tu meures; d'ailleurs ses prières, lorsqu'elle a demandé ta grâce, l'ont tellement irrité qu'il a ordonné qu'on l'enfermât dans une prison, avec la menace de l'y laisser toujours.

VALENTIN.—Assez, Protéo, à moins que le mot que tu vas prononcer n'ait quelque pouvoir fatal à ma vie. S'il en est ainsi, je t'en conjure, fais-le entendre à mon oreille, comme l'antienne finale de mon éternelle douleur.

No Valentine, no Valentine, non Valentin, aucun Valentin, plus de Valentin. *No* est employé tour à tour adverbialement et adjectivement.

[2] Évanoui, que vous avez disparu, *vanished.*

PROTÉO.—Cesse de te lamenter sur ce que tu ne peux empêcher, et cherche un soulagement à ce qui cause tes lamentations. Le temps fait éclore et prospérer tous les biens. Si tu restes ici, tu ne peux voir ton amante, et d'ailleurs en restant tu perdras la vie. L'espérance est l'appui d'un amant; saisis-la et sers-t'en pour t'éloigner d'ici et te défendre contre les pensées désespérantes. Tes lettres peuvent venir ici, quoique tu n'y sois plus; ce qui me sera adressé, je le déposerai dans le beau sein[1] de ton amante. Ce n'est pas le moment des remontrances. Viens, je vais te conduire aux portes de la ville, et avant de me séparer de toi, nous confèrerons ensemble sur tout ce qui intéresse ton amour; pour l'amour de Silvie, sinon de toi-même, pense à ton danger et suis-moi.

VALENTIN.—Je te prie, Launce, si tu vois mon page, dis-lui de se hâter de me rejoindre à la porte du Nord.

PROTÉO.—Maraud, cours le chercher... va. Viens, Valentin.

VALENTIN.—Oh! ma chère Silvie! infortuné Valentin!

LAUNCE. — Je ne suis qu'un sot, voyez-vous, et cependant j'ai assez d'intelligence pour soupçonner que mon maître est une espèce de fripon; mais cela est tout un, s'il n'est fripon que sur un point. Il n'existe pas, à l'heure qu'il est, quelqu'un qui sache que j'aime; j'aime cependant; mais un attelage de chevaux ne m'arracherait pas ce secret, ni le nom de l'objet que j'aime; et cependant c'est une femme; mais je ne veux pas me dire à moi-même quelle femme c'est; et cependant c'est une fille de ferme. Et cependant ce n'est point une fille, car elle a eu affaire à des commères[2]; et pourtant c'est une fille, car elle est la fille de son maître, et le sert pour des gages. Elle a plus de qualités qu'un barbet qui va à l'eau, ce qui est beaucoup pour une simple chrétienne. Voici le catalogue[3] de ses talents.—*Imprimis*, elle peut chercher et

---

[1] Les femmes avaient anciennement au-devant de leur corset une petite poche à mettre les billets doux, l'argent, etc.

[2] Des commères bavardes et des commères qui ont été les marraines de ses enfants.

[3] *Cat-logue*, c'est le mot catalogue qu'il estropie.

rapporter; un cheval n'en saurait faire davantage, et même un cheval ne peut aller chercher : il ne peut que *rapporter;* ainsi elle vaut encore mieux qu'une rosse. *Item*, elle peut tirer du lait, voyez-vous ; belle qualité chez une fille qui a les mains propres.

(Entre Speed.)

SPEED.—Eh bien! comment se porte le seigneur Launce, quelle nouvelle me dira Votre Seigneurie?

LAUNCE.—Sa Seigneurie, eh bien! son vaisseau[1] est en mer.

SPEED.—Encore votre ancien défaut, de vouloir toujours jouer sur le mot. Quelles nouvelles avez-vous sur ce papier?

LAUNCE.—Les nouvelles les plus noires que vous ayez jamais apprises.

SPEED.—Noires, dites-vous?

LAUNCE.—Eh! oui! noires comme de l'encre.

SPEED.—Laissez-moi les lire.

LAUNCE.—Allons donc, butor, tu ne sais pas lire.

SPEED.—Tu mens, je sais lire.

LAUNCE.—Je veux t'examiner ; dis-moi, qui t'a engendré?

SPEED.—Eh! le fils de mon grand-père.

LAUNCE. — Oh! l'ignorant paresseux, c'est le fils de ta grand'mère ; cela prouve que tu ne sais pas lire.

SPEED. — Allons, imbécile, voyons, essaye ma science sur ton papier.

LAUNCE.—Viens là et recommande-toi à saint Nicolas[2].

SPEED, *il lit*.— « *Imprimis :* Elle sait tirer le lait.

LAUNCE.—Oui, certes, elle le sait bien.

SPEED. — « *Item*. Elle brasse d'excellente bière.

LAUNCE. —Et c'est là d'où vient le proverbe :—*Béni soit votre cœur, vous brassez de la bonne bière!*

SPEED.— « *Item*. Elle sait coudre [3].

LAUNCE.—C'est comme si on disait : le sait-elle?

---

[1] Pour *master-ship*, votre seigneurie et le vaisseau de votre maître, *ship*, vaisseau.

[2] Saint Nicolas, patron des écoliers.

[3] *She can sew,*— *can she so?* calembour intraduisible

SPEED.— « *Item*. Elle sait tricoter.

LAUNCE.—Comment un homme peut-il se trouver à bas avec une femme qui peut lui tricoter un bas !

SPEED.— « *Item*. Elle sait laver et nettoyer.

LAUNCE.—Une belle qualité, car elle n'a point besoin d'être lavée et nettoyée.

SPEED.— « *Item*. Elle sait filer.

LAUNCE.—Je puis donc laisser tourner le monde sur sa roue, si elle file assez pour se nourrir.

SPEED.—« *Item*. Elle a plusieurs vertus qui n'ont point de nom.

LAUNCE.—Comme qui dirait des *vertus bâtardes*, qui n'ont jamais connu leur père, et qui par conséquent n'ont point de nom.

SPEED.—Suivent maintenant ses défauts.

LAUNCE.—Sur les talons de ses vertus.

SPEED.—« *Item*. Il ne faut pas l'embrasser à jeun, à cause de son haleine.

LAUNCE.—Bon ! c'est un défaut qu'on peut corriger par un déjeuner. Continue.

SPEED.— « *Item*. Elle a le goût des douceurs.

LAUNCE.—Ce qui dédommage de sa mauvaise haleine.

SPEED.— « *Item*. Elle parle quand elle dort.

LAUNCE.—Oh ! cela n'y fait rien, pourvu qu'elle ne dorme pas quand elle parle.

SPEED.—« *Item*. Elle parle lentement.

LAUNCE.—Oh ! le sot, qui met cela au nombre de ses défauts ; parler lentement est la seule vertu d'une femme. —Allons, je te prie, efface-moi cela, et place-le au nombre de ses plus grandes vertus.

SPEED.— « *Item*. Elle est orgueilleuse.

LAUNCE. — Efface-moi cela encore.—C'est l'héritage d'Ève ; on ne peut le lui ôter.

SPEED.— « *Item*. Elle n'a pas de dents.

LAUNCE.—Je ne m'embarrasse guère de cela non plus, parce que j'aime la croûte.

SPEED.— « *Item*. Elle est méchante.

LAUNCE.—Eh bien ! il est heureux qu'elle n'ait pas de dents pour mordre.

SPEED.— « *Item*. Elle fera souvent l'éloge du vin.

LAUNCE.—Si le vin est bon, elle le louera; si elle ne le veut pas, je le louerai, moi; car les bonnes choses doivent être louées.

SPEED.— « *Item*. Elle est trop libre.

LAUNCE.—En paroles; cela est impossible, car il est écrit plus haut qu'elle parlait lentement :—en argent; elle ne le pourra pas, je le tiendrai sous la clef; si elle donne quelque autre chose, elle en est la maîtresse, et je ne puis l'en empêcher.—Bon, continue.

SPEED.— « *Item*.—Elle a plus de cheveux que d'esprit, plus de défauts que de cheveux, et plus d'écus que de défauts.

LAUNCE.—Arrête-toi là.—Je veux l'avoir. Deux ou trois fois, dans ce dernier article, j'ai dit qu'elle était à moi, et qu'elle n'était pas à moi. Relis-moi ce passage, je te prie.

SPEED.— « *Item*.—Elle a plus de cheveux que d'esprit.

LAUNCE.—*Plus de cheveux que d'esprit*, cela peut être, je le verrai bien : le couvercle du sel cache le sel, et c'est pourquoi il est plus que le sel. Les cheveux qui couvrent l'esprit sont plus que l'esprit, car le plus grand cache le moindre.—Après.

SPEED.— « Et plus de défauts que de cheveux.

LAUNCE.—Cela est affreux.—Oh! s'il était possible que cela n'y fût pas!

SPEED.— « Et plus d'écus que de défauts. »

LAUNCE.—Ha! ha! voilà un mot qui rend ses défauts aimables; oui, je veux l'avoir, et s'il se fait un mariage, comme il n'y a rien d'impossible...

SPEED.—Eh bien! après?

LAUNCE.—Oh! après!... Je te dirai que ton maître t'attend à la porte du Nord.

SPEED.—Moi?

LAUNCE.—Toi? Vraiment, qui es-tu? Il a attendu quelqu'un qui vaut mieux que toi.

SPEED.—Et faut-il que j'aille le trouver?

LAUNCE.—Que tu coures le trouver; car tu es resté ici si longtemps que ta course à peine pourra réparer le temps que tu as perdu.

SPEED.—Que ne me le disais-tu plus tôt? Que la peste soit de tes lettres d'amour!

(Il sort.)

LAUNCE.—Oh! il sera étrillé de la bonne manière pour avoir lu ma lettre. Cet impoli faquin, qui veut mettre le nez dans les secrets d'autrui. Ha! ha! je vais le suivre pour rire, en lui voyant recevoir sa correction.

(Il sort.)

SCÈNE II

Appartement du palais ducal, à Milan.

LE DUC et THURIO, PROTÉO *suit derrière.*

LE DUC.—Seigneur Thurio, ne craignez rien, elle viendra à vous aimer à présent que Valentin est banni de sa vue.

THURIO.—Depuis qu'il est exilé, elle me méprise encore davantage; elle déteste ma présence et me traite avec tant de dédain que je désespère de gagner son cœur.

LE DUC.—Cette faible impression de l'amour est comme une figure tracée sur la glace, qu'une heure de chaleur efface et dissout. Un peu de temps fondra la glace de son cœur, et l'indigne Valentin sera oublié. (*Protéo les joint.*) Eh bien! seigneur Protéo, votre compatriote est-il parti suivant mon décret?

PROTÉO.—Il est parti, seigneur.

LE DUC.—Ma fille est bien triste de ce départ.

PROTÉO.—Un peu de temps dissipera son chagrin, seigneur.

LE DUC.—Je le crois, mais le seigneur Thurio ne le pense pas. Protéo, la bonne opinion que j'ai de vous (car vous m'avez donné quelques preuves de votre attachement) m'engage de plus en plus à conférer avec vous.

PROTÉO. — Puisse le moment où vous me trouverez

infidèle à vos intérêts, seigneur, être le dernier de ma vie !

LE DUC.—Vous savez combien je désirerais former une alliance entre le seigneur Thurio et ma fille.

PROTÉO.—Je le sais, mon seigneur.

LE DUC.—Et je crois bien aussi que vous n'ignorez pas combien elle résiste à mes volontés.

PROTÉO.—Elle y résistait, mon prince, lorsque Valentin était ici.

LE DUC.—Mais elle persévère encore dans sa perversité. Que pourrions-nous inventer, pour faire oublier Valentin à cette fille et lui faire aimer le seigneur Thurio ?

PROTÉO.—Le meilleur moyen est d'accuser Valentin d'être infidèle, lâche et de basse extraction, trois défauts que les dames détestent mortellement.

LE DUC.—Fort bien, mais elle croira qu'on le calomnie par haine.

PROTÉO.—Oui, si c'était un ennemi de Valentin qui le dît ; il faudrait que cela fût dit, avec des circonstances plausibles, par un homme qu'elle croirait être son ami.

LE DUC.—Alors il faut vous charger de le calomnier..

PROTÉO.—C'est, mon prince, ce que j'aurais bien de la répugnance à faire : c'est un vilain rôle pour un gentilhomme, surtout contre son intime ami.

LE DUC.—Lorsque tous vos éloges ne lui peuvent faire aucun bien, vos calomnies ne peuvent certainement lui faire aucun tort. Ce rôle alors devient indifférent, surtout quand votre ami vous prie de le faire.

PROTÉO.—Vous l'emportez, seigneur ; elle ne l'aimera pas longtemps, je vous assure, si je puis y réussir, par tout ce que je pourrai dire à son désavantage. Mais s'il arrive que j'extirpe son amour pour Valentin, il ne s'ensuit pas qu'elle aimera le seigneur Thurio.

THURIO.—Aussi, en arrachant cet amour fixé sur Valentin, il faut, de peur qu'il ne se perde et ne soit bon à personne, faire en sorte de l'attacher à moi ; c'est ce que vous devez faire en me louant autant que vous le déprécierez.

LE DUC.—Mon cher Protéo, nous pouvons nous fier à vous en cette affaire, car nous savons, d'après ce que nous a dit Valentin, que vous êtes déjà un fidèle sujet de l'amour, et en si peu de temps votre âme ne saurait changer, ni se rendre parjure. Avec cette garantie, nous ne craignons pas de vous donner accès dans un lieu où vous pouvez causer longtemps avec Silvie, car elle est chagrine, languissante, mélancolique, et pour l'amour de votre ami, elle sera bien aise de vous voir; par vos discours adroits, vous pourrez la consoler et lui persuader de haïr le jeune Valentin et d'aimer mon ami.

PROTÉO.—Tout ce qu'il me sera possible de faire, je le ferai. Mais vous, seigneur Thurio, vous n'êtes pas assez pressant. Vous devez aussi préparer votre glu pour prendre au piége ses désirs par des sonnets plaintifs dont les rimes composées exprimeraient votre hommage et vos vœux.

LE DUC.—Oui, la poésie, fille du ciel, a un grand pouvoir.

PROTÉO.—Dites à Silvie que sur l'autel de sa beauté vous sacrifiez vos larmes, vos soupirs, votre cœur; écrivez jusqu'à ce que votre encre soit épuisée, et alors que vos larmes remplissent votre écritoire, tracez quelques lignes de sentiment qui puissent attester votre sincérité. La lyre d'Orphée était munie de cordes poétiques, dont la touche d'or pouvait attendrir le fer et les rochers, apprivoiser les tigres, attirer des profonds abimes de l'Océan l'énorme Léviathan et le faire danser sur le sable. Après vos plaintives élégies, venez pendant la nuit sous les fenêtres de votre maîtresse; joignez une chanson mélancolique au son des instruments accompagné de quelque doux concert. Le morne silence de la nuit est favorable aux douces plaintes des amants malheureux; tout ceci la touchera, ou rien n'y fera.

LE DUC. — Ces conseils prouvent que vous avez été amoureux.

THURIO.—Et, dès ce soir même, je veux les mettre en pratique. Ainsi, mon cher Protéo, mon Mentor, allons tout à l'heure à la ville pour réunir quelques habiles musiciens. J'ai un sonnet qui fera l'affaire pour commencer à suivre tes bons conseils.

LE DUC.—Allons, messieurs, à l'œuvre !

PROTÉO.—Nous resterons auprès de vous, mon prince, jusqu'après le souper, et nous déciderons ensuite la marche à tenir.

LE DUC.—Non, non, mettez-vous de suite à l'œuvre. Je vous dispense de me suivre.

(Ils sortent.)

FIN DU TROISIÈME ACTE.

ACTE QUATRIÈME

SCÈNE I

Une forêt près de Mantoue.

Une troupe de BRIGANDS.

PREMIER VOLEUR.—Camarades, tenez ferme : je vois un voyageur.

SECOND VOLEUR.—Et quand il y en aurait dix, ne reculez pas, mais terrassons-les.

(Arrivent Valentin et Speed.)

TROISIÈME VOLEUR.—Halte-là, monsieur, jetez à terre ce que vous avez sur vous, sinon nous vous ferons asseoir et nous vous dépouillerons.

SPEED.—Ah! monsieur, nous sommes perdus, ce sont ces brigands que tous les voyageurs craignent tant.

VALENTIN.—Mes amis...

PREMIER VOLEUR. — Point du tout, monsieur, nous sommes vos ennemis.

SECOND VOLEUR.—Paix ! nous voulons l'entendre.

TROISIÈME VOLEUR.—Oui, par ma barbe, nous le voulons, car il a l'air d'un brave homme.

VALENTIN.—Sachez donc que j'ai bien peu de chose à perdre. Je suis un homme accablé d'infortunes. Toute ma richesse consiste dans ces pauvres habillements ; si vous me les ôtez, vous prendrez tout ce que je possède.

SECOND VOLEUR.—Où allez-vous?

VALENTIN—A Vérone.

PREMIER VOLEUR.—D'où venez-vous ?

VALENTIN.—De Milan.

TROISIÈME VOLEUR.—Y avez-vous séjourné longtemps?

VALENTIN.—Environ seize mois, et j'y serais encore si la fortune perfide ne m'en avait chassé.

PREMIER VOLEUR.—Comment, vous en êtes banni ?

VALENTIN.—Je le suis.

SECOND VOLEUR.—Et pour quel crime ?

VALENTIN.—Pour un forfait que je ne puis redire sans en être tourmenté. J'ai tué un homme, dont je regrette beaucoup la mort; mais cependant je l'ai tué bravement, les armes à la main, sans avantage et sans lâche trahison.

PREMIER VOLEUR.—Ne vous en repentez jamais, si vous l'avez tué ainsi. Mais vous a-t-on banni pour une faute aussi légère ?

VALENTIN.—Oui, vraiment, et je me suis trouvé heureux d'en être quitte à ce prix.

SECOND VOLEUR.—Possédez-vous les langues ?

VALENTIN.—C'est un bonheur que je dois aux voyages que j'ai faits dans ma jeunesse, et sans lequel je me serais trouvé souvent bien malheureux.

TROISIÈME VOLEUR.—Par la tête tonsurée du gros moine de Robin-Hood[1], cet homme-là devrait être roi de notre troupe.

PREMIER VOLEUR.—Nous l'aurons, messieurs; un mot à l'oreille.

(Les voleurs se parlent ensemble tout bas.)

SPEED.—Monsieur, joignez-vous à eux; c'est une honorable espèce de voleurs.

VALENTIN.—Tais-toi, misérable.

SECOND VOLEUR.—Dites-nous, êtes-vous attaché à quelque chose ?

VALENTIN.—A rien, sinon à ma fortune.

TROISIÈME VOLEUR.—Sachez donc que plusieurs d'entre nous sont des gentilshommes, que la fougue d'une jeunesse indisciplinée a chassés de la société des hommes soumis aux lois. Moi-même, je fus aussi banni de Vérone, pour avoir tenté d'enlever une jeune héritière, très-proche parente du prince.

[1] Le moine Tuck. Voyez les histoires de *Robin-Hood* et l'*Ivanhoë* de sir Walter Scott.

SECOND VOLEUR.—Et moi de Mantoue pour avoir, dans ma colère, enfoncé mon poignard dans le cœur d'un gentilhomme.

TROISIÈME VOLEUR.—Et moi aussi, pour de petits crimes à peu près semblables. Mais revenons à notre affaire, car si nous racontons nos fautes, c'est uniquement pour excuser à vos yeux notre vie irrégulière ; et comme vous êtes doué d'une belle tournure et que d'ailleurs vous nous dites savoir les langues, et que dans notre société nous aurions besoin d'un homme tel que vous...

SECOND VOLEUR.—A vrai dire, c'est surtout parce que vous êtes banni que nous entrons en traité avec vous. Vous contenteriez-vous d'être notre général, de faire de nécessité vertu, et de vivre avec nous dans les forêts?

TROISIÈME VOLEUR.—Qu'en dis-tu? Veux-tu être de notre association? Dis oui, et tu es notre chef à tous. Nous te rendrons hommage, tu nous commanderas, et nous t'aimerons tous comme notre capitaine et notre roi.

PREMIER VOLEUR.—Mais si tu méprises nos avances tu es mort.

SECOND VOLEUR.—Tu ne vivras point pour aller te vanter de nos offres.

VALENTIN.—Je les accepte et je veux vivre avec vous, pourvu que vous ne fassiez aucun outrage aux femmes sans défense, ni aux pauvres voyageurs.

TROISIÈME VOLEUR.—Non, nous avons horreur de ces lâches indignités. Viens, suis-nous ; nous te mènerons à nos camarades, et nous voulons te montrer nos trésors, dont tu peux disposer comme nous-mêmes.

(Ils sortent.)

SCÈNE II

Milan.—Cour du palais.

Entre PROTÉO.

J'ai déjà trompé Valentin, il faut aussi que je trahisse Thurio. Sous prétexte de parler en sa faveur, j'ai la liberté d'avancer mon amour auprès de Silvie ; mais Silvie est trop droite, trop sincère, trop pure, pour se laisser séduire par mes vils présents. Quand je lui promets une fidélité inviolable, elle me reproche d'avoir trahi mon ami. Quand je jure d'être fidèle à sa beauté, elle me rappelle que je me suis parjuré en violant la foi promise à Julie que j'aimais. Cependant, malgré tous ses violents reproches, dont le moindre pourrait éteindre tout l'espoir d'un amant, eh bien! plus elle méprise mon amour et plus il croît, et, semblable à un souple épagneul, plus il devient caressant. Mais voici Thurio : il nous faut aller sous la fenêtre de Silvie et lui donner une sérénade nocturne.

(Arrivent Thurio et les musiciens.)

THURIO.—Comment! seigneur Protéo, vous vous êtes glissé ici avant nous?

PROTÉO.—Oui, mon cher Thurio, vous savez que l'amour se glisse où il ne saurait entrer de front.

THURIO.—Oui, mais j'espère cependant que vous n'aimez pas ici.

PROTÉO.—Oui, seigneur, j'aime, sans cela je ne serais pas ici.

THURIO.—Et qui donc aimez-vous? Silvie?

PROTÉO.—Oui, Silvie.—Pour vous.

THURIO.—Je vous en remercie pour vous-même. (*Aux musiciens.*) Allons, messieurs, accordez vos instruments et mettez-vous à l'ouvrage avec vigueur.

(Paraît l'aubergiste à quelque distance, avec Julie en habit d'homme.)

L'AUBERGISTE.—Eh bien! mon jeune hôte, il me semble que vous êtes *allycolique*[1] ; pourquoi donc, je vous prie?

JULIE.—Vraiment, mon hôte, c'est parce que je ne saurais être gai.

L'AUBERGISTE.—Allons, allons, je veux vous donner de la gaieté; je vais vous conduire dans un endroit où vous entendrez de la musique et où vous verrez le gentilhomme que vous demandiez.

JULIE.—Mais l'entendrai-je parler?

L'AUBERGISTE.—Oui, vraiment.

---

[1] *Mélancolique*, mot estropié.

JULIE, *à part.*—Ce sera pour moi la musique.
(Les musiciens préludent.)

L'AUBERGISTE.—Écoutez! écoutez!

JULIE.—Est-il parmi ces musiciens?

L'AUBERGISTE.—Oui, mais silence, écoutons-les.

CHANSON.

Quelle est Silvie? Quelle est celle
Que chantent tous nos bergers?
Elle est pure, elle est belle, elle est sage.
Les cieux l'ont douée de toutes les grâces
Qui pouvaient la faire adorer.

Est-elle aussi tendre qu'elle est belle?
Car la beauté vit de la tendresse.
L'Amour va chercher dans ses yeux
Le remède à son aveuglement;
Reconnaissant, il se plaît à y demeurer.

Chantez donc, chantez Silvie,
Chantez qu'elle est parfaite,
Qu'elle surpasse toutes les beautés mortelles
Qui habitent sur le globe de la terre,
Courons lui porter nos guirlandes.

L'AUBERGISTE.— Eh bien! qu'est-ce donc? vous êtes encore plus triste qu'auparavant. Qu'avez-vous donc, jeune homme? est-ce que la musique ne vous plaît pas?

JULIE.—Vous vous méprenez; c'est le musicien qui ne me plaît pas.

L'AUBERGISTE.—Et pourquoi, mon beau monsieur?

JULIE.—Il joue faux, mon ami.

L'AUBERGISTE.—Est-ce que les cordes ne sont pas d'accord?

JULIE.—Ce n'est pas cela; et cependant il joue si faux qu'il offense les fibres de mon cœur.

L'AUBERGISTE.—Vous avez l'oreille bien fine!

JULIE.—Je voudrais être sourde.—Cela me contriste le cœur.

L'AUBERGISTE.—Je m'aperçois que vous n'aimez pas la musique.

julie.—Nullement, quand elle est si discordante.

l'aubergiste.—Écoutez, quel changement dans la musique !

julie. — Oui, ce changement fait mon malheur.

l'aubergiste.— Vous voudriez donc qu'ils jouassent toujours la même chose ?

julie.—Oui, je voudrais qu'un homme jouât toujours le même air. Mais, mon hôte, dites-moi, le seigneur Protéo, de qui nous parlons, vient-il souvent chez cette dame ?

l'aubergiste.—Je vous dirai que Launce, son valet, m'a confié qu'il l'aimait outre mesure.

julie.—Où est donc ce Launce ?

l'aubergiste.—Il est allé chercher son chien ; demain, par l'ordre de son maître, il doit le porter en présent à sa maîtresse.

julie.—Silence ! retirons-nous à l'écart, voici la compagnie qui se sépare.

protéo.—Ne craignez rien, seigneur Thurio ; je parlerai pour vous de manière que vous me regarderez comme passé maître en ruses d'amour.

thurio.—Où nous retrouverons-nous?

protéo.—A la fontaine Saint-Grégoire.

thurio.—Adieu.

(Thurio et la musique sortent.)
(Silvie à sa fenêtre.)

protéo.—Madame, je souhaite le bonjour à Votre Seigneurie.

silvie.—Je vous remercie de votre musique, messieurs. Mais quel est celui qui vient de parler ?

protéo.—Un homme que vous reconnaîtriez bientôt à la voix, si vous connaissiez la sincérité de son cœur.

silvie.—C'est le seigneur Protéo, à ce qu'il me semble.

protéo.—Oui, c'est Protéo, notre dame ; c'est votre serviteur.

silvie.— Quel est donc votre bon plaisir ?

protéo.—De savoir le vôtre.

silvie.—Vos vœux sont exaucés ; mon bon plaisir est que sur l'heure vous vous éloigniez de ces lieux, et que vous alliez vous mettre au lit. Fourbe, parjure, homme faux et déloyal, penses-tu que je sois assez simple, assez stupide, pour me laisser séduire par tes flatteries, toi qui as trompé tant d'infortunées par tes serments ? Retourne, retourne vers le premier objet de ton amour, et demande-lui pardon ; car, pour moi, j'en jure par cette pâle reine de la nuit, je suis aussi loin de céder à tes vœux que je te méprise pour ta lâche et coupable recherche. Et je vais me reprocher tout à l'heure le temps que je perds ici à te répondre.

PROTÉO.—J'avoue, belle Silvie, que j'ai aimé une dame, mais elle est morte.

JULIE, *à part*.—Tu ne serais qu'un menteur si je parlais, car je suis sûre qu'elle n'est pas enterrée.

SILVIE.—Tu dis qu'elle est morte ; mais Valentin, ton ami, il vit encore, et tu es témoin que je lui suis fiancée ; ne rougis-tu pas de le trahir ici par tes importunités ?

PROTÉO.—J'ai appris aussi que Valentin était mort.

SILVIE.—Eh bien ! suppose aussi que je le suis ; car, je te l'assure, mon amour est enseveli dans son tombeau.

PROTÉO. — Douce Silvie, laissez-le-moi tirer de la terre.

SILVIE.—Va sur le tombeau de ton amante, réveille-la par tes gémissements ; ou au moins que sa tombe soit la tienne.

JULIE, *à part*.—Il n'entend pas cela.

PROTÉO.—Madame, si votre cœur est si endurci, daignez du moins accorder votre portrait à mon amour ; ce portrait qui est suspendu dans votre chambre. Je lui parlerai, je lui adresserai mes soupirs et mes larmes ; car, puisque votre personne si parfaite est dévouée à un autre, je ne suis qu'une ombre, et je consacrerai un fidèle amour à la vôtre.

JULIE, *à part*.—Si tu possédais l'original, tu le tromperais à coup sûr, et tu n'en ferais bientôt qu'une ombre comme moi.

SILVIE.—Il ne me plaît guère, monsieur, d'être votre idole, mais puisqu'il convient à votre cœur perfide d'adorer des ombres et d'idolâtrer des formes vaines, envoyez demain le chercher chez moi, et je vous le donnerai. Ainsi, bonne nuit.

protéo.—Oui, une nuit comme celle que passent les malheureux qui s'attendent à être exécutés le lendemain matin.

(Silvie ferme sa fenêtre. Protéo sort.)

julie.—Mon hôte, voulez-vous partir?

l'aubergiste.—Par Notre-Dame! j'étais profondément endormi.

julie.—Dites-moi, je vous prie, où demeure le seigneur Protéo.

l'aubergiste.—Il loge chez moi. Hé! mais vraiment, je crois qu'il est bientôt jour.

julie.—Non, pas encore; mais cette nuit est bien la plus longue et la plus cruelle que j'aie passée de ma vie.

(Ils sortent.)

SCÈNE III

La scène est toujours dans la cour du palais.

Entre ÉGLAMOUR.

églamour.—Voici l'heure où madame Silvie m'a prié de venir savoir ses intentions. Elle veut m'employer sans doute dans quelque importante affaire. (*Il l'appelle.*) Madame, madame!

silvie, *à sa fenêtre.*—Qui appelle?

églamour.—Votre serviteur et votre ami, qui se rend aux ordres de Votre Seigneurie.

silvie.—Bonjour mille fois, seigneur Églamour.

églamour.—Je vous en souhaite autant, noble dame. Comme vous me l'avez commandé, je suis venu de bonne heure pour savoir à quel service il est de votre bon plaisir de m'employer.

silvie.—Églamour, vous êtes un noble chevalier; ne croyez pas que je vous flatte, je jure que je dis la vérité; oui, vous êtes brave, sage, compatissant, accompli. Vous n'ignorez pas l'amour que je porte à Valentin exilé; ni que mon père voudrait me forcer à épouser l'orgueilleux

Thurio que mon âme déteste. Vous avez aimé, cher Églamour, et je vous ai entendu dire que jamais douleur ne fut plus déchirante pour votre cœur que la mort de votre dame et fidèle amie, sur le tombeau de laquelle vous avez juré une chasteté éternelle [1]. Cher Églamour, je voudrais aller trouver Valentin à Mantoue, où j'apprends qu'il s'est retiré. Comme cette route est dangereuse, je désirerais me voir accompagnée d'un brave chevalier tel que vous, dont je connusse la foi et l'honneur. Ne m'objectez point le courroux de mon père; Églamour, ne pensez qu'à ma douleur, à la douleur d'une femme et à la justice de ma fuite, pour me soustraire à une alliance impie, que le ciel et la fortune puniraient de mille fléaux. Avec un cœur aussi plein de chagrins que la mer l'est de sables, je vous conjure de m'accompagner et de me conduire à Mantoue. Si vous me refusez, cachez au moins ce que je vous confie, et je me hasarderai à partir seule.

ÉGLAMOUR.—Madame, je suis sensible à vos douleurs; sachant combien votre amour est vertueux, je consens à partir avec vous, et je m'inquiète aussi peu de ce qui m'en arrivera, que je désire ardemment que vous soyez heureuse. Quand voulez-vous partir?

SILVIE.—Dès ce soir.

ÉGLAMOUR.—Où vous trouverai-je?

SILVIE.—A la cellule du frère Patrice, auquel je me propose de me confesser.

ÉGLAMOUR.—Je ne ferai pas défaut à Votre Seigneurie; adieu, douce dame.

SILVIE.—Bonjour, généreux Églamour.

(Elle rentre, Églamour sort.)

LAUNCE, *avec son chien*. — Quand le domestique d'un homme fait le chien avec lui, voyez-vous, cela va mal. Un chien que j'ai élevé dès sa plus tendre enfance, que j'ai sauvé de la rivière, lorsqu'on y jeta trois ou quatre de ses frères et sœurs encore aveugles! je l'ai instruit,

---

[1] C'était l'usage des maris inconsolables du temps de Shakspeare.

précisément de manière à faire dire : « Voilà comme je
« voudrais instruire un chien. » Eh bien ! j'allais pour en
faire un présent à madame Silvie de la part de mon
maître, et je suis à peine entré dans la salle à manger,
qu'il a déjà sauté sur son assiette, et lui a volé une cuisse
de chapon. Oh ! c'est une terrible chose, quand un chien
ne sait pas se contenir dans toutes les compagnies ! Je
voudrais en avoir, comme qui dirait, un qui prît une
bonne fois sur lui d'être un véritable chien, ce qu'on appelle un chien, un chien en tout. Si je n'avais pas eu plus
d'esprit que lui, en me chargeant d'une faute qu'il avait
commise, je pense, ma foi, qu'il aurait été pendu ; aussi
vrai que je vis, il l'aurait payée. Je veux que vous en ju-
giez. Il se faufile, moi présent, en la compagnie de trois ou
quatre messieurs chiens sous la table du duc ; à peine y
était-il resté, permettez-moi de le dire, le temps de pisser,
que toute la chambre le sentait. A la porte le chien ! dit
l'un ; quel est ce roquet-là ? dit un autre ; fouettez-le, dit un
troisième ; pendez-le, dit le duc. Moi qui connaissais l'o-
deur, je compris que c'était Crab : je m'en vais au garçon
qui fouette les chiens : « Ami, lui dis-je, vous voulez
battre le chien ? » — Oui, vraiment, dit-il. — « Vous lui
faites injure, ai-je dit : c'est moi qui ai fait la chose que
vous savez. » Lui, sans autre question, me chasse de la
chambre à coups de fouet. Combien y a-t-il de maîtres
qui en voudraient faire autant pour leur domestique ? Ce
n'est pas tout ; je dirai que l'on m'a mis aux ceps pour
des puddings qu'il avait volés, et sans cela il eût été exécuté ; je me suis laissé mettre au pilori pour des oies
qu'il avait tuées, et sans cela il les aurait payées. Tu ne
penses plus à cela maintenant ; mais moi, je me souviens
du tour que tu m'as joué, lorsque j'ai pris congé de madame Silvie. Ne t'ai-je pas toujours dit de me regarder
et de faire ce que je fais ? Quand m'as-tu vu lever la
jambe, et lâcher de l'eau contre le vertugadin d'une demoiselle, m'as-tu jamais vu faire un pareil tour ?

(Protéo et Julie toujours déguisée entrent.)

PROTÉO.—Tu t'appelles Sébastien ? Tu me plais, je veux
t'employer tout à l'heure.

JULIE.—A tout ce qu'il vous plaira, monsieur; je ferai tout ce qui sera en mon pouvoir.

PROTÉO. — Je l'espère, mon ami. (*A Launce.*) Eh bien! rustaud, où avez-vous été flâner ces deux jours-ci?

LAUNCE.—Ma foi, monsieur, j'ai porté à madame Silvie le chien dont vous m'aviez ordonné de lui faire présent.

PROTÉO.—Et que dit-elle de mon petit Bijou?

LAUNCE.—Mais elle dit que votre chien est un roquet, et que des remerciements de chien sont assez bons pour un pareil présent.

PROTÉO.—Mais elle a reçu mon chien?

LAUNCE.—Non, vraiment, elle ne l'a pas reçu. Je l'ai ramené ici.

PROTÉO.—Comment! tu lui as offert ce chien de ma part?

LAUNCE.—Oui, monsieur. L'autre, qui était comme un écureuil, m'a été volé par les enfants du bourreau sur la place du marché; et, alors, j'ai offert à Silvie mon chien propre, qui est un chien dix fois plus gros que le vôtre. Ainsi le présent était bien plus considérable.

PROTÉO.—Va-t'en; cours retrouver mon chien, ou ne reparais jamais à mes yeux. Va-t'en, te dis-je. Restes-tu là pour me faire mettre en colère? Un coquin qui m'expose tous les jours à rougir de ses sottises! (*Launce sort.*) Sébastien, je t'ai pris à mon service, en partie parce que j'ai besoin d'un jeune homme comme toi, qui s'acquitte de mes ordres avec quelque intelligence; car je ne peux jamais me fier à ce butor; mais c'est encore plus pour ta physionomie et tes manières, qui, je ne me trompe point dans mes conjectures, annoncent une bonne éducation, un caractère heureux et franc. Sache donc bien que c'est à cause de cela que je te retiens à mon service. Pars à l'instant, et remets cet anneau à madame Silvie. Elle m'aimait bien, celle qui me l'a donné.

JULIE.—Il paraît que vous ne l'aimiez pas, puisque vous vous défaites ainsi de ses présents. Elle est morte, probablement.

PROTÉO.—Non, je crois qu'elle vit encore.

JULIE.—Hélas!

PROTÉO.—Pourquoi cet hélas?

JULIE.—Je ne puis m'empêcher d'avoir pitié d'elle.

PROTÉO.—Pourquoi aurais-tu pitié d'elle?

JULIE.—Parce que je crois qu'elle vous aimait autant que vous aimez votre madame Silvie. Elle rêve à celui qui a oublié sa tendresse et vous ne respirez que pour celle qui dédaigne vos hommages; c'est dommage que l'amour soit si contraire à lui-même, et cette pensée me force à dire *hélas!*

PROTÉO.—Allons; donne-lui cet anneau et aussi cette lettre. — Voilà sa chambre; dis à madame Silvie que je réclame le céleste portrait qu'elle m'a promis. Ce message fait, reviens aussitôt à ma chambre, où tu me trouveras triste et solitaire.

(Protéo sort.)

JULIE.—Combien est-il de femmes qui voulussent se charger d'un pareil message? — Hélas! pauvre Protéo, tu as pris un renard pour servir de berger à tes brebis.— Hélas! malheureuse insensée, pourquoi plaindre celui dont le cœur me dédaigne? c'est parce qu'il en aime une autre qu'il me dédaigne; et moi, parce que je l'aime, je dois le plaindre. Voilà cet anneau même que je lui donnai, quand il me quitta, pour l'engager à se rappeler mon amour; et maintenant, malheureux messager, je suis chargée de demander ce que je ne voudrais pas obtenir; de porter ce que je voudrais qu'on refusât; de louer sa constance, que je voudrais entendre déprécier. Je suis la fidèle et sincère amante de mon maître; mais je ne puis le servir fidèlement, sans me trahir moi-même. Je veux cependant aller parler à Silvie en sa faveur, mais si froidement, que je souhaite (le ciel le sait!) de ne pas réussir.

(Entre Silvie avec une suite.)

JULIE.—Salut, madame; je vous conjure de vouloir bien m'indiquer le moyen de me rendre où je pourrai parler à madame Silvie.

SILVIE.—Et que lui voudriez-vous, si j'étais elle-même?

JULIE.—Si vous êtes Silvie, je vous conjure de vouloir bien entendre ce que l'on m'a chargé de vous dire.

SILVIE.—De quelle part?

JULIE.—De la part de mon maître, le seigneur Protéo.

SILVIE.—Oh! il t'envoie pour un portrait, n'est-ce pas?

JULIE.—Oui, mademoiselle.

SILVIE.—Ursule, apportez ici mon portrait. (*Ursule apporte le portrait.*) Va, donne ceci à ton maître, et dis-lui de ma part qu'une certaine Julie, que son cœur inconstant a pu oublier, ornerait beaucoup mieux sa chambre que cette ombre vaine.

JULIE.—Madame, voudriez-vous bien lire cette lettre? Pardonnez, madame, j'allais vous en donner une qui ne vous est pas adressée; voici celle de Votre Seigneurie.

SILVIE.—Laisse-moi revoir l'autre, je te prie.

JULIE.—Je ne le puis; excusez-moi, madame.

SILVIE.—Tiens, reprends celle-ci. Je ne veux pas jeter les yeux sur la lettre de ton maître; je sais qu'elle est farcie de protestations et de serments nouvellement inventés, et qu'il violerait aussi aisément que je déchire son papier.

JULIE.—Il vous envoie aussi cet anneau, madame.

SILVIE.—C'est une honte de plus pour celui qui me l'envoie; car je lui ai mille fois entendu dire que sa Julie le lui avait donné à son départ. Quoique son doigt parjure ait profané l'anneau, le mien ne fera point à Julie un tel affront.

JULIE.—Elle vous remercie.

SILVIE.—Que dis-tu?

JULIE.—Je vous remercie, madame, de ce que vous avez compassion d'elle. La pauvre fille! mon maître l'a traitée bien mal.

SILVIE.—Tu la connais donc?

JULIE.—Presque aussi bien que moi-même; en pensant à ses malheurs, je vous jure que j'ai pleuré cent fois.

SILVIE.—Probablement elle croit que Protéo l'a abandonnée.

JULIE.—Je le crois; et c'est là ce qui cause ses chagrins.

SILVIE.—N'est-elle pas d'une beauté rare?

JULIE.—Elle a été beaucoup plus belle qu'elle ne l'est aujourd'hui, madame. Lorsqu'elle se croyait tendrement

aimée de mon maître, elle était, à mon avis, aussi belle
que vous ; mais depuis qu'elle a négligé son miroir, et
a quitté le masque qui la garantissait des feux du soleil,
l'air a flétri les roses de son teint, il a fané les lis de ses
joues, et elle est aujourd'hui aussi brune que moi.

SILVIE.—Est-elle grande ?

JULIE.—A peu près de ma taille ; car à la Pentecôte,
lorsqu'on donnait les pantomimes de la fête, notre jeunesse me força de prendre un rôle de femme, et l'on me
donna les habits de mademoiselle Julie, qui m'allaient
aussi bien, à ce que disait tout le monde, que s'ils eussent
été faits pour moi. C'est de là que je sais qu'elle est à
peu près de ma taille ; je la fis ce jour-là pleurer tout de
bon, car j'avais à remplir un rôle fort triste, madame ; je
représentais Ariane abandonnée, et gémissant sur le parjure et l'indigne fuite de son cher Thésée ; je versai des
larmes si amères, que ma pauvre maîtresse attendrie
pleura amèrement, et je veux mourir à l'instant, si je
ne ressentais pas en pensée toutes ses douleurs.

SILVIE.—Elle vous a des obligations, bon jeune homme.
Hélas ! la pauvre fille, délaissée et désolée ! Je pleure moi-
même, en pensant à ton récit. Tiens, mon bon ami, voici
ma bourse ; je te la donne à cause de ton aimable maîtresse, parce que tu l'aimes bien ; adieu !

(Silvie sort.)

JULIE.—Et elle vous en remerciera, si jamais vous pouvez la connaître. Vertueuse Silvie ! qu'elle est douce et
belle ! J'espère que les feux de mon maître se refroidi-
ront, puisqu'elle prend tant d'intérêt au sort de ma maîtresse. Hélas ! comme un cœur amoureux cherche lui-
même à se faire illusion ! Voici son portrait ; que je le
voie. Je crois que ma figure, si j'étais parée aussi, serait tout aussi agréable que la sienne ; et cependant le
peintre l'a un peu flattée, à moins que je ne me flatte pas
trop moi-même. Sa chevelure est cendrée, la mienne est
blonde comme l'or ; si c'est là l'unique cause de son
changement, je me procurerai des cheveux de la couleur
des siens ; ses yeux sont gris comme le verre, les miens
le sont aussi. Oui, mais elle a le front très-bas, le mien

est élevé. Qu'y a-t-il donc qui plaise en elle, que je ne puisse trouver aussi aimable en moi, si ce fol Amour n'était pas un dieu aveugle? Ombre de toi-même, allons, emporte cette ombre ennemie : c'est ta rivale. O toi, image insensible, tu seras adorée, baisée, aimée, idolâtrée, et s'il avait quelque sens commun dans son idolâtrie, il aurait ma personne au lieu d'un portrait. Je veux bien te traiter à cause de ta maîtresse, qui m'a traitée aussi avec bonté ; autrement, je le jure par Jupiter, j'aurais effacé tes yeux inanimés, pour t'enlever l'amour de mon maître.

(Elle sort.)

FIN DU QUATRIÈME ACTE.

ACTE CINQUIÈME

SCÈNE I

Milan.—Une abbaye.

ÉGLAMOUR *seul.*

ÉGLAMOUR.—Le soleil commence à dorer l'occident, et bientôt voici l'heure où Silvie doit me venir joindre à la cellule du frère Patrice. Elle n'y manquera pas; car les amants ne manquent à l'heure que pour la devancer, tant ils sont empressés. Mais la voici. (*Entre Silvie.*) Madame, je vous souhaite une heureuse soirée.

SILVIE.—Amen ! amen ! Hâtons-nous, cher Églamour ; sortons par la poterne de la muraille du monastère. Je crains d'être suivie par quelques espions.

ÉGLAMOUR.—Ne craignez rien. La forêt n'est qu'à trois lieues d'ici; si nous pouvons la gagner, nous sommes en sûreté.

(Ils sortent.)

SCÈNE II

Appartement du palais du duc.

THURIO, PROTÉO, JULIE.

THURIO.—Eh bien ! seigneur Protéo, que dit Silvie de ma demande ?

PROTÉO.—Oh ! monsieur, je l'ai trouvée plus traitable qu'elle ne l'était naguère ; et cependant elle trouve quelque chose encore à redire à votre personne.

THURIO.—Quoi ? Est-ce parce que ma jambe est trop longue ?

PROTÉO.—Non ; c'est parce qu'elle est trop courte.

THURIO.—Je prendrai des bottes pour la rendre un peu plus ronde.

PROTÉO.—Mais l'amour ne veut pas être poussé à coup d'éperon, c'est ce qui lui déplaît.

THURIO.—Que dit-elle de mon visage ?

PROTÉO.—Elle dit qu'il est blanc[1].

THURIO.—Oh ! elle ment, la petite friponne ; mon visage est brun.

PROTÉO.—Mais les perles sont blanches, et le proverbe dit : *qu'un homme brun est une perle aux yeux des belles dames.*

JULIE, *à part.*—Oui, une perle qui crève les yeux des dames ; j'aimerais mieux être aveugle que de la regarder.

THURIO.—Comment trouve-t-elle que je raisonne ?

PROTÉO.—Mal, quand vous parlez de la guerre.

THURIO.—Mais lorsque je raisonne sur l'amour et sur la paix ?

JULIE, *à part.*—Oh ! beaucoup mieux quand vous vous tenez en paix.

THURIO.—Que dit-elle de ma valeur ?

PROTÉO.—Monsieur, elle n'a aucun doute sur ce point.

JULIE, *à part.*—Sans doute : elle connaît trop bien ta lâcheté.

THURIO.—Et de ma naissance, qu'en dit-elle ?

PROTÉO.—Que vous *descendez* d'une illustre famille.

JULIE, *à part.*—Oui vraiment, d'un brave chevalier il est *descendu* à un franc imbécile.

THURIO.—Considère-t-elle mes biens ?

PROTÉO.—Oui, et elle les plaint...

THURIO.—Pourquoi donc ?

JULIE, *à part.*—D'être possédés par un pareil âne.

PROTÉO.—Parce que vous les avez *loués* désavantageusement.

(Le duc paraît.)

JULIE.—Voici le duc.

LE DUC.—Bonjour, seigneur Protéo ; bonjour, seigneur

[1] *Fair*, blond, blanc, beau ; *black*, noir, brun. etc.

Thurio. Qui de vous deux a vu récemment le chevalier Églamour?

THURIO.—Ce n'est pas moi.

PROTÉO.—Ni moi.

LE DUC.—Avez-vous vu ma fille?

PROTÉO.—Ni l'un ni l'autre.

LE DUC.—Eh bien! alors elle est allée rejoindre ce rustre de Valentin, et le chevalier Églamour l'accompagne. Cela est certain; car le frère Laurence les a rencontrés tous les deux, pendant qu'il errait dans la forêt par pénitence. Il a bien reconnu Églamour, et il a soupçonné que c'était elle; mais comme elle était masquée, il n'en est pas sûr. D'ailleurs, elle m'a dit qu'elle devrait se confesser ce soir au père Patrice, et elle n'y est point allée. Ces circonstances confirment sa fuite. Je vous conjure donc de ne pas rester là à discourir, mais de monter à cheval sur l'heure et de me joindre sur le chemin de Mantoue, où ils se sont enfuis. Allons, chers amis, hâtez-vous et suivez-moi.

THURIO.—Voilà une fille bien folle, de fuir le bonheur qui la suit. Je veux les suivre plutôt pour me venger d'Églamour que par amour pour l'ingrate Silvie.

PROTÉO.—Et moi je veux les suivre, plutôt par amour pour Silvie que par haine pour Églamour qui l'accompagne.

JULIE, *à part.*—Et moi je veux aussi les suivre, plutôt pour mettre obstacle à cet amour que par haine pour Silvie, à qui l'amour a fait prendre la fuite.

SCÈNE III

Forêt aux environs de Mantoue.

SILVIE, *conduite par les* VOLEURS.

PREMIER VOLEUR.—Venez, venez, soyez tranquille; il faut que nous vous conduisions à notre capitaine.

SILVIE.—Des malheurs mille fois plus grands m'ont appris à supporter celui-ci avec patience.

SECOND VOLEUR.—Allons, conduisez-la.

PREMIER VOLEUR.—Où est le gentilhomme qui était avec elle ?

TROISIÈME VOLEUR.—Comme il a le pied très-leste, il nous a échappé ; mais Moïse et Valère le suivent. Va avec elle à l'ouest de la forêt, où est notre capitaine ; nous allons courir après le fuyard. Le taillis est gardé de toutes parts ; il ne peut nous échapper.

PREMIER VOLEUR.—Venez, il faut que je vous conduise à la caverne de notre capitaine : ne craignez rien, c'est un cœur généreux, et il ne souffrirait pas qu'une femme fût maltraitée.

SILVIE.—O Valentin! je supporte ceci par amour pour toi!

(Ils sortent.)

SCÈNE IV

Autre partie de la forêt.

VALENTIN *entre*

Combien l'habitude a d'empire sur l'homme : ces sombres déserts, ces bois solitaires, je les préfère aux villes peuplées et florissantes. Ici, je puis m'asseoir seul, sans être vu de personne ; je puis unir ma voix gémissante aux accents plaintifs du rossignol et raconter mes douleurs. O toi qui habites dans mon sein, ne laisse pas la maison si longtemps sans maître, de peur que, tombant en ruines, l'édifice ne s'écroule et ne laisse plus aucun souvenir de ce qu'il était. Répare ma vie par ta présence, Silvie, aimable nymphe, console ton berger au désespoir. —Quels cris et quel tumulte on fait aujourd'hui ! ce sont mes camarades qui font de leurs volontés leurs lois. Ils poursuivent probablement quelque malheureux voyageur. Ils m'aiment beaucoup, et cependant j'ai bien à faire à les empêcher de commettre des actions cruelles. Retire-toi, Valentin. Quel est celui qui s'avance de ce côté ?

(Valentin se retire à l'écart.)

(Entrent Protéo, Silvie et Julie.)

PROTÉO.—Belle Silvie (quoique vous n'ayez aucun égard à ce que fait votre serviteur), ce service que je vous ai rendu de hasarder ma vie et de vous arracher au brigand qui aurait fait violence à votre amour et à votre honneur mérite bien qu'en récompense vous m'accordiez au moins un tendre regard. Je ne puis demander une moindre faveur, et je suis sûr que vous ne pouvez donner moins.

VALENTIN, *à part*. — Est-ce un songe, ce que je vois, ce que j'entends?—O amour! donne-moi la patience de supporter ceci un moment!

SILVIE.—Malheureuse, infortunée que je suis!

PROTÉO.—Vous étiez malheureuse avant que j'arrivasse; mais, depuis mon arrivée, je vous ai rendue heureuse.

SILVIE.—Ton approche me rend la plus malheureuse des femmes!

JULIE, *à part*. — Et moi aussi, quand il est auprès de vous.

SILVIE.—Si j'eusse été saisie par un lion affamé, j'eusse mieux aimé servir de pâture à ce féroce animal, que de me voir sauvée par le traître Protéo. Ciel! sois-moi témoin combien j'aime Valentin! mon âme ne m'est pas plus chère que sa vie, et je déteste tout autant (car je n'en puis dire davantage) le lâche, le parjure Protéo! Va-t'en, ne m'importune plus!

PROTÉO.—Quel danger, m'en eût-il dû coûter la vie, n'aurais-je pas affronté, pour obtenir un seul doux regard! Oh! c'est la malédiction éternelle de l'amour, que les femmes ne puissent aimer ceux qui les aiment.

SILVIE.—C'est que Protéo n'aime point celle qui l'aime. Lis dans le cœur de ta Julie, le premier à qui tu aies promis ta foi, par mille et mille serments, dont tu as fait autant de parjures en m'aimant. Il ne te reste plus de foi, à moins que tu n'en eusses deux, ce qui est pis encore que de n'en avoir aucune; il vaut mieux n'en point avoir que d'en avoir plusieurs. Quand la foi est double, il y en a toujours une de trop. N'as-tu pas trahi ton plus fidèle ami?

PROTÉO.—En amour, quel homme s'inquiète de son ami ?

SILVIE.—Tous les hommes, excepté Protéo.

PROTÉO.—Eh bien ! si les douces paroles de l'amour ne peuvent amollir ton cœur, je te ferai la cour en soldat, et, par la loi du plus fort, j'emploierai pour t'aimer ce qui répugne le plus à la nature de l'amour, la violence.

SILVIE.—O ciel !

PROTÉO.—Je te forcerai de céder à mes désirs.

VALENTIN. — Misérable, laisse-la, éloigne ces mains odieuses et brutales, indigne et faux ami !

PROTÉO.—Valentin !

VALENTIN.—Ami comme tous les autres, c'est-à-dire sans foi et sans amour (car tels sont les amis de nos jours), perfide, tu as trahi toutes mes espérances. Il fallait que je le visse de mes yeux pour le croire. Maintenant je n'ose pas dire que j'ai un ami au monde, tu me prouverais le contraire. A qui se fier désormais, quand la main droite est infidèle au cœur? Protéo, je suis fâché de ne pouvoir plus avoir confiance en toi. Tu es cause que le monde entier va me devenir étranger : la blessure faite par un ami est la plus profonde ! O siècle maudit ! où de tous mes ennemis, c'est mon ami qui est le plus cruel de tous !

PROTÉO.—Mon crime et ma honte me confondent. Pardonne-moi, Valentin ; si un chagrin sincère suffit pour expier l'offense, je te l'offre ici : la douleur de mon remords égale le crime que j'ai commis.

VALENTIN.—Je suis satisfait, et je te reçois de nouveau pour un honnête homme : celui qui n'est pas apaisé par le repentir n'est pas digne du ciel ni de la terre, car tous deux se laissent attendrir, et le repentir apaise la colère de l'Éternel. Pour te donner une preuve de ma sincérité, je te cède tous les droits que je pouvais avoir sur Silvie.

JULIE.—Malheureuse que je suis !

(Elle s'évanouit.)

PROTÉO.—Voyez donc ce jeune homme.

VALENTIN.—Eh bien ! mon garçon, qu'avez-vous ? Qu'y a-t-il ? Voyons, regardez-nous, parlez.

JULIE.—Oh! mon brave monsieur, mon maître m'avait chargé de remettre une bague à madame Silvie, et j'ai oublié de le faire.

PROTÉO.—Où est cette bague, mon garçon?

JULIE.—La voici. Prenez.

PROTÉO. — Comment? Laissez-moi voir. Eh! c'est la bague que j'ai donnée à Julie!

JULIE.—Oh! pardonnez-moi, monsieur, je me suis trompée. Voilà la bague que vous avez envoyée à Silvie.
(Elle lui présente une bague.)

PROTÉO.—D'où t'est venue cette bague? C'est celle que j'ai donnée à Julie en la quittant.

JULIE.—Et c'est Julie elle-même qui me l'a donnée, et c'est Julie elle-même qui l'a apportée ici.

PROTÉO.—Comment? Julie!

JULIE.—Reconnais celle qui fut l'objet de tous tes serments qu'elle conservait profondément dans son cœur. Ah! combien de fois, par tes parjures, tu as voulu les en arracher! Protéo, rougis de me voir ici sous cet habit; rougis de ce qu'il m'a fallu revêtir ce costume indécent, si pourtant le déguisement inspiré par l'amour peut être honteux; aux yeux de la pudeur, il est bien moins honteux pour une femme de changer d'habit, qu'il ne l'est pour un homme de changer de sentiments.

PROTÉO.—De changer de sentiments? Il est vrai; ô ciel! si l'homme était seulement constant, il serait parfait. Ce seul défaut l'entraîne dans tous les autres et le porte à tous les crimes. Mais mon inconstance finit avant même d'avoir commencé: qu'y a-t-il donc dans les traits de Silvie, que l'œil de la constance ne puisse trouver plus charmant chez ma Julie?

VALENTIN.—Allons, donnez-moi tous deux la main que j'aie la joie de former cette heureuse union. Il serait cruel que deux cœurs qui s'aiment tant fussent longtemps ennemis.

PROTÉO.—J'en atteste le ciel! je ne désire pas autre chose.

JULIE.—Et moi j'ai tout ce que je désire.
(Entrent les voleurs, le duc et Thurio.)

UN VOLEUR.—Une prise! une prise! une prise!

VALENTIN.—Arrêtez, arrêtez! c'est mon seigneur le duc. Mon prince, vous êtes le bienvenu auprès d'un homme disgracié, de Valentin, que vous avez banni.

LE DUC.—Comment? Valentin!

THURIO.—J'aperçois Silvie, et Silvie est à moi.

VALENTIN.—Thurio, recule ou reçois la mort. Ne t'avance pas à la portée de ma colère. Ne dis pas que Silvie est à toi.—S'il t'arrive de le répéter, Milan ne te reverra plus. La voici; ose seulement porter la main sur elle. Je te défie de toucher même de ton souffle celle que j'aime.

THURIO.—Seigneur Valentin, je ne me soucie guère d'elle, moi. Je regarderais comme un fou celui qui voudrait exposer ses jours pour une fille qui ne l'aime pas : je n'ai aucune prétention sur elle, elle est donc à toi.

LE DUC.—Tu n'en es que plus lâche et plus dégénéré, de l'abandonner sous un si frivole prétexte, après tous les moyens que tu as employés pour la gagner. — Oui, par l'honneur de mes ancêtres, j'honore ton courage, Valentin, et te crois digne de l'amour d'une impératrice. Sache donc que j'oublie dès ce moment tous tes torts, que je perds toute rancune et que je te rappelle à ma cour. Demande tous les honneurs dus à ton mérite, j'y souscris par ces mots : « Valentin, tu es un gentilhomme « et de bonne maison; reçois la main de ta Silvie, tu l'as « méritée. »

VALENTIN.—Je vous rends grâces, mon prince; ce don fait mon bonheur, et je vous conjure maintenant, pour l'amour de votre fille, de m'accorder une grâce que je vais vous demander.

LE DUC. — Je l'accorde pour l'amour de toi, quelle qu'elle soit.

VALENTIN.—Ces hommes bannis, parmi lesquels j'ai vécu, sont doués de bonnes qualités; pardonnez-leur les fautes qu'ils ont faites, et qu'ils soient rappelés de leur exil. Mon prince, ils sont bien changés ; ils sont devenus doux, civils et pleins de zèle pour le bien : ils peuvent rendre les plus grands services à l'État.

LE DUC.—Tu l'emportes, je leur pardonne ainsi qu'à

toi : dispose d'eux suivant les mérites que tu leur connais. Partons pour Milan, et que toutes nos querelles se terminent par la joie, les bals et les fêtes les plus solennelles.

VALENTIN.—Et, sur la route, j'oserai prendre la liberté de vous faire sourire par le récit de mes aventures. Mon prince, que pensez-vous de ce page?

LE DUC.—Je trouve que ce jeune homme a beaucoup de grâce; il rougit.

VALENTIN. — Je vous réponds, mon prince, qu'il en a beaucoup plus qu'un jeune homme.

LE DUC.—Que veux-tu dire par là?

VALENTIN.—Si vous le permettez, mon prince, je vous raconterai en route des aventures qui vous surprendront. Viens, Protéo; ce sera ta pénitence d'entendre raconter l'histoire de tes amours. Ensuite le jour de notre mariage sera le vôtre, nous n'aurons qu'un seul festin, qu'une seule maison, et qu'un mutuel et commun bonheur.

(Ils sortent.)

FIN DU CINQUIÈME ET DERNIER ACTE.

ROMÉO ET JULIETTE

TRAGÉDIE

NOTICE SUR ROMÉO ET JULIETTE

Deux grandes familles de Vérone, les Montecchi et les Capelletti (les *Montaigu* et les *Capulet*), vivaient depuis longtemps dans une inimitié qui avait souvent donné lieu, dans les rues, à des combats sanglants. Alberto della Scala, second capitaine perpétuel de Vérone, avait inutilement travaillé à les réconcilier; mais du moins était-il parvenu à les contenir de telle sorte que lorsqu'ils se rencontraient, dit l'historien de Vérone, Girolamo della Corte, « les plus jeunes « cédaient le pas aux plus âgés, ils se saluaient et se rendaient le « salut. »

En 1303, sous Bartolommeo della Scala, élu capitaine perpétuel après la mort de son père Alberto, Antonio Capelletto, chef de sa faction, donna, dans le carnaval, une grande fête, à laquelle il invita une partie de la noblesse de Vérone. Roméo Montecchio, âgé de vingt à vingt et un ans, et l'un des plus beaux et des plus aimables jeunes gens de la ville, s'y rendit masqué avec quelques-uns de ses amis. Au bout de quelque temps, ayant ôté son masque, il s'assit dans un coin d'où il pouvait voir et être vu. On s'étonna beaucoup de la hardiesse avec laquelle il venait ainsi au milieu de ses ennemis. Cependant, comme il était jeune et de manières agréables, ceux-ci, dit l'historien, « n'y firent pas autant d'attention qu'ils en auraient fait peut-« être s'il eût été plus âgé. » Ses yeux et ceux de Juliette Cappelletto se rencontrèrent bientôt, et, frappés également d'admiration, ils ne cessèrent plus de se regarder. La fête s'étant terminée par une danse appelée chez nous, dit Girolamo, « la danse du chapeau » (*dal cappello*), une dame vint prendre Roméo, qui, se trouvant ainsi introduit dans la danse, après avoir fait quelques tours avec sa danseuse, la quitta pour aller prendre Juliette, qui dansait avec un autre. Aussitôt qu'elle l'eût senti lui toucher la main, elle lui dit : « Bénie soit votre « venue ! » Et lui, lui serrant la main, répondit : « Quelles bénédic- « dictions en recevez-vous, madame ? » Et elle reprit en souriant : « Ne vous étonnez pas, seigneur, si je bénis votre venue ; M. Mer- « curio était là depuis longtemps à me glacer, et par votre politesse « vous êtes venu me réchauffer. » (Ce jeune homme, qui s'appelait Mercurio, dit le louche, et que l'agrément de son esprit faisait aimer de tout le monde, avait toujours eu les mains plus froides que la glace.) A ces mots, Roméo répondit : « Je suis grandement heureux « de vous rendre service en quoi que ce soit. » Comme la danse finissait, Juliette ne put dire que ces mots : « Hélas ! je suis plus à vous « qu'à moi-même. »

Roméo s'étant rendu plusieurs fois dans une petite rue, sur laquelle donnaient les fenêtres de Juliette, un soir elle le reconnut à « son éternument ou à quelque autre signe, » et elle ouvrit la fenêtre. Ils se saluèrent « très-poliment (*cortesissimamente*), » et, après s'être longtemps entretenus de leurs amours, ils convinrent qu'il fallait qu'ils se mariassent, quoi qu'il en pût arriver ; et que cela devait se faire par l'entremise du frère Lonardo, franciscain, « théologien, grand philosophe, distillateur admirable, savant dans l'art de la magie, » et confesseur de presque toute la ville. Roméo l'alla trouver, et le frère, songeant au crédit qu'il acquerrait, non-seulement auprès du capitaine perpétuel, mais dans toute la ville, s'il parvenait à réconcilier les deux familles, se prêta aux désirs des deux jeunes gens. A l'époque de la Quadragésime, où la confession était d'obligation, Juliette se rendit avec sa mère dans l'église de Saint-François, dans la citadelle, et étant entrée la première dans le confessionnal, de l'autre côté duquel se trouvait Roméo, également venu à l'église avec son père, ils reçurent la bénédiction nuptiale par la fenêtre du confessionnal, que le frère avait eu soin d'ouvrir ; puis, par les soins d'une très adroite vieille de la maison de Juliette, ils passèrent la nuit ensemble dans son jardin.

Cependant, après les fêtes de Pâques, une troupe nombreuse de Capelletti rencontra, à peu de distance des portes de Vérone, quelques Montecchi, et les attaqua, animée par Tébaldo, cousin germain de Juliette, qui, voyant que Roméo faisait tous ses efforts pour arrêter le combat, s'attacha à lui, et, le forçant à se défendre, en reçut un coup d'épée dans la gorge, dont il tomba mort sur-le-champ. Roméo fut banni, et, peu de temps après, Juliette, près de se voir contrainte d'en épouser un autre, eut recours au frère Lonardo, qui lui donna à avaler une poudre au moyen de laquelle elle devait passer pour morte, et être portée dans la sépulture de sa famille, qui se trouvait placée dans l'église du couvent de Lonardo. Celui-ci devait venir l'en retirer et la faire passer ensuite, déguisée, à Mantoue, où était Roméo, qu'il se chargeait d'instruire de tout.

Les choses se passèrent comme l'avait annoncé Lonardo ; mais Roméo ayant appris indirectement la mort de Juliette avant d'avoir reçu la lettre du religieux, partit sur-le-champ pour Vérone avec un seul domestique, et, muni d'un poison violent, se rendit au tombeau, qu'il ouvrit, baigna de larmes le corps de Juliette, avala le poison et mourut. Juliette, réveillée l'instant d'après, voyant Roméo mort et ayant appris du religieux, qui venait d'arriver, ce qui s'était passé, fut saisie d'une douleur si forte que, « sans pouvoir dire une parole, elle demeura morte sur le sein de son Roméo [1]. »

Cette histoire est racontée comme véritable par Girolamo della Corte ; il assure avoir vu plusieurs fois le tombeau de Juliette et de Roméo, qui, s'élevant un peu au-dessus de terre et placé près d'un puits, servait alors de lavoir à la maison des orphelins de Saint-François, que l'on bâtissait en cet endroit. Il rapporte en même temps que le cavalier Gerardo Boldiero, son oncle, qui l'avait mené à ce tombeau, lui avait montré dans un coin du mur, près du couvent des Capucins, l'endroit d'où il avait entendu dire qu'un grand nombre d'années auparavant on avait retiré les restes de Juliette et de Roméo, ainsi que de plusieurs autres. Le capitaine Bréval, dans ses voyages, dit également avoir vu à Vérone, en 1762, un vieux bâtiment qui était alors une maison d'orphelins, et qui, selon son guide, avait renfermé le tombeau de Roméo et de Juliette ; mais il n'existait plus.

Ce n'est probablement pas sur le récit de Girolamo della Corte que Shakspeare a composé sa tragédie ; elle fut d'abord représentée, à ce qu'il paraît, en 1595, chez lord Hundsdon, lord chambellan de la reine Élisabeth, et imprimée pour la première fois en 1597. Or, l'ouvrage de Girolamo della Corte, qui devait avoir vingt-deux livres, se trouve interrompu au milieu du vingtième livre et à l'année 1560 par la maladie de l'auteur. On voit de plus, dans la préface de l'éditeur, que cette maladie fut longue et amena la mort de l'historien, que la nécessité de revoir le travail auquel Girolamo n'avait pu mettre lui-même la dernière main prit un temps considérable, et enfin que les procès, tant « civils que criminels, » dont fut tourmenté l'éditeur, ne

---

[1] Voyez *Istoria di Verona del sig. Girolamo della Corte*, etc., t. Ier, p. 589 et suiv. Édit. de 1594.

lui permirent pas de mener à fin son entreprise aussi promptement qu'il l'aurait désiré ; en sorte que l'ouvrage de Girolamo ne put être publié que longtemps après sa mort : l'édition de 1594 est donc, selon toute apparence, la première, et ne pouvait guère, en 1595, être déjà venue à la connaissance de Shakspeare.

Mais l'histoire de Roméo et de Juliette, sans doute très-populaire à Vérone, avait déjà fait le sujet d'une nouvelle, composée par Luigi da Porto, et publiée à Venise en 1535, six ans après la mort de l'auteur, sous le titre de la *Giulietta*. Cette nouvelle, réimprimée, traduite, imitée dans plusieurs langues, fournit à Arthur Brooke le sujet d'un poëme anglais, publié en 1562 [1], et où Shakspeare a certainement puisé le sujet de sa tragédie. L'imitation est complète. Juliette, dans le poëme de Brooke ainsi que dans la nouvelle de Luigi da Porto, se tue avec le poignard de Roméo, au lieu de mourir de douleur comme dans l'histoire de Girolamo della Corte; mais ce qu'il y a de singulier, c'est que le poëme d'Arthur Brooke, et Shakspeare qui l'a suivi, fassent mourir Roméo comme dans l'histoire, avant le réveil de Juliette, tandis que, dans la nouvelle de Luigi da Porto, il ne meurt qu'après l'avoir vue se réveiller et avoir eu avec elle une scène de douleur et d'adieux. On a reproché à Shakspeare de ne s'être pas conformé à cette circonstance qui lui fournissait une situation très-pathétique, et on en a conclu qu'il ne connaissait pas la nouvelle italienne, bien que traduite en anglais. Cependant quelques circonstances donnent lieu de croire que Shakspeare connaissait cette traduction. Quant à ses motifs pour préférer le récit du poëte à celui du romancier, il peut en avoir eu plusieurs : d'abord, pour s'être écarté en un point si important de la nouvelle de Luigi da Porto, qu'il a suivie scrupuleusement sur presque tous les autres, peut-être Arthur Brooke, l'auteur même du poëme, avait-il eu quelques renseignements sur l'histoire véritable, telle que l'avait racontée Girolamo della Corte, contemporain de Shakspeare; il aura pu les lui communiquer, et l'exactitude de Shakspeare à se rapprocher, autant qu'il le pouvait, de l'histoire ou des récits reçus comme tels, ne lui aura pas permis d'hésiter dans le choix. D'ailleurs, et c'est probablement ici la vraie raison du poëte, Shakspeare ne fait presque jamais précéder une résolution forte par de longs discours : « Les

---

[1] Sous le titre de : *l'Histoire tragique de Roméo et Juliette, contenant un exemple rare de vraie fidélité, avec les subtiles inventions et pratiques d'un vieux moine, et leur fâcheuse issue.* Ce poëme a été réimprimé à la suite de *Roméo et Juliette*, dans les grandes éditions de Shakspeare, entre autres dans celle de Malone.

« discours, dit Macbeth, jettent un souffle trop froid sur l'action. » Quelques angoisses que la réflexion ajoute à la douleur, elle porte l'esprit sur un trop grand nombre d'objets pour ne pas le distraire de l'idée unique qui conduit aux actions désespérées. Après avoir reçu les adieux de Roméo, après avoir pleuré sa mort avec lui, il eût pu arriver que Juliette la pleurât toute sa vie au lieu de se tuer à l'instant. Garrick a refait cette scène du tombeau d'après la supposition adoptée par la nouvelle de Luigi da Porto; la scène est touchante, mais, comme cela était peut-être inévitable dans une situation pareille, impossible à rendre par des paroles; les sentiments en sont trop et trop peu agités, le désespoir trop et trop peu violent. Il y a dans le laconisme de la Juliette et du Roméo de Shakspeare, à ces derniers moments, bien plus de passion et de vérité.

Ce laconisme est d'autant plus remarquable que, dans tout le cours de la pièce, Shakspeare s'est livré sans contrainte à cette abondance de réflexions et de paroles qui est l'un des caractères de son génie. Nulle part le contraste n'est plus frappant entre le fond des sentiments que peint le poëte et la forme sous laquelle il les exprime. Shakspeare excelle à voir les sentiments humains tels qu'ils se présentent, tels qu'ils sont réellement dans la nature, sans préméditation, sans travail de l'homme sur lui-même, naïfs et impétueux, mêlés de bien et de mal, d'instincts vulgaires et d'élans sublimes, comme l'est l'âme humaine dans son état primitif et spontané. Quoi de plus vrai que l'amour de Roméo et de Juliette, cet amour si jeune, si vif, si irréfléchi, plein à la fois de passion physique et de tendresse morale, abandonné sans mesure et pourtant sans grossièreté, parce que les délicatesses du cœur s'unissent partout à l'emportement des sens! Il n'y a rien là de subtil, ni de factice, ni de spirituellement arrangé par le poëte; ce n'est ni l'amour pur des imaginations pieusement exaltées, ni l'amour licencieux des vies blasées et perverties; c'est l'amour lui-même, l'amour tout entier, involontaire, souverain, sans contrainte et sans corruption, tel qu'il éclate à l'entrée de la jeunesse, dans le cœur de l'homme, à la fois simple et divers, comme Dieu l'a fait. *Roméo et Juliette* est vraiment la tragédie de l'amour, comme *Othello* celle de la jalousie, et *Macbeth* celle de l'ambition. Chacun des grands drames de Shakspeare est dédié à l'un des grands sentiments de l'humanité; et le sentiment qui remplit le drame est bien réellement celui qui remplit et possède l'âme humaine quand elle s'y livre; Shakspeare n'y retranche, n'y ajoute et n'y change rien; il le représente simplement, hardiment, dans son énergique et complète vérité.

Passez maintenant du fond à la forme et du sentiment même au langage que lui prête le poëte ; quel contraste ! Autant le sentiment est vrai et profondément connu et compris, autant l'expression en est souvent factice, chargée de développements et d'ornements où se complaît l'esprit du poëte, mais qui ne se placent point naturellement dans la bouche du personnage. *Roméo et Juliette* est peut-être même, entre les grandes pièces de Shakspeare, celle où ce défaut abonde le plus. On dirait que Shakspeare a voulu imiter ce luxe de paroles, cette facilité verbeuse qui, dans la littérature comme dans la vie, caractérisent en général les peuples du midi ; il avait certainement lu, du moins dans les traductions, quelques poëtes italiens ; et les innombrables subtilités dont le langage de tous les personnages de *Roméo et Juliette* est, pour ainsi dire, tissu, les continuelles comparaisons avec le soleil, les fleurs et les étoiles, quoique souvent brillantes et gracieuses, sont évidemment une imitation du style des sonnets et une dette payée à la couleur locale. C'est peut-être parce que les sonnets italiens sont presque toujours sur le ton plaintif que la recherche et l'exagération de langage se font particulièrement sentir dans les plaintes des deux amants ; l'expression de leur court bonheur est, surtout dans la bouche de Juliette, d'une simplicité ravissante ; et quand ils arrivent au terme extrême de leur destinée, quand le poëte entre dans la dernière scène de cette douloureuse tragédie, alors il renonce à toutes ses velléités d'imitation, à toutes ses réflexions spirituellement savantes ; ses personnages, à qui, dit Johnson, « il a toujours laissé un *concetti* dans leur misère, » n'en retrouvent plus dès que la misère a frappé ses grands coups ; l'imagination cesse de se jouer ; la passion elle-même ne se montre plus qu'en s'unissant à des sentiments solides, graves, presque sévères ; et cette amante si avide des joies de l'amour, Juliette, menacée dans sa fidélité conjugale, ne songe plus qu'à remplir ses devoirs et à conserver sans tache l'épouse de son cher Roméo. Admirable trait de sens moral et de bon sens dans le génie adonné à peindre la passion !

Du reste, Shakspeare se trompait lorsqu'en prodiguant les réflexions, les images et les paroles, il croyait imiter l'Italie et ses poëtes. Il n'imitait pas du moins les maîtres de la poésie italienne, ses pareils, les seuls qui méritassent ses regards. Entre eux et lui, la différence est immense et singulière : c'est par l'intelligence des sentiments naturels que Shakspeare excelle ; il les peint aussi vrais et aussi simples, au fond, qu'il leur prête d'affectation et quelquefois de bizarrerie dans le langage ; c'est au contraire dans les sentiments mêmes que les grands poëtes italiens du xɪvᵉ siècle, Pétrarque surtout, introduisent souvent autant de recherche et de subtilité que d'élévation et de grâce ; ils altèrent et transforment, selon leurs croyances religieuses et morales, ou même selon leurs goûts littéraires, ces instincts et ces passions du cœur humain auxquels Shakspeare laisse leur physionomie et leur liberté natives. Quoi de moins semblable que l'amour de Pétrarque pour Laure et celui de Juliette pour Roméo ? En revanche, l'expression, dans Pétrarque, est presque toujours aussi naturelle que le sentiment est raffiné ; et tandis que Shakspeare présente, sous une forme étrange et affectée, des émotions parfaitement simples et vraies, Pétrarque prête à des émotions mystiques, ou du moins singulières et très-contenues, tout le charme d'une forme simple et pure.

Je veux citer un seul exemple de cette différence entre les deux poëtes, mais un exemple bien frappant, car c'est sur la même situation, le même sentiment, presque sur la même image que, dans cette occasion, ils se sont exercés l'un et l'autre.

Laure est morte. Pétrarque veut peindre, à son entrée dans le sommeil de la mort, celle qu'il a peinte, si souvent et avec tant de passion charmante, dans l'éclat de la vie et de la jeunesse :

> Non come fiamma che per forza è spenta,
> Ma che per se medesma si consume,
> Sen' andò in pace l'anima contenta,
> A guisa d'un soave e chiaro lume,
> Cui nutrimento a poco a poco manca,
> Tenendo al fin il suo usato costume.
> Pallida nò, ma più che neve bianca
> Che senza vento in un bel colle fiocchi,
> Parea posar come persona stanca.
> Quasi un dolce dormir ne' suoi begli occhi,
> Sendo lo spirto già da lei diviso,
> Era quel che morir chiaman gli schiocchi.
> Morte bella parea nel suo bel viso [1].

« Comme un flambeau qui n'est pas éteint violemment, mais qui se consume de lui-même, son âme sereine s'en alla en paix, semblable à une lumière claire et douce à qui l'aliment manque peu à peu, et qui garde jusqu'à la fin son apparence accoutumée. Elle n'était point pâle, mais, plus blanche que la neige qui tombe à flocons, sans un souffle de vent, sur une gracieuse colline, elle semblait se reposer, comme une personne fatiguée. L'esprit s'étant déjà séparé d'elle, ses

---

[1] *Rime di Petrarca*, Trionfo della morte, c. I.

beaux yeux semblaient dormir doucement de ce sommeil que les insensés appellent la mort, et la mort paraissait belle sur son beau visage. »

Juliette aussi est morte. Roméo la contemple dans son tombeau, et lui aussi il la trouve toujours belle :

> . . . . . . O, my love, my wife!
> Death, that has suck'd the honey of thy breath,
> Has had no power yet upon thy beauty;
> Thou art not conquer'd; beauty's ensign yet
> Is crimson in thy lips and in thy cheeks;
> And death's pale flag is not advanced there!

« O mon amour, ma femme ! la mort, qui a sucé le miel de ton haleine, n'a point eu encore de pouvoir sur ta beauté ; tu n'es pas sa conquête ; la couleur de la beauté, l'incarnat brille encore sur tes lèvres et sur tes joues, et la mort n'a pas planté ici son pâle drapeau ! »

Je n'ai garde d'insister sur la comparaison. Qui ne sent combien la forme est plus simple et plus belle dans Pétrarque ? C'est la poésie suave et brillante du Midi à côté de l'imagination forte, rude et heurtée du Nord.

L'amour de Roméo pour Rosalinde est une invention de Luigi da Porto, conservée dans le poëme d'Arthur Brooke. Cette invention jette si peu d'intérêt sur les premiers actes de la pièce, que Shakspeare ne l'a probablement adoptée que pour faire mieux ressortir ce caractère de soudaineté propre aux passions du climat. Le personnage de Mercutio lui a été indiqué par ces vers du poëme anglais :

> A courtier that eche where was highly had in price,
> For he was courteous of his speech, and pleasant of devise.
> Even as a lyon would among the lambs be bold,
> Such was among the bashful maydes Mercutio to behold.

« Un courtisan que, quelque part qu'il se trouvât, chacun tenait en très-haute estime, car il était courtois dans ses discours et devisait plaisamment ; autant un lion serait hardi au milieu des agneaux, autant Mercutio le paraissait au milieu des jeunes filles timides. »

Tel était sans doute le bel air du temps de Shakspeare, et c'est comme le type de l'homme aimable et amusant qu'il a peint Mercutio. Cependant, si la hardiesse lui a manqué pour attaquer, comme Molière, les ridicules de la cour, il laisse assez souvent entrevoir que le ton lui en était à charge. Le rôle de Mercutio paraît avoir coûté à son goût et à la justesse de son esprit. Dryden rapporte, comme une tradition de son temps, que Shakspeare disait « qu'il avait été obligé « de tuer Mercutio au troisième acte, de peur que Mercutio ne le tuât. » Cependant Mercutio a conservé en Angleterre de zélés partisans; Johnson entre autres, à cette occasion, traite assez durement Dryden pour quelques paroles irrévérentes sur cet aimable Mercutio, dont les « saillies, dit-il, ne sont peut-être pas toujours à sa portée. » L'éloignement de Shakspeare pour le genre d'esprit qu'il a prodigué dans *Roméo* est, du reste, suffisamment prouvé par l'injonction du frère Laurence à Roméo, lorsque celui-ci commence à lui expliquer ses affaires en style de sonnet : « Mon fils, lui dit-il, parle simple-« ment. » Le frère Laurence est l'homme sage de la pièce, et ses discours sont en général aussi simples que de son temps il était permis à un philosophe de l'être.

Le rôle de la nourrice de Juliette offre également peu de ces subtilités que Shakspeare paraît, dans cet ouvrage, avoir réservées aux gens de la haute classe, et quelquefois aux valets qui les imitent. Ce caractère de la nourrice est indiqué dans le poëme d'Arthur Brooke, où il est loin cependant d'avoir la même vérité grossière que dans la pièce de Shakspeare.

Partout où ils échappent aux concetti, les vers de *Roméo et Juliette* sont peut-être les plus gracieux et les plus brillants qui soient sortis de la plume de Shakspeare ; ils sont en grande partie rimés, autre hommage rendu aux habitudes italiennes.

Roméo et Juliette fut jouée pour la première fois, en 1596, par *les serviteurs de lord Hundsdon*, les grands seigneurs ayant joui jusqu'au règne de Jacques Ier d'une liberté illimitée quant à la protection qu'ils accordaient aux acteurs. Un acte du Parlement y apporta alors quelque restriction.

ROMÉO ET JULIETTE

TRAGÉDIE

PERSONNAGES

ESCALUS, prince de Vérone.
PARIS, jeune seigneur, parent du prince.
MONTAIGU, } chefs des deux maisons
CAPULET, } ennemies.
UN VIEILLARD, oncle de Capulet.
ROMÉO, fils de Montaigu.
MERCUTIO, parent du prince et ami de Roméo.
BENVOLIO, neveu de Montaigu et ami de Roméo.
TYBALT, neveu de la signora Capulet.
FRERE LAURENCE, franciscain.
FRERE JEAN, religieux du même ordre.
BALTHASAR, domestique de Roméo.
SAMSON, } domestiq. de Capulet.
GREGOIRE, }
ABRAHAM, domestique de Montaigu.
UN APOTHICAIRE.
TROIS MUSICIENS.
UN VALET.
UN PAGE de Pàris.
PIERRE.
UN OFFICIER.
CHOEUR.
LA SIGNORA MONTAIGU, femme de Montaigu.
LA SIGNORA CAPULET, femme de Capulet.
JULIETTE, fille de Capulet.
LA NOURRICE de Juliette.
CITOYENS DE VÉRONE, PLUSIEURS HOMMES ET FEMMES DES DEUX FAMILLES, MASQUES, GARDES, GENS DU GUET ET SERVITEURS.

La scène est pendant presque toute la pièce à Vérone. Au cinquième acte elle est une fois à Mantoue.

PROLOGUE

Dans la belle Vérone, où nous plaçons notre scène, l'antique haine de deux maisons égales en dignité vient d'éclater par de nouveaux troubles, où le sang des citoyens a souillé les mains des citoyens. De la race funeste de ces deux ennemis a pris naissance, sous des étoiles funestes, un couple d'amants infortunés dont les malheurs et la ruine déplorable enseveliront avec eux les luttes de leurs parents. L'épisode terrible de cet amour marqué de mort, l'obstination de leurs parents dans des fureurs dont la mort de leurs enfants peut seule terminer le cours, vont pendant ces deux heures occuper notre scène. Si vous nous prêtez la faveur d'une oreille attentive, nous travaillerons par nos efforts à perfectionner ce qui pourrait manquer ici.

ACTE PREMIER

SCÈNE I

Une place publique.

Entrent SAMSON ET GRÉGOIRE, *armés d'épées et de boucliers.*

SAMSON.—Tiens, Grégoire, sur ma parole, on ne nous fera plus avaler de pilules [1].

---

[1] SAMSON.   *Gregory, o'my word, we'll not carry coals.*
GREGORY.   *No, for then we should be colliers.*
SAMSON.   *I mean, an we be in choler we'll draw.*
GREGORY.   *Ay, while you live, draw your neck out, o'the collar.*

Carry coals (porter du charbon) était, du temps de Shakspeare, une expression proverbiale en anglais pour dire *supporter des injures*. Samson, jouant sur les deux sens de cette expression, répond : *Non, car nous serions des charbonniers.* Il a fallu changer cette réplique de Samson pour qu'elle se rapportât à l'expression *avaler des pilules*, la seule qui, en français puisse rendre *carry coals*. On a été de même obligé à quelques légères altérations dans les deux répliques suivantes, dont la plaisanterie porte sur la consonnance des mots *choler* (colère) et *collar* (collier, collier de fer). La même liberté, et de plus grandes encore seront souvent indispensables dans le cours de cette pièce, pour donner un sens quelconque à cette suite de jeux de mots, de calembours, de quolibets, dont se compose, durant les deux premiers actes, la conversation de presque tous les personnages, et aussi pour éviter ou adoucir quelques plaisanteries trop grossières. C'est un travail ingrat autant que rebutant de chercher dans la partie burlesque de notre langue de quoi travestir convenablement des bouffonneries où l'esprit ne peut découvrir

grégoire.—Non, car elles pourraient bien nous donner la colique.

samson.—Je veux dire que, si on nous fâche, il faudra être francs du collier.

grégoire.—Franc pour toute ta vie du collier du bourreau, n'est-ce pas?

samson.—Je suis prompt à taper quand je me mets en train.

grégoire.—Mais tu n'es pas prompt à te mettre en train de taper.

samson.—La vue d'un de ces chiens de Montaigu me remue tout le corps.

grégoire.—On se remue pour courir; quand on est brave, on tient ferme : c'est pour cela que, lorsqu'on te remue, tu te sauves.

samson.—Un chien de cette maison me remuera de telle sorte que je tiendrai ferme : je prendrai le côté du mur avec tout homme ou femme des Montaigu.

grégoire.—C'est ce qui prouve que tu n'es qu'un faible esclave, car ce sont les plus faibles qu'on met au pied du mur [1].

samson. — Oui, c'est vrai; et voilà pourquoi les femmes étant des vaisseaux plus fragiles, on les met toujours au pied du mur. Je prendrai le côté du mur sur les serviteurs de la maison de Montaigu; et pour les filles, je les mettrai au pied du mur.

grégoire.—La querelle est entre nos maîtres et nous, leurs hommes.

samson.—Cela m'est égal, je veux me montrer tyran. Quand je me serai battu avec les hommes, je serai cruel envers les filles : je leur couperai la tête.

grégoire.—La tête des filles ?

---

d'autre mérite que celui qu'elles empruntent de ce grotesque attirail, et où l'on est à chaque instant tenté de demander pardon au lecteur de la peine qu'on prend pour lui transmettre ces puérilités : mais c'est Shakspeare qu'il s'agit de faire connaître, ou du moins le goût de ce temps d'où est sorti Shakspeare.

[1] *The weakest goes to the wall* (le plus faible va contre le mur). Il a fallu changer un peu le sens de la phrase pour qu'elle se pré-

SAMSON.—Oui, la tête des filles, ou bien....[1] : arrange cela comme tu voudras.

GRÉGOIRE.—C'est à celles qui le sentiront à s'en arranger.

SAMSON.—Elles me sentiront tant que le courage me tiendra; et on sait que je suis un gaillard bien en chair.

GRÉGOIRE.—Oui, tu n'es pas poisson : si tu l'étais, tu serais un hareng de deux liards. Allons, tire ta flamberge; en voilà deux de la maison des Montaigu.

(Entrent Abraham et Balthasar.)

SAMSON.—Voilà mon épée hors du fourreau. Cherche-leur querelle, je t'épaulerai.

GRÉGOIRE.—Comment, en tournant les épaules et en te sauvant?

SAMSON.—Ne crains rien de mon courage.

GRÉGOIRE.—Moi, craindre ton courage! non, vraiment.

SAMSON.—Mettons la loi de notre côté; laissons-les commencer.

GRÉGOIRE.—Je vais froncer le sourcil en passant devant eux; qu'ils le prennent comme ils voudront.

SAMSON.—C'est-à-dire comme ils l'oseront. Moi, je vais leur mordre mon pouce[2]; s'ils le supportent, ils sont déshonorés.

ABRAHAM.—Est-ce à notre intention, monsieur, que vous mordez votre pouce ?

SAMSON.—Je mords mon pouce, monsieur.

ABRAHAM.—Est-ce à notre intention, monsieur, que vous mordez votre pouce ?

---

tôt à la suite de la plaisanterie. Samson répond que les femmes étant *the weaker vessels* (les vases les moins solides), expression empruntée à l'Écriture, sont toujours (*thrust to the wall*) jetées contre le mur, au coin du mur.

[1] *Or their maidenheads ; take it in what sense thou wilt.* — GREG. *They must take it in sense that feel it.* — SAMS. *Me they shall feel, while I am able to stand.* Le jeu de mots roule sur les têtes des filles (*the heads of the maids*) ou leur virginité (*maidenhead*); il est impossible à rendre en français.

[2] Mordre son pouce était, du temps de Shakspeare, une des insultes les plus en usage pour commencer une querelle.

SAMSON.—Aurons-nous la loi de notre côté si je réponds oui?

GRÉGOIRE.—Non pas.

SAMSON.—Non, monsieur, ce n'est pas à votre intention que je mords mon pouce ; mais je mords mon pouce, monsieur.

GRÉGOIRE.—Cherchez-vous querelle, monsieur?

ABRAHAM.—Querelle, monsieur? Non monsieur.

SAMSON.—Si vous cherchez querelle, monsieur, je suis bon pour vous ; je sers un aussi bon maître que vous.

ABRAHAM.—Pas un meilleur.

SAMSON.—Soit, monsieur.

GRÉGOIRE.—Dis meilleur. (*A part, à Samson.*) J'aperçois un des parents de mon maître [1].

(On voit de loin entrer Benvolio.)

SAMSON.—Oui, meilleur, monsieur.

ABRAHAM.—Vous mentez.

SAMSON.—Tirez, si vous êtes des hommes. — Grégoire, n'oublie pas ce coup qui fait tant de bruit.

(Ils se battent.)

BENVOLIO, *accourant l'épée nue pour les séparer.*—Séparez-vous, imbéciles. Remettez vos épées ; vous ne savez ce que vous faites. (*Il abaisse leurs épées*)

(Entre Tybalt.)

TYBALT.—Quoi ! tu tires l'épée contre cette lâche canaille ! Tourne-toi, Benvolio ; regarde ta mort en face.

BENVOLIO.—Je ne veux que rétablir la paix ici. Remets ton épée, ou sers-t'en pour m'aider à séparer ces hommes.

TYBALT.—Quoi ! l'épée est tirée et tu parles de paix ! Je hais ce mot comme je hais l'enfer, tous les Montaigu et toi. Défends-toi, lâche.

(Ils se battent.)

(Entrent des partisans des deux maisons qui se joignent à la mêlée. Entrent ensuite des citoyens avec de gros bâtons.)

PREMIER CITOYEN.—Prenez vos bâtons, vos piques, vos

---

[1] Il faut que cette phrase de Grégoire se rapporte à Tybalt, qu'il aperçoit apparemment de loin, car Benvolio est parent des Montaigu.

pertuisanes. Frappons, faisons-les tomber à terre : à bas les Capulet! à bas les Montaigu !

(Entrent le vieux Capulet, en robe de chambre, et la signora Capulet.

CAPULET.—Quel est ce bruit? Holà! Donnez-moi mon épée de combat.

LA SIGNORA CAPULET. — Votre béquille, votre béquille ! Que voulez-vous faire d'une épée?

CAPULET.—Mon épée! vous dis-je, j'aperçois le vieux Montaigu : il fait briller sa lame en l'air pour me braver.

(Entrent Montaigu et la signora Montaigu.)

MONTAIGU.—C'est toi, traître de Capulet! — Ne me retenez pas, laissez-moi aller.

LA SIGNORA MONTAIGU.—Je ne vous laisserai pas faire un pas pour chercher un ennemi.

(Entrent le prince et sa suite.)

LE PRINCE.—Sujets rebelles, ennemis de la paix, profanateurs de ce fer souillé du sang de vos voisins... — Ne m'écouteront-ils donc pas? — Holà! comment! Hommes ou bêtes que vous êtes, qui ne savez éteindre les flammes de votre rage pernicieuse que dans des flots de sang tirés de vos propres veines; sous peine de la torture, jetez à terre de vos mains sanglantes ces armes forgées par la colère [1], et écoutez la sentence de votre prince irrité.—Déjà par votre fait, vieux Capulet, et vous Montaigu, trois querelles intestines ont, sur une parole en l'air, troublé trois fois la tranquillité de nos rues, et fait quitter aux anciens de Vérone les graves ornements qui leur conviennent, pour manier de vieilles pertuisanes dans de vieilles mains rongées par la paix, afin de réprimer les violences de la haine qui vous ronge. Si jamais vous troublez encore nos rues, vous payerez de votre vie la violation de la paix. Pour cette fois, que tous se retirent, excepté vous, Capulet, qui me suivrez; et vous, Montaigu, rendez-vous cette après-midi à l'antique manoir de Villafranca [2], où nous tenons notre cour publique

[1] *Mis-tempered weapons*, ce qui signifie à la fois armes d'une mauvaise trempe et armes forgées dans une mauvaise intention, forgées à mal.

[2] *Villafranca,* que Shakspeare appelle *Free town*, était, selon la nouvelle originale, une propriété des Capulet.

de justice, pour y apprendre nos intentions ultérieures sur ce qui vient de se passer. Encore une fois, sous peine de mort, que tous se retirent.

(Sortent le prince, sa suite, Capulet, la signora Capulet, Tybalt, les citoyens et les domestiques.)

LA SIGNORA MONTAIGU.—Qui donc a de nouveau ranimé cette ancienne querelle? Répondez, mon neveu; y étiez-vous lorsqu'elle a commencé?

BENVOLIO.—Les domestiques de votre ennemi et les vôtres étaient déjà ici à se battre chaudement quand je suis arrivé : j'ai tiré l'épée pour les séparer. En ce moment est survenu, l'épée à la main, le bouillant Tybalt, qui, tout en me jetant des défis aux oreilles, s'est mis à faire le moulinet au-dessus de sa tête, et à pourfendre les vents, qui, n'en recevant pas le moindre mal, ont sifflé de mépris. Pendant que nous faisions échange d'estocades et de coups, venaient à tout moment de nouveaux combattants pour l'un et l'autre parti, jusqu'à ce qu'enfin est arrivé le prince, qui les a séparés.

LA SIGNORA MONTAIGU.—Oh! où est Roméo? l'avez-vous vu aujourd'hui? Je suis bien heureuse qu'il ne se soit pas trouvé à cette bagarre.

BENVOLIO.—Ce matin, madame, une heure avant que le divin soleil lançât son premier regard à travers la fenêtre d'or de l'orient, le trouble de mon âme m'a poussé à sortir hors de chez moi; et là, sous le bosquet de sycomores qui s'élève à l'ouest de la ville, aussi matinal que moi dans sa promenade, j'ai vu votre fils. J'ai marché vers lui; mais il m'a aperçu, et s'est glissé dans l'épaisseur du bois. Jugeant de ses sentiments par les miens, qui ne sont jamais plus actifs que dans la solitude, j'ai suivi mon humeur en ne poursuivant pas la sienne, et j'ai évité avec plaisir celui qui me fuyait avec plaisir.

MONTAIGU.—Plus d'une fois avant le jour où l'a vu dans ce lieu augmenter de ses pleurs la fraîche rosée du matin, accroître les nuages des nuages qu'élevaient ses profonds soupirs; mais aussitôt qu'à la dernière extrémité de l'orient le soleil, qui égaye toutes choses, commence à tirer les obscurs rideaux du lit de l'Aurore, mon fils accablé rentre pour se dérober à sa lumière, se retire seul dans sa chambre, ferme les fenêtres, et, interdisant tout accès au doux éclat du jour, se forme ainsi une nuit artificielle. Cette disposition le conduira nécessairement à une mélancolie noire et funeste, si de bons conseils n'en écartent la cause.

BENVOLIO.—Mon noble oncle, en savez-vous la cause?

MONTAIGU.—Je ne la sais point, et ne puis l'apprendre de lui.

BENVOLIO. — L'avez-vous pressé par quelques moyens?

MONTAIGU.—Il l'a été par moi-même et par beaucoup d'autres amis; mais, n'écoutant que lui-même sur ses propres sentiments, il se garde, je ne saurais dire quelle fidélité, mais du moins un secret complet et absolu; aussi rebelle à toute tentative pour sonder ce mystère, que le bouton piqué par un ver envieux avant d'avoir pu déployer à l'air ses pétales odorants et livrer ses beautés au soleil. Si nous pouvions seulement savoir d'où provient son chagrin, nous serions aussi empressés de le guérir que de le connaître.

(Roméo paraît dans l'éloignement.)

BENVOLIO. — Tenez, le voilà qui vient. Veuillez vous éloigner; il faudra qu'il me refuse bien obstinément si je ne parviens pas à savoir ce qui l'afflige.

MONTAIGU.—Je désire bien que tu sois assez heureux pour obtenir par ton insistance une sincère confession. —Venez, madame, retirons-nous.

(Sortent Montaigu et la signora Montaigu.)

BENVOLIO.—Bonjour, mon cousin.

ROMÉO.—Le jour est-il donc si jeune encore?

BENVOLIO.—Neuf heures viennent de sonner.

ROMÉO.—Hélas! les heures tristes paraissent longues. Était-ce mon père que j'ai vu s'éloigner si vite?

BENVOLIO.—C'était lui.— Quel est donc le chagrin qui allonge les heures de Roméo?

ROMÉO.—La privation de ce qui les rendrait courtes si je le possédais.

BENVOLIO.—Amoureux?

ROMÉO.—Accablé¹.

BENVOLIO.—D'amour?

ROMÉO.—De la rigueur de celle que j'aime.

BENVOLIO.—Hélas! faut-il que l'Amour, aux regards si doux, soit à l'épreuve si dur et si tyrannique?

ROMÉO.—Hélas! faut-il que l'Amour, avec ses yeux toujours couverts d'un bandeau, trouve sans voir des chemins pour faire sa volonté! Où dinerons-nous?—O dieux! — Quel était donc ce tumulte?— Mais non, ne me le dis pas; j'ai tout entendu. — Il y a bien à faire avec la haine, mais plus encore avec l'amour. — O amour querelleur, ô haine amoureuse, toi qui es tout et nais d'abord de rien, chose légère qui nous accable, vanité sérieuse, chaos difforme des plus séduisantes apparences, plume de plomb, fumée brillante, feu glacé, santé malade, sommeil toujours éveillé qui n'est point le sommeil! voilà l'amour que je sens, sans y sentir l'amour. Cela ne te fait-il pas rire?

BENVOLIO.—Non, cousin; bien plutôt pleurer.

ROMÉO.—Tendre cœur, et de quoi?

BENVOLIO.—De voir ton tendre cœur si oppressé.

ROMÉO.—Eh bien! telle est l'erreur de l'affection. Mes cnagrins demeuraient appesantis dans mon sein; tu les forces à se répandre en les pressant sous le poids du tien, et l'affection que tu me montres ajoute une peine de plus à cet excès de peine que je ressens déjà. L'amour est une fumée qu'élève la vapeur des soupirs : libre de s'échapper, c'est un feu qui éclate dans les yeux des amants; réprimé, une mer que les amants nourrissent de leurs larmes. Qu'est-ce encore autre chose? une folie

---

1 BENV. *In love?*
ROM. *Out.*
BENV. *Of love?*
ROM. *Out of her...* etc.

Out of love signifie ici *par amour*. Benvolio, selon l'usage des jeunes gens de cette pièce de ne parler presque jamais sérieusement, veut tourner en plaisanterie la réponse de Roméo, en lui faisant dire qu'il est *amoureux par amour*. Cela ne pouvait se rendre.

raisonnable, une bile amère qui suffoque, un doux parfum qui conserve.—Adieu, mon cousin.

(Il veut sortir.)

BENVOLIO.—Doucement, je veux vous accompagner, et c'est me manquer que de me quitter ainsi.

ROMÉO.—Eh! je ne me retrouve plus moi-même : je ne suis point ici; ce n'est point Roméo que tu vois, il est quelque part ailleurs.

BENVOLIO.—Dites-le-moi dans votre tristesse; quelle est celle que vous aimez?

ROMÉO.—Quoi! faut-il te le dire en gémissant?

BENVOLIO.—En gémissant? Non, pas tout à fait; mais dites-le-moi tristement : qui est-ce?

ROMÉO.—Demandez à un malade de faire avec tristesse son testament! Oh! qu'il est mal d'importuner d'un tel mot celui qui est si mal! — Tristement, cousin, j'aime une femme.

BENVOLIO.—J'étais arrivé juste en supposant que vous aimiez.

ROMÉO.—Un bien bon tireur! Et elle est belle celle que j'aime.

BENVOLIO.—Un beau but, beau cousin, est plus facile à frapper.

ROMÉO.—Eh bien! à ce coup-ci, vous manquez, on ne pourrait l'atteindre avec l'arc de Cupidon, car elle est animée de l'esprit de Diane, et solidement armée d'une chasteté à l'épreuve; elle vit invulnérable aux faibles coups de l'arc enfantin de l'Amour; elle ne se laissera point assiéger par d'amoureuses négociations, ne supportera pas la rencontre des yeux qui l'assaillent, n'ouvrira point le pan de sa robe à l'or qui séduit même les saints. Oh! elle est riche en beauté, pauvre seulement en ceci, qu'en mourant son trésor de beauté mourra avec elle.

BENVOLIO.—A-t-elle donc juré de vivre dans la chasteté?

ROMÉO.—Elle l'a juré; et cette parcimonie produira un immense dégât, car la beauté réduite par sa sévérité à mourir de faim prive de beauté toute postérité. Elle est trop belle, trop sagement belle, pour mériter le bonheur en me mettant au désespoir. Elle a fait un vœu contre l'amour; et sous ce vœu ma vie est une mort à moi qui vis pour te le dire.

BENVOLIO.—Suivez mon conseil, oubliez de penser à elle.

ROMÉO.—Oh! apprends-moi donc comment je pourrai oublier de penser.

BENVOLIO.—En donnant à tes yeux quelque liberté: considère d'autres beautés.

ROMÉO.—Ce serait le moyen de me faire penser plus souvent à son exquise beauté. Ces masques fortunés, qui caressent le front de nos belles dames, ne font par leur noirceur que nous rappeler la beauté qu'ils cachent. Celui qui est frappé d'aveuglement ne peut oublier le précieux trésor de la vue qu'il a perdu. Montre-moi une maîtresse belle par-dessus toutes les autres, que me sera sa beauté, sinon un livre de souvenirs où je lirai le nom de celle qui surpasse cette beauté incomparable? Adieu, tu ne peux m'apprendre à oublier.

BENVOLIO.—Tu recevras de moi cette doctrine, ou j'en mourrai ton débiteur.

(Ils sortent.)

SCÈNE II

Une rue.

Entrent CAPULET, PARIS, UN DOMESTIQUE.

CAPULET.—Montaigu est lié par la même défense que moi, et sous des peines semblables; et il ne sera pas difficile, je pense, à deux vieillards comme nous de vivre en paix.

PARIS.—Vous jouissez tous d'une existence honorable, et c'est pitié que vous ayez été si longtemps ennemis. Mais parlez, seigneur, que répondez-vous à ma demande?

CAPULET.—En répétant ce que je vous ai déjà dit. Mon enfant est encore étrangère dans le monde; elle n'a pas vu s'accomplir la révolution de quatorze années: laissons encore pâlir l'orgueil de deux étés avant de la croire mûre pour être une épouse

PARIS.—De plus jeunes qu'elles sont devenues d'heureuses mères.

CAPULET.—Mais elles se flétrissent trop tôt, ces mères prématurées.—La terre a englouti toutes mes autres espérances; elle est en espérance la maîtresse de mes terres. Mais faites-lui votre cour, aimable Pâris; gagnez son cœur; ma volonté n'est qu'une dépendance de son consentement : si elle vous agrée, c'est dans les limites de son choix que réside mon aveu, et que ma voix vous sera loyalement accordée.—Ce soir je donne une fête dont j'ai depuis longtemps l'usage ; j'y ai invité beaucoup de convives, tous mes amis; et parmi eux, je vous verrai avec très-grande joie, comme un de plus, en augmenter le nombre. Attendez-vous à voir ce soir dans ma pauvre maison des étoiles qui foulent aux pieds la terre, éclipsent la lumière des cieux ; cette joie bienfaisante que ressent le jeune homme plein d'ardeur lorsqu'avril, dans toute sa parure, marche sur les talons de l'hiver chancelant, vous l'éprouverez ce soir parmi ces jeunes fleurs de beauté prêtes à s'épanouir : écoutez-les toutes, voyez-les toutes, et préférez celle dont le mérite sera le plus grand. Au milieu du spectacle d'une telle réunion, ma fille, réduite à elle-même, pourra faire nombre, mais non pas attirer l'attention.—Allons, venez avec moi. — (*A un domestique.*) Toi, maraud, trotte dans la belle Vérone; trouve toutes les personnes dont les noms sont écrits ici (*il lui donne un papier*), et dis-leur que la maison et le maître attendent leur bon plaisir.

(Sortent Capulet et Pâris.(

LE DOMESTIQUE.—Trouver ceux dont les noms sont écrit, ici ! Il est écrit que le cordonnier se servira de sa toises et le tailleur de pierres de sa forme ; le pêcheur de son pinceau, et le peintre de ses filets. Mais on m'envoie chercher les personnes dont les noms sont inscrits là-dessus, et je ne pourrai jamais trouver les noms que l'écrivain a écrits là-dessus. Il faut que je m'adresse aux savants... dans un moment...

(Entrent Benvolio et Roméo.)

BENVOLIO.—Allons, mon cher, la flamme est un remède

à la brûlure qu'a faite une autre flamme; une douleur es diminuée par l'angoisse d'une autre; tournez jusqu'à vous étourdir et vous vous remettez en tournant dans l'autre sens; un chagrin désespéré se guérit par la langueur d'un nouveau chagrin. Laisse entrer dans tes yeux un nouveau poison, et l'ancien venin perdra toute son âcreté.

Roméo.—Votre feuille de plantain est excellente pour cela.

Benvolio.—Pour quel mal, je t'en prie?

Roméo.—Pour vos os brisés?

Benvolio.—Allons, Roméo, es-tu fou?

Roméo.—Non, pas fou, mais lié plus que ne le serait un fou, tenu en prison, privé d'aliments, fustigé, tourmenté, et..... Bonsoir, mon bon garçon.

Le domestique.—Dieu vous donne le bonsoir.—Je vous en prie, monsieur, savez-vous lire?

Roméo.—Oui, c'est un bonheur que j'ai dans ma misère.

Le domestique. — Peut-être l'avez-vous appris sans livres : mais, je vous prie, pouvez-vous lire tout ce que vous voyez?

Roméo.—Oui, si je connais les caractères et la langue.

Le domestique.—C'est répondre sincèrement; tenez vous en joie.

Roméo.—Arrêtez, mon ami, je sais lire. (*Il lit.*) « Le « seigneur Martino, sa femme et sa fille; le comte An- « selme et ses charmantes sœurs; la dame veuve de Vi- « truvio; le seigneur Placentio et ses aimables nièces; « Mercutio et son frère Valentin; mon oncle Capulet, sa « femmes et ses filles; ma jolie nièce Rosaline; Livia; « le seigneur Valentio et son cousin Tybalt, Lucio et « l'agréable Hélène. » C'est une belle assemblée. (*Il lui rend le papier.*) Où doit-elle se réunir?

Le domestique.—Là-haut.

Roméo.—Où, là-haut?

Le domestique.—A souper, à la maison.

Roméo.—A la maison de qui?

Le domestique.—De mon maître.

Roméo.—Au fait, c'est ce que j'aurais dû vous demander d'abord.

LE DOMESTIQUE.—Maintenant je vous dirai, sans que vous me le demandiez, que mon maître est le puissant et riche Capulet ; et si vous n'êtes pas de la maison de Montaigu, je vous invite à venir avaler un verre de vin. Tenez-vous en joie. (Il sort.)

BENVOLIO.—A cette ancienne fête des Capulet soupera Rosaline, celle que tu aimes tant : avec toutes les beautés qu'on admire à Vérone. Viens-y, et d'un œil sans prévention compare sa figure avec quelques autres que je te montrerai, et ton cygne ne te paraîtra plus qu'une corneille.

ROMÉO.—Quand la religieuse dévotion de mes yeux pourra me soutenir un pareil mensonge, que mes larmes se changent en flammes, et que ces hérétiques diaphanes, si souvent noyés sans pouvoir mourir, soient brûlés comme imposteurs. Une femme plus belle que mon amante ! Le soleil qui voit tout n'a jamais vu son égale depuis le commencement du monde.

BENVOLIO.—Bon, vous l'avez vue belle parce qu'il n'y avait personne autre à côté ; elle se balançait elle-même dans vos deux yeux : mais pesez dans ces balances de cristal la dame de vos pensées avec telle autre jeune fille que je vous montrerai brillant à cette fête, et à peine trouverez-vous bien celle qui vous paraît maintenant la plus belle de toutes.

ROMÉO.—J'irai, non pour y voir un semblable objet, mais pour m'y pénétrer de plaisir dans la splendeur de celui qui m'est cher.

(Ils sortent.)

SCÈNE III

Un appartement de la maison de Capulet.

LA SIGNORA CAPULET, LA NOURRICE DE JULIETTE.

LA SIGNORA CAPULET.—Nourrice, où est ma fille ? Appelle-la, qu'elle vienne.

LA NOURRICE.—Dans l'instant, sur mon honneur[1]..... à

---

[1] *By my maidenhead.*

l'âge de douze ans — Je lui ai dit de venir..... — Quoi, mon agneau, mon oiseau du bon Dieu..... Dieu nous préserve..... Où est donc cette petite fille? Juliette!

(Entre Juliette.)

JULIETTE.—Allons, qui m'appelle?
LA NOURRICE.—Votre mère.
JULIETTE.—Me voici, madame; que voulez-vous?
LA SIGNORA CAPULET.—Voici de quoi il s'agit. — Nourrice, laisse-nous un moment, nous avons à parler en secret.—Non, reviens, nourrice, je me suis ravisée; tu entendras notre entretien. — Tu sais que ma fille est d'un âge raisonnable.
LA NOURRICE.—Ma foi, je puis vous dire son âge à une heure près.
LA SIGNORA CAPULET.—Elle n'a pas quatorze ans.
LA NOURRICE. — J'y mettrais quatorze de mes dents qu'elle n'a pas encore quatorze ans..... (et cependant à mon grand chagrin, je vous dis, je vous douze[1] qu'il ne m'en reste plus que quatre).... Combien avons-nous d'ici à la Saint-Pierre?
LA SIGNORA CAPULET.—Une quinzaine et quelques jours par-dessus[2].
LA NOURRICE.—Par-dessus ou par-dessous, c'est précisément ce jour-là. Vienne la veille de la Saint-Pierre au soir, elle aura quatorze ans.—Suzanne et elle (Dieu fasse paix à toutes les âmes chrétiennes!) étaient du même âge.... — C'est bien; Suzanne est avec Dieu; elle était trop bonne pour moi. — Mais, comme je disais, la veille au soir de la Saint-Pierre, elle aura quatorze ans; elle les aura, sûr; je me le rappelle à merveille. Il y a à présent

---

[1] *And yet to my teen be it spoken I have four.* Teen est un vieux mot qui signifie *chagrin*, il se prononce à peu près comme *ten*, dix. Il a fallu, pour conserver le jeu de mots, employer le quolibet de madame Jourdain.

[2] *A fortnight and odd days.* Une quinzaine et quelques jours hors de compte. *Odd* signifie tout ce qui ne rentre pas dans une unité, une mesure, une règle commune. Il signifie aussi impair. La nourrice le prend dans ce sens et répond: *Even or odd* (pair ou impair).

onze ans du tremblement de terre, et elle fut sevrée, jamais je ne l'oublierai, précisément ce jour-là parmi tous les jours de l'année; car j'avais frotté d'absinthe le bout de mon sein, j'étais assise au soleil contre le mur du colombier; mon maître et vous étiez alors à Mantoue...
— Oh! j'ai de la mémoire; et comme je vous disais, dès qu'elle eut goûté de l'absinthe sur le bout de mon sein, et qu'elle l'eut trouvée amère, il fallait la voir, pauvre petite, se fâcher et se mettre en colère contre le sein. Comme je disais, voilà le colombier qui tremble. Oh! il ne fut pas besoin, je vous jure, de me dire de trotter, et depuis ce temps-là, il y a onze ans, car elle se tenait déjà seule; quoi! avec le bout de la baguette elle courait et roulait tout partout : car, tenez, c'était la veille qu'elle s'était cassé la tête; et alors mon mari, Dieu veuille avoir son âme, c'était un drôle de corps! il releva l'enfant : « Comment, dit-il, tu te laisses tomber sur le nez! quand tu auras plus d'esprit, tu tomberas en arrière; n'est-ce pas, Jules? » et, par Notre-Dame, la petite coquine cessa de pleurer, et dit : « Oui. » Voyez pourtant ce que c'est qu'une plaisanterie. J'en réponds, je vivrais mille ans que je ne l'oublierais jamais : « N'est-ce pas, Jules? » dit mon mari : et la petite morveuse finit tout de suite et dit : « Oui... »

LA SIGNORA CAPULET.—En voilà assez; je t'en prie, tais-toi.

LA NOURRICE.—Oui, madame; et pourtant je ne peux pas m'empêcher de rire quand je pense comme elle cessa de crier et dit : « Oui... » Et pourtant, je vous jure, elle avait sur le front une bosse aussi grosse que la coquille d'un poulet. C'était un coup terrible, et elle pleurait amèrement. « Comment, dit mon mari, tu te laisses tomber sur le nez! Tu tomberas en arrière quand tu seras plus grande; n'est-ce pas, Jules? » Elle finit tout de suite et dit : « Oui. »

JULIETTE.—Finis, nourrice, finis, je t'en prie, quand je te le dis.

LA NOURRICE.—Allons, j'ai fini. Que Dieu te marque de sa grâce! Tu étais la plus jolie petite enfant que j'aie jamais nourrie : si je peux vivre assez pour te voir mariée, je n'en demande pas davantage.

LA SIGNORA CAPULET.—Et le mariage est justement le sujet dont je suis venu causer avec elle.—Dites-moi, ma fille Juliette, avez-vous envie de vous marier?

JULIETTE. —C'est un honneur auquel je n'ai jamais pensé.

LA NOURRICE.—Un honneur! Si je n'avais pas été ta seule nourrice, je dirais que tu as sucé la sagesse avec le lait.

LA SIGNORA CAPULET.—Eh bien! pensez maintenant au mariage. Il y a dans Vérone des femmes plus jeunes que vous, considérées et déjà mères ; et moi, je m'en souviens bien, j'étais déjà votre mère longtemps avant l'âge où vous voilà fille encore ; enfin, en un mot, le brave Pâris vous adresse ses vœux.

LA NOURRICE.—C'est un homme, jeune dame... madame, c'est un homme comme tout le monde... Vraiment, il semble moulé en cire.

LA SIGNORA CAPULET. — L'été de Vérone n'a pas une fleur qui puisse lui être comparée.

LA NOURRICE.—Oh! vraiment, c'est une fleur ; ma foi, oui, une vraie fleur.

LA SIGNORA CAPULET.—Qu'en dites-vous? Vous sentez-vous du goût pour ce gentilhomme ? Ce soir, vous le verrez à notre fête. Parcourez tout le livre [1] de la figure du jeune Pâris, et vous y apercevrez le plaisir écrit avec la plume de la beauté. Examinez ces traits si bien d'accord, et vous verrez comme ils s'expliquent l'un l'autre ; et ce que peut encore offrir d'obscur ce charmant volume, vous le trouverez écrit dans la marge de ses yeux. Ce précieux livre d'amour, cet amant encore sans liens ne demande, pour compléter sa beauté, que l'ornement dont il va se couvrir. C'est la mer qui fait vivre le poisson ; et

---

[1] De toutes ces métaphores sur Pâris, comparé à un livre, une seule a paru impossible à rendre, c'est celle où la signora Capulet l'appelant *unbound lover*, en fait à la fois *un amant sans liens et un amant sans reliure*.

la beauté doit être orgueilleuse de donner asile à la beauté. Le livre qui sous ses fermoirs d'or enserre la légende dorée en partage la gloire aux yeux de tous : ainsi, en le possédant, vous partagerez tout ce qui lui appartient sans rien diminuer du vôtre.

LA NOURRICE.—Diminuer! non, en vérité; elle grossira plutôt : les femmes grossissent par le moyen des hommes.

LA SIGNORA CAPULET.—Répondez-moi en un mot : l'amour de Pâris pourrait-il vous plaire?

JULIETTE.—Je verrai à le trouver agréable si le voir peut faire qu'il m'agrée. Mais mon regard ne pénétrera pas plus avant que le point où votre consentement lui donnera la force de se lancer.

(Entre un domestique.)

LE DOMESTIQUE. — Madame, les convives sont arrivés, le souper est servi, on vous attend; on demande ma jeune maîtresse; on jure, dans l'office, après la nourrice; toutes choses sont à point. Il faut que j'aille servir, je vous en prie, venez sur-le-champ.

LA SIGNORA CAPULET.—Nous te suivons. Allons, Juliette, le comte nous attend.

LA NOURRICE.—Allez, ma fille, chercher ce qui donnera d'heureuses nuits à vos heureux jours.

(Elles sortent.)

SCÈNE IV

Une rue.

Entrent ROMÉO, MERCUTIO, BENVOLIO, *avec cinq ou six autres masqués, et des porteurs de flambeaux.*

ROMÉO.—Eh bien! est-ce là ce que nous dirons pour notre excuse, ou entrerons nous sans apologie?

BENVOLIO. — Tous ces bavardages-là sont du temps passé [1].

---

[1] Il paraît qu'autrefois il arrivait souvent qu'on vînt à une fête sans y être invité; alors on paraissait en masque et précédé d'une espèce de hérault, également déguisé et qui prononçait par forme

Nous n'aurons point de Cupidon avec son bandeau et son écharpe, portant un arc à la tartare fait de latte peinte, pour effrayer les dames au hasard, comme un homme qui chasse les corneilles ; nous n'aurons pas non plus de ces prologues sans livres répétés en traînant après le souffleur au moment de notre entrée. Qu'ils nous mesurent des yeux comme il leur plaira, nous leur mesurerons une mesure de danse, et nous voilà partis.

ROMÉO.—Donnez-moi une torche ; ces gambades ne me vont pas. Sombre[1] comme je le suis, c'est à moi à porter le flambeau.

MERCUTIO.—Vraiment, mon cher Roméo, il faudra bien que vous dansiez.

ROMÉO.—Non pas moi, croyez-moi. Vous autres, vous avez des souliers à danser et le pied léger ; moi, j'ai une âme de plomb qui me cloue tellement à terre que je ne saurais remuer.

MERCUTIO.—Vous êtes amoureux, empruntez les ailes de l'Amour pour vous élancer au delà des hauteurs ordinaires.

ROMÉO.—Il m'a lancé un dard qui me perce trop cruellement pour que je puisse me lancer sur ses ailes légères ; et enchaîné[2] comme je le suis, je ne puis m'élever au-dessus de ma sombre tristesse : je succombe sous le pesant fardeau de l'Amour.

MERCUTIO.—Et en succombant vous écraserez l'Amour : vous êtes un poids trop fort pour quelque chose de si délicat.

ROMÉO.—L'Amour délicat ! il est dur, rude, ingouvernable, piquant comme l'épine.

MERCUTIO.— Si l'Amour vous mène rudement, menez

---

d'excuse un compliment préparé. Apparemment que, du temps de Shakspeare, la mode de ces compliments commençait à passer.

[1] Chaque troupe de masques était précédée d'un homme portant une torche qui entrait dans l'assemblée, mais ne se mêlait point à la fête.

[2] Il y a ici abondance et complication de jeux de mots entre sore (cruel) et soar (prendre l'essor), bound (enchaîné) et bound (bond). On en a indiqué ce qui a été possible.

rudement l'Amour ; s'il vous pique, donnez de l'éperon et vous le mettrez à bas. Allons, une boîte pour mon visage ; c'est un masque pour un masque. (*Il met son masque.*) Que m'importe à présent quel œil curieux remarque mes difformités ? Voici un front refrogné qui rougira pour moi.

BENVOLIO.—Allons, frappe, et entrons ; et aussitôt entrés, que chacun ait recours à ses jambes.

ROMÉO.—Donnez-moi une torche. Que des étourdis légers de cœur effleurent de leurs pieds les joncs insensibles[1]. Pour moi, je tiendrai, comme on dit, la chandelle, et je regarderai. Ce qui me convient, c'est le proverbe des grand'mères : « La fête n'a jamais été si belle, et je m'en vas[2]. »

MERCUTIO.—Bon, bon, à la nuit tous chats sont gris ; c'est le mot du constable : et si tu es gris, nous te tirerons, sauf respect, de la mare où cet amour t'a enfoncé jus-

---

[1] Avant de connaître l'usage des tapis, on couvrait de joncs le sol des appartements ; de là *joncher.*

[2] *The game was never so fair and I am done.*
MERCUT.   *Tut, dun's the mouse, the constable's word,*
  If thou art dun, we'll draw thee from the mire, etc.

Il y a ici entre *done* et *dun* un jeu de mots intraduisible. *Dun's the mouse* (la souris est grise) serait, selon les commentateurs, un proverbe équivalent à notre proverbe: *A la nuit, tous chats sont gris.* Mais ils se trouvent hors d'état d'expliquer suffisamment l'allusion contenue dans ces mots *the constable's word.* En adoptant dans la traduction leur version sur le *dun's the mouse*, je serais plutôt tenté d'y voir un jeu de mots employé par quelque constable dans une occasion où, ayant à se saisir d'un malfaiteur, il aura employé, pour avertir ses gens sans alarmer celui qu'il cherchait, ces mots insignifiants, *dun's the mouse* (la souris est grise), pour ceux-ci, *done's the mouse* (la souris est prise, c'en est fait de la souris). Quoi qu'il en soit, cette explication n'est pas plus mauvaise qu'aucune de celles qu'ont données les commentateurs. *Dun out from the mire* était une ancienne chanson : on a substitué à cette allusion impossible à rendre un jeu de mots sur ces deux sens du mot *gris*, qui n'est point dans Shakspeare, à charge de revanche.

qu'aux oreilles, Venez, nous brûlons le jour[1]. Holà !

ROMÉO.—Cela n'est pas ainsi.

MERCUTIO.—Je veux dire, mon cher, qu'en nous arrêtant ainsi nous dépensons notre lumière sans profit, comme des lampes qui brûleraient le jour. Il faut voir dans ce que nous disons ce que nous avons intention de dire, car c'est là que la raison se trouvera cinq fois plutôt qu'une seule dans nos cinq sens.

ROMÉO.—Oui, nous avons bonne intention en allant à cette mascarade ; mais il n'est pas raisonnable d'y aller.

MERCUTIO.—Peut-on te demander pourquoi ?

ROMÉO.—J'ai fait un songe cette nuit.

MERCUTIO.—Et moi aussi.

ROMÉO.—Eh bien ! qu'avez-vous rêvé ?

MERCUTIO.—Que ceux qui rêvent mentent souvent[2].

ROMÉO.—Oui, lorsqu'endormis dans leur lit ils rêvent des choses vraies.

MERCUTIO.—Oh ! je vois que la reine Mab vous a visité cette nuit : c'est la fée sage-femme[3]. Elle vient, petite et légère comme l'agate placée à l'index d'un alderman, traînée par un attelage de minces atomes, et parcourt le nez des hommes pendant leur sommeil. Les rayons de ses roues sont faits de longues pattes de faucheur ; l'impériale de sa voiture d'ailes de sauterelles ; ses traits de la plus fine toile d'araignée ; ses harnais des rayons humides d'un clair de lune. Le manche de son fouet est un os de grillon, et la mèche une mince pellicule. Son postillon est un petit moucheron vêtu de gris, pas à moitié si gros que le petit ver rond retiré avec la pointe d'une aiguille du doigt d'une jeune fille. Son chariot est une

---

[1] *We burn day light*, expression proverbiale commune à l'anglais et au français.

[2] Jeu de mots intraduisible entre (*lie*) mentir, et (*lie*) être couché.

[3] *She is the fairies midwife*, ce qui ne signifie point *la sage-femme des fées*, mais *la sage-femme entre les fées*. On ne voit nulle part que l'emploi de la reine Mab, la fée des songes, fût d'accoucher les fées ; mais c'était elle qui enlevait à leur mère, au moment de leur naissance, les enfants nés pendant la nuit pour y substituer un enfant étranger.

coquille de noisette vide travaillée par l'écureuil, ouvrier en bois, ou par le vieux ver, de temps immémorial associé des fées. C'est dans cet équipage qu'elle galope toutes les nuits au travers du cerveau des amants, et ils rêvent d'amour ; sur les genoux des hommes de cour, et ils rêvent aussitôt de révérences ; sur les doigts des gens de loi, et sur-le-champ ils rêvent d'épices ; sur les lèvres des dames, et à l'instant elles rêvent de baisers : mais souvent Mab irritée les punit par des boutons d'avoir empesté leur haleine en mangeant des confitures[1]. Quelquefois elle galope sur le nez d'un courtisan, et il rêve qu'il flaire une place à solliciter. Quelquefois elle vient, avec la queue d'un pourceau de dîme, chatouiller le nez d'un prébendaire endormi, et il rêve d'un second bénéfice. Tantôt elle dirige son char sur le cou d'un soldat, et il rêve d'ennemis qu'il pourfend, de brèches, d'embuscades, de coutelas d'Espagne, de rasades profondes de cinq brasses : alors elle bat le tambour à son oreille ; il s'éveille en sursaut, et dans sa frayeur il jure une ou deux invocations, puis se rendort. C'est cette même Mab qui pendant la nuit mêle la crinière des chevaux et la frise en sales tampons de crins ensorcelés, qui, une fois débrouillés, présagent de grands malheurs. C'est la sorcière qui pèse sur le sein des jeunes filles étendues dans leur lit, pour leur apprendre à supporter et en faire des femmes fortes[2]. C'est elle qui...

roméo.—Paix, paix, Mercutio, paix ; ce sont des riens que tu nous dis là.

mercutio.—Tu as raison, car je parle de songes, enfants d'un cerveau oisif, produit de quelques vaines chimères, d'une substance aussi légère que l'air, et plus inconstante que le vent, qui, caressant le sein glacé du

---

[1] *Sweet meats*, espèce de confitures parfumées, connues alors sousle nom de *kissing comfits*, et dont les femmes faisaient un grand usage.

[2] *This is the hag, when maids lie on their backs,*
That presses them, and learn them first to bear,
Making them women of good carriage.
La phrase était impossible à rendre exactement.

nord, s'irrite soudain, et, par une bouffée contraire, tourne sa face vers le midi qui verse la rosée.

BENVOLIO.—Ce vent dont vous nous parlez nous rejette loin de nous-mêmes. Le souper est fini et nous arriverons trop tard.

ROMÉO.—Trop tôt, au contraire, j'en ai peur. Un pressentiment funeste semble me dire qu'au milieu des réjouissances de cette nuit quelque événement encore suspendu dans les astres va commencer son cours terrible, et amener, par le traître coup d'une mort prématurée, le terme de cette vie méprisée que je renferme en mon sein. Mais, que celui qui gouverne ma course dirige ma voile! Allons, joyeux seigneurs.

BENVOLIO.—Battez, tambours.

(Ils sortent.)

SCÈNE V

Une salle la maison de Capulet, garnie de musiciens.

Entrent des DOMESTIQUES.

PREMIER DOMESTIQUE.—Où est Potpan, qu'il ne m'aide pas à desservir? Lui, manier le tranchoir! jouer du tranchoir!

SECOND DOMESTIQUE.—Quand le bon air d'une maison est remis dans les mains d'un ou deux hommes, et des mains sales encore, cela fait mal au cœur[1].

PREMIER DOMESTIQUE.—Emporte les pliants, dérange le buffet, aie l'œil à la vaisselle. Mon cher, mets de côté pour moi un morceau de massepain[2]; et si tu veux me faire plaisir, tu diras au portier de laisser entrer Suzanne Grindstone et Nell.—Antoine! Potpan!

SECOND DOMESTIQUE.—Oui, mon garçon, nous voilà.

---

[1] *'Tis a foul thing. A foul thing* signifie une chose *malpropre* et une chose *fâcheuse, coupable*, etc.

[2] Les massepains étaient alors d'énormes gâteaux, dont nos *macarons*, dit l'un des commentateurs de Shakspeare ne sont qu'un *diminutif dégénéré*.

PREMIER DOMESTIQUE.—On a besoin de vous, on vous appelle, on vous demande, on vous cherche dans la grande salle.

SECOND DOMESTIQUE.—Nous ne pouvons pas être ici et là en même temps. Allons, gai, mes amis ; soyons vifs un moment, et que celui qui vivra le dernier emporte tout.
(Ils se retirent.)
(Entrent Capulet, les convives et les masques.)

CAPULET.—Cavaliers, soyez les bienvenus. Voilà des dames à qui les cors ne font pas mal au pied, et qui vous donneront bien un tour de danse.—Ah, ah! mesdames, laquelle de vous refusera de danser maintenant? Celle qui fera la dégoûtée, je protesterai qu'elle a des cors aux pieds. Est-ce là vous serrer de près? — Cavaliers, soyez les bienvenus. J'ai vu le temps où je portais un masque aussi, et où je pouvais conter mes histoires tout bas à l'oreille d'une belle dame, et de manière à ne pas lui déplaire. Ce temps est passé ; il est passé, passé. — Vous êtes les bienvenus, cavaliers.— Allons, musiciens, commencez. En cercle, en cercle, faites place ; et vous, jeunes filles, sautez. (*Les instruments jouent et l'on danse.*) Holà ! valets, encore des lumières, relevez les tables contre le mur ; éteignez le feu, la salle devient trop chaude. — Allons, mon cher, voilà un divertissement imprévu qui ne prend pas mal. Asseyez-vous, asseyez-vous, bon cousin Capulet ; car vous et moi nous avons passé nos jours de danse. Combien y a-t-il de temps que vous et moi nous avons porté un masque pour la dernière fois ?

SECOND CAPULET.—Par Notre-Dame, il y a trente ans.

CAPULET.—Comment donc, mon cher? il n'y a pas tant, il n'y a pas tant. C'était à la noce de Lucentio : il y aura, vienne la Pentecôte quand elle voudra, quelque vingt-cinq ans ; nous y allâmes en masque.

SECOND CAPULET.—Il y a davantage, davantage : son fils est plus âgé que cela ; son fils a trente ans.

CAPULET.—Vous me direz cela, à moi? Il y a deux ans que son fils était encore mineur.

ROMÉO.—Quelle est cette dame dont s'est enrichie la main de ce cavalier?

UN DOMESTIQUE.—Je ne la connais pas, monsieur.

ROMÉO.—Oh! c'est d'elle que la flamme de ces flambeaux doit apprendre à briller. Sa beauté près de ce visage semblable à la nuit ressemble à un joyau attaché à l'oreille d'un Éthiopien : beauté trop brillante pour les usages de la vie, trop précieuse pour la terre! Telle une blanche colombe parmi les corbeaux, telle paraît cette dame auprès de ses compagnes. Quand la danse aura cessé, j'observerai où elle se tient ; et je rendrai heureuse ma main téméraire en touchant la sienne. Mon cœur a-t-il aimé jusqu'à ce moment? Protestez du contraire, mes yeux, car jusqu'à cette nuit je n'avais jamais vu la véritable beauté.

TYBALT.—A sa voix, cet homme doit être un Montaigu. Garçon, donne-moi ma rapière. Comment, ce misérable osera venir ici, caché sous un masque grotesque, pour dénigrer et ridiculiser notre fête! Par la tige et l'honneur de ma race, je ne crois pas pécher en lui donnant le coup de la mort.

CAPULET.—Qu'est-ce que c'est, mon neveu? Pourquoi tempêtez-vous ainsi?

TYBALT.—Mon oncle, cet homme est un Montaigu, notre ennemi ; un traître qui est venu ici ce soir, en haine de nous, pour se moquer de notre fête.

CAPULET.—Est-ce le jeune Roméo?

TYBALT.—C'est lui-même, ce traître de Roméo.

CAPULET.—Modère-toi, mon cher neveu ; laisse-le en paix, il a l'air d'un noble cavalier ; et, pour dire la vérité, tout Vérone le vante comme un jeune homme vertueux et d'une conduite honorable. Je ne voudrais pas, pour tous les trésors de cette ville, lui faire ici, dans ma maison, la moindre insulte. Sois donc patient, ne fais pas attention à lui : c'est ma volonté ; et si tu la respectes, tu prendras un visage gracieux et quitteras cet air de mauvaise humeur qui sied mal dans une fête.

TYBALT.—Il sied très-bien quand un pareil traître devient votre convive : je ne le souffrirai pas.

CAPULET.—Vous le souffrirez vraiment, mon petit ami! Je vous dis que vous le souffrirez. Allons donc ; est-ce moi qui suis le maître ici, ou bien vous? Allons donc, vous ne le souffrirez pas? Dieu me pardonne! vous allez mettre le trouble parmi mes hôtes, vous prendrez les airs d'un coq sur son panier[1]! vous ferez le maître!....

TYBALT.—Mais, mon oncle, c'est une honte....

CAPULET.—Allez, allez, vous êtes un jeune insolent.... Nous verrons vraiment.... Cette farce pourrait bien vous tourner mal. Je sais ce que je dis. Il faudra que vous veniez ici me contrarier! En vérité, vous prenez bien votre temps. — A merveille, mes enfants. — Vous n'êtes qu'un fat, allez; tenez-vous tranquille, ou.... — Encore des lumières; encore des lumières. N'avez-vous pas de honte? — Je vous forcerai bien à être tranquille. Comment! — Allons, gai, mes enfants.

TYBALT.—Cette patience forcée, et la colère à laquelle je voudrais m'abandonner, font, en se heurtant, trembler tout mon corps des assauts qu'elles se livrent. Je m'en irai; mais cette intrusion qui semble douce maintenant, se changera en fiel amer. (Il sort.)

ROMÉO, à *Juliette*.—Si d'une main trop indigne j'ai profané la sainteté de l'autel, voici la douce expiation de ma faute : mes lèvres, pèlerins rougissants, sont prêtes à adoucir par un tendre baiser la rude impression de ma main.

JULIETTE.—Bon pèlerin, vous faites injure à votre main, qui n'a montré en ceci qu'une dévotion pleine de convenance; car les saints ont des mains que peuvent toucher celles des pèlerins; et joindre les mains est le baiser du pieux voyageur en terre sainte.

ROMÉO.—Les saints n'ont-ils pas des lèvres? et les pieux voyageurs aussi?

JULIETTE.—Oui, pèlerin, des lèvres qu'ils doivent employer à prier.

ROMÉO.—Oh! s'il en est ainsi, chère sainte, permets aux lèvres de faire l'office des mains : elles te prient, exauce leur prière, de peur que ma foi ne se change en désespoir.

---

[1] *You will set cock-a-hoop* : un coq sur un cerceau.

JULIETTE.—Les saints ne bougent pas, bien qu'ils exaucent la prière qui leur est faite.

ROMÉO.—Alors ne bougez pas, tandis que je vais recueillir le fruit de ma prière : ainsi vos lèvres auront purifié les miennes de leur péché.

(Il lui donne un baiser.)

JULIETTE.—Alors mes lèvres doivent avoir pris le péché dont elles ont déchargé les vôtres.

ROMÉO.—Pris le péché de mes lèvres! ô faute doucement punie ! Rendez-moi mon péché.

JULIETTE.—Vous donnez des baisers avec méthode[1].

LA NOURRICE.—Madame, votre mère veut vous dire un mot.

ROMÉO.—Quelle est sa mère?

LA NOURRICE.—Vraiment, jeune homme; sa mère est la maîtresse de la maison, et c'est une bonne dame, sage et vertueuse. J'ai nourri sa fille avec qui vous causiez; et je dis que celui qui mettra la main dessus aura du comptant.

ROMÉO.—C'est une Capulet ! — Oh ! qu'il va m'en coûter cher! ma vie est engagée à mon ennemie.

BENVOLIO.—Allons, Roméo, partons, la fête est à son plus beau moment.

ROMÉO.—Oui, j'en ai peur, et mon tourment n'en est que plus grand.

CAPULET.—Arrêtez, cavaliers, ne songez pas encore à nous quitter : nous avons là une ridicule petite collation sans cérémonie. — Vous le voulez donc absolument? Allons, je vous remercie tous; je vous remercie, honnêtes cavaliers; bonne nuit. — Encore des torches par là! — Allons, allons donc chercher nos lits. Ah! par ma foi, mon cher (*au second Capulet*), il se fait tard. Je vais aller me reposer.

(Ils sortent.)

JULIETTE.—Approche, nourrice; dis-moi, quel est ce cavalier?

LA NOURRICE.—C'est le fils et l'héritier du vieux Tibério.

---

[1] *By the book.*

JULIETTE.—Quel est celui qui sort actuellement?

LA NOURRICE.—Je crois, ma foi, que c'est le jeune Pétruccio.

JULIETTE. — Et celui qui le suit, qui ne voulait pas danser?

LA NOURRICE.—Je ne le connais pas.

JULIETTE.—Va, demande son nom.—S'il est marié, il est probable que mon tombeau sera mon lit nuptial.

LA NOURRICE.—Son nom est Roméo : c'est un Montaigu, le fils unique de votre grand ennemi.

JULIETTE.—Mon unique amour né de l'unique objet de ma haine!.... Je l'ai vu trop tôt sans le connaître! et je l'ai connu trop tard! O prodige de l'amour qui vient de naître en moi, que je sois forcée d'aimer un ennemi détesté!

LA NOURRICE. — Qu'est-ce que c'est? qu'est-ce que c'est?

JULIETTE.—Un vers que je viens d'apprendre de quelqu'un avec qui j'ai dansé.

(Une voix dans l'intérieur appelle Juliette.)

LA NOURRICE.—Tout à l'heure, tout à l'heure. (A Juliette.) Venez, allons-nous-en; tous les étrangers sont partis.

(Elles sortent.)

(Entre le chœur.)

LE CHOEUR.—Une ancienne passion languit maintenant sur son lit de mort, et de jeunes désirs soupirent après son héritage. Cette beauté pour qui l'amour gémissait et demandait à mourir, comparée à la tendre Juliette, a maintenant cessé d'être belle. Maintenant Roméo est aimé, et il aime à son tour; la magie des regards a jeté sur eux le même charme. Cependant il faut qu'il se plaigne à celle qu'il croit son ennemie, et qu'elle dérobe sur de cruels hameçons le doux appât de l'Amour. Étant tenu pour un ennemi, il ne pourra avoir accès près d'elle pour exprimer ces vœux que les amants ont accoutumé de jurer; tandis qu'elle, aussi pressée d'amour, aura bien moins de moyens encore de chercher à rencontrer celui qu'elle aime depuis un moment, mais la passion leur prête sa puissance, l'occasion leur fournira les moyens de se rapprocher, et tempérera leur détresse par une douceur extrême.

(Il sort.)

FIN DU PREMIER ACTE.

ACTE DEUXIÈME

SCÈNE I

Un lieu ouvert touchant le jardin de Capulet.

Entre ROMÉO.

ROMÉO.—Puis-je aller plus loin lorsque mon cœur est ici ? Marche, terre insensible, et retourne vers ton centre.
(Il escalade le mur et saute dans le jardin.)
(Entrent Benvolio et Mercutio.)

BENVOLIO.—Roméo ! cousin Roméo !

MERCUTIO.—Il a fait sagement, et, sur ma vie, il s'est échappé pour aller trouver son lit.

BENVOLIO.—Il a couru de ce côté, et a sauté par-dessus le mur de ce verger. Appelle-le, bon Mercutio.

MERCUTIO.—Oui, et je vais même le conjurer.—Roméo ! caprice ! insensé ! passion ! amant ! apparais-nous sous la forme d'un soupir ; dis-nous seulement un vers, et je serai satisfait.—Crie-nous seulement un *hélas !* Fais seulement rimer *tendresse* et *maîtresse* ; dis quelques mots de douceur à ma commère Vénus, un petit sobriquet à son fils et héritier le jeune aveugle Adam Cupidon[1], qui tira si proprement quand le roi Cophetua devint amoureux de la fille du mendiant[2].—Il ne m'entend point, il ne

---

[1] *Adam Cupid*. Adam Bell était le nom d'un archer fameux auquel on a dû supposer que Shakspeare voulait faire allusion. C'est ce qui a engagé les critiques à adopter cette leçon à la place d'*Abraham Cupid*, que portent les premières éditions.

[2] Allusion à un vers d'une ancienne ballade :

The blinded boy that shoots so trim,

(l'enfant aveugle qui tire si proprement). La ballade a pour titre : *King Cophetua and the beggar maid*, et se trouve dans le recueil

bouge point, il ne remue point ; il faut que ce magot-là soit mort, et je vais l'évoquer.—Je te conjure par les yeux brillants de Rosaline, par son front élevé, par l'incarnat de ses lèvres, par son joli pied, par sa jambe bien faite, et tout ce qui s'ensuit[1], de nous apparaître sous ta propre ressemblance.

BENVOLIO.—S'il t'entend, tu le fâcheras.

MERCUTIO. — Ce que je dis ne peut l'offenser ; ce qui pourrait l'offenser serait d'évoquer quelque esprit étrange dans le cercle de sa maîtresse, et de l'y laisser jusqu'à ce qu'elle l'eût conjuré et fait rentrer dans l'abîme ; cela pourrait l'irriter ; mon invocation est honnête et obligeante, et je ne conjure au nom de sa maîtresse que pour le faire apparaître.

BENVOLIO.—Viens, il se sera enfoncé sous ces arbres pour l'amour de la nuit; ils sont faits l'un pour l'autre[2] : son amour est aveugle ; les ténèbres seules lui conviennent.

MERCUTIO.—Quand l'amour est aveugle, il ne peut toucher le but[3]. — Roméo, je te souhaite une bonne nuit ; moi, je vais gagner mon alcôve. Ce lit de camp est trop

intitulé : *Relics of ancient english poetry*, rassemblé par le docteur Percy.

[1] *By her fine foot, straight leg, and quivering thigh
And the demesnes that there adjacent lie.*

[2] *To be consorted with the humorous night*, humorous veut dire ici d'une humeur assortie à la sienne.

[3] Il a fallu passer ces cinq vers :

*Now will he sit under a medlar tree
And wish his mistress were that kind of fruit
As maid call medlars, when they laugh alone.
O Romeo, that she were, ah that she were
An open et cætera, thou a propin pear.*

Ces deux derniers vers, dont les commentateurs ne sont pas trop parvenus à saisir le sens, leur ont cependant paru d'une telle indécence qu'ils n'ont osé les insérer dans le texte, et les ont rejetés dans une note où ils nous apprennent que l'*et cætera* est l'indication d'une obscénité encore plus grossière, l'usage, du temps de Shakspeare étant, lorsque quelque expression prononcée sur la scène paraissait trop indécente pour l'impression, de la suppléer par un *et cætera*.

froid pour que j'y puisse dormir. — Eh bien ! partons-nous ?

BENVOLIO.—Allons, car il serait fort inutile de le chercher ici, puisqu'il ne veut pas qu'on le trouve.

(Ils sortent.)

SCÈNE II

Le jardin de Capulet.

Entre ROMÉO.

ROMÉO.—Il se rit des cicatrices, celui qui n'a jamais reçu une blessure. (*Juliette paraît à une fenêtre.*) — Mais doucement ! Quelle lumière brille soudain à travers cette fenêtre ? C'est l'Orient ; Juliette est le soleil. — Lève-toi, soleil de beauté ; tue la lune jalouse, déjà malade et pâle de douleur de ce que toi, sa servante, es bien plus belle qu'elle. Ne sois pas sa servante, puisqu'elle est jalouse. La couleur dont se revêtent ses vestales est une couleur malade et livide ; on ne la voit qu'aux imbéciles, rejette-la loin de toi. Oui, c'est ma dame ; oui, ce sont mes amours : oh ! si elle pouvait savoir ce qu'elle est pour moi ! — Elle parle, et cependant elle ne fait entendre aucun son. Qu'importe ! ses yeux ont un langage ; je veux leur répondre. — Je suis trop téméraire ; ce n'est pas à moi qu'elle parle. Deux des plus brillantes étoiles du ciel, appelées ailleurs par quelque soin, conjurent ses yeux de briller dans leur sphère jusqu'à leur retour. Mais quoi ? si ses yeux étaient au ciel, et que les étoiles fussent dans sa tête, l'éclat de ses joues leur ferait honte comme le jour à une lampe ; et ses yeux, de la voûte du ciel, verseraient à travers les régions éthérées des flots si brillants de lumière, que les oiseaux chanteraient pensant qu'il n'est pas nuit ! — Voyez comme elle appuie sa joue sur sa main. Oh ! que ne suis-je un gant placé sur cette main, pour toucher cette joue !

JULIETTE.—Hélas !

ROMÉO.—Elle parle.—Oh! parle encore, ange radieux! car tu parais aussi resplendissant au sein de cette nuit étendue sur ma tête qu'un messager ailé du ciel, lorsqu'aux regard étonnés des mortels, qui, les yeux élevés de tout leur effort, se renversent en arrière pour le contempler, il fend le cours paresseux des nuages et vogue au sein des airs.

JULIETTE.—O Roméo! Roméo! — Pourquoi es-tu Roméo? — Renie ton père et rejette ton nom; ou, si tu ne le veux pas, jure seulement de m'aimer, et je cesse d'être une Capulet.

ROMÉO, *à part*.—Dois-je l'écouter plus longtemps, ou répondrai-je à ceci?

JULIETTE.—Il n'y a que ton nom qui soit mon ennemi. Tu es toujours toi-même, non un Montaigu. Qu'est-ce ce que c'est que Montaigu? Ce n'est ni la main, ni le pied, ni le bras, ni le visage, ni aucune des autres parties qui appartiennent à un homme. Oh! sois quelque autre chose. Qu'y a-t-il dans un nom? Ce que nous appelons une rose, sous tout autre nom sentirait aussi bon. Ainsi Roméo, ne se nommât-il plus Roméo, garderait en perdant ce nom ses perfections chéries. Roméo, dépouille-toi de ton nom; et pour ce nom, qui ne fait pas partie de toi-même, prends-moi tout entière.

ROMÉO.—Je te prends au mot. Appelle-moi ton amant, et je reçois un nouveau baptême, je cesse à jamais d'être Roméo.

JULIETTE.—Qui es-tu, toi qui, couvert par la nuit, viens ainsi t'emparer de mes secrets?

ROMÉO.—Je ne sais de quel nom me servir pour t'apprendre qui je suis. Mon nom, ô ma sainte chérie[1], m'est odieux, puisqu'il est pour toi celui d'un ennemi. S'i était écrit, je le mettrais en pièces.

JULIETTE.—Mon oreille n'a pas encore aspiré cent paroles prononcées par cette voix, et cependant j'en reconnais les sons. — N'es-tu pas Roméo, un Montaigu?

---

[1] *Ma sainte* était à cette époque le nom que les amants donnaient le plus habituellement à leur maîtresse.

ROMÉO.—Ni l'un ni l'autre, ma charmante sainte, si l'un ou l'autre te sont odieux.

JULIETTE.—Comment es-tu arrivé jusqu'ici, dis-le moi, et qu'y viens-tu faire? Les murs du verger sont élevés et difficiles à escalader. Songe qui tu es ; ces lieux sont pour toi la mort si quelqu'un de mes parents vient à t'y rencontrer.

ROMÉO. — Des ailes légères de l'amour j'ai volé sur le haut de ces murailles; car des barrières de pierre ne peuvent exclure l'amour ; et tout ce que l'amour peut faire, l'amour ose le tenter : tes parents ne sont donc point pour moi un obstacle.

JULIETTE.—S'ils te voient, ils te tueront.

ROMÉO.—Hélas! tes yeux sont pour moi bien plus dangereux que vingt de leurs épées. Donne-moi seulement un doux regard, et je suis à l'épreuve de leur inimitié.

JULIETTE.—Je ne voudrais pas pour le monde entier qu'ils te vissent ici.

ROMÉO.—Le manteau de la nuit me dérobe à leurs regards. A moins que tu ne m'aimes, laisse-les me surprendre : il me vaut mieux perdre la vie par leur haine que mourir lentement sans ton amour.

JULIETTE.—Qui t'a appris à trouver ce lieu ?

ROMÉO.—L'amour, qui m'a d'abord excité à le chercher : il m'a prêté son intelligence, et je lui ai prêté mes yeux. — Je ne suis point un pilote; mais fusses-tu aussi loin de moi que ce vaste rivage baigné des mers les plus éloignées, pour un tel chargement j'aventurerais tout.

JULIETTE.—Tu le sais, la nuit étend son masque sur mon visage, sans quoi ce que tu viens de m'entendre dire colorerait devant toi mes joues de la rougeur qui convient à une jeune fille. Je voudrais bien pouvoir conserver encore les apparences; je voudrais, je voudrais pouvoir nier ce que j'ai dit. Mais, adieu tous ces compliments. — M'aimes-tu? Je sais que tu vas me répondre *oui*, et j'en recevrai ta parole.... Cependant, si tu le jures, tu peux devenir perfide : On dit que Jupiter se rit des parjures des amants. O cher Roméo, si tu m'aimes, dis-le-moi sincèrement ; ou bien, si tu me trouves trop prompte à me rendre, je prendrai un visage sévère, je me montrerai irritée, et je te dirai *non*; et alors tu me feras la cour : mais autrement je n'en voudrais rien faire pour le monde entier. — En vérité, beau Montaigu, je t'aime trop, et tu peux trouver ma conduite légère. Mais crois-moi, cavalier, tu me trouveras plus fidèle que celles qui ont plus que moi l'art de déguiser. J'aurais été plus réservée, il faut que je l'avoue, si tu n'avais entendu, avant que je pusse m'en apercevoir, les expressions passionnées de mon sincère amour. Pardonne-moi donc, et n'impute point à la légèreté de mon amour cette faiblesse que t'a découverte l'obscurité de la nuit.

roméo.—Madame, par cette heureuse lune qui touche d'une lueur argentée les cimes de ces arbres fruitiers, je jure.....

juliette.—Ah ! ne jure point par la lune, l'inconstante lune, qui chaque mois change la forme de son disque ; de peur que ton amour ne soit variable.

roméo.—Par quoi jurerai-je ?

juliette.—Ne jure point du tout ; ou si tu le veux, jure par ta personne gracieuse, toi, le dieu de mon culte idolâtre, et je te croirai.

roméo.—Si le cher amour de mon cœur.....

juliette.—C'est bien ; ne jure point: Bien que ma joie soit en toi, je ne ressens point de joie cette nuit de notre engagement : il est trop précipité, trop inconsidéré, trop soudain, trop semblable à l'éclair, qui a cessé d'être avant qu'on ait pu dire : Il éclaire ! Mon doux ami, bonne nuit. Développé par l'haleine de l'été, ce bouton d'amour peut, quand nous nous reverrons, être devenu belle fleur. Bonne nuit ! bonne nuit ! Qu'un repos, un calme aussi doux que celui qui remplit mon sein arrive à ton cœur !

roméo.—Oh ! me laisseras-tu si peu satisfait ?

juliette.—Et quelle satisfaction peux-tu obtenir cette nuit ?

roméo. — L'échange de tes fidèles serments d'amour contre les miens.

JULIETTE. — Je t'ai donné mon amour avant que tu l'eusses demandé, et je voudrais être encore à te le donner.

ROMÉO. — Voudrais-tu me le retirer? et pourquoi, mon amour?

JULIETTE. — Seulement pour avoir le plaisir d'être franche avec toi, et de te le donner de nouveau. Mais ce que je désire, je le possède déjà : ma libéralité envers toi est sans bornes comme la mer ; mon amour est aussi profond : plus je te donne, et plus il me reste ; car tous les deux sont infinis. — J'entends du bruit là-dedans. Cher amour, adieu. (*La nourrice appelle de l'intérieur.*) — Tout à l'heure, bonne nourrice. — Doux Montaigu, sois fidèle. Demeure un moment encore, je vais revenir.

(Elle sort.)

ROMÉO. — O bienheureuse, bienheureuse nuit ! Je crains, comme c'est la nuit, que tout ceci ne soit un songe, trop doucement flatteur pour être réel.

(Juliette reparaît à la fenêtre.)

JULIETTE. — Trois mots, cher Roméo, et puis bonne nuit pour tout de bon. Si les vues de ton amour sont honorables, si le mariage est ton but, fais-moi savoir demain matin, par quelqu'un que je trouverai le moyen de t'envoyer, en quel lieu, en quel temps tu veux accomplir la cérémonie, et j'irai mettre à tes pieds toute la fortune de ma vie, et je te suivrai comme mon seigneur jusqu'au bout de l'univers.

LA NOURRICE, *dans la maison.* — Madame !

JULIETTE. — Je viens, tout à l'heure. — Mais si tes intentions ne sont pas bonnes, je te conjure...

LA NOURRICE, *dans la maison.* — Madame !

JULIETTE. — Dans l'instant, je viens. — De cesser tes poursuites, et de me laisser à ma douleur. Demain j'enverrai.

ROMÉO. — Que mon âme prospère.....

JULIETTE. — Mille fois bonne nuit.

(Elle sort.)

ROMÉO. — Mille fois mauvaise nuit, du moment où lui manque ta lumière ! l'Amour court vers l'amour, comme l'écolier loin de ses livres ; mais l'amour s'éloigne de l'Amour comme l'enfant retourne à l'école, les yeux chargés de tristesse.

(Il se retire à pas lents.)
(Juliette revient encore à la fenêtre.)

JULIETTE.—St ! Roméo ! St ! — Oh ! que n'ai-je la voix du fauconnier pour ramener cet aimable faucon ! L'esclavage a la voix éteinte, il ne peut parler haut ; autrement je percerais les cavernes où se retire l'écho, et je fatiguerais sa voix aérienne à répéter le nom de mon Roméo jusqu'à ce que les sons en fussent plus affaiblis que les miens.

ROMÉO.—C'est mon âme qui m'appelle par mon nom ! Oh ! que les sons argentins de la voix des amants portent, durant la nuit, une délicieuse musique à l'oreille qui les attend !

JULIETTE.—Roméo !

ROMÉO.—Ma douce amie !

JULIETTE.—A quelle heure demain matin enverrai-je vers toi ?

ROMÉO.—A neuf heures.

JULIETTE.—Je n'y manquerai pas : d'ici à ce moment il y a vingt années..... J'ai oublié pourquoi je t'ai rappelé.

ROMÉO.—Laisse-moi demeurer ici jusqu'à ce que tu t'en souviennes.

JULIETTE.—Je l'oublierais pour te faire rester ici, et ne songerais qu'au plaisir que me fait ta présence.

ROMÉO.—Et moi je veux rester avec toi pour te faire tout oublier, et oublier moi-même toute autre demeure que celle-ci.

JULIETTE.—Le jour est prêt à poindre. Je voudrais que tu fusses parti ; mais pas plus loin de moi que l'oiseau d'un enfant capricieux, qui le laisse sautiller à quelque distance de sa main, comme un pauvre prisonnier retenu dans sa chaîne entortillée, puis d'un coup de son fil de soie le retire vers lui, tant son amour lui plaint un moment de liberté.

ROMÉO.—Je voudrais être ton oiseau !

JULIETTE.—Je le voudrais aussi, mon doux ami ; cependant je te ferais mourir à force de caresses. — Bonne nuit, bonne nuit ! Se quitter est un si doux chagrin, que je dirais bonne nuit jusqu'à ce qu'il fît jour.
(Elle sort.)

ROMÉO.—Que le sommeil descende sur tes yeux, et la paix dans ton cœur ! Que ne suis-je le sommeil et la paix, pour obtenir un si doux lieu de repos ! — Je vais chercher dans sa cellule mon père spirituel pour implorer son assistance et lui apprendre mon heureuse chance.
(Il sort.)

SCÈNE III

La cellule de frère Laurence.

Entre FRÈRE LAURENCE *avec un panier.*

FRÈRE LAURENCE. — Le matin, de ses yeux grisâtres, sourit sur le front ténébreux de la nuit, rayant de traits de lumière les nuages de l'orient. La Nuit au teint vergeté s'éloigne, en chancelant comme un ivrogne, de la route du jour et des roues enflammées du char de Titan[1]. Maintenant, avant que le Soleil ait avancé sur l'horizon son œil brûlant pour égayer le jour et sécher l'humide rosée de la nuit, il faut que je remplisse l'osier de cette corbeille d'herbes malfaisantes et de fleurs d'un suc précieux. — La terre, cette mère de la nature, est aussi son tombeau; et le sépulcre de la mort renferme aussi le germe de la vie. Nous trouvons des enfants de diverses sortes nés de ses flancs et nourris sur son sein

[1] *From forth day's path way, and Titan's fiery wheels.* On a suivi la version des anciennes éditions adoptées par M. Malone, M. Steevens a préféré celle des éditions modernes: *From forth day's path way made by Titan's wheels*, parce que *from forth* signifiant *hors*, on peut s'écarter *hors du chemin*, et non pas *hors des roues*; mais de pareilles irrégularités ne sont pas rares dans Shakspeare, et la version la plus vraisemblable est toujours celle qui présente l'image la plus complète et la plus suivie dans ses détails et ses conséquences : ainsi la Nuit, représentée comme un ivrogne, doit, selon toute apparence, chercher à s'écarter des roues du char qui la poursuit.

maternel, nombre d'entre eux excellent en nombreuses vertus, aucun qui n'en possède quelques-unes, et cependant tous différents. Quelle abondance de puissants bienfaits sont déposés dans les plantes, les pierres, et dans leur véritable destination! car il n'existe sur la terre rien de si méprisable que la terre n'en reçoive quelque bienfait spécial, et rien de si bon qui, s'il est détourné de ce légitime usage, infidèle à sa vraie source, ne se précipite dans l'abus. Mal appliquée, la vertu même se change en vice; et le vice est quelquefois purifié par l'action. Dans l'enveloppe naissante de cette petite fleur, le poison a établi son séjour, et la médecine sa puissance; offerte à l'odorat, elle le réveille et tous les sens à la fois; si on la goûte, elle paralyse en même temps les sens et le cœur. Ainsi, de même que dans les plantes, demeurent toujours en présence dans le sein de l'homme deux ennemis en lutte, la grâce et la volonté grossière; et là où domine le principe pervers, l'ulcère de la mort a bientôt dévoré le germe vital.

(Entre Roméo.)

ROMÉO.—Bonjour, père.

FRÈRE LAURENCE. — *Benedicite.* — Quelle voix matinale me salue avec tant de douceur? — Jeune fils, cela indique une tête malade de dire sitôt bonjour à ton lit. Les soucis font sentinelle dans les yeux du vieillard; et, au lieu qu'habitent les soucis, le sommeil ne reposera plus. Mais le sommeil doré règne sur la couche où vient s'étendre la jeunesse, la tête libre et les membres exempts de douleur. Ainsi donc, c'est, je m'assure, quelque maladie qui t'a fait lever si matin; ou bien, devinai-je juste, et notre Roméo ne serait-il pas entré cette nuit dans son lit?

ROMÉO.—Cette dernière conjecture est la vraie, et mon repos n'en a été que plus doux.

FRÈRE LAURENCE.—Dieu pardonne au péché! Étais-tu avec Rosaline?

ROMÉO.—Avec Rosaline? Non, mon père spirituel : j'ai oublié ce nom, et les douleurs attachées à ce nom.

FRÈRE LAURENCE.—Tu es mon bon fils. Mais où donc as-tu été?

ROMÉO.—Je te le dirai sans me le faire redemander. J'ai été à une fête chez mon ennemi, et là j'ai tout à coup reçu une blessure de quelqu'un que j'ai blessé. Notre guérison à tous deux dépend de tes secours et de ta sainte médecine; je ne ressens point de haine, saint homme, car tu le vois, je te prie également en faveur de mon ennemi.

FRÈRE LAURENCE.—Parle simplement, mon bon fils, et va au but sans détour : une confession vague ne reçoit qu'une absolution vague.

ROMÉO.—Sache donc clairement que la charmante fille du riche Capulet est l'objet de mes plus chères amours; et de même que je lui ai donné mon cœur, elle m'a donné le sien, et tout est conclu, sauf ce que tu dois conclure par un saint mariage. Quand, où, comment nous nous sommes vus, nous nous sommes parlés d'amour, nous avons échangé nos serments, c'est ce que je te dirai avec le temps; mais ce que je te demande, c'est de consentir à nous marier aujourd'hui.

FRÈRE LAURENCE.—Bienheureux saint François, quel changement est ceci? Rosaline, que vous aimiez si chèrement, est-elle donc si promptement abandonnée? L'amour des jeunes gens n'est pas véritablement dans le cœur, il n'est que dans les yeux. *Jésus Maria!* quelle abondance de larmes a lavé tes joues pâles pour Rosaline! que d'eau salée prodiguée en vain pour assaisonner un amour que tu ne goûteras pas! Le soleil n'a pas encore éclairci le ciel chargé de tes soupirs; tes gémissements passés résonnent encore à mon oreille vieillie; tiens, voilà encore sur ta joue la trace d'une ancienne larme que tu n'as pas effacée. Si jamais tu fus toi-même, si ces douleurs ont existé pour toi, toi et tes douleurs, tout était pour Rosaline, et tu es changé! Prononce donc cet arrêt : il est permis aux femmes de faillir, puisque les hommes manquent de force.

ROMÉO.—Tu m'as souvent grondé d'aimer Rosaline.

FRÈRE LAURENCE. — D'idolâtrer, mon fils, non pas d'aimer.

ROMÉO.—Tu m'ordonnais d'ensevelir mon amour.

FRÈRE LAURENCE.—Non pas de mettre l'un en terre pour en faire sortir un autre.

ROMÉO.—Je t'en prie, ne me gronde pas; celle que j'aime maintenant me rend bonheur pour bonheur, m'accorde amour pour amour; l'autre n'en usait pas ainsi.

FRÈRE LAURENCE. — Oh! qu'elle savait bien que ton amour lisait par cœur, et ne savait pas épeler! — Viens, jeune inconstant, viens avec moi : un motif m'engage à te secourir. Peut-être cette alliance sera-t-elle assez heureuse pour changer en affection véritable la haine de vos deux familles.

ROMÉO.—Oh! partons : je tiens à ce que nous nous hâtions au plus vite.

FRÈRE LAURENCE.—Sagement et lentement : qui court trébuche.

(Ils sortent.)

SCÈNE IV

Une rue de Vérone.

BENVOLIO, MERCUTIO.

MERCUTIO.—Où diable ce Roméo peut-il être? N'est-il pas rentré chez lui cette nuit?

BENVOLIO.—Il n'est pas rentré chez son père; j'ai parlé à son domestique.

MERCUTIO.—C'est toujours cette pâle cruelle, cette Rosaline, qui le tourmente tant que pour sûr il deviendra fou.

BENVOLIO.—Tybalt, le neveu du vieux Capulet, a envoyé une lettre à la maison de son père.

MERCUTIO.—C'est un cartel, sur ma vie.

BENVOLIO.—Roméo y répondra.

MERCUTIO.—Tout homme qui sait écrire peut répondre à une lettre.

BENVOLIO.—Mais il répondra à l'auteur de la lettre défi pour défi.

MERCUTIO.—Hélas! le pauvre Roméo! il est déjà mort; assassiné par les yeux noirs d'une fille blanche, l'oreille traversée d'un chant d'amour, le cœur percé au beau milieu par le trait du petit archer aveugle, est-ce là un homme en état de faire tête à Tybalt?

BENVOLIO. — Quel homme est-ce donc que ce Tybalt?

MERCUTIO. — Autre chose que le roi des chats [1], je vous en réponds ; le plus fier champion de la courtoisie : il se bat comme vous chantez un air sur la note ; il garde les temps, la mesure, les distances; il prend le repos d'une note noire, une, deux, et la troisième dans le corps; il vous perce à mort un bouton de soie. Un duelliste, un duelliste ; un gentilhomme de la première main, ferme sur la première et la seconde cause [2] : *Ah! la botte immortelle, le revers, le ha!*

BENVOLIO. — Que veux-tu dire ?

MERCUTIO. — La peste soit de ces fats ridicules et prétentieux, avec leur grasseyement et leur manière de changer la prononciation. Par Jésus! *une excellente lame! un homme de fort belle taille! une très-bonne créature* [3] ! N'est-ce pas, mon cher grand-père, une chose déplorable, que nous soyons affligés de ces insectes étrangers, ces colporteurs de nouvelles modes, ces *pardonnez-moi*, si attachés aux formes actuelles qu'ils ne sauraient plus se trouver à l'aise sur nos vieux bancs? Ah! leurs os, leurs os [4] !

(Entre Roméo.)

BENVOLIO. — Voici Roméo! voici Roméo!

MERCUTIO. — Tout évidé comme un hareng sec. Oh! chair, chair, comme tu ressembles à du poisson! Le voilà pour toute nourriture aux vers qui coulaient de la veine de Pétrarque ; mais auprès de sa dame, Laure n'était qu'une servante de cuisine, quoiqu'elle eût un amou-

---

[1] On trouve dans de vieux contes un Tybalt, roi des chats.

[2] *A gentleman of the very first cause, of the first and second cause.* Il y avait des livres où étaient traitées les règles du point d'honneur, et les diverses causes de querelles, qu'on appelait la première, la seconde, la troisième cause.

[3] *A very good whore.*

[4] *O their* bons! *their* bons! et dans l'ancienne édition *their bones! their bones.* Il est clair que Mercutio veut jouer sur le mot *bones* (os) et sur le mot français *bon* employé par ceux qui prétendaient aux belles manières.

reux plus habile à rimer pour elle; Didon n'était qu'une dondon; Cléopâtre qu'une Égyptienne; Hélène et Héro, des créatures, des courtisanes; Thisbé un œil gris ou quelque chose comme cela. Mais ce n'est pas de cela qu'il s'agit. — Seigneur Roméo, *bonjour* : voilà un salut à la française en l'honneur de vos hauts-de-chausses français. Vous nous avez joliment donné le change hier au soir.

ROMÉO. — Bonjour, vous deux. Comment vous ai-je donné le change [1] ?

MERCUTIO. — Une escapade, une escapade, mon cher. Vous ne comprenez pas.

ROMÉO. — Pardon, cher Mercutio, j'étais fort occupé; et, dans ma position, il est permis de faillir à quelques révérences [2].

MERCUTIO. — C'est comme si vous disiez qu'un homme dans votre position est obligé de fléchir du jarret.

ROMÉO. — Vous voulez dire faire la révérence.

MERCUTIO. — Tu as très-obligeamment deviné.

ROMÉO. — C'est là une explication fort polie.

MERCUTIO. — Oh! je me pique de politesse.

---

[1] *The slip, sir, slip.* Jeu de mots qui roule sur *the slip*, qui veut dire s'échapper, et est aussi le nom d'une pièce de monnaie souvent fausse (*counterfeit*.)

[2] ROMÉO. — *Pardon, good Mercutio, my business was great; and in such case as mine, a man may strain courtesy.*
MERCUTIO. — *That's as much as to say—such a case as yours contrains a man to bow in the hams.*
ROMÉO. — *Meaning to courtesy.*
MERCUTIO. — *Thou hast most kindly hit it.*
ROMÉO. — *A most courteous exposition.*
MERCUTIO. — *Nay, I am the very pink of courtesy.*
ROMÉO. — *Pink for flower.*
MERCUTIO. — *Right.*
ROMÉO — *Why, then is my pump well flowered.*
MERCUTIO. — *Well said : follow me this jest now, till thou hast worn thy pump; that, when the single sole of it is worn, the jest may remain, after the wearing, solely singular.*
ROMÉO. — *O single-soled jest, solely singular for the singleness!*
MERCUTIO. — *Come between us, good Benvolio; my wits fail.*
ROMÉO. — *Switch and spurs, switch and spurs, or I'll cry a match.*
MERCUTIO. — *Nay, if thy wits run the wild goose chace, I have done,*

ROMÉO.—Tu en es la fleur.

MERCUTIO.—Assurément.

ROMÉO.—La fleur de chardon qui se pique à mes souliers.

MERCUTIO.—Bien répondu. Maintenant c'est une pointe qu'il te faut suivre jusqu'à ce que tes souliers soient usés, parce qu'au moins, quand les souliers seront partis de la semelle, il t'en restera la pointe qui sera seule de son espèce.

ROMÉO.—Tu conviendras qu'elle est boiteuse, celle-là : tout son mérite, c'est de n'avoir pas sa pareille.

MERCUTIO.—Benvolio, viens nous séparer ; mon esprit est rendu.

ROMÉO.—Donne du fouet et de l'éperon, du fouet et de l'éperon, ou je demande un autre coureur.

for thou hast more of the wild goose in one of thy wits, than, I am sure, I have in my whole five : Was I with you there for the goose ?
ROMÉO.— *Thou wast never with me for anything, when thou wast not there for the goose.*
MERCUTIO.—*I will bite thee by thee ear for that jest.*
ROMÉO.—*Nay, good goose, bite not.*
MERCUTIO. — *Thy wit is a very bitter sweeting ; it is a most sharp sauce.*
ROMÉO.—*And is it not well served in to a sweet goose ?*
MERCUTIO.—*O, here's a wit of cheverel, that stretches from an inch narrow to an ell broad !*
ROMÉO.— *I stretch it out for that word—broad : which added to the goose, proves thee far and wide a broad goose.*

Il a fallu, en traduisant, se contenter de l'à peu près, la liberté de quelques-unes des plaisanteries, et la puérile recherche de jeux de mots qui fait le sel de presque toutes, les rendant impossibles à traduire exactement.

La première de ces plaisanteries porte sur le mot *courtesy*, qui signifie *révérence* et *politesse*.

Pour entendre la seconde, il faut savoir que les danseurs portaient des souliers brodés en fleurs ou attachés avec des rubans en forme de fleurs.

La chasse *de l'oie sauvage* fait allusion à une espèce de course de chevaux qu'on nommait ainsi, et qui consistait à attacher deux chevaux ensemble avec une longe : celui qui gagnait les devants obligeait l'autre à le suivre partout où il lui plaisait ; et, lorsque l'un des deux coureurs avait mis son compagnon dans l'impossibilité de le suivre, il était regardé comme vainqueur.

MERCUTIO. — Oh! ma foi, si tu cours la chasse de l'oie sauvage, j'ai fini, car tu tiens plus de l'oie sauvage dans un seul de tes sens, que moi, j'en suis sûr, dans tous les cinq.—Est-ce donc la course de l'oie que je faisais avec vous?

ROMÉO.—Je ne t'ai jamais vu avec moi nulle part que ce ne fût pour faire l'oie.

MERCUTIO.—Je vais te mordre l'oreille pour cette mauvaise plaisanterie.

ROMÉO.—Non, bonne oie, ne mords pas.

MERCUTIO.—C'est ton esprit qui a du mordant; il fait la sauce un peu âpre.

ROMÉO.—Il n'en vaut que mieux pour une oie douce.

MERCUTIO. — Oh! pour celui-là, il prête comme une peau de chevreuil, de la largeur d'un pouce à la longueur d'une demi-toise.

ROMÉO.—Ce qui veut dire qu'en long et en large tu n'es autre chose qu'une grosse oie.

MERCUTIO.—Eh bien, ceci ne vaut-il pas mieux que de gémir d'amour? Te voilà sociable maintenant, te voilà Roméo; te voilà tel que tu es par éducation et par nature; car cet imbécile d'Amour ressemble à un grand nigaud qui court niaisement çà et là pour trouver où cacher sa marotte dans un trou [1].

BENVOLIO.—Allons, allons, ne va pas plus loin.

MERCUTIO.—Ne voilà-t-il pas que tu me coupes la parole au beau milieu de l'histoire?

ROMÉO.—Tu allais l'étendre à n'en pas finir.

MERCUTIO.—Oh! tu te trompes, j'aurais été fort court; j'avais traité la matière à fond, et ne prétendais pas occuper le tapis plus longtemps.

(Entrent la nourrice et Pierre.)

ROMÉO.—Voilà une bonne figure.

MERCUTIO.—Une voile! une voile! une voile!

BENVOLIO.—Il y en a bien deux, une jupe et un caleçon [2].

[1] *That runs lolling up and down to hide his bauble in a hole.*
[2] *A shirt and a smock,* une chemise de femme et une chemise d'homme.

LA NOURRICE.—Pierre!
PIERRE.—Me voilà!
LA NOURRICE.—Pierre, mon éventail.
MERCUTIO.—Je t'en prie, donne-le-lui, Pierre, pour cacher son visage : son éventail est le plus beau des deux.
LA NOURRICE.—Dieu vous donne le bonjour, cavaliers.
MERCUTIO.—Dieu vous donne le bonsoir[1], belle dame.
LA NOURRICE.—Sommes-nous déjà au soir?
MERCUTIO.—Assurément; la main impudente du cadran est sur le point de midi.
LA NOURRICE.—Otez-vous de mon chemin. Quel homme êtes-vous donc?
ROMÉO.—Un homme, ma bonne, ma bonne dame, que Dieu a créé pour se faire tort à lui-même.
LA NOURRICE.—Bien dit, par ma foi.—Pour se faire tort à lui-même, dit-il?—Cavaliers, quelqu'un de vous saura-t-il me dire où je pourrais trouver le jeune Roméo?
ROMÉO.—Je puis vous le dire; mais je vous préviens que le jeune Roméo sera plus vieux quand vous l'aurez trouvé qu'il ne l'était quand vous vous êtes mise à le chercher. Je suis le plus jeune du nom, faute de pis.
LA NOURRICE.—Vous dites fort bien.
MERCUTIO.—Quoi, le pis est bien? C'est le bien prendre, ma foi, sagement, sagement.
LA NOURRICE.—Si vous êtes Roméo, seigneur, je voudrais vous entretenir un instant en particulier.
BENVOLIO.—Elle veut l'inviter à quelque souper.
MERCUTIO.—Une entremetteuse! une entremetteuse! une entremetteuse[2]! holà, hé!
ROMÉO.—Qu'as-tu donc trouvé?
MERCUTIO.—Ce n'est pas un lièvre, mon cher, à moins que ce ne soit un lièvre dans un pâté de carême, quelque peu passé et moisi avant qu'on puisse le finir.

---

[1] *God ye good den, fair gentlewoman.*
NURS.—*Is it good den?*
MERC.—*It is no less, I tell you, for the hand of the dial is now upon the first of noon ; good den* s'employait quelquefois pour *goodeven* (bonsoir).

[2] *So ho!* Cri des chasseurs quand ils ont fait lever le lièvre.

Un vieux lièvre moisi
Et un vieux lièvre moisi
Est un très-beau plat pour le carême ;
Mais dans un lièvre moisi
Il y a trop à manger pour vingt personnes
S'il est moisi avant d'être fini.

Roméo, rentrez-vous chez votre père? Nous y dinerons.

ROMÉO.—Je vais vous suivre.

MERCUTIO.—Adieu, vieille madame ; adieu, madame, madame, madame[1].

(Mercutio et Benvolio sortent.)

LA NOURRICE.—Adieu, de tout mon cœur. — Qu'est-ce donc, s'il vous plait, seigneur, que ce marchand d'insolences qui était si plein de ses sottises ?

ROMÉO.—C'est un homme, nourrice, qui aime à s'entendre parler, et qui en dit plus en une minute qu'il n'en fait en un mois.

LA NOURRICE.—S'il s'avise de rien dire contre moi, je le ferai bien taire, voyez-vous, fût-il plus fort qu'il ne l'est, lui et vingt gamins de son espèce ; et, si je ne pouvais pas, je trouverais bien qui m'aiderait. Vilain polisson ! Je ne suis pas de ses coureuses, moi, je ne suis pas de ses camarades de couteau.—Et toi aussi, il faut que tu te tiennes là et que tu laisses le premier polisson user de moi à son plaisir !

PIERRE.—Je n'ai vu personne user de vous à son plaisir ; si je l'avais vu, mon épée aurait été bientôt dehors, je vous en réponds ; je dégaine aussi vite qu'un autre quand je vois l'occasion d'une bonne querelle et que j'ai la loi de mon côté.

LA NOURRICE.—En vérité, je le dis devant Dieu, je suis si en colère que je tremble de tous mes membres. Vilain polisson !—Seigneur, un mot, je vous prie. Comme je vous l'ai dit, ma jeune maîtresse m'a envoyée vous chercher : ce qu'elle m'a chargée de vous dire je le garderai pour moi. Mais laissez-moi vous dire d'abord que si vous

---

[1] *Ladies, ladies, ladies*, refrain d'une vieille chanson.

aviez l'intention de la mener dans le paradis des fous, comme on dit, ce serait un bien vilain procédé, comme on dit ; car la demoiselle est jeune, et par conséquent si vous étiez double avec elle, ce serait une chose qui n'est pas à faire vis-à-vis d'une jeune demoiselle, et une conduite fort méprisable.

roméo.—Nourrice, recommande-moi à ta dame et maîtresse. Je te proteste...

la nourrice.—Bon cœur ! oui, ma foi, je lui dirai tout cela. Seigneur, seigneur ! qu'elle va être une femme contente !

roméo.—Que lui diras-tu, nourrice ? Tu ne m'écoutes pas.

la nourrice.—Je lui dirai, seigneur, que vous *protestez* ; et c'est là, je le vois bien, parler en gentilhomme [1].

roméo.—Dis-lui de trouver quelque prétexte pour aller à confesse cette après-midi ; elle viendra à la cellule de frère Laurence, qui la confessera et la mariera. Voilà pour ta peine.

la nourrice.—Non, en vérité, seigneur, pas une obole.

roméo.—Allez, allez, je vous dis que vous l'accepterez.

la nourrice. — Cette après-midi, seigneur ? Bien, elle s'y trouvera.

roméo.—Et toi, bonne nourrice, va attendre derrière le mur de l'abbaye ; avant une heure mon domestique t'y rejoindra et te portera des cordes tressées en échelle, qui, dans le mystérieux silence de la nuit, m'élèveront au dernier degré du plus glorieux bonheur. Adieu, sois fidèle, et je reconnaîtrai tes soins. Adieu ! recommande-moi à ta maîtresse.

la nourrice.—Que le Dieu du ciel vous bénisse !—Un mot, seigneur.

roméo.—Que me veux-tu, chère nourrice ?

la nourrice.—Votre domestique est-il discret ? Vous avez peut-être ouï dire que deux personnes peuvent garder un secret quand on en a mis une à la porte ?

---

[1] *Je vous proteste* était, à ce qu'il paraît, une des locutions françaises les plus indispensables à un homme du bel air.

ROMÉO.—Je te garantis mon domestique fidèle comme l'acier.

LA NOURRICE.—Bien, seigneur. Ma maîtresse est la plus douce créature...... Oh! seigneur, seigneur, lorsqu'elle était encore une petite babillarde...—Il y a dans la ville un noble cavalier, un certain Pâris qui voudrait bien en tâter; mais elle, la bonne âme, aimerait autant voir un crapaud, oui, un crapaud, que de le voir. Pour la mettre en colère, je lui dis quelquefois que Pâris est le plus joli garçon des deux; mais je vous réponds que, quand je lui dis cela, elle devient aussi blanche que quelque linge qui soit au monde.—*Romarin* et *Roméo* ne commencent-ils pas tous deux par la même lettre[1]?

ROMÉO.—Oui, nourrice; pourquoi? Tous deux commencent par un R.

LA NOURRICE.—Ah! moqueur que vous êtes! c'est le nom du chien. R est pour le chien. Non, cela commence par une autre lettre, je le sais bien, et elle a fait de ça la plus jolie petite versification de vous et de *Romarin*, ça vous ferait plaisir à entendre.

ROMÉO.—Parle de moi à ta maîtresse.

LA NOURRICE.— Oui, mille et mille fois. Pierre!
(Roméo sort.)

PIERRE.—Me voilà.

LA NOURRICE.—Prends mon éventail et marche devant.
(Ils sortent.)

SCÈNE V

Le jardin de Capulet.

JULIETTE.

JULIETTE.—Neuf heures sonnaient quand j'ai envoyé la nourrice: elle m'avait promis qu'elle serait de retour au bout d'une demi-heure; peut-être n'aura-t-elle pu le

---

[1] Le romarin était un emblème de fidélité, mais l'R s'appelait la lettre de chien, parce qu'ils paraissent la prononcer dès qu'ils commencent à montrer les dents, et la nourrice, qui ne sait pas lire, croit que Roméo veut se moquer d'elle en lui disant que son nom commence par un R.

trouver. Non, ce n'est pas cela.—Oh! elle est boiteuse! La messagère de l'Amour devrait être la pensée, dix fois plus rapide que les rayons du soleil lorsqu'ils chassent les ombres des sombres collines. Aussi l'Amour est-il traîné par des colombes aux ailes agiles ; aussi, prompt comme le vent, Cupidon porte-t-il des ailes.—Déjà le soleil arrive au point le plus élevé de sa course journalière, et depuis neuf heures jusqu'à midi il s'est écoulé trois longues heures, et cependant elle ne revient pas. Si elle avait les affections et le sang brûlant de la jeunesse, son mouvement serait aussi prompt que celui d'une balle ; d'un mot je la ferais bondir vers mon tendre amant, et un mot de lui me la renverrait. Mais ces vieilles gens, il semble qu'ils soient morts ; on ne saurait les remuer ; ils sont d'une lenteur! lourds et pâles comme le plomb! (*Entrent la nourrice et Pierre.*)—O Dieu! la voilà qui revient. O ma douce nourrice! quelle nouvelle? l'as-tu vu? L'as-tu trouvé? Renvoie ton valet.

LA NOURRICE.—Pierre, restez à la porte.

JULIETTE.—Eh bien, bonne, chère nourrice?—O Dieu! pourquoi cet air triste? Eusses-tu de mauvaises nouvelles, annonce-les moi gaiement ; si elles sont bonnes, c'est faire honte à la musique des douces nouvelles que de me les dire sur un air si discordant.

LA NOURRICE.—Je suis fatiguée ; laissez-moi me reposer un moment. Fi donc! comme les os me font mal! Ai-je assez couru!

JULIETTE.—Je voudrais que tu eusses mes os et moi tes nouvelles..... Je t'en prie, allons, parle ; bonne, bonne nourrice, parle.

LA NOURRICE.—Jésus! que vous êtes pressée! ne pouvez-vous pas attendre un instant? Ne voyez-vous pas que je suis hors d'haleine?

JULIETTE.—Comment peux-tu être hors d'haleine, puisque tu en as assez pour me dire que tu es hors d'haleine? Les raisons que tu me donnes pour me faire attendre sont plus longues que le récit que tu me refuses. Tes nouvelles sont-elles bonnes ou mauvaises? Réponds à cela *oui* ou *non*, et après j'attendrai patiemment les détails. Contente-moi; sont-elles bonnes ou mauvaises?

LA NOURRICE.—Eh bien! vous avez fait le choix d'une sotte; vous n'entendez rien à choisir un homme. Roméo! Non, ce n'est pas ça.—Quoiqu'il soit plus beau de visage que personne, malgré cela, il a la jambe mieux faite que tous les autres. Pour la main, le pied, la taille, il n'en faut pas parler; cependant ça n'a pas son pareil. Il n'est pas la fleur de la politesse!... non! mais, j'en réponds, il a la douceur d'un agneau. Va ton chemin, jeune fille, et sers Dieu.—Comment! est-ce qu'on a dîné ici?

JULIETTE.—Non, non, mais je savais déjà tout cela. Que dit-il de notre mariage? qu'en dit-il?

LA NOURRICE.—Ah Dieu! que la tête me fait mal! Quelle tête j'ai! elle me bat comme si elle allait se fendre en mille pièces; et mon dos, de l'autre côté! oh! le dos! le dos! Vous devriez vous maudire d'avoir eu le cœur de m'envoyer comme cela me tuer à courir de tous côtés.

JULIETTE.—En vérité, je suis bien fâchée de te voir souffrir. Chère, chère, chère nourrice, réponds; que dit mon amant?

LA NOURRICE.—Votre amant parle comme un honnête gentilhomme, poli, obligeant, gracieux, et, j'en réponds, plein de vertu.—Où est votre mère?

JULIETTE.—Où est ma mère? Eh bien! elle est là dedans. Où veux-tu qu'elle soit? Que tu me réponds singulièrement! *Votre amant parle comme un honnête gentilhomme... Où est votre mère?*

LA NOURRICE.—Oh! bonne sainte Vierge! est-ce que le feu y est? Ma foi! comme vous voudrez; si c'est là l'emplâtre que vous mettez sur mes os malades, vous pourrez dorénavant faire vos commissions vous-même.

JULIETTE.—Est-ce donc la peine de se fâcher ainsi? Allons! que dit Roméo?

LA NOURRICE.—Avez-vous obtenu la permission d'aller à confesse aujourd'hui?

JULIETTE.—Oui.

LA NOURRICE.—Eh bien! dépêchez-vous de vous rendre à la cellule du père Laurence; il y a là un mari qui va vous rendre femme. A présent, voilà le sang léger qui vous monte aux joues : elles deviennent écarlates à la moindre nouvelle. Dépêchez-vous d'aller à l'église ; moi, il faut que j'aille d'un autre côté chercher une échelle au moyen de laquelle votre amant grimpera aussitôt qu'il fera nuit, pour vous dénicher un oiseau. J'ai toute la peine, et je travaille pour votre plaisir ; mais bientôt, ce soir, vous aurez votre part du fardeau. Allez, je vais dîner ; dépêchez-vous de vous rendre à la cellule.

JULIETTE.—De voler au plus beau sort.—Excellente nourrice, adieu.

(Elles sortent.)

SCÈNE VI

La cellule du frère Laurence.

Entrent FRÈRE LAURENCE ET ROMÉO.

FRÈRE LAURENCE.—Veuille le ciel, souriant à notre cérémonie sainte, ne pas envoyer le chagrin nous la reprocher dans les heures à venir !

ROMÉO.—*Amen, amen*. Mais viennent les chagrins qui pourront, ils ne suffiront pas à payer le bonheur que me donne un seul et court instant de sa vue. Unissez seulement nos mains au son des paroles sacrées, et qu'ensuite la mort, qui dévore l'amour, fasse tout ce qu'elle peut oser ; c'en est assez pour moi d'avoir pu la nommer mienne.

FRÈRE LAURENCE.—Ces violents transports ont une fin violente au milieu de leur triomphe, comme la poudre et le feu, que le même instant voit s'unir et s'épuiser. Le miel le plus doux rassasie par sa délicieuse saveur, et dans les plaisirs du goût s'éteint l'appétit. Aimez donc avec modération ; ainsi font les longues amours : qui va trop vite arrive aussi tard que qui va trop lentement. (*Entre Juliette.*)—Voici la dame. Oh ! un pied si léger n'usera jamais ces pierres inaltérables. Un amant monterait à cheval sur ces fils qui l'été flottent dans le vague de l'air, qu'il ne tomberait point à terre, tant sont légères les vanités de ce monde.

JULIETTE.—Je souhaite le bonjour à mon vénérable confesseur.

FRÈRE LAURENCE.—Roméo, ma fille, te remerciera pour nous deux.

JULIETTE.—Je lui en souhaite autant à lui-même, sans quoi ses remerciements seraient un prix trop élevé.

ROMÉO.—Ah! Juliette, si la mesure de ta joie est comblée comme la mienne, et que tu aies plus de talent pour la peindre, parfume de ton haleine l'air qui nous environne, et que la brillante harmonie de ta voix déploie les images du bonheur que nous recevons l'un de l'autre en une si chère entrevue.

JULIETTE.—Il est des pensées qui sont plus riches de fond que de paroles, et qui se sentent de leur trésor et non de leur parure. Ils sont dans la misère ceux qui peuvent calculer ce qu'ils possèdent. Mais tel est l'excès de fortune où s'est élevé mon sincère amour, que je ne saurais compter seulement jusqu'à moitié la valeur de mes richesses.

FRÈRE LAURENCE.—Allons, allons, venez avec moi, et nous aurons bientôt fait; car, avec votre permission, vous ne resterez pas seuls jusqu'à ce que la sainte Église ait fait de vous deux une seule chair.

(Ils sortent.)

FIN DU DEUXIÈME ACTE.

ACTE TROISIÈME

SCÈNE I

Un lieu public.

Entrent BENVOLIO, MERCUTIO, UN PAGE
et des VALETS

BENVOLIO.—Je t'en prie, cher Mercutio, retirons-nous. Le jour est brûlant, les Capulet sont dehors, si nous venons à les rencontrer, jamais nous n'éviterons une querelle, car dans ces chaleurs où nous sommes le sang bouillonne avec furie [1].

MERCUTIO. — Tu ressembles à ces hommes qui, en entrant dans une taverne, vous campent leur épée sur la table en disant: « Dieu me fasse la grâce de n'avoir pas besoin de toi, » et qui n'ont pas plutôt senti l'effet du second verre de vin qu'ils la tirent contre le cabaretier, lorsqu'il n'y en a réellement aucun besoin.

BENVOLIO.—Moi! je ressemble à ces gens-là?

MERCUTIO.—Allons, allons, tu es dans ton espèce un gaillard aussi bouillant que personne en Italie, aussi prompt à t'emporter et aussi emporté dans ta promptitude.

BENVOLIO.—Et à quoi revient ceci?

MERCUTIO.—C'est que, s'il y en avait deux comme toi, bientôt nous ne les aurions plus, car ils se tueraient l'un l'autre. Toi, tu te prendrais de querelle avec un homme pour un poil de plus ou de moins à la barbe; tu te prendrais de querelle avec un homme parce qu'il casserait des noisettes, sans autre raison, si ce n'est que tu as les

---

[1] *In the warm time the people for the most part be more unruly.*
P. Smith, *Commonwealth of England.*

yeux couleur de noisette. Quel autre œil qu'un œil ainsi fait pourrait découvrir un pareil sujet de querelle? Ta tête est pleine de querelles, comme l'œuf est plein de nourriture; cependant elle a été rendue, à force de querelles et de coups, aussi vide qu'un œuf éclos. N'as-tu pas cherché dispute à un homme sur ce qu'il toussait dans la rue, parce que cela éveillait ton chien qui dormait au soleil; à un tailleur, parce qu'il portait son habit neuf avant les fêtes de Pâques; à un autre encore, parce qu'un vieux ruban nouait ses souliers neufs? Et tu veux me faire la leçon pour m'empêcher de quereller?

BENVOLIO.—Si j'étais aussi querelleur que toi, le premier que je rencontrerais pourrait acheter le revenu de toute ma vie pour le prix d'une heure et quart.

MERCUTIO.—De toute ta vie, imbécile[1] !

(Entrent Tybalt et plusieurs autres.)

BENVOLIO.—Par mon chef, voici venir les Capulet.

MERCUTIO.—Par mon talon, je m'en moque.

TYBALT.—Tenez-vous près de moi, je veux leur parler. —Cavaliers, bonsoir; un mot avec un de vous.

MERCUTIO.—Rien qu'un seul mot avec un de nous? Accouplez quelque chose avec, que cela fasse un mot et un coup.

TYBALT.—Vous m'y trouverez assez disposé, mon gentilhomme, pour peu que vous m'en donniez l'occasion.

MERCUTIO.—Ne pouvez-vous prendre l'occasion sans qu'on vous la donne?

TYBALT.—Mercutio, tu es de concert avec Roméo.

MERCUTIO.—De concert? Comment! nous prend-il pour des ménétriers, c'est que si nous étions des ménétriers, faites attention que vous ne nous trouveriez pas d'accord avec vous. Voilà mon archet, voilà qui vous fera danser. Corbleu, de concert!

BENVOLIO.—Nous parlons ici dans un lieu fréquenté de tout le monde : ou retirons-nous en quelque lieu écarté,

---

[1] *The fee simple of my life!* BENV.
The fee simple; oh! simple. MERCUT.
— Ce jeu de mots de Mercutio a été impossible à rendre.

ou raisonnez tranquillement sur vos griefs, ou bien allons-nous-en ; tous les yeux se fixent sur nous.

MERCUTIO.—Les hommes ont des yeux pour regarder. Qu'ils nous regardent, si cela leur plaît ; pour moi, je ne bouge pas d'ici pour faire plaisir à qui que ce soit.

(Entre Roméo.)

TYBALT. — Eh bien! la paix soit avec vous, cavalier. J'aperçois mon homme.

MERCUTIO.—Que je sois pendu pourtant, mon gentilhomme, s'il porte votre livrée. Par ma foi, vous pouvez marcher devant sur le pré, il vous y suivra ; et dans ce sens votre seigneurie peut dire qu'elle a trouvé son homme.

TYBALT.—Roméo, la haine que je te porte ne me permet pas un mot plus doux : tu es un traître.

ROMÉO.—Tybalt, les raisons que j'ai de t'aimer me font pardonner à la fureur qu'annonce un pareil salut. Je ne suis point un traître : ainsi donc, adieu, je vois que tu ne me connais pas.

TYBALT.—Jeune homme, cela ne répare point les outrages que tu m'as faits : ainsi reviens et mets l'épée à la main.

ROMÉO.—Je proteste que je ne t'ai jamais offensé, et que je t'aime plus que tu ne saurais le penser jusqu'à ce que tu connaisses les motifs de mon affection. Ainsi, brave Capulet, dont le nom m'est aussi cher que le mien, accepte cette satisfaction.

MERCUTIO.—Oh! lâche sangfroid! déshonorante soumission! — *A la stoccata*, pour effacer cela. Tybalt, le preneur de rats, voulez-vous faire un tour avec moi?

TYBALT.—Que veux-tu de moi?

MERCUTIO.—Bon roi des chats, rien du tout qu'une de vos neuf vies, afin d'en faire ce qu'il me plaira ; et ensuite, selon que vous en userez à mon égard, je pourrai bien battre à plat les huit autres. Veuillez donc prendre votre épée par les oreilles pour la faire sortir de son étui, et dépêchez-vous ; ou bien, avant qu'elle soit dehors, la mienne sera sur vos oreilles.

TYBALT, *tirant l'épée.*—Je suis à vous.

ROMÉO.—Cher Mercutio, remets ton épée.

MERCUTIO.—Allons, mon gentilhomme, votre passade.
(Il se battent.)

ROMÉO.—Tire ton épée, Benvolio, désarmons-les. — Gentilshommes, c'est une honte : ne tombez pas dans une pareille désobéissance.—Tybalt, Mercutio, le prince a expressément défendu toute querelle dans les rues de Vérone.—Tybalt, arrêtez.—Cher Mercutio.....
(Sortent Tybalt et ses partisans.)

MERCUTIO.—Je suis blessé! Malédiction sur les deux maisons! me voilà expédié!— Est-ce qu'il est parti, et sans rien avoir?

BENVOLIO.—Quoi, tu es blessé?

MERCUTIO.—Oui, oui, une égratignure : par ma foi, c'est assez. Où est mon page? — Drôle, va chercher un chirurgien.
(Le page sort.)

ROMÉO.—Prends ton courage, ami, ta blessure ne peut être grave.

MERCUTIO.—Non, elle n'est pas aussi profonde qu'un puits, ni aussi large que la porte d'une église ; mais c'en est assez, elle suffira. Venez me voir demain matin, et vous me trouverez tombé[1] dans le sérieux. Je suis poivré, j'en réponds, du moins pour ce monde-ci. Malédiction sur vos deux maisons! Corbleu! un chien, un rat, une souris, un chat, égratigner un homme à mort! un bravache, un faquin, un traître, qui ne combat que par règles d'arithmétique! pourquoi diable êtes-vous venu vous jeter entre nous deux? J'ai reçu le coup par-dessous votre bras.

ROMÉO.—Je faisais pour le mieux.

MERCUTIO.—Aidez-moi, Benvolio, à entrer dans quelque maison voisine, ou bien je vais m'évanouir. Malédiction sur vos deux maisons! elles ont fait de moi une pâture à vers. Oh! j'ai la botte et bien à fond. Ah! vos deux maisons!
(Mercutio et Benvolio sortent.)

[1] *A grave man*, un homme grave et un homme bon pour le tombeau.

ROMÉO.—C'est pour moi que ce gentilhomme, le proche parent du prince, mon intime ami, a reçu cette blessure mortelle : ma réputation est entachée par l'affront que m'a fait Tybalt; Tybalt, mon parent depuis une heure! O chère Juliette! ta beauté a fait de moi un homme efféminé, elle a amolli la trempe vigoureuse de mon courage.

(Entre Benvolio.)

BENVOLIO.—O Roméo, Roméo! le brave Mercutio est mort : cette âme généreuse, dédaignant trop tôt la terre, s'est élevée vers les nuages.

ROMÉO.—Les noires destinées de ce jour vont s'étendre sur des jours nombreux : celui-ci commence seulement les malheurs, d'autres les finiront.

(Rentre Tybalt.)

BENVOLIO.—Voici le furieux Tybalt qui revient.

ROMÉO.—Vivant, triomphant, et Mercutio est tué! Retourne dans les cieux, prudente douceur, et toi, fureur à l'œil enflammé, sois maintenant mon guide.—A présent, Tybalt, reprends pour toi ce nom de traître que tu me donnais tout à l'heure : l'âme de Mercutio, arrêtée à peu de distance au-dessus de nos têtes, attend que la tienne vienne lui tenir compagnie. Il faut que toi ou moi, ou tous les deux, nous allions le rejoindre.

TYBALT.—C'est toi, qui étais ici-bas de son parti, misérable enfant, qui dois l'aller trouver.

ROMÉO.—Voici qui en décidera.

(Ils se battent. Tybalt tombe.)

BENVOLIO.—Fuis, Roméo; va-t'en : les citoyens sont en alarme, et Tybalt est tué. Ne reste point ainsi dans la stupeur. Le prince va te condamner à mort si tu es pris. Fuis, sauve-toi, va-t'en.

ROMÉO.—Oh! je suis le jouet de la fortune[1].

BENVOLIO.—Pourquoi es-tu encore ici?

(Roméo sort.)

(Entrent des citoyens, etc.)

UN CITOYEN.—Par quelle rue s'est-il enfui, celui qui a

---

[1] *I am fortune's fool.*

tué Mercutio? Tybalt, cet assassin, par où s'est-il sauvé?
BENVOLIO.—Le voilà étendu là, ce Tybalt.
LE CITOYEN.—Levez-vous, seigneur, suivez-moi, je vous somme au nom du prince; obéissez.
(Entrent le prince et sa suite, Montaigu, Capulet, leurs femmes et autres personnages.)
LE PRINCE.—Où sont les vils auteurs de ce tumulte?
BENVOLIO.—Noble prince, je puis raconter toutes les malheureuses circonstances de cette fatale querelle. Voilà celui que le jeune Roméo a tué, et qui avait tué ton parent le brave Mercutio.
LA SIGNORA CAPULET. — Tybalt! mon neveu! ô fils de mon frère! Cruelle vue! hélas! le sang de mon cher neveu tout répandu! — Prince, si tu es juste, pour notre sang, le sang des Montaigu doit être versé.—Mon neveu, mon neveu!
LE PRINCE.—Benvolio, qui a commencé cette rixe sanglante?
BENVOLIO.—Tybalt, que vous voyez ici tué de la main de Roméo. Roméo lui a parlé raisonnablement; il l'a prié de considérer combien la querelle était légère ; il lui a représenté en outre quel serait votre courroux. Tout cela dit d'un ton plein de douceur, d'un regard tranquille, et même dans l'humble attitude d'un suppliant, n'a pu faire trêve à la violence désordonnée de Tybalt, qui, sourd aux paroles de paix, tourne la pointe de son épée contre le sein du brave Mercutio : celui-ci, tout aussi bouillant que lui, engage le fer homicide contre le fer, et, avec un dédain martial, d'une main écarte la froide mort, et de l'autre la renvoie à Tybalt, qui par son adresse la repousse vers lui. Roméo crie de toutes ses forces : « Arrêtez, amis; séparez-vous; » et d'un bras plus prompt que sa parole, il abaisse leurs pointes meurtrières et se précipite entre eux deux : mais un coup cruel de Tybalt se fait jour par-dessous le bras de Roméo, et atteint aux sources de la vie l'intrépide Mercutio. Alors Tybalt se sauve ; mais quelques moments après il revient vers Roméo, chez qui venait de naître le désir de la vengeance : tous deux y courent comme la foudre ; car avant

que j'eusse eu le temps de tirer mon épée pour les séparer, le courageux Tybalt était tué. Roméo l'ayant vu tomber a pris la fuite. Voilà la vérité, ou Benvolio consent à mourir.

LA SIGNORA CAPULET.—Il est parent des Montaigu; l'affection le rend imposteur : il ne dit pas la vérité. Près de vingt d'entre eux ont combattu dans cette odieuse rencontre, et les vingt ensemble n'ont pu tuer qu'un seul homme. Je demande justice; et toi, prince, tu nous la dois : Roméo a tué Tybalt; Roméo ne doit plus vivre.

LE PRINCE.—Roméo a tué Tybalt, mais Tybalt a tué Mercutio : qui de vous payera le prix d'un sang si cher?

LA SIGNORA MONTAIGU.—Ce n'est pas Roméo, prince; il était l'ami de Mercutio : sa faute a seulement terminé la vie de Tybalt, comme l'aurait fait la loi.

LE PRINCE.—Et pour cette offense, nous l'exilons sur l'heure. Je suis intéressé dans l'effet de vos haines : mon sang coule ici pour vos querelles féroces; mais je saurai vous imposer une si forte amende que je vous ferai tous repentir de mes pertes. Je serai sourd à toute défense et à toute excuse; ni larmes ni prières ne pourront racheter de pareils délits : ne songez donc point à en faire usage. Que Roméo quitte ces lieux en toute hâte, ou l'heure qui l'y verra surprendre sera la dernière de sa vie. (*À sa suite.*)—Emportez ce corps, et attendez mes ordres : la clémence devient meurtrière quand elle pardonne à l'homicide.

(Ils sortent.)

SCÈNE II

Un appartement dans la maison de Capulet.

Entre JULIETTE.

JULIETTE.—Qu'un galop rapide, coursiers aux pieds brûlants, vous emporte vers le palais du Soleil : de son fouet, un conducteur tel que Phaéton vous aurait précipités vers le couchant et aurait ramené la sombre Nuit. Etends ton épais rideau, Nuit qui couronne l'amour; ferme les yeux errants, et que Roméo puisse voler dans mes bras sans qu'on le dise et sans qu'on le voie. La lumière de leurs mutuelles beautés suffit aux amants pour accomplir leurs amoureux mystères; ou si l'Amour est aveugle, il ne s'en accorde que mieux avec la Nuit. Viens, Nuit obligeante, matrone aux vêtements modestes, tout en noir, apprends-moi à perdre au jeu de qui perd gagne, où l'enjeu est deux virginités sans tache; couvre de ton obscur manteau mes joues où se révolte mon sang effarouché, jusqu'à ce que mon craintif amour, devenu plus hardi dans l'épreuve d'un amour fidèle, n'y voie plus qu'un chaste devoir.—Viens, ô Nuit; viens, Roméo; viens, toi qui es le jour au milieu de la nuit; car sur les ailes de la nuit tu arriveras plus éclatant que n'est sur les plumes du corbeau la neige nouvellement tombée. Viens, douce nuit; viens, nuit amoureuse, le front couvert de ténèbres: donne-moi mon Roméo; et quand il aura cessé de vivre, reprends-le, et, partage-le en petites étoiles, il rendra la face des cieux si belle, que le monde deviendra amoureux de la nuit et renoncera au culte du soleil indiscret. Oh! j'ai acheté une demeure d'amour, mais je n'en suis pas encore en possession, et celui qui m'a acquise n'est pas encore en jouissance. Ce jour est aussi ennuyeux que la veille d'une fête pour l'enfant qui a une robe neuve et qui ne peut encore la mettre. — Oh! voilà ma nourrice. (*Entre la nourrice avec une échelle de cordes.*) Elle m'apporte des nouvelles, et la bouche qui prononce seulement le nom de Roméo devient l'organe d'une éloquence céleste.—Eh bien! nourrice, quelles nouvelles? Qu'as-tu là? l'échelle que Roméo t'a dit d'apporter?

LA NOURRICE.—Oui, oui, l'échelle.

(Elle la jette à terre.)

JULIETTE.—Ah ciel! quelles nouvelles? Pourquoi tordre ainsi tes mains?

LA NOURRICE. — O jour de malheur! il est mort, il est mort, il est mort! Nous sommes perdues, madame, nous sommes perdues. O malheureux jour! il n'est plus, il est tué, il est mort!

JULIETTE.—Le ciel a-t-il pu être si cruel?

LA NOURRICE.—Ce n'est pas le ciel, non ; c'est Roméo. O Roméo! ô Roméo! qui l'aurait jamais pensé? Roméo!....

JULIETTE.—Quel démon es-tu, pour me tourmenter ainsi? L'horrible enfer devrait seul retentir des hurlements d'un pareil supplice. Roméo s'est-il tué lui-même? Dis seulement *oui*, et ce simple monosyllabe *oui* renfermera plus de poison que l'œil empoisonné du basilic. L'existence de ce *oui* [1] terminera la mienne ; ou ferme ces yeux qui me répondent *oui*, ou s'il est mort dis *oui*, et s'il ne l'est pas dis *non* : qu'un mot bien court décide de mon bonheur ou de mon malheur.

LA NOURRICE. — J'ai vu la blessure, je l'ai vue de mes yeux, Dieu me pardonne ! là, sur sa mâle poitrine. Un pauvre cadavre, un pauvre cadavre tout sanglant, pâle, pâle comme les cendres, tout souillé de sang, d'un sang tout noir. A cette vue je me suis évanouie.

JULIETTE. — Oh ! manque, mon cœur ! Pauvre banqueroutier, manque pour toujours [2] ; emprisonnez-vous, mes yeux ; ne jetez plus un seul regard sur la liberté. Terre vile, rends-toi à la terre ; que tout mouvement s'arrête, et qu'une même bière presse de son poids et Roméo et toi.

LA NOURRICE.—O Tybalt, Tybalt ! le meilleur ami que j'eusse ! O aimable Tybalt, honnête cavalier, faut-il que j'aie vécu pour te voir mort !

JULIETTE.—Quelle est donc cette tempête qui souffle ainsi dans les deux sens contraires ? Roméo est-il tué, et Tybalt est-il mort? Mon cousin chéri et mon époux plus cher encore? Que la terrible trompette sonne donc le jugement universel. Qui donc est encore en vie, si ces deux-là sont morts?

LA NOURRICE.—Tybalt est mort, et Roméo est banni : Roméo, qui l'a tué, est banni.

---

[1] Juliette joue sur le mot *I*, qui signifiait alors également *moi* et *oui*, *I* pour *yes*.

[2] *O break my heart, poor bankrupt, break at once ; break* signifie se briser et faire banqueroute.

JULIETTE.—O Dieu ! la main de Roméo a-t-elle versé le sang de Tybalt?

LA NOURRICE.—Il l'a fait, il l'a fait! O jour de malheur! il l'a fait!

JULIETTE.—O cœur de serpent caché sous un visage semblable à une fleur ! jamais dragon a-t-il choisi un si charmant repaire? Beau tyran, angélique démon, corbeau couvert des plumes d'une colombe, agneau transporté de la rage du loup, méprisable substance de la plus divine apparence, toi, justement le contraire de ce que ta paraissais à juste titre, damnable saint, traître plein d'honneur ! O nature, qu'allais-tu donc chercher en enfer, lorsque de ce corps charmant, paradis sur la terre, tu fis le berceau de l'âme d'un démon? Jamais livre contenant une aussi infâme histoire porta-t-il une si belle couverture ? et se peut-il que la trahison habite un si brillant palais ?

LA NOURRICE. — Il n'y a plus ni sincérité, ni foi, ni honneur dans les hommes; tous sont parjures, corrompus, hypocrites. Ah! où est mon valet? Donnez-moi un peu d'*aqua vitæ*..... Tous ces chagrins, tous ces maux, toutes ces peines me vieillissent. Honte soit à Roméo !

JULIETTE.—Maudite soit ta langue pour un pareil souhait! Il n'est pas né pour la honte : la honte rougirait de s'asseoir sur son front; c'est un trône où on peut couronner l'honneur, unique souverain de la terre entière. Oh! quelle brutalité me l'a fait maltraiter ainsi ?

LA NOURRICE.—Quoi! vous direz du bien de celui qui a tué votre cousin ?

JULIETTE.—Eh! dirai-je du mal de celui qui est mon mari? Ah! mon pauvre époux, quelle langue soignera ton nom, lorsque moi, ta femme depuis trois heures, je l'ai ainsi déchiré? Mais pourquoi, traître, as-tu tué mon cousin? Ah! ce traître de cousin a voulu tuer mon époux. — Rentrez, larmes insensées, rentrez dans votre source; c'est au malheur qu'appartient ce tribut que par méprise vous offrez à la joie. Mon époux vit, lui que Tybalt aurait voulu tuer ; et Tybalt est mort, lui qui aurait voulu tuer mon époux. Tout ceci est consolant, pourquoi donc pleuré-je? Ah! c'est qu'il y a là un mot, plus fatal que la mort de Tybalt, qui m'a assassinée.—Je voudrais bien l'oublier; mais, ô ciel! il pèse sur ma mémoire comme une offense digne de la damnation sur l'âme du pécheur. *Tybalt est mort, et Roméo est..... banni!* Ce *banni*, ce seul mot *banni*, a tué pour moi dix mille Tybalt. La mort de Tybalt était un assez grand malheur, tout eût-il fini là; ou si les cruelles douleurs se plaisent à marcher ensemble, et qu'il faille nécessairement que d'autres peines les accompagnent, pourquoi, après m'avoir dit : « Tybalt est mort, » n'a-t-elle pas continué : « ton père aussi, ou ta mère, ou tous les deux? » cela eût excité en moi les douleurs ordinaires[1]. Mais par cette arrière-garde qui a suivi la mort de Tybalt, *Roméo est banni*; par ce seul mot, père, mère, Tybalt, Roméo, Juliette, tous sont assassinés, tous morts. Roméo banni! Il n'y a ni fin, ni terme, ni borne, ni mesure dans la mort qu'apporte avec lui ce mot, aucune parole ne peut sonder ce malheur.— Mon père, ma mère, où sont-ils, nourrice?

LA NOURRICE.—Pleurants et gémissants sur le corps de Tybalt. Voulez-vous aller les trouver? Je vais vous y conduire.

JULIETTE. — Ils lavent donc ses blessures de leurs larmes! Quand elles se sècheront, les miennes seront finies par le bannissement de Roméo. — Remporte ces cordes. — Pauvre échelle, te voilà trompée comme moi, car Roméo est exilé. Il t'avait faite pour lui servir de route vers mon lit; et moi, fille encore, je meurs fille et veuve. — Viens, échelle; viens, nourrice; je vais à mon lit nuptial : c'est à la mort, et non à Roméo qu'appartient ma virginité.

LA NOURRICE. — Hâtez-vous de vous rendre à votre chambre : je trouverai Roméo pour vous consoler; je sais en où il est. Écoutez-moi, votre Roméo sera ici ce soir . je vais le trouver; il est caché dans la cellule du frère Laurence.

---

[1] *Modern lamentation* (douleurs d'usage).

JULIETTE.—Oh! trouve-le. Donne cet anneau à mon fidèle chevalier, et dis-lui de venir recevoir mon dernier adieu.

(Elles sortent.)

SCÈNE III

La cellule du frère Laurence.

Entrent FRÈRE LAURENCE ET ROMÉO.

FRÈRE LAURENCE.—Roméo, sors de ta retraite : viens ici, homme craintif; l'affliction s'est éprise de tes mérites, et la calamité t'a épousé.

ROMÉO.—Mon père, quelles nouvelles? quel est l'arrêt du prince? quelle infortune encore inconnue demande à s'attacher à moi?

FRÈRE LAURENCE.—Mon cher fils n'est que trop accoutumé à cette cruelle société. Je t'apporte la nouvelle de l'arrêt du prince.

ROMÉO.—Eh bien! le jugement du prince est-il plus doux que le jour du jugement?

FRÈRE LAURENCE. — Un arrêt moins rigoureux s'est échappé de sa bouche : ce n'est pas la mort de ton corps, mais son bannissement.

ROMÉO.—Ah! le bannissement! aie pitié de moi; dis la mort. L'aspect de l'exil porte avec lui plus de terreur, beaucoup plus que la mort. Ah! ne me dis pas que c'est le bannissement.

FRÈRE LAURENCE.—Tu es banni de Vérone. Prends patience; le monde est grand et vaste.

ROMÉO.—Le monde n'existe pas hors des murs de Vérone; ce n'est plus qu'un purgatoire, une torture, un véritable enfer. Banni de ce lieu, je le suis du monde, c'est la mort. Oui, le bannissement, c'est la mort sous un faux nom; et ainsi, en nommant la mort un bannissement, tu me tranches la tête avec une hache d'or, et souris au coup qui m'assassine.

FRÈRE LAURENCE.—O mortel péché! ô farouche ingratitude! Pour ta faute, notre loi demandait la mort; mais le prince indulgent, prenant ta défense, a repoussé de côté la loi, et a changé ce mot funeste de *mort* en celui de *bannissement* : c'est une rare clémence, et tu ne veux pas la reconnaître.

ROMÉO.—C'est un supplice et non une grâce. Le ciel est ici, où vit Juliette : les chats, les chiens, la moindre petite souris, tout ce qu'il y a de plus misérable vivra ici dans le ciel, pourra la voir; et Roméo ne le peut plus! La mouche qui vit de charogne jouira d'une condition plus digne d'envie, plus honorable, plus relevée que Roméo; elle pourra s'ébattre sur les blanches merveilles de la chère main de Juliette, et dérober le bonheur des immortels sur ces lèvres où la pure et virginale modestie entretient une perpétuelle rougeur, comme si les baisers qu'elles se donnent étaient pour elles un péché; mais Roméo ne le peut pas, il est banni! Ce que l'insecte peut librement voler, il faut que je vole pour le fuir; il est libre et je suis banni[1]; et tu me diras encore que l'exil n'est pas la mort!... N'as-tu pas quelque poison tout préparé, quelque poignard affilé, quelque moyen de mort soudaine, fût-ce la plus ignoble? Mais banni! me tuer ainsi! banni! O moine, quand ce mot se prononce en enfer, les hurlements l'accompagnent.—Comment as-tu le cœur, toi un prêtre, un saint confesseur, toi qui absous les fautes, toi mon ami déclaré, de me mettre en pièces par ce mot *bannissement?*

FRÈRE LAURENCE. — Amant insensé, écoute seulement une parole.

ROMÉO.—Oh! tu vas me parler encore de bannissement.

FRÈRE LAURENCE.—Je veux te donner une arme pour te défendre de ce mot : c'est la philosophie, ce doux baume de l'adversité; elle te consolera, quoique tu sois exilé.

ROMÉO.—Encore l'exil! Que la philosophie aille se faire

---

[1]   *They may do this, when I am from this must fly*
   They are free men, but I am banished.

Le jeu de mots du premier de ces deux vers est entre *fly* (mouche) et *fly* (fuir); celui du second entre *free-men* (hommes libres) et *freaming* (bourdonnant), qui se prononcent à peu près de même, a été impossible à rendre.

pendre : à moins que la philosophie n'ait le pouvoir de créer une Juliette, de déplacer une ville, ou de changer l'arrêt d'un prince, elle n'est bonne à rien, elle n'a nulle vertu ; ne m'en parle plus.

FRÈRE LAURENCE.—Oh! je vois maintenant que les insensés n'ont point d'oreilles.

ROMÉO.—Comment en auraient-ils, lorsque les hommes sages n'ont pas d'yeux ?

FRÈRE LAURENCE.—Laisse-moi discuter avec toi ta situation.

ROMÉO.—Tu ne peux parler de ce que tu ne sens pas. Si tu étais aussi jeune que moi, amant de Juliette, marié seulement depuis une heure, meurtrier de Tybalt, éperdu d'amour comme moi, et comme moi banni, alors tu pourrais parler ; alors tu pourrais t'arracher les cheveux et te jeter sur la terre comme je fais, pour prendre la mesure d'un tombeau qui n'est pas encore ouvert.

FRÈRE LAURENCE.—Lève-toi, on frappe ; bon Roméo, cache-toi.

(On frappe derrière le théâtre.)

ROMÉO.—Me cacher? Non, à moins que la vapeur des gémissements de mon cœur malade, m'enveloppant comme un brouillard, ne me dérobe aux yeux qui me cherchent. *(On frappe.)*

FRÈRE LAURENCE.—Écoute comme ils frappent.—Qui est là ? — Roméo, lève-toi ; tu seras pris. — Attendez un instant. — Lève-toi, fuis dans mon cabinet.—*(On frappe.)* Dans un moment.—Volonté de Dieu! quelle obstination est la tienne?—J'y vais, j'y vais.—*(On frappe.)* Qui frappe si fort? D'où venez-vous? que demandez-vous ?

LA NOURRICE, *en dehors*.—Laissez-moi entrer, et vous apprendrez mon message. Je viens de la part de la signora Juliette.

FRÈRE LAURENCE.—En ce cas, soyez la bienvenue.

(Entre la nourrice.)

LA NOURRICE.—O saint frère, oh! dites-moi, saint frère, où est l'époux de ma maîtresse? où est Roméo?

FRÈRE LAURENCE.—Le voilà étendu sur la terre, ivre de ses propres larmes.

LA NOURRICE.—Oh! il est dans le même état que ma maîtresse, juste dans le même état.

FRÈRE LAURENCE.—O funeste sympathie, déplorable situation!

LA NOURRICE.—Voilà comme elle est étendue, pleurant et sanglotant, sanglotant et pleurant.—Levez-vous, levez-vous, levez-vous, si vous êtes un homme. Pour l'amour de Juliette, pour l'amour d'elle, levez-vous et soutenez-vous. Comment pouvez-vous être tombé si bas?

ROMÉO.—O nourrice!

LA NOURRICE.—Ah! seigneur, seigneur! — Eh bien! la mort est la fin de tous.

ROMÉO.—Parles-tu de Juliette? En quel état est-elle? Ne me regarde-t-elle pas comme un assassin de profession, depuis que j'ai souillé l'enfance de notre bonheur d'un sang qui tient de si près au sien? Où est-elle? comment est-elle? que dit ma secrète épouse du lien qui a scellé nos amours[1]?

LA NOURRICE.—Ah! elle ne dit rien, seigneur; mais elle pleure, et puis elle pleure : tantôt elle tombe sur son lit, tantôt elle se relève en sursaut et elle appelle Tybalt, et puis elle appelle en criant Roméo; et puis elle retombe.

ROMÉO.—Comme si ce nom, parti d'une arme meurtrière, la tuait, comme la main maudite de celui qui le porte a tué son parent.—Dis-moi, frère, dis-moi en quelle vile partie de mon corps habite ce nom; dis-le moi, pour que j'en ravage l'odieuse demeure.

(Il tire son épée.)

FRÈRE LAURENCE.—Arrête ta main désespérée. Es-tu un homme? Ta figure crie que tu en es un; mais tes pleurs sont d'une femme, et tes actions désordonnées indiquent la fureur d'une bête privée de raison. Femme dépourvue de grâces, homme seulement en apparence, n'es-tu donc sous la ressemblance de tous les deux qu'un animal difforme? Tu m'as confondu. Par mon saint ordre, j'avais cru ton âme mieux trempée. Après avoir tué Tybalt,

---

[1] *What say My conceal'd lady to our cancell'd love?*

veux-tu te tuer toi-même, et, par le coup d'une damnable haine contre toi-même, tuer aussi ton épouse qui ne vit qu'en toi? Pourquoi t'emporter ainsi contre ta naissance, le ciel et la terre? Ta naissance, le ciel et la terre se sont réunis pour avoir part à ton existence, et tu veux tout perdre à la fois! Fi donc! fi donc! tu déshonores ta personne, ton amour, ton intelligence; toi qui, riche de ces dons précieux, comme l'avare, n'en emploies aucun à son véritable usage, seul capable de donner du lustre à ta personne, à ton intelligence, à ton amour. Ta noble figure devient un simulacre de cire dépouillé de ce qui fait la valeur d'un homme : tes serments du plus tendre amour ne sont qu'un noir parjure, lorsque tu détruis cet amour que tu avais fait vœu de chérir : ton intelligence, cet ornement de ta personne et de ton amour, trompée elle-même dans la règle qu'elle doit leur prescrire à tous deux, de même que la poudre dans le carnier d'un soldat maladroit, prend feu par ton impéritie et te met en pièces par les moyens destinés à ta défense. — Allons, homme, relève-toi, ta Juliette est vivante, ta Juliette pour l'amour de qui tu étais mort, il n'y a qu'un moment. Tu es heureux par là, Tybalt voulait te tuer, et c'est toi qui as tué Tybalt; là encore tu es heureux. La loi, qui te menaçait de la mort, devenue ton amie, n'a prononcé que l'exil; en cela tu es heureux; un amas de bénédictions est descendu sur ta tête; le bonheur s'empresse autour de toi dans ses plus doux atours; et toi, comme une jeune fille obstinée et perverse, tu boudes avec humeur ta fortune et ton amour. Prends-y garde, prends-y garde; c'est ainsi qu'on meurt misérable. Allons, va rejoindre ton amante, comme il a été convenu; monte dans sa chambre; pars et va la consoler. Mais souviens-toi de la quitter avant que la garde soit placée ; car alors tu ne pourrais plus arriver à Mantoue, où tu dois rester jusqu'à ce que nous puissions trouver l'occasion d'annoncer votre mariage, de réconcilier vos parents, d'obtenir ta grâce du prince, et de te rappeler, cinq cent mille fois plus transporté de bonheur que tu n'as répandu de lamentations en partant. — Va devant, nourrice; parle de moi à ta maîtresse; dis-lui de hâter dans toute la maison le moment de se mettre au lit : le chagrin dont ils sont accablés doit les y disposer. Roméo va venir.

LA NOURRICE. — O Seigneur mon Dieu, je resterais ici toute la nuit pour entendre ces bons avis. Oh! ce que c'est que la science ! — Mon cher maître, je vais annoncer à ma maîtresse que vous allez venir.

ROMÉO. — Va, et dis à ma douce amie de se préparer à me gronder.

LA NOURRICE. — Voici, seigneur, un anneau qu'elle m'a chargé de vous donner. Hâtez-vous, ne perdez pas de temps, car il se fait déjà bien tard.

(Elle sort.)

ROMÉO. — Comme ce don a ranimé mon courage !

FRÈRE LAURENCE. — Partez, bonne nuit. Toute votre destinée dépend de ceci : ou sortez de la ville avant que la garde soit postée, ou au point du jour sortez déguisé. Restez à Mantoue; je trouverai votre domestique; de temps en temps, il vous instruira de tout ce qu'il arrivera de favorable pour vous ici. Donne-moi ta main; il est tard; adieu, bonne nuit.

ROMÉO. — Si je n'étais appelé par une joie au-dessus de toutes les joies, ce serait un chagrin de me séparer de toi si brusquement. Adieu !

(Ils sortent.)

SCÈNE IV

La maison de Capulet.

CAPULET, LA SIGNORA CAPULET, PARIS.

CAPULET. — Il est arrivé, seigneur, des choses si malheureuses, que nous n'avons pas eu le temps de disposer notre fille. Voyez-vous, elle aimait chèrement son cousin Tybalt, et moi je l'aimais bien aussi. Enfin, nous sommes nés pour mourir. — Il est très-tard, elle ne descendra pas ce soir; et je vous réponds que, sans votre compagnie, il y a une heure que je serais au lit.

PARIS. — Ces moments amers ne sont pas des moments

d'amour[1].—Bonne nuit, madame ; présentez mes hommages à votre fille.

LA SIGNORA CAPULET.—Je n'y manquerai pas, et demain, dès le matin, je saurai sa pensée : pour ce soir, son accablement l'a forcée à se retirer.

CAPULET.—Moi, Pâris, je veux témérairement vous répondre de l'amour de ma fille. Je pense bien qu'à tous égards elle se laissera gouverner par moi ; je dis plus, je n'en doute pas.—Ma femme, allez la trouver avant de vous mettre au lit, instruisez-la de l'amour de mon fils Pâris, et donnez-lui ordre, faites-y bien attention, pour mercredi prochain. Mais doucement : quel jour est-ce aujourd'hui ?

PARIS.—Lundi, seigneur.

CAPULET.—Lundi ? Ah ah ! mercredi est trop tôt : ce sera donc pour jeudi. Dites-lui que jeudi elle sera mariée à ce noble comte.— Serez-vous prêt ? Cette précipitation est-elle de votre goût ? Nous ne ferons pas grand embarras. Un ami ou deux ; car, écoutez donc, le meurtre de Tybalt étant si récent, on pourrait trouver que pour un parent, nous en faisions bien peu de cas, si nous donnions de grands divertissements. Ainsi nous inviterons quelque demi-douzaine d'amis, et voilà tout.... Mais que dites-vous de jeudi ?

PARIS.—Seigneur, je voudrais que jeudi vînt demain.

CAPULET. — Fort bien ; allons, retirez-vous.— Ainsi, jeudi. — Vous, ma femme, voyez Juliette avant de vous mettre au lit ; préparez-la au jour de ses noces.—Adieu, seigneur.... Holà ! de la lumière dans ma chambre ; marchez devant moi.... Il est si tard que bientôt l'on pourra dire qu'il est de bonne heure. — Bonne nuit.

(Ils sortent.)

[1] *Those times of woe afford no time to woo.*

SCÈNE V

La chambre de Juliette.

Entrent ROMÉO ET JULIETTE.

JULIETTE.—Veux-tu donc déjà me quitter? le jour n'est pas encore prêt de paraître : c'est le rossignol, et non l'alouette, dont la voix a pénétré ton oreille inquiète; toute la nuit il chante là-bas sur ce grenadier. Crois-moi, cher amour, c'était le rossignol.

ROMÉO.—C'est l'alouette qui proclame le matin, et non pas le rossignol. Vois, ma bien-aimée, ces traits d'une lumière jalouse qui traversent les nuages entr'ouverts à l'orient : tous les flambeaux de la nuit sont consumés; et au sommet des montagnes couvertes de brouillards s'élève sur la pointe du pied le joyeux matin. Il me faut partir et vivre, ou rester et mourir.

JULIETTE.—Cette lumière n'est point la lumière du jour, je le sais bien, moi : c'est quelque météore qu'exhale le soleil pour te servir de flambeau cette nuit, et t'éclairer dans ta route vers Mantoue. Reste donc, il n'est pas encore nécessaire que tu t'en ailles.

ROMÉO. — Qu'on me surprenne ici, qu'on me mette à mort, je suis content si tu le veux ainsi. Je dirai que cette teinte grisâtre n'est pas l'œil du matin, mais le pâle reflet du front de Cynthie, et que ce n'est pas l'alouette dont les accents vont frapper la voûte des cieux, si haut au-dessus de nos têtes. J'ai bien plus de penchant à rester que de volonté de partir.—Viens, Mort, et sois la bienvenue; Juliette le veut ainsi.—Que dis-tu, mon amour? causons, ce n'est pas le jour.

JULIETTE.—C'est le jour, c'est le jour : hâte-toi de partir, va-t'en. C'est l'alouette qui chante si faux, qui roule des sons si péniblement discordants, et d'une aigreur si désagréable. On prétend que l'alouette sait observer dans son chant de gracieuses séparations; cela n'est pas vrai, puisqu'elle nous sépare[1]. Quelques-uns disent que l'alouette a changé d'yeux avec le crapaud dégoûtant : oh! que je voudrais qu'ils eussent aussi changé de voix, puisque cette voix nous arrache des bras l'un de l'autre, et te chassent d'ici par ces sons qui appellent le jour. Oh! maintenant, va-t'en; le ciel s'éclaircit de plus en plus.

ROMÉO.—Le ciel s'éclaircit de plus en plus, et de plus en plus notre sort s'obscurcit.

(Entre la nourrice.)

LA NOURRICE.—Madame!

JULIETTE.—Qu'y a-t-il, nourrice?

LA NOURRICE.—Madame votre mère vient à votre chambre : le jour paraît; prenez garde; ayez l'œil au guet.

(Elle sort.)

JULIETTE.—Eh bien! fenêtre, laisse entrer le jour et sortir ma vie.

ROMÉO.—Adieu, adieu! un baiser, et je vais descendre.

(Roméo descend.)

JULIETTE. — Te voilà donc parti, mon amant, mon maître, mon ami! Il me faut de tes nouvelles à chaque jour de chacune de mes heures, car dans chaque minute il y aura pour moi plus d'un jour. Oh! qu'à ce compte je serai chargée d'années avant de revoir mon Roméo!

ROMÉO.—Adieu! je ne laisserai échapper aucune occasion de te faire passer, ô ma bien-aimée! l'expression de mes vœux.

JULIETTE.—Ah! crois-tu que nous nous revoyions jamais?

ROMÉO.—Je n'en doute point, et toutes tes peines serviront de sujet aux entretiens de nos jours à venir.

JULIETTE.—O Dieu! j'ai dans l'âme un funeste présage : il me semble que je te vois, maintenant que tu es descendu, comme un mort couché au fond d'un tombeau; ou ma vue se trouble, ou tu me parais pâle.

ROMÉO.—Je vous assure, mon cher amour, que vous

---

[1] *Some say the lark makes sweet division,*
It is not so for she divideth us.

paraissez de même à mes yeux. — Le chagrin dévorant dessèche notre sang. Adieu, adieu !

(Roméo sort.)

JULIETTE.—O Fortune, Fortune ! les hommes te nomment inconstante. Si tu es inconstante, qu'as-tu à faire avec lui, qui est connu pour garder sa foi ? Sois inconstante, ô Fortune ! car alors j'espère que tu ne me le garderas pas longtemps, mais que tu le renverras bientôt.

LA SIGNORA CAPULET, *derrière le théâtre.*—Hé ! ma fille ! êtes-vous levée !

JULIETTE.—Qui m'appelle ? Est-ce madame ma mère ? Quoi ! si tard n'est-elle pas couchée, ou bien est-elle levée si matin ? Quelle cause extraordinaire l'amène ici ?

LA SIGNORA CAPULET.—Eh bien ! Juliette, comment cela va-t-il maintenant ?

JULIETTE.—Madame, je ne suis pas bien.

LA SIGNORA CAPULET.—Toujours pleurant la mort de ton cousin ? Eh quoi ! tes larmes le laveront-elles de la poussière du tombeau ? et quand tu y parviendrais, tu ne pourrais le faire revivre. Finis-en donc : une certaine douleur montre beaucoup d'affection ; mais beaucoup de douleur montre toujours un défaut de jugement.

JULIETTE.—Laissez-moi pleurer encore une perte aussi sensible.

LA SIGNORA CAPULET.—De cette manière, vous sentirez la perte, mais ne jouirez pas de l'ami que vous pleurez.

JULIETTE.—Sentant aussi vivement sa perte, je ne puis m'empêcher de le pleurer toujours.

LA SIGNORA CAPULET.—Je le vois bien, mon enfant, ce qui te fait pleurer, ce n'est pas tant sa mort que de savoir vivant le misérable qui l'a tué.

JULIETTE.—Quel misérable, madame ?

LA SIGNORA CAPULET.—Le misérable Roméo.

JULIETTE.—Un misérable et lui sont à bien des lieues de distance. Que Dieu lui pardonne ; moi, je lui pardonne de tout mon cœur ; et cependant nul homme n'afflige mon cœur comme lui.

LA SIGNORA CAPULET.—Oui, vous souffrez de voir que ce perfide meurtrier respire.

JULIETTE.—Oui, madame, de ce qu'il respire hors de la portée de mes mains. Je voudrais être seule chargée de venger la mort de mon cousin.

LA SIGNORA CAPULET.—Nous en aurons vengeance, sois tranquille : ne pleure donc plus. J'enverrai à Mantoue, où est maintenant cet apostat de banni : il y a là quelqu'un qui lui donnera un breuvage si efficace, qu'il ira bientôt tenir compagnie à Tybalt ; et alors j'espère que tu seras satisfaite.

JULIETTE.—En vérité, je ne serai jamais satisfaite de Roméo, que je ne le voie..... mort.—Mon pauvre cœur est si cruellement affligé pour mon cousin ! — Madame, si vous pouviez seulement trouver un homme pour porter le poison, je le préparerais, et de manière à ce que Roméo, après l'avoir reçu, dormît bientôt en paix. — Oh ! comme mon cœur abhorre de l'entendre nommer..... et de ne pouvoir aller le joindre..... et venger l'amitié que je portais à mon cousin Tybalt sur la personne de celui qui l'a tué !

LA SIGNORA CAPULET.—Trouve les moyens, et moi je trouverai l'homme.—Mais je vais, mon enfant, t'apprendre de joyeuses nouvelles.

JULIETTE.—La joie vient à propos dans un temps où nous en avons si grand besoin. De grâce, madame, quelles sont ces nouvelles ?

LA SIGNORA CAPULET.—Oui, oui, tu as un père soigneux, mon enfant, un père qui, pour te tirer de ton accablement, t'a préparé tout de suite un heureux jour auquel tu ne t'attends pas, et dont je n'avais pas eu la pensée.

JULIETTE. — Madame ; à la bonne heure : quel est ce jour ?

LA SIGNORA CAPULET.—Vraiment, ma fille, jeudi prochain, de bon matin, un brillant, jeune et noble cavalier, le comte Pâris, dans l'église de Saint-Pierre, aura le bonheur de faire de toi une joyeuse épouse.

JULIETTE.—Ma foi ! par l'église de Saint-Pierre, et par saint Pierre lui-même, il ne fera point de moi une joyeuse épouse. Je suis étonnée de cette précipitation, et qu'il me faille épouser avant que l'homme qui doit être mon mari vienne me faire sa cour. Je vous prie, madame, dites à mon seigneur et père que je ne veux pas me marier encore, et que quand je me marierai, je jure que j'épouserai Roméo, que vous savez que je hais, plutôt que Pâris. — Ce sont là des nouvelles, en vérité!

LA SIGNORA CAPULET.—Voilà votre père qui vient: faites-lui cette réponse vous-même, et voyez comment il la recevra de votre part.

(Entrent Capulet et la nourrice.)

CAPULET. — Lorsque le soleil est couché, l'humidité de l'air se répand en gouttes de rosée; mais pour le couchant du fils de mon frère, il pleut tout à fait.—Comment, une gouttière, jeune fille! Quoi, toujours en larmes! toujours des torrents! Tu fais à la fois de ta petite personne une barque, une mer, un ouragan; car je vois dans tes yeux, que je peux appeler la mer, un flux et reflux perpétuel de larmes; ton corps est la barque qui flotte dans ces ondes salées; les vents sont tes soupirs, qui font avec tes larmes un mutuel assaut de violence; en sorte que, s'il ne survient un calme soudain, ils feront chavirer ton corps battu de la tempête. — Où en sommes-nous, ma femme? Lui avez-vous annoncé ma résolution?

LA SIGNORA CAPULET.—Oui, seigneur, mais elle ne veut pas; elle vous remercie. Je voudrais que l'insensée fût mariée à son tombeau.

CAPULET.—Attendez, ma femme, j'en suis, j'en suis. Comment, elle ne veut pas! Elle ne nous remercie pas, elle n'est pas fière, elle ne se trouve pas bien heureuse de ce que, tout indigne qu'elle est, nous lui avons ménagé pour époux un si digne gentilhomme!

JULIETTE.—Non, je n'en suis pas fière, mais j'en suis reconnaissante. Je ne peux jamais être fière de ce que je déteste; mais je puis être reconnaissante même de ce que je déteste, lorsque c'est l'affection qui l'a fait faire.

CAPULET.—Comment, raisonneuse, qu'est-ce que cela veut dire?—Fière,... et je vous remercie,... et je ne vous remercie pas,... et pourtant je ne suis pas fière—Eh bien! madame la mignonne, je ne me soucie point d'être remercié par vos remerciements, ni que vous me fassiez fièrement de la fierté : mais préparez vos petites jambes à aller jeudi prochain avec Pâris à l'église de Saint-Pierre ; ou je t'y traînerai, moi, sur une claie. Va-t'en, charogne moisie ; va-t'en, malheureuse, face de suif!

LA SIGNORA CAPULET.—Fi! fi! êtes-vous fou?

JULIETTE.—Mon bon père, je vous en conjure à genoux ; écoutez-moi avec patience, seulement un mot.

CAPULET.—Va te faire pendre, petite drôlesse, désobéissante coquine. Je te le répète : ou rends-toi à l'église jeudi, ou ne me regarde jamais en face. Pas un mot, pas une réponse, pas une réplique. Les doigts me démangent....—Eh bien! ma femme, nous nous tenions à peine pour heureux parce que Dieu ne nous avait donné que cette unique enfant : maintenant je vois que c'est encore trop d'un, et que nous avons reçu en elle une malédicdiction. — Qu'elle s'en aille, la malheureuse!

LA NOURRICE. — Que le Dieu du ciel la bénisse! vous avez tort, seigneur, de la maltraiter ainsi.

CAPULET.—Et pourquoi, madame la Sagesse? Tenez votre langue, mère Prudence, allez bavarder avec vos commères.

LA NOURRICE.—Je ne fais pas un crime en parlant.

CAPULET.—Oh! que Dieu nous soit en aide!

LA NOURRICE.—Est-ce qu'on ne peut pas parler?

CAPULET.—Taisez-vous, sotte bougonneuse ; allez débiter vos maximes sur la tasse de votre commère ; nous n'en avons que faire ici.

LA SIGNORA CAPULET.—Vous êtes trop vif.

CAPULET.—Paix de Dieu! j'en deviendrai fou : le jour, la nuit, le matin, le soir, chez moi ou dehors, seul ou en compagnie, dormant ou veillant, j'ai toujours pensé à la marier! et aujourd'hui, après l'avoir pourvue d'un gentilhomme de famille princière, ayant de beaux domaines, qui est jeune, de belles manières, regorgeant, comme on dit, des qualités les plus avantageuses, fait en tout à plaisir, il faut qu'une malheureuse petite sotte de pleurnicheuse, une poupée gémissante, vienne, à cette cette bonne fortune qui lui arrive, vous répondre : Je ne ne veux pas me marier ;... je ne peux aimer ;... je suis trop jeune ;... je suis trop jeune, pardonnez-moi.... — Mais si vous ne voulez pas vous marier, je vous pardonnerai : allez paître où vous voudrez ; vous n'habiterez toujours pas avec moi. Faites attention à ce que je vous dis ; songez-y bien ; je n'ai pas l'habitude de plaisanter ; jeudi est près, mettez la main sur votre cœur ; avisez-y. Si vous êtes ma fille, je vous donnerai à mon ami. Si tu ne l'es pas, va te faire pendre, mendier, périr de faim, mourir dans les rues ; car, sur mon âme, jamais je ne te reconnaîtrai, jamais rien de ce qui m'appartient ne te fera du bien. Comptez là-dessus ; faites vos réflexions, car je vous tiendrai parole.

(Il sort.)

JULIETTE.— N'y a-t-il donc plus pour moi un regard de pitié, qui, du haut des nuages, pénètre les profondeurs de mon chagrin ? O ma tendre mère, ne me rejetez pas loin de vous ; différez ce mariage d'un mois, d'une semaine ; ou si vous ne le voulez pas, faites donc dresser mon lit nuptial dans le sombre monument où l'on a déposé Tybalt.

LA SIGNORA CAPULET.—Ne me parle pas, car je ne te répondrai pas un mot. Fais ce que tu voudras, je ne me mêle plus de ce qui te regarde.

(Elle sort.)

JULIETTE. — O Dieu !.... O ma nourrice, comment prévenir ceci ? Mon époux est sur la terre, ma foi est dans le ciel ; comment cette foi reviendra-t-elle sur la terre, à moins que mon époux ne quitte la terre et ne me la renvoie des cieux ? Console-moi, conseille-moi.—Hélas ! hélas ! comment le ciel peut-il entourer d'embûches une créature aussi faible que moi !—Que dis-tu ? N'as-tu pas un seul mot de joie, quelque consolation, nourrice ?

LA NOURRICE.—Ma foi, je n'en connais qu'une : Roméo est banni, et je gagerais le monde contre rien qu'il n'osera jamais revenir vous réclamer ; ou, s'il le fait, il faudra que ce soit en cachette. Alors, les choses étant comme elles sont, je pense que ce que vous avez de mieux à faire c'est d'épouser le comte. Oh ! c'est un aimable cavalier !

Roméo n'est qu'un torchon auprès de lui. Un aigle, madame, n'a pas un œil aussi clair, aussi perçant, aussi beau que celui de Pâris. Que mal m'advienne si je ne pense pas que vous êtes heureuse de trouver ce second parti ! car il est bien au-dessus du premier : et d'ailleurs, quand cela ne serait pas, votre premier mari est mort, ou il vaudrait autant qu'il le fût que de l'avoir vivant sans en profiter.

JULIETTE.—Parles-tu du fond du cœur?

LA NOURRICE.—Du fond de l'âme aussi, ou que je sois maudite dans tous les deux !

JULIETTE.—*Amen.*

LA NOURRICE.—Et à quoi ?

JULIETTE.—Eh bien ! tu m'as merveilleusement consolée. Rentre, et dis à ma mère qu'ayant fâché mon père, je suis allée à la *cellule de frère Laurence* m'en confesser et demander l'absolution.

LA NOURRICE.—Vraiment, je vais le lui aller dire, et vous prenez un parti très-sage.

(Elle sort.)

JULIETTE.—Vieille réprouvée ! démon maudit ! je ne sais quel est ton plus grand péché, ou de souhaiter que je me parjure ainsi, ou de déprécier mon époux avec cette même langue qui l'avait tant de milliers de fois exalté au-dessus de toute comparaison. Va, conseillère : mon cœur et toi sommes désormais séparés. Je vais trouver le frère, savoir quel expédient il aura à m'offrir ; et si tout le reste me manque, moi, j'ai le pouvoir de mourir.

(Elle sort.)

FIN DU TROISIÈME ACTE.

ACTE QUATRIÈME

SCÈNE I

La cellule du frère Laurence.

Entrent FRÈRE LAURENCE ET PARIS.

FRÈRE LAURENCE.—Quoi! jeudi, seigneur? le terme est bien court.

PARIS.—Mon père Capulet le veut ainsi, et je n'irai pas refroidir son empressement par des retards.

FRÈRE LAURENCE.—Vous dites que vous ne connaissez pas les dispositions de la dame : cette conduite n'est pas régulière ; je ne l'approuve point.

PARIS.—Elle pleure sans mesure la mort de Tybalt, et voilà pourquoi je l'ai si peu entretenue de mon amour : Vénus n'ose sourire dans une maison de larmes. Son père voit du danger à laisser le chagrin prendre sur elle tant d'empire; et, dans sa sagesse, il hâte notre mariage, pour arrêter ce déluge de pleurs. La société d'un époux pourra éloigner d'elle un souvenir devenu trop puissant dans la solitude. Vous concevez maintenant le motif de cette précipitation.

FRÈRE LAURENCE, *à part* —Je voudrais ignorer le motif qui devrait la ralentir.—Tenez, seigneur, voici la dame qui vient à ma cellule.

(Entre Juliette.)

PARIS.—Quelle heureuse rencontre, ma souveraine, ma femme!

JULIETTE. — Tout cela sera peut-être, seigneur, quand je pourrai être votre femme.

PARIS.—Cela peut être et doit être, mon amour, jeudi prochain.

JULIETTE.—Ce qui doit être sera.

FRÈRE LAURENCE.—Ceci est une sentence certaine.

PARIS.—Venez-vous vous confesser à ce père?

JULIETTE.—Si je vous répondais, ce serait me confesser a vous.

PARIS.—N'allez pas lui nier que vous m'aimerez.

JULIETTE.—Je vous confesserai à vous que je l'aime.

PARIS.—Et vous lui confesserez aussi, j'en suis sûr, que vous m'aimez.

JULIETTE.—Si je le fais, cela aura plus de prix quand vous aurez le dos tourné qu'en votre présence.

PARIS.—Chère âme, ton visage est bien terni de larmes.

JULIETTE.— Elles n'ont pas remporté là une grande victoire; il n'était déjà pas trop beau avant qu'elles l'eussent gâté

PARIS.—Tu lui fais, par cette réponse, plus de tort que par tes pleurs.

JULIETTE.—Je ne le calomnie point, seigneur : c'est une vérité; et ce que je dis là, je me le suis dit en face.

PARIS.—Ton visage est à moi, et tu l'as calomnié.

JULIETTE.—Cela peut être, car il ne m'appartient pas. — Saint père, êtes-vous de loisir à présent, ou reviendrai-je vous trouver à la messe du soir?

FRÈRE LAURENCE.—J'ai tout loisir, ma triste fille.—Seigneur, je dois vous prier de nous laisser seuls.

PARIS.—Dieu me préserve de troubler la dévotion! Juliette, je vous réveillerai jeudi de grand matin : jusqu'à ce jour, adieu, et recevez ce saint baiser.

(Il sort.)

JULIETTE.—Oh! ferme la porte, et ensuite viens pleurer avec moi : je suis sans espoir, sans ressource, sans secours.

FRÈRE LAURENCE.—Ah! Juliette, je connais déjà tes chagrins : et ma tête n'est pas assez forte pour les supporter. J'apprends que tu dois, sans que rien puisse le retarder, être mariée à ce comte jeudi prochain.

JULIETTE.—Frère, ne me dis point que tu le sais sans me dire en même temps comment je puis l'empêcher. Si dans ta sagesse tu n'as pas les moyens de me secourir, dis-moi seulement que tu approuves ma résolution, et de ce poignard je vais moi-même me secourir sur-le-champ. Dieu a uni mon cœur à celui de Roméo ; tu as joint nos mains ; et avant que cette main, qui a scellé par toi mon union avec Roméo, devienne le sceau d'un autre titre, avant que mon cœur fidèle, par une déloyale trahison, se déclare pour un autre, ceci les fera périr tous deux. Ainsi, cherche dans l'expérience de ta longue vie un conseil à me donner pour le moment, ou bien, vois, ce poignard sanglant deviendra médiateur entre moi et l'extrémité où je suis ; il décidera en arbitre de ce que tes lumières et tes années réunies n'auront pu conduire à une issue digne du véritable honneur. Ne sois pas si lent à me répondre : il me tarde de mourir si ta réponse ne me parle pas de moyens de salut.

FRÈRE LAURENCE.—Arrête, ma fille, j'entrevois une sorte d'espérance, qui demande une exécution aussi désespérée qu'est désespéré le cas que nous voulons prévenir.—Si, plutôt que d'épouser le comte Pâris, tu as la force de vouloir te tuer toi-même, il est vraisemblable que toi, qui recherches la mort pour éviter cette ignominie, tu entreprendras bien pour y échapper une chose qui ressemble à la mort. Si tu as ce courage, je te donnerai un moyen.

JULIETTE. — Oh! plutôt que d'épouser Pâris, commande-moi de me précipiter du haut des remparts de cette tour, ou d'aller par les chemins fréquentés par les voleurs ; ordonne-moi de me glisser au milieu des serpents ; enchaîne-moi avec des ours rugissants ; ou enferme-moi la nuit dans un cimetière, entièrement couvert d'os de morts s'entre-choquant, de jambes encore infectes, de crânes jaunis et informes ; ou commande-moi d'entrer dans un tombeau nouvellement creusé, et de me cacher avec un mort dans son linceul, choses qui me faisaient trembler, seulement à en entendre parler ; j'obéirai sans crainte ou hésitation, pour demeurer l'épouse sans tache de mon cher bien-aimé.

FRÈRE LAURENCE.—Eh bien ! retourne chez toi, montre un air joyeux, consens à épouser Pâris. C'est demain mercredi : demain au soir fais en sorte de coucher seule ;

que ta nourrice ne couche point dans ta chambre. Prends cette fiole, et quand tu seras dans ton lit, avale cette liqueur distillée : soudain coulera dans toutes tes veines une froide et assoupissante humeur; les artères, interrompant leur mouvement naturel, cesseront de battre; nulle chaleur, nul souffle n'attestera que tu vis encore; les roses de tes lèvres et de tes joues se faneront et deviendront pâles comme la cendre; les rideaux de tes yeux s'abaisseront comme à l'instant où la mort les ferme à la lumière de la vie; chaque partie de ton corps, privée de la souplesse qui te permet d'en disposer, paraîtra roide, inflexible et froide, comme dans la mort. Tu demeureras quarante-deux heures sous cette apparence empruntée d'une mort glacée, après quoi tu te réveilleras comme d'un sommeil agréable. Le lendemain, ton nouvel époux viendra dès le matin pour te faire sortir de ton lit; tu seras morte. Alors, suivant l'usage de notre pays, parée dans ton cerceuil de tes plus beaux atours, et le visage découvert, tu seras portée dans cet antique tombeau où reposent tous les descendants des Capulet. Cependant, avant que tu sois réveillée, Roméo, instruit par mes lettres de notre entreprise, viendra ici; lui et moi nous épierons le moment de ton réveil, et cette nuit-là même Roméo t'emmènera d'ici à Mantoue. Voilà l'expédient qui te préservera de l'ignominie dont tu es menacée, si aucun caprice d'inconstance, aucune crainte de femme ne vient dans l'exécution abattre ton courage.

JULIETTE.— Donne, oh! donne-moi! Ne me parle pas de crainte.

FRÈRE LAURENCE.—Tiens, et va-t'en : sois forte et prospère dans cette résolution! J'enverrai en hâte à Mantoue un moine porter mes lettres à ton époux.

JULIETTE.—Amour, donne-moi la force, et la force me sauvera. Adieu, mon bon père.

(Ils se quittent.)

SCÈNE II

Un appartement de la maison de Capulet.

Entrent CAPULET, LA SIGNORA CAPULET, LA NOURRICE *et des* DOMESTIQUES.

CAPULET.—Invite toutes les personnes dont le nom est écrit là-dessus. (*Le domestique sort.*) — Toi, drôle, va m'arrêter vingt habiles cuisiniers.

SECOND DOMESTIQUE.—Vous n'en aurez pas un mauvais, seigneur, car je verrai s'ils se lèchent les doigts.

CAPULET.—Et qu'est-ce que tu verras par-là?

SECOND DOMESTIQUE.—Vraiment, seigneur, c'est un mauvais cuisinier que celui qui ne se lèche pas les doigts. Ainsi, celui qui ne se lèche pas les doigts ne viendra pas avec moi.

CAPULET. — Va vite. (*Le domestique sort.*) Nous serons bien mal préparés pour cette noce.—Est-ce que ma fille est allé trouver le frère Laurence?

LA NOURRICE.—Oui, vraiment.

CAPULET.—Bon, il lui fera peut-être un peu de bien. C'est une insolente petite coquine bien entêtée.

(Entre Juliette.)

LA NOURRICE. — Tenez, voyez comme elle revient de confesse avec un visage riant.

CAPULET.—Eh bien! obstinée, où avez-vous été courir?

JULIETTE.—Où j'ai appris à me repentir du péché d'une désobéissante résistance à vous et à vos ordres. Le saint frère Laurence m'a enjoint de tomber ici à vos genoux, et de vous demander pardon. Pardon, je vous en conjure; désormais je me laisserai toujours gouverner par vous.

CAPULET. —Envoyez chercher le comte : allez et qu'on l'instruise de ceci. Je veux que ce nœud soit formé dès demain matin.

JULIETTE. — J'ai rencontré le jeune comte à la cellule du frère Laurence, et je lui ai accordé ce qui se peut accorder des droits de l'amour sans passer les bornes de la pudeur.

CAPULET. — Allons, j'en suis bien aise, tout va bien, relevez-vous ; les choses vont comme elles doivent aller.
— Il faut que je voie le comte ; oui vraiment, allez, je vous dis, et amenez-le ici. En vérité, devant Dieu, toute notre ville a de grandes obligations à ce respectable religieux.

JULIETTE. — Nourrice, voulez-vous venir avec moi dans mon cabinet? Vous m'aiderez à assortir la parure que vous croirez convenable pour m'habiller demain.

LA SIGNORA CAPULET. — Non, pas avant jeudi. Nous avons le temps.

CAPULET. — Allez, nourrice, allez avec elle ; nous irons à l'église demain.

(Juliette et la nourrice sortent.)

LA SIGNORA CAPULET. — Nous serons bien à court pour nos préparatifs : il est déjà presque nuit.

CAPULET. — Bon, bon ; je me donnerai du mouvement et tout ira bien, je te le garantis, ma femme. Va rejoindre Juliette, aide-la à se parer ; je ne me coucherai point cette nuit. Laisse-moi tranquille : pour cette fois, c'est moi qui ferai la ménagère. — Holà ! mon chapeau. — Ils sont tous sortis. Allons, je vais aller moi-même chez le comte Pâris, et le disposer à la cérémonie de demain.
— Mon cœur est merveilleusement léger depuis que cette fille entêtée est rentrée dans son devoir.

(Ils sortent.)

SCÈNE III

La chambre de Juliette.

Entrent JULIETTE *et* LA NOURRICE.

JULIETTE. — Oui, cet ajustement est celui qui conviendra le mieux ; mais, bonne nourrice, je t'en prie, laisse-moi seule cette nuit : j'ai besoin de bien des oraisons pour obtenir du ciel un regard propice dans l'état où je suis, qui est plein, comme tu sais, d'irrégularités et de péché.

(Entre la signora Capulet.)

LA SIGNORA CAPULET. — Eh bien! êtes-vous bien occupée? Avez-vous besoin que je vous aide?

JULIETTE. — Non, madame; nous avons fait un choix de tout ce qui est nécessaire pour paraître convenablement à la cérémonie de demain. Si c'est votre bon plaisir, permettez qu'on me laisse seule maintenant, et que ma nourrice veille cette nuit avec vous; car, j'en suis sûre, vous devez avoir des affaires par-dessus les yeux pour une chose qui se fait si précipitamment.

LA SIGNORA CAPULET.—Bonne nuit, va te mettre au lit et te reposer, tu en as besoin.

(La signora Capulet et la nourrice sortent.)

JULIETTE.— Adieu. — Dieu sait quand nous nous reverrons. (*Elle ferme la porte.*) Je sens courir dans mes veines un frisson de peur, qui glace presque en moi la chaleur de la vie. Il faut que je les rappelle pour me rassurer. — Nourrice! Ah! que ferait-elle ici? il faut que je joue seule ma scène funèbre.—Viens, fiole. — Mais si ce breuvage n'opérait aucun effet, serais-je donc mariée de force au comte? Non, non, ceci me préservera. Repose ici. (*Elle place un poignard à côté d'elle.*) — Mais si c'était un poison que le frère m'eût adroitement fourni pour me faire mourir, dans la crainte de se voir déshonoré par ce mariage, lui qui m'a mariée avec Roméo... Je crains qu'il n'en soit ainsi, et cependant quand j'y songe, cela ne doit pas être, car il a toujours été reconnu pour un saint homme. Je ne veux pas entretenir une si mauvaise pensée. — Mais quoi! si, après que je serai déposée dans le tombeau, j'allais me réveiller avant le moment où Roméo doit venir me délivrer... C'est là une chose bien effrayante. Ne serais-je pas alors suffoquée sous cette voûte dont la sombre entrée ne reçoit aucun air salutaire, et étouffée avant que mon Roméo arrivât? ou, si je suis vivante, n'est-il pas vraisemblable que l'horrible idée de la mort et de la nuit jointe à la terreur du lieu, sous cette voûte, antique réceptacle où depuis tant de siècles sont entassés les ossements de mes ancêtres qu'on y a tous ensevelis ; où Tybalt, tout sanglant et encore tout frais enterré, est là à se corrompre dans son linceul ; où l'on dit que les spectres nocturnes viennent s'assembler à certaines heures de la nuit ?... Hélas ! hélas ! n'est-il pas probable que, trop tôt éveillée, au milieu de ces odeurs infectes, de ces cris semblables à ceux de la mandragore[1] qu'on arrache de la terre, et qui font, dit-on, perdre la raison à ceux qui les entendent... Oh ! si je m'éveille, ne pourra-t-il pas arriver que ma tête s'égare, assiégée de ces hideuses terreurs ? Ne puis-je pas dans ma folie aller me jouer avec les restes de mes aïeux, et arracher de son linceul Tybalt tout défiguré ; ou, dans cette frénésie, me servir, comme d'un bâton, de quelque os d'un de mes grands-pères pour briser ma cervelle désespérée ? — Oh ! regardez ! Il me semble voir l'ombre de mon cousin chercher Roméo, qui a enfoncé dans son corps la pointe d'une épée.... Arrête, Tybalt, arrête ! — Roméo, je viens. Je bois ceci à ta santé.

(Elle se jette sur le lit.)

SCÈNE IV

Une salle dans la maison de Capulet.

Entrent LA SIGNORA CAPULET ET LA NOURRICE.

LA SIGNORA CAPULET.—Nourrice, prenez ces clefs et allez chercher encore des épices.

LA NOURRICE.—Ils demandent des dattes et des coings à l'office.

(Entre Capulet.)

---

[1] On attribuait à la mandragore, entre autres propriétés singulières, celle de pousser, lorsqu'on l'arrachait, des cris qui faisaient perdre la raison à ceux qui les entendaient. On prétendait qu'elle croissait sur la fosse des hommes mis à mort pour quelque crime, et qu'elle était le produit de la corruption de leur corps ; aussi la regardait-on comme douée de vie.

CAPULET.—Allons, levez-vous, levez-vous, levez-vous ; le coq a chanté pour la seconde fois ; la cloche du couvre-feu a sonné ; il est trois heures.—Ayez l'œil au four, bonne Angélique ; qu'on n'épargne rien.

LA NOURRICE.—Et vous, allez, tracassier, allez, allez vous mettre au lit ; en vérité, vous serez malade demain pour avoir passé la nuit.

CAPULET.—Non, pas du tout. Bon, j'ai bien veillé d'autres nuits pour moins que cela, et je n'en ai jamais été incommodé.

LA SIGNORA CAPULET.— Oui, vous avez été, de votre temps, un coureur d'aventures[1] ; mais je veillerai à ce que vous ne fassiez plus de ces sortes de veillées.

CAPULET. — Jalouse ! jalouse ! (*Entrent des domestiques avec des broches, du bois, des corbeilles.*) Qu'est-ce que c'est que tout cela, mon ami ?

PREMIER DOMESTIQUE.—Ce sont des affaires pour le cuisinier, seigneur, mais je ne sais pas ce que c'est.

CAPULET. — Dépêche-toi, dépêche-toi. (*Le domestique sort.*) Toi, apporte des fagots plus secs ; appelle Pierre, et il te dira où ils sont.

LE DOMESTIQUE.—Ah ! j'ai dans ma tête, seigneur, des fagots tout trouvés, sans déranger Pierre pour cela.

(*Il sort.*)

CAPULET.—Par la messe, c'est bien dit ; tu es un joyeux compère[2] ! Ah ! je te fagoterai.—Par ma foi ! voilà le jour. Le comte ne tardera pas à venir ici avec la musique ; il me l'a dit. (*On entend des instruments.*) Mais je l'entends qui s'approche.—Nourrice ! ma femme ! allons. Eh bien, nourrice ! Allons, dis-je. (*Entre la nourrice.*) Allez éveiller Juliette ; allez, habillez-la : je vais, moi,

---

[1] *A mouse hunt* (un chasseur de souris).

[2] SERVANT. *I have a head, sir, that will find out logs*
    And never trouble Peter for the matter.

CAPULET. *'Mass, and well said; a merry whoreson ! ha !*
    Thou shalt be logger-head.

Logs et Logger-head (bûches, têtes de bois). Il a fallu trouver un équivalent

causer avec Pâris.... Allons, dépêchez-vous, dépêchez-vous; voilà le marié déjà arrivé : dépêchez-vous, vous-dis-je.

(Ils sortent.)

SCÈNE V

La chambre de Juliette.—Juliette est sur son lit.

Entre LA NOURRICE.

LA NOURRICE.—Ma maîtresse ! allons, ma maîtresse ! Juliette !... Ma foi, pour elle, elle dort profondément.—Eh bien ! mon agneau ; eh bien, madame ! Fi ! paresseuse ! Allons, mon amour, levez-vous, dis-je. Madame ! mon cher cœur, allons, madame la mariée...—Quoi, pas le mot ! Vous vous en donnez pour quatre sous maintenant[1], vous dormez pour huit jours ; car la nuit prochaine, j'en réponds, le comte Pâris a gagé son repos que vous ne sommeilleriez guère.... Dieu me pardonne (ma foi, *amen*) ! Comme elle dort profondément ! Il faut absolument que je l'éveille.—Madame, madame, madame ! Voulez-vous que le comte vous surprenne au lit[2] ? Vous vous lèveriez bien vite, de frayeur, j'en suis sûre, n'est-ce pas ?... Comment ! tout habillée ! vous n'avez pas quitté votre robe, et vous voilà encore couchée ! il faut absolument que je vous réveille.—Madame, madame, madame !... Hélas ! au secours ! au secours ! ma maîtresse est morte. Oh ! malheureux jour, faut-il que je sois jamais née ! De l'eau-de-vie ! oh ! seigneur ! oh ! madame !

(Entre la signora Capulet.)

LA SIGNORA CAPULET.—Quel bruit fait-on ici !

LA NOURRICE.—O journée lamentable !

---

[1] *You take your penny-worths now.*

[2] Il paraîtrait que l'usage était alors que le marié allât chercher sa fiancée dans son lit, si elle n'avait pas le soin de le prévenir par sa diligence

LA SIGNORA CAPULET.—Qu'est-ce que c'est?
LA NOURRICE.—Voyez, voyez. O funeste jour!
LA SIGNORA CAPULET. — O malheureuse, malheureuse que je suis! Mon enfant, mon unique vie! Reviens à la vie, rouvre tes yeux ou je mourrai avec toi. Au secours! au secours! que tout le monde vienne au secours!
(Entre Capulet.)
CAPULET.—Fi donc! amenez Juliette, son époux est arrivé.
LA NOURRICE.—Elle est morte, décédée; elle est morte O jour maudit!
LA SIGNORA CAPULET.—Hélas! hélas! elle est morte, elle est morte, elle est morte.
CAPULET.—Ah! laissez-moi la voir...—Hélas! elle est déjà froide; son sang est arrêté et ses muscles roides : il y a déjà longtemps que la vie a abandonné ses lèvres. La mort pèse sur elle comme une gelée intempestive sur la plus douce des fleurs de toute la prairie.
LA NOURRICE.—O déplorable jour!
LA SIGNORA CAPULET.—O temps de désastres!
CAPULET.—La mort, qui l'a enlevée pour me faire gémir, enchaîne ma langue et m'ôte la parole.
(Entrent frère Laurence et Pâris, avec les musiciens.)
FRÈRE LAURENCE.—Eh bien! la mariée est-elle prête à aller à l'église?
CAPULET.—Elle est prête à y aller, mais pour n'en revenir jamais.—O mon fils, dans la nuit qui précède tes noces, la mort a envahi la couche de ton épouse. Vois, elle est là étendue, cette jeune fleur qu'elle a défleurée ; c'est le trépas qui est mon gendre. Le trépas est mon héritier; il a épousé ma fille ; je mourrai et lui laisserai tout : quand on meurt, tout appartient à la mort.
PARIS.—N'ai-je donc si longtemps désiré de voir le visage de ce jour que pour qu'il m'offrît un pareil spectacle!
LA SIGNORA CAPULET.—O jour malheureux et maudit! jour de misère, jour odieux! O heure la plus déplorable

---

1 *Flower as she was, deflowered by him.*

que le temps ait jamais rencontré dans les travaux éternels de son pèlerinage ! N'avoir qu'une seule, une pauvre et seule enfant qui m'aimait, mon unique joie, ma seule consolation ; et la cruelle mort la ravit à ma vue !

LA NOURRICE. — O malheur ! O malheureux, malheureux, malheureux jour ! jour lamentable ! le plus malheureux que j'aie jamais encore vu ! O jour ! O jour ! jour, jour odieux ! Jamais on n'a vu un jour si cruel que celui-ci. O malheureux jour ! ô malheureux jour !

PARIS.—Trompé, divorcé, outragé, déchiré, assassiné par toi, ô détestable mort ! par toi, toi, cruelle, perdu sans ressource. O amours, ô vie ! non plus la vie, mais l'amour dans la mort.

CAPULET.—Avili, désespéré, haï, martyrisé, tué ! O heure de désolation, pourquoi es-tu venue frapper de mort, de mort, notre fête solennelle ? O mon enfant, mon enfant ! mon âme et non plus mon enfant..... te voilà morte, morte ! Hélas ! mon enfant est morte, et avec mon enfant sont ensevelies toutes mes joies.

FRÈRE LAURENCE.—Paix, silence ! n'avez-vous pas de honte ? Le remède au désespoir n'est pas dans le désespoir.—Le ciel et vous aviez une part dans cette belle enfant : maintenant le ciel la possède tout entière, et ce n'en est que mieux pour elle. Vous ne pouviez sauver de la mort cette part qui en elle vous appartenait, mais le ciel garde sa part dans la vie éternelle. Le comble de vos vœux était son bonheur ; c'était votre paradis de la voir s'élever ; et maintenant pleurerez-vous en la voyant élevée au-dessus des nuages, à la hauteur du ciel même ! Oh ! dans votre amour vous savez si mal aimer votre enfant, que vous voilà hors de sens de la voir heureuse. Ce n'est pas la mieux mariée celle qui vit longtemps mariée ; la mieux mariée est celle qui meurt mariée jeune. Séchez vos larmes ; attachez vos branches de romarin sur ce beau cadavre, et, suivant l'usage, portez-la à l'église parée de ses plus brillants atours. Bien que les tendres faiblesses de la nature nous contraignent tous à nous plaindre, les larmes de la nature excitent le sourire de la raison.

CAPULET.—Tout ce que nous avions préparé pour une fête change d'objet et va servir à de sombres funérailles, nos instruments seront des cloches lugubres ; le festin des noces va devenir un triste banquet funéraire ; à nos hymnes solennels seront substitués des chants funèbres; et ces bouquets de noces vont servir à un cadavre enseveli ; toute chose s'est convertie en la chose contraire.

FRÈRE LAURENCE.—Rentrez, seigneur... et vous, madame, avec lui. Seigneur Pâris, allez. Que chacun se prépare à accompagner ce beau cadavre à son tombeau. Le ciel, pour quelque offense, s'est assombri pour vous : ne l'irritez pas davantage en résistant à sa volonté suprême.

(Sortent Capulet, la signora Capulet, Pâris et le frère Laurence.)

PREMIER MUSICIEN.—Ma foi, nous pouvons serrer nos flûtes et nous en aller.

LA NOURRICE.—Ah ! serrez-les, serrrez-les, mes bons et honnêtes amis; car vous voyez que c'est une aventure bien triste.

(Elle sort.)

PREMIER MUSICIEN.—Oui, par ma foi ! il y aurait mieux à faire.

(Entre Pierre)

PIERRE.—O musiciens, musiciens ! *O contentement du cœur, contentement du cœur*[1] *!* Si vous voulez me rendre la vie, jouez *Contentement du cœur.*

PREMIER MUSICIEN.—Et pourquoi *Contentement du cœur?*

PIERRE.—O musiciens, parce que mon cœur joue de lui-même *Mon cœur est plein de tristesse*[2]. Jouez-moi quelque complainte un peu gaie pour me réconforter.

SECOND MUSICIEN.—Nous ne vous jouerons pas de complainte ; ce n'est pas le moment de jouer.

PIERRE.—Vous ne voulez donc pas ?

SECOND MUSICIEN.—Non.

PIERRE.—Eh bien, je vous en donnerai, moi, et qui sonnera.

---

[1] *Heart's ease*, air d'une ballade.
[2] *My heart is full of woe*, refrain d'une autre ballade.

ACTE IV, SCÈNE V.

PREMIER MUSICIEN.—Qu'est-ce que vous nous donnerez?

PIERRE.—Pas d'argent, sur ma foi¹, mais une danse. Vous aurez de ma musique.

PREMIER MUSICIEN.—Oh bien! je vous ferai aller en mesure, moi.

PIERRE.—Prenez garde que mon poignard ne batte la mesure sur votre tête, et je ne m'arrêterai pas aux paroles, voyez-vous; et si je veux que vous me fassiez une fugue, j'aurais bientôt dit *ut* : mettez cela en note.

PREMIER MUSICIEN.—C'est vous qui donnez la note avec votre *ut*.

SECOND MUSICIEN.—Je vous en prie, mettez votre poignard dans le fourreau et votre esprit en dehors.

PIERRE.—Eh bien! garde à vous contre mon esprit. Mon esprit a le fil, il va vous percer à jour; ainsi, je puis vous faire grâce du fil de mon poignard. Répondez-moi en hommes de tête:

> Quand le chagrin poignant a blessé le cœur
> Et quel l'esprit est accablé d'une douloureuse tristesse,
> La musique aux sons argentins...

Pourquoi *sons argentins?* pourquoi *la musique aux sons argentins?* Qu'en dites-vous, Simon Corde-à-boyau ?

PREMIER MUSICIEN.—Vraiment, c'est que l'argent a un son très-agréable.

PIERRE.—Joli! Et vous, qu'en dites-vous, Hugues Rebec¹?

SECOND MUSICIEN.—Je dis moi, que *sons argentins*, cela veut dire des sons qui nous valent de l'argent.

---

¹ PETER. *No money on my faith; but the gleek: I will give you the minstrel.*

1 MUS. *Then I will give you the serving creature.*

PETER. *Then will I lay the serving creature's dagger on your pate. I will carry no crotchets : I'll re you, I'll fa you; do you note me.*

1 MUS. *An you re us, and fa us, you note us.*

2 MUS. *Pray you, put up your dagger, and put out your wit.*

PETER. *Then have at you with my wit: I will dry-beat you with an iron wit, and put up my iron dagger.*

Presque toutes les plaisanteries de ce dialogue portent sur des locutions et des manières de parler tellement hors d'usage, que les commentateurs sont fort embarrassés à en rendre raison. Il a fallu chercher des équivalents.

² *Rebec, rebecquin,* nom d'un ancien violon à trois cordes.

PIERRE.—Joli aussi!—Et qu'en dites-vous, Jacques Du Son?

TROISIÈME MUSICIEN.—Ma foi, je ne sais que dire.

PIERRE.—Ah! pardon; j'oubliais que vous êtes le chanteur.—Eh bien! je répondrai pour vous. On dit *la musique aux sons argentins*, parce que ce n'est pas ordinairement avec de l'or qu'on paye des gaillards comme vous de leur musique.

La musique aux sons argentins
Apporte promptement un remède à leurs maux.

(Il sort en chantant.)

PREMIER MUSICIEN.—Quel malin diable est-ce là?

SECOND MUSICIEN. — Qu'il s'aille faire pendre. Venez entrons là dedans; nous y attendrons le retour du convoi et nous resterons à dîner.

(Ils sortent.)

FIN DU QUATRIÈME ACTE.

ACTE CINQUIÈME

SCÈNE I

Une rue de Mantoue,

Entre ROMÉO.

ROMÉO.—Si l'œil du sommeil ne m'a pas trompé par de flatteuses illusions, mes songes m'annoncent prochainement d'heureuses nouvelles. Le maître de ma poitrine siége légèrement sur son trône, et une humeur inaccoutumée m'a, durant toute cette journée, élevé au-dessus de la terre dans des pensées joyeuses. J'ai rêvé que mon épouse arrivait et me trouvait mort (étrange songe, qui laisse à un mort la faculté de penser!) et que ses baisers communiquaient à mes lèvres un tel souffle de vie, que je me suis ranimé et me suis vu empereur. O ciel! quelle est donc la douceur des jouissances réelles de l'amour, puisque l'ombre de l'amour seulement est si riche de bonheur? (*Entre Balthasar.*)—Des nouvelles de Vérone!—Eh bien! Balthasar, ne m'apportes-tu pas des lettres du frère Laurence? Comment se porte ma Juliette? Mon père jouit-il d'une bonne santé? Comment se porte ma Juliette? C'est cela que je te redemande, car rien ne peut être mal si ma Juliette est bien.

BALTHASAR.—Elle est bien; ainsi rien ne peut être mal... Son corps sommeille dans le tombeau des Capulet, et l'immortelle partie de son être vit avec les anges. Je l'ai vu déposer dans le tombeau de sa famille, et j'ai pris sur-le-champ la poste pour venir vous l'apprendre. Oh! pardonnez si je vous apporte ces funestes nouvelles, puisque c'est la mission que vous m'aviez laissée, seigneur.

ROMÉO.—En est-il ainsi?—A présent, astres contraires, je vous défie.—Tu connais ma demeure. Va, procure-moi de l'encre et du papier; arrête des chevaux de poste, je veux partir cette nuit.

BALTHASAR.—Pardonnez-moi, seigneur, mais je ne puis vous laisser seul; vous êtes pâle, et votre air égaré annonce quelque malheur.

ROMÉO.—Allons donc, tu te trompes. Laisse-moi, et fais ce que je t'ordonne.—N'as-tu point de lettres pour moi du frère Laurence?

BALTHASAR.—Non, mon cher maître.

ROMÉO.—N'importe. Va-t'en, et arrête-moi ces chevaux; je te rejoins à l'instant. (*Balthasar sort.*)—C'est bien, Juliette; je reposerai avec toi cette nuit; occupons-nous d'en trouver les moyens.—O mal, tu es prompt à entrer dans les pensées de l'homme au désespoir! Je me souviens d'un apothicaire que j'ai remarqué dernièrement ici aux environs, couvert de vêtements déchirés, le regard sombre, et épluchant des simples; son aspect était celui de la maigreur; la misère dévorante l'avait rongé jusqu'aux os. Du plafond de son indigente boutique pendaient une tortue, un crocodile empaillé et d'autres peaux de poissons difformes; et le long de ses rayons des tiroirs vides annonçaient par leurs étiquettes ce qui leur manquait; des pots de terre verte, des vessies et des graines moisies, des restes de ficelle et de vieux pains de roses, étaient clair-semés çà et là pour servir de montre. En voyant sa misère, je me dis à moi-même : Si un homme avait besoin de quelque poison dont la vente fût punie d'une mort certaine à Mantoue, voilà un malheureux coquin qui lui en vendrait. Oh! cette pensée n'a fait que prévenir mes besoins : il faut que ce misérable m'en vende.—Autant que je m'en souviens, ce doit être ici sa demeure.—Comme c'est aujourd'hui fête, la boutique du pauvre hère est fermée.—Holà, holà, apothicaire!

(Entre l'apothicaire.)

L'APOTHICAIRE.—Qui appelle donc si fort?

ROMÉO.— Viens ici, mon ami. Je vois que tu es pauvre,

tiens, voilà quarante ducats ; donne-moi une drachme de poison qui expédie si promptement qu'aussitôt qu'elle se sera répandue dans les veines, celui qui, las de la vie, en aura fait usage tombe mort sur-le-champ, et que son corps perde la respiration avec la même rapidité qu'en met la poudre enflammée à s'échapper des fatales entrailles du canon.

L'APOTHICAIRE. — J'ai de ces poisons mortels, mais la loi de Mantoue punit de mort quiconque en débite.

ROMÉO. — Quoi ! si dénué de tout, si plein de misère, et tu as peur de mourir ! La famine est sur tes joues ; le besoin et la souffrance ont peint la mort dans tes yeux ; sur ton dos traîne la misère en haillons. Le monde ne t'est point ami, ni la loi du monde ; le monde n'a point de loi qui puisse t'enrichir ; cesse donc d'être pauvre ; enfreins seulement la loi, et prends cet or.

L'APOTHICAIRE. — C'est ma pauvreté et non pas ma volonté qui consent.

ROMÉO. — C'est ta pauvreté que je paye, et non ta volonté.

L'APOTHICAIRE. — Mettez ceci dans un liquide quelconque, celui que vous voudrez ; avalez-le, et eussiez-vous la force de vingt hommes ensemble, il vous aura expédié sur-le-champ.

ROMÉO. — Tiens, voilà ton or, poison plus funeste pour la vie des hommes, et qui commet bien plus de meurtres dans ce monde odieux que ces pauvres compositions que tu n'as pas la permission de vendre. C'est moi qui te vends du poison ; toi tu ne m'en as pas vendu. — Adieu, achète de quoi manger et te remettre en chair. — Viens, cordial et non pas poison, viens avec moi au tombeau de Juliette : c'est là que tu dois me servir !

(Il sort.)

SCÈNE II

La cellule du frère Laurence.

Entre FRÈRE JEAN.

FRÈRE JEAN.—Saint franciscain, mon frère, holà !
(Entre frère Laurence.)

FRÈRE LAURENCE.—Je crois entendre la voix du frère Jean.—Soyez le bienvenu de Mantoue. Que dit Roméo? ou bien, s'il a écrit ce qu'il pensait, donnez-moi sa lettre?

FRÈRE JEAN. — Cherchant pour m'accompagner un frère déchaussé, membre de notre ordre, qui visitait les malades de cette ville, au moment où je le trouvai, les inspecteurs de la cité, soupçonnant que nous étions tous deux entrés dans une maison infectée de la contagion, ont fermé les portes et n'ont jamais voulu nous laisser sortir. Ma course vers Mantoue a été arrêtée là.

FRÈRE LAURENCE. — Qui donc a porté ma lettre à Roméo ?

FRÈRE JEAN. — Je n'ai pu l'envoyer, la voilà. Je n'ai pas même pu trouver de messager qui te la rapportât, tant ils redoutaient la contagion !

FRÈRE LAURENCE. — Funeste circonstance ! Par notre communauté, cette lettre n'était pas indifférente ; elle portait un message de la plus grande importance, et ce retard peut être d'un grand danger. — Frère Jean, va me chercher un levier de fer, et me l'apporte promptement dans ma cellule.

FRÈRE JEAN.—Frère, je vais te l'apporter.

(Il sort.)

FRÈRE LAURENCE.—Maintenant il faut que je me rende seul au monument. Dans trois heures la belle Juliette s'éveillera. Elle va me maudire en apprenant que Roméo n'a pas été instruit de ce qui vient d'arriver. Mais j'écrirai de nouveau à Mantoue, et je garderai Juliette dans ma cellule jusqu'à l'arrivée de Roméo. — Pauvre cadavre vivant enfermé dans la tombe d'un mort!

(Il sort.)

SCÈNE III

Un cimetière dans lequel se voit un monument appartenant
à la famille des Capulet.

Entre PARIS *et son* PAGE *qui porte une torche
et des fleurs.*

PARIS.— Page, donne-moi ton flambeau. Éloigne-toi et te tiens à l'écart.—Non, éteins-le; je ne veux pas être vu. Va te coucher sous ces cyprès, et applique ton oreille contre le sol creusé : les nombreux tombeaux qu'on y a ouverts ont tellement ébranlé sa solidité que personne ne pourra marcher dans le cimetière que tu ne l'entendes : alors, siffle pour m'avertir que tu entends approcher quelqu'un. — Donne-moi ces fleurs ; fais ce que je t'ordonne : va.

LE PAGE. — Je suis presque effrayé de rester seul ici dans ce cimetière ? cependant je vais m'y aventurer.

(Il s'éloigne.)

PARIS.—Douce fleur, je sème de fleurs ton lit nuptial. Tombeau chéri, qui renferme dans ton enceinte la plus parfaite image des êtres éternels; belle Juliette, qui habites avec les anges, accepte cette dernière marque d'amour. Vivante, je t'honorai ; morte, mes hommages funéraires viennent orner ta tombe. (*Le page siffle.*) —Mon page a fait le signal ; quelqu'un approche : quel pied sacrilége erre dans ces lieux pendant la nuit, pour troubler mes tristes fonctions et le culte d'un fidèle amour ? Quoi ! avec un flambeau ! — Nuit, couvre-moi un moment de ton voile.

(Il se retire.)
(Entrent Roméo et Balthasar qui le précède avec une torche, une pioche, etc.)

ROMÉO. — Donne-moi cette pioche et ce croc de fer. Prends cette lettre, et demain de bonne heure aie soin de la remettre à mon seigneur et père. Donne-moi la lumière. Sur ta vie, je t'enjoins, quoi que tu puisses entendre ou voir, de rester au loin à l'écart, et de ne pas m'interrompre en ce que je veux faire. Si je descends dans ce lit de la mort, c'est en partie pour contempler encore les traits de ma bien-aimée; mais surtout pour ôter de son doigt insensible un anneau précieux, un anneau dont j'ai besoin pour un usage qui est cher à mon cœur. Ainsi, éloigne-toi; va-t'en. — Si, poussé par quelque inquiétude, tu reviens épier ce que je veux faire ensuite, par le ciel, je te déchirerai morceau par morceau, et je joncherai de tes membres ce cimetière affamé. La circonstance, mes projets sont sauvages et farouches, plus terribles, plus inexorables que les tigres à jeun ou la mer en furie.

BALTHASAR.—Je m'en vais, seigneur; et ne vous troublerai point.

ROMÉO.—C'est ainsi que tu me prouveras ton attachement. Prends cela. Vis et sois heureux, honnête serviteur.

BALTHASAR.—Précisément à cause de tout cela, je veux me cacher ici à l'entour. Ses regards me font peur, et j'ai mes doutes sur ses intentions.

(Il sort.)

ROMÉO. — Toi, gouffre de mort, ventre détestable assouvi du plus précieux repas que pût offrir la terre, c'est ainsi que je saurai forcer tes mâchoires pourries à s'ouvrir, et que dans ma haine je veux te gorger d'une nouvelle proie.

(Il enfonce la porte du monument.)

PARIS. — C'est cet orgueilleux Montaigu, ce banni, qui a tué le cousin de ma bien-aimée, dont le chagrin, à ce qu'on croit, a causé la mort de la belle Juliette. Il vient ici faire aux cadavres quelque infâme outrage. Je vais l'arrêter. (Il s'avance.)—Suspends tes efforts sacriléges, vil Montaigu : peut-on poursuivre la vengeance au delà de la mort? Scélérat condamné, je t'arrête : obéis et suis-moi, car il faut que tu meures.

ROMÉO. — Oui, il le faut, et c'est pour cela que je suis ici. Bon et noble jeune homme, ne tente point un homme désespéré; fuis loin d'ici, et laisse-moi. Pense à ceux qui sont là morts, et qui t'effrayent. Je t'en conjure, jeune homme, ne charge point ma tête d'un nouveau péché en me poussant à la fureur. Oh! va-t'en. Par le ciel, je t'aime plus que moi-même, car c'est contre moi-même que je viens armé dans ce lieu. Ne t'arrête pas ici plus longtemps; va-t'en; vis, et tu diras que la pitié d'un furieux t'a commandé de fuir.

PARIS.—Je défie tes conjurations, et je t'arrête comme tombé en félonie par ton retour.

ROMÉO.—Tu veux donc me provoquer? Eh bien! songe à te défendre, jeune homme.

(Ils se battent.)

LE PAGE.—O ciel! ils se battent. Je vais chercher la garde.

(Il sort.)

PARIS.—Oh! je suis mort! *(Il tombe.)* Si tu es capable de pitié, ouvre la tombe; et couche-moi près de Juliette.

ROMÉO.—Sur ma foi, je le ferai.—Il faut que je contemple ces traits. — Le parent de Mercutio, le noble comte Pâris. — Que m'a dit Balthasar tandis que nous cheminions ensemble? Mon âme en tumulte ne lui prêtait aucune attention. Il m'a dit, je crois, que Pâris avait dû épouser Juliette. Ne me l'a-t-il pas dit? ou l'aurais-je rêvé? ou bien est-ce dans un moment de folie, tandis qu'il me parlait de Juliette, que je l'aurai imaginé ainsi? —Oh! donne-moi ta main, toi dont le nom est écrit avec le mien dans le funeste livre du malheur. Je vais t'ensevelir dans un tombeau glorieux. Un tombeau! Oh! non, c'est un dôme brillant, jeune homme assassiné, car Juliette y repose, et sa beauté fait de cette voûte un séjour de fête plein de clarté. Mort, sois déposé ici par les mains d'un homme mort. *(Il couche Pâris dans le monument.)* — Combien de fois des hommes, à l'article de la mort, ont eu un rayon de joie! C'est ce que ceux qui les soignent appellent un éclair avant la mort. Mais comment puis-je appeler ceci un éclair? — O mon amante, ma femme! la mort, qui a sucé le miel de ton haleine, n'a pas encore eu de pouvoir sur ta beauté: tu n'es pas vaincue; les couleurs de la beauté brillent encore de tout leur vermillon sur tes lèvres et tes joues, et

le pâle étendard de la mort n'en a pas encore pris la place.
— Tybalt, es-tu là couché dans ton drap sanglant? Quelle faveur plus grande puis-je te faire que d'abattre, de la même main qui a moissonné ta jeunesse, la jeunesse de celui qui fut ton ennemi? — Pardonne-moi, cousin.
— O chère Juliette, pourquoi es-tu si belle encore? Dois-je croire que ce fantôme appelé la Mort est amoureux, et que cet odieux monstre décharné te garde ici dans l'obscurité pour faire de toi sa maîtresse? De peur qu'il n'en soit ainsi, je resterai toujours avec toi, et ne sortirai plus jamais de ce palais de la sombre nuit. Je demeurerai avec les vers qui sont tes femmes de chambre. Ici je veux établir mon éternel repos, et débarrasser du joug des étoiles funestes cette chair fatiguée du monde. Mes yeux, regardez pour la dernière fois; mes bras, pressez-la pour la dernière fois ; et vous, mes lèvres, portes de la respiration, scellez d'un baiser légitime un marché sans terme avec la mort qui possède sans partage. — (*Au poison.*) Viens, amer conducteur, guide rebutant, pilote désespéré; lance maintenant tout d'un coup, sur les rochers qui vont la briser en éclats, ta barque fatiguée du travail de la mer. Voici que je bois à mes amours ! (*Il boit le poison.*) — O fidèle apothicaire, tes remèdes sont actifs. — Avec ce baiser, je meurs.

(Il meurt.)

(Entre dans le cimetière frère Laurence avec une lanterne, un levier et une bêche.)

FRÈRE LAURENCE. — O saint François, sois mon guide. Combien de fois cette nuit mes pieds vieillis ont-ils chancelé, en se heurtant contre des tombeaux ! — Qui est là?

BALTHASAR. — Celui qui est ici est un ami, et un homme qui vous connaît bien.

FRÈRE LAURENCE. — Que la bénédiction repose sur vous. — Dites-moi, mon bon ami, quel est ce flambeau là-bas, qui prête en vain sa lumière à des vers et à des crânes sans yeux? Il brûle, à ce qu'il me semble, dans le monument des Capulet.

BALTHASAR.—Oui, père vénérable, c'est là qu'il brûle ; et dans ce monument est mon maître, un homme que vous aimez.

FRÈRE LAURENCE.—Qui est votre maître ?

BALTHASAR.—Roméo.

FRÈRE LAURENCE.—Y a-t-il longtemps qu'il est là ?

BALTHASAR.—Une grande demi-heure.

FRÈRE LAURENCE.—Entrez avec moi sous la voûte.

BALTHASAR.—Je n'ose, mon père. Mon maître ignore que je n'ai pas quitté ce lieu ; et avec un accent terrible il m'a menacé de la mort si je demeurais pour épier ses desseins.

FRÈRE LAURENCE.—Eh bien ! reste donc ici ; j'irai seul. La crainte s'empare de moi. Oh ! je crains bien qu'il ne soit arrivé quelque accident funeste.

BALTHASAR.—Comme je dormais sous ce cyprès que vous voyez, j'ai rêvé que mon maître se battait avec un autre homme, et que mon maître l'avait tué.

FRÈRE LAURENCE.— Roméo ! (*Il s'avance.*) — Hélas ! hélas ! quel est ce sang qui souille les pierres de l'entrée du caveau ? Que signifient ces épées sanglantes et sans maîtres, que je vois à terre teintes de sang dans ce séjour de paix ? (*Il entre dans le monument.*)—Roméo ! Oh ! qu'il est pâle ! — Et qui encore ? Quoi ! Pâris aussi, baigné dans son sang ! Ah ! quelle heure cruelle est coupable de ce lamentable événement !—Juliette se remue !

(Juliette se réveille et se soulève.)

JULIETTE. — O frère secourable, où est mon seigneur ? Je me rappelle bien où je devais me trouver, et m'y voilà. Où est mon Roméo ?

(Bruit derrière le théâtre.)

FRÈRE LAURENCE.—J'entends du bruit.—Madame, sortez de cet antre de la mort, de la contagion, et d'un sommeil contre nature. Une puissance supérieure à toutes nos résistances a traversé nos desseins. Venez, sortez d'ici ; votre époux est là, mort à vos côtés, et Pâris aussi. —Suivez-moi, je vous placerai dans une communauté de saintes religieuses. Ne vous arrêtez pas à me faire des questions : la garde approche; venez, venez, chère Juliette ; je n'ose rester plus longtemps ici. (*Il s'éloigne.*)

JULIETTE.—Va, sors d'ici, car je ne veux pas m'en aller. —Qu'est-ce que cela! Une coupe que serre la main de mon bien-aimé! C'est le poison, je le vois, qui a terminé sa vie avant le temps.—Quoi! égoïste! avoir tout bu, sans m'en laisser une seule goutte amie pour me secourir après toi ! Je veux baiser tes lèvres; peut-être y recueillerai-je quelques restes du poison, suffisants pour me faire mourir au moyen d'un cordial. (*Elle l'embrasse.*) —Tes lèvres sont chaudes encore !

PREMIER SOLDAT, *derrière le théâtre*. — Conduis-nous, jeune homme. Par quel chemin?

JULIETTE.—Oui vraiment, du bruit? Alors j'aurai bientôt fait. Oh! bienheureux poignard (*elle saisit le poignard de Roméo*), voici ton fourreau (*elle se frappe*), tu peux t'y rouiller; laisse-moi mourir.

(Elle tombe sur le corps de Roméo et meurt.)

(Entre la garde avec le page de Pâris.)

LE PAGE.—Voilà l'endroit ; là, où brûle ce flambeau.

PREMIER SOLDAT.—La terre est ensanglantée. Cherchez autour du cimetière : allez quelques-uns de vous, et qui que vous rencontriez, saisissez-le. (*Sortent quelques soldats.*) Oh! spectacle pitoyable! Ici le comte tué, et Juliette sanglante, chaude encore et morte il n'y a qu'un moment, elle qui est enterrée depuis deux jours. Allez instruire le prince; courez chez les Capulet; avertissez les Montaigu. Allez chercher encore quelques autres personnes. (*Sortent les autres soldats.*) Nous voyons bien le lieu où se sont accumulés tant de malheurs; mais pour expliquer ce qui a donné lieu[1] à ces malheurs si déplorables, il nous en faut connaître les circonstances.

(Rentrent quelques soldats avec Balthasar.)

SECOND SOLDAT.—Voici le domestique de Roméo, nous l'avons trouvé dans le cimetière.

---

[1] *We see the ground whereon these woes do lie; but the true ground of all these piteous woes, we cannot*, etc. Ground (lieu, endroit), et ground (fondement).

ACTE V, SCÈNE III.

PREMIER SOLDAT. —Gardez-le en sûreté jusqu'à l'arrivée du prince.

(Un autre soldat arrive avec le frère Laurence.)

TROISIÈME SOLDAT. — Voici un religieux qui tremble, soupire et pleure. Nous lui avons pris cette bêche et ce levier comme il venait de cette partie du cimetière.

PREMIER SOLDAT. — Cela est très-suspect. Retenez aussi ce religieux.

(Entre le prince avec sa suite.)

LE PRINCE. —Quel malheur s'est donc éveillé si matin, qu'il nous oblige avant le jour d'interrompre notre sommeil?

(Entrent Capulet, sa femme et plusieurs autres personnes.)

CAPULET. —Qui est-ce qui se passe donc qu'on crie ainsi dehors?

LA SIGNORA CAPULET. — Le peuple crie dans les rues, Roméo! d'autres, Juliette! d'autres, Pâris! et tous courent en poussant des clameurs, vers notre monument.

LE PRINCE. —Quelle est donc cette alarme dont le bruit a frappé nos oreilles?

PREMIER SOLDAT. — Mon souverain, ici est le comte Pâris tué, et Roméo mort, et Juliette, morte depuis deux jours, qui n'est pas froide encore, et vient d'être tuée.

LE PRINCE. — Regardez, cherchez, et tâchez de découvrir d'où viennent ces meurtres horribles.

PREMIER SOLDAT. — Voici un religieux et le domestique de Roméo qui est là assassiné ; ils avaient sur eux des instruments propres à ouvrir la tombe qui renferme ces morts.

CAPULET.—O ciel! ô ma femme! voyez comme notre fille est sanglante! Ce poignard s'est mépris : hélas ! en voilà le fourreau sur le corps de Montaigu; et le fer s'est égaré dans le sein de ma fille.

LA SIGNORA CAPULET. —O malheureuse ! ce spectacle de mort est comme la cloche qui appelle ma vieillesse au tombeau.

(Entre Montaigu.)

LE PRINCE.—Approche, Montaigu. Tu t'es levé de bonne

heure pour voir ton fils et ton héritier couché là de meilleure heure encore.

MONTAIGU. — Hélas! prince, ma femme est morte cette nuit, la douleur de l'exil de mon fils l'a suffoquée. Quels malheurs nouveaux conspirent encore contre ma vieillesse?

LE PRINCE. — Regarde, et tu verras.

MONTAIGU. — O fils mal-appris, où est le respect de te presser ainsi d'arriver avant ton père au tombeau?

LE PRINCE. — Ferme pour un moment ta bouche à l'outrage, jusqu'à ce que nous ayons pu éclaircir ces mystères et en découvrir la source, la cause et la marche véritable. Alors je me mets à la tête de vos communes douleurs, et vous conduirai, s'il le faut, à la tombe. En attendant, contenez-vous, et que le malheur subisse le joug de la patience. (*Aux gardes.*) — Qu'on amène devant moi tous ceux que l'on soupçonne.

FRÈRE LAURENCE. — Je suis le plus considérable, le moins capable d'action, et cependant, comme le temps et le lieu déposent contre moi, le plus soupçonné de cet horrible meurtre; et je comparais ici pour m'accuser et me justifier, me condamner et m'absoudre.

LE PRINCE. — Alors, dites tout de suite ce que vous savez de ceci.

FRÈRE LAURENCE. — Je serai court, car je n'ai plus l'haleine aussi longue que le serait un ennuyeux récit. — Roméo, que vous voyez mort, était l'époux de Juliette; et cette Juliette, que vous voyez morte, l'épouse fidèle de Roméo. Je les avais mariés, et le jour de leur mariage secret fut le jour fatal de Tybalt, dont la mort prématurée a banni de cette ville le nouvel époux de Juliette. C'était à cause de cela, et non à cause de la mort de Tybalt, que dépérissait Juliette. — Vous, Capulet, pour éloigner le chagrin qui la tenait assiégée, vous l'avez fiancée et vous vouliez la marier de force au comte Pâris. Alors elle vint me trouver, et, les yeux égarés, elle me pressa de trouver les moyens de la garantir de ce second mariage, sans quoi elle allait se tuer dans ma cellule. Alors, usant des secrets de mon art, je lui donnai un breuvage assoupissant qui eût pour effet, comme je me l'étais proposé, de produire en elle les apparences de la mort. Cependant j'écrivis à Roméo de revenir ici dans cette fatale nuit, pour m'aider à la retirer de sa tombe empruntée : c'était le terme où la force du breuvage devait expirer. Mais celui qui portait ma lettre, le frère Jean, a été retenu par un accident, et me l'a rendue hier au soir : alors tout seul, à l'heure marquée pour son réveil, je suis venu dans l'intention de la tirer du tombeau de sa famille, et de la tenir cachée dans ma cellule jusqu'à ce que j'eusse une occasion favorable d'envoyer vers Roméo. Mais à mon arrivée ici, qui a précédé de quelques moments celui où elle s'est réveillée, j'y ai trouvé le noble Pâris couché avant le temps, et le fidèle Roméo mort. Elle s'éveille, et je la pressais de sortir, et de supporter avec patience cette œuvre du ciel ; mais en cet instant un bruit est venu m'effrayer et m'écarter du tombeau : elle, livrée au désespoir, n'a pas voulu me suivre, et, selon toute apparence, elle a elle-même attenté à ses jours. C'est là tout ce que je sais : sa nourrice est instruite de son mariage. Si dans tout ceci il est arrivé quelque malheur par ma faute, que ma vieille existence soit, quelques heures avant le temps, sacrifiée à la rigueur des lois les plus sévères.

LE PRINCE. — Nous t'avons toujours connu pour un saint homme. Où est le domestique de Roméo ? Qu'a-t-il à nous apprendre là-dessus ?

BALTHASAR. — Je portai à mon maître la nouvelle de la mort de Juliette. Aussitôt il partit de Mantoue en poste pour venir à ce lieu même, à ce monument. Là, il m'ordonna de remettre de bonne heure cette lettre à son père, et, entrant sous cette voûte, me menaça de la mort si je ne m'en allais pas et ne le laissais seul.

LE PRINCE. — Donne-moi la lettre, je veux la lire. Où est le page du comte, qui est allé chercher la garde ? (*Au page.*) — Maraud, que faisait ton maître en ce lieu ?

LE PAGE. — Il y est venu avec des fleurs pour les jeter sur le tombeau de la signora, et il m'a ordonné de me tenir à l'écart : je lui ai obéi. Dans ce moment, un homme avec une torche est venu pour ouvrir le monument ; et bientôt après mon maître s'est élancé sur lui l'épée à la main : alors j'ai couru avertir la garde.

LE PRINCE.—Cette lettre confirme le récit du religieux : elle contient le récit de leurs amours, les nouvelles qu'il a reçues de la mort de Juliette : il dit qu'il a acheté du poison d'un pauvre apothicaire, et qu'il est venu à ce monument pour y mourir et reposer auprès de Juliette. —Où sont ces deux ennemis, Capulet, Montaigu?—Voyez quelle verge s'est étendue sur vos haines. Le ciel a trouvé le moyen de détruire votre bonheur par l'amour; et moi, pour avoir fermé les yeux sur vos querelles, j'ai perdu deux parents. Nous sommes tous punis.

CAPULET.—O mon frère Montaigu, donne-moi ta main ; ce sera le douaire de ma fille : je ne peux rien te demander de plus.

MONTAIGU.—Et moi je puis te donner davantage, car je ferai élever sa statue en or pur, et tant que Vérone sera connue sous ce nom, nulle statue n'approchera du prix de celle de la tendre et fidèle Juliette.

CAPULET.—Roméo, aussi riche que son épouse, reposera près d'elle : chétives expiations de nos inimitiés!

LE PRINCE.—L'aurore de ce jour apporte avec elle une sombre paix, et de douleur le soleil a caché son visage. Sortez de ce lieu, et allez vous entretenir de ces tristes aventures. Quelques-uns auront leur pardon, quelques-uns aussi seront punis, car il n'y eut jamais une histoire plus douloureuse que celle de Juliette et de son Roméo.

(Ils sortent.)

FIN DU CINQUIÈME ET DERNIER ACTE.

LE SONGE
D'UNE NUIT D'ÉTÉ

COMÉDIE

NOTICE

SUR LE SONGE D'UNE NUIT D'ÉTÉ

Le *Songe d'une nuit d'été* peut être regardé comme le pendant de la *Tempête*. C'est encore ici une pièce de féerie, où l'imagination semble avoir été le seul guide de Shakspeare. Aussi, pour la juger, faut-il ne pas oublier son titre et se livrer au caprice du poëte, qui a dû sentir lui-même tout ce qu'aurait de choquant pour un esprit méthodique et froid le mélange bizarre de la mythologie ancienne et de la mythologie moderne, le transport rapide du spectateur d'un monde réel dans un monde fantastique, et de celui-ci dans l'autre. La *Vie de Thésée*, dans Plutarque, et deux contes de Chaucer, ont peut-être fourni à Shakspeare quelques traits de son ouvrage, mais l'imitation y est très-difficile à reconnaître.

On préfère généralement la *Tempête* au *Songe d'une nuit d'été*. Le seul Schlegel semble pencher pour cette dernière pièce ; Hazzlitt n'est point de son avis, mais il ajoute que si la *Tempête* est une meilleure pièce, le *Songe* est un poëme supérieur à la *Tempête*. On trouve, en effet, dans le *Songe*, une foule de détails et de descriptions remarquables par le charme des vers, la richesse et la fraîcheur des images : « La lecture de cette pièce, dit Hazzlitt, ressemble à une promenade dans un bosquet, à la clarté de la lune. »

Mais est-il rien de plus poétique que le caractère de Miranda et la pureté de ses amours avec Ferdinand ? Ariel aussi l'emporte de beaucoup sur Puck, qui est l'Ariel du *Songe d'une nuit d'été*, mais qui en diffère essentiellement par son caractère, quoique ces deux personnages aériens aient entre eux tant de ressemblance par leurs fonctions et les situations où ils se trouvent. Ariel, dit encore le critique que nous avons cité tout à l'heure, Ariel est un ministre de vengeance qui est touché de pitié pour ceux qu'il punit ; Puck est un esprit étourdi, plein de légèreté et de malice, qui rit de ceux qu'il égare : « Que ces mortels sont fous ! » Ariel fend l'air et exécute sa mission avec le zèle d'un messager ailé ; Puck est porté par la brise comme le duvet brillant des plantes.

Prospéro et tous ses esprits sont des moralistes ; mais avec Obéron et ses fées nous sommes lancés dans le royaume des papillons.

Il est étonnant que Shakspeare soit considéré non-seulement par les étrangers, mais par plusieurs des critiques de sa nation, comme un écrivain sombre et terrible qui ne peignit que des gorgones, des hydres et d'effrayantes chimères. Il surpasse tous les écrivains dramatiques par la finesse et la subtilité de son esprit ; tellement qu'un célèbre personnage de nos jours disait qu'il le regardait plutôt comme un métaphysicien que comme un poëte.

Il paraît que, dans cette pièce, Shakspeare avait pour but de faire la caricature d'une troupe de comédiens rivale de la sienne, et peut-être de tous ces artistes amateurs chez qui le goût du théâtre est une passion souvent ridicule.

Le caractère de Bottom est un des plus comiques de Shakspeare ; Hazzlitt l'appelle le plus romanesque des artisans, et observe à son sujet ce qu'on a dit plusieurs fois, c'est que les caractères de Shakspeare sont toujours fondés sur les principes d'une physiologie profonde. Bottom, qui exerce un état sédentaire, est représenté comme suffisant, sérieux et fantasque. Il est prêt à tout entreprendre, comme si tout lui était aussi facile que le maniement de sa navette. Il jouera, si on veut, le tyran, l'amant, la dame, le lion, etc., etc.

Snug, le menuisier, est le philosophe de la pièce ; il procède en toute chose avec mesure et prudence. Vous croyez le voir, son équerre et son compas à la main : « Avez-vous par écrit le rôle du lion ? si vous l'avez, donnez-le moi, je vous prie, car j'ai la mémoire paresseuse.—Vous pouvez l'improviser, dit Quince, car il ne s'agit que de rugir. »

Starveling, le tailleur, est pour la paix, et ne veut pas de lion ni de glaive hors du fourreau : « Je crois que nous ferons bien de laisser la tuerie quand tout sera fini. »

Starveling cependant ne propose pas ses objections lui-même, mais il appuie celles des autres, comme s'il n'avait pas le courage d'exprimer ses craintes sans être soutenu et excité à le faire. Ce serait aller trop loin que de supposer que toutes ces différences caractéristiques sont faites avec intention, mais heureusement elles existent dans les créations de Shakspeare comme dans la nature.

Les caractères dramatiques et les caractères grotesques sont placés par lui dans le même tableau avec d'autant plus d'art que l'art ne s'aperçoit nullement. Oberon, Titania, Puck, et tous les êtres impalpables de Shakspeare, sont aussi vrais dans leur nature fantastique que les personnages dont la vie réelle a fourni le modèle au poëte.

Suivant Malone, le *Songe d'une nuit d'été* aurait été composé en 1592 : c'est une des pièces de la jeunesse de Shakspeare ; aussi a-t-elle toute la fraîcheur et le coloris d'un tableau de cet âge des rêves poétiques.

LE SONGE D'UNE NUIT D'ÉTÉ

COMÉDIE

PERSONNAGES

THÉSÉE, duc d'Athènes.
ÉGÉE, père d'Hermia.
LYSANDRE, } amoureux d'Hermia.
DEMETRIUS, }
PHILOSTRATE, ordonnateur des fêtes de Thésée.
QUINCE, charpentier.
BOTTOM, tisserand.
FLUTE, marchand de soufflets.
SNOUT, chaudronnier.
STARVELING, tailleur.
HIPPOLYTE, reine des Amazones, fiancée à Thésée.
HERMIA, fille d'Égée, amoureuse de Lysandre.
HÉLÈNE, amoureuse de Démétrius.

OBERON, roi des fées, } [1]
TITANIA, reine des fées,}
PUCK, ou ROBIN BON DIABLE, lutin.
FLEUR-DE-POIS (Pea's-Blossom),
TOILE D'ARAIGNÉE (Cobweb), } fées.
PAPILLON (Moth),
GRAIN DE MOUTARDE (Mustard-Seed),
PYRAME,
THISBE, } personnages
LA MURAILLE, } de
LE CLAIR DE LUNE, } l'intermède.
LE LION,
FÉES DE LA SUITE DU ROI ET DE LA REINE.
SUITE DE THÉSÉE ET D'HIPPOLYTE.

La scène est dans Athènes et dans un bois voisin.

ACTE PREMIER

SCÈNE I

La scène représente un appartement du palais de Thésée, dans Athènes.

THÉSÉE, HIPPOLYTE, PHILOSTRATE, *suite.*

THÉSÉE.—Belle Hippolyte, l'heure de notre hymen s'avance à grands pas : quatre jours fortunés amèneront une lune nouvelle; mais que l'ancienne me semble lente à décroître! Elle retarde l'objet de mes désirs, comme

---

[1] Les personnages d'Oberon et de Titania étaient connus avant Shakspeare, mais ils sont devenus, dans la pièce, des personnages

une marâtre, ou une douairière, qui puise longtemps dans les revenus du jeune héritier.

HIPPOLYTE. — Quatre jours seront bientôt engloutis dans la nuit, et quatre nuits auront bientôt fait couler le temps comme un songe ; et alors la lune, comme un arc d'argent nouvellement tendu dans les cieux, éclairera la nuit de nos noces.

THÉSÉE.—Allez, Philostrate ; excitez la jeunesse athénienne à se divertir ; réveillez les esprits vifs et légers de la joie ; renvoyez aux funérailles la mélancolie : cette pâle compagne n'est pas faite pour notre fête. (*Philostrate sort.*) Hippolyte [1], je t'ai fait la cour l'épée à la main, j'ai conquis ton cœur par les rigueurs de la guerre ; mais je veux t'épouser sous d'autres auspices, au milieu de la pompe, des triomphes et des fêtes.

(Entrent Égée, Hermia, Lysandre et Démétrius.)

ÉGÉE.—Soyez heureux, Thésée, notre illustre duc !

THÉSÉE.—Je vous rends grâces, bon Égée : quelles nouvelles nous annoncez-vous ?

ÉGÉE.—Je viens, le cœur plein d'angoisses, me plaindre de mon enfant, de ma fille Hermia.—Avancez, Démétrius.—Mon noble prince, ce jeune homme a mon con-

---

originaux. Shakspeare est pour la mythologie des fées, en Angleterre, ce qu'était Homère pour celle de l'Olympe.

Peut-être Chaucer aurait-il droit de partager cette gloire avec lui, mais ce poëte est oublié même de ses compatriotes, à cause de la vétusté de son langage.

Titania était aussi appelée la reine *Mab* ; et *Puck* ou *Hobgoblin*, connu encore de nos jours dans les trois royaumes sous le nom de *Robin good fellow* était le serviteur spécialement attaché à Oberon, et chargé de découvrir les intrigues de la reine. On prétend que *Puck* est un vieux mot gothique qui veut dire Satan. Cet esprit est regardé comme très-malicieux et enclin à troubler les ménages. Si l'on n'avait pas soin de laisser une tasse de crème ou de lait caillé pour Robin, le lendemain le potage était brûlé, le beurre ne pouvait pas prendre, etc., etc. C'était sa récompense pour la peine qu'il prenait de balayer la maison à minuit et de moudre la moutarde.

[1] Allusion à la victoire de Thésée sur les Amazones. Hippolyte, que d'autres appellent Antiope, avait été emmenée captive par le vainqueur.

sentement pour l'épouser.—Avancez, Lysandre. Et celui-ci, mon gracieux duc, a ensorcelé le cœur de mon enfant. C'est toi, c'est toi, Lysandre, qui lui as donné des vers et qui as échangé avec ma fille des gages d'amour. Tu as, à la clarté de la lune, chanté sous sa fenêtre, avec une voix trompeuse, des vers d'un amour trompeur : tu as surpris son imagination avec des bracelets de tes cheveux, avec des bagues, des bijoux, des hochets, des colifichets, des bouquets, des friandises, messagers d'un ascendant puissant sur la tendre jeunesse ! Tu as dérobé avec adresse le cœur de ma fille, et changé l'obéissance qu'elle doit à son père en un âpre entêtement. Ainsi, gracieux duc, dans le cas où elle oserait refuser ici devant Votre Altesse de consentir à épouser Démétrius, je réclame l'ancien privilége d'Athènes. Comme elle est à moi, je puis disposer d'elle ; et ce sera pour la livrer à ce jeune homme ou à la mort, en vertu de notre loi[1], qui a prévu expressément ce cas.

THÉSÉE. — Que répondez-vous, Hermia ? Charmante fille, pensez-y bien. Votre père devrait être un dieu pour vous : c'est lui qui a formé vos attraits : vous n'êtes à son égard qu'une image de cire, qui a reçu de lui son empreinte ; et il est en sa puissance de laisser subsister la figure, ou de la briser.—Démétrius est un digne jeune homme.

HERMIA.—Lysandre aussi.

THÉSÉE.—Il est par lui-même plein de mérite ; mais, dans cette occasion, faute d'avoir l'agrément de votre père, c'est l'autre qui doit avoir la préférence.

HERMIA.—Je voudrais que mon père pût seulement voir avec mes yeux.

THÉSÉE.—C'est plutôt à vos yeux de voir avec le jugement de votre père.

HERMIA.—Je supplie Votre Altesse de me pardonner. Je ne sais pas par quelle force secrète je suis enhardie, ni à quel point ma pudeur peut être compromise, en décla-

---

[1] Par une loi de Solon, les pères exerçaient sur leurs enfants un droit de vie et de mort.

rant ici mes sentiments en votre présence. Mais je conjure Votre Altesse de me faire connaître ce qui peut m'arriver de plus funeste, dans le cas où je refuserais d'épouser Démétrius.

THÉSÉE.—C'est, ou de subir la mort, ou de renoncer pour jamais à la société des hommes. Ainsi, belle Hermia, interrogez vos inclinations, considérez votre jeunesse, consultez votre cœur; voyez si, n'adoptant pas le choix de votre père, vous pourrez supporter le costume d'une religieuse, être à jamais enfermée dans l'ombre d'un cloître pour y vivre en sœur stérile toute votre vie, chantant des hymnes languissants à la froide et stérile lune. Trois fois heureuses, celles qui peuvent maîtriser assez leur sang, pour supporter ce pèlerinage des vierges : mais plus heureuse est sur la terre la rose distillée que celle qui, se flétrissant sur son épine virginale, croît, vit, et meurt dans un bonheur solitaire.

HERMIA.—Je veux croître, vivre et mourir comme elle, mon prince, plutôt que de céder ma virginité à l'empire d'un homme dont il me répugne de porter le joug, et dont mon cœur ne consent point à reconnaître la souveraineté.

THÉSÉE.—Prenez du temps pour réfléchir; et à la prochaine nouvelle lune, jour qui scellera le nœud d'une éternelle union entre ma bien-aimée et moi, ce jour-là même, préparez-vous à mourir, pour votre désobéissance à la volonté de votre père; ou bien à épouser Démétrius, comme il le désire; ou enfin à prononcer, sur l'autel de Diane, le vœu qui consacre à une vie austère et à la virginité.

DÉMÉTRIUS. — Fléchissez, chère Hermia. — Et vous, Lysandre, cédez votre titre imaginaire à mes droits certains.

LYSANDRE.—Vous avez l'amour de son père, Démétrius, épousez-le; mais laissez-moi l'amour d'Hermia.

ÉGÉE.—Dédaigneux Lysandre! C'est vrai, il a mon amour; et mon amour lui fera don de tout ce qui m'appartient : elle est mon bien, et je transmets tous mes droits à Démétrius.

LYSANDRE.—Mon prince, je suis aussi bien né que lui ; aussi riche que lui, et mon amour est plus grand que le sien : mes avantages peuvent être égalés sur tous les points à ceux de Démétrius, s'ils n'ont pas même la supériorité ; et, ce qui est au-dessus de toutes ces vanteries, je suis aimé de la belle Hermia. Pourquoi donc ne poursuivrais-je pas mes droits? Démétrius, je le lui soutiendrai en face, a fait l'amour à la fille de Nédar, à Hélène, et il a séduit son cœur ; elle, pauvre femme, adore passionnément, adore jusqu'à l'idolâtrie cet homme inconstant et coupable.

THÉSÉE.—Je dois convenir que ce bruit est venu jusqu'à moi, et que j'avais l'intention d'en parler à Démétrius ; mais surchargé de mes affaires personnelles, cette idée s'était échappée de mon esprit.—Mais venez, Démétrius ; et vous aussi, Égée, vous allez me suivre. J'ai quelques instructions particulières à vous donner.— Quant à vous, belle Hermia, voyez à faire un effort sur vous-même pour soumettre vos penchants à la volonté de votre père ; autrement, la loi d'Athènes, que nous ne pouvons adoucir par aucun moyen, vous oblige à choisir entre la mort et la consécration à une vie solitaire.— Venez, mon Hippolyte. Comment vous trouvez-vous, ma bien-aimée?— Démétrius, et vous, Égée, suivez-nous. J'ai besoin de vous pour quelques affaires relatives à notre mariage ; et je veux conférer avec vous sur un sujet qui vous intéresse vous-mêmes personnellement.

ÉGÉE.—Nous vous suivons, prince, avec respect et plaisir.

(Thésée et Hippolyte sortent avec leur suite ; Démétrius et Égée les accompagnent.)

LYSANDRE.—Qu'avez-vous donc, ma chère? Pourquoi cette pâleur sur vos joues? quelle cause a donc si vite flétri les roses?

HERMIA.— Apparemment le défaut de rosée, qu'il me serait aisé de leur prodiguer de mes yeux gonflés de larmes.

LYSANDRE. — Hélas! j'en juge par tout ce que j'ai lu dans l'histoire, par tout ce que j'ai entendu raconter, jamais le cours d'un amour sincère ne fut paisible. Mais tantôt les obstacles viennent de la différence des conditions....

HERMIA. — Oh! quel malheur, quand on est enchaîné à quelqu'un de plus bas que soi!

LYSANDRE. — Tantôt les cœurs sont mal assortis à cause de la différence des années....

HERMIA. — O douleur! quand la vieillesse est unie à la jeunesse.

LYSANDRE. — Tantôt c'est le choix de nos amis qui contrarie l'amour....

HERMIA. — Oh! c'est un enfer, de choisir l'objet de son amour par les yeux d'autrui.

LYSANDRE. — Ou, s'il se trouvait de la sympathie dans le choix, la guerre, la mort ou la maladie, sont venues l'assaillir et le rendre momentané comme un son, rapide comme une ombre, court comme un songe, passager comme l'éclair qui, au milieu d'une nuit sombre, découvre, dans un clin d'œil, le ciel et la terre; et avant que l'homme ait eu le temps de dire : Voyez! le gouffre de ténèbres l'a englouti. C'est ainsi que tout ce qui brille est prompt à disparaître.

HERMIA. — Si les vrais amants ont toujours été traversés, c'est un arrêt du destin; apprenons donc à le subir avec patience, puisque c'est un revers commun, et aussi inséparable de l'amour que les pensées, les songes, les désirs et les larmes, accompagnement indispensable de nos pauvres penchants.

LYSANDRE. — Sage conseil! Écoute-moi donc, Hermia : j'ai une tante qui est veuve, douairière, possédant une immense fortune, et qui n'a point d'enfants. Sa maison est éloignée d'Athènes de sept lieues; elle me regarde comme son fils unique. Là, chère Hermia, je peux t'épouser, et la dure loi d'Athènes ne peut nous y poursuivre. Ainsi, si tu m'aimes, dérobe-toi de la maison de ton père demain dans la nuit, et dans le bois, à une lieue hors de la ville, au même endroit où je te rencontrai une fois avec Hélène, allant rendre votre culte à l'aurore de mai : là, je te promets de t'attendre.

HERMIA. — Mon cher Lysandre, je te jure, par l'arc le plus fort de l'Amour, par la plus sûre de ses flèches dorées, par la douce candeur des colombes de Vénus, par les nœuds secrets qui enchaînent les âmes et font prospérer les amours; par les feux dont brûla la reine de Carthage, lorqu'elle vit le perfide Troyen mettre à la voile[1]; par tous les serments que les hommes ont violé, plus nombreux que n'ont jamais été ceux des femmes, au lieu même que tu viens de m'assigner, demain, sans faute, j'irai te rejoindre.

LYSANDRE. — Tiens ta promesse, ma bien-aimée.— Regarde, voici Hélène qui vient.

(Hélène entre.)

HERMIA. — Dieu vous accompagne, belle Hélène! Où allez-vous ainsi?

HÉLÈNE. —Vous m'appelez belle? Ah! rétractez ce mot de belle. Démétrius aime votre beauté; ô heureuse beauté! vos yeux sont des étoiles polaires; et la douce mélodie de votre voix est plus harmonieuse que le chant de l'alouette à l'oreille du berger, lorsque les blés sont verts, et que l'aubépine commence à montrer les boutons de ses fleurs. La maladie est contagieuse. Oh! que n'en est-il ainsi des charmes! je m'emparerais des vôtres, belle Hermia, avant de vous quitter. Mon oreille saisirait votre voix; mes yeux vos regards, et ma langue ravirait le doux accent de la vôtre. Si l'univers était à moi, je le donnerais tout entier, excepté Démétrius, pour changer de formes avec vous. Oh! enseignez-moi la magie de vos yeux, et par quel art vous gouvernez les mouvements du cœur de Démétrius.

---

[1] Shakspeare oublie que Thésée a fait ses exploits avant la guerre de Troie, et par conséquent longtemps avant la mort de Didon.   STEEVENS.

Mais le duc Thésée de Shakspeare est-il bien le Thésée de la mythologie? Je crois que Shakspeare ne s'est pas trop inquiété du temps où avait pu vivre celui-ci. Le sien est un duc d'Athènes qui aurait aussi bien figuré comme duc de Bourgogne; pourtant il y a dans cette pièce tant d'autres allusions mythologiques qu'il faut bien croire à l'anachronisme.

HERMIA. — Je le regarde d'un air fâché, et cependant il m'aime toujours.

HÉLÈNE. — Oh! si vos regards courroucés pouvaient apprendre leur secret à mes sourires!

HERMIA. — Je le maudis, et cependant il me rend en retour son amour.

HÉLÈNE. — Oh! si mes prières pouvaient éveiller en lui pareille tendresse!

HERMIA. — Plus je le hais, plus il s'obstine à me suivre.

HÉLÈNE. — Plus je l'aime, plus il me hait.

HERMIA. — Sa folle passion, chère Hélène, n'est point ma faute.

HÉLÈNE. — Non : ce n'est que la faute de votre beauté. Ah! plût au ciel que cette faute fût la mienne!

HERMIA. — Consolez-vous, il ne verra plus mon visage. Lysandre et moi, nous voulons fuir de cette ville. — Avant le jour où je vis Lysandre, Athènes me semblait un paradis. Oh! quel charme émane donc de mon amant, pour avoir ainsi changé un ciel en enfer?

LYSANDRE. — Hélène, nous allons vous ouvrir nos âmes. Demain dans la nuit, quand Phébé contemplera son front d'argent dans l'humide cristal, et parera de perles liquides le gazon touffu, heure qui cache toujours la fuite des amants, nous avons résolu de franchir furtivement les portes d'Athènes.

HERMIA. — Et dans les bois, où souvent vous et moi nous avions coutume de reposer sur un lit de molles primevères, épanchant dans le sein l'une de l'autre les doux secrets de nos cœurs : c'est là, que nous devons nous trouver, mon Lysandre et moi, afin de partir, en détournant pour jamais nos yeux d'Athènes pour chercher de nouveaux amis et une société étrangère. Adieu! chère compagne de mes jeux, prie pour nous, et que le sort favorable t'accorde enfin ton Démétrius.—Lysandre, tiens ta parole; il faut priver nos yeux de l'aliment des amants, jusqu'à demain dans la nuit profonde.

(Hermia sort.)

LYSANDRE. — Oui, mon Hermia. — Hélène, adieu!

Puisse Démétrius vous adorer autant que vous l'adorez !
(Lysandre sort.)

HÉLÈNE. —Combien certains mortels sont plus heureux que d'autres ! Je passe dans Athènes pour être aussi belle qu'elle. Mais que m'importe? Démétrius n'en pense pas de même : il ne saura jamais ce que tout le monde sait, excepté lui. Comme il se trompe en adorant les yeux d'Hermia, je me trompe moi-même en admirant son mérite. L'amour peut transformer les objets les plus vils, le néant même, et leur donner de la grâce et du prix. L'amour ne voit pas avec les yeux, mais avec l'âme ; et voilà pourquoi l'ailé Cupidon est peint aveugle ; l'âme de l'amour n'a aucune idée de jugement : des ailes, et point d'yeux, voilà l'emblème d'une précipitation inconsidérée ; et c'est parce qu'il est si souvent trompé dans son choix, qu'on dit que l'Amour est un enfant. Comme les folâtres enfants se parjurent dans leurs jeux, l'enfant amour se parjure en tous lieux. Avant que Démétrius eût vu les yeux d'Hermia, il pleuvait de sa bouche une grêle de serments, pour attester qu'il n'était qu'à moi seule ; mais à peine cette grêle a-t-elle reçu la chaleur d'Hermia que ses serments se sont dissous et fondus en pluie. Je vais aller lui annoncer la fuite de la belle : il ira demain dans la nuit la poursuivre au bois ; et si j'obtiens quelques remerciements pour cet avis, il lui en coûtera beaucoup ; mais je veux du moins consoler ma peine par sa vue en ce lieu, et m'en retourner ensuite.

(Elle sort.)

SCÈNE II

Une chambre dans une chaumière

QUINCE, SNUG, BOTTOM, FLUTE, SNOUT, ET STARVELING.

QUINCE. — Toute notre troupe est-elle ici?

BOTTOM. — Vous feriez mieux de les appeler tous l'un après l'autre, suivant la liste.

QUINCE. — Voici le rouleau où sont écrits les noms de

tous les acteurs d'Athènes qui ont été jugés dignes de jouer dans notre intermède devant le duc et la duchesse, le soir de leurs noces.

BOTTOM. — Avant tout, bon Pierre Quince, dites-nous le sujet de la pièce; ensuite, lisez les noms des acteurs, et arrivons ainsi au point principal.

QUINCE. — Eh bien, notre pièce, c'est *la très-lamentable comédie, et la tragique mort de Pyrame et Thisbé*[1].

BOTTOM. — Une bonne pièce, vraiment, je vous assure, et bien gaie. — Allons, cher Pierre Quince, appelez vos acteurs suivant la liste. — Messieurs, rangez-vous.

QUINCE. — Que chacun réponde à son nom. *Nick Bottom, tisserand.*

BOTTOM. — Présent : nommez le rôle qui m'est destiné, et poursuivez.

QUINCE. — Vous, Nick Bottom, vous êtes inscrit pour le rôle de Pyrame.

BOTTOM. — Qu'est-ce qu'il est, ce Pyrame ? un amant, ou un tyran ?

QUINCE. — Un amant qui se tue par amour le plus bravement du monde.

BOTTOM. — Ce rôle demandera quelques larmes dans l'exécution. Si c'est moi qui le fais, que l'auditoire tienne bien ses yeux : je ferai rage, et je saurai gémir comme il faut. (*Aux autres.*) Cependant mon goût principal est pour les rôles de tyran : je pourrais jouer Hercule à ravir, et le rôle de Déchire-Chat[2], à tout rompre :

> Les rocs en furie,
> Avec un choc frémissant,
> Briseront les verrous
> Des portes des cachots;
> Et le char de Phébus
> Brillera de loin,
> Et fera et défera
> Les destins insensés [3].

[1] « Trait de ridicule contre le titre courant de la tragédie de *Cambyse*, par Preston, ou de la *Campaspe* de Lilles. » STEEVENS.

[2] « Dans une vieille comédie, *la Fille rugissante*, il y a un personnage nommé Déchire-Chat. » STEEVENS.

[3] « Fragment ampoulé tiré de quelque pièce du temps. » THÉOBALD.

Cela était sublime ! — Allons, nommez les autres acteurs. — Ceci est le ton d'Hercule, le ton d'un tyran ; l'accent d'un amant est plus plaintif.

QUINCE. — *François Flute, raccommodeur de soufflets.*

FLUTE. — Ici, Pierre Quince.

QUINCE. — Il faut que vous vous chargiez du rôle de Thisbé.

FLUTE. — Qu'est-ce que c'est que Thisbé ? un chevalier errant ?

QUINCE. — C'est la beauté que Pyrame doit aimer.

FLUTE. — Non vraiment, ne me faites pas jouer le rôle d'une femme ; j'ai de la barbe qui me vient.

QUINCE. — Cela est égal ; vous le jouerez sous le masque, et vous pourrez faire la petite voix tant que vous voudrez[1].

BOTTOM. — Si je peux cacher mon visage sous le masque, laissez-moi jouer aussi le rôle de Thisbé ; vous verrez que je saurai extraordinairement bien faire la petite voix : Thisbé ! Thisbé ! — Ah ! Pyrame, mon cher amant ! ta chère Thisbé, ta chère bien-aimée !

QUINCE. — Non, non ; il faut que vous fassiez Pyrame ; et vous, Flute, Thisbé.

BOTTOM. — Allons, continuez.

QUINCE. — *Robin Starveling, le tailleur.*

STAVERLING. — Ici, Pierre Quince.

QUINCE. — Robin Starveling, vous jouerez le rôle de la mère de Thisbé. — *Thomas Snout, le chaudronnier.*

SNOUT. — Me voici, Pierre Quince.

QUINCE. — Vous, le rôle du père de Pyrame ; et moi, celui du père de Thisbé. — *Snug, le menuisier*, vous ferez le lion. — Et voilà, j'espère, une pièce bien distribuée.

SNUG. — Avez-vous là le rôle du lion par écrit ? Si vous l'avez, donnez-le-moi, je vous prie, car j'ai la mémoire lente.

QUINCE. — Oh ! vous pourrez le faire impromptu ; car il ne s'agit que de rugir.

---

[1] Du temps de Shakspeare, les hommes remplissaient encore les rôles de femme.

BOTTOM. — Oh! laissez-moi jouer le lion aussi; je rugirai si bien que ce sera plaisir de m'entendre; je rugirai si bien que je ferai dire au duc : Qu'il rugisse encore ! qu'il rugisse encore !

QUINCE. — Si vous alliez faire votre rôle d'une manière trop terrible, vous épouvanteriez la duchesse et les dames, au point de les faire crier de frayeur; et c'en serait assez pour nous faire tous pendre.

TOUS ENSEMBLE. — Cela ferait pendre tous les fils de nos mères?

BOTTOM. — Je vous accorde, mes amis, que si vous épouvantiez les dames au point de leur faire perdre l'esprit, elles ne se feraient pas un scrupule de nous pendre. Mais je vous promets de grossir ma voix, de façon à rugir avec le doux murmure d'une jeune colombe; oui, je rugirai de façon à ce que vous croyiez entendre un rossignol.

QUINCE. — Vous ne pouvez absolument faire d'autre rôle que Pyrame; car Pyrame est un homme d'une aimable figure, un homme bien fait comme on en peut voir dans un jour d'été, un très-aimable et charmant cavalier : ainsi, vous voyez bien qu'il est nécessaire que vous fassiez Pyrame.

BOTTOM. — Allons! je m'en chargerai. Quelle est la barbe qui siéra le mieux pour le jouer?

QUINCE. — Eh ! celle que vous voudrez.

BOTTOM. — Je l'exécuterai avec votre barbe paille, ou avec la barbe orange, avec la rouge, ou avec votre barbe couleur de tête française, celle d'un jaune parfait.

QUINCE. — Il y a pas mal de vos têtes françaises qui n'ont pas un cheveu; vous feriez donc votre rôle sans barbe [1]? – Mais, allons, messieurs, voilà vos rôles; et je dois vous prier, vous recommander, vous supplier de les bien apprendre. Demain soir, venez me trouver dans le bois voisin du palais, à un mille de la ville, au clair de la lune : là, nous ferons notre répétition ; car si nous nous

---

[1] « Sans barbe, comme une tête attaquée du mal français reste sans cheveux (*corona Veneris*). C'était la mode de porter des barbes peintes. » JOHNSON.

assemblons dans la ville, nous aurons à nos trousses une foule de curieux, et tout notre plan sera connu. En attendant, je vais dresser la liste des préparatifs dont notre pièce a besoin. Je vous prie, n'allez pas manquer au rendez-vous.

BOTTOM. — Nous nous y rendrons; et là, nous pourrons faire répétition avec plus de liberté¹ et de hardiesse. Donnez-vous de la peine, soyez parfaits. Adieu.

QUINCE. — Au chêne du duc; c'est là notre rendez-vous.

BOTTOM. — C'est assez; nous y serons, soit que les cordes de l'arc tiennent ou se rompent².

(Ils sortent.)

¹ « Avec plus de liberté, *obscenely*; en plein air. *Obscenum est, quod intra scenam agi non oportuit.* » GRAY.
² « Quand on assignait un rendez-vous, les soldats de milice s'excusaient souvent en disant que les cordes de leurs arcs étaient rompues, d'où le proverbe : « Tenez votre parole, que les cordes de votre arc soient rompues ou non. » WARBURTON.

FIN DU PREMIER ACTE.

ACTE DEUXIÈME

SCÈNE I

Un bois près d'Athènes.

UNE FÉE *entre par une porte et* PUCK *par une autre.*

PUCK.—Eh bien ! esprit, où errez-vous ainsi ?

LA FÉE.

Sur les coteaux, dans les vallons,
A travers buissons et ronces,
Au-dessus des parcs et des enceintes,
Au travers des feux et des eaux,
J'erre au hasard, en tous lieux,
Plus rapidement que la sphère de la lune.
Je sers la reine des fées,
J'arrose ses cercles magiques sur la verdure [1];
Les plus hautes primevères [2] sont ses favorites :
Vous voyez des taches sur leurs robes d'or.
Ces taches sont les rubis, les bijoux des fées,
C'est dans ces taches que vivent leurs sucs odorants.
Il faut que j'aille recueillir ici quelques gouttes de rosée,
Et que je suspende là une perle aux pétales de chaque pri-
    Adieu, esprit lourd, je te laisse.   [mevère
Notre reine et toutes nos fées viendront dans un moment.

PUCK.—Le roi donne ici sa fête cette nuit : prends garde que la reine ne vienne s'offrir à sa vue ; car Oberon est outré de fureur de ce qu'elle compte dans sa

---

[1] Ce sont les cercles que les fées, disait-on, traçaient sur le gazon, dont la brillante verdure provenait du soin qu'elles prenaient de l'arroser.
[2] Fleur favorite des fées.

suite un charmant petit garçon dérobé à un roi de l'Inde. Jamais elle n'eut un aussi joli enfant; et le jaloux Oberon voudrait l'avoir pour en faire son page, et parcourir avec lui les vastes forêts; mais elle retient malgré lui l'enfant chéri, le couronne de fleurs et fait de lui toute sa joie. Depuis ce moment, ils ne se rencontrent plus dans les bosquets, sur le gazon, près de la limpide fontaine, et à la clarté des étoiles brillantes, qu'ils ne se querellent avec tant de fureur, que toutes les fées effrayées se glissent dans les coupes des glands pour s'y cacher.

LA FÉE.—Ou je me trompe bien sur votre tournure et vos façons, ou vous êtes un esprit fripon, malin, qu'on appelle Robin Bon-Diable. N'est-ce pas vous qui effrayez les jeunes filles de village, qui écrèmez le lait, et quelquefois tournez le moulin à bras? N'est-ce pas vous qui tourmentez la ménagère fatiguée de battre le beurre en vain, et qui empêchez le levain de la boisson de fermenter? N'est-ce pas vous qui égarez les voyageurs dans la nuit, et riez de leur peine? Mais ceux qui vous appellent Hobgoblin, aimable Puck, vous faites à ceux-là leur ouvrage, et leur portez bonne chance. Dites, n'est-ce pas vous?

PUCK.—Vous devinez juste : je suis ce joyeux esprit errant de là-haut; je fais rire Oberon par mes tours, lorsque, en imitant les hennissements d'une jeune cavale, je trompe un cheval gras et nourri de fèves. Quelquefois je me tapis dans la tasse d'une commère, sous la forme d'une pomme cuite; et lorsqu'elle vient à boire, je saute contre ses lèvres, et répand sa bière sur son sein flétri; la plus vénérable tante, en contant la plus triste histoire, me prend quelquefois pour un tabouret à trois pieds : soudain, je me glisse sous elle; elle tombe à terre[1], elle crie : *tailleur*[1], et la voilà prise d'une toux convulsive; alors toute l'assemblée se tient les côtés, éclate de rire, redouble de joie, éternue et jure que jamais on n'a passé

---

[1] La coutume de crier *tailleur* à la vue d'une chute sur le dos, vient de ce qu'un homme qui glisse en arrière de sa chaise tombe comme un tailleur, les jambes croisées sur son établi.

là d'heure plus joyeuse. Mais, place, belle fée; voici Oberon.

LA FÉE.—Ah! voici ma maîtresse, que n'est-il parti!

SCÈNE II

OBERON *entre avec sa suite par une porte, et* TITANIA *avec la sienne entre par l'autre.*

OBERON.—Malheureuse rencontre, de te trouver au clair de la lune, fière Titania.

TITANIA.—Comment, jaloux Oberon?—Fées, sortons d'ici : j'ai renoncé à sa couche et à sa compagnie.

OBERON.—Arrête, téméraire infidèle! Ne suis-je pas ton époux?

TITANIA.—Alors je dois être ton épouse. Mais je sais le jour que tu t'es dérobé du pays des fées, et que, sous la figure du berger Corin, tu es resté assis tout le jour, soupirant sur des chalumeaux, et parlant en vers de ton amour à la tendre Phillida. Pourquoi es-tu revenu des monts les plus reculés de l'Inde? Ce n'est, certainement, que parce que la robuste amazone, ta maîtresse en brodequins, ton amante guerrière, doit être mariée à Thésée; tu viens pour donner le bonheur et la joie à leur couche nuptiale?

OBERON.—Comment n'as-tu pas honte, Titania, de parler malicieusement de mon amitié pour Hippolyte, sachant que je suis instruit de ton amour pour Thésée? Ne l'as-tu pas conduit dans la nuit à la lueur des étoiles, loin des bras de Périgyne qu'il avait enlevée? Et ne lui as-tu pas fait violer sa foi donnée à la belle Églé, à Ariadne, à Antiope[1]?

TITANIA.—Ce sont là des inventions de la jalousie. Jamais, depuis le solstice de l'été, nous ne nous sommes rencontrés sur les collines, dans les vallées, dans les

---

[1] On sait que Thésée fut un des plus braves chevaliers errants de la mythologie grecque, mais qu'il ne se piquait pas de fidélité envers les dames.

forêts, dans les prairies, auprès des claires fontaines, ou des ruisseaux bordés de joncs, ou sur les plages de la mer, pour danser nos rondes au sifflement des vents, que tu n'aies troublé nos jeux de tes clameurs. Aussi les vents, qui nous faisaient entendre en vain leur murmure, comme pour se venger, ont pompé de la mer des vapeurs contagieuses, qui, venant à tomber sur les campagnes, ont tellement enflé d'orgueil de misérables rivières qu'elles ont surmonté leurs bords. Le bœuf a donc porté le joug en vain : le laboureur a perdu ses sueurs, et le blé vert s'est gâté avant que le duvet eût revêtu le jeune épi. Les parcs sont restés vides au milieu de la plaine submergée, et les corbeaux s'engraissent de la mortalité des troupeaux : les jeux de merelles [1] sont comblés de fange, et les jolis labyrinthes serpentant sur la folâtre verdure ne peuvent plus se distinguer parce qu'on ne les fréquente plus. Les mortels de l'espèce humaine [2] sont sevrés de leurs fêtes d'hiver ; il n'y a plus de chants, plus d'hymnes, plus de noëls qui égayent les longues nuits.—Aussi la lune, cette souveraine des flots, pâle de courroux, inonde l'air d'humides vapeurs, qui font pleuvoir les maladies catarrhales [3] : et, au milieu de ce trouble des éléments, nous voyons les saisons changer ; les frimas, à la blanche chevelure, tomber sur le tendre sein de la rose vermeille ; le vieux hiver étale, comme par dérision, autour de son menton et de sa tête glacée, une guirlande de tendres boutons de fleurs. Le printemps, l'été, le fertile automne, l'hiver chagrin, échangent leur livrée ordinaire ; et le monde étonné ne peut plus les distinguer par leurs productions. Toute cette série de maux provient de nos débats et de nos dis-

---

[1] Jeu de merelles, figure composée de plusieurs carrés que les bergers ou les enfants tracent sur le gazon.

[2] Il y a dans le texte *human mortals :* cette épithète, qui semble redondante, sert à marquer la différence entre les hommes et les fées. Celles-ci ne font pas partie de l'humanité, quoique soumises à la mort comme les hommes.

[3] Observation juste sur la constitution médicale de l'atmosphère.

sensions; c'est nous qui en sommes les auteurs et la source.

OBERON. — Eh bien! réformez ces désordres; cela dépend de vous. Pourquoi Titania contrarierait-elle son Oberon? Je ne lui demande qu'un petit garçon, pour en faire mon page d'honneur[1].

TITANIA.—Mettez votre cœur en repos. Tout le royaume des fées n'achèterait pas de moi cet enfant : sa mère était initiée à mes mystères; et maintes fois la nuit, dans l'air parfumé de l'Inde, elle a bavardé auprès de moi; maintes fois, assise à mes côtés sur les sables dorés de Neptune, elle observait les commerçants embarqués sur les flots. Après que nous avions ri de voir les voiles s'enfler, et s'arrondir sous les caresses du vent, elle se mettait à vouloir les imiter, et d'une démarche gracieuse et balancée, poussant en avant son ventre, riche alors de mon jeune écuyer, comme un vaisseau voguant sur la plaine, elle m'allait chercher des bagatelles, pour revenir ensuite à moi, comme d'un long voyage, chargée d'une précieuse cargaison. Mais l'infortunée étant mortelle, est morte en donnant la vie à ce jeune enfant, que j'élève pour l'amour d'elle; c'est pour l'amour de sa mère que je ne veux pas me séparer de lui.

OBERON.—Combien de temps vous proposez-vous de rester dans le bois?

TITANIA.—Peut-être jusqu'après le jour des noces de Thésée. Si vous voulez vous mêler patiemment à nos rondes, et assister à nos ébats au clair de la lune, venez avec nous; sinon, évitez-moi, et je ne troublerai pas vos retraites.

OBERON.—Donnez-moi cet enfant, et je suis prêt à vous suivre.

TITANIA.—Pas pour votre royaume.—Allons, fées, partons. Nous passerons toute la nuit à quereller, si je reste plus longtemps.

(Titania sort avec sa suite.)

OBERON.—Eh bien! va, poursuis; mais tu ne sortiras

---

[1] Page d'honneur, place de cour abolie par Élisabeth; le henchman des *highlanders* était leur échanson.

pas de ce bosquet que je ne t'aie tourmentée, pour me venger de cet outrage.—Mon gentil Puck, approche ici. Tu te souviens d'un jour où j'étais assis sur un promontoire, et que j'entendis une sirène, portée sur le dos d'un dauphin, proférer des sons si doux et si harmonieux, que la mer courroucée s'apaisa aux accents de sa voix, et maintes étoiles transportées s'élancèrent de leur sphère pour entendre la musique de cette fille de l'Océan?

PUCK.—Oui, je m'en souviens.

OBERON.—Eh bien! dans le temps, je vis (mais tu ne pus le voir, toi) Cupidon tout armé [1] voler entre la froide lune et la terre : il visa au cœur d'une charmante Vestale, assise sur un trône d'Occident; il décocha de son arc un trait d'amour bien acéré, comme s'il eût voulu percer d'un seul coup cent mille cœurs. Mais je vis la flèche enflammée du jeune Cupidon s'éteindre dans les humides rayons de la chaste lune, et la prêtresse couronnée, le cœur libre, continua sa marche, plongée dans ses pensées virginales [2]. Je remarquai où vint tomber le trait de Cupidon; il tomba sur une petite fleur d'Occident.—Auparavant elle était blanche comme le lait, depuis elle est pourpre par la blessure de l'amour; et les jeunes filles l'appellent *pensée* [3] : va me chercher cette fleur. Je te l'ai montrée une fois. Son suc, exprimé sur les paupières endormies d'un homme ou d'une femme, les rend amoureux fous de la première créature vivante qui s'offre à leurs regards. Apporte-moi cette fleur, et sois revenu ici avant que le Léviathan ait pu nager une lieue.

PUCK.—J'entourerai d'une ceinture le globe de la terre en quarante minutes.

(Il sort.)

---

[1] *O Maraviglia ! Amor ch'a pena è nato*
Gia grande vola, gia triunfa armato.

[2] Compliment à Élisabeth; ce sont les vers que dans le roman de *Kenilworth* la reine se fait répéter par W. Raleigh.

[3] On l'appelle aussi *Love in idleness*, l'amour oisif, ou l'œil du cœur, herbe de la trinité. C'est la *Viola tricolor* de Linnée, syngénésie monogame.

OBERON.—Lorsqu'une fois j'aurai le suc de cette plante, j'épierai l'instant où Titania sera endormie, et j'en laisserai tomber une goutte sur ses yeux. Le premier objet qu'ils verront à son réveil, fût-ce un lion, un ours, un loup, un taureau, une guenon curieuse ou un singe affairé, elle le poursuivra avec un cœur plein d'amour ; et avant que j'ôte ce charme de sa vue, ce que je peux faire avec une autre plante, je l'obligerai à me céder son page. Mais qui vient en ces lieux ? Je suis invisible[1], et je veux entendre leur entretien.

SCÈNE III

OBERON *invisible;* DÉMÉTRIUS, et HÉLÈNE *qui le suit.*
TITANIA *arrive avec sa cour.*

DÉMÉTRIUS.—Je ne vous aime point ; ainsi, cessez de me poursuivre. Où est Lysandre, et la belle Hermia ? Je tuerai l'un ; l'autre me tue. Vous m'avez dit qu'ils s'étaient sauvés dans le bois ; m'y voilà, dans le bois, et je suis furieux de n'y pouvoir trouver Hermia. Laissez-moi ; éloignez-vous, et ne me suivez plus.

HÉLÈNE.—Vous m'attirez à vous, cœur dur comme le diamant, mais ce n'est point un cœur de fer que vous attirez, car le mien est fidèle comme l'acier : perdez la force d'attirer, je n'aurai plus celle de vous suivre.

DÉMÉTRIUS.—Est-ce que je vous sollicite ? est-ce que je vous abuse par de douces paroles, ou plutôt ne vous ai-je pas dit la vérité nue, je ne vous aime point, je ne puis vous aimer ?

HÉLÈNE.—Et je ne vous en aime que davantage. Je suis votre épagneul : plus vous me maltraiterez, Démétrius, et plus je vous caresserai. Traitez-moi seulement comme votre épagneul : rebutez-moi, frappez-moi, négligez-moi, égarez-moi ; mais du moins, accordez-

---

[1] On remarquera peut-être que Puck et Oberon parlent souvent sur la scène sans qu'on ait fait mention de leur entrée. Invisibles ou visibles à leur gré, ils semblent s'affranchir eux-mêmes des lois de la scène.

moi, quelque indigne que je sois, la permission de vous suivre. Quelle place plus humble dans votre amour puis-je implorer? Et ce serait encore pour moi une faveur d'un prix inestimable, que le privilége d'être traitée comme vous traitez votre chien.

DÉMÉTRIUS.—Ne provoquez pas trop la haine de mon âme; je suis malade quand je vous vois.

HÉLÈNE.—Et moi, je le suis quand je ne vous vois pas.

DÉMÉTRIUS.—Vous compromettez trop votre pudeur, en quittant ainsi la ville, vous livrant seule à la merci d'un homme qui ne vous aime point, exposé aux dangers de la nuit et aux mauvais conseils d'un lieu désert, avec le riche trésor de votre virginité.

HÉLÈNE.—Votre vertu est ma sauvegarde; il n'est plus nuit quand je vois votre visage; je ne crois donc plus être alors dans les ténèbres : ce bois n'est point une solitude pour moi; avec vous, j'y trouve tout l'univers : comment donc pouvez-vous dire que je suis seule, quand le monde entier est ici pour me regarder?

DÉMÉTRIUS.—Je vais m'enfuir loin de vous, et me cacher dans les fougères, vous laissant à la merci des bêtes féroces.

HÉLÈNE. — La plus féroce n'a pas un cœur aussi cruel que le vôtre. Fuyez où vous voudrez; l'histoire changera seulement : c'est Apollon qui fuit, et c'est Daphné qui poursuit Apollon ! la colombe poursuit le milan; la douce biche hâte sa course pour atteindre le tigre : hâte inutile quand c'est la timidité qui poursuit et le courage qui s'enfuit.

DÉMÉTRIUS. — Je ne m'arrêterai plus à écouter vos discours. Laissez-moi m'en aller; ou, si vous me suivez, craignez de moi quelque outrage dans l'épaisseur du bois.

HÉLÈNE. — Hélas! dans le temple, dans la ville, dans les champs, partout vous m'outragez. Fi ! Démétrius, vos affronts jettent un opprobre sur mon sexe; nous ne pouvons, comme les hommes, combattre pour l'amour. Nous devrions être courtisées, et nous n'avons pas été faites pour faire la cour. Je veux vous suivre, et faire de mon enfer un ciel, en mourant de la main que j'aime si tendrement.

(Ils sortent.)

OBERON. — Nymphe, console-toi. Avant qu'il quitte ces bosquets, tu le fuiras, et il recherchera ton amour.

(Puck revient.)

OBERON. — As-tu la fleur? Sois le bienvenu, vagabond.

PUCK. — Oui, la voilà.

OBERON. — Donne-la-moi, je te prie. Je connais une rive où croît le thym sauvage, où la violette se balance auprès de la primevère, et qu'ombragent le suave chèvrefeuille, de douces roses musquées, et le bel églantier. C'est là que, pendant quelques heures de la nuit, Titania, fatiguée des plaisirs de la danse, s'endort au milieu des fleurs; c'est là que le serpent se dépouille de sa peau émaillée, vêtement assez large pour envelopper une fée. Je veux frotter légèrement les yeux de Titania, et lui remplir le cerveau d'odieuses fantaisies. Prends-en aussi un peu, et cherche dans ce bocage. Une belle Athénienne est éprise d'un jeune homme qui la repousse; mets-en sur les yeux de ce beau dédaigneux; mais aie bien soin de le faire au moment où son amante s'offrira à ses regards. Tu reconnaîtras l'homme aux habits athéniens qu'il porte. Accomplis ce message avec quelques précautions, afin qu'il puisse devenir plus idolâtre d'elle qu'elle ne l'est de lui; et songe à venir me rejoindre avant le premier chant du coq.

PUCK. — N'ayez aucune inquiétude, mon souverain : votre humble serviteur exécutera vos ordres.

(Ils sortent.)

SCÈNE IV

Une autre partie du bois.)

TITANIA *arrive avec sa cour*.

TITANIA. — Allons, un rondeau[1], et une chanson de fées;

---

[1] *Roundel*, couplet de chanson qui commence et finit par la même sentence, *qui redit in orbem*. *Roundel* signifie aussi une ronde.

et ensuite, partez pour le tiers d'une minute, que les unes aillent tuer le ver caché dans le bouton de rose; les autres faire la guerre aux chauves-souris, pour avoir leurs ailes de peau, afin d'en habiller mes petits génies ; que d'autres écartent le hibou qui ne cesse toute la nuit de faire entendre ses cris lugubres, surpris de voir nos esprits légers. — Chantez maintenant pour m'endormir; et après, laissez-moi reposer, et allez à vos fonctions.

CHANSON.

PREMIÈRE FÉE.

Vous, serpents tachetés au double dard,
Épineux porcs-épics, ne vous montrez pas.
Lézards, aveugles reptiles, gardez-vous d'être malfaisants,
N'approchez pas de notre reine.

CHOEUR DE FÉES.

Philomèle, avec mélodie
Chante-nous une douce chanson de berceuse,
Lulla, Lulla, Lullaby; Lulla, Lulla, Lullaby.
Que nul trouble, nul charme, nul maléfice
N'approche de notre aimable reine.
Et bonne nuit dormez bien.

II

SECONDE FÉE.

Araignées filandières, n'approchez pas :
Loin d'ici fileuses aux longues jambes, loin d'ici,
Eloignez-vous, noirs escarbots.
Ver, ou limaçon, n'offensez pas notre reine.

LE CHOEUR.

Philomèle, avec mélodie, etc.

PREMIÈRE FÉE.

Allons, partons : tout va bien.
Qu'une de nous se tienne à part comme sentinelle.
(Titania s'endort; les fées sortent.)
(Oberon survient, et dit en exprimant le suc de la fleur sur les paupières de Titania :)

OBERON.

Que l'objet que tu verras, en t'éveillant,
Devienne l'objet de ton amour :
Aime-le et languis pour lui :
Que ce soit un ours, un tigre ou un chat,
Un léopard ou un sanglier à la crinière hérissée.
Qui apparaisse à tes yeux, à ton réveil,
Il sera ton amant chéri.
Réveille-toi à l'approche d'un objet hideux.

(Oberon sort.)

(Entrent Lysandre et Hermia.)

LYSANDRE. — Ma belle amie, vous êtes fatiguée d'errer dans ce bois; et à vous dire vrai, j'ai oublié le chemin : nous nous reposerons, Hermia, si vous le voulez, et nous attendrons ici la lumière consolante du jour.

HERMIA. — Je le veux bien, Lysandre. Allez, cherchez un lit pour vous : moi je vais reposer ma tête sur ce gazon.

LYSANDRE. — La même touffe de verdure nous servira d'oreiller à tous les deux : un seul cœur, un même lit, deux âmes, et une seule foi.

HERMIA. — Non, cher Lysandre : pour l'amour de moi, mon ami, placez-vous plus loin encore; ne vous mettez pas si près de moi.

LYSANDRE. — O ma douce amie! prenez mes paroles dans le sens que leur donne mon innocence. Dans l'entretien des amants, l'amour est l'interprète; j'entends que mon cœur est uni au vôtre, en sorte que nous pouvons des deux cœurs n'en faire qu'un; que nos deux âmes se sont enchaînées par un serment, en sorte que ce n'est qu'une foi dans deux âmes. Ne me refusez donc pas une place à vos côtés, pour me reposer; car en me couchant ainsi je ne mens point[1].

HERMIA. — Lysandre excelle à faire des énigmes : malheur à mes manières et à ma fierté, si Hermia a voulu dire que Lysandre mentait. Mais, mon aimable ami, au nom de la tendresse et de la courtoisie, éloigne-

---

[1] Équivoque sur le verbe *to lie*, se coucher et mentir.

toi un peu : cette séparation, prescrite par la décence humaine convient à un amant vertueux, et à une jeune vierge : oui, tiens-toi à cette distance; et bonsoir, mon bien-aimé ; que ton amour ne finisse qu'avec ta précieuse vie !

LYSANDRE. — Je réponds à cette tendre prière : Ainsi soit-il, ainsi soit-il ; et que ma vie finisse quand finira ma fidélité ! Voici mon lit : que le sommeil t'accorde tout son repos !

HERMIA. — Que la moitié de ses faveurs ferme les yeux de celui qui m'adresse ce souhait.

(Ils s'endorment tous deux.)
(Entre Puck.)

PUCK.

J'ai couru tout le bois ;
Je n'ai trouvé aucun Athénien
Sur les yeux de qui je pusse essayer
La force de cette fleur pour inspirer l'amour.
Nuit et silence ! Qui est ici ?
Il porte les habits d'Athènes.
C'est l'homme que m'a désigné mon maître,
Et qui dédaigne la jeune Athénienne.
Et la voici elle-même profondément endormie
Sur la terre humide et fangeuse.
Oh ! la jolie enfant : elle n'a pas osé se coucher
Près de ce cruel, de cet ennemi de la tendresse.
Rustre, je répands sur tes yeux
Tout le pouvoir que ce charme possède :
Qu'à ton réveil l'amour défende au sommeil
De jamais descendre sur ta paupière.
Réveille-toi dès que je serai parti :
Il faut que j'aille retrouver Obéron.

(Entrent Démétrius et Hélène courant.)

HÉLÈNE. — Arrête, cher Démétrius, dusses-tu me donner la mort !

DÉMÉTRIUS. — Je t'ordonne de t'en aller, ne me poursuis pas ainsi.

HÉLÈNE. — Oh ! veux-tu donc m'abandonner ici dans les ténèbres ? Ne fais pas cela.

DÉMÉTRIUS. — Arrête, sous peine de ta vie : je veux m'en aller seul. (Démétrius s'enfuit.)

HÉLÈNE, *seule*. — Oh! cette vaine poursuite m'a mise hors d'haleine. Plus je le prie, et moins j'obtiens. Hermia est heureuse, en quelque lieu qu'elle se trouve ; car elle a des yeux célestes, et qui attirent vers elle. Comment ses yeux sont-ils devenus si brillants? Ce n'est pas à force de larmes amères : si cela était, mes yeux en ont été plus souvent arrosés que les siens. Non, non; je suis laide comme un ours, car les bêtes de ce bois qui me rencontrent s'enfuient de peur. Il n'est donc pas étonnant que Démétrius, qui est un monstre sauvage, fuie aussi ma présence. Que mon miroir est perfide et imposteur, de m'avoir persuadé de comparer mon visage aux doux yeux d'Hermia! Mais, qui est ici? Lysandre, étendu sur la terre! Est-il mort, ou endormi? Je ne vois point de sang, nulle blessure. — Lysandre, si vous êtes vivant, bon Lysandre, éveillez-vous.

LYSANDRE (*Il s'éveille.*) ... Et je traverserais les flammes pour l'amour de toi. Transparente Hélène! la nature montre son art, en me faisant voir ton cœur à travers ton sein. Où est Démétrius? Oh! que ce nom odieux est bien celui d'un homme destiné à mourir de mon épée!

HÉLÈNE. — Ne parlez ainsi, Lysandre; ne parlez pas ainsi : qu'importe qu'il aime votre Hermia? Lysandre, que vous importe? Hermia n'aime que vous; ainsi soyez content.

LYSANDRE. — Content avec Hermia? Non : je me repens des instants ennuyeux que j'ai perdus avec elle. Ce n'est point Hermia, c'est Hélène que j'aime. Qui ne voudrait changer un corbeau contre une colombe? La volonté de l'homme est gouvernée par la raison ; et ma raison me dit que vous êtes la plus digne d'être aimée. Les plantes qui croissent encore ne sont pas mûres avant leur saison ; et moi-même, trop jeune jusqu'ici, je n'étais point mûr pour la raison ; mais maintenant que je touche au plus haut point de la perfection humaine, la raison devient le guide de ma volonté et me conduit à vos yeux, où je vois des histoires d'amour écrites dans le livre le plus précieux de l'amour.

HÉLÈNE. — Pourquoi suis-je née pour être en butte à

cette ironie? Quand ai-je mérité d'essuyer de votre part ces mépris? N'est-ce donc pas assez, n'est-ce donc pas assez, jeune homme, que je n'aie jamais pu, non, et que je ne puisse jamais mériter un doux regard des yeux de Démétrius, sans qu'il faille encore que vous insultiez à ma disgrâce? De bonne foi, vous me faites une injure; oui, oui, vous m'insultez, en me faisant la cour d'une manière si méprisante! Mais adieu; je suis forcée d'avouer que je vous avais cru doué d'une générosité plus vraie. Oh! se peut-il qu'une femme rebutée d'un homme soit à cause de cela cruellement raillée par un autre?
(Elle sort.)

LYSANDRE. — Elle ne voit point Hermia. — Hermia, continue de dormir ici, et puisses-tu ne jamais t'approcher de Lysandre! Car, comme l'excès des mets les plus délicieux porte à l'estomac le dégoût le plus invincible; comme les hérésies que les hommes abjurent sont détestées surtout par ceux qu'elles avaient trompé; de même, toi, objet de ma satiété et de mon hérésie, sois haïe de tous, et surtout de moi! Et vous, puissances de mon âme, consacrez votre amour et votre force à honorer Hélène, et à me rendre son chevalier.
(Il sort.)

HERMIA, *se réveillant en sursaut.* — A mon secours, Lysandre! à mon secours! Oh! fais ton possible pour arracher ce serpent qui rampe sur mon sein : hélas! par pitié! — Quel était ce songe! Lysandre, vois comme je tremble de frayeur! il m'a semblé qu'un serpent me dévorait le cœur, et que toi, tu étais assis, souriant à mon cruel tourment. — Lysandre! quoi, s'est-il éloigné! Lysandre! Seigneur! Quoi! il ne m'entend pas! Il est parti! Pas un son, pas une parole! Hélas! où êtes-vous? Répondez-moi, si vous pouvez m'entendre : parlez-moi, au nom de tous les amours! Je suis prête à m'évanouir de terreur! — Personne! — Ah! je vois enfin que tu n'es plus près de moi; il faut que je trouve à l'instant, ou la mort, ou toi.
(Elle sort.)

FIN DU DEUXIÈME ACTE.

ACTE TROISIÈME

SCÈNE I

La scène est toujours dans le bois. La reine des fées est endormie.

Entrent QUINCE, SNUG, BOTTOM, FLUTE, SNOUT, STARVELING.

BOTTOM.—Sommes-nous tous rassemblés?

QUINCE.—Oui, oui; et voici une place admirable pour notre répétition. Ce gazon vert sera notre théâtre, ce buisson d'épines nos coulisses; et nous allons jouer la pièce tout comme nous la jouerons devant le duc.

BOTTOM.—Pierre Quince!

QUINCE.—Que dis-tu, terrible Bottom?

BOTTOM.—Il y a dans cette comédie de *Pyrame et Thisbé* des choses qui ne plairont jamais. D'abord, Pyrame doit tirer son épée et se tuer. Les dames ne supporteront jamais cela. Qu'avez-vous à répondre?

SNOUT.—Par Notre-Dame, cela leur fera une peur affreuse.

STARVELING.—Je crois que nous ferons bien de laisser la tuerie de côté quand tout sera fini.

BOTTOM.—Pas du tout. J'ai un expédient pour tout concilier. Écrivez-moi un prologue, et que ce prologue ait l'air de dire que nous ne ferons aucun mal avec nos épées, et que Pyrame n'est pas tué tout de bon; pour plus grande assurance, dites-leur que moi, qui fais Pyrame, je ne suis pas Pyrame, mais Bottom le tisserand : cela les rassurera tout à fait contre la peur.

QUINCE.—Allons, nous ferons ce prologue; et il sera écrit en vers de huit et de six[1].

BOTTOM.—Non, ajoutez-en encore deux : qu'on le fasse en vers de huit.

SNOUT.—Et les dames ne seront-elles point effrayées du lion?

STARVELING.—Je le crains bien, je vous assure.

BOTTOM.—Camarades, vous devriez y bien réfléchir. Amener sur la scène, Dieu nous protége! un lion parmi des dames, c'est une chose bien terrible; car il n'y a pas de plus redoutable bête sauvage que votre lion, au moins; nous devons bien faire attention à cela.

SNOUT.—Il faudra donc un autre prologue pour dire que le lion n'est pas un lion.

BOTTOM.—Oh! il faut que vous nommiez celui qui joue le lion, et que l'on voie la moitié de son visage au travers du cou du lion; il faut qu'il parle lui-même, et qu'il dise ceci, ou quelque chose d'équivalent :—« Mesdames, ou belles dames, je vous souhaiterais, ou je vous demanderais, ou je vous prierais de ne pas avoir peur, de ne pas trembler; je réponds de votre vie sur la mienne. Si vous croyiez que je viens ici comme un lion, ce serait exposer ma vie. Non, je ne suis rien de pareil; je suis un homme tout comme les autres hommes..... » Et alors qu'il dise son nom, et qu'il leur déclare tout net qu'il est Snug le menuisier.

QUINCE.—Allons, cela sera ainsi. Mais il y a encore deux choses bien difficiles : c'est, d'abord, d'introduire le clair de lune dans une chambre; car vous savez que Pyrame et Thisbé se rencontrent au clair de la lune.

SNUG.—La lune brillera-t-elle le soir que nous jouerons notre pièce?

BOTTOM.—Un calendrier! un calendrier! voyez dans l'almanach, cherchez le clair de lune, cherchez le clair de lune!

QUINCE.—Oui : il y aura de la lune ce soir-là.

BOTTOM. — Alors, vous pouvez laisser ouverte une

---

[1] On sait qu'un sonnet ne peut avoir que quatorze vers.

fenêtre de la grande chambre où nous jouerons, et la lune pourra y briller par la fenêtre.

QUINCE.—Oui : ou un homme peut venir avec un fagot d'épines et une lanterne, et dire qu'il vient pour représenter ou figurer le personnage du clair de lune.—Mais il y a encore une autre difficulté. Il nous faut une muraille dans la grande chambre ; car Pyrame et Thisbé, dit l'histoire, se parlaient au travers de la fente d'un mur.

SNUG.—Vous ne pourrez jamais amener une muraille sur la scène. Qu'en dites-vous, Bottom ?

BOTTOM. — Le premier venu peut représenter une muraille : il n'a qu'à avoir quelque enduit de plâtre, ou d'argile, ou de crépi sur lui, pour figurer la muraille ; ou bien encore, qu'il tienne ses doigts ainsi ouverts ; et, à travers ces fentes, Pyrame et Thisbé pourront se parler tout bas.

QUINCE.—Si cela peut s'arranger, tout est en règle.—Allons, asseyez-vous tous, fils de vos mères, et récitez vos rôles. Vous, Pyrame, commencez ; et quand vous aurez débité vos discours, vous entrerez dans ce buisson, et ainsi des autres, chacun selon son rôle.

(Puck survient sans être vu.)

PUCK.—Quels sont ces rustiques personnages qui font ici les fanfarons, si près du lit de la reine des fées ? Quoi ! une pièce en jeu ? Je veux être de l'auditoire, et peut-être aussi y serai-je acteur, si j'en trouve l'occasion.

QUINCE.—Parlez, Pyrame.—Thisbé, avancez.

PYRAME. — « Thisbé, les fleurs exhalent de douces *odieuses*.

QUINCE.—Odeurs, odeurs.

PYRAME.—...Exhalent de douces odeurs : telle est celle de votre haleine, ma chère, très-chère Thisbé.—Mais, écoutez ; une voix !—Restez ici un moment, et dans l'instant je vais venir vous retrouver. »

(Il sort.)

PUCK, *à part*.—Voilà le plus étrange Pyrame qui ait jamais joué ici.

(Il sort.)

THISBÉ.—Est-ce à mon tour de parler ?

QUINCE.—Oui, vraiment, c'est à vous ; car vous devez concevoir qu'il ne vous quitte que pour voir d'où vient un bruit qu'il a entendu, et qu'il va revenir sur-le-champ.

THISBÉ.—Très-radieux Pyrame, dont le teint a la blancheur des lis, et dont les couleurs brillent comme la rose vermeille sur un églantier triomphant : sémillant jouvenceau, et même très-aimable juif[1], aussi fidèle que le plus fidèle coursier que rien ne peut fatiguer.—J'irai te trouver, Pyrame, à la tombe de *Ninny*[2].

QUINCE.—A la tombe de Ninus, l'ami !—Mais vous ne devez pas dire cela encore ; c'est une réponse que vous avez à faire à Pyrame. Vous débitez tout votre rôle à la fois ; les *répliques,* et tout.—Pyrame, entrez, votre tour est venu. *Rien ne peut fatiguer,* sont les derniers mots de la tirade.

(Puck rentre avec Bottom affublé d'une tête d'âne.)

THISBÉ.—Aussi fidèle que le plus fidèle coursier que rien ne peut fatiguer.

PYRAME.—Si j'étais beau, Thisbé, je ne serais jamais qu'à toi.

QUINCE.—O prodige monstrueux ! prodige étrange ! ce lieu est hanté.—Vite, camarades, fuyons ! Camarades, au secours !

(Toute la troupe s'enfuit.)

PUCK.—Je vais vous suivre ; je vais vous faire tourner à travers les marécages, les buissons, les ronces et les épines. Tantôt je serai cheval, et tantôt chien, pourceau, ours sans tête, et tantôt une flamme ; hennissant, aboyant, grondant, rugissant, brûlant ; cheval, chien, pourceau, ours, et feu tour à tour.

(Il sort.)

BOTTOM.—Pourquoi donc s'enfuient-ils ainsi ? C'est un tour qu'ils me jouent pour me faire peur.

(Snout rentre.)

---

[1] *Most brisky Juvenal, and Eke most lovely Jew.* Le mot *Jew* semble être ici une abréviation de *Juvénal,* et forme une espèce d'équivoque avec la première syllabe de Juvénal, à cause de la prononciation. Au reste, tout ceci n'est que parodie.

[2] *Ninny,* lourdaud, jeu de mots.

SNOUT.—O Bottom, comme te voilà changé! Que vois-je donc là sur tes épaules?

BOTTOM.—Qu'est-ce que tu vois? Tu vois une tête d'âne, qui est la tienne; n'est-ce pas?

(Snout sort.)

(Quince rentre.)

QUINCE.—Dieu te bénisse, Bottom! Dieu te bénisse! Te voilà métamorphosé.

(Il sort.)

BOTTOM, *seul*.—Je vois leur malice: ils veulent faire un âne de moi, pour m'effrayer, s'ils le peuvent. Mais, moi, je ne veux pas bouger de cette place, quoi qu'ils puissent faire. Je vais me promener ici en long et en large, et je vais chanter, afin qu'ils comprennent que je n'ai pas la moindre peur.

(Il chante.)

Le merle au noir plumage,
Au bec jaune comme l'orange,
La grive avec son chant si gai,
Le roitelet avec sa petite plume.

TITANIA, *s'éveillant*.—Quel ange me réveille sur mon lit de fleurs?

BOTTOM *chantant*.

Le pinson, le moineau et l'alouette,
Le gris coucou avec son plain-chant,
Dont maint homme remarque la note,
Sans oser lui répondre *non*.

Car en effet, qui voudrait compromettre son esprit avec un si fol oiseau? Qui voudrait donner un démenti à un oiseau, quand il crierait, *coucou*, à perte d'haleine?

TITANIA. — Ah! je te prie, aimable mortel, chante encore. Mon oreille est amoureuse de tes chants, mes yeux sont épris de ta personne; et la force de ton brillant mérite me contraint, malgré moi, de déclarer, à la première vue, de jurer que je t'aime.

BOTTOM.—Il me semble, madame, que vous n'auriez guère de raison pour m'aimer; et cependant, à dire la vérité, la raison et l'amour ne vont guère aujourd'hui de compagnie : c'est grand dommage que quelques braves voisins ne veuillent pas les réconcilier. Oui, je pourrais ruser comme un autre, dans l'occasion.

TITANIA.—Tu es aussi sensé que tu es beau.

BOTTOM.—Oh! ni l'un ni l'autre. Mais si j'avais seulement assez d'esprit pour sortir de ce bois, j'en aurais assez pour l'usage que j'en veux faire.

TITANIA. — Ah! ne désire pas de sortir de ce bois. Tu resteras ici, que tu le veuilles ou non. Je suis un esprit d'un rang élevé; l'été règne toujours sur mon empire; et moi, je t'adore. Viens donc avec moi, je te donnerai des fées pour te servir; elles iront te chercher mille joyaux dans l'abîme; elles chanteront tandis que tu dormiras sur un lit de fleurs; et je saurai si bien épurer les éléments grossiers de ton corps mortel, que tu voleras comme un esprit aérien. Fleur-des-Pois, Toile-d'Araignée, Papillon, Graine-de-Moutarde!

(Quatre fées se présentent.)

PREMIÈRE FÉE. — Me voilà à vos ordres.

SECONDE FÉE. — Et moi aussi.

TROISIÈME FÉE. — Et moi aussi.

QUATRIÈME FÉE. — Où faut-il aller?

TITANIA. — Soyez prévenantes et polies pour ce seigneur : dansez dans ses promenades, gambadez à ses yeux; nourrissez-le d'abricots et de framboises, de raisins vermeils, de figues vertes et de mûres; dérobez aux bourdons leurs charges de miel, et ravissez la cire de leurs cuisses pour en faire des flambeaux de nuit que vous allumerez aux yeux brillants du ver luisant[1], pour éclairer le coucher et le lever de mon bien-aimé; arrachez les ailes bigarrées des papillons, pour écarter les rayons de la lune de ses yeux endormis. Inclinez-vous devant lui, et faites-lui la révérence.

PREMIÈRE FÉE. — Salut, mortel!

SECONDE FÉE. — Salut!

TROISIÈME FÉE. — Salut!

QUATRIÈME FÉE. — Salut!

---

1 « C'est la queue du ver luisant (*lampyris*), qui est phosphorique, et non ses yeux. » JOHNSON.

BOTTOM. — Je rends mille grâces à Vos Seigneuries, de tout mon cœur.—Je vous prie, quel est le nom de Votre Seigneurie?

UNE FÉE. — Toile-d'Araignée.

BOTTOM. — Je serai charmé de lier avec vous une plus étroite connaissance. Cher monsieur Toile-d'Araignée, si je me coupe le doigt, j'aurai recours à vous. — (*A une autre fée.*) Votre nom, mon bon monsieur?

SECONDE FÉE.—Fleur-des-Pois.

BOTTOM.—Je vous prie, recommandez-moi à madame Cosse, votre mère, et à M. Cosse, votre père. Cher monsieur Fleur-des-Pois, je veux que nous fassions plus ample connaissance. — (*A une autre fée.*) Votre nom, je vous en conjure, monsieur?

TROISIÈME FÉE. — Graine-de-Moutarde.

BOTTOM.—Bon monsieur Graine-de-Moutarde, je connais à merveille votre rare patience, ce lâche géant *Roastbeef* a dévoré plusieurs membres de votre maison. Je vous promets que vos parents m'ont fait venir les larmes aux yeux plus d'une fois; nous nous lierons ensemble, mon cher Graine-de-Moutarde.

TITANIA. — Allons, accompagnez-le : conduisez-le sous mon berceau. La lune paraît nous regarder d'un œil humide; et lorsqu'elle pleure, les petites fleurs pleurent aussi et regrettent quelque virginité violée... Enchaînez la langue de mon bien-aimé : conduisez-le en silence.

(Ils sortent.)

SCÈNE II

Une autre partie du bois.

OBERON *entre.*

OBERON. — Je voudrais bien savoir si Titania s'est réveillée; et puis, quel a été le premier objet qui s'est présenté à sa vue, et dont il faut qu'elle se passionne jusqu'à la fureur. (*Entre Puck.*) Voici mon courrier. — Eh bien! folâtre esprit, quelle fête nocturne a lieu maintenant dans ce bois enchanté?

puck. — Ma maîtresse est éprise d'un monstre. Près de la retraite de son berceau sacré, à l'heure où elle était plongée dans le sommeil le plus profond, une bande de rustres, artisans grossiers, qui gagnent leur pain dans les échoppes d'Athènes, se sont rassemblés pour répéter une comédie destinée à être jouée le jour des noces du grand Thésée. Le plus stupide malotru de cette troupe d'ignorants, qui représentait Pyrame, dans leur pièce, a abandonné le lieu de la scène, et est entré dans un hallier : là, je l'ai surpris et je lui ai planté une tête d'âne sur la sienne. Cependant, son tour est venu de répondre à sa Thisbé : alors, mon acteur revient sur la scène. Aussitôt que ses camarades l'aperçoivent, comme une troupe d'oies sauvages, qui ont aperçu l'oiseleur s'approcher en rampant, ou comme une compagnie de corneilles à tête brune, qui se lèvent et croassent au bruit d'un fusil, se séparent, et traversent en désordre les airs, de même, à sa vue, tous se mettent à fuir. Alors, au bruit de nos pieds, par-ci, par-là, l'un d'eux tombe à terre, crie au meurtre et appelle des secours d'Athènes. Leur faible raison, égarée par une grande frayeur, voit s'armer contre eux les objets inanimés. Les ronces et les épines déchirent leurs habits, emportent à l'un ses manches, à l'autre son chapeau : toutes choses ravissent quelque dépouille à ceux qui cèdent tout. Je les ai conduits ainsi dans le délire de la peur, et j'ai laissé ici le beau Pyrame métamorphosé ; le hasard a voulu que, dans ce moment même, Titania se soit réveillée, elle a pris aussitôt de l'amour pour un âne.

oberon. — L'événement surpasse mes espérances. — Mais as-tu oint les yeux de l'Athénien avec ce philtre d'amour, comme je te l'avais ordonné?

puck. — Je l'ai surpris dormant. — C'est une chose faite aussi ; et la jeune Athénienne est auprès de lui ; de façon qu'il faut nécessairement qu'à son réveil, ses yeux l'aperçoivent.

(Entrent Démétrius et Hermia.)

oberon. — Reste à mon côté : voici justement l'Athénien.

puck. — C'est bien la femme : mais ce n'est pas l'homme.

démétrius. — Ah! pourquoi rebutez-vous celui qui vous aime tant? Gardez ces rigueurs pour votre plus cruel ennemi.

hermia. — Tu n'essuies de moi que des reproches; mais je voudrais pouvoir te maltraiter davantage; car tu m'as donné, j'en ai peur, sujet de te maudire. Si tu as assassiné Lysandre pendant son sommeil, déjà enfoncé à moitié dans le sang achève de t'y plonger, et tue-moi aussi. Le soleil n'est pas aussi fidèle au jour que Lysandre l'était pour moi. — Aurait-il jamais abandonné son Hermia endormie? Je croirai plutôt qu'on peut percer d'outre en outre le globe entier de la terre, et que la lune peut descendre à travers son centre, et aller à midi aux antipodes déranger son frère. Il faut que tu l'aies assassiné : tu as le regard d'un meurtrier, un visage cadavéreux, farouche.

démétrius. — Plutôt l'air d'un homme assassiné, le cœur percé par votre cruelle sévérité; et cependant, vous qui me tuez, restez aussi radieuse et aussi pure que Vénus dans sa sphère étincelante.

hermia. — Qu'importe à mon cher Lysandre? — Où est-il? Ah! bon Démétrius! veux-tu me le rendre?

démétrius. — J'aimerais mieux donner son cadavre à mes lévriers.

hermia. — Loin de moi, loin de moi, chien! Tu me fais passer les bornes de la patience d'une jeune fille. Tu l'as donc tué? — Sois pour jamais rayé du nombre des humains! Oh! dis-moi, dis-moi une fois, une seule fois la vérité, par pitié pour moi. Aurais-tu osé le regarder éveillé, et l'as-tu tué pendant qu'il dormait? O le brave exploit! Un reptile, une vipère en pouvait faire autant; oui, c'est une vipère qu'on peut accuser, car jamais, serpent que tu es, une vipère n'a blessé avec un dard plus perfide que ta langue.

démétrius. — Vous épuisez les emportements de votre colère sur une méprise. Je ne suis point coupable du sang de Lysandre; et, autant que je puisse savoir, il n'est point mort.

HERMIA. — Je vous en conjure, dites-moi alors qu'il se porte bien.

DÉMÉTRIUS. — Si je pouvais vous l'assurer, que gagnerais-je à vous le dire?

HERMIA. — Le privilége de ne plus me revoir jamais. — Et je fuis à l'instant ta présence abhorrée : ne me recherche plus qu'il soit mort, ou vivant.

(Elle s'en va.)

DÉMÉTRIUS. — Il est inutile de vouloir la suivre dans cet accès de courroux. Je vais donc me reposer ici quelques moments. Ainsi, le poids du chagrin devient plus accablant encore, lorsque le sommeil insolvable refuse de lui payer sa dette; peut-être en ce moment s'acquittera-t-il quelque peu envers moi, si je fais ici quelque séjour pour attendre sa complaisance.

(Il se couche.)

OBERON. — Qu'as-tu fait? Tu t'es complétement mépris, et tu as placé le philtre d'amour sur les yeux d'un amant fidèle. Ainsi, l'effet nécessaire de ta méprise est de changer un amour sincère en amour perfide, et non pas un amour perfide en un amour sincère.

PUCK. — C'est le destin qui gouverne les événements, et qui fait que, pour un amant qui garde sa foi, un million d'autres la violent, et entassent parjures sur parjures.

OBERON. — Va, parcours le bois plus vite que le vent, et vois à découvrir Hélène d'Athènes : elle est toute malade d'amour, et pâle, épuisée de soupirs brûlants, qui ont nui à la fraîcheur de son sang. Tâche de l'amener ici par quelque enchantement; je charmerai les yeux du jeune homme qu'elle aime, avant qu'elle reparaisse à sa vue.

PUCK. — J'y vais, j'y vais : vois, comme je vole, plus rapidement que la flèche décochée de l'arc d'un Tartare.

(Il sort.)

OBERON.

(Il verse un suc de fleur sur les yeux de Démétrius.)

Fleur de couleur de pourpre,
Blessée par l'arc de Cupidon,

Pénètre dans la prunelle de son œil!
Quand il cherchera son amante,
Qu'elle brille à ses regards du même éclat
Dont Vénus brille dans les cieux. —
Si, à ton réveil, elle est auprès de
Implore d'elle ton remède.

(Puck revient.)

PUCK. — Chef de notre bande féerique, Hélène est ici à deux pas; et le jeune homme, victime de ma méprise, demande le salaire de son amour. Verrons-nous cette tendre scène? Seigneur, que ces mortels sont fous!

OBERON.—Range-toi : le bruit qu'ils font va réveiller Démétrius.

PUCK.—Eh bien! ils seront deux alors à courtiser une femme. Cela doit faire un spectacle amusant; et rien ne me plaît tant que ces accidents bizarres et imprévus.

(Entrent Lysandre et Hélène.)

LYSANDRE.—Pourquoi croiriez-vous que je vous recherche par dérision? jamais le dédain et le mépris ne se manifestent par des larmes : voyez, quand je vous jure mon amour, je pleure : des serments nés dans les pleurs annoncent la sincérité; et comment pouvez-vous voir des signes de mépris dans ce qui porte le gage évident de la bonne foi?

HÉLÈNE.—Vous redoublez de plus en plus votre perfidie. Quand la vérité tue la vérité, quel combat infernal et céleste! Ces vœux sont pour Hermia : voulez-vous donc l'abandonner? Pesez serments contre serments, et vous pèserez le néant. Vos serments, pour elle et pour moi, mis dans une balance, seront d'un poids égal; et tout aussi légers que de vaines paroles.

LYSANDRE.—Je n'avais pas de discernement, lorsque je lui ai juré ma foi.

HÉLÈNE.—Et vous n'en avez pas plus, à mon avis, maintenant que vous la délaissez.

LYSANDRE —Démétrius l'aime, et ne vous aime point.

DÉMÉTRIUS, *se réveillant.*—O Hélène! déesse, nymphe accomplie et divine! A quoi, ma bien-aimée, pourrais-je comparer tes yeux? Le cristal même est trouble. O quel charme sur tes lèvres vermeilles comme deux cerises mûres ! Comme elles appellent les baisers ! Quand tu lèves la main, la neige pure et glacée des sommets de Taurus, caressée par le vent d'orient, paraît noire comme le corbeau. Oh ! permets que je baise cette merveille de blancheur éblouissante, ce sceau de la félicité.

HÉLÈNE.—O malice infernale ! Je vois bien que vous êtes tous ligués contre moi, pour vous amuser. Si vous étiez honnêtes, et connaissant la courtoisie, vous ne m'accableriez pas de vos outrages. Ne vous suffit-il pas de me haïr, comme je sais que vous me haïssez, sans vous unir étroitement pour vous moquer de moi ? Si vous étiez des hommes, comme vous en avez la figure, vous ne traiteriez pas ainsi une femme bien née. Venir me jurer de l'amour, et exagérer ma beauté, lorsque je suis sûre que vous me haïssez de tout votre cœur ! Vous êtes tous deux rivaux, vous aimez Hermia ; et tous deux, en ce moment, vous rivalisez à qui insultera le plus Hélène. Voilà un grand exploit, une mâle entreprise, de faire couler les larmes d'une fille infortunée, par votre dérision ! Jamais des hommes de noble naissance n'auraient ainsi offensé une jeune fille ; jamais ils n'auraient poussé à bout la patience d'une âme désolée, comme vous faites, uniquement pour vous en faire un jeu !

LYSANDRE.—Vous êtes dur, Démétrius ; n'en agissez pas ainsi. Car vous aimez Hermia ; vous savez que je ne l'ignore pas ; et ici même, bien volontiers et de tout mon cœur, je vous cède ma part de l'amour d'Hermia : léguez-moi en retour la vôtre dans l'amour d'Hélène, que j'adore et que j'aimerai jusqu'au trépas.

HÉLÈNE.—Jamais des moqueurs ne prodiguèrent plus de vaines paroles.

DÉMÉTRIUS.—Lysandre, garde ton Hermia ; je n'en veux point : si je l'aimai jamais, cet amour est tout à fait anéanti. Mon cœur n'a fait que séjourner avec elle en passant, comme un hôte étranger ; et maintenant il est retourné à Hélène, comme sous son toit natal, pour s'y fixer à jamais.

LYSANDRE.—Hélène, cela n'est point !

DÉMÉTRIUS.—Ne calomnie pas la foi que tu ne connais pas, de crainte qu'à tes risques et périls tu ne le payes cher.—Vois venir de ce côté l'objet de ton amour ; voilà celle qui t'est chère.

(Survient Hermia.)

HERMIA.—La nuit sombre, qui suspend l'usage des yeux, rend l'oreille plus sensible aux sons ; ce qu'elle ravit au sens de la vue, elle en dédommage en doublant le sens de l'ouïe.—Ce ne sont pas mes yeux, Lysandre, qui t'ont découvert ; c'est mon oreille, et je lui en rends grâces, qui m'a guidé vers toi au son de ta voix. Mais pourquoi m'as-tu si cruellement abandonnée ?

LYSANDRE.—Pourquoi resterait-il, celui que l'amour presse de s'éloigner ?

HERMIA.—Et quel amour pouvait attirer Lysandre loin de moi ?

LYSANDRE.—L'amour de Lysandre, qui ne lui permettait pas de rester, la belle Hélène ; Hélène, qui rend la nuit plus brillante que tous ces cercles de feu et tous ces yeux de lumière. Pourquoi me cherches-tu ? Cette démarche ne pouvait-elle pas te faire comprendre que c'était la haine que je te portais qui m'obligeait à te quitter ainsi ?

HERMIA.—Vous ne pensez pas ce que vous dites ; cela est impossible.

HÉLÈNE.—Voyez, elle aussi est du complot ! Je le vois bien à présent, qu'ils se sont concertés tous les trois, pour arranger cette scène de dérision à mes dépens. Injurieuse Hermia ! fille ingrate ! as-tu donc conspiré, as-tu comploté avec ces cruels de me faire subir ces odieuses railleries ? Toute cette confiance mutuelle, ces serments de sœurs, ces heures passées ensemble, quand nous reprochions au temps de trop hâter sa marche et de nous séparer ; oh ! tout cela est-il oublié, et toute notre amitié de l'école, et l'innocence de notre enfance ? Hermia, nous avons, avec l'adresse des dieux, créé toutes les deux avec nos aiguilles une même fleur sur un seul modèle, assises sur un seul coussin, et chantant une même chanson sur un même air, comme si nos mains, nos personnes, nos voix et nos âmes n'eussent appartenu qu'à un seul et même corps : c'est ainsi que nous avons grandi ensemble, comme deux cerises jumelles, en apparence séparées, mais unies dans leur séparation, comme deux jolis fruits attachés sur la même tige : on voyait deux corps, mais qui n'avaient qu'un cœur, tels que deux côtés d'armoiries de la même maison qui n'appartiennent qu'à un seul écu, et sont surmontés d'un seul cimier. Et tu veux rompre violemment le nœud de notre ancienne tendresse, et te joindre à des hommes pour bafouer ta pauvre amie? Oh! ce n'est pas la conduite d'une amie, d'une jeune fille : tout notre sexe a droit, aussi bien que moi, de te reprocher ce traitement, quoique je sois la seule qui en ressente l'outrage.

HERMIA.—Je suis confondue de vos amers reproches : je ne vous insulte point; il me semble plutôt que c'est vous qui m'insultez.

HÉLÈNE.—N'avez-vous pas excité Lysandre à me suivre, comme par ironie, et à vanter mes yeux et mon visage? Et n'avez-vous pas engagé votre autre amant, Démétrius (qui tout à l'heure me repoussait du pied), à m'appeler déesse, nymphe, divine et rare merveille, beauté céleste et sans prix? Pourquoi adresse-t-il ce langage à celle qu'il hait? Et pourquoi Lysandre rejette-t-il votre amour, si puissant dans son cœur, pour me l'offrir à moi, si ce n'est sur votre instigation et de votre consentement? Si je ne suis pas autant en faveur que vous, aussi entourée d'amour, aussi heureuse, mais si je suis assez malheureuse pour aimer sans être aimée, vous devriez me plaindre au lieu de me mépriser!

HERMIA.—Je ne puis comprendre ce que vous voulez dire.

HÉLÈNE.—Oui, oui; continuez; affectez un air triste, faites la moue en me regardant quand je tourne le dos; faites-vous des signes d'intelligence, soutenez cette agréable plaisanterie; il en sera parlé dans le monde, de ce jeu si bien joué.—Si vous aviez quelque pitié, quelque générosité, quelque idée des bons procédés, vous ne me prendriez pas pour le sujet de vos railleries. Mais, adieu, je vous laisse : c'est en partie ma faute ; et la mort, ou l'absence y porteront bientôt remède.

LYSANDRE.—Arrêtez, aimable Hélène : écoutez mon excuse, ma bien-aimée, ma vie, mon âme, belle Hélène !

HÉLÈNE.—Oh ! admirable !

HERMIA, *à Lysandre.* — Cher amant, ne l'insulte pas ainsi.

DÉMÉTRIUS.—Si elle ne l'obtient pas de bon gré, je puis l'y forcer, moi.

LYSANDRE.—Tu ne peux pas plus m'y forcer, qu'Hermia ne peut l'obtenir par ses instances. Tes menaces n'ont pas plus de force que ses impuissantes prières.— Hélène, je t'aime ; sur ma vie, je t'aime ; je jure sur ma vie, que je veux perdre pour toi, de convaincre de mensonge celui qui osera dire que je ne t'aime pas.

DÉMÉTRIUS, *à Hélène.*—Je te proteste que je t'aime plus qu'il ne peut t'aimer.

LYSANDRE.—Si tu parles ainsi, retirons-nous, et prouve-le-moi.

DÉMÉTRIUS.—Allons, sur-le-champ, viens.

HERMIA.—Lysandre, où peut tendre tout ceci ?

LYSANDRE.—Loin de moi, noire Éthiopienne.

DÉMÉTRIUS.— Non : ne craignez pas ; il fait semblant de vouloir s'arracher de vos mains.—Allons, faites comme si vous vouliez me suivre : mais cependant, ne venez pas.—Vous êtes un homme bien doux, allez !

LYSANDRE.—Lâche-moi, chat, gloutéron, vile créature, laisse-moi libre, ou je vais te secouer loin de moi comme un serpent.

HERMIA.—Pourquoi donc êtes-vous devenu si dur pour moi ? Que veut dire ce changement, mon cher amant ?

LYSANDRE.—Ton amant ? Loin de moi, noire Tartare ; loin de moi : loin, médecine nauséabonde, potion odieuse, loin de moi !

HERMIA.—Ne plaisantes-tu pas ?

HÉLÈNE.—Oh ! sûrement, il plaisante, et vous aussi.

LYSANDRE.—Démétrius, je te tiendrai ma parole.

DÉMÉTRIUS.—Je voudrais en avoir votre obligation bien en forme ; car je m'aperçois qu'un faible lien vous retient : je ne me fie pas à votre parole.

LYSANDRE.—Quoi! voulez-vous que je la blesse, que je la frappe, que je la tue? Quoique je la haïsse, je ne veux pas la maltraiter.

HERMIA.—Et quel mal plus grand peux-tu me faire, que de me haïr?... Me haïr! et pourquoi? O malheureuse! Quel changement étrange, mon bien-aimé! Ne suis-je pas Hermia? N'es-tu pas Lysandre? Je suis aussi belle maintenant que par le passé : cette nuit, tu m'aimais ; et cependant, c'est cette nuit que tu m'as quittée. Quoi! tu m'as donc quittée? Que les dieux m'en gardent! Bien sérieusement, est-il possible?

LYSANDRE.—Oui, sur ma vie ; et je n'ai jamais désiré de te revoir : ainsi, laisse de côté les espérances, les questions et les doutes. Sois-en bien assurée ; rien n'est plus vrai : ce n'est point un jeu ; je te hais, et j'aime Hélène.

HERMIA.—Ah! malheureuse que je suis!—*(A Hélène.)* Toi, fourbe, poison de ma vie, voleuse d'amour ; quoi! tu es venue la nuit, et tu m'as volé le cœur de mon amant?

HÉLÈNE. — Charmant, ma foi! N'avez-vous aucune modestie, aucune pudeur de jeune fille, aucune nuance de décence? Quoi! voulez-vous arracher à ma langue patiente des réponses de colère? Fi donc! fi! actrice, marionnette!

HERMIA.—Une marionnette? Pourquoi?—Oui! voilà le secret : je reconnais maintenant qu'elle a fait des comparaisons entre nos tailles, qu'elle a vanté la hauteur de la sienne ; et qu'avec l'avantage de sa tournure, de sa belle tournure, oh! sûrement, elle l'a emporté près de lui. Et êtes-vous donc montée si haut dans son estime, parce que je suis petite comme une naine?—Suis-je donc si petite, grand mât de cocagne? Parle ; suis-je donc si petite? Je ne suis pas encore si petite, que mes ongles ne puissent atteindre à tes yeux.

HÉLÈNE.—Je vous prie, messieurs, contentez-vous de me faire votre jouet ; empêchez du moins qu'elle ne me blesse : jamais je ne fus une femme méchante, jamais je n'eus de talent pour les rixes ; je suis bien de mon sexe par ma timidité : empêchez-la de me frapper. Vous pourriez croire peut-être, parce qu'elle est un peu plus petite que moi, que je suis en état de lui tenir tête.

HERMIA. — Plus petite ! Vous voyez, elle le répète encore.

HÉLÈNE.—Bonne Hermia, ne sois pas si amère pour moi ; je t'ai toujours aimée, Hermia ; j'ai toujours gardé fidèlement tes secrets ; jamais je ne t'ai fait le moindre tort, excepté, lorsque par amour pour Démétrius je lui ai dit que tu t'étais sauvée dans ce bois : il t'a suivie, je l'ai suivi par amour ; mais lui m'a chassée, et il m'a menacée de me maltraiter, de me fouler aux pieds, et même de me tuer ; et maintenant, si vous voulez me laisser aller en paix, je vais reporter ma folle passion dans Athènes, et je ne vous suivrai plus. Laissez-moi m'en aller ; vous voyez combien je suis simple, et combien je suis folle.

HERMIA.—Eh bien ! partez : qui vous retient ?

HÉLÈNE.—Un cœur insensé, que je laisse ici derrière moi !

HERMIA.—Avec qui ? avec Lysandre ?

HÉLÈNE.—Avec Démétrius.

LYSANDRE.—Ne crains rien, chère Hélène ; elle ne te fera pas de mal.

DÉMÉTRIUS.—Non, certes ; elle ne lui en fera aucun, quand vous prendriez son parti.

HÉLÈNE.—Oh ! quand elle est en colère, elle est méchante et rusée ; c'était un petit renard quand elle allait à l'école ; et quoiqu'elle soit petite, elle est violente.

HERMIA.—Petite encore ? Toujours petite ? naine ? Quoi ! souffrirez-vous qu'elle m'insulte ainsi ? Laissez-moi approcher d'elle.

LYSANDRE.—Va-t'en naine, diminutif de femme, créature nouée par l'herbe sanguinaire [1], grain de verre, gland de chêne.

DÉMÉTRIUS.—Vous êtes trop officieux à obliger celle qui dédaigne vos services. Laissez-la à elle-même, ne

---

[1] La sanguinaire est une papavéracée (polyandrie monogyne) à laquelle on attribuait autrefois la vertu de *nouer* les enfants et les animaux, d'empêcher leur croissance.

parlez point d'Hélène : ne prenez point son parti ; car si jamais vous prétendez lui donner le moindre signe d'amour, vous le payerez cher.

LYSANDRE.—Eh bien, à présent, elle ne me retient plus : voyons, suivez-moi, si vous l'osez, et allons décider qui de nous deux a le plus de droit au cœur d'Hélène.

DÉMÉTRIUS.—Te suivre? Je vais marcher à côté de toi.
(Lysandre et Démétrius sortent.)

HERMIA.—C'est vous, madame, qui êtes la cause de cette querelle ! Non, ne vous en allez pas.

HÉLÈNE.—Je ne me fie point à vous, et je ne resterai pas plus longtemps dans votre compagnie maudite ; vos mains sont plus promptes aux coups que les miennes, mais mes jambes sont plus longues pour les éviter.
(Elle sort.)

HERMIA.—Je suis confondue et ne sais que dire.
(Hermia poursuit Hélène.)

OBERON.—Voilà l'ouvrage de la négligence ; tu fais toujours des bévues, ou c'est à dessein que tu joues de ces tours.

PUCK.—Croyez-moi, roi des fantômes, c'est une méprise. Ne m'aviez-vous pas dit que je reconnaîtrais l'homme à son costume athénien? Et je suis innocent de l'erreur que j'ai commise, puisque c'est en effet un Athénien dont j'ai oint les yeux ; mais je suis loin d'être fâché de ce qui est arrivé, puisque je regarde cette querelle comme un divertissement.

OBERON.—Tu vois que ces amants cherchent un lieu pour se battre : hâte-toi donc, Robin, pars ; redouble l'obscurité de la nuit, couvre à l'instant la voûte étoilée d'un épais brouillard, aussi noir que l'Achéron ; et puis, égare si bien ces rivaux acharnés, que l'un ne puisse jamais se rencontrer dans le chemin de l'autre : tantôt forme ta langue à parler comme la voix de Lysandre, et alors provoque Démétrius par des défis amers ; tantôt raille Lysandre comme si tu étais Démétrius, et éloigne-les sans cesse l'un de l'autre, jusqu'à ce que le sommeil, image de la mort, se glisse sur leurs paupières avec ses jambes de plomb et ses ailes de chauve-souris ; alors exprime sur l'œil de Lysandre cette herbe dont la liqueur a la salutaire vertu d'en enlever toute illusion, et de rendre aux prunelles leur vue accoutumée : lorsqu'ils viendront à se réveiller, toute cette scène de dérision leur paraîtra un rêve, une vision imaginaire, et ces amants reprendront le chemin d'Athènes, unis par une amitié qui ne finira qu'avec leur vie. Tandis que je te charge de cette affaire, moi, je vais rejoindre ma reine, et lui demander son petit Indien ; après cela, je désenchanterai ses yeux de leur admiration pour le monstre, et la paix sera rétablie partout.

PUCK.—Souverain des fées, il faut nous hâter d'exécuter cette tâche; car les dragons de la nuit fendent à plein vol les nuages, et l'avant-coureur de l'aurore brille déjà là-bas ! A son approche, vous le savez, les spectres qui erraient çà et là s'enfuient par troupes vers les cimetières; toutes ces ombres damnées qui ont leur sépulture dans les carrefours et les flots [1] sont déjà retournées à leur couche peuplée de vers ; de peur que le jour ne contemple leur honte, elles s'exilent volontairement de la lumière, et se résignent à être à jamais les compagnes de la nuit au front noir.

OBERON.—Mais nous, nous sommes des esprits d'une autre nature. Moi, j'ai souvent joué avec la lumière du matin ; et je puis, comme un garde des forêts, fouler le tapis des bois, même jusqu'à l'instant où la porte de l'orient, toute rouge de feux, venant à s'ouvrir, verse sur Neptune de célestes rayons, et change en or ses ondes vertes et salées. Mais cependant hâte-toi ; ne perds pas un instant : nous pouvons encore achever cette affaire avant le jour.

(Oberon sort.)

PUCK.

Par monts et par vaux, par monts et par vaux,
Je vais les mener par monts et par vaux ;

---

[1] « Les fantômes suicidés enterrés dans les carrefours, et ceux des noyés, étaient condamnés à errer l'espace de cent ans, parce que les rites de la sépulture n'avaient pas été accomplis.»
STEEVENS.

Je suis craint dans les campagnes et les villes.
Esprit, mène-les par monts et par vaux.

En voici un.
(Entre Lysandre.)

LYSANDRE.—Où es-tu donc, orgueilleux Démétrius? Réponds-moi.

PUCK.—Me voici, lâche, tout prêt et en garde. Où es-tu?

LYSANDRE.—Je vais te joindre tout à l'heure.

PUCK.—Suis-moi donc sur un terrain plus uni.
(Lysandre sort et suit la voix.)
(Entre Démétrius.)

DÉMÉTRIUS —Lysandre!—Réponds-moi encore : lâche fuyard, où t'es-tu donc sauvé? Parle. Es-tu dans un buisson? Où caches-tu donc ta tête?

PUCK. — Et toi, poltron, te vantes-tu donc aux étoiles? Tu dis aux buissons que tu veux te battre, et tu n'oses pas approcher? Viens donc, perfide; viens, timide enfant, je vais te châtier avec une verge : c'est se déshonorer que de tirer l'épée contre toi.

DÉMÉTRIUS.—Ha! es-tu là?

PUCK.—Suis ma voix : ce n'est pas ici une place propre à essayer notre courage.
(Ils sortent tous deux.)

LYSANDRE *reparaît seul.*—Il fuit toujours devant moi, et toujours en me défiant : lorsque j'arrive au lieu d'où il me provoque, il est toujours parti. Le lâche a le pied bien plus léger que moi ; je l'ai suivi de toute ma vitesse; mais il fuyait plus vite encore, et je me suis à la fin engagé dans un sentier sombre et raboteux : je veux me reposer ici.—Hâte-toi, jour bienfaisant. (*Il se couche sur la terre.*) Pour peu que tu me montres ta lumière naissante, je trouverai Démétrius, et je satisferai ma vengeance.
(Il dort.)
(Démétrius reparaît et Puck aussi.)

PUCK.—Oh! oh! oh, oh! poltron; pourquoi n'avances-tu pas?

DÉMÉTRIUS.—Attends-moi, si tu l'oses; car je sais bien que tu cours devant moi, que tu changes toujours de place, et que tu n'oses ni m'attendre de pied ferme, ni me regarder en face. Où es-tu?

puck. — Viens ici : me voilà.

démétrius, *courant du côté de la voix.* — Tu te moques de moi ; mais, va, tu me le payeras cher, si j'aperçois jamais ton visage à la lueur du jour : maintenant va ton chemin. — La faiblesse me contraint de m'étendre ici de ma longueur sur ce lit froid. — A l'approche du jour, attends-toi à me revoir.

(Il se couche sur la bruyère et dort.)
(Hélène entre.)

hélène. — O pénible nuit ! ô longue et ennuyeuse nuit ! abrége tes heures. Brille à l'orient, consolante lumière, que je puisse au lever du jour retourner à Athènes, et m'éloigner de ceux qui détestent ma présence importune. — Et toi, sommeil, qui daignes quelquefois fermer les yeux du chagrin, dérobe-moi pour quelques instants à moi-même.

(Elle se couche et s'endort.)

puck. — Rien que trois encore d'endormis ? Qu'il en vienne encore une, deux couples font quatre. — La voici qui arrive courroucée et triste. — Cupidon est un fripon d'enfant, de rendre ainsi folles les pauvres femmes.

(Entre Hermia.)

hermia. — Jamais je ne fus si lasse, jamais je ne fus si désespérée : trempée de rosée, déchirée par les ronces, je ne peux ni aller, ni me traîner plus loin : mes jambes ne peuvent suivre le pas de mes désirs : il faut que je me repose ici jusqu'au point du jour. Que le ciel couvre Lysandre d'un bouclier, si leur intention est de se battre !

(Elle se couche.)

puck.

Sur la terre
Dormez profondément ;
Sur votre œil
J'appliquerai
Mon remède. Tendre amoureux
(Il exprime le jus de son herbe sur l'œil de Lysandre.)

A ton réveil
Tu prendras

- Un vrai plaisir
En revoyant
Les yeux de ta première amante,
Et le proverbe rustique bien connu,
Qu'il faut que chacun prenne ce qui lui appartient,
S'accomplira à votre réveil :
Jacquot aura Gilette,
Rien n'ira mal.
L'homme recouvrera sa jument, et tout ira bien.

FIN DU TROISIÈME ACTE.

ACTE QUATRIEME

—

SCÈNE I

Toujours dans le bois.

TITANIA, BOTTOM, LES FÉES *qui sont à sa suite;*
OBERON *qui les suit sans en être aperçu.*

TITANIA, *à Bottom.* — Viens, assieds-toi sur ce lit de fleurs ; pendant que je caresse tes charmantes joues ; je veux attacher des roses musquées sur ta tête douce et lisse, et baiser tes belles et longues oreilles, toi la joie de mon cœur.

BOTTOM. — Où est Fleur-des-Pois ?

FLEUR-DES-POIS. — Me voici.

BOTTOM. — Grattez-moi la tête, Fleur-des-Pois. — Où est monsieur Toile-d'Araignée ?

TOILE-D'ARAIGNÉE. — Me voici.

BOTTOM. — Monsieur Toile-d'Araignée, mon cher monsieur, prenez vos armes, et tuez-moi ce bourdon aux cuisses rouges, qui est sur la fleur de ce chardon ; puis, mon cher monsieur, apportez-moi son sac de miel. Ne vous échauffez pas trop dans l'opération, monsieur, et ayez soin, mon bon monsieur, de ne pas crever le sac au miel : je n'aimerais pas à vous voir tout inondé de miel, seigneur. — Où est M. Grain-de-Moutarde ?

GRAIN-DE-MOUTARDE. — Me voici.

BOTTOM. — Donnez-moi votre poing, monsieur Grain-de-Moutarde ! — Je vous prie, cessez vos compliments, monsieur Grain-de-Moutarde ?

GRAIN-DE-MOUTARDE. — Que désirez-vous ?

BOTTOM. — Rien, monsieur, rien de plus que d'aider

au cavalier Fleur-des-Pois à me gratter la tête : il faudra que j'aille trouver le barbier, monsieur; car il me semble que j'ai furieusement de poil à la figure ; et je suis un âne si délicat que, pour peu que mon poil me démange, il faut que je me gratte.

TITANIA. — Mon doux ami, voulez-vous entendre un peu de musique?

BOTTOM. — J'ai une assez bonne oreille en musique. Allons, faites venir les pincettes et la clef.

TITANIA. — Ou dites, cher amour, ce qui vous ferait plaisir à manger.

BOTTOM. — A dire vrai, un picotin d'avoine : je pourrais mâcher votre bonne avoine sèche; il me semble que j'aurais grande envie d'une botte de foin; du bon foin, du foin parfumé, il n'y a rien d'égal à cela.

TITANIA. — J'ai une fée déterminée qui ira fouiller dans le magasin de l'écureuil, et qui vous apportera des noix nouvelles.

BOTTOM. — Je préférerais une poignée ou deux de pois secs; mais, je vous prie, que personne de vos gens ne me dérange ; je sens une certaine *exposition* au sommeil qui me vient.

TITANIA. — Dors, et je vais t'enlacer dans mes bras. — Fées, partez, et dispersez-vous dans toutes les directions. Ainsi le chèvre-feuille parfumé s'entrelace amoureusement : ainsi le lierre femelle entoure de ses anneaux les bras d'écorce de l'ormeau[1]. Oh! comme je t'aime! oh! comme je t'adore!

(Ils dorment.)
(Oberon s'avance. Puck revient.)

OBERON. — Sois le bienvenu, bon Robin, vois-tu ce charmant spectacle? Je commence à avoir pitié de sa folie. Tout à l'heure, l'ayant rencontrée derrière le bois, cherchant de douces fleurs pour cet odieux imbécile, je lui en ai fait des reproches et me suis querellé avec elle. Elle avait ceint ses tempes velues d'une couronne de fleurs odorantes et fraîches; et cette rosée qui s'enflait

---

[1] *Ulmo conjuncta marito.*

naguère en gouttes sur les boutons, telle que de rondes perles d'orient, semblait au cœur de ces jolies petites fleurs autant de larmes qui pleuraient leur disgrâce. Quand je l'eus grondée à mon gré, et qu'elle eut imploré mon pardon en termes soumis, je lui demandai alors son petit nain : elle me le donna aussitôt, et envoya ses fées le porter dans mon royaume ; maintenant que je tiens l'enfant, je veux dissiper l'odieuse erreur de ses yeux. Ainsi, aimable Puck, ôte ce crâne enchanté de la tête de cet artisan athénien, afin qu'en se réveillant avec les autres il puisse regagner Athènes, et ne plus songer aux accidents de cette nuit que comme aux tourments chimériques d'un rêve. Mais je veux commencer par délivrer la reine des fées.

(Il s'approche d'elle, et dit en lui touchant les yeux avec une herbe.)

Sois comme tu avais coutume d'être.
Vois comme tu avais coutume de voir :
C'est le bouton de Diane sur la fleur de Cupidon [1].
Qui est doué de cette vertu céleste.

Allons, ma chère Titania ; éveillez-vous, ma douce reine.

TITANIA. — Mon Oberon ! quelles visions j'ai eues ! Il m'a semblé que j'étais amoureuse d'un âne.

OBERON, *montrant Bottom*. — Voilà votre amant.

TITANIA. — Comment ces choses sont-elles arrivées ? Oh ! comme mes yeux abhorrent maintenant son visage !

OBERON. — Silence, un instant. — Robin, enlève cette tête. — Titania, appelez votre musique, et accablez les sens de ces cinq personnages d'un sommeil plus profond qu'à l'ordinaire.

TITANIA. — De la musique ! holà ! de la musique ! celle qui procure le sommeil.

PUCK. — Maintenant quand tu te réveilleras, vois avec tes propres yeux, ceux d'un sot.

OBERON. — Musique, commencez. (*On entend une*

---

[1] Le bouton de Diane, c'est le bouton de l'*agnus castus*, et la fleur de Cupidon, la *viola tricolor*.

musique assoupissante.) Venez, ma reine; donnez-moi la main, ébranlons la terre où sont couchés ces dormeurs. Maintenant nous sommes amis de nouveau, vous et moi; et demain, à minuit, nous danserons des danses solennelles et triomphantes dans la maison du duc Thésée, et nous la bénirons pour toute sa belle postérité. Là aussi seront unis joyeusement, en même temps que Thésée, tous ces couples d'amants fidèles.

PUCK.

Roi des fées, écoute, fais attention,
J'entends l'alouette matinale.

OBERON.

Allons, ma reine, dans un grave silence,
Suivons en dansant l'ombre de la nuit.
Nous pouvons faire le tour du globe
D'un pas plus rapide que la lune errante.

TITANIA.

Venez, mon époux; et, dans notre vol
Dites-moi comment il s'est fait cette nuit
Que vous m'avez trouvée dormant ici
Par terre avec ces mortels.
(Ils sortent.)
(Paraissent Thésée, Égée, Hippolyte et leur suite.)

THÉSÉE. — Allez, l'un de vous, et trouvez-moi le garde forestier, car notre cérémonie est finie; et puisque voici le point du jour, ma bien-aimée entendra le concert de mes chiens. — Découplez-les dans le vallon de l'ouest : allez. — Dépêchez, vous dis-je, et trouvez le garde. — Nous allons, ma belle reine, gravir le sommet de la montagne, pour écouter la confusion harmonieuse des voix des chiens et de l'écho réunis.

HIPPOLYTE. — J'étais un jour avec Hercule et Cadmus, lorsqu'ils chassaient l'ours dans une forêt de Crète avec des chiens de Sparte : jamais je n'entendis plus vigoureuse battue. Les bois, les cieux, les fontaines, les environs entiers semblaient retentir d'un seul cri. Jamais je n'ai entendu de dissonance aussi harmonieuse, et un vacarme aussi agréable.

THÉSÉE. — Mes chiens sont de race lacédémonienne, à large gueule, tachetés de roux, leurs têtes sont ornées de longues oreilles pendantes qui balayent la rosée du matin ; les jambes sont arquées comme celle des taureaux de Thessalie ; ils sont lents à la poursuite, mais assortis en voix comme des cloches accordées à l'octave. Jamais cri plus harmonieux ne fit retentir les tayauts, et ne fut égayé par les cors, dans la Crète, à Sparte ou dans la Thessalie. Vous allez les entendre et en juger. — Mais, chut ! quelles sont ces nymphes ?

ÉGÉE. — Mon prince, c'est ma fille qui est endormie ici : celui-ci, c'est Lysandre ; voilà Démétrius ; et voici Hélène, la fille du vieux Nédar. Je suis bien étonné de les trouver ici tous ensemble.

THÉSÉE. — Sans doute ils se seront levés de grand matin pour célébrer la fête de mai ; et, instruits de nos intentions, ils sont venus ici orner la pompe de notre hymen. Mais, parlez, Égée ; n'est-ce pas aujourd'hui le jour où Hermia doit donner sa réponse sur son choix ?

ÉGÉE. — Oui, mon prince.

THÉSÉE. — Allez, ordonnez aux chasseurs de les réveiller au bruit du cor.

(On entend des cors et des cris de joie.)

(Démétrius, Lysandre, Hermia et Hélène se réveillent en sursaut et se relèvent.)

THÉSÉE. — Bonjour, mes amis : la Saint-Valentin [1] est passée. — Ces oiseaux des bois ne commencent-ils à s'accoupler qu'à présent ?

(Tous se prosternent devant Thésée.)

LYSANDRE. — Pardon, mon prince.

THÉSÉE. — Je vous prie, levez-vous tous : je sais que vous êtes deux rivaux ennemis. Comment s'est opérée cette paisible réunion entre vous ? Comment votre haine

---

[1] Allusion au proverbe que les oiseaux commencent à s'accoupler à la Saint-Valentin.

est-elle devenue si peu jalouse, que je vous trouve dormant près de la haine, sans craindre l'un de l'autre aucune inimitié?

LYSANDRE. — Mon prince, je vous répondrai avec étonnement, à demi endormi, à demi éveillé : mais en vérité, il m'est encore impossible de dire comment je suis venu en ce lieu. Je présume, car je voudrais vous dire la vérité... et en ce moment, je me rappelle... oui, je me le rappelle, je suis venu ici avec Hermia; notre dessein était de sortir d'Athènes, afin d'échapper aux dangers de la loi athénienne.

ÉGÉE. — C'est assez, c'est assez, mon prince; vous en avez assez entendu : je réclame la loi contre lui. — Ils voulaient s'évader; et par cette fuite, Démétrius, ils voulaient nous frustrer, vous de votre épouse, moi de mon consentement à ce qu'elle devînt votre femme.

DÉMÉTRIUS.—Noble duc, c'est la belle Hélène qui m'a informé de leur évasion dans ce bois, et du dessein qui les y conduisait; et moi, dans ma fureur, je les ai suivis jusqu'ici; et la belle Hélène, poussée par sa tendresse, m'a suivie. Mais, mon bon prince, je ne sais par quelle puissance (sans doute par quelque puissance supérieure) mon amour pour Hermia, fondu comme la neige, me semble en ce moment le souvenir confus des vains hochets dont je raffolais dans mon enfance; et maintenant l'unique objet de ma foi, de toutes les affections de mon cœur, l'objet et le plaisir de mes yeux, c'est Hélène seule; j'étais fiancé avec elle, mon prince, avant que j'eusse vu Hermia : comme un malade, je me dégoûtai de cette beauté; mais aujourd'hui bien portant, je reviens à mon goût naturel; maintenant, je la veux, je l'aime, je la désire, et je lui serai à jamais fidèle [1].

THÉSÉE.—Beaux amants, la rencontre est heureuse. Nous entendrons plus tard les détails de cette aventure. —Égée, je triompherai de votre volonté, tout à l'heure, dans le même temple, avec nous, ces deux couples seront

---

[1] Ces méprises d'amour ont sans doute donné l'idée du dix-septième chant de la *Pucelle*.

éternellement unis ; et nous laisserons là notre projet de chasse, car la matinée est déjà un peu avancée.—Allons, retournons tous à Athènes ; nous allons célébrer à nous six une fête solennelle. —Venez, Hippolyte.
(Thésée et Hippolyte sortent avec leur suite.)

DÉMÉTRIUS.—Toutes ces aventures paraissent comme des objets imperceptibles, comme des montagnes éloignées et confondues avec les nuages.

HERMIA.—Il me semble que je vois ces objets d'un œil troublé ; tout me paraît double.

HÉLÈNE.—C'est la même chose pour moi ; et j'ai trouvé Démétrius comme un joyau qui est à moi, et qui n'est pas à moi.

DÉMÉTRIUS.—Il me semble à moi, que nous dormons, que nous rêvons encore.—Ne croyez-vous pas que le duc était tout à l'heure ici, et qu'il nous a dit de le suivre ?

HERMIA.—Oui, et mon père y était aussi.

HÉLÈNE.—Et Hippolyte.

LYSANDRE.—Et il nous a invités à le suivre au temple.

DÉMÉTRIUS.— Alors, nous sommes éveillés.—Suivons ses pas ; et en chemin, racontons-nous nos songes.
(Ils sortent ; au moment où ils s'en vont,
Bottom se réveille.)

BOTTOM.—Quand mon tour viendra, appelez-moi, et je répondrai.—Ma première réplique est : *Très-beau Pyrame.* —Hé, holà !—Pierre Quince ; Flute, le raccommodeur de soufflets ; Snout, le chaudronnier ; Starveling... Mort de ma vie ! ils se sont évadés d'ici et m'ont laissé endormi. —J'ai eu une bien étrange vision ! j'ai fait un songe... il est au-dessus des facultés de l'homme de dire ce qu'était ce songe. L'homme n'est qu'un âne, s'il veut se mêler d'expliquer ce rêve. Il me semblait que j'étais....—Il n'y a pas d'homme qui puisse dire ce que j'étais. Il me semblait que j'étais... et il me semblait que j'avais...—Mais l'homme n'est qu'un fou en habit d'arlequin, s'il entreprend de dire ce qu'il me semblait que j'étais. L'œil de l'homme n'a jamais ouï, l'oreille de l'homme n'a jamais vu ; la main de l'homme ne peut goûter, ni sa langue concevoir ni son cœur exprimer en paroles ce qu'était mon rêve. Je veux aller trouver Pierre Quince pour qu'il compose une ballade sur mon songe : on l'appellera *le rêve de Bottom* [1], parce que c'est un rêve sans fond; et je le chanterai à la fin de la pièce, devant le duc : et peut-être même, pour rendre la pièce plus agréable, le chanterai-je à la mort de Thisbé.

(Il sort.)

SCÈNE II

La scène est à Athènes, dans la maison de Quince.

QUINCE, FLUTE, SNOUT ET STARVELING.

QUINCE.—Avez-vous envoyé chez Bottom? Est-il rentré chez lui?

STARVELING.—On ne peut avoir de ses nouvelles : sans doute, les esprits l'ont transporté loin d'ici.

FLUTE.—S'il ne vient pas, la pièce est perdue. Elle ne peut plus aller, n'est-ce pas?

QUINCE.—Ce n'est pas possible : vous n'avez pas dans tout Athènes, d'autre homme que lui en état de jouer *Pyrame*.

FLUTE.—Non; il a tout simplement le plus grand talent de tous les artisans d'Athènes.

QUINCE.—Oui, et la plus belle tournure aussi, un beau galant, avec une douce voix.

FLUTE.—Vous devriez dire une merveille incomparable. Un galant est, Dieu nous bénisse, une chose qui n'est bonne à rien!

(Entre Snug.)

SNUG.—Messieurs, le duc revient du temple; et il y a deux ou trois seigneurs et dames de plus, qui se sont mariés en même temps que lui. Si notre divertissement eût été en train, notre fortune à tous était faite.

FLUTE.—Oh! mon brave Bottom! voilà comme il a perdu six sous par jour de revenu sa vie durant : il ne pouvait manquer d'avoir six sous par jour. Si le duc ne

---

[1] *Bottom* signifie le *fond*.

lui avait pas fait six sous par jour pour jouer Pyrame, je veux être pendu ! Et il les aurait bien mérités ; oui, six sous [1] par jour, ou rien pour le rôle de Pyrame.

(Survient Bottom.)

BOTTOM. — Où sont ces camarades? où sont ces braves cœurs?

QUINCE. — Bottom ! — O le superbe jour ! ô l'heure fortunée !

BOTTOM. — Messieurs, je vais vous raconter des merveilles.... Mais ne me demandez pas ce que c'est ; car si je vous le dis, je ne suis pas un vrai Athénien : je vous dirai tout, exactement comme les choses se sont passées.

QUINCE. — Voyons, cher Bottom.

BOTTOM. — Vous n'aurez pas un mot de moi. Tout ce que je vous dirai, c'est que le duc a dîné. Revêtez-vous de vos habits; de bonnes attaches à vos barbes, des rubans neufs à vos escarpins : rendez-vous tous au palais ; que chacun jette un coup d'œil sur son rôle ; car la fin de l'histoire est que notre pièce est le divertissement préféré. A tout événement que Thisbé ait soin d'avoir du linge propre ; et que celui qui joue le lion n'aille pas rogner ses ongles, car ils passeront pour les griffes du lion ; et, mes très-chers acteurs, ne mangez point d'ognons, ni d'ail, car il faut que nous ayons une haleine douce; et, moyennant tout cela, je ne doute pas que nous ne les entendions dire : *Voilà une charmante comédie!* Plus de paroles ; allons, partons.

(Ils sortent.)

[1] « Trait de satire contre Preston, auteur de la pièce de *Cambyse*. Il joua un rôle dans la *Didon* de Nash, devant Élisabeth, qui le gratifia d'une pension de vingt livres sterling par an (ce qui ne fait guère qu'un shilling par jour). » STEEVENS.

FIN DU QUATRIÈME ACTE.

ACTE CINQUIÈME

SCÈNE I

Athènes. — Appartement dans le palais de Thésée

THÉSÉE, HIPPOLYTE, PHILOSTRATE, SEIGNEURS.
Suite.

HIPPOLYTE. — Cela est étrange, mon cher Thésée, ce que racontent ces amants !

THÉSÉE. — Plus étrange que vrai. Jamais je ne pourrai ajouter foi à ces vieilles fables, ni à ces jeux de féerie. Les amants et les fous ont des cerveaux bouillants, une imagination féconde en fantômes, et qui conçoit au delà de ce que la froide raison peut jamais comprendre. Le fou, l'amoureux et le poëte sont tout imagination. L'un voit plus de démons que l'enfer ne peut en contenir ; c'est le fou : l'amoureux, non moins extravagant, voit la beauté d'Hélène sur un front égyptien. L'œil du poëte, roulant dans un beau délire, lance son regard du ciel à la terre, et de la terre aux cieux ; et comme l'imagination donne un corps aux objets inconnus, la plume du poëte leur imprime de même des formes, et assigne à un fantôme aérien une demeure et un nom particulier ; tels sont les jeux d'une imagination puissante ; si elle conçoit un sentiment de joie, elle crée aussitôt un être, messager de cette joie : ou si, dans la nuit, elle se forge quelque terreur, avec quelle facilité un buisson devient un ours !

HIPPOLYTE. — Mais toute l'histoire qu'ils ont racontée de ce qui s'est passé cette nuit, leurs idées ainsi transformées, tout cela annonce plus que les illusions de l'imagination, et présente quelque chose de réel, mais de toute façon, d'admirable et d'étrange.

(Entrent Lysandre, Démétrius, Hermia et Hélène.)

THÉSÉE.—Voici nos amants qui viennent pleins de joie et d'allégresse. — Que le bonheur et de longs jours d'amour accompagnent vos cœurs, aimables amis !

LYSANDRE.—Que des jours plus beaux encore suivent les pas de Votre Altesse, et éclairent votre table et votre couche !

THÉSÉE.—Allons, quelles mascarades, quelles danses aurons-nous pour consumer sans ennui ce siècle de trois heures, qui doit s'écouler entre le souper et l'heure du lit? Où est l'ordonnateur habituel de nos fêtes? Quels divertissements sont préparés? N'y a-t-il point de comédie, pour soulager les angoisses de cette heure éternelle? Appelez Philostrate.

PHILOSTRATE.—Me voici, puissant Thésée.

THÉSÉE.—Dites ; quel passe-temps avez-vous pour cette soirée? Quelle mascarade? Quelle musique? Comment tromperons-nous l'ennui du temps paresseux, si nous n'avons pas quelque plaisir pour nous distraire?

PHILOSTRATE. — Voilà la liste des divertissements qui sont préparés. Choisissez celui que Votre Altesse préfère voir le premier.

(Il lui remet un écrit.)

THÉSÉE lit.—*Le combat des centaures pour être chanté par un eunuque athénien, sur la harpe.*—Nous ne voulons pas de cela ; j'en ai fait tout le récit à ma bien-aimée, à la gloire de mon parent Hercule.—*La fureur des bacchantes enivrées, déchirant le chantre de la Thrace dans leur rage.* —C'est un vieux sujet; et je l'ai vu jouer la dernière fois que je revins vainqueur de Thèbes.—*Les neuf muses pleurant la mort de la Science, récemment décédée dans l'indigence*[1].— C'est quelque critique, quelque satire mordante, et cela ne va pas à une fête de noces.— *Une ennuyeuse et courte scène du jeune Pyrame, avec sa maîtresse Thisbé;*

---

[1] Allusion à un poëme de Spencer. Ce poëte mourut de misère en 1598.

farce vraiment tragique.—Tragique et comique à la fois ! courte et ennuyeuse ! C'est comme qui dirait de la glace chaude, et de la neige d'une espèce aussi rare. Comment accorder ces contraires ?

PHILOSTRATE.— C'est, mon prince, une pièce longue de quelque dizaine de mots, ce qui est aussi court qu'aucune pièce de ma connaissance ; mais avec ces dix mots, mon prince, elle est encore trop longue, ce qui la rend ennuyeuse ; car, dans toute la pièce, il n'y a pas un mot à sa place, ni un seul acteur propre à son rôle ; et c'est une pièce tragique, mon prince ; car Pyrame se tue lui-même à la fin : ce qui, je vous l'avoue, quand je l'ai vu répéter, a rendu mes yeux humides ; mais de larmes plus gaies, que n'en ont jamais fait jaillir les plus bruyants éclats de rires.

THÉSÉE.—Quels sont les acteurs ?

PHILOSTRATE. — Des artisans, aux mains calleuses, qui travaillent ici dans Athènes, mais qui n'ont jamais travaillé d'esprit jusqu'à ce moment ; ils se sont avisés aujourd'hui de charger de cette pièce leur mémoire inexercée, pour la cérémonie de vos noces.

THÉSÉE.—Nous voulons la voir jouer.

PHILOSTRATE. — Non, mon noble duc ; elle n'est pas digne de vous : je l'ai entendue d'un bout à l'autre, et cela ne vaut rien, rien au monde ; à moins que vous ne trouviez quelque amusement dans leur intention, en les voyant se tourmenter, et réciter avec tant de peine, pour plaire à Votre Altesse.

THÉSÉE.—Je veux entendre cette pièce : tout ce qui est offert par la simplicité et le zèle est toujours bien. Allez, faites-les venir.—Et vous, mesdames, prenez vos places

(Philostrate sort.)

HIPPOLYTE.—Je n'ai pas de plaisir à voir des malheureux échouer, et le zèle succomber dans ses efforts pour plaire.

THÉSÉE.—Hé ! ma chère, vous ne verrez pas cela non plus.

HIPPOLYTE.—Il dit qu'ils ne peuvent rien faire de supportable en ce genre.

THÉSÉE.—Nous n'en paraitrons que plus généreux, en les remerciant, sans qu'ils nous aient rien donné. Notre plaisir sera de comprendre ce qui fait le sujet de leurs erreurs. Là où la bonne volonté échoue, un noble cœur considère l'intention, non le mérite de l'action. Dans mes voyages, souvent de grands clercs formaient le projet de me complimenter par des harangues longtemps étudiées; et, lorsque je les voyais frissonner et pâlir, rester court au milieu de leurs périodes, étouffer dans leur peur leur voix exercée, et pour conclusion rester muets et sans harangue, croyez-moi, ma chère, je cueillais un compliment dans le silence, et j'en lisais autant dans la modestie de leur zèle timide, que dans la bruyante voix d'une éloquence audacieuse et arrogante; l'affection et la simplicité muette m'en disent donc beaucoup plus que tout ce que je pourrais entendre.

(Philostrate revient.)

PHILOSTRATE. — S'il plaît à Votre Altessse, le Prologue est tout prêt.

THÉSÉE.—Qu'il s'avance.

(On joue une fanfare.) [1].
(Le Prologue entre.)

LE PROLOGUE.—« Si nous déplaisons, c'est avec notre
« bonne volonté; il faut que vous pensiez que nous ne
« venons pas pour offenser, mais par notre bonne vo-
« lonté, vous montrer notre simple savoir-faire, voilà le
« véritable commencement de notre fin. Considérez donc
« que nous ne venons qu'avec dépit. Nous ne venons
« point comme pour vous contenter; mais c'est notre
« véritable intention. Nous ne sommes pas ici pour
« votre plaisir; que si vous avez regret, les acteurs sont
« tout prêts et par leur jeu vous saurez tout ce qu'il y a
« apparence que vous sachiez. »

THÉSÉE.—Ce garçon ne s'arrête pas sur les points.

LYSANDRE.—Il a galopé son prologue, comme un jeune cheval; il ne connaît point d'arrêt. Voilà une bonne

---

[1] Il paraît que le prologue était anciennement introduit au son des trompettes.

leçon, mon prince : il ne suffit pas de parler ; il faut parler sensément.

HIPPOLYTE. — En vérité, il a joué sur son prologue comme un enfant sur une flûte : des sons, mais sans mesure.

THÉSÉE.—Son discours ressemblait à une chaîne embrouillée ; il n'y avait aucun anneau de moins, mais tous étaient en désordre. Qui vient après lui?

(Entrent Pyrame, Thisbé, la Muraille, le Clair-de-Lune et le Lion, comme dans une pantomime.)

LE PROLOGUE,—« Seigneurs, peut-être êtes-vous éton-
« nés de ce spectacle ; mais étonnez-vous jusqu'à ce que
« la vérité vienne tout éclaircir. Ce personnage, c'est
« Pyrame, si vous voulez le savoir. Cette belle dame,
« c'est bien certainement Thisbé. Cet homme, enduit
« de chaux et de crépi, représente une muraille, cette
« odieuse muraille qui séparait ces deux amants ; et les
« pauvres enfants, il faut qu'ils se contentent de mur-
« murer tout bas au travers d'une fente de la muraille,
« que personne ne s'en étonne. Cet autre, avec sa lan-
« terne, un chien et un buisson d'épines, représente le
« clair de lune; car, si vous voulez le savoir, ces deux
« amants ne se firent pas scrupule de se donner rendez-
« vous au clair de lune, à la tombe de Ninus, pour s'y
« faire la cour. Cette terrible bête, qui, de son nom,
« s'appelle un lion, fit reculer, ou plutôt épouvanta la
« fidèle Thisbé venant dans l'ombre de la nuit ; et en
« fuyant, elle laissa tomber son manteau, que l'infâme
« lion teignit de sa gueule ensanglantée. Aussitôt arrive
« Pyrame, ce beau et grand jeune homme, et il trouve
« le manteau sanglant de sa fidèle Thisbé. A cette vue,
« avec son épée, sa coupable et sanguinaire épée, il
« perce bravement son sein bouillant ; et Thisbé, qui
« s'était arrêtée sous l'ombrage d'un mûrier, retira son
« poignard, et mourut. Quant au reste, que le Lion, le
« Clair-de-Lune, la Muraille et les deux amants l'ex-
« pliquent dans leurs grands discours tant qu'ils seront
« en scène. »

(Sortent le Prologue, Thisbé, le Lion et le Clair-de-Lune.)

THÉSÉE.—Je me demande si le lion doit parler.

DÉMÉTRIUS. — Il n'y a rien d'étonnant à cela, mon prince : un lion peut parler, si tant d'ânes le peuvent[1].

LA MURAILLE.— « Dans le même intermède, il se trouve
« que moi, qui de mon nom m'appelle *Snout*, je repré-
« sente une muraille, et une muraille qui, veuillez m'en
« croire, a un trou ou une crevasse, par laquelle les deux
« amants, Pyrame et Thisbé, murmuraient souvent en
« secret. Cette chaux, ce crépi et cette pierre vous
« montrent que je suis précisément cette muraille : voilà
« la vérité. Et voici à droite et à gauche l'ouverture, la
« lézarde par laquelle ces timides amants doivent se
« parler tout bas. »

THÉSÉE. — Peut-on demander à la chaux et à la bourre de mieux parler ?

DÉMÉTRIUS. — C'est, mon prince, le mur le plus spirituel que j'aie jamais entendu.

THÉSÉE.—Voilà Pyrame qui s'approche de la muraille : silence.

PYRAME. — « O nuit au lugubre visage, ô sombre nuit !
« ô nuit, qui es toujours, quand le jour n'est plus ! ô
« nuit ! ô nuit ! hélas ! hélas ! je crains bien que ma
« Thisbé n'ait oublié sa promesse ! — Et toi, ô muraille !
« ô douce et aimable muraille ! qui est élevée entre le
« terrain de son père et le mien ! toi, muraille ! ô mu-
« raille ! ô muraille ! ô aimable et douce muraille,
« montre-moi ta lézarde, que je puisse regarder au
« travers avec mes yeux ! (*La muraille écarte ses doigts.*)
« Je te rends grâces, courtoise muraille ; que Jupiter te
« protége en récompense ! Mais, que vois-je ? Je ne vois
« point de Thisbé ! O maudite muraille, au travers de
« laquelle je ne vois point mon bonheur ; maudites
« soient tes pierres, pour me tromper ainsi ! »

THÉSÉE. — La muraille, étant sensible, devrait, ce me semble, le maudire à son tour.

PYRAME. — « Non, monsieur ; en vérité, elle ne le
« doit pas. — *Me tromper ainsi*, est la réclame du rôle de

---

[1] Allusion à une fable de l'Estrange : *les Anes juges de paix.*

« Thisbé : c'est à elle à paraître maintenant, et je vais
« la chercher des yeux à travers la muraille. Vous verrez
« que tout cela va arriver juste comme je vous l'ai dit.
« Tenez, la voilà qui vient. »

THISBÉ. — « O muraille! tu as souvent entendu mes
« plaintes de ce que tu séparais mon beau Pyrame et
« moi : mes lèvres vermeilles ont souvent baisé tes
« pierres cimentées avec de la chaux et de la bourre! »

PYRAME. — « Je vois une voix; je veux m'approcher de
« la fente, pour voir si je peux entendre le visage de ma
« Thisbé. — Thisbé! »

THISBÉ. — « Mon amant! Tu es mon amant, je
« crois. »

PYRAME. — « Crois ce que tu voudras; je suis ton cher
« amant, et je suis toujours fidèle comme Liandre [1]. »

THISBÉ. — « Et moi, comme Hélène, jusqu'à ce que les
« destins me tuent. »

PYRAME. — « Jamais Saphale [2] ne fut si fidèle à Procrus. »

THISBÉ. — « Comme Saphale fut fidèle à Procrus, je le
« suis pour toi. »

PYRAME. — « Oh! donne-moi un baiser par le trou de
« cette odieuse muraille. »

THISBÉ. — « Je baise le trou de la muraille, et point
« tes lèvres. »

PYRAME. — « Veux-tu venir tout à l'heure me rejoindre
« à la tombe de Ninny? »

THISBÉ. — « A la vie ou à la mort, j'y vais sans délai. »

LA MURAILLE. — « Moi, muraille, me voilà à la fin de
« mon rôle; et, mon rôle étant fini, c'est ainsi que la
« muraille s'en va. »

(La Muraille, Pyrame, Thisbé, sortent.)

THÉSÉE. — Maintenant la voilà donc à bas la muraille
qui séparait les deux voisins.

DÉMÉTRIUS. — Il n'y a pas de remède, mon prince,
quand les murailles sont si prestes à entendre sans en
prévenir.

---

[1] Il y a, dans ce texte, Limandre. Liandre est le mot consacré dans nos parades; le beau Liandre pour Léandre.

[2] Saphale pour Céphale, Procrus pour Procris.

HIPPOLYTE. — Ceci est la plus sotte absurdité que j'aie jamais entendue.

THÉSÉE. — La meilleure de ces représentations n'est qu'une illusion, et la pire de toutes ne sera pas pire, si l'imagination veut l'embellir.

HIPPOLYTE. — Il faut que ce soit votre imagination qui s'en charge alors et non pas la leur.

THÉSÉE. — Si nous ne pensons pas plus d'eux qu'ils n'en pensent eux-mêmes, ils peuvent passer pour d'excellents acteurs. — Voici deux fameuses bêtes qui s'avancent, une lune et un lion.

(Entrent le Lion et le Clair-de-Lune.)

LE LION. — « Belles dames, vous dont le cœur timide
« frémit à la vue de la plus petite souris qui court sur
« le plancher, vous pourriez ici frissonner et trembler
« d'effroi lorsqu'un lion féroce vient à rugir dans sa
« rage. Sachez donc que moi, Snug le menuisier,
« je ne suis ni un lion féroce ni la femelle d'un lion ;
« car si j'étais venu comme un lion irrité dans ce lieu,
« ma vie courrait de grands dangers. »

THÉSÉE. — Une fort bonne bête, et d'une honnête conscience.

DÉMÉTRIUS. — La meilleure bête, pour une bête bête, que j'ai jamais vue, mon prince.

LYSANDRE. — Ce lion est un vrai renard par la valeur.

THÉSÉE. — Cela est vrai ; et un véritable oison par la prudence.

DÉMÉTRIUS. — Non pas, mon prince ; car sa valeur ne peut emporter sa prudence, et le renard emporte l'oison.

THÉSÉE. — Sa prudence, j'en suis sûr, ne peut emporter sa valeur ; car l'oison n'emporte pas le renard. C'est à merveille ; laissez-le à sa prudence, et écoutons la Lune.

LE CLAIR-DE-LUNE. — « Cette lanterne vous représente la lune et ses cornes.

DÉMÉTRIUS. — Il aurait dû porter les cornes sur sa tête.

THÉSÉE. — Ce n'est pas un croissant ; et ses cornes sont invisibles dans la circonférence.

LE CLAIR-DE-LUNE. — « Cette lanterne représente la

« lune et ses cornes; et moi j'ai l'air d'être l'homme
« dans la lune[1]. »

THÉSÉE. — Cette erreur est la plus grande de toutes :
l'homme devrait être mis dans la lanterne; autrement,
comment serait-il l'homme dans la lune?

DÉMÉTRIUS. — Il n'ose pas se fourrer là, à cause de la
chandelle; car vous voyez qu'elle flambe déjà.

HIPPOLYTE. — Je suis lasse de cette lune : je voudrais
que la scène changeât.

THÉSÉE. — Il paraît, à sa petite lueur de prudence,
qu'il est dans le decours. Mais cependant, par politesse et
par raison, il faut attendre le temps voulu.

LYSANDRE. — Poursuis, lune.

LE CLAIR-DE-LUNE. — « Tout ce qui me reste à vous
« dire, c'est de vous déclarer que la lanterne est la lune;
« moi l'homme dans la lune; ce buisson d'épines, mon
« buisson d'épines; et ce chien, mon chien. »

DÉMÉTRIUS. — Eh! mais, tout cela devrait être dans la
lanterne; car ils sont dans la lune. Mais, silence; voici
Thisbé.

THISBÉ. — « Voici la tombe du vieux Ninny. Où est
« mon amant? »

LE LION. — « Hoh! »
(Le Lion rugit, Thisbé s'enfuit.)

DÉMÉTRIUS. — Bien rugi, lion!

THÉSÉE. — Bien couru, Thisbé!

HIPPOLYTE. — Bien brillé, lune! — Vraiment, la lune
luit de fort bonne grâce.
(Le Lion déchire le manteau de Thisbé, et sort.)

THÉSÉE. — Bien mâché, lion!

DÉMÉTRIUS. — Et voilà Pyrame qui vient.

LYSANDRE. — Et la lune qui disparaît.

PYRAME. — « Douce lune, je te remercie de tes rayons
« solaires! Je te rends grâces, lune, de ta clarté si
« brillante; car à la lumière de tes rayons gracieux,
« dorés et brillants, je me promets de goûter la vue de
« la très-fidèle Thisbé! »

[1] Ce personnage n'était pas nouveau. Shakspeare le tourne ici
en ridicule.

Mais, arrêtons, ô horreur!
Mais, voyons : pauvre chevalier,
Quel affreux objet s'offre ici?
Mes yeux, voyez-vous?
Comment cela peut-il être?
O ma petite poule, ô ma chère !
Ton beau manteau,
Quoi donc, est-il teint de sang?
Approchez, cruelles furies ;
O destin : venez, venez,
Coupez fil et filasse ;
Écrasez, détruisez, égorgez, et finissez tout!

THÉSÉE. — Cette fureur et la mort d'un tendre amant seraient capables de rendre un homme triste.

HIPPOLYTE. — J'en veux à mon cœur ; mais j'ai pitié de lui.

PYRAME. — « O nature! pourquoi formas-tu des lions? « Puisque cet infâme lion a défloré ici ma chère maî- « tresse, qui est... non, non, qui était la plus belle per- « sonne qui ait vécu, qui ait aimé, qui ait caressé, qui « ait regardé de ses beaux yeux. »

Venez, larmes, confondez-vous, —
A moi, mon épée, et blesse
Le sein de Pyrame :
Oui, le sein gauche
Où palpite le cœur.
Ainsi je meurs, je meurs, je meurs,
Maintenant je suis mort,
Maintenant je suis parti de ce monde;
Mon âme est dans les cieux.
Langue, perds ta lumière ;
Lune, prends la fuite ;
Et maintenant, meurs, meurs, meurs.
Meurs, meurs,
(Il meurt. Le Clair-de-Lune sort.)

DÉMÉTRIUS. — Plus de dé pour lui si ce n'est l'as, car il n'est plus qu'*un*[1].

LYSANDRE. — Il est moins qu'un as, ami, car il est mort ; il n'est rien.

---

[1] « *Die,* mourir, et *die,* équivoque. » FARMER.

ACTE V, SCÈNE I.

THÉSÉE.—Avec le secours d'un chirurgien, il pourrait en revenir encore et se trouver un âne.

HIPPOLYTE.—Par quel hasard le Clair-de-Lune s'en est-il allé, avant que Thisbé revienne et trouve son amant?

THÉSÉE. — Elle le trouvera à la clarté des étoiles.—La voici qui s'avance, et sa douleur va finir la pièce.

(Thisbé paraît.)

HIPPOLYTE. — Il me semble qu'elle ne doit pas être fort longue, pour un pareil Pyrame; j'espère qu'elle sera courte.

DÉMÉTRIUS. — Lequel de Pyrame ou de Thisbé vaut le mieux? Un atome ferait pencher la balance.

LYSANDRE. — Elle l'a déjà aperçu avec ses beaux yeux.

DÉMÉTRIUS. — Et la voilà qui va gémir : vous allez entendre.

THISBÉ.

Dors-tu, mon amant?
Quoi! serais-tu mort, mon beau tourtereau?
O Pyrame! lève-toi :
Parle, parle-moi : tout à fait muet?
Donc, mort, mort? Une tombe
Doit donc couvrir tes yeux.
Ce front de lis,
Ce nez vermeil,
Ces joues jaunes comme la primevère,
Sont évanouis, sont évanouis.
Amants, gémissez;
Ses yeux étaient verts comme porreau.
O vous, trio de sœurs,
Venez, venez à moi.
Avec vos mains pâles comme le lait,
Teignez-les dans le sang,
Puisque vous avez coupé
De vos ciseaux son fil de soie.
Langue, n'ajoute pas un mot;
Viens, fidèle épée,
Viens, lame tranchante, plonge-toi dans mon sein,
Et adieu, mes amis.
Ainsi finit Thisbé.
Adieu, adieu, adieu.

(Elle meurt.)

THÉSÉE. — Le clair de lune et le lion sont restés pour enterrer les morts.

DÉMÉTRIUS. — Oui, et la muraille aussi.

BOTTOM. — Non, je puis vous l'assurer. La muraille qui séparait leurs pères est à bas. — Vous plaît-il de voir l'épilogue, ou d'entendre une danse bergamasque [1], entre deux acteurs de notre troupe?

THÉSÉE. — Point d'épilogue, je vous prie; car votre pièce n'a pas besoin d'apologie : ne vous excusez-pas; car lorsque tous les acteurs sont morts, il n'est pas besoin d'en blâmer aucun. Vraiment, si celui qui a composé cette pièce avait joué le rôle de Pyrame, et qu'il se fût pendu avec la jarretière de Thisbé, cela aurait fait une bien belle tragédie; et c'en est une en vérité, et jouée avec distinction. Mais, voyons notre bergamasque : laissez là votre épilogue. (*Une danse de paysans bouffons.*) La langue de fer de minuit a prononcé douze : amants, au lit; c'est presque l'heure des fées. Je crains bien que nous ne dormions trop tard le matin, comme nous avons veillé trop longtemps cette nuit. Cette farce grossière nous a bien trompés sur la marche pesante de la nuit. — Chers amis, allons à notre lit : en l'honneur de cette solennité, nous passerons quinze jours entiers dans les fêtes nocturnes et des divertissements nouveaux, et chaque jour amènera de nouveaux plaisirs, pour célébrer cette fête.

(Tous sortent.)

SCÈNE II

Entre PUCK.

Voici l'heure où le lion affamé rugit,
Où le loup hurle à la lune,
Tandis que le lourd laboureur ronfle
Épuisé de sa pénible tâche.
Maintenant les tisons consumés brillent dans le foyer;
La chouette, poussant son cri sinistre,
Rappelle aux malheureux, couchés dans les douleurs,

---

[1] On sait que les danses bergamasques ont eu longtemps de la réputation.

ACTE V, SCÈNE II.

Le souvenir d'un drap funèbre.
Voici le temps de la nuit,
Où les tombeaux, tous entr'ouverts,
Laissent échapper chacun son spectre,
Qui va errer dans les sentiers des cimetières.
Et nous, fées, qui voltigeons
Près du char de la triple Hécate,
Fuyant la présence du soleil,
Et suivant l'ombre comme un songe,
Nous gambadons maintenant. Pas une souris
Ne troublera cette maison sacrée.
Je suis envoyé devant, avec un balai,
Pour balayer la poussière derrière la porte [1].

(Entrent Oberon et Titania avec leur cour.)

OBERON.

Qu'une faible lumière éclaire cette maison
Par le moyen de ce feu mourant;
Que tous les esprits et toutes les fées
Sautent d'un pied léger, comme l'oiseau sur la branche.
Répétez après moi ce couplet :
Chantez et dansez rapidement à sa mesure.

TITANIA.

D'abord, répétez ce couplet par cœur;
Et à chaque mot une cadence;
Les mains enlacées, avec la grâce des fées,
Nous chanterons et nous bénirons cette demeure.

(Chant et danse [2].)

OBERON.

A présent, jusqu'à la pointe du jour,
Que chaque fée erre dans ce palais.
Nous irons au beau lit nuptial,
Et il sera béni parmi nous;
Et la lignée qui y sera engendrée
Sera toujours heureuse.
Ces trois couples d'amants
Seront toujours sincères et fidèles,
Et les taches de la main de la nature
Ne se verront point sur leurs enfants.

[1] La propreté est nécessaire pour attirer chez soi des fées propices.
[2] On prétend qu'il y a ici deux couplets perdus.

Jamais signe, bec de lièvre, cicatrice,
Ou marque de sinistre augure, qui sont
Si pénibles à voir au jour de la nativité,
N'existeront pour leurs enfants.
Fées, dispersez-vous ;
Qu'avec la rosée des champs
Chacune voue chaque appartement
De ce palais à la douce paix,
Il subsistera toujours en sûreté,
Et le maître en sera toujours béni.
 Allons, vite,
 Ne tardons plus
Venez me rejoindre au point du jour,
  (Oberon et Titania sortent avec leur cour.)

PUCK.

Si nous, légers fantômes, nous avons déplu,
Figurez-vous seulement (et tout sera réparé),
Que vous avez fait ici un court sommeil,
Tandis que ces visions erraient autour de vous.
Seigneurs, ne blâmez point
Ce faible et vain sujet,
Et ne le prenez que pour un songe :
Si vous faites grâce, nous corrigerons.
Et comme je suis un honnête Puck,
Si nous avons le bonheur immérité
D'échapper cette fois à la langue du serpent [1],
Nous ferons mieux avant peu.
Ou tenez Puck pour un menteur.
Ainsi ; bonne nuit à tous.
Prêtez-moi le secours de vos mains si nous sommes amis
Et Robin vous dédommagera quelque jour.
        (Il sort.)

[1] Les sifflets.

FIN DU CINQUIÈME ET DERNIER ACTE.

TOUT EST BIEN
QUI FINIT BIEN
COMEDIE

NOTICE

SUR

TOUT EST BIEN QUI FINIT BIEN

C'est à une des plus intéressantes nouvelles de Boccace que nous devons cette pièce. En voici les principaux événements que Shakspeare a transportés sur la scène en leur donnant une nouvelle vie, par ce charme de sensibilité et cette verve comique qui lui manquent si rarement.

Un grand médecin, appelé Gérard de Narbonne, avait laissé une fille qui, élevée dans le palais du comte de Roussillon, avait conçu l'amour le plus tendre pour son fils unique, le jeune Bertrand. Celui-ci fut mandé à la cour après la mort de son père, et la pauvre Gillette, c'était le nom de la fille de Gérard, resta en Roussillon bien résolue de n'avoir jamais d'autre époux que Bertrand.

Bientôt elle apprit que le roi souffrait beaucoup d'une fistule déclarée incurable; son père lui avait légué plusieurs secrets de son art, et Gillette conçut l'espoir de guérir le monarque. Elle se rendit à Paris. Le roi lui promit que, si son remède réussissait, il la marierait avec l'homme le plus noble et le plus riche du royaume, qu'elle choisirait elle-même. Il fut guéri et Gillette demanda le comte Bertrand.

Celui-ci se crut déshonoré par une alliance au-dessous de son rang; mais le roi commanda en maître, il fallut obéir. Aussitôt après la célébration du mariage, le comte Bertrand partit pour la Toscane et prit du service parmi les Florentins alors en guerre avec les Siennois. Gillette s'en retourna en Roussillon d'où elle envoya dire au comte que, si sa présence était la cause de son exil volontaire, elle s'éloignerait pour toujours. Bertrand lui fit répondre qu'il était fermement résolu de ne point vivre avec elle jusqu'au jour où elle serait en possession de son anneau, et aurait un fils de lui. Il croyait exiger l'impossible; mais Gillette déguisée en pèlerine, partit pour Florence où elle logea chez une veuve, qui, sans la connaître, lui apprit que le comte de Roussillon était amoureux d'une de ses voisines, jeune, belle et vertueuse quoique pauvre. Gillette fut trouver la mère de sa rivale, se découvrit à elle et lui promit une forte récompense si elle voulait favoriser ses projets. On fit dire au comte que la jeune fille céderait à ses vœux, mais qu'elle demandait son anneau pour gage de sa foi. Bertrand envoya son anneau et s'empressa d'aller à une heure fixée au rendez-vous qui lui fut donné. Ce fut Gillette qui le reçut dans ses bras et qui répéta plusieurs fois cette innocente supercherie, jusqu'à ce que des signes évidents de grossesse vinssent accomplir tous ses souhaits. Enfin le comte, instruit de l'absence de sa femme et cédant aux instances de ses vassaux, revint dans sa patrie. Cependant Gillette mit au monde deux enfants jumeaux qui ressemblaient beaucoup à leur père; elle se rendit elle-même en Roussillon après ses couches, et y arriva le jour où son époux donnait un grand festin. La pèlerine se présenta au milieu de l'assemblée portant ses deux enfants sur ses bras. Elle se jeta aux genoux du comte, lui donna l'anneau et lui avoua tout. Bertrand touché reçut Gillette pour son épouse.

Tout ce que Shakspeare a ajouté à ce fond, déjà si intéressant, n'est pas également heureux et probable. L'obstination et la pétulance de Bertrand sont bien peintes; mais son caractère nous semble odieux; c'est un gentilhomme sans générosité, lâche, ingrat et menteur éhonté. Le poëte devait aux vertus d'Hélène et à la morale de le punir; mais il avait peut-être malgré lui de l'indulgence pour le fils de cette comtesse si bonne et si aimable, et que sa sagesse et sa tendresse pour Hélène élèvent au-dessus de tous les préjugés ridicules de la naissance. Shakspeare n'a peut-être pas osé être trop sévère pour celui qu'aimait cette même Hélène, si douce et si modeste malgré la position critique où l'a placée le sot orgueil de Bertrand; on devine ce sentiment du poëte dans la conduite du roi, dont la reconnaissance ingénieuse eût craint d'humilier sa bienfaitrice dans son époux.

Le personnage comique de la pièce est un peu usé sur le théâtre depuis que nous y avons tant de fanfarons de la même famille; mais Parolles et ses aventures ont passé en proverbe en Angleterre. La scène du tambour est digne de Molière, et nous apprécierions encore davantage Parolles, si nous ne connaissions pas Falstaff.

Selon Malone, cette pièce aurait été composée en 1598.

TOUT EST BIEN
QUI FINIT BIEN
COMÉDIE

PERSONNAGES

LE ROI DE FRANCE.
LE DUC DE FLORENCE.
BERTRAND, comte de Roussillon.
LAFEU, vieux courtisan.
PAROLLES [1], parasite à la suite de Bertrand.
PLUSIEURS JEUNES SEIGNEURS FRANÇAIS, qui servent avec Bertrand dans la guerre de Florence.
UN INTENDANT,   au service
UN PAYSAN BOUFFON, de la comtesse de Roussillon.

LA COMTESSE DE ROUSSILLON, mère de Bertrand.
HÉLÈNE, protégée de la comtesse.
UNE VIEILLE VEUVE de Florence.
DIANE, fille de cette veuve.
VIOLENTA, voisines et amies de la
MARIANA [2], veuve.
SEIGNEURS DE LA COUR DU ROI, UN PAGE OFFICIERS, SOLDATS FRANÇAIS ET FLORENTINS.

La scène est tantôt en France, tantôt en Toscane.

ACTE PREMIER

SCÈNE I

On est en Roussillon. Appartement dans le palais de la comtesse

Entrent BERTRAND, LA COMTESSE DE ROUSSILLON HÉLÈNE ET LAFEU, *tous en deuil.*

LA COMTESSE.—En laissant mon fils se séparer de moi, j'enterre un second époux.

BERTRAND.—Et moi, en m'éloignant, madame, je pleure de nouveau la mort de mon père : mais il me faut obéir aux ordres de Sa Majesté. Devenu son pupille [3], je suis plus que jamais dans sa dépendance.

---

[1] *Parolles*, mauvaise orthographe de notre mot *parôle*.
[2] Personnage muet qui ne paraît qu'une fois.
[3] Les enfants mineurs des grands seigneurs féodaux étaient les pupilles du monarque.

LAFEU.—Vous, madame, vous retrouverez un époux dans la bonté du roi. (*A Bertrand.*) Et vous, seigneur, un père. Un roi, qui dans tous les temps est si universellement bon, doit nécessairement conserver sa bienveillance pour vous, dont le mérite la ferait naître là où elle manquerait bien loin de ne la pas trouver là où elle abonde.

LA COMTESSE.—Que peut-on espérer de la guérison du roi?

LAFEU.—Madame, il a congédié tous ses médecins. Sous leur direction, il a fatigué le temps de ses espérances, sans trouver d'autre avantage dans leurs remèdes que de perdre l'espérance avec le temps.

LA COMTESSE.—Cette jeune personne avait un père (oh! *avait!* que ce mot réveille un triste souvenir!) dont la science égalait presque la probité. Si elle eût été aussi loin, il aurait rendu la nature immortelle, et la mort aurait pu jouer faute d'ouvrage. Plût à Dieu que pour le bonheur du roi il fût encore vivant! je crois qu'il aurait été la mort de sa maladie.

LAFEU. — Comment l'appeliez-vous, madame, cet homme dont vous parlez?

LA COMTESSE.—Il était fameux, monsieur, dans son art, et il avait bien mérité de l'être;—Gérard de Narbonne.

LAFEU.—C'était vraiment un habile homme, madame. Le roi parla de lui dernièrement avec beaucoup d'éloges et de regrets. Il avait assez de science pour vivre encore, si la science pouvait être un préservatif du trépas.

BERTRAND.—Quel est le mal, mon bon seigneur, qui mine les jours du roi?

LAFEU.—Une fistule, seigneur.

BERTRAND.—Je n'avais jamais entendu parler de ce mal.

LAFEU.—Je voudrais bien qu'il fût encore inconnu.—Cette jeune personne est donc la fille de Gérard de Narbonne?

LA COMTESSE.—Sa seule enfant, seigneur, et léguée à mes soins. J'ai d'elle toutes les bonnes espérances que promet son éducation. Elle hérite de ces heureuses dispositions qui embellissent encore les beaux dons de la nature ; car, lorsqu'un naturel pervers est doué d'aimables qualités, ces éloges sont mêlés de pitié, puisque ces qualités sont à la fois des vertus et des traîtres : chez Hélène, elles sont relevées encore par sa simplicité ; elle a reçu la vertu de la nature, et elle a su se rendre parfaite.

LAFEU. — Vos louanges, madame, font couler ses larmes.

LA COMTESSE.—C'est la meilleure manière dont une jeune fille puisse assaisonner l'éloge qu'elle entend d'elle. Le souvenir de son père n'approche jamais de son cœur que la violence de son chagrin ne prive ses joues de tout signe de vie. N'y pensez plus, Hélène : allons, plus de larmes ; on pourrait croire que vous affectez plus de tristesse que vous n'en ressentez.

HÉLÈNE.—J'ai l'air triste, en effet ; mais je le suis réellement.

LAFEU.—Des regrets modérés sont un tribut que l'on doit aux morts : le chagrin excessif est l'ennemi des vivants.

HÉLÈNE.—Si les vivants sont ennemis du chagrin, il se détruit bientôt par son excès même.

BERTRAND.—Madame, je demande votre bénédiction.

LAFEU.—Comment entendons-nous cela?

LA COMTESSE.—Reçois ma bénédiction, Bertrand. Ressemble à ton père par tes actions comme par tes traits. Que la noblesse de ton sang et ta vertu rivalisent en toi, et que ton mérite partage avec ta naissance. Aime tous les hommes ; fie-toi à quelques-uns ; ne fais tort à aucun. Fais craindre plutôt que sentir ta puissance à ton ennemi. Garde ton ami sous la clef de ta propre vie. Qu'on te reproche ton silence, et jamais d'avoir parlé. Que toutes les grâces que le ciel voudra t'accorder encore et que mes prières importunes pourront lui arracher, pleuvent sur ta tête ! Adieu, seigneur.—Ce jeune homme est un courtisan bien novice. Mon cher seigneur, conseillez-le.

LAFEU.—Il ne peut manquer de recevoir les meilleurs conseils, si son amitié veut les écouter.

LA COMTESSE.—Que le ciel te bénisse! Adieu, Bertrand.
(Elle sort.)

BERTRAND, à *Hélène*.—Que tous les vœux qui peuvent se former dans votre cœur soient vos serviteurs! Soyez la consolation de ma mère, votre maîtresse, et qu'elle vous soit chère.

LAFEU.—Adieu, ma belle enfant. Vous devez soutenir la réputation de votre père.
(Bertrand et Lafeu sortent.)

HÉLÈNE.—Oh! si c'était tout!—Je ne pense plus à mon père; et ces grosses larmes honorent plus sa mémoire que celles que j'ai répandues pour lui. — A qui ressemblait-il donc? Je l'ai oublié. Mon imagination ne conserve aucune image que celle de Bertrand. Je suis perdue; il n'y a plus de vie, plus de vie pour moi, si Bertrand s'éloigne de ces lieux. Autant vaudrait que je fusse éprise de quelque étoile brillante, et que je songeasse à l'épouser; tant il est au-dessus de moi! Il faut que je me contente de recevoir les obliques rayons de sa lumière éloignée. Je ne puis arriver jusqu'à sa sphère : ainsi l'ambition de mon amour est son propre tourment. La biche qui voudrait s'unir avec le lion doit mourir d'amour. Il m'était doux, quoique ce fût une souffrance, de le voir à toute heure, de m'asseoir devant lui, et de pouvoir graver le bel arc de ses sourcils, son œil fier et ses cheveux bouclés, sur la table de mon cœur,... mon cœur trop prompt à retracer tous les traits et les particularités de son visage chéri. Mais à présent le voilà parti, et mon amour idolâtre va sanctifier ses reliques. —Qui vient ici?—(*Entre Parolles.*) Un homme de sa suite, que j'aime à cause de Bertrand; et cependant je le connais pour un menteur avéré. Je le regarde comme aux trois quarts sot, et comme un lâche parfait. Cependant toutes ces mauvaises qualités lui vont si bien qu'elles trouvent un asile, tandis que la vertu, d'une trempe d'acier, se morfond exposée aux injures de l'air. Aussi voyons-nous très-souvent la Sagesse glacée au service de la Folie pompeusement parée.

PAROLLES —Dieu vous garde, belle reine!

HÉLÈNE.—Et vous aussi, monarque!

PAROLLES.—Monarque? non.

HÉLÈNE.—Ni reine non plus.

PAROLLES.—Étiez-vous là occupée à méditer sur la virginité?

HÉLÈNE.—Oui. Vous avez quelque chose de l'air d'un guerrier. Il faut que je vous fasse une question : l'homme est l'ennemi de la virginité ; par quel moyen pouvons-nous la défendre contre ses attaques?

PAROLLES.—Tenez-le à distance.

HÉLÈNE.—Mais il nous assiége ; et notre virginité, quoique vaillante à la défense, est faible pourtant. Enseignez-nous donc quelque expédient guerrier pour la résistance.

PAROLLES.—Il n'y en a pas. L'homme qui met le siége devant vous vous minera et vous fera sauter en l'air.

HÉLÈNE.—Que le ciel préserve notre pauvre virginité des mineurs et des bombardiers! N'y a-t-il pas aussi un art militaire par lequel les vierges puissent contre-miner les hommes?

PAROLLES.—La virginité une fois à terre, l'homme en sautera plus vite en l'air. Diantre! en mettant de nouveau l'homme à terre, vous perdez votre ville par la brèche que vous avez faite vous-même. Dans la république de la nature, la politique n'est pas de conserver la virginité ; sa perte augmente le nombre des sujets. Jamais vierge ne serait née s'il n'y avait eu auparavant une virginité de perdue. L'étoffe dont vous avez été formée est celle -dont on fait les vierges. Pour une virginité perdue on en peut trouver dix : la garder toujours, c'est la perdre pour jamais. Allons, c'est une compagne trop froide ; il faut s'en défaire.

HÉLÈNE.—Je la défendrai encore un peu de temps, quand je devrais m'exposer à mourir vierge.

PAROLLES.—Il y a peu de chose à dire en sa faveur : c'est contre l'ordre de la nature. Parler pour défendre la virginité, c'est accuser sa mère : ce qui est une désobéissance notoire. Celui qui se pend fait comme la vierge; car la virginité se tue elle-même : et l'on devrait l'enterrer hors de la terre bénite, dans les grands chemins, comme une coupable signalée contre la nature. La virginité engendre des mites comme le fromage ; elle se consume elle-même jusqu'à la croûte, et meurt en dévorant sa propre substance. De plus, la virginité est hargneuse, arrogante, vaine, gonflée d'amour-propre ; ce qui est le péché le plus expressément défendu par les canons. Ne la gardez pas : vous ne pouvez que perdre avec elle. Défaites-vous-en, et dans dix ans vous l'aurez doublée, ce qui fait un intérêt très-honnête ; et encore le principal lui-même n'en vaudra guère moins. Allons, ne gardez pas cela.

HÉLÈNE.—Mais que faut-il faire, monsieur, pour la perdre à son gré ?

PAROLLES.—Attendez : voyons.—Que faire, dites-vous ? Ma foi, mal faire : aimer celui qui ne l'aime pas. La virginité est un meuble qui perd son lustre dans le repos[1] ; plus on la garde, moins elle vaut : défaites-vous-en, tandis qu'elle est encore de vente : profitez du temps où on la recherche. La virginité ressemble à un vieux courtisan qui porte un habit à l'antique, riche, mais qui n'est plus de mode, comme ces parures et ces cure-dents qu'on ne porte plus aujourd'hui. Votre datte[2] vaut mieux dans un pâté ou un potage que sur vos joues ; et votre virginité, votre antique virginité ressemble à une de nos poires passées de France, elle a mauvais air, elle est sèche, enfin c'est une poire passée : elle valait mieux jadis ; oui, mais ce n'est plus qu'une poire passée ; qu'en voulez-vous faire ?

HÉLÈNE.—Ma virginité n'en est pas encore là.—Votre maître y retrouverait mille amours, une mère et une maîtresse, un ami, un phénix, un capitaine et un ennemi ; un guide, une déesse et une souveraine, un conseiller, une traîtresse et une amie : son humble ambition, sa fière humilité, sa concorde discordante et sa douce discorde ; sa foi, son doux malheur avec un monde de jolis petits chrétiens charmants, dont Cupidon jasera en souriant. — Alors il sera... Je ne sais pas ce qu'il sera.

---

[1] *With lying*, le repos du lit, jeu de mot.
[2] Jeu de mot sur *date*, époque et *datte* fruit.

—Que la main de Dieu le conduise!—La cour est un endroit où l'on apprend — et Bertrand est un de ceux..

PAROLLES.—Eh bien! quoi; un de ceux ?...

HÉLÈNE.—A qui je souhaite du bien.—Il est bien malheureux que...

PAROLLES.—Qui est-ce qui est malheureux ?

HÉLÈNE. — Que nos vœux n'aient pas un corps qu'on puisse rendre sensible, afin que nous, qui sommes nés pauvres, et dont les étoiles inférieures nous bornent aux seuls désirs, nous puissions transmettre leurs effets jusqu'à nos amis absents, et montrer ce que nous devons nous contenter de penser sans en recueillir aucune reconnaissance !

(Un page entre.)

LE PAGE.—Monsieur Parolles, Monseigneur vous demande.

(Le page sort.)

PAROLLES.—Adieu, ma petite Hélène. Si je puis me ressouvenir de toi, je songerai à toi quand je serai à la cour.

HÉLÈNE.—Monsieur Parolles, vous êtes né sous une étoile bien charitable.

PAROLLES.—Je suis né sous Mars, moi.

HÉLÈNE.—Oui, c'est sous Mars même que je vous crois né.

PAROLLES. — Et pourquoi sous Mars ?

HÉLÈNE.—Vous avez soutenu tant de guerres, qu'il faut absolument que vous soyez né sous Mars.

PAROLLES.—Et lorsqu'il était la planète prédominante.

HÉLÈNE.—Plutôt, je crois lorsqu'il était rétrograde.

PAROLLES.—Pouquoi jugez-vous ainsi?

HÉLÈNE.—Vous savez si bien rétrograder, quand vous combattez.

PAROLLES.—C'est pour en prendre plus d'avantage.

HÉLÈNE.—C'est aussi pour cela que l'on fuit, quand la crainte conseille de chercher sa sûreté. Mais ce mélange de courage et de peur qui est en vous est une vertu dont l'aile est bien rapide, et dont le vol me plaît infiniment.

PAROLLES.—J'ai la tête si occupée d'affaires, que je ne

suis pas en état de vous faire une réponse piquante. Je serai à mon retour un parfait courtisan, mon instruction servira à vous naturaliser, et vous serez en état de recevoir les conseils d'un homme de cour, et de comprendre les avis qu'il vous consacrera. Autrement, vous mourrez dans votre ingratitude, et votre ignorance vous perdra. Adieu. Quand vous aurez du loisir, récitez vos prières ; et quand vous n'en aurez point, souvenez-vous de vos amis : procurez-vous un bon mari, et traitez-le comme il vous traitera : et là-dessus, adieu.

(Il sort.)

HÉLÈNE.—Souvent ces ressources, que nous attribuons au ciel, résident en nous-mêmes. Le destin nous laisse une libre carrière; il ne tire en arrière nos projets languissants que lorque nous sommes paresseux nous-mêmes. Quelle est cette puissance qui élève mon amour si haut, et qui me fait voir ce dont je ne puis rassasier mes regards? Souvent deux êtres entre lesquels la fortune a jeté un espace immense, la nature les réunit comme deux moitiés, et les amène à s'embrasser, comme s'ils étaient nés l'un pour l'autre. Les entreprises extraordinaires sont impossibles pour qui mesure leur difficulté par ses sens, et qui s'imagine que ce qui n'est pas arrivé ne peut arriver. Quelle femme vit-on jamais s'efforcer de faire connaître son mérite, qui ait échoué dans ses amours? La maladie du roi...—Mon projet peut tromper mon espoir ; mais ma résolution est bien arrêtée, et elle ne m'abandonnera pas.

SCÈNE II

Paris. Appartement dans le palais du roi.

FANFARES. LE ROI DE FRANCE *paraît avec sa suite;*
il tient des lettres à la main.

LE ROI.—Les Florentins et les Siennois en sont venus aux mains. Ils ont combattu avec un avantage égal, ils continuent la guerre avec courage.

PREMIER SEIGNEUR.—C'est ce qu'on dit, sire.

LE ROI.—Mais c'est fort incroyable. Nous recevons la confirmation de cette nouvelle par mon cousin d'Autriche, qui me prévient que les Florentins vont nous demander un prompt secours. Là-dessus notre bon ami préjuge lui-même la proposition, et il semble désirer que nous les refusions.

PREMIER SEIGNEUR.—Son amitié et sa prudence, dont il a donné de si grandes preuves à Votre Majesté, méritent bien qu'on lui accorde la plus grande confiance.

LE ROI.—Il a décidé notre réponse, et Florence est refusée, avant d'avoir demandé. Mais pour nos gentilshommes qui désirent essayer du service toscan, je les laisse entièrement libres de se ranger de l'un ou de l'autre parti.

SECOND SEIGNEUR.—Cela peut servir d'école militaire à notre jeune noblesse, qui est malade faute d'air et d'exploits.

LE ROI.—Qui vient à nous?

(Entrent Bertrand, Lafeu, Parolles.)

PREMIER SEIGNEUR.—C'est le comte de Roussillon, mon bon seigneur, le jeune Bertrand.

LE ROI.—Jeune homme, tu portes la physionomie de ton père. La nature libérale ne t'a point ébauché à la hâte : elle a pris soin à te former. Puisses-tu hériter aussi des vertus morales de ton père ! Sois le bienvenu à Paris.

BERTRAND.—Que Votre Majesté daigne recevoir mes remerciements et mes hommages !

LE ROI.—Je voudrais avoir encore aujourd'hui cette vigueur de corps que je possédais lorsque jadis ton père et moi nous fîmes nos premières armes ensemble ! Il était exercé à fond dans tout le service de ce temps-là, et il était l'élève des plus braves capitaines. Il résista longtemps; mais à la fin la hideuse vieillesse nous a atteints tous deux, et nous a dépouillés de la force d'agir. Je me sens plus jeune en parlant de votre bon père. Dans sa jeunesse, il avait cet esprit caustique que je suis à portée de remarquer aujourd'hui chez nos jeunes seigneurs.

Mais ils peuvent railler tant que leurs propres railleries retombent sur leur personne obscure encore, avant qu'ils puissent couvrir leur légèreté sous l'éclat de leur gloire. Mais lui, il était un courtisan si parfait, qu'il n'y avait ni mépris ni amertume dans ses railleries ou sa fierté. S'il s'en glissait parfois, ce n'était jamais que pour repousser l'injure de son égal. Son honneur lui servait de cadran, et lui marquait la minute précise où il devait parler, et sa langue obéissait à sa direction. Ceux qui étaient au-dessous de lui, il les traitait comme des créatures d'une autre classe, et il abaissait son élévation jusqu'à leurs rangs inférieurs. Il les rendait fiers par son humilité, et il s'humiliait encore pour recevoir leurs louanges maladroites. Voilà l'homme qui devrait servir de modèle aux jeunes gens de nos jours; et s'il était bien suivi, il leur montrerait qu'ils ne font que rétrograder.

BERTRAND.—La mémoire de ses vertus, sire, est plus glorieuse dans votre souvenir que sur sa tombe; et son épitaphe est moins honorable pour son nom que vos royaux éloges.

LE ROI.—Plût à Dieu que je fusse avec lui!—Il avait toujours coutume de dire... (il me semble l'entendre en ce moment. Il ne jetait pas ses paroles sensées dans les oreilles, il les y greffait pour y croître et y porter du fruit.)—Il disait : « Que je ne vive plus...—Tel était le début de son aimable mélancolie quand il avait fini son badinage.—Que je ne vive plus, disait-il, dès que ma lampe manquera d'huile, afin que son reste de lueur ne soit pas un objet de risée pour ces jeunes étourdis, dont l'esprit superbe dédaigne tout ce qui n'est pas nouveau, dont le jugement se borne à être le créateur de leurs toilettes, et dont la constance expire même avant ces modes passagères! » C'était là ce qu'il souhaitait; et ce que je souhaite après lui ; puisque je ne puis plus apporter à la ruche ni cire ni miel, je voudrais en être promptement congédié, pour céder la place à des travailleuses.

SECOND SEIGNEUR.—Vous êtes aimé, sire, et ceux qui vous aiment le moins seront les premiers à regretter que vous n'y soyez plus.

LE ROI.—Je remplis une place, je le sais... — Combien y a-t-il, comte, que le médecin de votre père est mort ?— Il était très-renommé.

BERTRAND.—Sire, il y a environ six mois.

LE ROI.—S'il était vivant, j'essayerais encore de lui.— Prêtez-moi votre bras.—Tous les autres m'ont usé à force de remèdes. Que la nature et la maladie se disputent maintenant l'événement à leur loisir.—Soyez le bienvenu, comte ; mon fils ne m'est pas plus cher que vous.

BERTRAND.—Je remercie Votre Majesté.

(Ils sortent.—Fanfares.)

SCÈNE III

La scène est en Roussillon. Appartement dans le palais de la comtesse.

LA COMTESSE, *son* **INTENDANT** et **UN BOUFFON**[1].

LA COMTESSE.—Je suis prête à vous entendre à présent : qu'avez-vous à dire de cette jeune demoiselle ?

L'INTENDANT.—Madame, je désirerais que l'on pût trouver dans le journal de mes services passés tous les soins que j'ai pris pour tâcher de vous contenter ; car nous blessons notre modestie, et nous ternissons la pureté de nos services en les publiant nous-mêmes.

LA COMTESSE.—Que fait ici ce maraud ? Retirez-vous, drôle ; toutes les plaintes que j'ai entendues sur votre compte, je ne les crois pas toutes... non... ; mais c'est la faute de ma lenteur à croire ; car je sais que vous ne manquez pas de folie pour commettre ces méchancetés, et que vous avez assez d'adresse pour les commettre subtilement.

LE BOUFFON.—Vous n'ignorez pas, madame, que je suis un pauvre diable.

LA COMTESSE.—C'est bien, monsieur.

LE BOUFFON.—Non, madame, il n'est pas bien que je

---

[1] C'est toujours le *clown*, ou bouffon domestique.

sois pauvre, quoique la plupart des riches soient damnés. Mais si je puis obtenir le consentement de Votre Seigneurie pour entrer dans le monde, la jeune Isabeau et moi, nous ferons comme nous pourrons.

LA COMTESSE.—Tu veux donc aller mendier?

LE BOUFFON.—Je ne mendie rien, madame, que votre consentement dans cette affaire.

LA COMTESSE.—Dans quelle affaire?

LE BOUFFON.—Dans l'affaire d'Isabeau et la mienne. Service n'est pas héritage; et je crois bien que je n'obtiendrai jamais la bénédiction de Dieu, avant d'avoir une postérité de mon sang; car on dit que les enfants sont une bénédiction.

LA COMTESSE.—Dis-moi ta raison : pourquoi veux-tu te marier?

LE BOUFFON. — Mon pauvre corps, madame, le demande : je suis poussé par la chair; et il faut qu'il aille celui que le diable pousse.

LA COMTESSE.—Sont-ce là toutes les raisons de monsieur?

LE BOUFFON.—Vraiment, madame, j'en ai encore d'autres, et de saintes; qu'elles soient ce qu'elles voudront.

LA COMTESSE.—Peut-on les savoir?

LE BOUFFON.—J'ai été, madame, une créature corrompue, comme vous et tous ceux qui sont de chair et de sang; et, en vérité, je me marie, afin de pouvoir me repentir[1]...

LA COMTESSE. — De ton mariage plutôt que de ta méchanceté.

LE BOUFFON.—Je suis absolument dépourvu d'amis, madame, et j'espère m'en procurer par ma femme.

LA COMTESSE.—Maraud! de tels amis sont tes ennemis.

LE BOUFFON.—Vous n'y êtes pas, madame, ce sont de grands amis; car les fripons viennent faire pour moi ce que je suis las de faire. Celui qui laboure ma terre épargne mon attelage et me laisse en recueillir la mois-

---

[1] Marie-toi en hâte et repens-toi à loisir, c'est un vieux proverbe.

son : si je suis déshonoré, il est mon valet : celui qui réjouit ma femme est le bienfaiteur de ma chair et de mon sang; celui qui fait du bien à ma chair et à mon sang aime ma chair et mon sang; celui qui aime ma chair et mon sang est mon ami : *Ergo,* celui qui embrasse ma femme est mon ami. Si les hommes pouvaient être contents de ce qu'ils sont, il n'y aurait aucune crainte à avoir dans le mariage; car le jeune Charon le puritain, et le vieux Poysam le papiste, quoique leurs cœurs diffèrent en religion, leurs têtes à tous les deux n'en font qu'une. Ils peuvent jouer de la corne ensemble comme tous les daims du troupeau.

LA COMTESSE.—Seras-tu donc toujours une mauvaise langue et un drôle calomniateur?

LE BOUFFON.—Je suis un prophète[1], madame, et je dis la vérité par le plus court chemin.

« Je répéterai la ballade
« Que les hommes trouveront vraie
« Le mariage vient par destinée;
« Le coucou chante par nature. »

LA COMTESSE.—Retirez-vous; je vous parlerai plus tard.

L'INTENDANT.—Voudriez-vous, madame, lui dire d'appeler Hélène : j'ai à vous parler d'elle?

LA COMTESSE. — L'ami, dites à Mademoiselle que je voudrais lui parler; c'est Hélène que je demande.

LE BOUFFON.

Quoi, dit-elle, était-ce ce beau visage
Qui fut cause que les Grecs saccagèrent Troie?
Folle entreprise! folle entreprise!
Était-ce là la joie du roi Priam?
Elle soupira en s'arrêtant,
En s'arrêtant elle soupira
Et prononça cette sentence :
« Sur neuf mauvaises s'il y en a une bonne,
Il y en a donc une bonne sur dix. »

---

[1] La superstition de l'instinct divin possédé par les fous existe dans beaucoup de pays. Les Turcs ont encore pour eux une vénération religieuse.

LA COMTESSE.—Quoi, une bonne sur dix! Vous altérez la chanson, coquin.

LE BOUFFON.—Une bonne femme sur dix, c'est purifier la chanson, madame. Si le bon Dieu voulait pourvoir ainsi le monde toute l'année, je ne me plaindrais pas de la dîme des femmes, si j'étais le curé. Une sur dix! vraiment s'il nous naissait seulement une bonne femme à chaque comète, ou à chaque tremblement de terre, la loterie serait bien améliorée; mais à présent un homme peut s'arracher le cœur avant de tirer une bonne femme.

LA COMTESSE.—Voulez-vous vous en aller, monsieur le drôle, et faire ce que je vous commande?

LE BOUFFON.—Qu'un homme puisse être aux ordres d'une femme sans qu'il en arrive malheur! Quoique l'honnêteté ne soit pas puritaine... elle ne veut cependant faire de mal à personne; et elle consentira à porter le surplus de l'humilité sur la robe noire d'un cœur gonflé d'orgueil. Sérieusement je pars : mon affaire est de dire à Hélène de venir ici.

(Il sort.)

LA COMTESSE.—Eh bien! maintenant! qu'y a-t-il?

L'INTENDANT.—Je sais, madame, que vous aimez tendrement votre suivante.

LA COMTESSE.—Oui, je l'aime : son père me l'a léguée; et elle-même, sans autre considération, a des droits légitimes à toute l'amitié qu'elle trouve en moi. Je lui dois bien plus qu'il ne lui a été payé, et je lui payerai plus qu'elle ne demandera.

L'INTENDANT.—Madame, je me trouvai dernièrement beaucoup plus près d'elle qu'elle ne l'eût désiré, je pense. Elle était seule, et confiait ses secrets à ses propres oreilles : elle pensait, j'oserais le jurer pour elle, qu'ils n'arriveraient point à des oreilles étrangères. Elle disait qu'elle aimait votre fils. « La fortune, dit-elle, n'est point une déesse, puisqu'elle a mis une si grande différence entre son rang et le mien : l'amour n'est point un dieu, puisqu'il ne veut montrer son pouvoir que lorsque les avantages sont égaux. Diane n'est point la reine des vierges, puisqu'elle a pu permettre que sa pauvre chevalière fût surprise sans défense à la première attaque, et qu'elle la laisse sans espoir de rançon. » Elle disait cela avec l'accent du plus amer chagrin que j'aie jamais entendu exprimer à une vierge. J'ai cru, madame, qu'il était de mon devoir de vous en instruire sur-le-champ, puisqu'il vous importe un peu de le savoir, à cause du malheur qui pourrait en arriver.

LA COMTESSE.—Vous avez rempli le devoir d'un honnête homme ; mais gardez ce secret pour vous seul. Bien des probabilités m'avaient déjà instruite de ce fait ; mais elles étaient toutes si incertaines que je ne pouvais ni les croire ni les rejeter. Laissez-moi, je vous prie : conservez ceci dans votre âme : je vous remercie de vos bons soins ; je vous en dirai davantage une autre fois. (*L'intendant sort; Hélène entre.*) Voilà comme j'étais quand j'étais jeune. Si nous écoutons la nature, c'est ce qui nous arrive ; cette épine est inséparablement attachée à la rose de notre jeunesse. Notre sang est à nous, et ceci est né dans notre sang. Partout où la forte passion de l'amour s'imprime dans un jeune cœur, c'est le sceau et la preuve de la vérité de la nature. Le souvenir de ces jours, qui sont passés pour moi, me rappelle les mêmes fautes. Ah ! je ne croyais pas alors que ce fussent des fautes. Je le vois bien maintenant ; son œil en est éteint.

HÉLÈNE.—Quel est votre bon plaisir, madame ?

LA COMTESSE.—Tu sais, Hélène, que je suis une mère pour toi.

HÉLÈNE.—Vous êtes mon honorable maîtresse.

LA COMTESSE.—Non, mais une mère. Pourquoi pas ta mère ? Lorsque j'ai prononcé le nom de mère, j'ai cru que tu venais de voir un serpent. Qu'y a-t-il donc dans ce nom de mère, pour qu'il te fasse tressaillir ? Je dis que je suis votre mère, et je vous mets au nombre de ceux que j'ai portés dans mon sein. On a vu souvent l'adoption le disputer à la nature ; et notre choix nous donne un rejeton naturel né de semences étrangères. Tu n'as jamais oppressé mon sein des douleurs de mère, et cependant je te montre toute la tendresse d'une mère.

Par la grâce de Dieu, jeune fille, est-ce te tourner le sang que de te dire : « Je suis ta mère? » Pourquoi ce triste précurseur des larmes, cet arc-en-ciel [1] aux nombreuses couleurs entoure-t-il tes yeux ? Pourquoi ? Parce que tu es ma fille ?

HÉLÈNE.—Parce que je ne le suis pas.

LA COMTESSE.—Je te dis que je suis ta mère.

HÉLÈNE.—Pardonnez-moi, madame, le comte de Roussillon ne peut être mon frère ; je suis d'une humble naissance, et lui d'une famille illustre : mes parents sont inconnus, les siens sont tous nobles : il est mon maître, mon cher seigneur, et je vis pour le servir, et je veux mourir sa vassale. Il ne faut pas qu'il soit mon frère.

LA COMTESSE.—Ni moi, votre mère ?

HÉLÈNE.—Vous êtes ma mère, madame ! (pourvu que monseigneur votre fils ne soit pas mon frère); plût à Dieu que vous fussiez en effet ma mère, ou que vous fussiez la mère de tous deux ! je ne le désire pas plus que je ne désire le ciel, pourvu que je ne sois pas sa sœur. Ne serait-il donc pas possible que je fusse votre fille, sans qu'il fût mon frère?

LA COMTESSE.—Oui, Hélène, tu pourrais être ma belle-fille. A Dieu ne plaise que ce soit là ta pensée! Les noms de fille et de mère agitent tellement ton pouls! Quoi! tu pâlis encore !... Mes craintes ont enfin surpris ton amour. Je pénètre maintenant le mystère de ta solitude, et je découvre enfin la source de tes larmes amères. Maintenant tout est clair comme le jour. Tu aimes mon fils. Il serait honteux de vouloir dissimuler ce que ta passion publie, et de vouloir me dire que tu ne l'aimes pas : ainsi, dis-le-moi ; avoue-moi la vérité : car vois, tes joues se l'avouent l'une à l'autre, et tes yeux le voient éclater si manifestement dans ta conduite, qu'ils le disent aussi dans leur langage. Il n'y a que le pé-

---

[1]   *What is the matter,*
    That this distemper'd messenger of wet,
    The many colour'd iris, rounds thine eye?

Observation vraie exprimée poétiquement.

ché et une obstination d'enfer qui enchainent ta langue, pour rendre la vérité suspecte. Parle : cela est-il vrai ?— Si cela est, tu as dévidé un joli peloton. Si cela n'est pas, jure que je me trompe : cependant, je te l'ordonne au nom de l'œuvre que le ciel peut faire en moi à ton profit, dis-moi la vérité.

HÉLÈNE.—Ma bonne maîtresse, daignez me pardonner.

LA COMTESSE.—Aimez-vous mon fils ?

HÉLÈNE.—Votre pardon, ma noble maîtresse.

LA COMTESSE.—Aimez-vous mon fils ?

HÉLÈNE.—Ne l'aimez-vous pas, vous, madame ?

LA COMTESSE.—Point de détours. Mon amour pour lui vient d'un lien que personne n'ignore. Allons, allons, découvre-moi l'état de ton cœur, car ta passion elle-même t'accuse hautement.

HÉLÈNE.—Eh bien ! je l'avoue ici, à genoux, devant le ciel et devant vous, madame, que j'aime votre fils plus que vous, et seulement moins que le ciel. Mes parents étaient pauvres, mais honnêtes ; mon amour l'est aussi. N'en soyez pas offensée ; car mon amour ne lui fait aucun mal. Je ne le poursuis point par des marques de prétentions présomptueuses, je ne voudrais pas l'obtenir avant de le mériter, et cependant je ne sais pas comment je pourrai le mériter jamais. Je sais que j'aime en vain ; je lutte contre toute espérance, et cependant je verse toujours les flots de mon amour dans ce crible perfide et fuyant, sans m'apercevoir qu'il diminue.—Ainsi, semblable à l'Indien, religieuse dans mon erreur, j'adore le soleil, qui regarde son adorateur, mais qui ne sait rien de plus de lui. Ma chère maîtresse, que votre haine ne rencontre pas mon amour, parce que j'aime ce que vous aimez. Mais vous-même, madame, dont l'honorable vieillesse annonce une jeunesse vertueuse, si jamais vous avez brûlé d'une flamme si pure, de désirs si chastes, et d'un amour si tendre, que votre Diane fut en même temps la déesse de l'amour, oh ! ayez pitié de celle dont l'état est si malheureux qu'elle ne peut que prêter et donner où elle est sûre de toujours perdre ; qui ne cherche point à trouver ce que ses vœux recherchent, mais qui, semblable à l'énigme, chérit le secret qui est sa mort[1].

LA COMTESSE.—N'aviez-vous pas dernièrement le projet d'aller à Paris? Parlez-moi franchement.

HÉLÈNE.—Oui, madame.

LA COMTESSE.—Pourquoi? Dites la vérité.

HÉLÈNE.—Je dirai la vérité, j'en jure par la grâce elle-même. Vous savez que mon père m'a laissé quelques recettes d'un effet merveilleux et éprouvé, que sa science et son expérience connue avaient recueillies pour des spécifiques souverains, et qu'il me recommanda de ne les donner qu'avec soin et réserve, comme des ordonnances qui renfermaient en elles de bien plus grandes vertus qu'on n'en pouvait juger sur l'étiquette. Dans le nombre, il y a un remède, dont l'utilité est reconnue pour guérir les maladies de langueur désespérées comme celle dont on croit le roi perdu.

LA COMTESSE. — Était-ce là votre motif pour aller à Paris? Répondez.

HÉLÈNE.—C'est votre noble fils, madame, qui m'a fait penser à cela : autrement, Paris et la médecine, et le roi, ne me seraient peut-être jamais venus dans la pensée.

LA COMTESSE.—Mais, Hélène, si tu offrais au roi tes prétendus secours, penses-tu qu'il les acceptât? Le roi et ses médecins sont d'accord. Lui, il est persuadé qu'ils ne peuvent le guérir ; eux le sont aussi qu'ils ne peuvent le guérir. Comment croiront-ils une pauvre jeune fille ignorante, lorsqu'eux-mêmes, après avoir épuisé toute la science des écoles, ils ont abandonné le mal à lui-même?

HÉLÈNE.—Il y a quelque chose qui me dit, plus encore que la science de mon père, qui était pourtant le plus grand dans sa profession, que sa bienfaisante recette, qui fait mon héritage, sera bénie, pour mon bonheur, par les plus heureuses étoiles qui soient au ciel. Et si Votre Seigneurie veut me permettre de tenter son suc-

---

[1] *Elle cesse de vivre alors qu'on la devine*, dit une ancienne épigramme qui compare la femme à une énigme.

cès, je répondrai sur ma vie, que je perdrais dans une bonne cause, de la guérison du roi, pour tel jour et à telle heure.

LA COMTESSE.—Le crois-tu?

HÉLÈNE.—Oui, madame, et j'en suis convaincue.

LA COMTESSE.—Eh bien, Hélène, tu auras mon consentement, ma tendresse, de l'argent, une suite, et mes pressantes recommandations à tous mes amis, qui sont à la cour. Je resterai au logis, et je prierai Dieu de bénir ton entreprise. Pars demain, et sois sûre que tous les secours que je puis te donner ne te manqueront pas.

(Elles sortent.)

FIN DU PREMIER ACTE.

ACTE DEUXIÈME

SCÈNE I

A Paris. — Appartement dans le palais du roi.

LE ROI *paraît avec de jeunes seigneurs, qui prennent congé de lui, et partent pour la guerre de Florence.* BERTRAND ET PAROLLES. FANFARES.

LE ROI. — Adieu, jeune seigneur. Ne perdez jamais de vue ces principes d'un guerrier. — Adieu, vous aussi, seigneur. Partagez mes conseils entre vous. Si chacun de vous se les approprie tout entiers, le présent est de nature à s'étendre à proportion qu'il est reçu, et il suffira pour tous deux.

PREMIER SEIGNEUR. — C'est notre espérance, sire, qu'après nous être formés dans le métier de la guerre, nous reviendrons pour trouver Votre Majesté en bonne santé.

LE ROI. — Non, non ; cela est impossible : et cependant mon cœur ne veut pas avouer qu'il souffre de la maladie qui mine mes jours. Adieu, jeunes guerriers. Soit que je vive, ou que je meure, montrez-vous les fils des vaillants Français. Que la haute Italie (cette nation dégénérée qui n'a hérité que des défaites de la dernière monarchie[1]) reconnaisse que vous ne venez pas seulement pour courtiser l'honneur, mais pour l'épouser. Quand les plus braves de vos rivaux reculeront, sachez trouver ce que vous cherchez pour vous faire proclamer hautement par la renommée. — Je vous dis adieu.

SECOND SEIGNEUR. — Que la santé soit aux ordres de Votre Majesté !

[1] L'empire romain.

LE ROI.—Et ces jeunes filles d'Italie... Prenez garde à elles. On dit que nos Français n'ont point de langue pour les refuser, lorsqu'elles demandent : prenez garde d'être captifs, avant d'être soldats.

LES DEUX SEIGNEURS.—Nos cœurs conserveront vos avis.

LE ROI.—Adieu. (*A quelqu'un de ses gens.*) Venez à moi.
(On le conduit sur un lit de repos.)

PREMIER SEIGNEUR, *à Bertrand.*—O mon cher seigneur, faut-il que nous vous laissions derrière nous !

PAROLLES.—Il n'y a pas de sa faute, le jeune galant.

SECOND SEIGNEUR.—Oh ! c'est une superbe campagne.

PAROLLES.—Admirable. J'ai vu ces guerres.

BERTRAND.—On m'ordonne de rester ici, et l'on m'écarte, en me criant : Trop jeune ! l'année prochaine ! il est trop tôt encore.

PAROLLES.—Si cela vous tient si fort au cœur, mon garçon, dérobez-vous bravement.

BERTRAND.—On me force à rester ici pour être le complaisant d'une jupe, et faire crier ma fine chaussure sur un parquet uni, jusqu'à ce que tout l'honneur soit acquis, et sans user d'épée que pour danser[1].—Par le ciel, je me déroberai d'ici !

PREMIER SEIGNEUR.—Il est honorable de se dérober ainsi.

PAROLLES.—Commettez ce larcin, comte.

SECOND SEIGNEUR.—Je suis votre second; adieu.

BERTRAND.—Je tiens à vous; et notre séparation est une torture.

PREMIER SEIGNEUR, *à Parolles.*—Adieu, capitaine.

SECOND SEIGNEUR.—Salut, bon monsieur Parolles.

PAROLLES.—Nobles héros, mon épée et les vôtres sont de la même famille. Mes braves et brillants seigneurs ! Un mot, mes chères lames.—Vous trouverez, dans le régiment des Spiniens, un certain capitaine Spurio, avec sa cicatrice ici sur la joue gauche, une marque de guerre, que cette épée que voici lui a gravée sur le visage : dites-lui que je suis en vie, et retenez bien ce qu'il vous dira de moi.

[1] On dansait alors l'épée au côté.

SECOND SEIGNEUR.—Nous n'y manquerons pas, noble capitaine.
(Les deux seigneurs sortent.)

PAROLLES.—Que Mars vous chérisse comme ses disciples. (*Voyant le roi se lever sur son séant,*) Quel parti prenez-vous?

BERTRAND.—Arrête.—Le roi...

PAROLLES.—Étendez donc plus loin vos politesses avec ces nobles seigneurs : vous vous êtes renfermé dans une formule d'adieu trop froide : soyez plus démonstratif avec eux ; ce sont eux qui dirigent les modes ; leur tournure, leur manière de manger, leur langage, leurs mouvements, tout est sous l'influence de l'astre le plus en vogue : et quand ce serait le diable qui conduirait la danse, ce serait eux qu'il faudrait suivre : courez les rejoindre, et mettez plus de chaleur dans vos adieux.

BERTRAND.—C'est ce que je veux faire.

PAROLLES.—De braves gens! et qui ont tout l'air de devenir de robustes guerriers.

(Ils sortent.)
(Entre Lafeu.)

LAFEU, *se prosternant devant le roi*.— Pardon, mon souverain, pour moi et les nouvelles que j'apporte.

LE ROI.—Je vous l'accorderai, si vous vous levez.

LAFEU, *se relevant*.—Vous voyez donc debout devant vous un homme qui apporte son pardon. Je voudrais, sire, que vous vous fussiez mis à genoux pour demander mon pardon, et que vous puissiez, à mon commandement, vous relever comme moi.

LE ROI.—Je le voudrais aussi : je t'aurais cassé la tête et je t'en aurais demandé pardon après.

LAFEU.—En croix, ma foi[1].—Mon cher seigneur, voici ce dont il s'agit : voulez-vous être guéri de votre infirmité?

LE ROI.—Non.

---

[1] I had broke thy pate,
And ask thee mercy for it.
LAFEU. Good faith across.

Cas où la tête est cassée, plaisanterie qu'on retrouve dans la comédie des *Méprises*.

LAFEU.—Oh! ne voulez-vous pas de raisin, renard royal? Mais vous mangerez mon bon raisin, si mon royal renard peut y atteindre. J'ai vu un médecin qui est capable de faire entrer la vie dans une pierre, d'animer un rocher, de vous faire danser la canarie[1] avec feu et du pas le plus léger. Son simple toucher aurait la vertu de ressusciter le roi Pépin : oui, de faire prendre au grand Charlemagne une plume en main, pour lui écrire à elle un billet doux.

LE ROI.—Que voulez-vous dire par *elle*?

LAFEU.—Je veux dire un docteur femelle.—Sire, il y en a un d'arrivé, si vous voulez la voir.—Sur ma foi, sur mon honneur, si après ce début léger je puis revenir à vous parler sérieusement, j'ai causé avec une personne, qui par son sexe, par sa jeunesse, par sa déclaration, par sa sagesse et sa constance, m'a plus étonné que je n'ose en blâmer ma faiblesse. — Voulez-vous la voir, sire (car c'est ce qu'elle demande), et savoir ce qu'elle veut faire? Après, moquez-vous bien de moi.

LE ROI.—Allons, bon Lafeu, introduis ta merveille, afin que nous puissions partager ton admiration, ou te guérir de la tienne, en admirant où tu l'as prise.

LAFEU.—Oh! je vous convaincrai, et il ne me faudra pas tout le jour pour cela.
(Lafeu sort.)

LE ROI.—Voilà toujours ses grands prologues, pour aboutir à des riens.
(Lafeu revient et introduit Hélène.)

LAFEU, *à Hélène*.—Allons, entrez.

LE ROI.—Tant de hâte donne des ailes.

LAFEU, *à Hélène*.—Allons, avancez. Voilà Sa Majesté : déclarez-lui vos intentions. Vous avez un minois fripon ; mais Sa Majesté ne craint guère ces sortes de traîtres. Je suis l'oncle de Cressida[2], en osant vous laisser tous deux ensemble. Adieu. (Il sort.)

LE ROI.—Eh bien! ma belle, est-ce à moi que vous avez affaire?

---

[1] Danse française alors en vogue.
[2] Voir Pandarus dans *Troïlus et Cressida*.

HÉLÈNE. —Oui, mon bon seigneur. Gérard de Narbonne était mon père, bien connu dans l'art qu'il professait.

LE ROI.—Je l'ai connu.

HÉLÈNE.—Je puis donc me dispenser de vous faire son éloge : il suffit de le connaître.—Sur son lit de mort, il me donna plusieurs recettes; une entre autres qui était le fruit le plus précieux de sa pratique, le trésor unique de sa longue expérience, et il m'ordonna de serrer ce trésor comme un troisième œil, plus cher, plus infaillible que les deux miens. C'est ce que j'ai fait; et ayant ouï dire que Votre glorieuse Majesté était atteinte de la funeste maladie, dont la cure a fait le plus d'honneur à la vertu du remède que m'a laissé mon bon père, je suis venue vous l'offrir avec mes secours, avec toute l'humilité que je dois.

LE ROI.—Nous vous rendons grâces, jeune fille ; mais nous ne pouvons être si crédule en fait de guérison, lorsque nos plus savants docteurs nous abandonnent, et que le collège entier a décidé que tous les efforts de l'art ne pouvaient retirer la nature de sa situation désespérée.—Je dis que nous ne devons pas déshonorer notre jugement, ni nous laisser corrompre par une folle espérance, au point de prostituer à des empiriques notre maladie incurable : un roi ne doit pas détruire, par une faiblesse, sa réputation, en faisant cas d'un secours insensé, lorsqu'il est persuadé qu'il ne faut plus songer à aucun secours.

HÉLÈNE.—Mon zèle m'indemnisera alors de mes peines. Je ne vous presserai pas davantage d'accepter mes services ; et je demande humblement à Votre Majesté une petite part dans ses pensées, en prenant congé d'elle.

LE ROI.—Je ne peux vous donner moins, si je veux passer pour reconnaissant. Vous avez voulu me secourir : je vous fais les remerciements qu'un homme, prêt de mourir, doit à ceux qui font des vœux pour sa vie. Mais vous n'avez aucune connaissance de ce que je sais, moi, parfaitement : je connais tout mon danger, et vous ne connaissez point de remède.

HÉLÈNE.—Il ne peut y avoir aucun danger à essayer ce que je puis faire, puisque vous avez placé votre repos dans l'opinion que votre mal était incurable.—Celui qui opère les plus grands prodiges les accomplit souvent par le plus faible ministre : ainsi la Sainte-Écriture nous montre la sagesse chez les enfants, dans des cas où les juges n'étaient eux-mêmes que des enfants. Tandis que les plus sages niaient les miracles, on a vu de grands fleuves sortir de faibles sources, et de vastes mers se dessécher. Souvent l'attente échoue là même où elle promettait le plus; et souvent elle réussit dans les cas où l'espérance est la plus languissante, et où règne le désespoir.

LE ROI.—Je ne dois point vous écouter. Adieu, ma bonne fille. Vos peines n'étant pas employées, c'est à vous de vous en payer. Des offres qu'on n'accepte point recueillent un remerciement pour leur salaire.

HÉLÈNE. — Ainsi un secours inspiré par le ciel est repoussé par un seul mot! Il n'en est pas de Celui qui connaît toutes choses comme de nous, qui ne pouvons asseoir nos conjectures que sur les apparences. Mais c'est en nous un excès de présomption, lorsque nous regardons le secours du ciel comme l'ouvrage de l'homme. Sire, donnez votre consentement à ma tentative : faites une expérience du ciel, et non pas de moi. Je ne suis point un imposteur qui proclame une intention qu'il n'a pas. Mais sachez que je crois, et croyez aussi que je sais qu'il est certain que mon art n'est pas sans puissance, ni vous sans espoir de guérison.

LE ROI.—Avez-vous donc tant de confiance? En combien de temps espérez-vous me guérir?

HÉLÈNE —Si la grâce toute-puissante m'accorde son secours avant que les chevaux du soleil aient fait parcourir deux fois à son char enflammé le cercle d'un jour; avant que l'humide Hespérus ait deux fois éteint sa lampe assoupie dans les sombres vapeurs de l'occident; avant que le sablier du pilote lui ait marqué vingt-quatre fois comment se dérobent les minutes, ce qu'il y a d'infirme dans les parties saines de votre corps s'enfuira : la santé reprendra son libre cours, et le mal sera détruit.

LE ROI.—Quel gage oses-tu hasarder de ta certitude et de ta confiance?

HÉLÈNE.—La peine de l'impudence, la hardiesse d'une prostituée; ma honte proclamée dans d'injurieuses ballades; l'infamie attachée à mon nom de vierge; qu'on me fasse souffrir tout ce qu'il y a de pis, et que ma vie finisse dans les plus affreuses tortures.

LE ROI.—Il me semble que j'entends un esprit céleste parler par ta bouche, et que je reconnais dans ton faible organe sa voix puissante. Ce que l'impossibilité anéantirait d'après le sens commun, la raison le sauve d'une autre manière. Ta vie est d'un grand prix; car tout ce que la vie estime valoir le nom de vie, tu le possèdes : jeunesse, beauté, sagesse, courage, vertu, tout ce que le bonheur et le printemps de l'âge peuvent donner d'heureux; hasarder tous ces biens, c'est indiquer une science infinie ou un monstrueux désespoir. Aimable docteur, je veux essayer de ton remède qui, si je meurs, te donne la mort.

HÉLÈNE.—Si j'excède le temps fixé, ou que j'échoue dans le succès que j'ai annoncé, faites-moi mourir sans pitié; je l'aurai bien mérité. Si je ne vous guéris pas, je le payerai de ma vie; mais si je vous guéris, que me promettez-vous?

LE ROI.—Faites votre demande.

HÉLÈNE.—Mais me l'accorderez-vous?

LE ROI.—Oui, par mon sceptre et par mes espérances de salut!

HÉLÈNE.—Eh bien! vous me ferez don, de votre main royale, de l'époux que je vous demanderai, et qu'il sera en votre pouvoir de me procurer. Loin de moi l'arrogante présomption de le choisir dans le sang royal de France, et de vouloir perpétuer la bassesse de mon nom obscur par un rejeton ou une image de votre auguste famille; mais j'aurai la liberté de demander, et vous celle de me donner un de vos vassaux que je connais bien.

LE ROI.—Voilà ma main ; les prémices observées, ta volonté sera exécutée par mes soins : ainsi choisis toi-même ton moment, car moi, décidé à être ton malade, je me repose entièrement sur toi. Je devrais te questionner davantage, et je le ferai... quoique, tout en en sachant davantage, je ne pourrais pas avoir plus de confiance en toi... Je pourrais te demander d'où tu viens, qui t'a amenée ; mais sois la bienvenue, sans autres questions, et accueillie sans aucun doute.—Holà ! aidez-moi un peu ici.—Si tes succès égalent tes promesses, ma récompense égalera ton bienfait.

(Ils sortent.)

SCÈNE II

En Roussillon. — Appartement du palais de la comtesse.

LA COMTESSE *entre avec* LE BOUFFON.

LA COMTESSE.—Viens çà, l'ami. Je veux voir jusqu'à quel degré va ton savoir-vivre.

LE BOUFFON.—Je vais vous montrer que je suis fort bien nourri et fort mal élevé. Je sais que je n'ai affaire qu'avec la cour.

LA COMTESSE.—Comment ! qu'avec la cour ? Et à quel autre lieu attaches-tu donc tant d'importance, pour nommer la cour avec tant de mépris : qu'avec la cour, dis-tu ?

LE BOUFFON.—En vérité, madame, si Dieu a prêté à un homme quelques bonnes mœurs, il peut bien les mettre de côté à la cour. Celui qui ne sait pas saluer, ôter son chapeau, baiser sa main et dire des riens, n'a ni jambes, ni mains, ni bouche, ni chapeau, et ma foi, cet homme, à dire vrai, n'était pas fait pour la cour ; mais, pour moi, j'ai une réponse qui peut servir à tout le monde.

LA COMTESSE.—Vraiment, c'est une bien bonne réponse que celle qui peut aller à toutes les questions.

LE BOUFFON.—C'est comme une chaise de barbier qui va bien à tous les derrières, pointus, ronds, carrés, à tous les derrières possibles.

LA COMTESSE. — Et ta réponse ira à toutes les questions?

LE BOUFFON. — Comme dix sous à la main d'un procureur, comme une couronne française à une fille en taffetas[1]; comme l'anneau de jonc de Tibbie[2], à l'index de Tom, comme les crêpes au mardi gras, comme une danse moresque au 1er mai, comme le clou à son trou, l'homme déshonoré à ses cornes, une méchante diablesse à un coquin bourru, comme les lèvres de la nonne à la bouche d'un moine; enfin, comme le *pudding* à sa peau.

LA COMTESSE. — As-tu, te dis-je, une telle réponse qui s'ajuste à toutes les questions?

LE BOUFFON. — Oui, depuis le duc jusqu'au dernier constable, elle ira à toutes les questions.

LA COMTESSE. — Ce doit être une réponse d'une prodigieuse étendue pour faire ainsi face à toutes les demandes.

LE BOUFFON. — Ce n'est pas une bagatelle, à vrai dire, si les savants voulaient l'apprécier à sa juste valeur. La voici, avec toutes ses dépendances. Demandez-moi si je suis un courtisan; cela ne vous fera pas de tort d'apprendre.

LA COMTESSE. — Allons, redevenons jeune si nous pouvons[3]. — Je vais faire la folle en te faisant la question, dans l'espérance que ta réponse me rendra plus sage. Allons, je vous prie, monsieur, êtes-vous un courtisan?

LE BOUFFON. — *O mon Dieu, monsieur*[4]! — Voilà un moyen bien simple de se défaire des gens. — Allons, encore, encore, une centaine de questions.

LA COMTESSE. — Monsieur, je suis un pauvre ami à vous qui vous aime bien.

LE BOUFFON. — *O mon Dieu, monsieur!* — Allons, serré, ne me ménagez pas.

---

[1] Couronne française, suite d'une maladie ou écu de France, équivoque, etc.

[2] Allusion à une ancienne coutume de marier avec un anneau de jonc; mariage fictif dont se jouaient les séducteurs.

[3] C'est-à-dire soyons légère, rions, si nous le pouvons.

[4] *O Lord, sir!* Exclamation du bon ton alors, et que Shakspeare tourne en ridicule.

LA COMTESSE.—Je pense bien, monsieur, que vous ne pouvez pas manger de ce mets grossier.

LE BOUFFON.—*O mon Dieu, monsieur!*—Allons, embarrassez-moi, je vous ferai face.

LA COMTESSE.—Vous avez été fouetté ces jours derniers, monsieur, à ce que je crois.

LE BOUFFON.—*O mon Dieu, monsieur!*—Ne m'épargnez pas.

LA COMTESSE.—Criez-vous, *ô mon Dieu, monsieur!* et *ne m'épargnez pas*, lorsqu'on vous fouette? Vraiment votre *ô mon Dieu, monsieur!* va à merveille dans cette occasion ; ce serait fort bien répondre au fouet si vous étiez seulement attaché pour le recevoir.

LE BOUFFON.—Je n'ai jamais eu tant de malheur dans ma vie pour mon *ô mon Dieu, monsieur!* je vois bien que les choses peuvent servir longtemps, mais pas toujours.

LA COMTESSE.—Je fais vraiment la ménagère prodigue avec le temps, de le dépenser en vains propos avec un fou.

LE BOUFFON.—*O mon Dieu, monsieur!*—Tenez, voilà que cela se retrouve à propos.

LA COMTESSE. — Allons, monsieur, finissons ; donnez cette lettre à Hélène, et pressez-la de me faire réponse sur-le-champ ; recommandez-moi à mes parents, à mon fils : ce n'est pas beaucoup...

LE BOUFFON.—Ne pas beaucoup vous recommander à eux?

LA COMTESSE.—Ce n'est pas beaucoup de peine pour vous. Vous m'entendez?

LE BOUFFON.—Avec le plus grand fruit : je suis là avant mes jambes.

LA COMTESSE.—Allons, hâte-toi de revenir.

(Ils sortent.)

SCÈNE III

Paris.—Appartement du palais du roi.

Entrent BERTRAND, LAFEU, PAROLLES.

LAFEU.—On dit que les miracles sont passés; et nous avons nos philosophes pour faire de tous les phénomènes surnaturels et sans cause visible des événements communs et familiers. Il arrive de là que nous nous jouons des choses les plus effrayantes, nous retranchant dans une science illusoire, lorsque nous devrions nous soumettre à une terreur inconnue.

PAROLLES.—Oui, c'est une des plus rares merveilles qui ait éclaté dans nos temps modernes.

BERTRAND.—Oh! sans doute!

LAFEU.—D'être abandonné des gens de l'art...

PAROLLES.—C'est ce que je dis, de Galien et de Paracelse...

LAFEU.—De tous les personnages savants et authentiques[1]...

PAROLLES.—Oui, c'est ce que je dis.

LAFEU.—Qui l'ont déclaré incurable...

PAROLLES.—Oui, vraiment, c'est ce que je dis aussi.

LAFEU.—Sans remède...

PAROLLES.—Oui, comme un homme qui serait assuré de...

LAFEU.—Une vie incertaine, et une mort inévitable.

PAROLLES.—C'est cela même : vous avez raison : c'est ce que j'allais dire.

LAFEU.—Je puis dire que c'est quelque chose de nouveau dans ce monde.

PAROLLES.—C'est bien vrai; si vous voulez le voir en représentation, vous le lirez dans... Comment appelez-vous cela?

LAFEU.—*Représentation d'un effet céleste dans un acteur terrestre*[2].

---

[1] Épithète appliquée aux savants du temps de l'auteur.
[2] Titre de quelque ouvrage du temps.

PAROLLES.—C'est justement là ce que je voulais dire : c'est cela même.

LAFEU.—En vérité, le dauphin n'est pas vigoureux.— En vérité, je parle relativement à...

PAROLLES.—Oh! cela est étrange, très-étrange : voilà toute l'histoire et l'embarrassant de la chose, et il faut être d'un esprit bien pervers pour ne pas reconnaître que c'est...

LAFEU.—La main du ciel même.

PAROLLES.—Oui, c'est ce que je dis.

LAFEU.—Par le plus faible...

PAROLLES.—Et le plus débile ministre : un grand pouvoir, une puissance extraordinaire, qui devrait en vérité produire encore sur nous d'autres effets que la seule guérison du roi ; comme par exemple...

LAFEU.—Une reconnaissance universelle.

PAROLLES.—J'allais le dire : vous avez bien raison.— Voici le roi qui vient.

(Entrent le roi, Hélène, suite.)

LAFEU.—*Lustick*, comme dit le Hollandais ! J'en aimerai encore mieux les jeunes filles, tant qu'il me restera une dent dans la bouche. Eh ! mais, il est en état de danser une *courante* avec elle.

PAROLLES. — Mort du vinaigre! n'est-ce pas là Hélène ?

LAFEU.—Devant Dieu, je le crois.

LE ROI.—Allez, appelez devant tous les seigneurs de ma cour. (*A Hélène.*) Asseyez-vous, mon sauveur, à côté de votre malade ; et de cette main rajeunie, où vous avez rappelé la vie et le sentiment, recevez une seconde fois la confirmation de ma promesse, et je n'attends de vous qu'un mot pour désigner le don que vous désirez. (*Plusieurs seigneurs entrent.*) Belle jeune fille, promenez vos regards autour de vous : cette troupe de jeunes et nobles seigneurs sont à ma disposition, et je puis exercer sur eux la puissance d'un souverain et l'autorité d'un père : faites librement votre choix ; vous avez tout pouvoir de choisir, et eux n'en ont aucun pour vous refuser.

HÉLÈNE.—Qu'il puisse échoir à chacun de vous une

belle et vertueuse maîtresse quand il plaira à l'amour!
Je n'en excepte qu'un.

LAFEU.—Je donnerais mon cheval bai, Curtal, et tout
son harnais, pour que ma bouche fût aussi bien garnie
que celles de ces jeunes gens, et pour que ma barbe fût
aussi peu fournie.

LE ROI, *à Hélène.*—Considérez-les bien tous : il n'en
est pas un parmi eux qui n'ait eu un noble père.

HÉLÈNE.—Seigneurs, le ciel a par mes mains rendu la
santé au roi.

TOUS LES SEIGNEURS. — Nous le voyons, et nous en
remercions le ciel pour vous.

HÉLÈNE.—Je ne suis qu'une simple fille, et je déclare
que c'est ma plus grande richesse d'être une simple
fille.—Si c'est le bon plaisir de Votre Majesté, j'ai déjà
fait mon choix.—La rougeur qui se peint sur mes joues
me dit tout bas : « Je rougis de ce que tu vas faire un
choix; mais une fois refusée, que la pâleur de la mort
s'établisse pour toujours sur tes joues; car je n'y reviendrai plus. »

LE ROI.—Faites votre choix, et je vous proteste que
celui qui refusera votre amour perdra tout le mien.

HÉLÈNE.—Eh bien! Diane, de ce moment je déserte tes
autels, et mes soupirs s'élèvent vers le suprême Amour,
vers ce dieu souverain. (*A un des seigneurs.*) Seigneur,
voulez-vous écouter ma requête?

PREMIER SEIGNEUR.—Oui, et vous l'accorder.

HÉLÈNE.—Je vous rends grâces ; je n'ai rien à ajouter.

LAFEU.—J'aimerais mieux être au nombre des objets
de son choix, que de tirer ma vie au sort sur la chance
d'un *beset*[1].

HÉLÈNE, *à un autre seigneur.*—La fierté qui étincelle
dans vos beaux yeux me fait une réponse menaçante,
avant même que j'aie parlé. Puisse l'amour vous envoyer
une bonne fortune vingt fois au-dessus du mérite et de
l'humble amour de celle qui vous adresse ce vœu!

SECOND SEIGNEUR.—Je n'aspire à rien de mieux, si vous
voulez.

[1] Terme du jeu de dés.

HÉLÈNE.—Recevez mon vœu, et que le puissant Amour l'exauce! C'est ainsi que je prends congé de vous.

LAFEU.—Est-ce qu'ils la refusent tous[1]? S'ils étaient mes enfants, je les ferais fouetter, ou je les enverrais au Grand-Turc pour les faire tous eunuques.

HÉLÈNE, *à un autre seigneur.*—Ne craignez point que je prenne votre main : je ne vous ferai jamais de tort, par égard pour vous. Que le ciel bénisse vos désirs! et si jamais vous vous mariez, puissiez-vous trouver une plus belle compagne dans votre lit!

LAFEU.—Ces jeunes gens sont des garçons de glace : aucun ne veut d'elle : ce sont des bâtards des Anglais; jamais des Français ne les ont engendrés.

HÉLÈNE, *à un autre seigneur.*—Vous êtes trop jeune, trop heureux et trop noble, pour vous donner un fils formé de mon sang.

QUATRIÈME SEIGNEUR.—Je ne crois pas cela, ma belle.

LAFEU.—Il reste encore une grappe... Je suis sûr que ton père buvait du vin.—Mais si tu n'es pas une imbécile, je suis, moi, un jeune homme de quatorze ans : je te connais déjà bien.

HÉLÈNE, *à Bertrand.*—Je n'ose vous dire que je vous prends : c'est moi qui me donne tout entière à vous, pour vous servir toute ma vie. — Voilà celui que je choisis.

LE ROI, *à Bertrand.*—Eh bien! jeune Bertrand, prends-la; elle est ta femme.

BERTRAND.—Ma femme, sire? J'oserai conjurer Votre Majesté de me permettre, en pareille affaire, de m'en rapporter à mes propres yeux.

LE ROI.—Ignores-tu donc, Bertrand, ce qu'elle a fait pour moi?

BERTRAND.—Je le sais, mon bon roi; mais j'espère ne jamais savoir pourquoi je dois l'épouser.

LE ROI.—Tu sais qu'elle m'a relevé de mon lit de maladie.

---

[1] Lafeu et Parolles sont à quelque distance, et ne peuvent encore deviner ce qui se passe.

BERTRAND.—Mais faut-il, seigneur, que vous me fassiez descendre parce qu'elle vous a relevé? Je la connais très-bien ; elle a été élevée aux frais de mon père. La fille d'un pauvre médecin être ma femme! Que plutôt l'opprobre efface mon nom pour toujours!

LE ROI.—Tu ne dédaignes en elle que son nom; je puis lui en donner un autre. Il est bien étrange que notre sang à tous, qui pour la couleur, le poids et la chaleur, mêlé ensemble, n'offrirait aucune trace de distinction, prétende cependant se séparer par de si vastes différences. Si elle possède toutes les vertus, et que tu ne la dédaignes que parce qu'elle est la fille d'un pauvre médecin, tu dédaignes donc la vertu pour un nom? Ne fais pas cela : quand des actions vertueuses sortent d'une source obscure, cette source est illustrée par le fait de celui qui les accomplit. Être enflé de vains titres et sans vertus, c'est là un honneur hydropique. Ce qui est bon par lui-même est bon sans nom; et ce qui est vil est toujours vil. Le prix des choses dépend de leur mérite, et non de leur dénomination. Elle est jeune, sage, belle; elle a reçu cet héritage de la nature, et ces qualités forment l'honneur. Celui-là mérite le mépris et non l'honneur, qui se prétend fils de l'honneur et qui ne ressemble pas à son père. Nos honneurs prospèrent, lorsque nous les faisons dériver de nos actions plutôt que de nos ancêtres. Le mot seul est un esclave suborné à des tombeaux, un trophée menteur sur tous les sépulcres ; et souvent aussi il reste muet sur des tombes où la poussière et un coupable oubli ensevelissent d'honorables cendres. Qu'ai-je besoin d'en dire plus? Si tu peux aimer cette jeune personne comme vierge, je puis créer tout le reste : elle et sa vertu, c'est sa dot personnelle; les honneurs et les richesses viendront de moi.

BERTRAND.—Je ne puis l'aimer, et je ne ferai pas d'efforts pour y parvenir.

LE ROI.—Tu te fais injure à toi-même, en hésitant si longtemps sur ce choix.

HÉLÈNE.—Sire, je suis heureuse de vous voir bien rétabli : qu'il ne soit plus question du reste.

LE ROI.—Mon honneur est engagé : il faut, pour le délivrer, que je déploie mon pouvoir. Allons, prends s main, hautain et dédaigneux jeune homme, indigne de ce beau don ; puisque tu repousses, par une indigne erreur, mon amitié et son mérite ; toi qui ne t'avises pas de songer que moi, placé dans son plateau trop léger, je t'enlèverais jusqu'au fléau ; toi qui ne veux pas savoir qu'il dépend de nous de transporter tes honneurs où il nous plaira de les faire croître : contiens tes mépris : obéis à notre volonté qui travaille pour ton bien : n'écoute point ton vain orgueil : rends sur-le-champ, pour l'avantage de ta propre fortune, l'hommage d'obéissance que ton devoir nous doit, et que notre autorité exige, ou je t'effacerai pour jamais de ma pensée, et t'abandonnerai aux vertiges et à la ruineuse témérité de la jeunesse et de l'ignorance, déployant sur toi ma haine et ma vengeance, au nom de la justice et sans pitié. Parle : ta réponse ?

BERTRAND.—Pardon, mon gracieux souverain : je soumets mon amour à vos yeux. Lorsque je considère quelle riche création et quelle part d'honneur vont s'attacher où vous l'ordonnez, je trouve que cette fille, qui tout à l'heure était si bas dans la fierté de mes pensées, est maintenant l'objet des louanges du roi, et par là anoblie, comme si elle était bien née.

LE ROI.—Prends sa main, et dis-lui qu'elle est à toi : e te promets de rendre la balance égale entre elle et ton rang, si je ne fais pas davantage.

BERTRAND.—Je lui prends la main.

LE ROI.—Que le bonheur et la faveur du roi sourient à ce contrat ! Toutes les formalités nécessaires pour le rendre parfait seront accomplies dès ce soir : les fêtes solennelles peuvent souffrir un plus long délai, et attendre nos amis absents. Bertrand, si tu l'aimes, ton amour me reste fidèle, autrement il s'égare.

(Tous sortent, excepté Parolles et Lafeu.)

LAFEU.—Entendez-vous, monsieur ? Un mot, s'il vous plaît.

PAROLLES.—Quel est votre bon plaisir, seigneur ?

LAFEU.—Votre seigneur et maître a bien fait de se rétracter.

PAROLLES.—Se rétracter ? mon maître, mon seigneur ?

LAFEU.—Oui : est-ce que je ne parle pas une langue intelligible ?

PAROLLES.—Une langue fort dure, et qu'on ne peut entendre sans qu'il s'ensuive quelque effusion de sang. —Mon maître !

LAFEU.—Êtes-vous le camarade du comte de Roussillon ?

PAROLLES.—De quelque comte que ce soit, de tous les comtes, de tout ce qui est homme.

LAFEU.—De tout ce qui est l'*homme* du comte ; mais *le maître* du comte, c'est autre chose.

PAROLLES.—Vous êtes trop vieux, monsieur : que cela vous suffise, vous êtes trop vieux.

LAFEU.—Il faut que je te dise, maraud, que j'ai le titre d'homme, moi ; titre auquel jamais l'âge ne pourra vous faire parvenir.

PAROLLES.—Ce que j'oserais bien, je n'ose pas le faire.

LAFEU.—Je vous ai cru, pendant deux ordinaires, un homme de bon sens : vous avez fait tant de récits de vos voyages : cela pouvait passer ; mais les écharpes et les rubans dont vous êtes couvert m'ont dissuadé de bien des manières de vous croire un vaisseau de bien gros calibre.—Je t'ai trouvé à présent ; et si je te perds, je ne m'en embarrasse guère ; et cependant tu n'es bon à rien qu'à reprendre, et tu n'en vaux guère la peine.

PAROLLES.—Si vous n'étiez pas couvert du privilége de l'âge...

LAFEU.—Ne vous plongez pas trop avant dans la colère, de peur de trop hâter l'épreuve ; et si une fois... Que Dieu ait pitié de toi, poule mouillée !—Allons, mon beau treillis, fort bien : je n'ai pas besoin d'ouvrir la fenêtre, je vois tout au travers de toi.—Donne-moi ta main.

PAROLLES.—Seigneur, vous me faites-là une affreuse injure.

LAFEU.—Oui, et c'est de tout mon cœur ; et tu en es bien digne.

PAROLLES.—Je ne l'ai pas mérité, seigneur.

LAFEU.—Oh! sur ma foi, jusqu'à la dernière drachme, et je n'en rabattrai pas un scrupule.

PAROLLES.—Allons, je serai plus sage...

LAFEU.—Oui, le plus tôt que tu pourras; car tu as à virer la voile du côté opposé.—Si jamais on te lie dans ton écharpe, et qu'on te châtie, tu éprouveras alors ce que c'est que d'être fier de sa servitude. J'ai envie d'entretenir ma connaissance avec toi, ou plutôt mon étude, afin que je puisse dire, au besoin : « C'est un homme que je connais. »

PAROLLES.—Seigneur, vous me vexez d'une manière intolérable.

LAFEU.—Je voudrais que ce fût pour toi un tourment d'enfer, et que ta vexation fût éternelle; mais je suis passé [1] par l'âge comme tu vas l'être par moi aussi vite que l'âge me le permettra.

(Il sort.)

PAROLLES *seul*.—Allons, tu as un fils qui me lavera de cet affront, méchant, hideux et dégoûtant vieillard!—Allons, il faut que je me contienne : il n'y a pas moyen d'arrêter les grands. Je le battrai, sur ma vie, si je peux jamais le rencontrer à propos, fût-il deux fois plus grand seigneur. Je n'aurai pas plus de pitié de sa vieillesse, que je n'en aurais de... Je le battrai, pourvu que je le puisse joindre encore une fois.

(Lafeu revient.)

LAFEU.—Maraud, votre seigneur et maître est marié : voilà des nouvelles pour vous. Vous avez une nouvelle maîtresse.

PAROLLES.—Je dois franchement conjurer Votre Seigneurie de vouloir bien m'épargner vos insultes. Il est mon bon seigneur : mais celui que je sers est là-haut, et c'est mon maître.

LAFEU.—Qui? Dieu?

PAROLLES.—Oui, monsieur.

---

[1] Équivoque sur le mot *past*. Lafeu, en parlant ainsi, passe devant Parolles.

LAFEU.—C'est le diable qui est ton maître. Pourquoi croises-tu ainsi tes bras? Veux-tu faire de tes manches une paire de chausses? Les autres valets en font-ils autant? Tu ferais mieux de mettre ta partie inférieure où est ton nez. Sur mon honneur, si j'étais plus jeune seulement de deux heures, je te bâtonnerais. Il me semble que tu es une insulte générale, et que chacun devrait te battre. Je crois que tu as été créé pour que tout le monde pût se mettre en haleine sur ton dos.

PAROLLES.—Voilà qui est bien dur et peu mérité, seigneur.

LAFEU.—Allez, allez : vous avez été battu en Italie pour avoir arraché un fruit d'un grenadier : vous êtes un vagabond, et non pas un honnête voyageur : vous faites plus l'impertinent avec les grands seigneurs et les gens d'honneur, que les armoiries de votre naissance et de votre vertu ne vous donnent droit de le faire. Vous ne méritez pas un mot de plus, sans quoi je vous appellerais un fripon : je vous laisse.

(Lafeu sort.)

(Entre Bertrand.)

PAROLLES.—C'est bon, c'est bon : oui, oui, bon, bon : gardons-en le secret quelque temps.

BERTRAND.—Perdu et condamné aux soucis pour toujours!

PAROLLES.—Qu'avez-vous, mon cher cœur?

BERTRAND. — Quoique je l'aie solennellement juré devant le prêtre, je ne partagerai jamais son lit.

PAROLLES.—Quoi? quoi donc, mon cher cœur?

BERTRAND.—O mon Parolles, ils m'ont marié!—Je veux aller aux guerres de Toscane, et jamais je ne coucherai avec elle.

PAROLLES.—La France est un vrai chenil : elle ne mérite pas d'être foulée aux pieds par un homme. A la guerre!

BERTRAND.—Voilà des lettres de ma mère : ce qu'elles contiennent, je ne le sais pas encore.

PAROLLES.—Il faudrait le savoir.—A la guerre, mon garçon, à la guerre! Il tient son honneur caché dans une boîte, celui qui reste chez lui à caresser sa créature et à dépenser dans ses bras sa vigueur virile, qui devrait soutenir les bonds et la fougue de l'ardent coursier de Mars. Aux pays étrangers! La France est une étable, et nous, qui y demeurons, des rosses. Allons, à la guerre!

BERTRAND.—Oui, j'irai.—Je l'enverrai chez moi; j'informerai ma mère de mon aversion pour elle, et de la cause de mon évasion; j'écrirai au roi ce que je n'ai pas osé lui dire : le don qu'il vient de me faire me servira à m'équiper pour les guerres d'Italie, où les braves combattent. La guerre est un repos, comparée à une sombre maison et à une femme odieuse.

PAROLLES.—Ce caprice tiendra-t-il? en êtes-vous bien sûr?

BERTRAND. — Venez avec moi dans ma chambre, et aidez-moi de vos conseils. Je vais la congédier sur-le-champ. Demain je pars pour la guerre, et elle pour sa douleur solitaire.

PAROLLES.—Oh! comme les balles rebondissent! quel vacarme elles font!—Cela est dur.—Un jeune homme marié est un jeune homme perdu : ainsi, partez, et quittez-la bravement : allez. Le roi vous a fait outrage.—Mais, chut! c'est comme cela...

(Ils sortent.)

SCÈNE IV

Même lieu.—Un autre appartement.

Entrent HÉLÈNE et LE BOUFFON.

HÉLÈNE.—Ma mère me salue avec bonté. Est-elle bien?

LE BOUFFON.—Elle n'est pas bien, et pourtant elle jouit de sa santé : elle est gaie, mais pourtant elle n'est pas bien; mais Dieu soit loué! elle est bien et n'a besoin de rien dans ce monde, et pourtant elle n'est pas bien.

HÉLÈNE. — Si elle est bien, quel mal a-t-elle donc, qu'elle ne soit pas bien?

LE BOUFFON.—Vraiment, elle serait très-bien s'il ne lui manquait pas deux choses.

HÉLÈNE.—Quelles sont ces deux choses?

LE BOUFFON.—La première, c'est qu'elle n'est pas dans le ciel, où Dieu veuille l'envoyer promptement; la seconde, c'est qu'elle est sur la terre, d'où Dieu veuille la renvoyer promptement.

(Entre Parolles.)

PAROLLES.—Salut, mon heureuse dame!

HÉLÈNE.—Je me flatte d'avoir votre aveu pour ma bonne fortune.

PAROLLES.—Vous avez mes vœux pour qu'elle augmente, et mes vœux encore pour qu'elle dure. (*Au bouffon.*) Ah! mon vaurien! comment se porte ma vieille dame?

LE BOUFFON.—Si vous aviez ses rides, et moi ses écus, je voudrais qu'elle fût comme vous dites.

PAROLLES.—Eh! je ne dis rien.

LE BOUFFON.—Vraiment, vous n'en êtes que plus sage; car souvent la langue d'un homme est la ruine de son maître : ne dire rien, ne faire rien, ne savoir rien, et n'avoir rien, font une grande partie de vos titres, qui ne diffèrent pas grandement de rien.

PAROLLES.—Va-t'en; tu es un vaurien.

LE BOUFFON.—Vous auriez dû dire, monsieur, devant un vaurien, tu es un vaurien; c'est-à-dire, devant moi tu es un vaurien; et cela aurait été la vérité, monsieur.

PAROLLES.—Va, va, tu es un rusé fou : je t'ai découvert.

LE BOUFFON. — Me découvrez-vous en vous-même, monsieur? ou bien, vous a-t-on appris à me découvrir? La recherche, monsieur, était des plus profitables; et vous pourriez trouver beaucoup du fou en vous, au grand déplaisir du monde, et pour augmenter les risées.

PAROLLES.—Un bon drôle, ma foi, et bien nourri!— Madame, mon seigneur va partir ce soir. Une affaire très-sérieuse l'appelle : il sait les grandes prérogatives et les droits de l'amour, que la circonstance réclame comme vous étant dus; mais il est contraint, malgré lui, de les remettre à un autre temps. Cette privation et ce délai sont rachetés par les douceurs qui vont se préparer dans cet intervalle forcé, pour inonder de joie l'heure à venir, et faire déborder la coupe des plaisirs.

HÉLÈNE.—Quelles sont ses autres intentions?

PAROLLES.—Que vous preniez à l'instant congé du roi, et que vous donniez cette précipitation pour votre propre décision en l'appuyant de toutes les raisons que vous pourrez trouver pour rendre cette nécessité vraisemblable.

HÉLÈNE.—Que commande-t-il encore?

PAROLLES.—Qu'après avoir obtenu ce congé, vous vous conformiez sur-le-champ à ses autres intentions.

HÉLÈNE.—En tout je suis soumise à sa volonté.

PAROLLES.—Je vais l'en assurer de votre part.

(Parolles sort.)

HÉLÈNE.—Je vous en prie. (*Au bouffon.*) Viens, drôle.

(Ils sortent.)

SCÈNE V

Un autre appartement dans le même lieu.

Entrent LAFEU, BERTRAND.

LAFEU.—Mais j'espère que Votre Seigneurie ne le regarde pas comme un guerrier?

BERTRAND.—Comme un guerrier, seigneur, et qui a fait ses preuves de courage.

LAFEU.—Vous le tenez de sa bouche?

BERTRAND.—Et de bien d'autres témoignages valables.

LAFEU.—Allons, mon cadran ne va donc pas bien? j'ai pris cette alouette pour un traquet[1].

BERTRAND.—Je vous assure, seigneur, qu'il a de grandes connaissances et qu'il n'a pas moins de bravoure.

LAFEU.—J'ai donc péché contre son expérience et prévariqué contre sa valeur; et je suis à cet égard dans un état dangereux, car je ne puis trouver dans mon cœur le moindre désir de m'en repentir. — Le voici qui vient,

---

[1] Espèce d'oiseau qui fait son nid à terre. *Penancola, avis alaudæ similis.*

je vous en prie, réconciliez-nous : je veux rechercher son amitié.

(Entre Parolles.)

PAROLLES.—Tout cela se fera, monsieur.

LAFEU, *à Bertrand.*—Je vous en prie, monsieur, dites-moi quel est son tailleur?

PAROLLES.—Monsieur?

LAFEU.—Oh! je le connais bien. Oui, monsieur; c'est vraiment, monsieur, un bon ouvrier, un fort bon tailleur.

BERTRAND, *bas à Parolles.*—Est-elle allée trouver le roi?

PAROLLES.—Elle y est allée.

BERTRAND.—Partira-t-elle ce soir?

PAROLLES.—Comme vous le lui avez ordonné.

BERTRAND.—J'ai écrit mes lettres, enfermé mon trésor dans ma cassette, donné mes ordres pour nos chevaux; et ce soir, à l'heure où je devrais prendre possession de la mariée, je finirai avant d'avoir commencé.

LAFEU.—Un honnête voyageur est quelque chose à la fin d'un dîner; mais un homme qui débite trois mensonges et se sert d'une vérité connue de tout le monde pour faire passer un millier de balivernes mérite d'être écouté une fois et fustigé trois. (*A Parolles.*) Dieu vous assiste, capitaine!

BERTRAND, *à Parolles.*—Y aurait-il quelque mésintelligence entre ce noble seigneur et vous, monsieur?

PAROLLES.—Je ne sais pas comment j'ai mérité de tomber dans la disgrâce de mon noble seigneur.

LAFEU.—Vous avez trouvé moyen d'y tomber et de vous y enfoncer tout entier, en bottes et éperons, comme celui qui saute dans la crème[1], et vous en ressortirez promptement plutôt que de souffrir qu'on vous demande raison de ce que vous restez dedans.

BERTRAND.—Il se pourrait que vous vous fussiez mépris sur son compte, seigneur.

LAFEU.—Et je m'y méprendrai toujours, quand même je le surprendrais en prières.—Adieu, seigneur, et

---

[1] Allusion à une pasquinade des baladins qui sautaient, dans les fêtes de Londres, tout bottés dans un plat de crème.

croyez ce que je vous dis, qu'il n'y a point d'amande dans cette noix légère : toute l'âme de cet homme est dans ses habits; ne vous fiez à lui dans aucune affaire de conséquence; j'ai apprivoisé de ces gens-là, et je connais leur naturel. (*A Parolles.*) Adieu, monsieur; j'ai mieux parlé de vous que vous n'avez mérité et que vous ne mériterez de moi; mais il faut rendre le bien pour le mal.

(Il sort.)

PAROLLES.—Un frivole vieillard, je jure!

BERTRAND.—Je le crois.

PAROLLES.—Eh mais! ne le connaissez-vous pas?

BERTRAND.—Oui, je le connais bien, et l'opinion commune lui donne du mérite.—Voici venir mon entrave.

(Entre Hélène.)

HÉLÈNE.—J'ai, monsieur, suivant l'ordre que vous m'en avez donné, parlé au roi, et j'ai obtenu son agrément pour partir sur-le-champ. Seulement, il désire vous parler en particulier.

BERTRAND.—J'obéirai à sa volonté.—Il ne faut pas, Hélène, vous étonner de mon procédé, qui ne paraît pas s'accorder avec les circonstances et qui ne remplit pas l'office qu'elles exigent de moi. Je n'étais pas préparé à cet événement, voilà pourquoi je me trouve si fort en désordre; cela m'engage à vous prier de vous mettre en route sur-le-champ pour vous rendre chez moi, et de chercher à deviner plutôt que de me demander le motif de cette prière; car mes raisons sont meilleures qu'elles ne paraissent, et mes affaires sont d'une nécessité plus pressante qu'il ne le semble à première vue, à vous qui ne les connaissez pas. —Cette lettre est pour ma mère. (*Il lui remet une lettre.*) Il se passera deux jours avant que je vous revoie. Adieu; je vous abandonne à votre sagesse.

HÉLÈNE.—Monsieur, je ne puis vous répondre autre chose, sinon que je suis votre très-obéissante servante.

BERTRAND.—Allons, allons, ne parlons plus de cela.

HÉLÈNE.—Et que je chercherai toujours, par tous mes efforts, à réparer ce que mon étoile vulgaire a laissé en moi de défectueux pour être de niveau avec ma grande fortune.

BERTRAND.—Laissons cela ; je suis extrêmement pressé. Adieu ; allez-vous-en chez moi.

HÉLÈNE.—Je vous prie, monsieur, permettez...

BERTRAND.—Eh bien ! que voulez-vous dire ?

HÉLÈNE.—Je ne suis pas digne du trésor que je possède, et je n'ose pas dire qu'il soit à moi, et cependant il est à moi ; mais, comme un voleur timide, je voudrais bien dérober ce que la loi m'accorde de droit.

BERTRAND.—Que voulez-vous avoir ?

HÉLÈNE.—Quelque chose, — et à peine autant ; — rien, dans le fond. — Je ne voudrais pas vous dire ce que je voudrais, seigneur. — Mais pourtant, si. — Les étrangers et les ennemis se séparent et ne s'embrassent pas.

BERTRAND.—Je vous en prie, ne perdez pas de temps ; mais vite à cheval.

HÉLÈNE.—Je n'enfreindrai pas vos ordres, mon bon seigneur.

BERTRAND, *à Parolles, d'un air fort empressé.*—Où sont mes autres gens, monsieur ? (*A Hélène.*) Adieu. (*Hélène sort.*) Va chez moi, où je ne rentrerai de ma vie tant que je pourrai manier mon épée ou entendre le son du tambour.—Allons, partons, et songeons à notre fuite.

PAROLLES.—Bravo ! coragio !

(Ils sortent.)

FIN DU DEUXIÈME ACTE.

ACTE TROISIÈME

SCÈNE I

A Florence.—Appartement dans le palais du duc.

Entrent LE DUC DE FLORENCE, DEUX SEIGNEURS FRANÇAIS; Gardes. *Fanfares.*

LE DUC.—Ainsi, vous voilà instruits de point en point des raisons fondamentales de cette guerre, dont les grands intérêts ont déjà fait verser bien du sang, en restant toujours altérés d'en répandre.

PREMIER SEIGNEUR.—La querelle paraît sacrée de la part de Votre Altesse; mais de la part des ennemis, elle semble inique et odieuse.

LE DUC.—C'est pourquoi je m'étonne fort que notre cousin le roi de France puisse, dans une cause aussi juste, fermer son cœur à nos prières suppliantes.

SECOND SEIGNEUR.—Mon bon seigneur, je ne puis vous éclairer sur les motifs de notre gouvernement, ni en parler que comme un homme ordinaire qui n'est pas dans les affaires, et qui s'imagine l'auguste machine du conseil d'après ses imparfaites notions: aussi je n'ose pas vous dire ce que j'en pense, d'autant moins que je me suis vu trompé dans mes incertaines conjectures toutes les fois que j'ai tenté d'en faire.

LE DUC.—Qu'il fasse suivant son bon plaisir.

SECOND SEIGNEUR.—Mais je suis sûr du moins que notre jeunesse, rassasiée de son repos, va accourir ici tous les jours pour se guérir.

LE DUC.—Ils seront bien reçus, et tous les honneurs que nous pouvons répandre iront s'attacher sur eux.

Vous connaissez vos postes. Quand les premiers de l'armée tombent, c'est pour votre avantage. — Demain au champ de bataille !

(Ils sortent.)

SCÈNE II

En Roussillon.—Appartement dans le palais de la comtesse.

LA COMTESSE, LE BOUFFON.

LA COMTESSE.—Tout est arrivé comme je le désirais, excepté qu'il ne revient point avec elle.

LE BOUFFON.—Sur ma foi, je pense que mon jeune seigneur est un homme fort mélancolique.

LA COMTESSE.—Et sur quel fondement, je te prie?

LE BOUFFON.—Eh! c'est qu'il regardait ses bottes, et puis chantait; qu'il rajustait sa fraise, et puis chantait; qu'il faisait des questions, puis chantait; qu'il se curait les dents, et chantait encore. J'ai connu un homme avec ce tic de mélancolie, qui a vendu un bon manoir pour une chanson.

LA COMTESSE.—Voyons ce qu'il écrit et quand il se propose de revenir.

LE BOUFFON.—Je n'ai plus de goût pour Isabeau depuis que je suis allé à la cour. Nos vieilles morues et nos Isabeau de campagne ne ressemblent en rien à vos vieilles morues et à vos Isabeau de cour. La cervelle de mon Cupidon est fêlée, et je commence à aimer comme un vieillard aime l'argent, — sans appétit.

LA COMTESSE, *ouvrant la lettre.*—Qu'avons-nous ici?

LE BOUFFON.—Précisément ce que vous avez là.

(Il sort.)

LA COMTESSE lit *la lettre.*—*Je vous envoie une belle-fille : elle a guéri le roi et m'a perdu. Je l'ai épousée; mais je n'ai pas couché avec elle, et j'ai juré que ce refus serait éternel. On ne manquera pas de vous informer que je me suis enfui. Apprenez-le donc de moi, avant de le savoir par le bruit public. Si le monde est assez vaste, je mettrai toujours une bonne distance entre elle et moi. Agréez mon respect.*

Votre fils infortuné, BERTRAND.

—Ce n'est pas bien, jeune homme téméraire et indiscipliné, de fuir ainsi les faveurs d'un si bon roi, d'attirer son indignation sur ta tête en méprisant une jeune fille trop vertueuse pour être dédaignée, même de l'empereur.

(Le bouffon entre.)

LE BOUFFON.—Oh! madame, il y a là-bas de tristes nouvelles entre deux officiers et ma jeune maîtresse.

LA COMTESSE.—De quoi s'agit-il?

LE BOUFFON.—Et cependant il y a aussi quelque chose de consolant dans les nouvelles; oui, de consolant : votre fils ne sera pas tué aussitôt que je le pensais.

LA COMTESSE.—Et pourquoi serait-il tué?

LE BOUFFON.—C'est ce que je dis, madame, s'il s'est sauvé, comme je l'entends dire. Le danger était de rester auprès de sa femme : c'est la perte des hommes, quoique ce soit le moyen d'avoir des enfants. Les voici qui viennent; ils vous en diront davantage. Pour moi, je sais seulement que votre fils s'est sauvé.

(Hélène entre accompagnée de deux gentilshommes.)

PREMIER GENTILHOMME.—Dieu vous garde! chère comtesse.

HÉLÈNE.—Madame, mon seigneur est parti, parti pour toujours.

SECOND GENTILHOMME.—Ne dites pas cela.

LA COMTESSE.—Armez-vous de patience. — Eh! je vous prie, messieurs, parlez. J'ai senti tant de secousses de joie et de douleur, que le premier aspect et le choc imprévu de l'une ou de l'autre ne peuvent plus me faire éprouver l'émotion d'une femme. — Où est mon fils, je vous prie?

SECOND GENTILHOMME.—Madame, il est allé servir le duc de Florence. Nous l'avons rencontré là, car nous en venons, et après avoir remis quelques dépêches dont nous sommes chargés pour la cour, nous y retournons.

HÉLÈNE.—Jetez les yeux sur cette lettre, madame. Voici mon congé. — (*Lisant.*) « *Quand tu auras obtenu l'anneau que je porte à mon doigt, et qui ne le quittera* jamais, et que tu me montreras un enfant né de toi, dont j'aurai été le père, alors appelle-moi ton mari. Mais cet alors, je le nomme jamais. » — C'est une terrible sentence !

LA COMTESSE. — Avez-vous apporté cette lettre, messieurs ?

SECOND GENTILHOMME. — Oui, madame ; et d'après ce qu'elle contient, nous regrettons nos peines.

LA COMTESSE. — Je t'en conjure, ma chère, prends courage. Si tu gardes pour toi seule toutes ces douleurs, tu m'en dérobes la moitié. Il était mon fils ; mais j'efface son nom de mon cœur, et tu seras mon unique enfant. — Il est donc allé du côté de Florence ?

SECOND GENTILHOMME. — Oui, madame.

LA COMTESSE. — Et pour être soldat ?

PREMIER GENTILHOMME. — Telles sont, en effet, ses nobles intentions, et je suis persuadé que le duc lui rendra tous les honneurs convenables.

LA COMTESSE. — Y retournez-vous ?

PREMIER GENTILHOMME. — Oui, madame, et avec la plus grande diligence.

HÉLÈNE, *lisant.* — *Jusqu'à ce que je n'y aie plus de femme, la France ne me sera rien.*

— C'est amer !

LA COMTESSE. — Y a-t-il cela là-dedans ?

HÉLÈNE. — Oui, madame.

PREMIER GENTILHOMME. — Ce n'est peut-être qu'un écart de sa main auquel son cœur n'a pas consenti.

LA COMTESSE. — *La France ne lui sera rien tant qu'il y aura une femme ?* Il n'y a qu'elle seule qui soit trop bonne pour lui, et elle méritait un prince que vingt jeunes étourdis comme lui suivissent avec respect pour l'appeler à toute heure leur maîtresse. — Qui avait-il avec lui ?

PREMIER GENTILHOMME. — Un seul domestique et un gentilhomme que j'ai connu jadis.

LA COMTESSE. — Parolles, n'est-ce pas ?

PREMIER GENTILHOMME. — Oui, madame, c'est lui-même.

LA COMTESSE. — C'est une âme corrompue et pleine de

scélératesse. Mon fils, séduit par ses conseils, pervertit un cœur bien né.

PREMIER GENTILHOMME.—En effet, madame, cet homme a bien de la scélératesse, trop, et cela l'oblige à en user.

LA COMTESSE.—Soyez les bienvenus, messieurs. Je vous prie, quand vous reverrez mon fils, de lui dire que son épée ne peut jamais acquérir autant d'honneur qu'il en a perdu. Je vais lui en écrire davantage, et je vous prierai de lui remettre ma lettre.

SECOND GENTILHOMME.—Nous sommes prêts à vous servir, madame, en ceci et dans toutes vos affaires les plus importantes.

LA COMTESSE.—A condition que nous ferons échange de politesses. Voulez-vous m'accompagner?

(La comtesse et les gentilshommes sortent.)

HÉLÈNE.—*Jusqu'à ce que je n'y aie plus de femme, la France ne me sera rien!*—La France ne lui sera rien tant qu'il aura une femme en France. Tu n'en auras plus, Roussillon; tu n'en auras plus en France. Reprends-y donc tout le reste. Pauvre comte! est-ce moi qui te chasses de ton pays et qui expose tes membres délicats aux chances de la guerre, qui n'épargne personne? Est-ce moi qui t'exile d'une cour charmante, où tu étais le point de mire des plus beaux yeux, pour t'exposer aux coups des mousquets fumants? O vous, messagers de plomb, qui volez rapidement sur des ailes de feu, détournez-vous et manquez votre but! Percez l'air invulnérable qui siffle quand on le perce, et ne touchez pas mon seigneur. Quiconque tire sur lui, c'est moi qui le dirige; quiconque avance le fer levé contre son sein intrépide, c'est moi, malheureuse, qui l'y excite. Et quoique ce ne soit pas moi qui le tue, je suis cependant la cause de sa mort. Il aurait mieux valu pour moi que je rencontrasse le lion féroce quand il rugit, pressé par la faim. Il aurait mieux valu que toutes les calamités qui assiègent la nature fussent tombées sur ma tête. Non, reviens dans ta patrie, Roussillon; quitte ces lieux, où l'honneur ne recueille du danger que des cicatrices et où souvent il perd tout. Je vais m'en aller. C'est parce que je suis ici que tu t'éloignes. Y resterais-je pour t'empêcher d'y revenir? Non, non ; quand on respirerait chez toi l'air du paradis, et qu'on y serait servi par des anges, je m'en irais. Puisse la renommée, touchée de pitié, t'annoncer ma fuite pour te consoler! O nuit! viens; et toi, jour, hâte-toi de finir; car, pendant l'obscurité, je veux me dérober de ces lieux comme un pauvre voleur. (Elle sort.)

SCÈNE III

La scène est à Florence, devant le palais du duc.

Fanfares. LE DUC DE FLORENCE, BERTRAND, Seigneurs, *officiers et soldats.*

LE DUC.—Tu seras commandant de notre cavalerie; fort de nos espérances, nous t'accordons notre amitié et plaçons notre confiance dans les promesses de ta fortune.
BERTRAND.—Seigneur, c'est un fardeau trop pesant pour mes forces ; cependant je m'efforcerai de le soutenir, pour l'amour de Votre Altesse, jusqu'à la dernière extrémité.
LE DUC.—Pars donc, et que la fortune joue avec ton cimier comme une maîtresse propice!
BERTRAND.—Ce jour même, ô puissant Mars ! j'entre dans tes rangs. Rends-moi seulement égal à mes vœux, et je me montrerai amoureux de ton tambour et l'ennemi de l'amour!

SCÈNE IV

Roussillon.—Appartement du palais de la comtesse.

LA COMTESSE, L'INTENDANT.

LA COMTESSE. — Hélas! et pourquoi avez-vous accepté d'elle cette lettre? Ne deviez-vous pas vous douter qu'elle allait faire ce qu'elle a fait, dès qu'elle m'envoyait une lettre? Relisez-la-moi encore.

ACTE III, SCÈNE IV.

L'INTENDANT *lit.—Je vais en pèlerinage à Saint-Jacques. Un amour ambitieux m'a rendue criminelle. Pour expier mes fautes par un saint vœu, je veux marcher pieds nus sur la terre glacée. Écrivez, écrivez, afin que mon très-cher maître, votre fils, puisse se retirer de la sanglante carrière des combats. Bénissez son retour, et qu'il jouisse des douceurs de la paix, tandis que moi je bénirai de loin son nom par les plus ardentes prières. Dites-lui de me pardonner toutes les peines que je lui ai causées. C'est moi, sa fatale Junon, qui l'ai éloigné de ses amis de la cour pour l'envoyer vivre dans les camps ennemis, où le danger et la mort marchent sur les pas des braves. Il est trop bon et trop beau pour moi et pour la mort, que je vais chercher moi-même pour le laisser libre !*

LA COMTESSE.—Ah ! quels traits aigus percent dans ses plus douces paroles ! Rinaldo, vous n'avez jamais tant manqué de réflexion qu'en la laissant partir ainsi. Si je lui avais parlé, je l'aurais bien détournée de ses projets, sur lesquels elle m'a prévenue.

L'INTENDANT.—Pardonnez, madame ; si je vous eusse donné la lettre hier au soir, on aurait pu rejoindre Hélène et cependant elle écrit que toute poursuite serait vaine.

LA COMTESSE.—Quel ange s'intéressera à cet indigne époux? Il ne peut prospérer, à moins que les prières de celle que le ciel se plaît à entendre et à exaucer ne le sauvent des vengeances de la justice suprême. Écris, écris, Rinaldo, à cet époux si indigne de son épouse. Que chaque mot soit plein de son mérite, qu'il pèse, lui, trop légèrement. Fais-lui sentir vivement mon extrême douleur, quoiqu'il y soit peu sensible. Dépêche vers lui le courrier le plus prompt. Peut-être, quand il apprendra qu'elle s'en est allée voudra-t-il revenir ; et j'espère qu'aussitôt qu'elle apprendra son retour, elle hâtera aussi le sien dans ces lieux, conduite par le plus pur amour. Je ne puis démêler lequel des deux m'est le plus cher. Cherche le messager. J'ai un poids sur le cœur, et ma vieillesse est faible. Ma tristesse voudrait des larmes, et ma douleur me force de parler.

(Ils sortent.)

SCÈNE V

Hors des murs de Florence.

UNE VEUVE DE FLORENCE, DIANE, VIOLENTA, MARIANA *et plusieurs citoyens. On entend au loin une musique guerrière.*

LA VEUVE.—Allons, venez, car s'ils s'approchent de la ville; nous perdrons tout le coup d'œil.

DIANE.—On dit que le comte français nous a rendu les plus honorables services.

LA VEUVE.—On rapporte qu'il a pris leur plus grand capitaine, et que de sa propre main il a tué le frère du duc. Nous avons perdu nos peines; ils ont pris un chemin opposé. Écoutez, vous pouvez en juger par leurs trompettes.

MARIANA.—Allons, retournons-nous-en, et contentons-nous du récit qu'on nous en fera. Et vous, Diane, gardez-vous bien de ce comte français: l'honneur d'une fille est sa gloire, et il n'y a point d'héritage aussi riche que l'honnêteté.

LA VEUVE.—J'ai raconté à ma voisine combien vous aviez été sollicitée par un gentilhomme de sa compagnie.

MARIANA.—Je connais ce coquin; qu'il aille se pendre! Un certain Parolles, un infâme agent que le jeune comte emploie dans ses intrigues. Défie-toi d'eux, Diane; leurs promesses, leurs séductions, leurs serments, leurs présents, et tous ces engins de la débauche, ne sont point ce qu'on veut les faire croire. Plus d'une jeune fille a été séduite par là, et le malheur veut que l'exemple de tant de naufrages de la vertu ne saurait persuader celles qui viennent après, jusqu'à ce qu'elles soient prises au piége qui les menaçait. J'espère que je n'ai pas besoin de vous avertir davantage, car je suis persuadée que votre vertu vous conservera où vous êtes, quand même il n'y aurait d'autre danger à craindre que la perte de la modestie.

DIANE.—Vous n'avez rien à craindre pour moi.

LA VEUVE.—Je l'espère. (*Hélène, en costume de pèlerine.*—Regarde, voici une pèlerine. Je suis sûre qu'elle vient loger dans ma maison. Ils ont coutume de s'envoyer ici les uns les autres. Je veux la questionner. — Dieu vous garde, belle pèlerine! Où allez-vous?

HÉLÈNE.—A Saint-Jacques-le-Grand. Enseignez-moi, je vous prie, où logent les pèlerins[1]?

LA VEUVE.—A l'image Saint-François, ici près du port.

HÉLÈNE.—Est-ce là le chemin?

(On entend au loin une musique guerrière.)

LA VEUVE. — Oui, précisément. Entendez-vous? Ils viennent de ce côté. Si vous voulez attendre, sainte pèlerine, que les troupes soient passées, je vous conduirai à l'endroit où vous logerez, d'autant mieux que je crois connaître votre hôtesse aussi bien que moi-même.

HÉLÈNE.—Est-ce vous?

LA VEUVE.—Sous votre bon plaisir, pèlerine.

HÉLÈNE.—Je vous remercie, et j'attendrai ici votre loisir.

LA VEUVE.—Vous arrivez, je crois, de France?

HÉLÈNE.—J'en arrive.

LA VEUVE.—Vous allez voir ici un de vos compatriotes qui a fait de grands exploits.

HÉLÈNE.—Quel est son nom, je vous prie?

LA VEUVE.— Le comte de Roussillon. Le connaissez-vous?

HÉLÈNE.—Seulement par ouï-dire. Je sais qu'il a une grande réputation; mais je ne connais pas sa figure.

LA VEUVE.—Quel qu'il soit, il passe ici pour un brave guerrier. Il s'est évadé de France, à ce qu'on dit, parce que le roi l'a marié contre son inclination. Croyez-vous que cela soit vrai?

HÉLÈNE.—Oui, sûrement; c'est la pure vérité; je connais sa femme.

DIANE.—Il y a ici un gentilhomme au service du comte qui dit bien du mal d'elle.

HÉLÈNE.—Comment s'appelle-t-il?

DIANE.—M. Parolles.

---

[1] *Palmer*, nom dérivé de la branche de palmier que portaient les pèlerins de profession.

HÉLÈNE.—Oh ! je crois comme lui qu'en fait de louange ou auprès du mérite du comte lui-même, son nom ne vaut pas la peine d'être cité. Tout son mérite est une vertu modeste, contre laquelle je n'ai entendu faire aucun reproche.

DIANE.—Ah ! la pauvre dame ! C'est un rude esclavage que d'être la femme d'un époux qui nous déteste.

LA VEUVE.—Oui, c'est vrai, pauvre créature ! En quelque lieu qu'elle soit, elle a un cruel poids sur le cœur. Si cette jeune fille voulait, il ne tiendrait qu'à elle de lui jouer un mauvais tour.

HÉLÈNE. — Que voulez-vous dire ? Serait-ce que le comte, amoureux d'elle, la sollicite à une action illégitime ?...

LA VEUVE.—Oui, c'est ce qu'il fait : il emploie tous les agents qui peuvent corrompre dans un pareil but le tendre cœur d'une jeune fille; mais elle est bien armée, et elle oppose à ses attaques la résistance la plus vertueuse.

(Bertrand, Parolles passent, suivis d'officiers et de soldats florentins, avec des drapeaux et des tambours.)

MARIANA. — Que les dieux la préservent de ce malheur !

LA VEUVE.—Les voilà ; ils viennent. Celui-ci est Antonio, le fils aîné du duc : celui-là est Escalus.

HÉLÈNE.—Quel est donc le Français ?

DIANE.—Là, celui qui porte ces plumes. C'est un très-bel homme. Je voudrais bien qu'il aimât sa femme. S'il était plus honnête, il serait bien plus aimable. N'est-ce pas un beau jeune homme ?

HÉLÈNE.—Il me plaît beaucoup.

DIANE.—C'est bien dommage qu'il ne soit pas honnête. Voilà là-bas le vaurien qui l'entraîne à la débauche. Si j'étais la femme du comte, j'empoisonnerais ce vil scélérat.

HÉLÈNE.—Lequel est-ce?

DIANE.—Eh ! ce fat avec ses écharpes. Pourquoi donc a-t-il l'air si triste ?

HÉLÈNE.—Il a peut-être été blessé au combat.

PAROLLES.—Perdre notre tambour !

MARIANA.—Il est à coup sûr bien contrarié de quelque chose. Voyez, il nous a aperçues.

LA VEUVE.—Au diable! allez vous pendre!

MARIANA.—Et pour la politesse, je lui souhaite le carcan autour du cou.

(Sortent Bertrand, Parolles, les officiers; etc.)

LA VEUVE.—Les troupes sont passées. Venez, pèlerine, je vous conduirai à l'endroit où vous logerez. Nous avons déjà à la maison quatre ou cinq pénitents qui ont fait vœu d'aller à Saint-Jacques.

HÉLÈNE.—Je vous remercie humblement. Je désirerais beaucoup que vous, madame, et votre aimable fille, vous voulussiez bien souper avec moi ce soir. Je me chargerai des frais et des remerciements; et pour vous témoigner davantage ma reconnaissance, je donnerai à cette jeune personne quelques conseils dignes d'attention.

TOUTES DEUX ENSEMBLE.—Nous acceptons vos offres bien volontiers.
(Elles sortent.)

SCÈNE VI

Le camp devant Florence.

Entrent BERTRAND ET DEUX SEIGNEURS FRANÇAIS.

PREMIER SEIGNEUR.—Je vous en conjure, mon cher comte, mettez-le à cette épreuve : laissez-lui faire sa volonté.

SECOND SEIGNEUR.—Si Votre Seigneurie ne reconnaît pas qu'il est un lâche, ne m'honorez plus de votre estime.

PREMIER SEIGNEUR.—Sur mon honneur, seigneur, c'est une bulle de savon.

BERTRAND.—Pensez-vous donc que je me trompe à ce point sur son compte?

PREMIER SEIGNEUR. — Croyez ce que je vous dis, seigneur, d'après ma propre connaissance, et sans aucune malice, et avec la même vérité que si je vous parlais de mon parent. C'est un insigne poltron, un déterminé et éternel menteur, qui manque autant de fois à sa parole qu'il y a d'heures dans le jour : en un mot, n'ayant pas une seule bonne qualité pour mériter les bontés de Votre Seigneurie.

SECOND SEIGNEUR.—Il serait bon que vous le connussiez, de peur que, vous reposant trop sur une valeur qu'il n'a point, il ne puisse, dans une affaire importante et de confiance, vous manquer au milieu du danger.

BERTRAND.—Je voudrais bien connaître quelque moyen de l'éprouver.

SECOND SEIGNEUR.—Il n'y en a pas de meilleur que de le laisser aller chercher son tambour. Vous entendez avec quelle confiance il se vante d'en venir à bout.

PREMIER SEIGNEUR.—Et moi, avec une troupe de Florentins, je veux le surprendre tout à coup. J'aurai des gens qu'il ne distinguera point des troupes ennemies. Nous le lierons, nous lui banderons les yeux, de sorte qu'il s'imaginera qu'on le conduit dans le camp ennemi, lorsque nous l'amènerons dans notre tente. Que Votre Seigneurie soit seulement présente à son interrogatoire ; si, dans l'espoir de sauver sa vie, et par le sentiment de la plus lâche peur, il ne s'offre pas à vous trahir et à révéler tout ce qu'il peut savoir contre vous, et s'il ne l'affirme pas avec serment au péril éternel de son âme, n'ayez jamais, seigneur, la moindre confiance en mon jugement.

SECOND SEIGNEUR.—Oh! seulement pour le plaisir de rire, laissez-le aller chercher son tambour. Il se vante d'avoir imaginé pour cela un stratagème. Lorsque Votre Seigneurie aura vu le fond de son cœur, et à quel vil métal se réduira ce lingot d'or prétendu, si vous ne lui infligez pas le traitement de Jean Tambour[1], votre inclination pour lui est inattaquable.—Le voici.

(Parolles entre.)

PREMIER SEIGNEUR.—Oh! pour nous donner le plaisir de rire, ne l'empêchez pas d'accomplir son dessein. Laissez-le chercher son tambour comme il voudra.

[1] Un vieil intermède imprimé en 1601, portait le nom du traitement fait à Jean Tambour, *Jack Drum*, et cette hospitalité consistait à ce qu'il paraît en coups et en injures.

BERTRAND, *à Parolles*.—Eh bien! comment vous trouvez-vous, monsieur? Le tambour vous tient donc bien fort au cœur?

SECOND SEIGNEUR.—Et que diable! qu'il le laisse aller. Ce n'est qu'un tambour.

PAROLLES.—Qu'un tambour! N'est-ce qu'un tambour? un tambour ainsi perdu! Le beau commandement! charger les ailes de notre armée avec notre propre cavalerie, et enfoncer nos propres bataillons!

SECOND SEIGNEUR.—On ne doit point blâmer le général qui a commandé : c'est un de ces malheurs de la guerre que César lui-même n'aurait pu prévenir, s'il eût été là pour nous commander.

BERTRAND.—Nous n'avons cependant pas tant à nous plaindre de notre succès. Il est vrai qu'il y a quelque déshonneur à avoir perdu ce tambour; mais enfin, il n'y a plus de moyen de le ravoir.

PAROLLES.—On aurait pu le ravoir.

BERTRAND.—On l'aurait pu, mais on ne le peut pas à présent.

PAROLLES.—On pourrait encore le ravoir. Si le mérite d'un service n'était pas si rarement attribué à celui qui l'a rendu, je l'aurais, ce tambour, lui ou un autre, ou bien *hic jacet*.

BERTRAND.—Mais si vous en avez envie, monsieur; si vous croyez avoir quelque bonne ruse qui puisse ramener dans son quartier naturel cet instrument d'honneur, eh bien! soyez assez généreux pour l'entreprendre. Allez en avant! je récompenserai cette tentative comme un exploit glorieux. Si vous réussissez, le duc en parlera, et vous payera ce service tout ce qu'il pourra valoir, et d'une manière convenable à sa grandeur.

PAROLLES.—Par le bras d'un guerrier, je l'entreprendrai.

BERTRAND.—Mais il faut à présent vous endormir là-dessus.

PAROLLES.—Je veux m'en occuper dès ce soir; je vais écrire mes dilemmes, m'encourager dans ma certitude, faire mes apprêts homicides; et sur le minuit, attendez-vous à entendre parler de moi.

BERTRAND.—Puis-je hardiment annoncer à Son Altesse que vous êtes parti pour vous en occuper?

PAROLLES.—Je ne sais pas encore quel sera le succès, seigneur : mais pour le tenter, je vous le jure.

BERTRAND.—Je sais que tu es brave; et je répondrais de la possibilité de ta valeur guerrière. Adieu.

PAROLLES.—Je n'aime pas trop de paroles.

(Il sort.)

PREMIER SEIGNEUR.—Non, pas plus que le poisson n'aime l'eau. Cet homme n'est-il pas bien singulier, seigneur, de paraître entreprendre avec tant de confiance une chose qu'il sait bien qu'on ne peut faire? Il se damne à jurer qu'il le fera, et il aimerait mieux être damné que de le faire.

SECOND SEIGNEUR.—Vous ne le connaissez pas encore, seigneur, comme nous le connaissons. Il est bien vrai qu'il a le talent de s'insinuer dans les bonnes grâces de quelqu'un, et que pendant une semaine il saura échapper à bien des occasions de se découvrir; mais quand vous l'aurez une fois connu, ce sera pour toujours.

BERTRAND.—Quoi! vous pensez qu'il ne fera rien de tout ce qu'il s'est engagé si sérieusement à entreprendre?

SECOND SEIGNEUR. — Rien au monde; mais il s'en reviendra avec une invention de sa tête, et il vous y flanquera deux ou trois mensonges plausibles. Mais nous avons déjà fatigué le cerf, et vous le verrez tomber cette nuit. En vérité, seigneur, il ne mérite pas vos bontés.

PREMIER SEIGNEUR. — Nous vous amuserons un peu avec le renard, avant que de lui retourner la peau sur les oreilles. Il a déjà été enfumé par le vieux seigneur Lafeu. Quand on lui aura ôté son déguisement, vous me direz alors quel lâche coquin vous le trouverez, et cela pas plus tard que cette nuit.

SECOND SEIGNEUR. — Il faut que j'aille tendre mes piéges : il y sera pris.

BERTRAND.—Et votre frère va venir avec moi.

SECOND SEIGNEUR.—Si vous le trouvez bon, seigneur, je vais vous quitter.

(Il sort.)

BERTRAND.—Je veux maintenant vous conduire dans la maison, et vous montrer la jeune fille dont je vous ai déjà parlé.

PREMIER SEIGNEUR.—Mais vous me disiez qu'elle était honnête.

BERTRAND.—C'est là son défaut; je ne lui ai encore parlé qu'une fois, et je l'ai trouvée extraordinairement froide : je lui ai envoyé, par ce même fat que nous avons sous le vent, des présents et des lettres qu'elle a renvoyés; et voilà tout ce que j'ai fait jusqu'ici. C'est une belle créature. Voulez-vous la venir voir?

PREMIER SEIGNEUR.—De tout mon cœur, seigneur.

(Ils sortent.)

SCÈNE VII

Florence,—Une chambre dans la maison de la veuve.

Entrent HÉLÈNE, LA VEUVE.

HÉLÈNE.—Si vous doutez encore que je sois sa femme, je ne sais plus comment vous donner d'autres preuves, à moins de détruire les fondements de mon entreprise.

LA VEUVE.—Quoique j'aie perdu ma fortune, je suis bien née, et je ne connais rien à ces sortes d'affaires, et je ne voudrais pas aujourd'hui ternir ma réputation par une action honteuse.

HÉLÈNE.—Je ne voudrais pas non plus vous y exposer. Croyez d'abord que le comte est mon époux, et que tout ce que je vous ai confié sous la foi du secret est vrai de point en point. D'après cela, vous voyez que vous ne pouvez faire un crime en me prêtant le bon secours que je vous demande.

LA VEUVE.—Il faut bien vous croire, car vous m'avez donné des preuves convaincantes que vous jouissez d'une grande fortune.

HÉLÈNE. — Prenez cette bourse d'or, et laissez-moi acheter à ce prix les secours de votre amitié, que je récompenserai encore quand je l'aurai éprouvée. Le comte courtise votre fille; il fait le siège libertin de sa beauté, résolu de s'en rendre maître. Qu'elle consente maintenant à se laisser diriger par nous sur la manière dont elle doit se conduire. Son sang bouillonne, et il ne lui refusera rien de ce qu'elle lui demandera. Le comte porte un anneau qui a passé dans sa maison de père en fils, depuis quatre ou cinq générations : cet anneau est d'un grand prix à ses yeux ; mais dans son ardeur insensée pour obtenir ce qu'il veut, le sacrifice ne lui paraîtra pas trop grand, bien qu'il puisse s'en repentir ensuite.

LA VEUVE.—Je vois à présent le but que vous vous proposez.

HÉLÈNE.—Vous voyez donc combien il est légitime. Je désire seulement que votre fille lui demande cet anneau, avant de faire semblant de se rendre à ses instances ; qu'elle lui assigne un rendez-vous ; enfin qu'elle me laisse à sa place employer le temps pendant qu'elle sera chastement absente : et après j'ajouterai pour sa dot trois mille couronnes d'or à ce qui s'est déjà passé entre nous.

LA VEUVE.—J'y consens. Instruisez maintenant ma fille de la manière dont elle doit se conduire pour que l'heure et le lieu, tout s'accorde dans cette innocente supercherie. Toutes les nuits il vient avec des instruments de toute espèce, et des chansons qu'il a composées pour son peu de mérite ; il ne nous sert de rien de l'écarter de nos fenêtres ; il s'obstine à y rester, comme si sa vie en dépendait.

HÉLÈNE.—Eh bien ! dès ce soir il faut tenter notre stratagème. S'il réussit, ce sera une mauvaise intention attachée à une action légitime et une action vertueuse dans une action légitime ; ni l'un ni l'autre ne pécheront : et cependant il y aura un péché de commis[1]. Mais allons nous en occuper.

(Elles sortent.)

[1] Un crime d'intention de la part de Bertrand.

FIN DU TROISIÈME ACTE.

ACTE QUATRIÈME

SCÈNE I

Aux alentours du camp florentin.

Un des SEIGNEURS FRANÇAIS *entre sur la scène, suivi de cinq ou six* SOLDATS *qui se mettent en embuscade.*

LE CAPITAINE.—Il ne peut venir par d'autre chemin que par le coin de cette haie. Lorsque vous fondrez sur lui, servez-vous des termes les plus terribles que vous voudrez ; quand vous ne vous entendriez pas vous-mêmes, peu importe ; car il faut que nous fassions semblant de ne pas le comprendre ; excepté un de nous, que nous produirons comme interprète.

UN SOLDAT.—Mon bon capitaine, laissez-moi être l'interprète.

LE CAPITAINE.—N'es-tu pas connu de lui ? Ne connaît-il pas ta voix ?

LE SOLDAT.—Non, monsieur, je vous le garantis.

LE CAPITAINE.—Mais quel jargon nous parleras-tu ?

LE SOLDAT.—Celui que vous me parlerez.

LE CAPITAINE.—Il faut qu'il nous prenne pour quelque bande d'étrangers à la solde de l'ennemi. N'oublions pas qu'il a une teinture de tous les langages des pays voisins : ainsi, il faut que chacun de nous parle un jargon à sa fantaisie, sans savoir ce que nous nous dirons l'un à l'autre. Tout ce que nous devons bien savoir, c'est le projet que nous avons en tête. Croassement de corbeau, ou tout autre babil, sera bon de reste.—Quant à vous, monsieur l'interprète, il faut que vous sachiez bien dissimuler.—Mais, ventre à terre ! le voici qui vient, pour passer deux heures à dormir, et retourner ensuite débiter et jurer les mensonges qu'il forge.

(Entre Parolles.)

PAROLLES.—Dix heures! dans trois heures d'ici, il sera assez temps de retourner au quartier. Qu'est-ce que je dirai que j'ai fait? Il faut que ce soit quelque invention plausible pour se faire croire : on commence à me dépister, et les disgrâces ont dernièrement frappé trop souvent à ma porte. Je trouve que ma langue est trop téméraire : mais mon cœur a toujours devant les yeux la crainte de Mars et de ses enfants, et il ne soutient pas ce que hasarde ma langue.

LE CAPITAINE, à part.—Voilà la première vérité dont ta langue se soit jamais rendue coupable.

PAROLLES.—Quel diable m'engageait à entreprendre la reprise de ce tambour, en connaissant l'impossibilité, et sachant que je n'en avais nulle envie?—Il faut que je me fasse moi-même quelques blessures, et que je dise que je les ai reçues dans l'action; mais de légères blessures ne suffiraient pas pour persuader. Ils diront : « Quoi! vous en êtes échappé à si bon marché? »—Et de grandes blessures, je n'ose pas me les faire. Pourquoi? quelle preuve aura-t-on?—Ma langue, il faut que je vous mette dans la bouche d'une marchande de beurre, et que j'en achète une autre à la mule de Bajazet[1], si votre babil me jette dans les dangers.

LE CAPITAINE, à part.—Est-il possible qu'il sache ce qu'il est, et qu'il soit ce qu'il est?

PAROLLES.—Je voudrais qu'il me suffît de mettre mon habit en lambeaux, ou de briser mon épée espagnole.

LE CAPITAINE, à part.—Ce moyen ne peut pas aller.

PAROLLES.—Ou de griller ma barbe ; et puis de dire que cela faisait partie du stratagème.

LE CAPITAINE.—Cela ne vaut pas mieux.

PAROLLES.—Ou de noyer mes habits, et puis de dire que j'ai été dépouillé.

LE CAPITAINE.—Cela ne peut guère servir.

---

[1] Quelques-uns lisent *mute* pour traduire par muet du sérail.

ACTE IV, SCÈNE I.

PAROLLES.—Quand je jurerais que j'ai sauté par une fenêtre de la citadelle...

LE CAPITAINE, *à part*.—De quelle hauteur?

PAROLLES, *continuant*.—Trente brasses.

LE CAPITAINE.—Trois gros serments auraient encore peine à persuader cela.

PAROLLES.—Je voudrais avoir quelque tambour des ennemis, et alors je jurerais que c'est le même que j'ai repris.

LE CAPITAINE, *à part*.—Tu vas en entendre retentir un tout à l'heure.

(Un tambour bat.)

PAROLLES, *étonné*.—Un tambour des ennemis !

LE CAPITAINE *fondant sur lui avec sa troupe.* — *Thraca movousus, cargo, cargo, cargo!*

TOUS ENSEMBLE. — *Cargo, cargo! villanda par corbo, cargo!*

PAROLLES.—Oh! rançon, rançon!—Ne me bandez pas les yeux.

(Ils le saisissent et lui bandent les yeux.)

L'INTERPRÈTE.—*Boskos thromuldo boskos.*

PAROLLES.—Oui, je sais que vous êtes du régiment de Muskos, et je perdrai la vie faute de savoir cette langue. S'il est parmi vous quelque Allemand, quelque Danois, quelque Bas-Hollandais, Italien ou Français, qu'il me parle; je lui découvrirai des secrets qui perdront les Florentins.

L'INTERPRÈTE.—*Boskos vauvado...* Je t'entends, et je puis parler ta langue. *Kerely bonto :* songe à ta religion; car dix-sept poignards sont pointés contre ton sein.

PAROLLES.—Oh!

L'INTERPRÈTE.—Oh! ta prière, ta prière! — *Mancha revania dulche.*

LE CAPITAINE.—*Oschorbi dulchos volivorca.*

L'INTERPRÈTE. — Le général veut bien t'épargner encore, et, les yeux ainsi bandés, il te fera conduire pour recueillir de toi tes secrets : peut-être pourras-tu apprendre quelque chose qui te sauvera la vie.

PAROLLES.—Oh! laissez-moi vivre et je vous dévoilerai

tous les secrets du camp, leurs forces, leurs desseins : oui, je vous dirai des choses qui vous étonneront.

L'INTERPRÈTE.—Mais le feras-tu fidèlement?

PAROLLES.—Si je ne le fais pas, que je sois damné!

L'INTERPRÈTE.—*Acordo linta.* Avance; on te permet de marcher.

(Il sort avec Parolles.)

LE CAPITAINE, *à l'un d'eux.*—Va dire au comte de Roussillon et à mon frère que nous avons pris la bécasse, et que nous la tiendrons enveloppée jusqu'à ce que nous ayons de leurs nouvelles.

LE SOLDAT.—Capitaine, j'y vais.

LE CAPITAINE.—Il nous trahira tous, en nous parlant à nous-mêmes.—Dis-leur cela.

LE SOLDAT.—Je n'y manquerai pas, capitaine.

LE CAPITAINE.—Jusqu'alors je le tiendrai dans les ténèbres, et bien enfermé.

(Ils sortent.)

SCÈNE II

Florence.—Appartement de la maison de la veuve.

Entrent BERTRAND, DIANE.

BERTRAND.—On m'a dit que votre nom était *Fontibel.*

DIANE.—Non, mon brave seigneur, c'est *Diane.*

BERTRAND.—Vous portez le nom d'une déesse, et vous méritez mieux encore : mais, âme céleste, l'amour n'a-t-il aucune place dans votre belle personne? Si la vive flamme de la jeunesse n'échauffe pas votre cœur, vous n'êtes pas une jeune fille, mais une statue. Quand vous serez morte, vous serez ce que vous êtes à présent; car vous êtes froide et insensible, et à présent vous devriez être telle qu'était votre mère lorsque votre être charmant fut engendré.

DIANE.—Elle ne cessa pas d'être honnête alors.

BERTRAND.—Vous le seriez aussi.

DIANE.—Non; ma mère ne fit que remplir un devoir, le devoir, seigneur, que vous devez à votre épouse.

BERTRAND.—Ne parlons pas de cela.—Je vous en prie, ne luttez pas contre mes serments : j'ai été uni à elle par contrainte ; mais vous, je vous aime par la douce contrainte de l'amour, et je vous rendrai toujours tous les services auxquels vous aurez droit.

DIANE.—Oui, vous êtes à notre service jusqu'à ce que nous vous ayons servi ; mais lorsqu'une fois vous avez nos roses, vous nous laissez seulement les épines pour nous déchirer, et vous insultez à notre stérilité.

BERTRAND. — Combien ai-je fait de serments !...

DIANE.—Ce n'est pas le nombre des serments qui fait la vérité, mais un vœu simple et sincère fait avec vérité. Nous n'attestons jamais ce qui n'est pas sacré, mais nous jurons par le Très-Haut. Dites-moi, je vous prie, si je jurais par les attributs suprêmes de Jupiter que je vous aime tendrement, en croiriez-vous mes serments, quand je vous aimerais mal? Jurer à quelqu'un qu'on l'aime est un serment sans foi et sans solidité, lorsqu'on ne jure que pour lui faire un outrage. Ainsi vos serments ne sont que des paroles et de frivoles protestations qui ne portent aucun sceau, du moins suivant mon opinion.

BERTRAND.— Changez, changez d'opinion. Ne soyez pas si saintement cruelle : l'amour est saint, et jamais ma sincérité ne connut l'artifice dont vous accusez les hommes. Ne vous éloignez plus, mais rendez-vous au désir de mon cœur, qui se ranimera alors. Dites que vous êtes à moi, et ce qu'est mon amour au commencement, il le sera toujours.

DIANE.—Je vois que les hommes, dans ces sortes de difficultés, fabriquent des cordes que nous laissons bientôt aller nous-mêmes.—Donnez-moi cet anneau.

BERTRAND.— Je vous le prêterai, ma chère; mais il n'est pas en mon pouvoir de le donner sans retour.

DIANE.—Vous ne voulez pas me le donner, seigneur?

BERTRAND.—C'est un gage d'honneur qui appartient à notre maison, et qui m'a été légué par de nombreux ancêtres : ce serait une grande honte pour moi dans le monde que de le perdre.

DIANE.—Mon honneur ressemble à votre anneau : ma chasteté est le joyau de notre maison, qui m'a été transmis par de nombreux ancêtres, et ce serait une grande honte pour moi dans le monde que de le perdre : ainsi, votre propre prudence amène l'honneur pour me servir de champion contre vos vaines attaques.

BERTRAND.—Tenez, prenez mon anneau. Que ma maison, mon honneur, ma vie même soient à vous, et je vous serai soumis.

DIANE.—Quand il sera minuit, frappez à la fenêtre de ma chambre. Je prendrai mes précautions pour que ma mère n'entende rien.—Maintenant je vous recommande, sous la foi sacrée de la vérité, lorsque vous aurez conquis mon lit encore vierge, de n'y rester qu'une heure et de ne pas me parler. J'en ai les plus fortes raisons ; vous les saurez ensuite, lorsque cette bague vous sera rendue; et dans la nuit je mettrai à votre doigt un autre anneau qui, dans la suite des temps, pourra attester à l'avenir notre union passée. Adieu, jusqu'alors : n'y manquez pas. Vous avez conquis en moi une épouse, quoique toutes mes espérances de ce côté soient perdues.

BERTRAND.—J'ai conquis le ciel sur la terre en vous recherchant.

(Il sort.)

DIANE.—Puisses-tu vivre longtemps pour remercier le ciel et moi! tu pourrais bien finir par là.—Ma mère m'avait instruite de la manière dont il me ferait sa cour, comme si elle eût été dans son cœur : elle dit que tous les hommes font les mêmes serments : il avait juré de m'épouser quand sa femme serait morte, et moi je coucherai avec lui quand je serai ensevelie. Puisque les Français sont si trompeurs, se marie qui voudra; je veux vivre et mourir vierge ; et je ne crois pas que ce soit un péché de tromper, sous ce déguisement, un homme qui voulait me séduire.

(Elle sort.)

SCÈNE III

Le camp florentin.

Entrent LES DEUX SEIGNEURS FRANÇAIS, *avec deux ou trois soldats.*

PREMIER OFFICIER.—Vous ne lui avez pas donné la lettre de sa mère?

SECOND OFFICIER.—Je la lui ai remise il y a une heure: il y a dedans quelque chose qui a fait une vive impression sur son âme, car en la lisant il est presque devenu tout d'un coup un autre homme.

PREMIER OFFICIER. —Il s'est attiré un juste blâme en repoussant une si bonne femme, une si aimable dame.

SECOND OFFICIER. —Il a surtout encouru la disgrâce éternelle du roi, dont la générosité eût fait si volontiers son bonheur[1]. Je vous dirai quelque chose, mais vous la tiendrez secrète.

PREMIER OFFICIER. — Quand vous l'aurez dite, elle est morte, et j'en suis le tombeau.

SECOND OFFICIER. — Il a séduit ici, dans Florence, une jeune demoiselle de très-chaste renommée, et cette nuit même il assouvit sa passion sur les ruines de son honneur : il lui a donné son anneau de famille, et il se croit heureux d'avoir réussi dans ce pacte coupable.

PREMIER OFFICIER.—Que Dieu diffère notre révolte! Ce que nous sommes quand nous sommes abandonnés à nous-mêmes!

SECOND OFFICIER.—De vrais traîtres à nous-mêmes. Et comme dans le cours ordinaire de toutes les trahisons, nous les voyons toujours se révéler elles-mêmes à mesure qu'elles avancent vers leur infâme but; c'est ainsi que celui qui, par cette action, conspire contre son propre honneur, laisse déborder lui-même le torrent.

PREMIER OFFICIER. — N'est-ce pas un crime damnable d'être les hérauts de nos desseins criminels? — Nous n'aurons donc pas sa compagnie ce soir?

---

[1] *Who had ever tuned his bounty to sing happiness to him.* Mot à mot : « Qui avait mis pour lui sa bonté sur l'air du bonheur. »

SECOND OFFICIER.—Non, jusqu'après minuit, car sa ration est d'une heure.

PREMIER OFFICIER. — Elle s'avance à grands pas. — Je voudrais bien qu'il entendît anatomiser son compagnon, afin qu'il pût avoir la mesure de son jugement, où il avait si précieusement établi cette fausse monnaie.

SECOND OFFICIER.—Nous ne nous occuperons pas de lui jusqu'à ce qu'il vienne, car sa présence doit être le jouet de l'autre.

PREMIER OFFICIER. — En attendant, qu'entendez-vous dire de cette guerre?

SECOND OFFICIER.—J'entends dire qu'il y a une ouverture de paix.

PREMIER OFFICIER.—Et même, je vous l'assure, une paix conclue.

SECOND OFFICIER.—Que va donc faire le comte de Roussillon? Voyagera-t-il, ou retournera-t-il en France?

PREMIER OFFICIER.—Je vois bien par cette question que vous n'êtes pas dans sa confidence.

SECOND OFFICIER.—Dieu m'en préserve, monsieur! car alors j'aurais grande part à ses actions.

PREMIER OFFICIER. — Sa femme, il y a environ deux mois, a fui sa maison : son prétexte était d'aller faire un pèlerinage à Saint-Jacques-le-Grand ; elle a accompli cette religieuse entreprise avec la piété la plus austère ; la sensibilité de sa nature est devenue la proie de son chagrin ; enfin, elle y a rendu les derniers soupirs, et maintenant elle chante dans le ciel.

SECOND OFFICIER.—Sur quoi cette nouvelle est-elle appuyée?

PREMIER OFFICIER.—En grande partie sur ses propres lettres, qui garantissent la vérité du récit jusqu'à l'instant de sa mort ; et sa mort, qu'elle ne pouvait pas annoncer elle-même, est fidèlement confirmée par le curé du lieu.

SECOND OFFICIER.—Le comte est-il instruit de cet événement?

PREMIER OFFICIER. — Oui; et dans toutes ses particularités, de point en point, jusqu'à la plus parfaite certitude de la vérité.

SECOND OFFICIER.—Je suis bien fâché qu'il soit joyeux de cela.

PREMIER OFFICIER. — Comme nous nous empressons quelquefois de nous réjouir de nos pertes !

SECOND OFFICIER.—Et comme nous nous empressons d'autres fois de noyer nos gains dans les larmes ! L'honneur distingué que sa valeur s'est acquis ici va être accueilli dans sa patrie par une honte aussi grande.

PREMIER OFFICIER.—La trame de notre vie est un tissu de bien et de mal : nos vertus seraient trop fières si nos fautes ne les châtiaient, et nos crimes seraient au désespoir s'ils n'étaient consolés par nos vertus.—Eh bien ! où est votre maître ?

LE DOMESTIQUE. — Dans la rue il a rencontré le duc, dont il a pris solennellement congé : Sa Seigneurie va partir demain matin pour la France. Le duc lui a offert des lettres de recommandation pour le roi.

SECOND OFFICIER.—Elles ne sont rien moins que nécessaires, quand la recommandation serait encore plus forte qu'elle ne peut l'être.

(Entre Bertrand.)

LE PREMIER OFFICIER, *répondant à l'autre*. — En effet, elles ne peuvent être trop flatteuses pour adoucir l'aigreur du roi.—Voici le comte qui s'avance. — Eh bien ! comte, ne sommes-nous pas après minuit ?

BERTRAND.—J'ai, cette nuit, expédié seize affaires d'un mois de travail chacune, dont j'ai abrégé le succès : j'ai pris congé du duc, fait mes adieux à ses parents, enterré une femme, pris le deuil pour elle, écrit à madame ma mère que je reviens, préparé mes équipages et ma suite; et, entre les intervalles de ces diverses expéditions, j'ai pourvu à d'autres affaires plus délicates : la dernière était la plus importante, mais elle n'est pas encore finie.

SECOND OFFICIER.—Si l'affaire présente quelque difficulté et que vous partiez d'ici ce matin, il faudra que Votre Seigneurie use de diligence.

BERTRAND.—Je dis que l'affaire n'est pas finie, parce que j'ai quelque peur d'en entendre parler dans la suite.
—Mais aurons-nous ce dialogue entre ce faquin et le

soldat?—Allons, faites paraître devant nous ce prétendu modèle : il m'a trompé, comme un oracle à double sens.

second officier.—Qu'on l'amène. (*Les soldats sortent.*) Le pauvre malheureux a passé toute la nuit dans les ceps.

bertrand.—Il n'y a pas de mal à cela : ses talons l'ont bien mérité, pour avoir usurpé si longtemps les éperons[1]. Comment se comporte-t-il?

premier officier.—J'ai déjà eu l'honneur de dire à Votre Seigneurie que ce sont les ceps qui le portent : mais, pour vous répondre dans le sens que vous entendez, il pleure comme une fille qui a répandu son lait; il s'est confessé à Morgan, qu'il croit être un religieux, depuis la première lueur de sa mémoire jusqu'à l'instant fatal où il a été mis dans les ceps. Et que croyez-vous qu'il a confessé?

bertrand.—Rien qui me concerne, n'est-ce pas?

second officier.—On a écrit sa confession, et on la lira devant lui. Si Votre Seigneurie s'y rencontre, comme je le crois, il faut que vous ayez la patience de l'entendre.

(Les soldats entrent conduisant Parolles les yeux bandés.)

bertrand.—Que la peste l'étouffe! Comme il est affublé!—Il ne peut rien dire de moi. Silence, silence!

premier officier.—Voilà le colin-maillard qui vient. (*Haut.*) *Porto tartarossa.*

l'interprète, *à Parolles.*—Le général demande les instruments de torture. Que voulez-vous dire dans cela?

parolles.—J'avouerai tout ce que je sais, sans qu'il soit besoin de contrainte. Quand vous me hacheriez comme chair à pâté, je ne pourrais rien dire de plus.

l'interprète.—*Bosko chicurmurco.*

second officier.—*Boblibindo chicurmurco.*

l'interprète, *à l'officier.*—Vous êtes un général miséricordieux. (*A Parolles.*) Notre général vous ordonne de répondre à ce que je vais vous demander, d'après cet écrit.

---

[1] On sait que les éperons étaient un des signes distinctifs du chevalier.

PAROLLES.—Et j'y répondrai avec vérité, comme j'espère vivre.

L'INTERPRÈTE, *lisant un interrogatoire par écrit.*—*D'abord lui demander quelle est la force du duc en fait de chevaux.* Que répondez-vous à cela?

PAROLLES.—Cinq ou six mille chevaux environ, mais affaiblis et hors de service : les troupes sont toutes dispersées, et les chefs sont de pauvres hères : c'est ce que je certifie sur ma réputation, et sur mon espoir de vivre.

L'INTERPRÈTE.—Coucherai-je par écrit votre réponse?

PAROLLES.—Oui, et j'en ferai serment comme il vous plaira.

BERTRAND.—Oh! cela lui est bien égal! (*A part.*) Quel misérable poltron!

PREMIER OFFICIER, *à Bertrand, avec ironie.*—Vous vous trompez, seigneur. C'est monsieur Parolles ; ce brave militaire (c'était là sa phrase ordinaire) qui portait toute la théorie de la guerre dans le nœud de son écharpe, et toute la pratique dans le fourreau de son poignard.

SECOND OFFICIER.—Je ne me fierai jamais à un homme, parce qu'il aura soin de tenir son épée luisante ; ni ne croirai qu'il possède tous les mérites, parce qu'il porte bien son uniforme.

L'INTERPRÈTE, *à Parolles.*—Allons, la réponse est écrite.

PAROLLES.—Oui, cinq ou six mille chevaux environ, comme je l'ai dit.—Je veux dire le nombre juste, ou à peu de chose près. Écrivez-le ;—car je veux dire la vérité.

PREMIER OFFICIER.—Il approche de la vérité là-dessus.

BERTRAND.—Mais, vu la manière dont il le dit, je ne choisirai pas mes mots pour l'en remercier, vu la manière dont il l'a dit.

PAROLLES.—De pauvres hères : je vous prie, écrivez-le.

L'INTERPRÈTE.—Bon ; cela est écrit.

PAROLLES.—Je vous en remercie bien. La vérité est la vérité. Ce sont de bien pauvres hères!

L'INTERPRÈTE, *lisant.*—*Lui demander quelle est la force de son infanterie.* (*A Parolles.*) Que dites-vous de cela?

PAROLLES.—Sur ma foi, monsieur, quand je n'aurais

plus que cette heure à vivre, je dirai la vérité.—Voyons. Spurio, cent cinquante; Sébastien, autant; Corambus autant; Guiltian, Cosmo, Lodovick, et Gratii, deux cent cinquante chacun; ma compagnie, Chitopher, Vaumont, Bentii, chacun deux cent cinquante; en sorte que toute la troupe, tant sains que malades, ne monte pas, sur ma vie, à quinze mille hommes : et il y en a la moitié qui n'oseraient pas secouer la neige de leur pourpoint, de crainte de tomber eux-mêmes en morceaux.

BERTRAND.—Que lui fera-t-on?

PREMIER OFFICIER, *à Bertrand*.—Rien autre chose que de le remercier. (*A l'interprète.*) Interrogez-le sur mon état, et sur le crédit dont je jouis près du duc.

L'INTERPRÈTE, *à Parolles*. — Allons; cela est écrit. (*Lisant.*) *Vous lui demanderez encore s'il y a dans le camp un certain capitaine Dumaine, un Français; quelle est sa réputation auprès du duc; quelles sont sa valeur, sa probité, et son expérience dans la guerre; ou s'il ne croit pas qu'il fût possible avec de bonnes sommes d'or de le corrompre et de l'engager à la révolte.* (*A Parolles.*) Que dites-vous de ceci? Qu'en savez-vous?

PAROLLES.—Je vous en conjure, laissez-moi répondre en détail à ces questions : faites-moi les demandes séparément.

L'INTERPRÈTE.—Connaissez-vous ce capitaine Dumaine?

PAROLLES.—Je le connais : il était apprenti boucher à Paris, d'où il a été chassé à coups de fouet pour avoir donné un enfant à la servante du shérif[1], une pauvre innocente, muette, qui ne pouvait lui dire *non*.

(*Dumaine, en colère, lève la main.*)

BERTRAND.—Allons, avec votre permission, tenez vos mains; — quoique je sache bien que sa cervelle soit vouée à la première tuile qui tombera.

L'INTERPRÈTE.—Ce capitaine est-il dans le camp du duc de Florence?

PAROLLES.—A ma connaissance, il y est : c'est un pouilleux.

---

[1] Shakspeare place un shérif à Paris ; mais shérif veut dire ici prévôt.

ACTE IV, SCÈNE III.

PREMIER OFFICIER, *à Bertrand qui le regarde.*—Allons, ne me considérez pas tant; nous entendrons parler tout à l'heure de Votre Seigneurie.

L'INTERPRÈTE.—Quel cas en fait le duc?

PAROLLES.—Le duc ne le connaît que pour un de mes mauvais officiers, et il m'écrivit l'autre jour de le renvoyer de la troupe : je crois que j'ai sa lettre dans ma poche.

L'INTERPRÈTE.—Ma foi, nous allons l'y chercher.

PAROLLES.—En conscience je ne sais pas : mais ou elle y est, ou elle est enfilée avec les autres lettres du duc, dans ma tente.

L'INTERPRÈTE *le fouillant.*—La voici : voici un papier : vous le lirai-je?

PAROLLES.—Je ne sais pas si c'est cela, ou non.

BERTRAND, *à demi-voix.*—Notre interprète fait bien son rôle.

PREMIER OFFICIER.—A merveille.

L'INTERPRÈTE *lisant.*—*Diane.*—*Le comte est un fou, et chargé d'or...*

PAROLLES.—Ce n'est pas la lettre du duc, monsieur : c'est un avertissement à une honnête fille de Florence, nommée Diane, de se défier des séductions d'un certain comte de Roussillon, un jeune et frivole étourdi, mais avec tout cela fort débauché.—Je vous en prie, monsieur, remettez cela dans ma poche.

L'INTERPRÈTE.—Non : il faut d'abord que je le lise, avec votre permission.

PAROLLES.—Mes intentions là-dedans, je le proteste, étaient fort honnêtes en faveur de cette jeune fille ; car je connais le comte pour un jeune suborneur très-dangereux : c'est une baleine pour les vierges, qui dévore tout le fretin qu'elle rencontre.

BERTRAND.—Maudit scélérat! double scélérat!

L'INTERPRÈTE *lit la note.*—« Quand il prodigue les ser-
« ments, dites-lui de laisser tomber de l'or, et prenez-le.
« Dès qu'il porte en compte, il ne paye jamais le compte.
« Un marché bien fait est à demi-gagné ; faites donc un
« marché, et faites-le bien. Jamais il ne paye ses arrièrés ;

« faites-vous payer d'avance, et dites, Diane, qu'un
« soldat vous a dit cela. Il faut épouser les hommes,
« il ne faut pas embrasser les garçons ; car comptez
« bien que le comte est étourdi : je sais, moi, qu'il
« payera bien d'avance, mais non pas quand il devra.
« Tout à vous, comme il vous le jurait à l'oreille.
« PAROLLES. »

BERTRAND.—Je veux qu'il soit fustigé à travers les rangs de l'armée, avec cet écrit sur le front.

SECOND OFFICIER, *avec ironie.*—C'est votre ami dévoué, monsieur, ce savant polyglotte[1], ce soldat si puissant par les armes.

BERTRAND.—Je pouvais tout endurer auparavant, hormis un chat ; et maintenant il est un chat pour moi.

L'INTERPRÈTE, *à Parolles.*—Je m'aperçois, monsieur, aux regards de notre général, que nous aurions envie de vous pendre.

PAROLLES.—La vie, monsieur, à quelque prix que ce soit ; non pas que j'aie peur de mourir, mais uniquement parce que mes péchés étant en grand nombre, je voudrais m'en repentir le reste de mes jours. Laissez-moi vivre, monsieur, dans une prison, dans les fers, ou partout ailleurs, pourvu que je vive.

L'INTERPRÈTE.—Nous verrons ce qu'il y aura à faire, pourvu que vos aveux soient francs : ainsi, revenons à ce capitaine Dumaine : vous avez déjà répondu sur l'opinion qu'en avait le duc, sur sa valeur aussi : et sa probité, qu'en dites-vous ?

PAROLLES.—Monsieur, il volerait un œuf dans une abbaye[2] : pour les rapts et les enlèvements, il égale Nessus. Il fait profession de manquer à ses serments ; et pour les rompre, il est plus fort qu'Hercule. Il vous mentira, monsieur, avec une si prodigieuse volubilité, qu'il vous ferait prendre la vérité pour une folle. L'ivrognerie est sa plus grande vertu ; car il boira jusqu'à s'enivrer comme un porc ; et dans son sommeil il ne fait

---

[1] *Linguist.*

[2] C'est-à-dire, il se ferait pendre pour un liard.

guère de mal, si ce n'est aux draps qui l'enveloppent : mais on connaît ses habitudes, et on le couche sur la paille. Il me reste bien peu de chose à ajouter, monsieur, sur l'honnêteté, il a tout ce qu'un honnête homme ne doit pas avoir, et rien de ce que doit avoir un honnête homme.

PREMIER OFFICIER.—Je commence à l'aimer pour ce qu'il dit de moi.

BERTRAND.—Pour cette description de votre honnêteté? Que la peste l'étouffe pour ce qui me concerne, moi! Il devient de plus en plus un chat!

L'INTERPRÈTE, à *Parolles*.—Que dites-vous de son expérience dans la guerre?

PAROLLES. — En conscience, monsieur, il a battu le tambour devant les tragédiens anglais. Le calomnier, je ne le veux pas. Et je n'en sais pas davantage sur sa science militaire, excepté que dans ce pays-là il a eu l'honneur d'être officier dans un endroit qu'on appelle *Mile-end*[1], avec l'emploi d'apprendre à doubler les files[2]. Je voudrais lui faire tout l'honneur que je puis, mais je ne suis pas certain de ce fait.

PREMIER OFFICIER. Il dépasse tellement la scélératesse ordinaire, que son caractère se rachète par la rareté.

BERTRAND.—Que la peste l'étrangle! c'est toujours un chat.

L'INTERPRÈTE, à *Parolles*.—Puisque vous faites si peu de cas de ses qualités, je n'ai pas besoin de vous demander si l'or pourrait le débaucher?

PAROLLES.—Monsieur, pour un quart d'écu il vendra sa part de salut et son droit d'héritage dans le ciel; il renoncera à la substitution pour tous ses descendants et l'aliénera à perpétuité sans retour.

L'INTERPRÈTE. — Et son frère, l'autre capitaine Dumaine?

SECOND OFFICIER.—Pourquoi le questionne-t-il sur mon compte?

---

[1] Hôpital et manufacture de Londres.
[2] Équivoque sur *file*, fil d'archal et file de soldats.

L'INTERPRÈTE.—Répondez : qu'est-il?

PAROLLES. — C'est un corbeau du même nid. Il n'est pas tout à fait aussi grand que l'autre en bonté, mais il l'est bien plus en méchanceté. Il surpasse son frère en lâcheté, et cependant son frère passe pour un des plus grands poltrons qu'il y ait; dans une retraite, il court mieux que le moindre valet; mais, ma foi, quand il faut charger, il est sujet aux crampes.

L'INTERPRÈTE.—Si l'on vous fait grâce de la vie, entreprendrez-vous de trahir le Florentin?

PAROLLES.—Oui, et le capitaine de sa cavalerie aussi, le comte de Roussillon.

L'INTERPRÈTE.—Je vais le dire à l'oreille du général et savoir ses intentions.

PAROLLES.—Je ne veux plus entendre de tambours : malédiction sur tous les tambours! C'était uniquement pour paraître rendre un service et pour en imposer à ce jeune débauché de comte que je me suis jeté dans le péril ; et cependant qui aurait jamais soupçonné une embuscade là où j'ai été pris?

L'INTERPRÈTE, *revenant à lui comme avec la réponse du général.*—Il n'y a point de remède, monsieur : il vous faut mourir. Le général dit que vous, qui avez si lâchement dévoilé les secrets de votre armée et fait de si indignes portraits d'officiers qui jouissent de la plus haute estime, vous n'êtes bon à rien dans le monde : ainsi il vous faut mourir. Allons, bourreau, abats-lui la tête.

PAROLLES.— O mon Dieu! monsieur, laissez-moi la vie, ou laissez-moi du moins voir ma mort.

L'INTERPRÈTE.—Vous allez la voir ; et faites vos adieux à tous vos amis. (*Il lui ôte son bandeau.*) Tenez, regardez autour de vous. Connaissez-vous quelqu'un ici?

BERTRAND.—Bonjour, brave capitaine.

SECOND OFFICIER.—Dieu vous bénisse, capitaine Parolles !

PREMIER OFFICIER.—Dieu soit avec vous, noble capitaine!

SECOND OFFICIER.—Capitaine, de quoi me chargez-vous pour le seigneur Lafeu? Je pars pour la France.

PREMIER OFFICIER.—Digne capitaine, voulez-vous me donner une copie de ce sonnet que vous avez adressé à Diane en faveur du comte de Roussillon? Si je n'étais pas un poltron, je vous y forcerais : mais adieu, portez-vous bien.

L'INTERPRÈTE.—Vous êtes perdu, capitaine : il n'y a plus rien en vous qui tienne encore que votre écharpe.

PAROLLES. — Qui pourrait ne pas succomber sous un complot?

L'INTERPRÈTE.—Si vous pouviez trouver un pays où il n'y eût que des femmes aussi déshonorées que vous, vous pourriez commencer une nation bien impudente. Adieu, je pars pour la France aussi ; nous y parlerons de vous.

(Ils sortent.)

PAROLLES.—Eh bien! je suis encore reconnaissant. Si mon cœur était fier, il se briserait à cette aventure. — Je ne serai plus capitaine ; mais je veux manger et boire et dormir aussi à mon aise qu'un capitaine. Ce que je suis encore me fera vivre. Que celui qui se connaît pour un fanfaron tremble à ce dénoûment, car il arrivera que tout fanfaron sera convaincu à la fin d'être un âne. Va te rouiller, mon épée ; ne rougissez plus, mes joues ; et toi, Parolles, vis en sûreté dans ta honte. Puisque tu es dupé, prospère par la duperie ; il y a de la place et des ressources pour tout le monde, je vais les chercher.

SCÈNE IV

A Florence.—Une chambre dans la maison de la veuve.

Entrent HÉLÈNE, LA VEUVE, DIANE.

HÉLÈNE.—Afin de vous convaincre que je ne vous ai pas fait d'injure, un des plus grands princes du monde chrétien sera ma caution ; il faut nécessairement qu'avant d'accomplir mes desseins je me prosterne devant son trône. Il fut un temps où je lui rendis un service important, presque aussi cher que sa vie ; un service, dont la reconnaissance pénétrerait le sein de pierre du Tartare même pour en faire sortir des remerciements. Je suis informée que Sa Majesté est à Marseille, et nous avons un cortége convenable pour nous conduire dans cette ville. Il faut que vous sachiez que l'on me croit morte. L'armée étant licenciée, mon mari retourne chez lui, et, avec le secours du ciel et l'agrément du roi mon bon maître, nous y serons rendues avant notre hôte.

LA VEUVE.—Douce dame, jamais vous n'avez eu de serviteur qui se soit chargé avec plus de zèle de vos affaires.

HÉLÈNE.—Ni vous, madame, n'avez eu d'ami dont les pensées travaillent avec plus d'ardeur à récompenser votre affection : ne doutez pas que le ciel ne m'ait conduite chez vous pour assurer la dot de votre fille, comme il l'a destinée à être mon appui et mon moyen pour gagner mon mari. Mais que les hommes sont étranges de pouvoir user avec tant de plaisir de ce qu'ils détestent, lorsque, se fiant imprudemment à leurs pensées déçues, ils souillent la nuit sombre! Ainsi, la débauche se repaît de l'objet de ses dégoûts à la place de ce qui est absent. Mais nous parlerons plus tard de cela.—Vous, Diane, il vous faudra souffrir encore pour moi quelque chose, sous la direction de mes faibles instructions.

DIANE.—Que l'honneur et la mort s'accordent ensemble dans ce que vous m'imposerez, et je suis à vous pour souffrir ce que vous voudrez.

HÉLÈNE.—Cependant je vous prie... Mais bientôt le temps amènera la saison de l'été, où les églantiers auront des feuilles aussi bien que des épines, et seront aussi charmants qu'ils sont piquants. Il faut que nous partions; notre voiture est prête, et le temps nous presse. *Tout va bien qui finit bien.* La fin est la couronne des entreprises; quelle que soit la carrière, c'est la fin qui en décide la gloire.

(Elles sortent.)

SCÈNE V

En Roussillon.—Appartement dans le palais de la comtesse.

Entrent LA COMTESSE, LAFEU, LE BOUFFON.

LAFEU.—Non, non ; votre fils a été égaré par un faquin en taffetas, dont l'infâme safran vous teindrait de cette couleur toute la molle et flexible jeunesse d'une nation. Sans ceci, votre belle-fille vivrait encore, et votre fils, qui est ici en France, serait bien plus avancé par le roi sans ce bourdon à queue bigarrée.

LA COMTESSE.—Je voudrais bien ne l'avoir jamais connu, il a tué la plus vertueuse femme dont la création ait fait l'honneur à la nature. Quand elle aurait été de mon sang et qu'elle m'eût coûté les tendres gémissements d'une mère, jamais ma tendresse pour elle n'eût pu être plus profonde.

LAFEU.—C'était une bonne dame : nous pouvons bien cueillir mille salades avant d'y retrouver une herbe pareille.

LE BOUFFON. — Oh! oui, monsieur ; elle était ce qu'est la douce marjolaine dans une salade, ou plutôt l'*herbe de grâce*[1].

LAFEU.—Ce ne sont pas là des herbes à salade, faquin, ce sont des herbes pour le nez.

LE BOUFFON.—Je ne suis pas un grand Nabuchodonosor, monsieur ; je ne me connais pas beaucoup en herbes.

LAFEU.—Qui fais-tu profession d'être ? coquin ou fou ?

LE BOUFFON.— Fou, monsieur, au service d'une femme, et coquin au service d'un homme.

LAFEU.— Que veut dire cette distinction ?

LE BOUFFON. — Je voudrais escamoter à un homme sa femme et faire son service.

LAFEU.—Comme cela, vraiment, tu serais un coquin à son service.

[1] *La rue.*

LE BOUFFON.— Et je donnerais à sa femme ma marotte¹ pour faire son service.

LAFEU.—Allons, j'en conviens, tu es à la fois un coquin et un fou.

LE BOUFFON.—A votre service.

LAFEU.—Non, non, non.

LE BOUFFON.—Eh bien! monsieur, si je ne vous sers pas, je puis servir un aussi grand prince que vous.

LAFEU.—Qui est-ce? Est-ce un Français?

LE BOUFFON.—Ma foi, monsieur, il a un nom anglais, mais sa physionomie est plus chaude² en France qu'en Angleterre.

LAFEU.—Quel est ce prince?

LE BOUFFON. — Le prince noir, monsieur : *Alias*, le prince des ténèbres; *Alias*, le diable.

LAFEU.—Arrête-là, voilà ma bourse. Je ne te la donne pas pour te débaucher du service du maître dont tu parles : continue de le servir.

LE BOUFFON.—Je suis né dans un pays de bois, monsieur, et j'ai toujours aimé un grand feu, et le maître dont je parle entretient toujours bon feu. Mais puisqu'il est le prince du monde, que sa noblesse se tienne à sa cour. Je suis, moi, pour la maison à porte étroite, que je crois trop petite pour que la pompe puisse y passer; quelques personnes qui s'humilient le pourront; mais le grand nombre sera trop frileux et trop délicat, et ils préféreront le chemin fleuri qui conduit à la porte large et au grand brasier.

LAFEU.—Va ton chemin : je commence à être las de toi, et je t'en préviens d'avance, parce que je ne voudrais pas me disputer avec toi. Va-t'en; veille à ce qu'on ait bien soin de mes chevaux sans tour de ta façon.

LE BOUFFON. — Si je leur joue quelques tours, ce ne seront jamais que des tours de rosse; ce qui est leur droit par la loi de nature.

(Il sort.)

LAFEU.— Un rusé coquin, un mauvais drôle!

¹ Court bâton surmonté d'une tête; c'était le sceptre des fous.
² Allusion à la maladie française, *Morbus gallicus*.

LA COMTESSE.—C'est vrai. Feu mon seigneur s'en divertissait beaucoup. C'est par sa volonté qu'il reste ici, et il s'en autorise pour se permettre ses impertinences. Et en effet, il n'a aucune marche réglée : il court où il veut.

LAFEU.— Il me plaît beaucoup ; ses bouffonneries ne sont pas hors de saison.—J'allais vous dire que depuis que j'ai appris la mort de cette bonne dame, et que monseigneur votre fils était sur le point de revenir chez lui, j'ai prié le roi mon maître de parler en faveur de ma fille : c'est Sa Majesté qui, gracieusement, m'en fit elle-même la première proposition, lorsque tous les deux étaient encore mineurs. Le roi m'a promis de l'effectuer; et pour éteindre le ressentiment qu'il a conçu contre votre fils, il n'y a pas de meilleur moyen. Votre Seigneurie goûte-t-elle cela ?

LA COMTESSE.— J'en suis très-satisfaite, seigneur, et je désire que cela s'accomplisse heureusement.

LAFEU.—Sa Majesté revient en poste de Marseille avec un corps aussi vigoureux que lorsqu'elle ne comptait que trente ans ; elle sera ici demain, ou je suis trompé par un homme qui m'a rarement induit en erreur dans ces sortes d'avis.

LA COMTESSE.— J'ai bien de la joie d'espérer le revoir encore avant de mourir. J'ai des lettres qui m'annoncent que mon fils sera ici ce soir. Je conjure Votre Seigneurie de rester avec moi jusqu'à ce qu'ils se soient rencontrés.

LAFEU. — Madame, j'étais occupé à songer de quelle manière je pourrais être admis en sa présence.

LA COMTESSE.—Vous n'avez besoin, monsieur, que de faire valoir vos droits honorables.

LAFEU.—Madame, j'en ai fait un usage bien téméraire, mais je rends grâces à Dieu de ce qu'ils durent encore.

(Le bouffon revient.)

LE BOUFFON.—Oh ! madame, voilà monseigneur votre fils avec un morceau de velours sur la figure; s'il y a ou non une cicatrice dessous, le velours le sait; mais c'est un fort beau morceau de velours : sa joue gauche est une joue de première qualité, mais il porte sa joue droite toute nue.

LA COMTESSE.—Une noble blessure, une blessure noblement gagnée est une belle livrée d'honneur : il y a apparence qu'elle est de cette espèce.

LE BOUFFON. — Mais c'est une figure qui a l'air d'être grillée.

LAFEU.—Allons voir votre fils, je vous prie. J'ai hâte de causer avec ce jeune et noble soldat.

LE BOUFFON.— Ma foi, ils sont une douzaine en élégants et fins chapeaux, avec de galantes plumes qui s'inclinent et font la révérence à tout le monde.

(Tous sortent.)

FIN DU QUATRIÈME ACTE.

ACTE CINQUIÈME

SCÈNE I

arseille.—Une rue.

Entrent HÉLÈNE, LA VEUVE, DIANE, *et deux domestiques.*

HÉLÈNE. — Certainement vous devez être excédée de courir ainsi la poste jour et nuit : nous ne pouvons faire autrement ; mais puisque vous avez déjà sacrifié tant de jours et de nuits, et fatigué vos membres délicats pour me rendre service, soyez-en sûre, vous êtes si profondément enracinée dans ma reconnaissance, que rien ne saurait vous en arracher. — Dans des temps plus heureux... (*Entre un officier de la fauconnerie*[1].) Ce gentilhomme pourrait peut-être m'obtenir une audience du roi, s'il voulait employer son crédit. — Dieu vous garde, monsieur.

LE GENTILHOMME.—Et vous aussi, madame.

HÉLÈNE.—Monsieur, je vous ai vu à la cour de France.

LE GENTILHOMME.—J'y ai passé quelque temps.

HÉLÈNE.—Je pense, monsieur, que vous n'êtes pas déchu de la réputation d'être obligeant ; c'est pourquoi, poussée par une nécessité très-pressante qui met de côté les compliments, je vous mets à même de faire usage de vos vertus, et je vous en serai éternellement reconnaissante.

LE GENTILHOMME.—Que désirez-vous ?

HÉLÈNE.—Que vous ayez la bonté de donner ce petit mémoire au roi et de vouloir bien m'aider de tout votre

---

[1] *stringer*, dérivé d'*ostercus*.

crédit pour obtenir la faveur de lui être présentée.

LE GENTILHOMME.—Le roi n'est point ici.

HÉLÈNE.—Il n'est point ici, monsieur?

LE GENTILHOMME.—Non, en vérité. Il est parti d'ici hier au soir, et avec plus de précipitation qu'il n'a coutume.

LA VEUVE. — Grand Dieu! toutes nos peines sont perdues!

HÉLÈNE.— *Tout est bien qui finit bien*, quoique le sort nous paraisse si contraire et les moyens si défavorables. (*Au gentilhomme.*) De grâce, où est-il allé?

LE GENTILHOMME.—Vraiment, à ce que j'ai entendu dire, il est parti pour le Roussillon, où je vais aussi.

HÉLÈNE.—Je vous en conjure, monsieur, comme probablement vous verrez le roi avant moi, de remettre ce petit mémoire entre les mains de Sa Majesté; j'espère que vous n'en recevrez aucun blâme et que vous serez, au contraire, bien aise de la peine que vous aurez prise. J'arriverai après vous avec toute la diligence qu'il nous sera possible de faire.

LE GENTILHOMME.—Je ferai cela pour vous obliger.

HÉLÈNE.—Et vous verrez qu'on vous en remerciera bien, sans ce qui pourra en arriver de plus. — Il nous faut remonter à cheval. (*A sa suite.*) Allez, allez, faites vite tout préparer.

(Elles sortent.)

SCÈNE II

La scène est en Roussillon.— Une cour intérieure dans le palais de la comtesse.

Entrent LE BOUFFON, PAROLLES.

PAROLLES.—Mon cher monsieur Lavatch, donnez cette lettre à monseigneur Lafeu. J'ai autrefois, monsieur, été mieux connu de vous quand j'étais revêtu d'habits plus frais; mais aujourd'hui je suis tombé dans le fossé de la Fortune, et j'exhale une forte odeur de sa cruelle disgrâce.

LE BOUFFON.—Ma foi, les disgrâces de la fortune sont bien mal tenues, si tu sens aussi fort que tu le dis. Je ne veux plus désormais manger de poisson au beurre de la Fortune. Je te prie, mets-toi au-dessous du vent.

PAROLLES.—Oh! vous n'avez pas besoin, monsieur, de vous boucher le nez; je ne parlais que par métaphore.

LE BOUFFON.—En vérité, monsieur, si vos métaphores[1] sentent mauvais, je me boucherai le nez, et je le ferais devant les métaphores de qui que ce soit. — Allons, je t'en prie, éloigne-toi.

PAROLLES.—Monsieur, je vous en conjure, remettez pour moi ce papier.

LE BOUFFON. — Pouah! — Éloigne-toi, je te prie; un papier de la chaise percée de la Fortune pour donner à un gentilhomme! Tiens, le voici lui-même. (*Entre Lafeu. A Lafeu.*) Voici un minet de la Fortune, monsieur, ou du petit chat de la Fortune (mais un petit chat qui ne sent pas le musc), qui est tombé dans le sale réservoir de ses disgrâces, d'où, comme il le dit, il est sorti tout fangeux. Je vous prie, monsieur, de traiter la carpe du mieux que vous pourrez, car il a l'air d'un vaurien bien pauvre, bien déchu, ingénieux, fou et fripon. Je compatis à son malheur avec mes sourires de consolation, et je l'abandonne à Votre Seigneurie.

PAROLLES. — Monseigneur, je suis un homme que la Fortune a cruellement égratigné.

LAFEU.—Et que voulez-vous que j'y fasse? il est trop tard maintenant pour lui rogner les ongles. Quel est le mauvais tour que vous avez joué à la Fortune pour qu'elle vous ait si fort égratigné; car c'est par elle-même une fort bonne dame, qui ne souffre pas que les coquins prospèrent longtemps à son service? Tenez, voilà un quart d'écu pour vous; que les juges de paix vous ré-

---

[1] Shakspeare fait ici la faute en donnant le précepte.

Quoniam hæc, dit Cicéron, *vel summa laus est in verbis transferendis ut sensim feriat id quod translatum sit, fugienda est omnis turpitudo earum rerum, ad quas eorum animos qui audiunt trahet similitudo. Nolo morte dici Africani castratam esse rempublicam. Nolo stercus curiæ dici Glauciam.* (DE ORAT.)

concilient, vous et la Fortune ; j'ai d'autres affaires.

PAROLLES.—Je supplie Votre Seigneurie de vouloir bien entendre un seul mot.

LAFEU.—Tu veux encore quelques sous de plus ? les voilà : économise tes paroles.

PAROLLES.— Mon nom, mon bon seigneur, est *Parolles*.

LAFEU.—Vous demandez donc à dire plus d'un mot[1] ? — Maudit soit mon emportement! Donnez-moi la main. Comment va votre tambour?

PAROLLES. — O mon bon seigneur ! vous êtes celui qui m'avez découvert le premier.

LAFEU.—Comment, c'est moi, vraiment? Et je suis le premier qui t'ai *perdu*.

PAROLLES.—Il ne tient qu'à vous, seigneur, de me faire rentrer un peu en grâce, car c'est vous qui m'en avez chassé.

LAFEU.—Fi donc! coquin ; veux-tu que je sois à la fois Dieu et diable, que l'un te fasse entrer en grâce et que l'autre t'en chasse? (*Bruit de trompettes.*) Voici le roi qui vient : je le reconnais à ses trompettes. Faquin, informez-vous de moi ; j'ai encore hier au soir parlé de vous. Quoique vous soyez un fou et un vaurien, vous aurez à manger. Venez, suivez-moi.

PAROLLES.—Je bénis Dieu pour vos bontés.

(Il sort.)

SCÈNE III

La scène est toujours en Roussillon.—Appartement dans le palais de la comtesse.

FANFARES. LE ROI, LA COMTESSE, LAFEU, LES DEUX SEIGNEURS FRANÇAIS, *gentilshommes, gardes*.

LE ROI.—Nous avons perdu en elle un joyau précieux, et notre réputation en a été fort appauvrie; mais votre fils, égaré par sa propre folie, n'a pas eu assez de sens pour sentir toute l'étendue de son mérite.

---

[1] Pointe sur le nom de Parolles.

LA COMTESSE. — C'est passé, sire; et je conjure Votre Majesté de regarder cette révolte comme un écart naturel dans l'ardeur de la jeunesse, lorsque l'huile et le feu, trop impétueux pour la force de la raison, la maîtrisent et brûlent toujours.

LE ROI. — Honorable dame, j'ai tout pardonné et tout oublié, quoique ma vengeance fût armée contre lui et n'attendît que le moment de frapper.

LAFEU. — Je dois le dire, si Votre Majesté veut bien me le permettre: le jeune comte a cruellement offensé Votre Majesté, sa mère et sa femme; mais c'est à lui-même qu'il a fait le plus grand tort; il a perdu une femme dont les charmes étonnaient les yeux les plus riches en souvenirs de beauté, dont la voix captivait toutes les oreilles, et qui possédait tant de perfections, que des cœurs qui dédaignaient de servir l'appelaient humblement leur maîtresse.

LE ROI. — L'éloge de l'objet qu'on a perdu en rend le souvenir plus cher. Eh bien! faites-le venir; nous sommes réconciliés, et la première entrevue effacera tout le passé. Qu'il ne me demande point pardon, le sujet de sa grande offense n'existe plus, et nous ensevelissons les restes de nos ressentiments dans un abîme plus profond que l'oubli; qu'il vienne comme un étranger et non comme un criminel, et dites-lui bien que c'est là notre volonté.

UN SEIGNEUR FRANÇAIS. — Je le lui dirai, sire.

LE ROI, à *Lafeu*. — Que dit-il de votre fille? Lui avez-vous parlé?

LAFEU. — Tout ce qu'il a est aux ordres de Votre Majesté.

LE ROI. — Nous aurons donc une noce. J'ai reçu des lettres qui le couvrent de gloire.

(Bertrand entre.)

LAFEU. — Il a tout pour plaire.

LE ROI. — Je ne suis point un jour de la saison, car tu peux voir au même instant sur mon front et le soleil et la grêle. Mais à présent ces nuages menaçants font place aux plus brillants rayons; ainsi approche, le temps est beau de nouveau.

BERTRAND. — O mon cher souverain ! pardonnez-moi des fautes expiées par un profond repentir.

LE ROI.—Tout est oublié. Ne parlons plus du passé. Saisissons par les cheveux le présent, car nous sommes vieux, et le temps glisse sans bruit sur nos décisions les plus rapides, et les efface avant qu'elles soient accomplies. Vous vous rappelez la fille de ce seigneur?

BERTRAND.—Avec admiration, mon prince. J'avais d'abord jeté mon choix sur elle avant que mon cœur osât le révéler par ma bouche : d'après la vive impression qu'elle avait faite sur mes yeux, le mépris me prêta sa dédaigneuse lunette, qui défigura tous les traits des autres beautés, ternit leurs plus belles couleurs, ou me les représenta comme empruntées, elle allongeait ou raccourcissait les proportions de leur visage pour en faire un objet hideux : de là vint que celle dont tous les hommes chantaient les louanges, et que moi-même j'ai aimée depuis que je l'ai perdue, semblait dans mon œil un grain de poussière qui le blessait.

LE ROI. — C'est bien s'excuser. Cet amour efface quelques articles de ton long compte; mais l'amour qui vient trop tard (semblable au pardon de la clémence attardé) devient un reproche amer pour celui qui l'envoie, et lui crie sans cesse : « C'est ce qui est bon qui est perdu. » Nos téméraires préventions ne font aucun cas des objets précieux que nous possédons : nous ne les connaissons qu'en voyant leur tombeau. Souvent nos ressentiments, injustes envers nous-mêmes, détruisent nos amis, et nous allons ensuite pleurer **sur** leurs cendres ; l'amitié se réveille et pleure en voyant ce qui est arrivé, tandis que la haine honteuse dort toute la journée. Que ce soit là l'éloge funèbre de l'aimable Hélène, et maintenant oublions-la. Envoie tes gages d'amour à la belle Madeleine ; tu as obtenu les consentements les plus importants, et je resterai ici pour voir les secondes noces de notre veuf.

LA COMTESSE. — Que le ciel prospère la bénisse davantage que la première, ou que je meure avant qu'ils s'unissent!

LAFEU.—Viens, mon fils, toi en qui doit se confondre le nom de ma maison. Donne-moi quelque gage de tendresse qui brille aux yeux de ma fille et qui l'engage à se rendre ici promptement. (*Bertrand lui donne un anneau.*) Par ma vieille barbe et par chacun de ses poils, Hélène, qui est morte, était une charmante créature ! — C'est un anneau semblable à celui-ci que j'ai vu à son doigt la dernière fois que j'ai pris congé d'elle à la cour.

BERTRAND.—Il n'a jamais été à elle.

LE ROI. — Donnez, je vous prie, que je le voie ; car mon œil, quand je parlais, était souvent attaché sur cet anneau : il était à moi jadis ; je lui recommandai, si jamais elle se trouvait dans des circonstances où elle eût besoin de secours, de m'envoyer ce gage, en promettant que je l'aiderais sur l'heure. Auriez-vous eu la perfidie de la dépouiller de ce qui pouvait lui être si utile ?

BERTRAND.—Mon gracieux souverain, quoiqu'il vous plaise de le croire ainsi, cet anneau n'a jamais été à elle.

LA COMTESSE.—Mon fils, sur ma vie, je le lui ai vu porter, et elle y attachait autant de prix qu'à sa vie.

LAFEU.—Je suis sûr de le lui avoir vu porter.

BERTRAND.—Vous vous trompez, seigneur ; elle ne l'a jamais vu. Il m'a été jeté par une fenêtre à Florence, enveloppé dans un papier où était le nom de celle qui l'avait jeté : c'était une fille noble, et elle me crut dès lors engagé avec elle. Mais quand j'eus répondu à ma bonne fortune, et qu'elle fut pleinement informée que je ne pouvais répondre aux vues honorables dont elle m'avait fait l'ouverture, elle y renonça avec un grand chagrin ; mais elle ne voulut jamais reprendre l'anneau.

LE ROI.—Plutus même, qui connaît la teinture dont la vertu multiplie l'or[1], n'a pas des secrets de la nature une connaissance plus parfaite que je n'en ai, moi, de cet anneau. C'était le mien, c'était celui d'Hélène, qui que ce soit qui vous l'ait donné : ainsi, si vous vous connaissez bien vous-même, avouez que c'était le sien,

---

[1] Allusion aux alchimistes.

et dites par quelle violence vous le lui avez ravi. Elle avait pris tous les saints à témoin qu'elle ne l'ôterait jamais de son doigt que pour vous le donner à vous-même dans le lit nuptial (où vous n'êtes jamais entré), ou qu'elle nous l'enverrait dans ses plus grands revers.

BERTRAND.—Elle ne l'a jamais vu.

LE ROI.—Comme il est vrai que j'aime l'honneur, tu dis un mensonge, et tu fais naître en moi des inquiétudes, des soupçons que je voudrais étouffer...—Cela ne peut pas être;—cependant je ne sais.—Tu la haïssais mortellement, et elle est morte! et rien, à moins que d'avoir moi-même fermé ses yeux, ne peut mieux m'en convaincre que la vue de cet anneau.—Qu'on l'emmène. (*Les gardes s'emparent de Bertrand.*) Quel que soit l'événement, j'ai fait mes preuves qui absoudront mes craintes du reproche de légèreté.—Peut-être ai-je trop légèrement renoncé à mes premières craintes. Qu'on l'emmène : nous voulons approfondir cette affaire.

BERTRAND.—Si vous pouvez prouver que cet anneau était à elle, vous prouverez aussi aisément que je suis entré dans son lit à Florence, où jamais elle n'a mis le pied.

(Les gardes emmènent Bertrand.)
(Un gentilhomme entre.)

LE ROI.—Je suis enveloppé de sombres pensées.

LE GENTILHOMME.—Mon gracieux souverain, j'ignore si j'ai bien ou mal fait : voici le placet d'une Florentine, qui a manqué quatre ou cinq fois l'occasion de vous le remettre elle-même. Je m'en suis chargé, attendri par les grâces touchantes de cette pauvre suppliante que je sais être, à l'heure qu'il est, arrivée ici. On lit dans ses regards inquiets l'importance de sa requête; et elle m'a dit en quelques mots touchants que Votre Majesté y était elle-même intéressée.

LE ROI *prend et lit la lettre.*—« Grâce à plusieurs pro-
« testations de m'épouser quand sa femme serait morte,
« je rougis de le dire, il m'a séduite. Aujourd'hui le
« comte de Roussillon est veuf, sa foi m'est engagée, et
« je lui ai livré mon honneur. Il est parti furtivement

« de Florence, sans prendre congé de personne, et je le
« suis dans sa patrie pour y demander justice. Rendez-
« la-moi, sire ; vous le pouvez : autrement un séducteur
« triomphera, et une pauvre fille est perdue.
« DIANE CAPULET. »

LAFEU.—Je m'achèterai un gendre à la foire, et je payerai les droits[1] : je ne veux point de celui-ci.

LE ROI.—Les cieux te protègent, Lafeu, puisqu'ils ont mis au jour cette découverte. Qu'on cherche cette infortunée : allez promptement, et qu'on ramène ici le comte. (*Le gentilhomme sort avec quelques autres personnes de la suite du roi; les gardes ramènent Bertrand.*)—Je tremble, madame, qu'on n'ait traîtreusement arraché la vie à Hélène.

LA COMTESSE.—Eh bien! justice sur les assassins!

LE ROI, *à Bertrand.*—Je m'étonne, seigneur, puisque les femmes sont des monstres à vos yeux, puisque vous les fuyez après leur avoir juré mariage, que vous désiriez vous marier.—Quelle est cette femme?

(Entrent la veuve et Diane.)

DIANE.—Je suis, seigneur, une malheureuse Florentine, descendue des anciens Capulets. Ma prière, à ce que j'entends, vous est connue. Vous savez donc aussi combien je suis digne de pitié.

LA VEUVE.—Et moi, sire, je suis sa mère, seigneur, dont l'âge et l'honneur souffrent également des affronts dont nous nous plaignons ici ; tous deux succomberont si vous n'y portez remède.

LE ROI. — Approchez, comte. Connaissez-vous ces femmes?

BERTRAND.—Mon prince, je ne puis ni ne veux nier que je les connaisse. De quoi m'accusent-elles?

DIANE.—Pourquoi affectez-vous de ne pas reconnaître votre femme?

BERTRAND.—Elle ne m'est rien, seigneur.

DIANE.—Si vous vous mariez, vous donnerez cette main, et cette main est à moi; vous donnerez les vœux

---

[1] Allusion au droit de péage qu'on paye à la foire pour les chevaux.

prononcés devant le ciel, et ils sont à moi ; en vous donnant à une autre, vous me donnerez moi-même (et cependant je suis à moi) ; car je suis tellement incorporée avec vous par le nœud de vos serments, qu'on ne saurait vous épouser sans m'épouser aussi ; ou tous les deux, ou ni l'un ni l'autre.

LAFEU, *à Bertrand.*—Votre réputation baisse trop pour prétendre à ma fille : vous n'êtes pas un mari pour elle.

BERTRAND.—C'est, mon prince, une créature folle et effrontée, avec laquelle j'ai badiné quelquefois. Que Votre Majesté prenne une plus noble idée de mon honneur, que de croire que je voulusse m'abaisser si bas.

LE ROI.—Monsieur, vous n'aurez point mon opinion en votre faveur, jusqu'à ce que vos actions l'aient méritée. Prouvez-moi que votre honneur est au-dessus de l'opinion que j'en ai.

DIANE.—Bon roi, demandez-lui d'attester avec serment qu'il ne croit pas avoir eu ma virginité.

LE ROI.—Que lui réponds-tu ?

BERTRAND.—C'est une impudente, mon prince ; elle était prostituée à tout le camp.

DIANE.—Il m'outrage, seigneur. S'il en était ainsi, il m'aurait achetée à vil prix. Ne le croyez pas. Oh ! voyez cet anneau, dont l'éclat et la richesse n'ont point de pareil : eh bien ! il l'a cependant donné à une femme prostituée à tout le camp, si j'en suis une.

LA COMTESSE.—Il rougit, et c'est le sien. Ce joyau, depuis six générations, a été légué par testament et porté de père en fils. C'est sa femme ; cet anneau vaut mille preuves.

LE ROI.—Vous avez dit, ce me semble, que vous aviez vu ici quelqu'un à la cour, qui pourrait en rendre témoignage ?

DIANE.—Cela est vrai, mon seigneur ; mais il me répugne de produire un témoin aussi vil : son nom est Parolles.

LAFEU.—J'ai vu l'homme aujourd'hui, si c'est un homme.

LE ROI.—Qu'on le cherche, et qu'on l'amène ici.

BERTRAND.—Que voulez-vous de lui? Il est déjà noté pour le plus perfide scélérat, par toutes les actions basses et odieuses du monde, et la vérité répugne à sa nature même. Me tiendrez-vous pour ceci ou pour cela sur le témoignage d'un misérable, qui dira tout ce qu'on voudra?

LE ROI.—Elle a cet anneau, qui est le vôtre.

BERTRAND.—Je crois qu'elle l'a : il est certain que j'ai eu du goût pour elle, et que je l'ai recherchée avec l'étourderie de la jeunesse. Elle connaissait la distance qu'il y avait entre elle et moi ; elle m'a amorcé, et elle piqua mes désirs par ses refus, comme il arrive que tous les obstacles que rencontre un caprice ne font qu'en accroître l'ardeur. Enfin, ses agaceries secondant ses attraits ordinaires, elle m'amena au prix qu'elle avait mis à ses faveurs : elle obtint l'anneau ; et moi, j'eus ce que tout subalterne aurait pu acheter au prix du marché.

DIANE.—Il faut que j'aie de la patience! Vous qui avez chassé votre première femme, une si noble dame, vous pouvez bien me priver aussi de mes droits sur vous. Je vous prie cependant (car, puisque vous êtes sans vertu, je perdrai mon mari), envoyez chercher votre anneau : je vous le rendrai, si vous me rendez le mien.

BERTRAND.—Je ne l'ai pas.

LE ROI.—Comment était votre anneau, je vous prie?

DIANE.—Il ressemblait beaucoup à celui que vous portez au doigt.

LE ROI. — Connaissez-vous cet anneau? Cet anneau était autrefois au comte.

DIANE.—Et c'est celui que je lui avais donné quand il est entré dans mon lit.

LE ROI.—Alors son histoire est fausse ; il dit que vous le lui avez jeté d'une fenêtre.

DIANE.—J'ai dit la vérité.

(Parolles entre.)

BERTRAND.—J'avoue, mon prince, que cet anneau était à elle.

LE ROI.—Tu balbuties étrangement; une plume te fait tressaillir.—Est-ce là cet homme dont vous me parliez?

DIANE.—C'est lui, mon prince.

LE ROI, à Parolles. — Dites-moi, drôle, mais dites-moi la vérité : je vous l'ordonne, sans craindre le déplaisir de votre maître, dont je saurai bien vous défendre si vous êtes sincère. Que savez-vous de ce qui s'est passé entre lui et cette femme?

PAROLLES.—Sous le bon plaisir de Votre Majesté, mon maître a toujours été un gentilhomme honorable. Il a joué quelquefois de ces tours que font tous les gentilshommes.

LE ROI.—Allons, allons au fait. A-t-il aimé cette femme?

PAROLLES. — Oui, sire, il l'a aimée : mais comment?

LE ROI.—Comment, je vous prie?

PAROLLES. — Il l'a aimée, mon prince, comme un gentilhomme aime une femme.

LE ROI. — Que voulez-vous dire?

PAROLLES. — Qu'il l'aimait, sire, et qu'il ne l'aimait pas.

LE ROI.— Comme tu es un coquin et n'es pas un coquin, n'est-ce pas? Quel drôle est cet homme-ci avec ses équivoques!

PAROLLES. — Je suis un pauvre homme, et aux ordres de Votre Majesté.

LAFEU.—C'est un fort bon tambour, mon prince, mais un méchant orateur.

DIANE.—Savez-vous qu'il m'a promis le mariage?

PAROLLES.—Vraiment, j'en sais plus que je n'en dirai.

LE ROI.—Tu ne veux donc pas dire tout ce que tu sais?

PAROLLES.—Je le dirai, si c'est le bon plaisir de Votre Majesté. J'étais leur entremetteur à tous deux, comme je vous l'ai dit : mais plus que cela, il l'aimait; car, en vérité, il en était fou, et il parlait de Satan, des limbes, des furies et de je ne sais quoi; et j'étais si fort en crédit que je savais quand ils se couchaient et mille autres circonstances, comme, par exemple, des promesses de l'épouser, et des choses qui m'attireraient de la malveillance si je les révélais : c'est pourquoi je ne dirai pas ce que je sais.

LE ROI. –Tu as déjà tout dit, à moins que tu ne puisses

ACTE V, SCÈNE III.

ajouter qu'ils sont mariés; mais tu es trop fin dans tes dépositions : ainsi, retire-toi. (*A Diane.*) Cet anneau, dites-vous, était le vôtre?

DIANE.—Oui, mon prince.

LE ROI.—Où l'avez-vous acheté, ou qui vous l'a donné?

DIANE.—Il ne m'a point été donné et je ne l'ai point acheté non plus.

LE ROI.—Qui vous l'a prêté?

DIANE.—Il ne m'a point non plus été prêté.

LE ROI.—Où donc l'avez-vous trouvé?

DIANE.—Je ne l'ai pas trouvé.

LE ROI. — Si vous ne l'avez acquis par aucun de ces moyens, comment avez-vous pu le donner à Bertrand?

DIANE.—Je ne le lui ai jamais donné.

LAFEU.—Cette femme, mon prince, est comme un gant large : on la met et on l'ôte comme on veut.

LE ROI.—L'anneau était à moi ; je l'ai donné à sa première femme.

DIANE.—Il a pu être à vous ou à elle, pour ce que j'en sais.

LE ROI. — Qu'on l'emmène, elle commence à me déplaire. Qu'on la mène en prison et lui aussi. Si tu ne me dis point d'où tu as cet anneau, tu vas mourir dans une heure.

DIANE.—Je ne vous le dirai jamais.

LE ROI.—Qu'on l'emmène.

DIANE.—Je vous donnerai une caution, mon prince.

LE ROI.—Je te crois maintenant une prostituée.

DIANE. — Grand Jupiter! si jamais j'ai connu un homme, c'est vous.

LE ROI. — Pourquoi donc accuses-tu Bertrand depuis tout ce temps?

DIANE.—Parce qu'il est coupable et qu'il n'est pas coupable. Il sait que je ne suis plus vierge, et il en ferait serment. Moi, je ferai serment que je suis vierge, et il ne le sait pas. Grand roi, je ne suis point une prostituée; sur ma vie, je suis vierge, ou (*montrant Lafeu*) la femme de ce vieillard.

LE ROI.—Elle abuse de ma patience. Qu'on la mène en prison.

DIANE. — Ma bonne mère, allez chercher ma caution. Attendez un moment, mon royal seigneur (*la veuve sort*) : on est allé chercher le joaillier à qui appartient l'anneau, et il sera ma caution ; mais pour ce jeune seigneur (*à Bertrand*) qui m'a abusée, comme il le sait lui-même, quoique cependant il ne m'ait jamais fait aucun tort, je le renonce ici. Il sait lui-même qu'il a souillé ma couche : et alors même il a fait un enfant à son épouse; quoiqu'elle soit morte, elle sent remuer son enfant. Ainsi, voilà mon énigme : une femme morte est vivante, et voici le mot de l'énigme.

(Hélène et la veuve entrent.)

LE ROI. — N'y a-t-il point quelque enchanteur qui me fascine la vue? Est-ce un objet réel que je vois?

HÉLÈNE. — Non, mon bon seigneur, ce n'est que l'ombre d'une épouse que vous voyez; le nom, et non pas la chose.

BERTRAND. — Tous les deux, tous les deux ; ah ! pardon !

HÉLÈNE. — Oh ! mon cher seigneur, lorsque j'étais comme cette jeune fille, je vous ai trouvé bien bon pour moi. Voilà votre anneau, et voyez, voici votre lettre. Elle dit : *Lorsque vous posséderez cet anneau que je porte à mon doigt, et que vous serez enceinte de mes œuvres*, etc. Tout cela est arrivé. Voulez-vous être à moi, maintenant que je vous ai conquis deux fois?

BERTRAND. — Si elle peut me prouver cela clairement, je veux, mon prince, l'aimer tendrement, à jamais, à jamais.

HÉLÈNE. — Si je ne vous le démontre pas clairement ou que je sois convaincue de fausseté, que le mortel divorce nous sépare à jamais! (*A la comtesse.*) O ma bonne mère! je vous revois encore!

LAFEU. — Mes yeux sentent l'oignon, je vais pleurer. Allons (*à Parolles*), bon Thomas, prête-moi un mouchoir. Bien, je te remercie : va m'attendre à la maison ; je m'amuserai de toi. Laisse-là tes politesses, elles ne valent rien.

LE ROI. — Qu'on nous raconte cette histoire de point en point, afin que la certitude de sa vérité nous comble de joie. (*A Diane.*) Et vous, si vous êtes une fleur encore fraîche et vierge, vous pouvez choisir un époux : je me charge de votre dot; car j'entrevois déjà que, par vos secours honnêtes, vous avez fait qu'une femme est devenue femme en restant vierge. Nous voulons être instruit plus à loisir de cette aventure et de toutes ses circonstances. Déjà tout s'annonce bien; et si la fin est aussi heureuse, l'amertume du passé doit la rendre encore plus douce.

EPILOGUE

LE ROI (*s'adressant aux spectateurs.*)—*Le roi n'est plus qu'un suppliant, à présent que la pièce est jouée. Tout est bien fini, si nous obtenons l'expression de votre contentement, que nous reconnaîtrons en faisant chaque jour de nouveaux efforts pour vous plaire. Accordez-nous votre indulgence, et que nos rôles soient à vous. Prêtez-nous des mains favorables, et recevez nos cœurs.*

FIN DU CINQUIÈME ET DERNIER ACTE.

TABLE DES MATIÈRES

DU TOME TROISIÈME

TIMON D'ATHÈNES.

Notice	3
TIMON D'ATHÈNES, comédie	9

LE JOUR DES ROIS.

Notice	93
LE JOUR DES ROIS, comédie	97

LES DEUX GENTILSHOMMES DE VÉRONE.

Notice	189
LES DEUX GENTILSHOMMES DE VÉRONE, comédie	191

ROMÉO ET JULIETTE.

Notice	269
ROMÉO ET JULIETTE, tragédie	279

LE SONGE D'UNE NUIT D'ÉTÉ.

Notice	389
LE SONGE D'UNE NUIT D'ÉTÉ, comédie	393

TOUT EST BIEN QUI FINIT BIEN.

Notice	467
TOUT EST BIEN QUI FINIT BIEN, comédie	469

FIN DU TOME TROISIÈME.

www.ingramcontent.com/pod-product-compliance
Lightning Source LLC
Chambersburg PA
CBHW060754230426
43667CB00010B/1571